日本祖語の再建

日本祖語の再建

服部四郎 著

上野善道補注

岩波書店

解　説

上野善道

　『日本祖語の再建』は、著者服部四郎(1908-1995。以下「著者」)が生前に岩波書店から出版することになっていた同名の原稿を元に、補注者上野善道(以下、便宜的に「編者」とする)が新たに再編成したものである。

　比較言語学・史的言語学における必須の方法として「比較方法」がある。その原理をわかりやすく説き、具体的な実践例を示したのが本書である。

　2つ(以上)の任意の言語を取り上げ、その基本的な意味を等しくする単語どうしを比べたときに、その単語を構成する音(おん)の間に規則的な関係が認められる場合、その対応関係を「音韻法則、音法則」と呼ぶ。「法則」と言っても、その規則性に着目して強調した名称に過ぎず、時空を問わず成り立つ自然法則とは異なる。あくまでも具体的な言語ごとに歴史的に変化した結果として成り立つ経験的な関係で、「音韻対応通則」などとも呼ばれる。この対応がそれぞれの言語の中核部分において成り立つ場合、これは偶然のこととは考えられない。なぜなら、単語を構成する音と意味との関係には必然性がない(恣意的である)からである。それぞれ事実上同じ意味を表わすいろいろの単語においてその音はばらばらになるのが自然なのに、それが規則的な対応関係を示すのは(とりわけ、音が違っていながらその違いが規則的に現れるのはなおさら)偶然ではありえず、元は一つの同じ言語であったため、と考える以外に説明がつかない。その想定される元の言語を「祖語」と言う。元は同じ祖語から、各言語がそれぞれ別方向に、しかしそれぞれ規則的に変化をした結果(音変化の規則性)、その間に対応関係が認められるのだと考えるのである。祖語を共通にもつ言語は互いに「親族関係をもつ」「同系である」と言い、その祖語の形(祖形)を理論的に推定することを「再建(reconstruction)」(「再構、再構成」とも。「補注者あとがき」参照)と言う。

　その再建の具体例は本書を参照されたいが、再建した祖形であることを明示するときは、左肩に ＊ を付けて示す。現実にその存在を確認(実証)すること

vi——解説（上野善道）

はできないが、理論的にそう考えられるという印である。ちなみに、同じ *
が、生成文法では文法的ではない（非文）という意味で使われる。ともに現実に
は存在しないという点で共通するが、片やかつて存在したに違いない形、片や
存在しない形という点では正反対の意味をもつ。このため、日本では、非文の
ためには × を付けて * と区別することもある（特に同一論文の中で共存する場
合は使い分けが必要になる）。

　上では比較言語学の例で説明したが、狭義の史的言語学（歴史言語学）でも同
じである。同一の言語の場合は、異なる時代の状態（共時態）を比べてもその連
続性は自明で無自覚的に研究を進められることが多いが、本来は、ここでも 2
つ（以上）の異なる時代の状態を比較して、その間の対応関係を見ているのであ
る。複数の言語の比較の場合を「横の対応」と言うならば、これはいわば「縦
の対応」で、その間にはやはり音変化の規則性が見られることを前提にしてい
るものである。両者の原理は同じで、まとめて「比較歴史言語学」などと呼ば
れるゆえんである。

　一般に文献資料が残るのは書き言葉をもっている中央語に限られ、日本語の
場合は、たとえば平安時代の言葉をその直系の子孫である現代京都方言と比べ
ることになるが、事実上同じことになるので、以下、現代語は標準語を例に示
す。我々が古文（古典）を勉強するときに、

　　「はし（橋）、はな（鼻）、はる（張る）；あは（粟）、かはる（変る）、こはし（怖
　　し）」
　　「わた（綿）、わな（罠）、わく（沸く）；あわ（泡）、かわく（乾く）、よわし（弱
　　し）」

などを、それぞれ現代音で

　　「ハシ、ハナ、ハル：アワ、カワル、コワシ」
　　「ワタ、ワナ、ワク：アワ、カワク、ヨワシ」

と読んでいるが、これはその文献が書かれた時代の発音ではない。にもかかわ
らず、その間には次の対応法則が成り立つことを無意識に利用している。（こ
れらの単語の間には相互に何ら意味的な関係がないことにも注意。）

「は」は語頭ではハ、語中ではワ、「わ」は語頭・語中を問わずワ

この対応関係があるからこそ、過去の発音とは違っていてもその連続性が保証
される、つまり同一扱いされるのである。だからこそ、我々は昔の発音がわか
らなくても「読める」のである。ただし、この規則さえ覚えれば、語中の
「は」と「わ」が一緒になっても（2対1対応）古文を現代音で読むことはでき
るが、逆に現代音の方から見ると、語中のワは古文では「は」と「わ」の2通
りある（1対2対応）ので、どちらであるかは単語ごとに覚えておかないと書け
ないことになる。この対応の原理は同時に音変化の原理でもある。すなわち、
合流は起こるが、分裂は音韻的な条件がないかぎり起こり得ない（一度合流し
てしまえば、元の区別はわからなくなる）のである。「は」がハとワに分裂した
のは、語頭と語中という音環境の違いがあったからである。史的な研究を行な
う場合は、十分に自覚して明示的に取り扱う必要がある。

　本書の著者は、これまでも『日本語の系統』などで「比較方法」を詳述し、
それを一層厳密な形にしてきたが、日本語とアルタイ諸言語など外部の言語と
の同系関係は証明されていない（もとより、無関係という証明もできない）とい
う結論からもわかるように、その祖形の「再建」を積極的に論じたものではな
かった。しかし、本書では、同系であることが証明済みである日本語内の諸方
言（本土諸方言、琉球諸方言、かつての東国方言の流れを汲む八丈島方言など）
を対象に据えて、それらの関係がどのようであったかを考察し、その祖形がど
のように再建されるかを、特に母音に関して具体的に論じている。その点で、
本書は題名のとおり「日本祖語の再建」に焦点を当てた論文集である。

　最初にも述べたように、本書は比較方法の原理をわかりやすく説いており、
その意味では比較研究の教科書としての側面をもつ。と同時に、特に第6章の
あたりを読むと、実際の再建においてはさまざまな問題があり、仮説を立てて
はそれを何度も修正していかなければならないこと、しかも自分の立てた仮説
を廃棄・修正することがいかに困難であるかということがよくわかるはずであ
る。課題は多く残っている。答えのわかっていない課題を明らかにするのが研
究である。その意味で、本書は研究書・実践書としての側面ももつ。

　折しも、琉球諸方言の研究が盛んになり、比較研究も進んで「日琉祖語」の

viii——解説（上野善道）

名前で呼ばれるその実体が徐々に明らかになりつつある。その流れを一層推し進める上でも、本書の出版は役に立つものと信ずる。

　なお、ユネスコの提言以来、「琉球（諸）方言」は「琉球（諸）語」（個別には奄美語、沖縄語、与那国語など）の名前で呼ばれることが一般化してきている。しかし、それはユネスコがある判断からそう呼ぶことにしただけで、「言語」であるか「方言」であるかの区別は言語学的に客観的な線が引けるものではなく、相違の程度に加えて、政治・社会言語学を中心とするさまざまな観点から分けられている（あるいは、分けずに便宜的に用いられている）に過ぎない。ましてや、「言語」であれば重要で、「方言」であればそうではない、などということは全くない。また、同系関係にあるということは、言葉を換えれば、同一言語（祖語）の方言関係にある、ということでもある（同系関係が証明されていなければ別の言語で、方言ではありえない）。ここでは、著者が多く使っている「琉球（諸）方言」を用いているが、「琉球（諸）語」と呼んでも、その主張には何ら影響しないことに留意されたい。「八丈語」と「八丈（島）方言」についても同様である。大事なのは言語か方言かでも、また祖語の名称でもない。それを構成する諸言語がどのような関係にあるかを明らかにすることにある。

　関連して、本書の「日本祖語」と、近年言われる「日琉祖語」とは、完全に同一とは言えない。本書の「日本祖語」は、かつての東国方言も含むもので、その内部関係はさらに研究を進めなければならない。その関係が解明された後で、その頂点に立つ大本の祖語をどう呼ぶかは、その段階で適切な名前を考えればいいことである。

編集方針

論文収録

　編者に渡されたリストは、1987年10月時点で著者自らが選んで配列したものを岩波書店編集部が入力した電子ファイルで、再編成後の本書の章立てで言えば、第1, 2, 9, 17, 3, 20, 4, 10, 11, 5, 12, 6, 7, 8, 14, 19(19は関連する2編を統合)の各章に相当する17編が、1962年4月から1987年7月まで発表年月順に並んでいた。そして、これらのほかに、後出の4編が含まれていた。それら

21編の後に、子息の服部旦氏が後で付け加えた関連候補論文16編、検討参考論文7編の計23編が並んでいた。

　それを受け取ってすべての論に目を通した後、全部を含めると大部で相当に高額なものにならざるを得ないという出版社からの話を受けて、選択（むしろ割愛）の基本方針を2点定めた。論文集にすでに再録されていて入手の容易なもの、および「日本祖語の再建」という主題からはやや離れていると認められるものは、その重要性に関わりなく割愛するしかないという判断をした。一定の価格内に収めて、将来のある若手研究者に買って読んでもらえるという目的を優先した選択である。

　最終的に割愛した4編は、「日本語の起源」は服部旦編(2000)『服部四郎沖縄調査日記』(汲古書院)に含まれることから、『魏志倭人伝』と実際の地形の両方を著者の言語学の研究手法に従って分析して「邪馬台国熊本市説」を提唱した長編の「邪馬台国はどこか」と「同 統論」は服部四郎(1990)『邪馬台国はどこか』(朝日出版社)として刊行されていることから、そして「アクセントの音声表記と音韻表記」(『月刊言語』12(9)：104-107)はテーマの点から、見送ることになった。特に『邪馬台国はどこか』は日本祖語との関連で考察したもので、琉球諸方言の直接の祖語は日本祖語から分岐発展した3世紀初めの「くまそ方言」であろうとしているので、別途参照されたい。

　旦氏による追加分に関しても同じ方針で臨み、ほかの論と内容が重なるもの、むしろ一般音声学の分野とすべきものは割愛し、本書の関連テーマであっても、その出発点となる他者の論も掲載して照らし合わせながら読まないと理解が難しい批判論文等も、全体の量を考えて断念した。その結果、関連候補論文からは第16章の「沖縄の言語と文化」、第13章「橋本進吉先生の学恩」((一)と(二)を統合)、第15章「過去の言語の音韻共時態再構の方法」((上)と(下)を統合)を取り入れた。検討参考論文からは、「急を要する琉球諸方言の記述的研究」の1編を第18章として加えることにした。

　旦氏追加分で見送ったのは下記のとおりである(『日本語の系統』に再録済みのものは除く)。

　「大野晋著『日本語の起源』」『図書新聞』1957年10月26日。

x──解説（上野善道）

「日本語と朝鮮語の分れ 3 千年よりは前」『新潟日報』1983 年 10 月 16 日。

「金田一春彦君への質問とお願い」『月刊言語』9 (6)：154-160、1980 年 6 月。

「柴田武君の奈良時代日本語八母音音素説を駁す」『月刊言語』10 (2)：85-89、1981 年 2 月。

「本誌前号所載の拙論への補説」『月刊言語』10 (3)：95、1981 年 3 月。

「柴田君へのお答え」『月刊言語』10 (5)：114-122、1981 年 5 月。

「「柴田君へのお答え」への注」『月刊言語』10 (11)：106-107、1981 年 11 月。

「毛利正守氏の「萬葉集ヤ・ワ行の音声──イ・ウの場合」について」『月刊言語』11 (8)：94-97、1982 年 8 月。

「日本語の「ザ行音」と「ダ行音」」『月刊言語』12 (1)：92-93、1983 年 1 月。

「東京、亀山、土佐、首里の諸方言の frontal obstruent について」『月刊言語』12 (2)：84-87、1983 年 2 月。

「蒙古諸言語の「*i の折れ」」『月刊言語』12 (6)：109-113、1983 年 6 月。

「王育徳君著『台湾語入門』『台湾語初級』」『月刊言語』12 (10)：115-119、1983 年 10 月。

「蒙古諸言語の「*i の折れ」再説（上）」『月刊言語』12 (11)：101-105、1983 年 11 月。

「蒙古諸言語の「*i の折れ」再説（下）」『月刊言語』12 (12)：105-108、1983 年 12 月。

「Distinctive Feature について──paper phonetics 的思考を防ぐために」『月刊言語』13 (1)：249-253、1984 年 1 月。

「中古漢語音と上代日本語音──paper phonetics 的思考を防ぐために」『月刊言語』13 (2)：108-113、1984 年 2 月。

論文配列

　元の発表年月順の配列は、著者の思考の過程を追う上では便利であるが、テーマが飛び飛びになって読者が全体を理解する上では必ずしも便利ではないと

考えて、内容に応じた章立てにすることにした。その結果が、目次に見るような、第 1 部「日本語の系統」、第 2 部「日本祖語について」、第 3 部「上代日本語の母音体系」、第 4 部「琉球諸方言および本土諸方言」、の 4 部立てである。

第 1 部は総説的なもの、第 2 部は 22 回に及ぶ長期連載の「日本祖語について」が中心で、それをそのままタイトルとした。八丈島方言や、琉球方言と本土方言の関係を扱った論もここに収めた。第 3 部は上代日本語の母音を扱った論で、著者の立場が明確になるよう「母音体系」とした。最後の第 4 部が琉球諸方言と本土諸方言の各論的なもので、その終わりに、基礎語彙統計学の立場から全国諸方言の位置づけをした論を置いた。各部の中はできるだけ関連の深い論を並べ、理解がしやすくなるように努めた。各論文については、後半に私見も交えた簡単な解説を添える。

編集校正

まずは当然のことながら、正誤表が出ているもの、著者自身が誤植等を訂正していた部分はそれに従って改めた。

次に、具体的な作業に入るに当たっては、著者自身の論文集『アルタイ諸言語の研究』Ⅰの「序文」にある次の言葉を手本とすることにした。

学術論文といっても、コミュニケーションの成立することを目標としているのだから、その障碍となるような表記法はよくない。当然、現代かなづかいと新字体の漢字を用い、仮名ばかり長く続いて読みにくく成らないように、適当に漢字を混ぜたので、表記法自身はかなり変わったけれども、学問的内容は改めないようにした。【中略】数字は、際立つと同時に数を把握し易いアラビア数字に殆んど改めた。

すなわち、原文の忠実な再現でも、原文とその修正とを逐一明示したいわば校訂本の作成でもなく、今の若い人たちが素直に読める形で、同時に著者の考えは変えることなくしっかり伝わるような形のものにすることを基本方針とした。

その方針に合わせて、さまざまな表記の不統一は、断わりなしにできるかぎり統一した（原則を定めたが、実際の校正では各表記の出現数も考慮して決め

xii——解説（上野善道）

た）。旧漢字（正字体）も新字体に改めた。人名も、「東條操、宮良當壯」などとあるところは「東条操、宮良当壮」などとした。ただし、「頸」と「首」など、著者が意図的に使い分けていることを知っている箇所や「上田萬年」はそのままとした。送り仮名も、著者が意図的に使っていると見なしたところ以外は、通常のものに変えた。常用漢字（の音訓）を基本とし、それ以外の漢字を仮名に直したところもある（上記引用の最後の部分で言えば、「把握しやすいアラビア数字にほとんど改めた。」というような形にした）。数字は、著者の方針に従って算用数字を基本とした。そのため、一般の慣用よりも算用数字が多くなっている。著者自身の過去の論文からの引用部分もこれらの方針で揃えた。

　その中で、「～を（～に）変化する」（「～を（～に）変化させる」ではない）という「変化する」の他動詞用法と、「～を固執する」（「～に固執する」ではない）という表現は、数もそれなりに現れ、一時代前までの用法であったことがわかっているので、資料的な側面からそのまま残すことにした。1例だけある「考え換える」もそのままとした。

　他者の論文からの引用は、原則として元のままとしたが、数字などの表記は統一したところもある。その場合でも、当然ながら、内容に手を加えることはしていない。

　引用箇所は、その文言から具体的なデータに至るまで、可能なかぎり原典に当たって確認をし、単純な誤りと認めたところは、これも断わりなしに正した。ただし、論旨に影響する可能性があると判断したところは、〔 〕に入れて補注としてその旨を記した。手書きの中国資料に関しては、漢字の異体字の判断ならびにその印刷が難しく、注記を断念した箇所もある。また、注記をしたものの一部は、著者自身が同様の判断をしていた可能性もある。引用原文に〔 〕が含まれていた場合は、その旨を注記するか、適宜[ ]か( )に置き換えた。

　引用文献情報についても、元に当たってその参照ページ数、開始と終了のページ数も示すなど、必ずしも〔 〕に入れずに形式を整えた。文献類は、「参照文献」として巻末にまとめて掲げ、その後、論文集などに収録されているものは、わかるかぎりその情報も追記した。

　これらの原典との照合・校正には平子達也氏の協力を得て、2人で二重チェックをして誤りのないように努めた。ただ、原典が図書館にもなかったり、版

解説（上野善道）——xiii

が違っていたりして、確認できないものが最後まで数点残った。

　本文の注は章末にまとめた。文献注は原文では伝統的な形式になっていたが、現在一般的になっている「著者名（刊行年）」の形式に全面的に書き換えた。その際、原文の「〇〇〇〇氏は」などの部分はできるだけ生かしながら、そのあとに（〇〇 1980: 19–20）のようにした。冗長にはなるが、原文の「先生、氏、君、さん」は著者が自らとの関係を示しているものなので、これを削除することは避けた。また、フルネームにしてある箇所（通常は初出箇所および同姓者）もそのまま生かし、名字だけにすることも避けた。近年の名字だけの方式では同姓者のうちの誰であるかわからないので不適切である、という著者の考えを反映したものである。刊行年情報は「1980（昭和 55）年」のように、西暦と元号を併記した。この併記方式は、文献に限らず、本文一般にも用いた。元号から時代風潮も伝わるという著者の考えを守りたいという、服部旦氏からの提案を受けたものである。文献だけの注は本文の中に埋め込んだ。

　地名などの読みにくい固有名詞には〔　〕なしにルビを振った。特に奄美・沖縄の地名は、公的な読みか方言読みかで発音の異なるものが多いが、公的読みを原則とした。方言読みは仮名表記が難しいこともあり、編者が調査をしておらず方言読みの不明な地点があるからでもある。公的読みはひらがな、方言読みはカタカナとしたが、後者は奄美喜界島の「阿伝（アデン）」のように、著者自身が振っているところに限られる。ごく一部、編者の現地調査で何人にも確認した結果と違っていたところは、断らずに直すか、必要な補注を加えた。

　方言調査で取り上げられるような町村名は、特に平成の大合併のあとは変更されているものが非常に多い。それらには補注の形で現在の市町村名を入れた。

　本文中には、「これについては後述（する）」「後に説く」という類の表現が頻出するが、ほとんどの場合、どことは特定されていない。これも可能なかぎり該当すると見られる箇所を探して注記するように努めた。この作業も平子氏の協力によるところが大きい。ただし、直後に述べていて自明の場合、あるいはどこと特定できない場合は、適宜この字句を省くか、注記なしとした。

　これらの作業によって、本書がより読みやすく、より理解しやすい形になっているものと思う。ただし、著者の意図をゆがめた点があったとしたら、すべて編者の責任である。お気付きの点はご指摘いただければ幸いである。

xiv──解説（上野善道）

各論文の簡略解説

第1部　日本語の系統

第1章　日本語の系統(1962)

　　本書は独立した論考を集めた論文集ではあるが、その全体の導入かつ概説
となっている論。言語の系統とはどういうことかをわかりやすく説き明かす。
日本語の系統は不明だが、日本祖語は 2000 年ほど前に北九州で話されてい
たものと想定することはできる、とする。が、同時に、他にもさまざまな可
能性があり、言語学的に再建される日本祖語は、いつの時代にも、どこにも、
かつて話されたことのない仮説的概念に過ぎないこともありうる、と述べる。
この最後の可能性は十分に注意する必要がある。研究者によっては、祖語と
はそもそもそういうものと考える人もある。

第2章　日本語はどこから来たか？(1967)

　　この問いを「日本人はどこから来たか」と同一視する人がいることに対す
る注意から始めて日本語の系統に説き及ぶ。著者の考える可能性とその蓋然
性を示しながら、単純明解な結論の出る問題ではないとする。ここに、「可
能性」とは有無を、「蓋然性」とはその程度を表わし、「可能性の蓋然性」が
あることになる。著者の論全般を理解する上で重要な区別である。

　　なお、この論文は改行が少なく、その中に長い引用文も含まれていたので、
改行や字下げなどの形式面でかなり手を入れて読みやすくした。

第2部　日本祖語について

第3章　八丈島方言について(1968)

　　八丈島方言は東歌に見られる東国方言の系統を引く非日本祖語系方言が本
州東部方言の同化を受けつつ成立したもの、とする仮説を裏付ける調査資料
を提示した論文。特に、形容詞連体形の「長ケ（〜）」、動詞連体形の「立ト
（〜）」など形態論的特徴に着目し、後者の形から琉球方言との関係に関して
重要な仮説を導いている。

　　先行研究も参照しながら編者なりに八丈島以外の東国方言的特徴に関して

解説（上野善道）——xv

補足をすると、この形容詞と動詞の（終止形と区別される）連体形は、八丈島・青ヶ島の他に、信越国境にまたがる秋山郷にも報告がある。他の特徴の例もいくつか挙げると、動詞否定形（「書カノー、起きノー」など）。Cf. 東歌のナフ）が山梨県早川町奈良田、静岡県井川村（今は静岡市）にある。動詞の促音便（「飛ッデ、泳ッデ」など）が八丈島、伊豆利島、山梨県奈良田（終止形は「飛ッドー」）、長野県開田村（今は木曽町）、岐阜県徳山村戸入（ダムに水没）、新潟県魚沼地方などにあり、さらに名詞でも「貧乏」を「ビッボー、ビッポー、ビッポ」などと言う（秋山郷なども名詞には出る）。この促音の出現から考えると、私見では、音韻面でも東国方言の濁音は前鼻音を伴っていなかったことが推定される。東国方言に関連する論をいくつか示しておく。

馬瀬良雄 編(1982)『信越の秘境 秋山郷のことばと暮らし』第一法規出版。
金田一春彦(1967)「東国方言の歴史を考える」『国語学』69: 40–50。
上野善道 編(1989)「音韻総覧」徳川宗賢監修『日本方言大辞典』下、小学館。

東国方言の特徴（上にはその一部を掲げた）を保持すると見られる方言の調査研究はまだまだ不十分である。それなのに、これらの方言も危機に瀕している。たとえば奈良田集落は、一番若い住人でも60代半ばである。若者が方言を話さなくなっているのではなく、若者がいないのである。これは日本の方々の集落で起こり得る近未来の姿である。人なくして言葉の存続はありえない。琉球方言の陰に隠れた形になってしまっているが、特に史的な重要性を考えたとき、これらの本土方言にもより一層着目する必要がある。

第4章　琉球方言と本土方言(1976)

本格的な日本祖語論を展開した、いろいろの点で注目される重要な論文。最も大きな主張は、当初は「日本曽祖語」を立て、それがまず奈良朝東国方言と日本祖語とに分かれ、次いで日本祖語が奈良朝中央方言と琉球方言に分かれたとする仮説であったのを廃棄して、「日本祖語」から奈良朝東国方言、同中央方言、琉球方言の3者が別々の方向に分かれたとする仮説に変わった点である（ただし、3者が同時に分岐したという確証はないとする）。これに伴い、日本祖語から奈良朝中央方言への母音の変遷仮説も大きく転換するこ

xvi──解説（上野善道）

とになる。この後の服部説の根幹は、この論をもって基本枠が定まった感が
ある。

第5章　日本祖語の母音体系(1976/6/22)

　新聞掲載の短い記事ながら、第4章のまとめとなっている。第4章の新し
い仮説により、「音韻法則の例外」が説明できるようになったことをわかり
やすい例で説く。古い仮説を捨てることの困難さと、多少の例外は付きもの
だとせずに、例外の「なぜ」を追究していくことの重要さが伝わる。(細か
い資料を1つ補強しておくと、編者の青森市調査では「水」は[mẽdzı]が得
られている。)

第6章　日本祖語について(1978-79)

　22回にわたって連載された、本書の中心をなす論考。「日本祖語」という
術語の説明から入って比較方法の発達史を振り返り、その日本への導入・受
け入れをチャンブレン(チェンバレン)、ポリワーノフ、伊波普猷を中心に取
り上げながら、著者自らの研究と比べて批判的に論ずる。その研究史を通し
て「琉球方言と上代日本語と日本祖語」という主題に入っていく。

　話は多岐にわたり、しかもそれぞれ深いテーマなので、ここに逐一取り上
げることはしないが、生きている言語のフィールドワーク(音声言語調査)、
書かれた過去の言語の文献言語調査、それを扱う比較方法という理論、この
3つがこの分野の研究に不可欠であることを実例でもって示しており、著者
がこの3つの能力を兼ね備えた稀有な存在であることが伝わってくる。氏を
評して言語学を文献学から独立させた人とする見方もあるが、著者にとって
はそれは当たっておらず、音声学も文献学もすべて氏の言語学の一部であり、
言語を解明するための必要な手段に過ぎない、ということになるのであろう。

　その巨人の雄編ではあるが、そうは言っても、これだけ広い分野にわたっ
ており、しかも40年前の仕事である。むしろ、発展の余地のある研究テー
マの宝庫であると捉えてその研究を進展させていくことこそ、この論文を読
む者の務めであろう。編者も、わずかその最後の2回分(第21回と第22回)
の論(と本書には含まれないが、服部1967aのアイヌ祖語のアクセント)につ
いてだけではあるが、私見を発表したことがある。

上野善道(2017)「長母音の短縮から核が生ずるか——服部仮説を巡って」『アジア・アフリカ言語文化研究』94: 345–363。

本章の最後に取り上げられている『枕草子』の「ひてつ車に」については次がある(安田 2015 の補説も参照)。

安田尚道(1992)「『枕草子』の「ひてつくるまに」——沖縄などの方言における個数詞ヒテツ(1 個)をめぐって」『国語と国文学』69(11): 87–95(安田(2015)『日本語数詞の歴史的研究』武蔵野書院、197–211 に改題所収)。

中国資料に関しては、たとえば下記があり、他の研究も引用されている。

多和田眞一郎(2010)『沖縄語音韻の歴史的研究』溪水社。
石崎博志(2015)『琉球語史研究』好文出版。

なお、組版の都合上、第 6, 10, 15 回と第 5 節の始まりで改頁とした。

第 7 章　琉球語源辞典の構想(1979)

　　第 4, 6 章からの発展を講演で話したものの活字化。現代京都方言等のキに対して琉球方言ではチが対応するのが原則であるが、「木」はどちらもキである等の例外がいくつかある。これを単に例外とはせず、しかもいわゆる甲乙の区別をもつ奈良朝中央方言から導き出すのでもなく、その元の日本祖語の形を再建することにより、例外が解消して歴史が見えてくるとする。その上で、琉球方言には「A 時代、B 時代、C 時代(現代を含む)」の 3 つの相対年代が比較方法によって導き出されるとし、「語音翻訳」や『おもろさうし』などの文献からその位置づけに迫り、琉球漢字音の話題まで取り上げている。

　　最後に琉球語源辞典の構想を語り、方言記述調査(「ない」ことの記録も含む)、古文書類を含む過去のあらゆる文献、碑文・歌謡等々の集成、会話語の記録、さらに文典(文法書)の必要性を説く。

第 8 章　音韻法則の例外——琉球文化史への一寄与(1979)

　　前章の発展で、首里方言に多数見出される漢(字)語借用語は、中国語から直接入ったものはごくわずかで、ほとんどが本土漢字語を取り入れたものであり、しかもその音形(琉球漢字音)を対応規則に基づいて精密に考察すると、

xviii──解説（上野善道）

その成立年代も推定でき、先の「A時代、B時代、C時代」がいつごろであったかも、ある程度推定可能だとする。音対応の例外の徹底した探求という、傍から見ると一見現実性のない空論と思われかねない考察が、琉球文化史の解明に大きく寄与することを示す画期的な論。同時にこのことは、琉球王国の人々が中国(明・清)よりも日本に対して親近感をもっていた証拠ともなるとする。

第9章　やま、もり、たけ(1967)

　　再建は、一般には音に関して行なわれる。しかしながら、言語の変化は音だけではなく意味の面でも起こる。琉球方言を中心にしながら辞典類で全国を見渡し、その意味の再建に挑んだ論。音法則のような規則性は認められないので、意味の再建はそれだけ難しくなり、従来「原義」と言われていたものに近くなるであろうが、著者は意味を「意義特徴」に分析してそれが日本祖語までさかのぼるかを検討しており、今後さらに発展させるべき領域である。なお、題名が「山、森、岳(嶽)」となっていない点に注意。漢字は本来のものとは違う意味を思わせてしまうおそれがあり、音形だけを示したものであろう。たとえば「もり」は《丘》の意味で使われるところが多く、むしろ「盛り」が近い。

　　音の対応を求めるときは、意味の同一性を前提としている。しかしながら、現実には意味もまた変化しており、意味がずれた単語を比較することも少なくない。解説の冒頭で「基本的な意味を等しくする単語どうしを比べ」として「基本的な」を付けた理由である。しかし、他で音対応が明らかになっていてその規則に合致していれば、意味がかなりずれていても問題なく同源語という認定ができ、むしろそこから意味変化の考察が可能になる。「風呂」と「フ(ー)ル」《豚小屋便所》など、関連する項目がいろいろ思い浮かぶ。

第3部　上代日本語の母音体系

第10章　上代日本語の母音体系と母音調和(1976)

第11章　上代日本語のいわゆる"8母音"について(1976)

第12章　上代日本語の母音音素は6つであって8つではない(1976)

第13章　講演「橋本進吉先生の学恩」補説(1983)

解説（上野善道）——xix

第 14 章　奈良時代中央方言の音韻の再構について(1983)

第 15 章　過去の言語の音韻共時態再構の方法——「上代日本語」を例として
(1983)

　この第 10 章と第 11 章は、著者の論にしては珍しく内容の重複が目立つが、
挙例の違いなどがあるので、そのまま両者を収録することとした。

　第 3 部は一括して述べる。橋本進吉による「上代特殊仮名遣」の再発見と
体系づけの講義を聞いた著者は、その推定音価に修正を加えたあと、イ列と
エ列の甲乙の区別は先立つ子音の口蓋化の有無によるもので母音「音素」は
同じであり、一方、オ列甲乙の母音は音韻的に対立する別音素という解釈を
1959a から一貫して取っている。そして、オ列の「甲、乙」は他と性質が違
うことから、これを「陽、陰」という別の用語で呼ぶべきとする。

　この立場から、通説の 8 母音音素説はこれを厳しく排し、7 母音音素説も
退け、さらに内的再建に基づく松本克己 5 母音音素説も、手法は評価しなが
らも、オ列の 2 つの母音はやはり対立すると主張する。また、有坂秀世の
「音節結合の法則」は母音調和の名残りと見るが、アルタイ諸言語や朝鮮語
のそれとは著しく異なるとする。

　著者はイ列エ列の甲乙の対立は口蓋化の有無によるとする点では一貫して
いるが、その音韻解釈には変遷がある。今、キの甲乙とヤ行頭音の順で示す
と、次の 3 段階を経ている。（以下の /ǐ/ は著者の /ĭ/ に同じ。）

　　　服部 1959a 等　　　　　　服部 1976f　　　　　　服部 1983
　　/kji/ と /ki/ と /ǐ/　　　/kⱼi/ と /ki/ と /j/　　/ki/ と /kᵖi/ と /j/

すなわち、甲の子音に口蓋化する音素 /j/ を立ててヤ行は半母音の /ǐ/ とし
ていたのが、1976f ではそれぞれ記号を /ⱼ/ と /j/ に変えている。いずれの
場合も拗音(/kja/ など)がまだ存在せず、両者は別音素であるとしている点
は同じだが、一般音韻論から見て、/j/ は /u, o, a/ の前に現れやすく、/ⱼ/ は
先行子音音素と結合してのみ出て、かつ /i, e/ の前に現れることなどが根拠
となっている。ところが、1983 では、/i/ の前が口蓋化するのは当たり前
（無標）であって表記も普通の /ki/ にし、口蓋化しない乙の方が「結びつき
方が普通ではない」ことを表わすために子音と母音との間に /ᵖ/ を入れて示
す方式に変えている。

xx——解説（上野善道）

　その音声実質の説明は /ʲ/ でもよくわかる。しかし、問題はこの /ʲ/ の音韻論的位置づけが何であるかである。この疑問は当然起こることで、たとえば小倉肇(2011: 24)や早田輝洋(2017: 59)も問題視している。両者とも 6 母音音素体系という点は服部と同じであるが、小倉は結論としてむしろ服部の初期の 1959a 案を取るとし、早田は出力の音声形は全く服部と同じであるが、入力形にその出力と 1 対 1 対応する音素レベルは不要である（従って、問題となる / / 表示はそもそも設けない）とする立場を取っている。

　　小倉肇(2011)『日本語音韻史論考』和泉書院(所収の小倉(1987)「上代日本
　　語の母音体系(上)」『弘前大学国語国文学』9: 左 1-15 への補注)。
　　早田輝洋(2017)「上代日本語の母音」『上代日本語の音韻』岩波書店、53-
　　68(初出は早田(2009)「上代日本語の母音」『水門　言葉と歴史』21: 1-13)。

　　一方、松本克己(1995)の第 2 章「上代語「5 母音説」——その後の展開」は、類型論と普遍性の観点から 5 母音説を再述している。他の先行研究にも触れている。

第 4 部　琉球諸方言および本土諸方言

第 16 章　沖縄の言語と文化(1968/1/24)

　沖縄の言語と文化は、本土のそれとは異なる発達経路をたどったもので、本土で失われた古代の特徴を保存している点も多く、日本語・日本文化史の研究にとって貴重きわまりないものだと説く。と同時に、古代語の姿を丸ごと保っているのではなく、本土にはない改新も起こっていることの注意も忘れない。とかく古代語そのものと思いがち、あるいは思いたがりがちだからである。また、5・7・5・7・7(31 文字)の和歌と、8・8・8・6(30 文字)の琉歌は、やはり一方から他方が出たものではなく、共通の祖形から別々の方向に変化したものとする比較言語学の考え方に基づく説を述べている。

第 17 章　〈書評〉平山輝男著『琉球方言の総合的研究』(1968)

　書評ではあるが、実はその中で服部音韻論を展開している。奄美大島佐仁方言の鼻母音を平山とは違って /m/ と解釈し、あわせて、喜界島阿伝方言

の鼻母音は /ŋ/ と解釈する案を提示している。従うべき説である。なお、朝鮮語大邱方言の鼻母音は「鼻音＋母音」と解釈している。（ちなみに、朝鮮語の鼻子音が落ちて鼻母音になる発音と、鼻子音が発音されて鼻母音にはならない発音は、ともに同じ音韻的構造だが、異なる文体的レベルに属する、としている。服部(1968b＝1989: 329)。）

　一体、著者は、書評や他の本の「はしがき」、祝辞などに、一つの論文に相当するような内容や情報を含むものをしばしば書いていることを忘れてはならない。沖縄関係で言えば、たとえば、仲原善忠・外間守善(1967)『おもろさうし 辞典・総索引』(角川書店)の「はしがき——琉球の言語と文化の研究方法について」、服部(1987)「琉球方言クラブの30周年を祝って」『琉球方言論叢』pp. 5–10(服部旦 2008: 273–283 所収)などの例がある。しかし、これらが「論文」でないためか、あまり注目されないらしく、上記の奄美方言の音韻解釈を知らずにいる人も多いのは残念である。

　書評に戻ると、奄美・沖縄方言の母音変化に関する平山説(それは同時に通説)をも、奈良朝時代の母音解釈の立場から批判し、奄美方言と首里方言は、いずれとも異なる祖形から別々の方向に変化したものだとしている。

第18章　急を要する琉球諸方言の記述的研究(1973)

　沖縄に対する深い思いに裏付けられながら、特にその若い世代に向かって話し掛ける口調で琉球方言の重要性と調査研究の緊急性をわかりやすく述べる。その学問的な姿勢を少しも緩めずに、なすべきことと、それがなぜ必要なのか諄々と説いている。方言を非現代的な過去の遺物と見る感情から生ずる方言調査研究に対する抗議——最近は随分情勢が変わってきたものの、かつては学者の業績稼ぎのためだろうと非難される経験もしたらしい。服部旦(2008: 4, 244 など)参照——に対しては3つの回答が用意されている。そのうちの3番目に、「1つの言語(方言)に顕在している特徴はすべて普遍的である」という著者独自の言語観が述べられている。ここから、すべての言語・方言はどれも掛け替えのない存在であることが導かれる。

第19章　日本語諸方言のアクセントの研究と比較方法(1985, 1987)

　一言で言えば、日本語諸方言アクセントの史的研究にも正しい「比較方法」が不可欠という主張である。「その祖形から現在までに知られているす

べての方言(『名義抄』方言も含む)の実在形への通時的変化が無理なく説明できる」という比較方法による祖形再構の作業原則の例が書かれてあり、もし新しい方言が発見されてその祖形では説明がつかなくなった場合は、祖形を立て直せばよいとする。

　これは重要な点で、ある仮説では説明できない新たな方言の例が見つかると、その仮説が間違っていたという言い方がよくなされるが、それこそ間違いである。祖形とは、あくまでも、それまで得られているすべての例を説明するための仮説なのだから、説明できない例が見つかった場合はそれも説明できる形に組み替えるのは理の当然である。逆に、比較方法による理詰めの推論による仮説ではなく、勘による推測とたまたまうまく合う例が見つかったとしても、それは推論の正しさの証明にはならないことになる。

　後半の秋永一枝・金田一春彦批判に関して、著者も常に*Xを立ててそれからの変化とするわけではなく、地理的に連続している地域のA体系とB体系の間ではA→Bの変化も認めている旨の記述がある。しかしこれは、誤解を受けかねない書き方だと考える。編者の理解するところでは、そしてそれは著者の考えでもあると思っているのだが、直系の子孫でないかぎり、変化のモデルは常に一つで、下記のものしかないと考える。

　一見A→Bの変化のように見えても、それは上記の*X＝Aの特例に過ぎず、変化としては、やはり上の図式に当てはまるものである。Bは、今のAから直接変わったのではなく、もと*A(＝*X)であった段階から変化したものと考えるからである。その間、Aは不変化だったのである。

　なお、本論文の対象となっている編者の考えについて余計な紙面を使うべきではないが、1点だけ補うと、その下降式仮説は、本文に書かれているように本土方言について考えたものではあるが、琉球方言のいわゆるA類についても当てはまる、すなわち日本祖語にまでさかのぼるものと考えている。

　別の話になるが、章末の「付記」も見逃せない情報を含む。著者の視野は広く、単に言語事実だけに限られていたのではなかったことがわかる。

解説（上野善道）——xxiii

第 20 章　方言区画論・周圏論と基礎語彙統計学(1970)

　　基礎語彙統計学とは、以前の言語年代学を改称したものである。言語年代
学はさまざまな批判を受けてきたが、この論文は同系である日本語諸方言の
みを扱っていてその対応関係もはっきりしていること、および、分岐年代よ
りも、基礎語彙における相互の相対的距離を扱っていることから、そういう
批判とは独立に読むことができる。

　　注目されるのは、東京と京都の相対的距離が最も近いこと、八丈島方言が
孤立していること、周辺分布の共通性は見られるものの、全体として八丈と
宮古・首里・奄美は互いに最も遠いことなどで、結論として、本土対琉球の
2 大別に代わる、本土、奄美・沖縄、宮古の 3 大別、あるいは八丈も加えた
4 大別の可能性も考慮しなければならないとする。

xxv

目　次

解　説（上野善道）

第1部　日本語の系統

第1章　日本語の系統 …………………………………………………… 3
　1　言語の「系統」とはどういうことか　3
　2　日本語と同系の言語は？　9
　3　言語年代学　11
　4　日本語の起源と成立　14
　　注　20

第2章　日本語はどこから来たか？ …………………………………… 23

第2部　日本祖語について

第3章　八丈島方言について …………………………………………… 39

第4章　琉球方言と本土方言 …………………………………………… 45
　1　はしがき　45
　2　琉球方言と本土方言の親族関係　46
　3　琉球方言と本土方言の分岐年代に関する伊波先生の説　50
　4　日本祖語が奈良朝中央方言より
　　　古いと考えられる言語的徴憑について　56
　5　言語年代学について　69
　6　方言的差異の原因となった住民移動について　74
　　注　79

第5章　日本祖語の母音体系 …………………………………………… 83

第6章　日本祖語について ……………………………………………… 87
　1　「日本祖語」という術語とその概念について　87
　2　比較方法の発達　89

xxvi──目　次

> 3　日本祖語の母音に関する研究の進歩　93
>
> 4　琉球方言と上代日本語と日本祖語　133
>
> 5　日本祖語に関する 2, 3 の問題　335
>
> 注　369
>
>> 初出時の連載回
>> 第 1 回　87〜／第 2 回　97〜／第 3 回　107〜／第 4 回　120〜／第
>> 5 回　133〜／第 6 回　142〜／第 7 回　152〜／第 8 回　171〜／第
>> 9 回　183〜／第 10 回　193〜／第 11 回　203〜／第 12 回　216〜
>> ／第 13 回　230〜／第 14 回　244〜／第 15 回　260〜／第 16 回
>> 272〜／第 17 回　279〜／第 18 回　294〜／第 19 回　305〜／第 20
>> 回　319〜／第 21 回　334〜／第 22 回　349〜

第 7 章　琉球語源辞典の構想 ……………………………………… 403

　　　　注　438

第 8 章　音韻法則の例外──琉球文化史への一寄与 ……………… 439

　　　　注　470

第 9 章　やま、もり、たけ………………………………………… 473

　　　　注　484

第 3 部　上代日本語の母音体系

第 10 章　上代日本語の母音体系と母音調和 ……………………… 487

　　　　　注　504

第 11 章　上代日本語のいわゆる"8 母音"について …………… 507

　　　　　注　526

第 12 章　上代日本語の母音音素は 6 つであって 8 つではない…… 529

> 1　序　説　529
>
> 2　表層的音韻構造の考察　530
>
> 3　オ段の母音音素は /o/ と /ö/ の 2 つである　531
>
> 4　イ段・エ段の母音音素はそれぞれ /i/ /e/ の 1 つずつである　537
>
> 5　結　語　543
>
> 注　543

目　次——xxvii

第13章　講演「橋本進吉先生の学恩」補説 …………………… 545

第14章　奈良時代中央方言の音韻の再構について …………… 557

第15章　過去の言語の音韻共時態再構の方法 ………………… 563
　　　　──「上代日本語」を例として
　　注　574

第4部　琉球諸方言および本土諸方言

第16章　沖縄の言語と文化 ……………………………………… 577

第17章　〈書評〉平山輝男著『琉球方言の総合的研究』………… 581

第18章　急を要する琉球諸方言の記述的研究 ………………… 589
　　注　596

第19章　日本語諸方言のアクセントの研究と比較方法 ……… 597
　　　　秋永一枝さん及び金田一春彦君へのお答え　600
　　注　610

第20章　方言区画論・周圏論と基礎語彙統計学 ……………… 611
　　1　日本語諸方言の分類　611
　　2　周辺諸方言と東京方言・京都方言との
　　　　基礎語彙統計学的比較研究のための資料　613
　　3　基礎語彙統計学的数値　618
　　4　研究結果に関する考察　618
　　注　620

　　参照文献　623

　　初出一覧　638

　　補注者あとがき　641

　　索　引　647

凡　例

・各論文の発表以後に公表された正誤表および著者手沢本にある訂正を反映した。また、単純な誤記と思われる箇所は、一々断ることなく訂正した。

・文献参照は著者名と刊行年で示す形式に統一し、初出論文では本文中や注に記されていた文献情報を巻末の「参照文献」にまとめた。そのため、各論文の注番号は初出論文と異なることがある。

・年、数字、用字など、表記上の統一を行なった。

・【　】は著者による補足、〔　〕は補注者による補足である。

第 1 部

日本語の系統

第1章　日本語の系統

1　言語の「系統」とはどういうことか

　言語は時代とともに変化して、とどまることがない。日本語でもシナ語〔著者は、「支那語」の表記は問題を含むので避け、China の意味の中立的な名称という意図でカタカナ表記にして「シナ語」を用いている。本論集では、これをそのまま踏襲した。後出の「シナ人」も同様。服部四郎(1992: 118-119、初出は 1956b)も参照〕でも英語でもアラビア語でも、その他のどんな言語でも、その歴史が少しでもわかるところでは、そのことが実証されるし、過去の記録の全くない言語では、その方言の分布状態その他から、そのことが推察される。どんな言語でも、老年層と青少年層とでは、ことばが少しずつ違っているが、そのような違いが積み重なって、数百年のうちに、かなり大きな差異となってくる。そして、その変化は、発音・文法・語彙いずれの面においても起こる。文法や語彙は変化したが発音は元のままだとか、文法は元のままで発音と語彙が変化した、などということはない。どの面においても、何らかの変化が現れてくる。

　ほぼ同じ[1]言語を話している 1 つの共同体 A が、何かの原因(たとえば、海を越えての移住、あるいは異民族の割り込み)で 2 つ(あるいはそれ以上)の共同体 a, b(……)に分かれ、それらの間の言語的交通がとだえると、新しくできた各々の共同体の言語は、時代とともに変化を始めるが、おもしろいことに、変化の方向は、共同体ごとに必ず違っている。新しくできた共同体 a の言語と、共同体 b の言語とは、たとえば 200 年後には、必ず、発音・文法・語彙いずれの面においても、たがいに違ったものとなってくる。そして、その違いは、時代がたつにつれてますます大きくなり、しまいには、たがいに全くことばが通じない程度になる。このようにしてできた言語 a と言語 b とは、たがいに「親族関係」を有する「同系語」であると言い、また、それらの言語は同一の「語

4——第1章　日本語の系統

族」に属すると言い、元の言語Xをそれらの「祖語」と言う。オランダ語と
英語、あるいはチェッコスロヴァク語〔チェコ語とスロヴァキア語〕とセルボクロ
アト語〔セルビア語・クロアチア語〕とは、それぞれこのようにしてできた同系語
である。

　両共同体が分裂後2000年たった程度である場合には、言語学者は、a, b2つ
の言語が同一の祖語Xからたがいに違った方向に発達してきたものであるこ
とを、比較方法という極めて厳密な方法によって証明することができる[2]。し
かし、年代がたつにつれて両者の差異はますます大きくなるから、親族関係の
証明はますます困難となり、5000年もたつと、従来の比較方法のような厳密
な方法で証明することはほとんど不可能となり[3]、さらに年数がたつと、親族
関係の存在がただ漠然と認められるに過ぎなくなり、ついには、それさえも認
めることが難しくなる。

　1つの言語が地続きの一定の地域内に広がった場合でも、その地域が非常に
広くかつ住民が定住していると、全地域に言語的交通がかたよりなく行なわれ
ることは困難だから、数百年ののちには、両端の地方のことばを直接較べると、
たがいにかなり違ったものとなってくる。そして、その地域内のたがいに離れ
た所に文化的・政治経済的・宗教的中心地が2つ（あるいはそれ以上）できると、
それらの中心地のことばが、それぞれ別の著しく違った言語へと発達していっ
て、2つ（以上）の同系語ができる。フランス語・イタリア語・スペイン語はこ
のようにして、同一のラテン俗語から変化してできた同系語である。パリのフ
ランス語とローマのイタリア語とを直接較べると著しく違っているが、両者の
間にはごくわずかずつ違う方言が連続的に分布しており、仏伊国境においても、
それを境にしてことばが通じないという状態ではなく、国境の両側の方言の差
は、たがいにことばが通じる程度に小さい。

　言語は、このように、分裂的発達をとげる面があるが、統一的発達をする面
もある。現に我々は、わが国の各地の方言が共通語の影響でいろいろの程度に
共通語化していくのを目撃しつつある。このような変化は、初等教育、ラジオ、
テレビの普及の著しい国々では、特に急速に起こりつつあるが、そうでない国
や地方でも起こりつつあるから、過去においても起こったものと考えられる。
ことに、住民の移動その他の原因によって住民の混合が起こると、各地に生じ

ていた方言は平均化される。方言と言われる程度の差である場合には、音韻体系・文法体系・基礎語彙は近似しているから、同化的変化は起こりやすい。このようにして、どの言語でも、数多くの方言に分裂しようとする力と、方言差を消して平均化しようとする統一的力とが、同時に働きつつ[4]も、その時その時、あるいはその場所その場所の条件によって、いずれかの力が他を制しつつ、複雑な発達をとげて、今日の状態に達したものと考えられる。

　一方、たがいに全くことばの通じないほど違った言語を話す2つの共同体が、いろいろな状態で隣接し合うようになっても、たがいの間に統一的力が働くことがある。両者が対等の状態で対立しつつ影響し合う場合もあるが、一方が、政治的、文化的に、あるいは話し手の数の上で優位にあると、他の言語に影響して、それをいろいろの程度に同化する。文化的に優位にある民族の言語は、何らかの言語的交通さえあれば、直接隣接しない遠隔の地の民族の言語に、同化的影響を与えることさえある。

　最も容易に起こる言語的同化現象は単語の借用で、文化的事物の名称はたやすく取り入れられる。現代日本語における英語その他の西洋語からの借用語はその良い例である。このような借用語は非常に多量にのぼることさえある。現代英語の中のフランス語からの、あるいはフランス語を通じての借用語は、全語彙の半数にも達すると言われる。

　しかし、このような外国語の影響は、発音や文法の面にも現れ得る。日本語には、語頭にラ行音の立つ自立語はなかった(「らし」のような付属語はあった)が、シナ語その他の外国語の影響で、ラク(楽)、リク(陸)、ロク(六)、ラジオ、レース等々、のような単語ができた。また、チェック語〔チェコ語〕の語頭に立ち得る破裂音は、

無声音　　p-　　t-　　c-
有声音　　b-　　d-　　J-

のように、無声音と有声音とが対をなしているのに、無声音 k- に対する有声音 g- がなかったが、外国語の影響で、g- で始まる単語ができた。また、英語の

6——第1章　日本語の系統

単数	analysis	alumnus
複数	analyses	alumni

のような不規則な複数形もラテン語の影響（前者はギリシア語が中世ラテン語を通じて入ったもの）によるものである。

　しかしながら、このような著しい外国語の影響も、その言語の音韻体系や文法体系を根本的に変化させるようなものではない。上述の英語の不規則複数形にしても、英語には元から単数形と複数形の対立があり、その上に、固有語にすでに man, men; foot, feet; ox, oxen などのような不規則複数形があり、かつこのような不規則性は過去にさかのぼるほど著しかったことを思えば、英語の文法体系を根本的に変化したものではない[5]ことがわかるし、チェック語の場合でも、新しい音素ができたとは言い条、音素体系のあきまが満たされたのに過ぎない。日本語の語頭のラ行子音にしても、全く新しい音素ではなく、母音間には存したのである。英語がフランス語から借用した単語は、その語彙全体から見れば極めて多量にのぼるけれども、ごく基礎的な単語は大部分が英語固有のもので、フランス語からの借用語は非常に少ない。

　このように、音韻体系・文法体系・基礎語彙は、1つの言語の核心部の3つの面に過ぎず、いわば「相まって1つの言語体系をなしている」のであって、どんな著しい外国語の影響でも、短い期間にそれらを大きく変化させるようなことはない。ことばが通じないほど違った外国語は、この三者が著しく違った言語であるわけだが、そういう外国語が、強力な文化的政治的(宗教的)力を伴って蔽いかぶさってくるとき、固有語の話し手たちは、2つの相容れない言語体系に直面して、固有語のものを固執するか、外国語のものを受け入れて固有語のものを棄てるか、いずれかの道を選ばざるを得ないのが普通である。なぜなら、2つの著しく異なる体系を平等に混合して、第3の新しい体系を作り出すことは、ほとんど不可能だからである。

　第1の場合には、外国語の著しい影響を受けつつもその固有語の言語的核心部は伝承し続けられ、従って、その言語の「系統」は変わったと認められない。英語がフランス語の著しい影響を受けつつもゲルマン系統の言語と認められるのはその例である。日本語が漢語の著しい影響を受けつつも、シナ語と同系統

となったとは認められないのも、同じ理由による。

　第2の場合には、「言語のとりかえ」が起こる。これは、普通、若い世代——そこでは、固有語をうとんじ外国語を好ましいと思う気風が支配的となる——が固有語を忘れて外国語ばかりを話すようになり、老人たちも若い者に向かってはその外国語を話すことが次第に多くなり、また、固有語を話す老年層が死んでいくことによって、起こる。このような言語のとりかえは、小さい種族においては、たびたび起こったようであり、現代においても方々で起こりつつある。言語の系統が人種の系統とは一応独立に研究されなければならない理由は、言語のとりかえが起こらなかったという保証が得られない場合が少なくないからであり、人種的に甲種族（民族）と同系統のある種族が、自分の言語を忘れて、人種的に系統の異なる乙種族（民族）の言語を話すようになった場合には、その種族は人種的には甲と同系統だが、その言語は乙のそれと同系統だ、ということになるからである。政治的文化的その他の点で優位に立つ異民族の言語を話すようになった種族（民族）は、その言語の底層〔基層とも〕（substratum）になったと言う。

　上述の2つの場合の、いわば中間的な言語状態の1つとして、二重言語生活（bilingualism）がある。個人が2つ（以上）の言語を話す例は多いが、1つの種族（民族）が二重言語生活を営む例もなくはない。しかし、その場合にも、系統を異にする2つの言語が同一の民族によって話されているのに過ぎず、両者の中間物・混合物的言語ができたのではない。しかも、2つの言語を"完全に"話すと言われる個人においてさえ、いずれか一方の言語がヨリ基礎的だというから、1つの種族（民族）が2つの言語を完全に話すということはあり得ない。どちらかの言語の体系が基礎となっていて、それに基づいて他の言語を話すのが、普通である。言語のとりかえが起こる場合には、老人層では固有語の体系が、青少年層では外国語の体系が基礎となっている、というような二重言語状態が、過渡期において生ずることが少なくない。

　また注意しなければならないのは、音韻体系・文法体系・基礎語彙は相まって1つの言語体系、言語的核心部を形成するものであるから、音韻体系だけあるいは文法体系だけ、外国語のものを取って他は固有語のものを保存するとか、音韻体系と語彙だけ外国語のものを取って文法体系は固有語のものを保存する

8——第1章　日本語の系統

などということは、あり得ない。

　文法体系と語彙だけ外国語のものを取って、音韻体系は固有語のものを保存する、ということもあり得ない。A言語を話す種族(民族)がB言語を話すようになった場合に、固有語すなわちA言語の発音習慣の一部分がこの種族の話すB言語に残ることがある。しかし、それは、固有語の音韻体系を固執しつつ外国語を受け入れたのではなく、やはり音韻体系も外国語のを受け入れたのであって、固有語の発音習慣がいろいろの程度に残るのに過ぎない[6]。

　しかしながら、音韻体系と文法体系だけ外国語のものを受け入れて、語彙だけは固有語のものを用いる、というような観を呈することがある。たとえば、アルメニアのジプシーは、音韻と文法は完全にアルメニア語のもので、語彙だけ固有語のものを保存する言語を話すという。しかし、このジプシーは、実はアルメニア語も話す二重言語生活者で、他のアルメニア人にわからないように用いる隠語の語彙が固有語のものから成っているに過ぎない(A. Meillet 1926: 95)。アメリカのジプシーも、英語を話す一方、固有語の単語を数十ないし数百取り入れた隠語を話すことがある。それらの単語は、英語式発音で発音され、英語の文法に従って用いられる(L. Bloomfield 1933: 471)。これらのジプシーの隠語は、語彙だけ固有語のものを保存するのではなく、実は、——仲間以外の人々に自分たちの言語をわからなくするという目的を意識的にいだきつつ——語彙だけ固有語のものを取り入れたというべきものである。これは「パラサイト的住民」(populations parasites)においてのみ見られる特別な現象である〔Meillet 同上〕。

　また、ピジン英語(Pidgin English)などのような国際語は、シナ人の不完全な英語のまね——発音や文法はシナ語のそれによりながら英語の単語を不完全にまねて用いる——などによって成立した不完全な——単語の数の少ない——言語であって、異民族間のごく単純な取り引きに用いられる。このような言語に、先に述べたような意味における「言語の系統」という概念を適用することはできない。

　「日本語の系統」を問題にすることは、「日本語はどの言語と同系であるか」を問題にすることであり、日本語が、たとえば朝鮮語と同系であることを証明することは、とりもなおさず、日本語と朝鮮語の音韻体系・文法体系・基礎語彙が、同一の祖語のそれを伝承し、それぞれ別の方向に発達させたものである

ことを、証明することである。日本語は、その構造・体系から見ても、ピジン英語のような不完全な言語から発達してきたとは考えられないが、アルメニアのジプシーの隠語のような言語から発達してきたのでもない、という仮定を、我々は暗々裏に立てている、と言ってよいであろう。

2　日本語と同系の言語は？

さて、日本語はどの言語と同系だろうか。

奄美群島・沖縄群島・先島群島(宮古群島・八重山群島)から成る琉球列島の諸方言が、九州から東北(北海道)にかけて分布する内地諸方言と同系であることは、証明されている。琉球地方のことばがシナ語に似ているとか、南洋系のことばだというのは、全く根拠のない流説である。

しかし、それ以外の言語と日本語との関係となると、もう確かなことは言えない。あらゆる点から見て、同系である蓋然性の最も大きいのは、朝鮮語であるが、諸学者の努力にもかかわらず、日本語と朝鮮語との親族関係は、まだ証明されていない[7]。これは、もし両言語が同系であるとしても、祖語からの分裂年代が古く、今から2000年前や3000年前のことではあり得ないことを意味する、と解釈してよい。

日本語とトゥングース語群・蒙古語群・チュルク語群(トルコ語と同系の諸言語)との間にも、親族関係のある蓋然性はあるが、やはりまだ証明されていない。一方、朝鮮語とトゥングース語とが親族関係を有すると説かれ、トゥングース語群と蒙古語群とチュルク語群とは親族関係を有するらしく、「アルタイ語族」を形成すると言われる。

シナ語は、あらゆる点から見て、日本語や朝鮮語、アルタイ諸言語などと、著しく違っている。仮にこれらの言語と親族関係があるにしても、日本語と朝鮮語との間の(蓋然性のある)親族関係よりははるかに遠い関係であろう。

台湾の高砂語〔台湾原住民諸語〕やフィリピンのタガログ語は、文法構造が日本語とは著しく違っているから、これまた、もし親族関係があるとしても、非常に遠い関係に違いない。ただ、高砂語など、単語にときどき日本語のそれに似たものがあるのは(服部1959a: 222, 223, 227)、どういう原因によるものか、さ

10——第1章　日本語の系統

らに研究しなければならない。

　同様に、カンボジア語その他を含む「南アジア諸言語」〔＝オーストロアジア諸言語〕の単語と日本語のそれとの類似が、指摘されている。この言語も、文法構造が日本語のそれと非常に違っているから、もし親族関係があるとしても、やはり非常に遠い関係であろう。指摘された類似がどういう原因によるものか、研究を要する。

　アイヌ語は、日本語と親族関係を有しないと説かれたことがあるが、そのように断定することはできない。その言語構造は、なるほど日本語のとはずいぶん違うが、シナ語や高砂語に較べれば、むしろ日本語のそれに似ているとさえ言えるだろう。基礎的単語にもときどき似たものがある。それらの類似がどういう原因に起因するものか、研究を要する。もし日本語と親族関係を有するとしても、日本語と朝鮮語との間の(蓋然性のある)親族関係よりはずっとずっと遠いに違いない。日本語とアイヌ語とが、5000～6000年前に同一祖語から分かれ出た、などと考えることは、到底できない。一方、エスキモー語がアイヌ語と親近性を有するように説かれることがあるが、両言語の文法構造の差異はずいぶん大きく、日本語とアイヌ語のそれの差異より小さいとは、決して言えないほどである。

　アムール河河口地方、北カラフト〔北サハリン〕などのギリヤーク語〔ニヴフ語〕は系統上孤立しているように説かれたこともあり、旧シベリア諸言語の1つにも数えられるが、近ごろソビエトの学者クレイノヴィッチが、トゥングース語・満州語との間の類似を指摘した [8] (Е. А. Крейнович 1955)。彼は、その類似が借用関係に起因するものと考えているが、その中には、遠い親族関係に起因する蓋然性の方が大きいものもあると、私は思う。日本語との文法構造の差異もなかなか大きいが、アメリカの言語学者ロバート・アウステルリッツ(Robert Austerlitz)氏は、この言語の構造が日本語のそれに類似していると言っている〔服部 1959a: 215、また、アウステルリッツ(1990)も参照〕。しかし、親族関係があるにしても、非常に遠いものに違いない。アイヌ語との違いも非常に大きい。

　以上述べたように、日本語との間の親族関係が、厳密な方法で証明されている言語は、その四周には——琉球語を除いて——1つもない。ただ、朝鮮語、さらにアルタイ諸言語の文法構造がかなり似ているので、最も近い同系語はそ

の方面に求められるべきだろうと、言えるだけである。しかしながら、日本語の系統に関する諸問題の研究は、まだ、将来進歩する余地がある。一方、100パーセント確実な証明でなくても、確率の理論を応用した研究によって、親族関係の蓋然性を数字にして示すことができるようになる望みもある。

3　言語年代学

　言語年代学 (glottochronology) と言って、同系語の分裂年代を算定する方法が発達しつつある。この方法によって、たとえば、琉球方言と内地方言との分裂年代を計算することができたら、非常に興味があろう。しかしながら、この方法はまだ検討を要するいろいろの点があり、正確な数字を出すことができない。けれども、大まかなことを言う基礎は提供してくれると思う。

　幸いなことに、『古事記』や『万葉集』のおかげで、我々は8世紀ごろの大和地方の日本語の構造・体系をかなり詳しく知ることができるが、今日の琉球諸方言の構造・体系は、それから変化してできたものと考えることはできず、両者の祖語は、8世紀より少なくとも数世紀古い時代に推定しなければならない。しかるに、現代の京都方言と首里方言とを比較して言語年代学的計算を試みると、両者の分裂年代は、今から1000年前（あるいはそれ以下）という不合理な数字が出た（服部 1960: 553-555）。これは、1つには、この計算に用いた

$$d = \log c \div 2 \log r$$

という公式の2という数字が恐らく大きすぎるからだと考えて、私は、2の代わりに 1.4 を用いることを提案した（服部 1960: 559-560）。

　W. W. アーントによると [9]、現代英語と現代オランダ語とは、紀元後 860 年に分裂したという、全く不合理な数字が出ている（Walter W. Arnt 1959）。アーントは上の式を用いて計算したのだが、上の2の代わりに 1.4 を用いて計算してみると約 400 年ごろという数字が出る。アングロサクソン人らの英国移住は、主として5世紀の後半ごろに起こったと言われる。同様に、アーントによると、現代ノルウェー語 (Riksmål) と現代アイスランド語とは 1320 年に分裂したと算定されている。しかし、ノルウェー人がアイスランドに植民したのは、900 年

12——第 1 章　日本語の系統

前後である。そこで、上の 2 の代わりに 1.4 を用いて計算すると、1050 年ごろ
という数字を得るが、分裂年代が 1000 年ぐらい前の場合には 1.4 よりもさら
に小さい数字を用いなければならない疑いがあるから、試みに 1.2 を用いると、
900 年という数字を得る。

　これらのことを考慮に入れ、かつ偏差の幅をつけて計算してみると、内地方
言との分裂年代が最も大きい数字を示す宮古方言でも (服部 1959a: 228)、京都
方言と今から 1500 余年ないし 2000 余年前以後に分かれたという数字が出る。こ
の数字は、以下に述べるように琉球方言を含む日本語諸方言の発達の考察に多
少の参考となる。

　さて、朝鮮語およびそれに続いて挙げた諸言語は、日本語との間の親族関係
が証明されておらず、また、日本語の単語と類似した単語に関連して厳密な音
韻対応の通則を立てることができないから、言語年代学的計算を行なうことは
できない。しかし、同じ手順によって日本語と比較した場合にどういう結果が
出るだろうか、ということについては、興味を持つ人があるに違いなく、また
そういう研究を試みることは、いろいろの意味で必要である。まだ十分な研究
は行なっていないが、多少試みた (服部 1959a: 206–208, 94–98, 252–254) ところによ
ると、いろいろおもしろい結果が出てきた。

　まず、予想と一致したことは、一番近いと想定される朝鮮語との親族関係で
さえ、証明し得るには至らなかったこと、しかし形の類似した項目の数は、朝
鮮語の場合に最も多かったこと、などである。

　予想に反したことは、アイヌ語において、形の類似した項目がわりあいに多
く見出されたこと、その他の「親族関係がない」と言われていた諸言語におい
ても、形の類似した項目が、例外なく数個ずつ見出されたこと、などである。

　そして、朝鮮語の場合に形の類似した項目が一番多いと言っても、どんなに
多く見積っても 20% を越えないのだから、最も安全な計算をしても、両言語
の (蓋然性のある) 分裂年代は、今から 3500 年前以後ではほとんどあり得ない、
ということになり、我々の常識的な推定とも一致する。

　その他の諸言語は、もし日本語と親族関係を有するとしても、その分裂年代
は、日本語と朝鮮語の場合より新しいということはあり得ない、ということに
なる。

このような漠然とした知識でも、日本語の起源を考察するときに、多少の参考にはなる。

　なお、上述の研究において、日本語とその四周の諸言語との間に、数項目の類似が例外なく見出されたことに関連して、付言しなければならないことがある。

　これらのうち、朝鮮語、アルタイ諸言語以外の諸言語と日本語との類似は、すべて偶然の類似だと断定することは危険である。

　親族関係を有する2つの言語間の単語の類似にも、いろいろのものがあり得る。たとえば、ドイツ語とフランス語は、ともに印欧祖語から発達してきた同系語だが、両者の間に見出される単語の類似、たとえば、

	《3》	《円屋根》	《火》
ドイツ語	drei	Dom	Feuer
フランス語	trois	dôme	feu

のうち、第1の類似は親族関係(祖語における同一の単語を伝承しているため)に、第2の類似は借用関係に、第3の類似は偶然に起因する。一方、ドイツ語の Hund《犬》とフランス語の chien《犬》とは似ていないけれども、印欧祖語における同一形態素に由来するのである。英語の bad《悪い》とペルシア語の bäd《悪い》との類似は偶然のものだが、英語の six《6》とペルシア語の šeš《6》との類似は親族関係に起因する。このようなことがはっきり言えるのは、印欧語の比較研究が厳密に行なわれ、印欧祖語の音韻体系が再建されているからである。前述の、日本語と他の言語との類似については、この種の比較研究が行なわれていない——大部分においては、行なわれ得ない——のだから、いかなる断定もさしひかえなければならない。

　以前には、スメル語〔シュメール語〕やチベット語やアイヌ語との間に多少の単語の類似が見出されると、日本語とそれらの言語との同系説が安易に説かれた。そのような同系説は、信ずることができないが、今度は、日本語とアイヌ語とは親族関係がないと決めておいて、両者の間に見出される単語や形態素の類似を、すべて借用あるいは偶然によるものと断定するとすれば、それも正しくない。一方、朝鮮語やアルタイ諸言語と日本語との間の同様な類似を、親族

14——第1章　日本語の系統

関係によるものと断定することも、許されない。また、日本語と南洋諸言語との間の同様な類似を、底層(すなわち借用関係)によるものと断定することも、危険である。

　著しく異なる言語間の単語の偶然の類似は、興味ある問題で、今後大いに研究しなければならないと思う。それには、たとえば現代の印欧諸言語(たとえば、ドイツ語、アルバニア語、アルメニア語、ペルシア語、等々)のように、同系であることが確認されていながら、たがいに非常に違っている諸言語の間に見出される偶然の類似について、まず研究する必要がある。それから、日本語とアフリカの諸言語のように、極度に違った言語を較べてみる必要もある。

　一方、日本語の kur-《黒、暗》という語根とアイヌ語の kur-《黒、暗》という語根との類似が、偶然である確率——それは極めて小さいものであろうが——はどれくらいかを計算することも、可能となるであろう。これはほんの一例に過ぎないが、いろいろな言語の間に見出される類似を、このような観点から研究する必要もあると思う。

4　日本語の起源と成立

　言語学的研究の方から、日本語の系統・成立について確実に言い得ることは、大体上述のようであるが、それが言語学以外の研究とどのように関係するかについて、簡単に述べよう。

　現在の琉球諸方言を含む日本語の諸方言が、1つの祖語から分かれて発達してきたものであると、仮にしても、その祖語は今から 2000 余年以前より古いものではないだろう、と述べた。琉球諸方言が内地諸方言の影響をしばしば受けたであろうことを思うと、この祖語の年代をその上限付近に置くことは可能である。そこで、大まかに言って、紀元前後に北九州で栄えた弥生式文化を担う言語を、この祖語と想定することは、不可能ではない。そして、そのころから、以後に、同地方から、琉球方面と大和方面とへ、かなり大規模な住民移動があり——大和への大きな移動は2世紀の末葉、倭国の大乱のころと考える——、さらに大和を中心としてそのことばが全日本に広がったと考えるのである。この想定は、井上光貞氏の次の言明(井上 1960: 130-131)とも矛盾しない。

倭五王時代、すなわち五世紀には、日本の国家の境域は、西は九州から朝鮮の南部にわたり、東は関東に及んでいた。三世紀中葉の卑弥呼の時代には、九州北部に連合が形成されていた程度だった。その勢力が東遷したのか、大和に自生したのか、はっきりわからないにしても、五世紀中葉には、大和朝廷が、日本の中心地帯を一つの統治組織のもとにまとめあげていたのである。

　もっとも、4世紀末5世紀初には、大和朝廷が北九州を完全に制圧していたのだから、そのころ大和のことばが北九州の方言を同化し、それが琉球にまで及んだとも、考えられないことはない。しかし、紀元前後には、大和よりも先に、北九州に有力な文化圏が確立していたのだから、前述のように考える方が、一層自然のように私には思われる。琉球の、ことに先島諸島の方言や、その他の日本諸方言の研究をさらに進め、言語年代学的方法を一層精密化すれば、この問題にも、さらに多くの光が投げかけられるであろう。

　次に、日本祖語、すなわち現代日本諸方言（琉球諸方言を含む）の祖語が、紀元前後に北九州で話されていた言語であるとすると、その日本祖語はどこから来たのであろうか。

　それが、南朝鮮から弥生式文化を持って北九州に渡来した民族の言語であった、そして、当時の日本にはそれとは別系統の言語が行なわれていたが、新来の民族の言語が優勢となり、言語のとりかえが起こった、ということも、考えられないことはない。しかし、その場合には、日本祖語の話されていた南朝鮮には朝鮮語は話されていなかったことになる。なぜなら、日本語と朝鮮語とが、仮に同系であるとしても、その分裂年代が今から3500年前以後ではほとんどあり得ないからである。今から2000年あまり前にも、日本語と朝鮮語とトゥングース語とは、たがいにはっきり違った言語であったに違いなく、これらの言語がたがいに同系であると仮にしても、そのような状態となるには、たがいに離れて独自の発達の道をたどったずいぶん長い期間が先行したものと考えなければならない。朝鮮語が、たとえば、北朝鮮にあって、南朝鮮にあった日本語と、数千年（極度に短く見積っても1200年）もの間、たがいに独自の発達をとげるというようなことが、可能だっただろうか。あるいは、朝鮮語は満州あ

たりで発達して、のちに朝鮮に移動し、南朝鮮の日本語と衝突した、というようなことが可能だろうか。私は、日本語と朝鮮語とは、それぞれ日本と朝鮮とで発達し、両者が同系であるとしても、少なくとも3500年以上前に分裂し、朝鮮海峡が両者の大きい差異を作る原因となった、と考える方が自然だと思う。

　そうすると、日本語は、縄文式文化時代にも、少なくとも北九州には行なわれていた、ということになる。このことは、今のところ言語学の方からは証明することができないから、他の学問分野で得られた知識を参考にして考察するほかはない。

　以前に考えられていたように、縄文人が日本人の祖先でないとすると、上の想定はかなり大きい困難に遭遇する。しかし、鈴木尚博士らが説かれるように、縄文人、弥生人、古墳人、現代日本人の間に、血のつながりを考えることができるとすれば、縄文人、少なくとも後期縄文人は日本語を話していたと考えることができ、上のように想定することが可能となる。その場合には、弥生式時代に南朝鮮その他から北九州への異民族の流入があったにしても、日本語の核心部、すなわち音韻体系・文法体系・基礎語彙の伝承は断絶することがなかったと考えることとなる。

　前述のように、言語のとりかえさえ起こり得るのだから、考古学で取り扱われるような事物は、短い期間のうちにほとんど外来の物ばかり用いるようになること、すなわち物質文化のとりかえということは可能であろう。だから、縄文式物質文化と弥生式物質文化とが、仮に系統的に無関係だとしても、上の想定は、非常に大きな困難に遭遇するとは言えない。しかし、両文化の間に何らかの連続が認められるとすれば、上の想定にとって一層有利であるのは当然である。この見地からして、和島誠一氏の次の意見（和島1959）は、注目すべきものと思う。

　　【前略】いずれも縄文式文化の伝統の上に弥生式文化が成り立ったことを推
　　定させるものである。このことは一つには、新興の弥生式文化が在来の縄
　　文式文化を排除しながら、西日本全域に広がったことを示しており、一つ
　　には、それにもかかわらず、それぞれの地域での縄文式文化の伝統のうえ
　　に、この変革をしとげたことを意味する。(p. 43)

こう見てくると、弥生式文化は日本の黎明に、野蛮から文明への移行という画期的な歴史を切り開いたことがあきらかである。この飛躍は、いうまでもなく中国から朝鮮半島を経由して移植された文明の受容によったのである。【中略】もちろん、これらの文化とともに、かなり多数の人びとが移住したことは否定できないが、すでに述べたように、弥生式文化が縄文式文化の伝統の上に成立している以上、大陸の文化を受容して、弥生式文化という体系を育てたものは、縄文期以来の日本人の主体的な力であったことは疑うべくもない。(p. 51)

これは、言語で言えば、外国語の大影響を受けて全体的外貌は著しく変化しながらも、言語的核心部の伝承は続いている場合と、比較されるべき現象と言えよう。物質文化の伝承でさえこのようであった際に、言語のとりかえが起こったとは、到底考えることができない、と言うこともできる。

それでは、日本語はいつごろ日本へ入ったのだろうか。日本語と朝鮮語との親族関係が確認され、両者の分裂年代が明らかになれば、恐らく、その年代のころに、日本語は朝鮮海峡を渡った、さらに厳密な表現をすれば、朝鮮にあった日朝祖語を話す1つの言語共同体の一部分が、海峡を越えて日本に移住し、朝鮮に残った共同体の言語は朝鮮語へと発達し、日本に移った共同体の言語は日本語へと発達したのだ、と言い得るようになるであろう。それでは、その分裂が起こったのは今からおよそ何千年ほど前のことか。先に、もし日本語と朝鮮語とが同系であるとしても、その分裂年代は 3500 年前以後ではほとんどあり得ない、と述べた。これは、極めて安全な数字を示したまでで、4500 年前、あるいはそれ以上、という方が、もっと真実らしいのである。

もしそれが事実であるとすれば、そんなに古い時代から、紀元前後の日本祖語の時代まで、日本語が、方言差のない等質的な言語であったとは、到底考えられない。次々と、数多くの方言に分裂したであろう。弥生式文化時代にも、数多くの方言があったであろう。しかし、そのうちの北九州の方言が、弥生式文化のおかげで非常に有力となり、日本祖語の地位にのぼったと考えるのである。そして現在の、琉球列島から東北地方にかけて分布している諸方言は、日本祖語から発達してきたものだ、と言わざるを得ない状態であるが、それは、

18——第1章 日本語の系統

弥生式文化時代以前に存した、日本祖語以外の諸方言が、日本祖語およびそれから発達してきた諸方言によって同化吸収されたものと考えるのである。

なるほど、言語学的に見ると、現代日本語の諸方言は、2000年ほど前の単一な日本祖語から発達してきた、として説明することができ、そしてその日本祖語が北九州に話されたものと想定することはできる。しかし、それが唯一の考え方ではない。九州から琉球への移住は、縄文式文化時代の、しかもかなり古い時代から近世に至るまでたびたびあり、方言の同化吸収が繰り返し起こり、総決算において、琉球諸方言は、今から2000年ほど前の日本祖語から発達してきたものだ、と言える状態となっている、ということもあり得る。また、九州方言を含む内地諸方言が、現在のような状態を呈しているのは、弥生式文化時代の北九州方言、古墳文化時代以降の大和・奈良・京都方言の同化的作用と、封建時代の分裂的発達との総決算である、ということも考え得る。そして、実際には、「日本祖語」として言語学的に再建され得るような言語は、いつの時代にも、どこにも、かつて話されたことはない、というようなことでもあり得る。日本語のような場合には、「日本祖語」は、このように、事実とは合致しないところの言語学的作業上の1つの仮説的概念に過ぎないことがあり得る。

なお、日本語の中では、方言の平均化が容易に起こり得たのに、朝鮮海峡1つで、どうして日本語と朝鮮語とはこれほど違った言語となったのだろう。ことに、弥生式文化時代以降古墳時代へかけて日本と南朝鮮との交通は盛んであったのに、という疑問が起こり得る。しかし、ごく古い時代には、朝鮮海峡は、日本語と朝鮮語とをして別々に独自の発達をとげしめるのに十分な地理的障碍であったに違いない。両者の差異をいつまでも方言差の程度にくいとめておくには、間断のない、しかも相当大じかけの移住が続けられなければならない。朝鮮海峡は、そのような移住を不可能にしたに違いないのである。一度両言語の差がかなり大きくなり、日本語が有力な言語として独自の発達の道をたどりつつあるときに、たとえば朝鮮からかなりの人数の移民が日本へ来たとしても、その子孫たちは同化されて日本語を話すようになり、それとともに彼らの朝鮮語は——仮に数個の単語などを痕跡として日本語の中に残すことがあっても、日本語の言語的核心部には影響することなく——消えてしまう。

4 日本語の起源と成立——19

一方、九州から東北までは、朝鮮よりははるかに遠いのに、言語の差は小さいではないか、との疑問も起こり得る。なるほど一挙に移住するには遠すぎる距離である。しかし、地続きだから、隣村と隣村との交通は連続しているし、また、数千年の間、間断のない移住が、次から次へと行なわれたものに違いない。その上、弥生式文化時代以後は、方言の同化が一層盛んとなったことも考え得る。壱岐や対島のことばが日本語であり、かつ北九州の方言とわりあい近い関係に立つ方言であるのも、これらの島が古くから北九州と密接な関係にあったばかりでなく、最近の 1000 年間あるいは 500 年間においても、北九州からの移住がたびたびあったために違いないのである。これに反し、九州の南の海は、言語的交通の大きい障碍をなし、1609 年の島津藩の琉球入りごろまで、琉球を別天地たらしめて、別の言語と言ってもよいほどの琉球方言を成立せしめた。

以上、こまごまと説いたが、それは、日本語と朝鮮語とが同系であると仮定しての話であった。しかし、両言語の親族関係——その存在の蓋然性はかなり大きいけれども——は、まだ証明されていないことを忘れてはならない。

また、日本語と朝鮮語が今から 4500 年(以上)前に分裂し、有力な住民移動がそのころ南朝鮮から北九州へあったとしても、それ以前から、北九州を含む日本には先住民があり、その言語がいろいろの程度に日本語の成立に寄与した、ということはあり得る。しかし、日本語と朝鮮語との間の音韻構造の大きい差異は、日本語の成立に異民族の底層が作用したと仮定する以外に説明不可能だ、と言いきることはできない。極めて長い年月の間には、この程度の差異が生ずる可能性は、ないとは言えない。また、日本語のなかに、その他の点で、そのような先住(諸)民族の言語の痕跡を確認することは、極めて困難で、非常に慎重な研究を必要とする。大野晋氏(大野 1957)が、東部日本と西部日本との間の方言的対立に呼応して、弥生式・縄文式時代の文化にも同様な対立があり、人類学的調査の結果などにもそれに応ずる対立が見られることを指摘されたのは、注目に価する。現在では、日本人全体が 1 つの民族を形成してはいるけれども、東部日本と西部日本との間に、何らかの人種的差異が認められるとすれば、両者の文化的交流をいくぶんなりとも妨げる社会的境界線とも言うべきものも両者の間に存在したと考え得るから、それが方言の差異に反映することは、十分

20——第1章　日本語の系統

あり得る。ただ、何らかの特定の方言的特徴を底層に起因するものと確認する
ことは、困難である。なぜなら、現在の方言および過去の文献に見られる、問
題の方言的特徴はいずれも、底層の仮定なしでも説明される程度のものだから
である。また、日本の地名に、底層民族、あるいは底層を形成するに至らなか
った原住民の言語の痕跡を認め得る可能性もあるが、地名の研究も科学的に行
なうことは決して容易ではなく、ことに、どういう先住民がいたのか不明の場
合には、これまた非常に困難である。言語的観点ばかりでなく、人種的観点、
さらに広義の人類学的観点からする日本人と四周の諸民族との比較研究が、さ
らに進歩することが望ましい。

注

1)　(p. 3)「2人の個人が同じ言語を話すことはない」という意見もある。なるほど、
　　発音だけについてみても、2人の個人が完全に同じ発音をするということはない。
　　しかし、その社会習慣的特徴の体系・構造は同じであることがある。ここに「同
　　じ」というのは、後者の意味である。ただし、いわゆる「祖語」(Ursprache)が、こ
　　の点でも、その中に多少の方言差を含んでいたと考えられる場合はある。
2)　(p. 4)比較方法については服部(1959a)、服部(1955b: 47以下)、およびそこに引
　　用した著書・論文を参照。
3)　(p. 4)英語とペルシア語とは、古い文献や他の同系語が存在するおかげで、たが
　　いに親族関係を有することが証明されているが、現代語どうしだけを比較したので
　　は、そのような厳密な証明は不可能である。たとえば、

英語	two	three	four	five	six	seven	eight	nine	ten
ペルシア語	do	se	cähar	pänj	šeš	häft	häšt	noh	däh

　　という数詞を比較すれば、両者の間には偶然の類似とは認めがたい類似が見出され
　　るが、両言語の全体系を比較しても、現代語だけの資料によったのでは、これらの
　　数詞の祖形(祖語における形)を厳密な方法で再構することは不可能に違いない。
4)　(p. 5)その良い実例は、琉球列島に見られる。たとえば、奄美大島本島東方25キ
　　ロの海上にある喜界島は、周囲約45キロの低平な島で各集落間には交通上何の物
　　理的障碍もないのに、集落ごとにことばが少しずつ、どこが違うとすぐ指摘できる
　　程度に、違う。各集落には人家がひとかたまりとなっていて、集落の間はかなり広
　　い耕地で距てられているから、各集落が(婦女子はよその集落の水を飲まないとい
　　うような)閉鎖的な社会を形作り、子どもたちがたがいに遊ぶことが稀ならば――
　　また、実際にそうだったのだが――、そういう状態になるのも当然と言えようが、
　　「壁一重」隔てて隣り合った2つの字が、ことばが(たとえば、「下駄」を[ʔassa]と
　　いう字と[ʔaʃʃa]という字とが隣り合っているというように)違うことさえ珍しくな
　　いという。そういうところでは、2つの字の子どもたちが一緒に遊び合うことが少
　　なくないから、従って、ことばもたがいに混ざるわけだが、家へ帰って隣り字のこ

とばを使うと、「おまえはどこのことばを使っているんだ」となじられ、繰り返し直されるという。ことばが違うといっても、自由に通じ合う程度だから、村人たちは各々自尊心を持って自分の字のことばの特徴を保存しようとする。村人たちがたびたび表明する「どの字も全く対等だ」という気持がその根底をなしているに違いない。しかし、それと同時に、島全体は平坦で交通も自由であって、隣り字や他の村の人々との間の言語的交際も盛んに行なわれるのだから、知らずしらずの間にことばが近づき合い、また同じ方向に変化していく。このようにして、喜界島方言全体としては一致して大島本島方言から著しく違っていながら、その中では、「字ごとにことばが違う」という状態が保たれていくのであろう。

5) (p. 6)さらに、analyses, alumni などがインテリの使う単語で民衆的な基礎的単語でない点も注目すべきだ。"正しくは"data は datum の複数形だが、気軽に用いられるようになると data が単数形として通用するようになる。そういう例は、なかなか多い。

6) (p. 8)印欧語族のゲルマン語派、イタリック語派、インド語派などで起こった著しい音韻変化の原因を、「底層」に帰せしめる試みがあったが、完全には成功しなかった(O. Jespersen, 1925: 191-208; L. Bloomfield, 1933: 468-471 など)。一方、注意すべきは、印欧祖語からこれらの語派への言語的伝承において、音韻体系の伝承が断絶しているのではない点である。

　　梵語(サンスクリット語)のそり舌音 ṭ ḍ ṇ は、ドラヴィダ語を話す底層に起因して生じたという説に対して、Jespersen (1925: 196)は、それが r による同化として説明できると言っている。ただし、梵語の底層となったドラヴィダ語のそり舌音が舌音音素の(r に同化した)変音(allophone)であったとしたら、梵語のそり舌音はこの変音から発達したことになるが、その場合にも、音韻体系の伝承は断絶したことにならない点に注意すべきである。

7) (p. 9)服部(1959a)以後、長田夏樹(1960)、都竹通年雄(1960)の研究が発表されているが、事態は同様である。

8) (p. 10)クレイノヴィッチが類似しているとして指摘したものの中には、確かに借用されやすい単語も含まれているが、借用されにくい接尾形式や基礎的単語までも含まれている。

9) (p. 11)ただし、この論文の数字には多少警戒する必要がある。p. 182 の第 1 表と p. 185 の第 2 表とは、同じ数字の配列を変えたものであるはずだのに、両者を較べると、

	Os OIcel	MnE MnHG	MnE MnLS	OE MnSwed	OE Riksmål	Dutch MnLS
第 1 表	340	470	620	480	460	1700
第 2 表	330	590	600	520	430	1500

のようなくいちがいがある。78 項目(第 1 表)ないし 77 項目(第 2 表)のうちの 6 項目のくいちがいだから 8% 近くの誤りということになる。精密な議論をするためには、アーントの示す数字を、全部根本的に検討し直す必要がある。

22——第1章　日本語の系統

初　出

「日本語の系統」、石母田正ほか 編『古代史講座3 古代文明の形成』pp. 316–338、学生社、1962 年。

第2章　日本語はどこから来たか？

「日本語はどこから来たのか？」という質問を受けることがあるが、質問者はこれを「日本人はどこから来たのか？」と同じ意味と考えていることが少なくない。しかし言語の系統と人種の系統とは必ずしも一致しない。言語は一種の社会習慣で、後天的に習得するものであり、遺伝によって先天的に伝わるものではない。だから、両親とは違った言語を話すようになった子供の例は非常に多いし、また1つの種族でさえ固有語を忘れて隣接の民族の言語を話すようになった例（これを「言語のとりかえ」と言おう）が方々に見掛けられる。有力な種族・民族が近隣の異種族を次々に征服してこれを言語的にも同化吸収していった場合は少なくなかったに違いない。故に、日本民族が人種的には北方系、南方系等々の雑種であることが科学的に疑いなくなっても、日本語も系統的に「雑種的」であるに違いないと考える必要はない。それどころか、系統的には、どこかの言語と同系である蓋然性の方が大きい。後にも述べるように、普通、言語がそういう表現を必要とするような発達の仕方をするということは重要視すべきことである。

次に、「日本語はどこから来たのか？」と質問する人々は、日本語が何千年も今とあまり変わりない形でいたかのように考えていることが少なくない。ところが、言語は時代とともに変化する。200年たてば必ずそれだけの変化が起こるし、2000年もたてばそういう変化が積み重なって非常に大きなものとなり、音韻・文法・語彙のあらゆる面で著しく変わってくる。1000年ほど前の古代英語は、現代の英語国民には外国語に等しい。万葉人が現在の日本に現れたとしたら言葉が通じないだろう。4000年も昔の「日本語」はこれが日本語かと思うようなものだったに違いない。

まだそのほかにも根本問題についていろいろの誤解があるから、上の質問に

24——第2章　日本語はどこから来たか？

お答えする前に、できればそれらの誤解をも除いておきたいと思う。

　一体我々が日本民族の過去、あるいは日本語の系統について考える場合に、手放しで想像するのならば、ほとんどあらゆることを考えることができる。しかしながら、過去からのいろんな文献・文書・記録や遺物・遺跡が残存しており、社会習慣としての最広義の「文化」(「言語」を含む)が我々自身の中に現存しているから、それらを綿密に調査・研究していくならば、最初極めて広かった想像の可能性の範囲が次第に狭められていくわけで、最後にはその可能性を1つにまでしぼるのが理想だけれども、何と言っても資料が限られているからそこまではいけないのが普通である。だから、考え得る可能性をできるだけたくさん挙げておくべきだ。

　ところが、学説の"発達"は必ずしもそういう経路をたどらない。たとえば、考古学に例をとれば、新しい遺物・遺跡の発見によって従来の"定説"がくつがえることがある。これは、実を言うとおかしい。唯一の可能性だったもの(A)が否定されて、新しい別の可能性(B)が前面に出てくるというようなことは、理論的にあり得ない。そうではなくて、その新発見のなされる前から、可能性(B)も考えなければならなかったのだが、何かの理由から、可能性(A)ばかりが人の注意を引き、人々がその線に沿って考える習慣がついたために、それが"定説"となり、可能性(B)が見落とされていたに過ぎない。そして、"定説"なるものも要するに想像に過ぎない場合が多いことを忘れていたのだ。だから我々は"定説"だからといって直ちにそれを鵜呑みにすべきではなく、その根拠が何であるかを十分確かめることが第1で、その根拠の指示するところの可能性は"定説"となっているものだけであるかどうかを確認しなければならない。もちろん、「新説」についても同じように深い検討が加えらるべきである。ところが我々は自分の出した説には愛着を感じ、その蓋然性ばかりが大きく目にうつって、他の可能性の蓋然性を過小評価したり見落としたりしがちなものだ。それが人情だが、この人情はできるだけ克服して、あらゆる可能性を広く考え、それらの蓋然性の大小に関してバランスのとれた判断を下すよう努力しなければならないと思う。

　戦後、江上波夫氏によって「騎馬民族日本征服説」が出されて波乱を巻き起こしたが、20年近くたつ今日なおその余波がおさまらない。というのは、学

界は依然としてこれを“定説”と認めないのだが、さりとてこれを論破することもできない——すなわちその蓋然性がゼロであることを証明することもできない——というのが現状のようである。

江上氏の説は次のように要約することができよう。「東北アジア系の騎馬民族が、新鋭の武器と馬匹とをもって、4世紀の初頭に南朝鮮から北九州に侵入し、4世紀の末ごろに畿内に進出して、そこにすでに成立していた国家を征服し、強大な勢力を持った大和朝廷を樹立し、日本統一国家を建設した。」

石田英一郎氏 編『シンポジウム 日本国家の起源』(1966)を見ると、江上氏は、考古学、神話伝承、東アジア史、の3つの方面からのアプローチによって、自説の成り立つ根拠を詳説しており、諸氏の提出した疑問に対して一々回答を与えて自説を論破するものではないことを明らかにしている。しかし、ここでは細説できないけれども、これを通読して得た印象を率直に述べると、江上氏の説くところも1つの可能性ではあるが、唯一のものではない、ということである。他の諸氏の述べられた疑問は、まだほかに多くの可能性のあることを指し示している。この点が重要である。いくつもの可能性があるとき、その1つだけをとりあげて強調することは——新説の主張者としてはやむを得ないことかも知れぬが——科学的ではない。あらゆる可能性を考えて、その蓋然性の大小の度合を公平に考察しなければならない。

大和朝廷の起源についてさえ学説の現状はこのようであって、日本民族の起源・成立はさらに大きな未解決の問題である。もちろん、日本語の系統・成立を考えるときにも、これらの学問分野におけるすべての研究が参考となり、それらを考慮に入れなければならないが、言語の系統等を研究する科学的方法は、幸い言語学において、他の「文化」を対象とする諸科学における類似の方法よりもはるかに発達しているのだから、言語の研究は一応あくまで自律的に行なわるべきであり、それ自身の基準に従って蓋然性の大小を考察すべきである。そして、その考察が他の諸科学の研究結果と矛盾しないかどうかを検討すべきである。後者に引かれて、言語そのものの研究における判断を誤ってはならない。

さて、言語の親族関係・系統を証明する言語学の方法は厳密なもので、証明が完成したときには、何人も疑うことのできない唯一の可能性を指し示すもの

である。たとえば、英語・ドイツ語・フランス語・ギリシア語・ロシヤ語・ペルシア語・ヒンディー語などが「同系」であってたがいに「親族関係」を有することは証明ずみである。その他にもこのような例は数多くある。たとえば、フィンランド語・エストニア語・ハンガリー語が同系であること、アラビア語とヘブライ語が同系であること、等々も証明ずみである。我々に身近なところで言うと、沖縄の諸方言は内地のそれと著しく違い、土着の方言丸出しでは言葉が通じない——ただし、沖縄ではその上に共通語が普及しているからそれによればコミュニケーションには全く差し支えないが——けれども、琉球諸方言と内地諸方言とが同系であることは、言語学的に証明ずみである。

　それでは、「同系である」とか「親族関係を有する」とかいうのはどういうことか。

　言語学が明らかにしたところでは、1つの言語共同体——“ほぼ同じ言葉を話す”という意識を持ち、たがいに言葉が自在に通じ合う一団の人々より成る——が何かの理由で2つ（あるいはそれ以上）に分かれた場合に、各々において起こる言語変化は必ず方向が異なるので、時代がたつとともにその言語的差異がますます大きくなり、1000年もたてばたがいに全く言葉が通じなくなる。このようにしてできた2つ（あるいはそれ以上）の言語を「同系である」とか「たがいに親族関係を有する」と言い、1つの言語共同体であった時代の元の言語を「祖語」と言う。内地諸方言と琉球諸方言との祖語を「日本祖語」と呼ぶことにしよう。

　言語は時代とともに変化するが、その際外国語の著しい影響を受けることがある。たとえば、英語は過去においてフランス語の大影響の下にその単語等を非常にたくさん取り入れた。それにもかかわらず、英語はドイツ語と同系であり、フランス語とはそれと同程度の親族関係——はるかに遠い関係はある——を有しないというのは、英・独両国語の言語的核心部(すなわち、音韻の体系・構造と文法の体系・構造と基礎語彙と)がゲルマン祖語のそれを連続的に伝承していると認められるからである。日本語の場合も同様で、現代日本語には極めて多量の漢語(シナ語系の単語)が入っているけれども、言語的核心部は奈良時代のそれ——さらに日本祖語のそれ——を連続的に伝承していると認められるので、「シナ語と系統が近くなった」とか、まして「同系になった」と

は言わない。この場合、「現代日本語は古代日本語とシナ語との混合語だ」とか「雑種だ」とか言うのは随意で、「混合語」とか「雑種」とかいう語をそのように定義すればよいまでだが、言語学ではこれらの語を普通そのような意味に使わない。

　ここに注意すべきは、「言語的核心部」は音韻の体系・構造と文法の体系・構造と基礎語彙という概念に分析できるけれども、いわばそれがほとんど抱き合わせであるということである。特に、音韻体系・音韻構造というような独立の存在はなく、それは基礎語彙と文法構造において認められるものであることを注意しなければならない。また、基礎語彙の半分——何をもって「半分」と言うかということもただ漠然とではなく分析的に考えなければならない——をA言語からとり、他の半分をB言語からとるというようなことの起こる蓋然性も小さい。日本語の系統・起源の問題を言語の方面から研究しようとしている人々が、日本語は「雑種的」だとか、「混合語」だとか言うことがあるが、この言葉をもって正確には何を意味しているのか、十分深い考察がなされての上のことであろうか。ことに、ほんのわずかの単語の類似や、音韻構造などの類似——しかも系統とは関係なく生じ得る類似——等を根拠にして「日本語は雑種的な言語だ」と言うときには、非常に大きな危険をおかしている、すなわち小さい蓋然性を過大に考えすぎていることを、十分自覚していなければならない。特殊な環境では、ピジン英語(pidgin English)やサビール(Sabir)〔地中海で使われていたリンガフランカ〕のような"混合語"が生まれ、ジプシーの言語やアフガニスタンのモゴール語のような隠語に近いものができるが、その構造から見ても、日本語がこの種の混合語や隠語から発達してきた蓋然性は非常に小さいと思う。

　さてそれでは、問題の「日本祖語」はどの言語と同系であろうか？　残念ながら、それはまだ言語学的に証明されていない。しかし、日本語と同系である蓋然性の最も大きいのは朝鮮語であり、さらにトゥングース語・蒙古語・チュルク語などのいわゆるアルタイ諸言語であることは、多くの人々がずっと以前から認めてきたところである。ことに、日本語と朝鮮語とは全体的な類似が著しいので、両者の親族関係を証明しようとの試みが、わが国でも、金沢庄三郎氏、長田夏樹氏、都竹通年雄氏、大野晋氏らによって試みられたが、しかしま

28——第2章　日本語はどこから来たか？

だ証明はできあがっていない。そのほか、外国の学者も日本語の系統問題の解明には多くの努力を払ってきたけれども、まだ日本語といずれかの言語との間の親族関係の証明に成功した者はない。

　この事実は、日本語が仮に朝鮮語と同系であるとしても、非常に古い過去において分岐したものに違いないことを物語る。3000年位前に分岐したのならば、その親族関係の証明はもうとっくに完成しているであろう。未だにこの証明ができない最も大きな理由は、恐らく分岐年代が非常に古いことであろう。またひとつには、日本語や朝鮮語などの文法構造が、印欧語族などのそれとは異なり、非常に規則的なために、この証明が一層困難となる点もある。そこで私は、特にこれらの諸言語のような「膠着語」やタイ・シナ諸言語のようないわゆる「孤立語」の親族関係の証明には基礎語彙統計学的方法を修正したものを援用する必要のあることを説いてきた。それらの点については後日詳説したいと考えている。

　最近、アメリカ言語学会の機関誌 *Language*（1966年4〜6月号）に、イェール大学教授サミュエル E. マーティン（Samuel E. Martin）氏が、日本語と朝鮮語との親族関係の証明を試みたかなり大きな論文を発表した（Martin 1966）。その方法に関するアイディアは、私の主張してきたものに非常に近いもので、私としては大体是認できる。それでは彼は証明に成功しただろうか？　残念ながら「否」と答えざるを得ない。詳しい批判は別の機会に譲るが、その理由を簡単に述べると、音韻法則の立て方が厳密を欠き、条件変化に関する配慮が不十分であり、個々の音素の実質に関する想定にも不適当なところがあるばかりでなく、音素体系全体としての均衡が十分考慮されていない。その結果、不自然な再構形ができあがっている。これは比較方法に大きな欠陥のあることを物語る。このようなやり方では、祖語から両言語が受けついだ cognates（同源語）と借用関係によって生じた類似とをふるい分けることが困難であろう。

　しかしながら、マーティン氏の指摘した両言語の類似点はかなりの量にのぼり、両者の親族関係の研究を前進せしめたものであることは認めなければならない。わが国の金沢庄三郎、大野晋の諸氏や W. G. アストン（W. G. Aston）、ヨハネス・ラーダー（Johannes Rahder）、サミュエル E. マーティンらの諸氏の集めた両言語の類似点は、さらに厳密な方法で再整理しただけでも、研究を現在

より前進せしめ得る望みがある〔金沢 1910; 1929、大野 1957、Aston 1879、Rahder 1956〕。各言語内における方言の研究や史的研究などを前進させる必要のあることも言うまでもない。

こういうわけだから、日本語と他の諸言語(朝鮮語を含む)との関係については確かなことは何も言えないが、日本語に一番近い親族関係を有する言語は朝鮮語である蓋然性の方が、他の場合よりは大きいとは言えよう。トゥングース語・蒙古語・チュルク語などのアルタイ諸言語と日本語との間に親族関係のある蓋然性も小さくない。一方、アイヌ語と日本語とは親族関係がない、と断定することは誤りである。日本語とアイヌ語などとの間に認められるある種の類似点の、親族関係に由来する蓋然性が、ゼロであることを証明することはできない。

それでは、前述の日本祖語はいつごろどこで話された言語であろうか？ この問いに関連しても考え得る可能性は単数ではないということは以前に詳しく述べた(服部 1959a, 1962＝本書第1章)。それらいろいろの可能性のうちの1つとして、「日本祖語は弥生時代に北九州で話された言語である」可能性がある、ということもすでに述べた(服部 1955c)。

それでは、こう考えた場合の日本祖語はどこから来たのか？ 縄文時代から日本に話されていた言語の継続である可能性ももちろんある。その蓋然性は決して小さくない。しかし、もし「日本祖語が今から2000年あまり前に北九州に侵入したとどうしても考えたいのなら、次のようなことも考え得る」として、次の仮説を提示しておいた。

> 中シナ以南または南朝鮮から北九州に弥生式文化をもたらした移住民が日本祖語をもたらしたとすれば、当時南朝鮮または(或いはおよび)中シナ以南に日本語に近い言語を話す民族があったのが、2000年ほどの間に、朝鮮語やシナ語を話すようになったと考えなければならない。(服部 1957＝1959a: 243)

これに関連して、江上波夫氏は前述の『シンポジウム 日本国家の起源』(p. 194)で、縄文時代の日本の言語がアルタイ系の文法形式を持っていたとは考えにくいとして、

30——第2章　日本語はどこから来たか？

　　縄文時代は早期、前期を除くと、大陸方面とは非常に関係が希薄ですから
　　ね。それで、いわゆるアルタイ系言語の要素、その母音調和とか文法構造
　　とかは、弥生時代になって、朝鮮半島を経由してはいってきたか、中・南
　　シナを経由してはいってきたか、いずれかでしょう。

と言っている。しかし、上にも述べたように、母音調和というような音韻構造
が基礎語彙とは独立に他から取り入れられるというような蓋然性は非常に小さ
い。また、もし日本語と朝鮮語が同一祖語から分岐したものとしても、それは
縄文後期よりもずっと以前のことと考えられるから、縄文時代の、特にその後
期の日本の遺物文化が大陸方面の文化から隔離されていたとすれば、それは正
に、朝鮮語と日本語とが分岐的発達をして親族関係の証明が困難な程度に遠い
親族関係を有するに至ったと言おうとする場合に、かえって都合がよいとさえ
言える。朝鮮語の祖先と日本語の祖先とが大陸と日本とに分かれて話されてい
たとすることもできるからである。それのみならず、弥生時代のはじめ、すな
わち紀元前300年ごろに日本祖語を話す民族が大陸から北九州に侵入したのだ
とすると、その民族は数においても土着民を圧倒するほどの多数でなければな
らない。考古学などの方面で、この点を明らかにすることができるのだろう
か？

　さて、日本祖語がどこから来たかの問題をしばらくおき、それはいつの時代
の言語かという問題を考えてみよう。前もって断っておかなければならないの
は、ここに言う「日本祖語」とは、青森から琉球列島の最南西の島々に至る日
本列島に分布する諸方言を言語学的に「比較研究」することにより再構される
「祖形」のことではない。このような「再構形」は過去のいかなる時代にも実
際に話されたことのない形であることがあり得る。ここに日本祖語というのは、
前述のような、ある言語共同体が話していたと想定される言語のことである。
そういう言語が存在した蓋然性は決して小さくない。

　さきに、この日本祖語を漠然と「弥生時代に北九州で話された言語」と言っ
たが、もちろん、このほかにもいろいろの可能性がある。年代について言って
も、大幅にこれを動かすことができる。とは言え、限度はある。下限は奈良朝
より数百年以前でなければならないが、上は紀元前300年より前に持っていく

ことは非常に困難であるばかりでなく、上へ持っていくほど、上述のような意味の「祖語」の存在を推定することの意味が稀薄になっていく。しかし、とにかく、忘れてはならないのは、我々の問題にする諸方言が、青森の北端——北海道への移住は近代のことだからここに問題としない——から台湾の近くの琉球諸島にまで分布しているという事実である。このような分布は、住民の移住なしに起こったとはまず考えられない。そこで、大まかに言うと、日本祖語の年代を古いところへ持っていくほど小規模の繰り返された移住を想定するだけですむが、これを新しいところへ下げるほど大規模な移住を想定しなければならなくなる。

さて、井上光貞氏(『日本古代国家の研究』1965: 568-569)は次のように言っている。

> 皇室をふくむ大和朝廷の主勢力が、九州におこって大和に入ったということは、かならずしも否定できないかも知れない。特に、弥生時代の日本に青銅器における二つの文化圏【北九州・中国・四国の文化圏と、畿内を中心として西は中国・四国、東は中部地方にわたる文化圏】が対峙していたことはすでに述べた通りであるが、次におこった古墳文化、大和朝廷の発展とともに全国に波及する古墳文化が、その副葬品において前代の畿内の銅鐸文化とはつながらず、かえって九州の銅鉾・銅剣文化と共通性をもつ事実は見逃しがたいことである。従って、大和朝廷の九州起源を主張する学者もかなり多く、さらにまた、奴国の後身であるとか、邪馬台国の東遷したものとか、また狗奴国の後裔であるとか種々の臆説もなされている。

これら種々の臆説——すなわち可能性の指摘——は、日本祖語を「弥生時代に北九州で話された言語」とし、紀元以後に同地方から畿内へかなり多数の住民が移動したとする仮説と矛盾しない。もし、日本祖語を「古墳時代前期に畿内で話された言語」とするならば、4世紀の後半に大和朝廷が北九州を経て南朝鮮を占領した(井上1965: 571-573)ころ、畿内から北九州へ住民の移住——しかもかなりの大移住——があったとしなければならないであろう。これはやや無理ではなかろうか。

その後、井上光貞氏は江上氏の説にかなりの賛意を表明して次のように言っ

32——第2章　日本語はどこから来たか？

ている（石田編 1966）。

　【江上先生が】応神朝というものに非常に大きな比重をお置きになって、初めに崇神天皇の時、南鮮から筑紫への移動があった。次にそれからしばらくして応神天皇のとき、その筑紫の勢力が畿内に進出した。そしてこの応神朝になってはじめて、いわゆる大和朝廷というものが構成されたという考え方を示されたことには、私は、非常な共感を受けるわけなんです。（p. 88 以下）

　断言はできないが、応神はちょうど継体が越からはいって大和朝廷の主人公になったように、九州からはいって朝廷の主人公になったのだ。それだから、いわばその始祖からの伝えは確かになるのだ、こう考えるのです。（p. 94）

　また『日本書紀』には百済の史料に基づいた記事の中に氏が日本式であって、名まえは百済の名まえを持った人がたくさんいますが、これは百済の支配層と日本の支配層の交流、婚姻が広く行なわれていた証拠です。したがって、日本人、朝鮮人とあまり簡単に区別することも歴史の真実からかえって遠ざかるということもあるでしょう。とくに弥生時代ごろの九州は、少なくとも北九州と南鮮とは非常に緊密であったことを考えなければならないと思います。とすると、応神が北九州から大和を平定したとするならば、その人が朝鮮からの渡来者である可能性をまったくは否定できないわけです。そしてその意味において、江上先生の今おっしゃったお話は、……この点でも共感を……覚え、その可能性があるのじゃないかと思うのです。（pp. 94–95）

　当時の南鮮と日本の支配層の間にこのような交流があり、支配層の移住があったとしても、それが直ちに日本祖語の南鮮から北九州への移動と結びつくと考えるわけにはいかない。それに伴う住民のかなり大規模の移住が考えられない限り、——当時の北九州は無人の地ではなかったのだから——無理であろう。

　この点に関する江上氏の考えは次のようである（石田編 1966: 130 以下）。

　だいたい騎馬民族が自分の言語を、征服した民族に押しつけたという例は、

むしろ少ない。逆に、比較的短時間の間に、地もとのことばに同化されて
しまう。……私も「倭人伝」のことばが、日本語であるということについ
ては賛成でありますが、同時にその倭人の日本語が騎馬民族の征服・統治
時代になっても大きな変化がなかったということも、むしろ当然と思うの
であります。……【対馬・北九州など】の辺で日本語が早く使われておったと
しますと、南朝鮮に長くおり――私の考えでは南鮮の倭人を支配し――さ
らに北九州に長くいた日本の征服者がそれらの土地のことばによく通じて、
むしろそのことばを使うようになっていたと考えられます。そうして大和
に来たころには、おそらくもうことばのうえでは、土着民と方言差の程度
になっていたのではないでしょうか。

これらの言葉から、江上氏は征服者集団が人数の上では土着民よりはるかに劣
っていたものと想定しているらしいことがわかるが、具体的に次のようなこと
も言っている(p. 154 以下)。

　　天孫系民族の日本征服の場合は、北九州にはいってきたときよりも大和に
　　はいってきたときのほうが、兵力の規模が大きかったでしょう。しかし、
　　大和にはいってきたときでも、それほどの大兵力ではなかったと思います。
　　五、六千から一万ぐらいの兵があればじゅうぶんだったでしょう。

　その程度の移住集団を考えるのならば、日本の被征服住民が外来の征服者の
言語――しかも系統の異なる言語――を話すようになること、すなわち「言語
のとりかえ」の起こること、従って、日本祖語の南鮮から北九州への移動とい
うことは、まずあり得ない。江上氏が次のように言っているのは、もっともな
ことである。

　　【『魏志』「倭人伝」の倭人の】日本語がアルタイ系言語としても、そのアルタ
　　イ系の言語は征服者が持ちこんだものではないということをくりかえして
　　言っておきたいと思うのです。その点金田一先生なども誤解されていて、
　　アルタイ系の日本語は江上説によると、騎馬民族が持ちこんだのだが、そ
　　んなことはない。もっと古くから日本語は行なわれていたというふうに言
　　われたらしい。しかし私は、いまだかつてそんなことを言った覚えはない

34——第2章　日本語はどこから来たか?

のです。(p. 131 以下)

　しかしながら、江上氏が次のように言っていることは、すでに述べたように、言語学的観点からすると、極度に無理である。

　　私自身は、日本語をアルタイ系と割り切ること自体に不安なものを持っているのです。というのは、……弥生時代の倭人のことばが、もしいわゆる日本語であるとすれば、それには一方では縄文人の言語も、中・南シナ原住民のそれも、東北アジア系の言語も、韓人のそれも混じっていて、単純な一系統とはみなしがたいのではないかと思うのです。(p. 132)

しかし、「系統」という語を上述のような意味に解する限り、「数個の系統に由来する言語」というものが成立する蓋然性はほとんどない。このような"混合語"の成立が安易に云々されるのは、残念なことであると思う。

　ところが、村山七郎氏が最近提出した説は、さらに大きな困難を伴っている(村山 1966)。それは、江上説を前提とする「日本語形成過程」(p. 305 左段)だというが、村山氏は、江上氏の説を引用した後に、次のように書いている。

　　以上の引用によれば、東北アジア系の騎馬民族(夫余・高句麗系)が、弥生式時代文化——その担当者は中・南シナ原住民——の上にきずかれていた古墳時代前期の日本を征服したことになる。征服者の言語は高句麗語に近いものと見ることができる。この新しい言語は、おそらく縄文式時代の言語をもとにして中・南シナ原住民の言語の影響のもとに成立した言語(かりに、それを先日本語 Präjapanisch と呼んでおこう)に深刻な影響を与えたことになる。そして両言語の約 250 年にわたる相剋によって(おそらくは東北アジア系の民族の言語の優位のもとに)【7 世紀前半のころ】日本語は成立した(p. 305)
　　弥生式時代の言語(先日本語 präjapanisch)と東北アジア騎馬民族系の言語(アルタイ系)との接触から古墳時代後期末には出来上っていたらしい日本語は、フランス語型でも、ブルガリア語【型】でも、英語型でもなく、ポリワーノフの言う「雑種的」(ハイブリド)なものかも知れない(但し、文法構造においてはアルタイ系的なものが優勢)。(p. 309 右段)

第2章 日本語はどこから来たか？——35

　このような説の出る根拠は断片的な単語の類似等であって、それらの事実に関しては、村山氏の説以外にいろいろの可能性が考えられる。のみならず、この説がいろいろの点で無理をしている——すなわち、蓋然性の小さいいろいろの点を含んでいる——と認められることは、今まで述べたところから明らかであろう。故に、村山氏の説は、少なくともそのままでは、蓋然性の非常に小さい1可能性に過ぎないと言える。また、侵入した騎馬民族が、江上氏の言うように数が少なかったとすれば、土着の被征服民に言語的に同化されたとする江上説は、言語学の観点からも十分是認できるのだが、村山説はこの点でも江上説からかけ離れてしまっている。

　ちなみに付言するが、「言語の系統」という観点からは、村山氏のいわゆる"フランス語型""ブルガリア語型""英語型"なるものは鼎立するものではない。フランス語の場合は、土着民が征服者の言語を受け入れ、「言語のとりかえ」が起こったのであり、ブルガリア語の場合と英語の場合とは、ともに、被征服民族が自己の言語の言語的核心部の伝承を断絶することなく、系統的に同じ言語を伝承し続けた場合である。

＊　　　　　　　　＊　　　　　　　　＊

　以上をもって、「日本語はどこから来たのか？」という質問に対して私どもの答え得ることは、決して単純ではないことを明らかになし得たかと思う。そして、どこまでが確実に言えることか、それ以上のことについてはどのような可能性が考えられるか、それらの可能性の蓋然性の大小（が言える場合にはそれ）はどのようであるかについて、私見を述べてきた。明確な答えが得られなかったことを読者はもどかしく思われたかも知れないが、これがこの問題に関する学問的研究の現状であること、従って、あまり"明快な"断定はいろいろの程度の危険を伴うことを、明らかにし得たとすれば、私の目的は達したのである。

　付　記
　この論文では、「可能性」という言葉と「蓋然性」という言葉とを使い分けた。「可能性」は2つ3つというふうに数えられるのに対し、「蓋然性」はその大小（両極の1

と 0 とを含む）が問題となる。従って、「A, B, C, の 3 つの可能性があるが、そのうちの A の蓋然性が一番大きく、C のそれが一番小さい。」のように言ったり、「……である可能性の蓋然性は……」と言うが、後者を略して「……である蓋然性は……」と書いた場合もある。

初　出
「日本語はどこから来たか」『ことばの宇宙』2 (4)：1–10, 15、1967 年。

第 2 部

日本祖語について

第3章　八丈島方言について

拙著『日本語の系統』(1959a: 89–91)に、かつて次のように書いたことがある。

　このように考えると、奈良朝の畿内人に、非常に異なる方言として注意された東国方言は、ここに問題としている日本祖語から直接分かれ出て発達した方言ではなくて、日本祖語と同時代にならび存した方言が、日本祖語系の中央方言に同化されつつも、非日本祖語的な特徴をもまだ保存していたものではないかということも、十分考慮に入れておかなければならないことがわかる。

　そればかりでなく、現代の諸方言でさえ、その体系と核心部は日本祖語のそれを継承しているとしても、非日本祖語的要素をも含んでいる蓋然性がある。方言の発達は、実に分岐と統一と二つの力の複雑な衝突によって起こる。今後の方言研究は、それらの諸点を分析的に明かにすることを、一つの大きな課題としなければならない。

そして、この言明の基礎として同書の同じ論文に述べてあるところは、多少敷衍的に書くと、次のような仮説(それは数個の仮説のうちの1つ)である。

　日本祖語は、西暦紀元前後に九州の北部に話された言語である。

　紀元後数世紀のころに(あるいはその前後数世紀に亘って)日本祖語系の言語を話し弥生式文化を担う有力な住民が畿内に移住し、そこの先住日本人を同化して、ここに古墳文化を発達させた。そしてその移住民の言語は、その後、最も勢力のある中央方言となり、四囲の諸方言を次第に同化して、現代の内地諸方言が成立した。

　日本祖語と同時代の、西暦紀元前後の日本の他の地方、特に近畿地方、

40——第3章　八丈島方言について

　　東国地方などには、日本祖語と姉妹関係にありながらすでに著しく異なっ
　　た諸方言が話されていたが、奈良時代までの間に、弥生文化や古墳文化を
　　担う有力な日本祖語系の方言に次第に同化されて行った。しかし、奈良時
　　代にはまだ、そういう非日本祖語系の諸方言の一部が、少なくとも東国地
　　方に、中央方言の同化的影響に抵抗しつつ残存していて、中央人の注意を
　　ひき、東歌、防人歌のことばとして、『万葉集』に記録された。

これを要するに、東歌、防人歌の東国方言と日本祖語との分岐の年代は、現在
の近畿方言と琉球方言の分岐年代（これは日本祖語の時代）よりも古い、という
仮説が、上記の諸言明によって表現されているのである。

　そこで、上にも記されているように、「東歌、防人歌の東国方言」の残存的
特徴を含む非日本祖語的特徴を、少なくとも現代の東日本の諸方言に見出すこ
とが、長い間私の関心事の1つであった。それは、たとえば東北地方の辺境地
域の諸方言や島々の諸方言に見出される可能性がある。

　八丈島の方言が本土の方言と著しく異なることは、学生時代に望月誼三氏か
ら聞き知っていたので、私はこの方言を上記の観点からも重要視するようにな
ったが、その後、北条忠雄氏や後藤興善氏が東歌の言葉と八丈島方言との類似
を指摘しておられることを知り、特に数年前から、この方言の実地調査の必要
を強く考えるようになった。そして、この〔1968（昭和43）年〕7月4日から同12
日まで、同島樫立に滞在して、それを実施することができたのである。

　現地調査に当たっては、いろいろの方々のご厚意を受けたが、特に後藤興善
氏には一方ならぬお世話になった。また、現地には、後藤氏も出掛けられたほ
かに、東京大学文学部ならびに大学院の学生諸君が10名同行した。

　調査は、音韻、500語足らずの基礎語彙、動詞、形容詞の活用などについて
行なった。被調査者は同島樫立方言の話し手、奥山おなよし、磯崎八助、奥山
守治の諸氏である。

　調査の1つの収穫は、予想通り「八丈島方言は東歌東国方言の系統をひく非
日本祖語的方言が現在の（日本祖語系の）本州東部方言の同化的影響を著しく受
けつつ成立したもので、まだいくたの非日本祖語的特徴を保存している」とい
う仮説を支持すると見なし得る資料が得られたことである。

第 3 章　八丈島方言について——41

　詳細の発表は後日を期するが、ここに、重要な数点を略説しておこう。

　八丈島方言(樫立方言。以下同様)の形容詞連体形は[amake]《甘い》、[karake]《辛い》、[nagake]《長い》のように語尾[ke]を有するが、これは奈良時代の東歌のカナシケ(愛)、ナガケ(長)などのケと一致する。奈良朝の中央語ではこれに対し、カナシキ、ナガキのように、語尾キが現れる。このケとキの差異は、日本祖語以前に生じた可能性があると考える。このキはのちにイに弱まり、方言によっては先行の母音と同化して種々の二重母音や長母音(または短母音)となった。内地諸方言はこの系統の語形を有するので、この特徴を基準とすれば、八丈島方言は少なくとも内地方言に対立する方言だということになる。

　八丈島方言の動詞連体形は[iko]《行く》、[taso]《足す》、[tato]《立つ》、[okiro]《起きる》、[akero]《あける》のようで、内地方言で[u]の現れるところに[o]が現れる。これは、東歌のユコ(行)、コソ(越)、タト(立)、フロ(降)などと一致する。

　ところが、八丈島方言には、ほかに[-tʃeːja]〜[-teːja]《そうだ》、[-noːʤa]《だろう》などの接尾する[iku]《行く》、[tasu]《足す》、[tatsu]《立つ》などという語形があり、形としては、これらが現代内地諸方言の終止連体形〔第4章では「奈良朝中央方言の終止形」と訂正〕に対応するに違いない。

　一方、琉球方言には、たとえば首里方言の[kakuna]《書くな》、[numuna]《飲むな》、[tatuna]《立つな》のような形式があり、この[-na]を除いた部分は、仲宗根政善氏が最近気づかれたように、八丈島方言の連体形に対応するものと見るべきかも知れない。なぜなら、内地方言の終止連体形[tatsu](立)に対応する形は、琉球方言では[tatʃi]として現れるべきだから。

　そこで、上のように考えるならば、少なくとも次の2つの仮説を立てることができる。1つは、日本祖語にも終止形[*tatu]と連体形[*tato]との区別があり、琉球方言の上の[tatu-]は、形としては[*tato]を継承するもので、奈良朝の中央日本語はじめ内地諸方言は、[tatu]という形を、類推によって連体形にまで及ぼした、というのである。

　第2の仮説は、日本祖語では終止形、連体形ともに[*tatu](アクセントは考慮外におく)で、八丈島方言は日本祖語以前の終止形と連体形の区別を保存す

るものだ、というのである。この場合には、琉球方言も、やはり日本祖語以前に他から分離し、その後の移住民によって今日の程度に「日本祖語化」された、としなければならない。

　これらの諸点を考えると、さらに精密な広汎な研究が緊要であることがわかるが、いずれにしても、この特徴を基準としても、八丈島方言は、少なくとも内地方言と対立する方言としなければならない。

　次に、八丈島方言の動詞の「過去の終止形」は、極めて興味ある形を持っている。たとえば、[ikara]《行った》、[tatara]《立った》、[nomara]《飲んだ》、[okitara]《起きた》、[aketara]《あけた》など。すなわち、大まかに言って、4段活用動詞には語幹に[-ara]が接尾し、2段活用動詞には[-tara]が接尾するのである。

　後者は、たとえばオキタル、アケタル（オキタロ、アケタロ？）に[-a]（他の動詞や形容詞の終止形にも現れる）が接尾したものと考えることができよう。しかし、4段活用の[ikara][tatara][nomara]は何であろうか。私はこれは、東歌のフラル（降）、ホサル（乾）などに当たる形式に、上記の[-a]が接尾したものではないかと思う。すなわち、奈良朝中央語ならば、フレル（降）、ホセル（乾）、ユケル（行）、タテル（立）、ノメル（飲）というところだ。これらの形式は——連体形の末尾母音が古くは-oであった可能性を考慮外におけば——、

のように、方言によって異なる発達のしかたをしてできたと説明されるが、もし日本祖語の形が*tatiaruではなく*tateruだとすると、東歌のtataruは非日本祖語的形だということになる。いずれにしても、八丈島方言は、こういう活用形を有する点でも、少なくとも内地方言に対立する方言としなければならない。

　ちなみに、八丈島方言の動詞の「過去の連体形」は/'ikua/《行った》、/tatua/《立った》、/nomua/《飲んだ》、/'okitua/《起きた》、/'aketua/《あけた》のようである。ここに音韻記号 /ua/ で表わしたのは、[ŭa·]のような、2モーラのゆるやかな昇り二重母音である。通時論的には、/kua/《川》、/nua/《縄》、/'ua/《泡》に見られるように、この /ua/ は、東京方言などの、少なくとも awa に対応する。

従って、上の「過去の連体形」は、通時論的には /ˈika-/（行）、/tata-/（立）、/noma-/（飲）、/ˈokita-/（起）、/ˈaketa-/（開）という形式に何かが接尾した形式に由来するものと考えられる。従って /ˈikua/《行った（＋体言）》などと終止形の [ikowa] /ˈiko'wa/《行くよ》などとは、発音は似ているけれども同一ではなく、通時論的成立過程も全く異なるのである。

　ちなみに、この樫立方言には /ua/ と並行して、/ia/[ĭaˑ]という、2 モーラのゆるやかな昇り二重母音がある。たとえば /kia/《貝》、/hiame/《蠅》。

　また、この方言は、語彙にも非常に古風な点がある。たとえば、《脚》の意味で老人は /hagi/ と言ったというが、琉球列島の最南西の宮古群島・八重山群島の方言に見出される /pagi/《脚》系統の単語や奈良朝日本語の「波支」「波岐」(膊、脛)と比較すると、これらは日本語の《脚》を意味する最も古い単語を継承している可能性がある。そしてそれは、朝鮮語の pal《足》と比較され得る。

　しかしながら、概して言うと、基礎語彙の面では、八丈島方言と内地方言との間に、以上挙げた諸点が暗示するほど大きな差異は見出されないようだ。言語年代学的資料も集めてきたので、後日計算してみたいと思っているが、全体的な印象は、そのようである。もし言語年代学的数字が比較的大きく算出されるとすれば、それは、方言の比較研究に、ひいては比較研究一般に、極めて興味ある資料を提供することになろう。古い言語的特徴の残存と新しいしかも圧倒的な同化の波との関係を、今までよりも一層精密にかつ一層深く考察する手がかり――そして同時にそれがそういう考察の「きっかけ」ともなるわけだが――が、得られる可能性があるからである。

初　出
「八丈島方言について」『ことばの宇宙』3(11): 92–95、1968 年。

第4章　琉球方言と本土方言

1　はしがき

　伊波普猷先生の生誕百年記念講演会で何かお話をするようにと外間守善氏が
勧められたとき、琉球方言に関し今なお懐かれているかも知れない一般の人々
の誤解を解くようなお話でもしようかと、お引き受けしたのであった。私自身、
近年琉球方言の研究を前進させるような仕事はあまりしていないのだが、数年
前に『文学』の編集の方にぜひにと頼まれて執筆した「日本語の琉球方言につ
いて」が案外お役に立っているらしいので、そういったものでもと考えたので
ある。もちろん伊波先生と無関係のものではいけない。しかし講演は 1976(昭
和 51)年 4 月下旬だからそれまでには何とかなるだろうと呑気にしていた。と
ころが、1 月半までに論文の形にして出せという、私にとっては突然と受け取
れる注文に接した。それでやや無理をして時間を作り、数日前から想を練って
いるのだが、講演としてならともかく、論文としては以前に書いたことを繰り
返し書くわけにはいかないので、一般の人々向けに書くことを断念し、専門家
を対象に執筆するよう予定を変更した。また必要上から『沖縄文化論叢 5 言
語編』その他に目を通しているうちに、若い世代にも勝れた研究家たちの出て
いることを知り、欣喜措く能わず、自分もこの研究の前進に役立つようなこと
を発言してみようかという気になった。それに、同書の「解説」の研究発達史
の概説などを見ていると、それが大きい流れを良く把握し得ているとは言うも
のの、私自身の経験・記憶を書き記すことにより、なお多少の貢献をすること
ができるようにも感ずるので、敢えてこのような回想的部分を含む文章を綴る
こととしたのである。

46——第4章 琉球方言と本土方言

2 琉球方言と本土方言の親族関係

　奄美群島以南、与那国島に至る琉球列島の固有の言葉が、本州その他の固有の言葉と「同系」であり、この両者が「親族関係を有する」という言語学の想定を、今日疑う言語学者・国語学者があるということを私は知らない。すなわち、上の考え方は、今ではいわゆる「定説」となっていると言えよう。

　実はこのことは、「言語学」の知識がなくても、両言語を虚心坦懐に比較すれば誰でも気づくはずのことで、1674年に死んだ琉球の政治家 向 象 賢は、言葉の類似を根拠にして、琉球人が日本から渡来したに違いないとの意見を述べている（伊波1911＝全集1: 17）。しかし、両者の言語学的距離は決して小さくないから、言葉の類似からこのような推定に達するには勝れた知性を要したであろう。

　さて、「琉球語」(the Luchuan language)と日本語との親族関係をはじめて学問的に明らかにしたのは英人のチャンブレン(Basil Hall Chamberlain)であった。この人は東京帝国大学で外人教授として言語学や日本語学を講じた勝れた人である。1850年生まれで、1873(明治6)年来日し、86年に東大の教師となった。琉球語と日本語との関係を論じた有名な論文(Chamberlain 1895)は1895(明治28)年のものだが、首里語の記述は驚くほど正確である。しかし、言語学については、当時としての最新の知識を持っていたかどうかを私は疑っている。祖語が姉妹語に分岐発達するという考え方などは確かに言語学のものだけれども、「音韻法則」について正確な理解を持っていたかどうか、その比較研究の実践を見ると疑問なきにしもあらずである。彼が日琉祖語の母音をｉａｕの3つとしたのは、グリム(Jacob Grimm)が1819年の著書で印欧祖語の母音をｉａｕの3つとし、この説がその後長い間行なわれ、シュライヒャー(August Schleicher)も1860年代の著書でまだその説に従っていたのを思い出させる。しかし、印欧語比較言語学では1870年代に次々に新発見があって、ようやく厳密な「音韻法則」の概念が確立し、従来の精密を欠く比較方法が精算されて、印欧祖語には上の3母音の外に少なくともｅｏがあったことが明らかとなった。チャンブレンは1873年に来日したから、印欧比較言語学のこの新しい発達を知らなかったのではないか。

2 琉球方言と本土方言の親族関係——47

　私がはじめて琉球方言を直接観察できたのは 1929(昭和 4)年のことであった。東大の 2 年生のときで、この年に東大の国文科に入学された仲宗根政善氏の国頭郡今帰仁村字与那嶺方言の発音を聞かせてもらったのであった。それ以前には、東条操先生の『南島方言資料』などで琉球方言の重要性に気づいていたに過ぎない。仲宗根氏には、1 字、2 字の名詞、2 字、3 字の動詞、形容詞その他を調べさせて頂いたのだが、アクセントが自分の亀山方言や東京方言のそれと明白な対応関係を有すること、母音や子音も極めて興味ある対応関係のあることが明らかとなった。その後、岩倉市郎氏の喜界島阿伝方言、比嘉春潮氏の首里方言、金城朝永氏の那覇方言、などについて、同様の調査をさせて頂き、1932(昭和 7)年に「「琉球語」と「国語」との音韻法則」(服部 1932 = 1959a: 296–361)を公表するころまでには、これらの諸方言のアクセントは一応明らかになっていた。「琉球語管見」(服部 1937 = 1959a: 362–375)のような文章を書く気になったのは、1 つにはそのためである。

　上述の 1932(昭和 7)年の拙文は、「国語諸方言のアクセント概観」の「琉球方言篇」を書くための土台として書いた——たとえば特に動詞のアクセントについて説くにはこの土台が必要だと考えた——ものではあるけれども、当時までの日琉比較研究に大きい不満を持っていたからでもある。ことにチャンブレンが、琉球語では u の前の子音が口蓋化する、という意味のことを言っているのは大変困ると思った(i の前の子音が口蓋化する、と言うのはよいけれども)(服部 1932 = 1959a: 335–336)。あの拙文には、比較研究は出来得る限り厳密なものにしたい、それには記述研究を出来得る限り正確なものにしたい、という強い願いが籠められていたのである。幸いこの願望は、近年の諸研究を見ていると、ほぼ叶えられつつあることを知って嬉しく思う。

　1933(昭和 8)年から 1936(昭和 11)年にかけて、アルタイ諸言語の研究のため満州国に滞在し、その後もこれらの諸言語の研究に力を入れていたのが大きい原因で、琉球方言の研究からは遠ざかっていた。終戦後になってようやく、多少研究を再開する機会が与えられた。この期における、私にとって 1 つの会心の作は、『世界言語概説 下巻』の拙文(服部 1955c)である。従来の音声学的記述に音韻論的解釈を施した点もさることながら、首里方言の動詞の「構造的」記述をなし得た点で、長い間懐き続けてきた欲求不満を一応解消させることが

48——第4章　琉球方言と本土方言

できた。この記述は、インフォーマントになって頂いた比嘉春潮氏が極めて勝れた方で、私の質問に対し適確な答えで打てば響くように反応されたために、短時間で仕上げることができた。前述の1932(昭和7)年の拙文では、比較研究の観点のみから首里方言の動詞を取り扱ったので、その共時論的な全体的記述が必要だと思い続けていたのだが(服部1959a: 356など)、その後も、国語の文法の枠組によって琉球方言の動詞の活用を記述することが、他の諸方言におけると同様、相変わらず行なわれているのを見て、外から枠組を押しつけることなく、対象となる方言自身の中から構造・体系を把握し記述する方法を採りたいと、長い間思っていたからである。この記述は、手許にある動詞活用形の資料を網羅的に集め、首里方言そのものの体系に従って、音形(および意味)の少しの違いも見落とさないように注意しながら分類しつつ、その相互関係を明らかにし、あきまが発見されれば調査して埋め、体系上その存在が推定されるものは存否を確かめ、調査途上で発見された形式はすべて組み入れられるように、体系を必要に応じて修正したものである。もし「意味」のみを基準にして分類していったならば、活用の種類の記述が網羅的であるとの保証が全くなく、不安が残ったであろう。なぜなら、言語は音形によって意味を表わすものだから、音形を度外視して、意味だけを基準にして研究することはできない。意味と結びついた音形の研究が土台とならなければならない。

　上村幸雄氏は『沖縄語辞典』(1963[昭和38]年)の「解説篇」において首里方言の動詞活用の研究をさらに進め、'warajuɴ《笑う》、ʔirijuɴ《入れる》、ʔumujuɴ《思う》を、私の挙げた活用の種類以外のものとして追加している。これは研究の進歩である。

　この私の記述に対し、「形式主義」であるとの批判があった(宮島達夫1956: 62-63)ので、私は1961(昭和36)年の拙文(服部1961: 260)に次のように書いた。

　　私は、首里方言の動詞の記述を右の見地から試みた。その主な目標は、私の記録し得たすべての自立形式を包含し、かつそれらの形【=音形】の上の相互関係をできるだけ無駄のないやり方で整理することであった。ただし、意義素に共通点のある形式は一まとめにして、形の上に関係のないものも「不規則形式」として挙げた。しかし、これによって、この方言の動

詞の活用体系の記述が完成したと考えていたのではない。なぜなら、「形式」を、形と意義素の連合したものと、私は定義しているから、更に意義素の体系を研究する必要がある。そして、その研究はまだ十分できていなかった。【中略】しかし、各形式の意義素を翻訳するとき、意義素の体系ができるだけ反映するようには努力した。

　一方、鈴木重幸氏は「首里方言の動詞のいいきりの形」(鈴木1960)によって、「形式主義」を排し意味を基準とする立場から、同方言の動詞の、私の挙げた活用形等の一部分の再分類を試みている。これは概略私の意図していた方向にあり、研究の進歩であると思うが、問題もないことはない。たとえば、氏の意味分析は、大まかに言って、私の言う意義素の意義特徴への分析に当たるから、私としてももちろん賛成であるが、さらに無標特徴と有標特徴との区別も必要であろう。また、意義特徴への分析は、当然、それを含む意義素の体系を明らかにすることになるが、それで止まってはいけない。「形式主義」——と言っても決して意味を無視するものではない——によって分析される記号素(いわゆるモルフェーム)と意義特徴との関係も研究されなければならないと、私は考えている。「形式主義」を排するの余り、記号素への分析を拒否し、従来の(「助詞」「助動詞」などへの)文法的分析を全面的に否定するならば、行き過ぎである。

　ともあれ、今後、宮古、八重山、与那国その他の重要な方言の動詞活用を記述しようとする人々は、上述の鈴木氏の記述——国語の口語文法はもちろんのこと——をその方言に翻訳してすませることなく、音形(および意味)を基準として網羅的に調査し、さらに意義素を分析的に研究して、その方言独自の体系を帰納されるようお願いしたい。

　このような、音形ならびに意義素——従って意義特徴——に基づく記述的研究が主な諸方言(琉球諸方言のほか、八丈島方言その他)についてできあがった時に、日本語諸方言の動詞活用の本格的比較研究が可能となり、日本祖語の動詞活用の再構も可能となるであろう。しかし、研究現状にあっても、首里方言の動詞活用体系は、本土方言との親族関係の有力な徴憑の1つと見ることができる。

50——第4章　琉球方言と本土方言

　日本語の歴史を研究する上で、言語地理学的な調査が重要であることは、言うまでもないが、特に琉球では、調査項目と調査地点をふやす必要のあることを繰り返し説いてきた(たとえば、服部 1955e; 1973b＝本書第 18 章など)。

　それと並んで、特に琉球の主な方言の語彙の全体的な記述が必要であることも、繰り返し力説してきた(たとえば、服部 1955e; 1973b＝本書第 18 章など)。この意味で『沖縄語辞典』の公刊は素晴しいことと思う。なお、この『辞典』について、「俚言集、方言集の少ない琉球で」、「本土方言辞典に類のないほど本格的な」『沖縄語辞典』が「一挙に」出来たのは、沖縄方言の特殊事情による、という見方もあるが、しかしこれは、決して偶然の出来事ではなく、勝れた方々の有意的努力によるのである。島村孝三郎先生が島袋盛敏氏に首里方言の研究を委嘱された 1947(昭和 22)年のころから私どもは網羅的な辞典となることを強く要望してきたのだが、その後上村幸雄氏が有意的にそういう方向に努力されたのである。そして、出版の困難に遭遇したとき、"共通語と同じ単語"は削除して量を少なくしようという意見が有力な筋から出たので、私どもは極力反対して、事なきを得たのであった。

　最後に、私どもの試みた琉球諸方言や本土諸方言の言語年代学的研究は、分岐年代推定の手がかりとなるのは言うまでもないが、両方言の親族関係の極めて有力な徴憑を提供していることにもなるのである。

3　琉球方言と本土方言の分岐年代に関する伊波先生の説

　さて、言語学では、同系の言語(方言)が 2 つ以上あるとき、それらは 1 つの祖語から分岐発達したものとの想定の下に、比較方法によってその祖語の再構を試みる。琉球方言と本土方言の場合にも、資料が大分揃ってきたので、そのような作業が少なくとも部分的には可能となりつつある。

　そして、そのような祖語の年代について、ある程度の推定が可能な場合がある。琉球方言と本土方言の場合についても、その分岐年代について、ある程度のことは今でも言えると思う。

　伊波先生は、この分岐年代についてかなりはっきりした意見をたびたび表明しておられるのだが、まず、先生に影響を与えた可能性のあるチャンブレンの

言明(前述の 1895［明治 28］年の論文における)を、先生の訳文(伊波 1906 = 全集 1: 24)によって引用しよう。

> 琉球人はその体質日本人に酷似して、モンゴリヤンのタイプを有してゐる。彼等の祖先はかつて共同の根元地に住してゐたが、紀元前三世紀の頃大移住を企て、対島を経過して九州に上陸し、その大部隊は道を東北に取り、ゆくゆく先住人民を征服して、大和地方に定住するに至つた。其間に南方に道ひつゝ、あつた小部分の者は恐らく或大事件の為に逃れて海に浮び、遂に琉球諸島に定住するに至つたのであらう。それは地理上の位置でも伝説の類似でも言語の比較でも容易く説明される。

先生はこの説にほぼ賛成されたかの如く、これを引用された 1906（明治 39）年の文章の末尾に、次のように書いておられる(伊波 1906 = 全集 1: 47)。

> そこで私は明治初年の国民的統一の結果、半死の琉球王国は滅亡したが、琉球民族は蘇生して、端なくも二千年の昔、手を別つた同胞と邂逅して、同一の政治の下に幸福な生活を送るやうになつた、との一言でこの稿を結ばう。【圏点は服部】

また、その後の著書『古琉球の政治』(1925［大正 11］年)でも、同じ意見が繰り返されている(伊波 1922 = 全集 1: 488)。

> ところが明治になつてから、二千年前南島に移住して、変種になつた琉球人が、其の団体の中に這入つて来た。【圏点は服部】

チャンブレンにしても伊波先生にしても、このような説を出される 1 つの根拠は、言語学的直観にあると思う。伊波先生は 1918（大正 7）年の講演記録を 1931（昭和 6）年に出版された著書でも次のように説いておられる(伊波 1931 = 全集 2: 19)。

> 貞幹の説は頗る乱暴で取るに足らないけれども皇紀六百年も減ずるといふ議論は今日の一部の学者の説と一致してゐる。

さらに次のようにも書いておられる(伊波 1931 = 全集 2: 39)。

52——第 4 章　琉球方言と本土方言

　　南島人の祖先は前章にて述べた如く九州の南部にゐたものが神武天皇の
頃(西暦の初頃)或る大事件の為め南下したものと思ふ。【圏点は服部】

　　然らば南島人の分布は如何と曰へば北は屋久島種子島に始まり七島大島
琉球与那国島等を経て南は台湾の西海岸までも及んでゐた。

　　『日本書紀』に依れば推古天皇の第二十四年皇紀一二六七年に掖久の人
初めて来朝した記事が見え、それから奈良朝の末頃まで盛に朝貢してゐる
が当時掖久とは南島の総称にして多禰、吐火羅、奄美、度感、阿児奈波、
球美、信覚、等が含まれてゐる。推古朝の時は神武天皇より既に七百年言
語もはや変化して相通せず訳語を置いて通訳せしめてゐる。【圏点は服部】

上の掖久人来朝の記録は、史書の常套的に用いる誇張的表現が含まれているか
も知れないとしても、全く無視することは正当でないであろう。私も、現在の
種子島方言は鹿児島方言よりもむしろそれ以北の方言に近いけれども、それは
恐らく新しい植民のためで、奄美大島・徳之島式の方言が底層となった可能性
がある、と述べたことがある(服部 1959a: 293-294)。また、南島人の分布が台湾
の西海岸まで及んでいたという伊波先生の推定も、もっともなことと思われる。
彼らの言語は台湾の言語に消されてしまった可能性がある。とにかく、琉球方
言の分布が与那国島で止まっていることの方が奇異の感を与える。

　さて、上の「琉球民族南進説」は、1925(大正 14)年に出た柳田国男の『海南
小記』の大きい影響を受けて、一時は動揺したことがあるようである。1926
(大正 15)年の『孤島苦の琉球史』には、次のように述べておられる(伊波 1926 =
全集 2: 103)。

　　以上の諸説は、何れも日本民族南進説で、従つて琉球民族南下説である
が、爾来殆んど二十年間、この学界の処女地なる南島を顧る者がなく、所
謂南島の研究は沈滞の状態にあつた。

　　ところが、柳田国男先生がこの方面に投げられた石は、端なくも新しい
波紋を起した。大正十二年の初頃、先生は親しく南島を跋渉せられて、土
俗学の立場から、南島は日本民族の核心になつた部分の移動の道筋に遺つ
た落ちこぼれであらう、といふ説を、其のエポックメーキングの名著『海
南小記』中の阿遅麻佐の島の条で、稍はつきり述べられた。

として、考察を進めたのちに、次のように結論しておられる（伊波 1926 ＝ 全集 2: 108）。

　かういふ所から考へて見ても、南島人の血液の単純でないことがわかる。又其処には勿論、北進の途中で遺つた落零れ（おちこぼ）もあらう。かうして九州に上陸した後に、朝鮮あたりから南下して来たものと落合つて、混成文化を形【作】つた民族の一部が、更に南島に移住したのもあつたであらう。以上の諸説を参照し、古来の伝承に従つて、かうして南進して来た者が、琉球民族の核心となり、それに幾分先住民族や馬来人などの血液が混じて、所謂南島人は形成されたと私は考へてゐる。【圏点は服部】

　これが、1947（昭和22）年の最後の著書『沖縄歴史物語』では『海南小記』の影響は消え去っているように見える。ここでは、アマミ族すなわち南島人の南漸説が中心となっていると同時に、次のような注目すべき言明も見られる（伊波 1947 ＝ 全集 2: 342）。

　それはそれとして、南島七大方言、即ち沖縄、宮古、八重山、沖永良部、徳之島、大島、鬼界の単語、音韻、語法などを比較研究してみても、それらは別々に原始日本語から分岐したのではなく、古代日本語から分岐した一方言が、南島の或一つの島で発達を遂げてから、時をおいてそれぞれ分岐したやうに思はれる。

　　南島語の日本語から分岐したのは、日本の建国を遡る程遠からぬ時代と見るのが真相に近い。【下略】

上の「七大方言」は、先生の言語学的直観による分類だが、沖縄以北に関して、1955（昭和30）年から1957（昭和32）年にかけての九学会連合奄美大島共同調査の言語年代学的調査の結果（九学会連合奄美大島共同調査委員会 1969）とほぼ一致するのが注目される。先生は同じ著書で、続いて次のように結論しておられる（伊波 1947 ＝ 全集 2: 343, 345–346）。

　　以上を綜合して考へると、最初多分奄美大島に辿り着いた彼等は、南漸して沖縄島の北部若しくは西北諸島に上陸し、漸次南方に移動したのであ

らう。【下略】

　さて、以上を念頭に入れて、アマミ族南下の時代を考へるとどうなるか。仮りに原日本人が日本島に移住した時、彼等と手を別ちて南島に移動したとしたら、四五千年の長年月の間には、南島語は自然甚しい変遷を遂げて、日本語とは共通点が見出せないほど、面変りしてゐたであらう。ところが『おもろ』中に、氏族制度時代の生活状態や上世日本語を髣髴させる語法などの見出されるところから推すと、筑紫の海岸にゐた彼等は、多分石器時代から金属時代に這入りかけた頃、頻出した動乱を避けて、南島に移動したと思はれる。【下略】【圏点は服部】

　日本語との分岐年代を4000〜5000年前とすることができないという意見には我々も全く賛成である。それを約2000年前とするのは、やはり先生の言語学者としての勘が大きく作用しているのであろう。同時に、「原日本人が日本島に移住した」のが4000〜5000年前であることを示す言葉も注目すべきものである。

　日本語との分岐が約2000年前であったとしても、その後の日本語からの影響があったであろうことは、誰でも想像するところである。外間守善氏が発掘した2篇の論文[1]には、その点に関する伊波先生の考えが明瞭に述べられている。その考えは、たとえば次のような文章で表現されている(伊波 草稿＝全集6: 647)[2]。

　　南島[人]の祖先は日本の建国以前に筑紫辺から南下して、久しく氏族制度の下に生活した者で、院政鎌倉時代以降九州地方から時をおいて侵入した者に征服された結果、封建制度の現出を見るに至つたことを考察しましたが、この時を異にする二つの文化が接触によつて、やがて南島文化の基調が出来たのであります。早い話が「おもろ」の語彙や語法などに、奈良朝以前のものと、鎌倉時代以後輸入された漢語の国語化されたものとの、見出されるのを見てもわかります。試みにリヴァーズ博士の用語に従つて、前者を「母の言葉」と後者を「父の言葉」として置きませう。

すなわち、院政鎌倉時代以降の九州地方からの移住により、当時の本土方言の

大きい影響を受けたとするのであるが、そういう考え方は次の文章にも現れている (伊波 1942 = 全集 8: 630)。

　　琉球語の辞書を編纂してゐるうちに気が付くのは、その語彙の十中八九まで、国語と同語根のものであることだが、就中古代国語の保存されてゐる率の、中古の国語の這入つてゐるそれよりも遥に多いのは、注目に値すべく、言ふまでもなくこれは、東北よりの侵入者達が、多分土着の女を娶つた為で、最も広く援用されてゐる民族学の原理によると、その子女たちの、母の言葉に従つたことを意味する。しかも所謂父の言葉中には、単に語彙ばかりでなく、右に述べたやうな語法上の構造まで含まれてゐるが、これなどは例の外来者たちが数においては僅少であつたとはいへ、文化的軍事的に優秀であつた為に、容易く各氏族（まきょ）を征服して、封建社会を創設したことを雄弁に物語るものである。

すなわち、侵入者の数は少なかったとまで推定されており、結局、琉球方言の性格を根本的に変えるほどの影響は与えなかったものと考えておられるようである。そして、「琉球語の語彙の十中八九」が「国語と同語根」であり、その中「古代国語の保存されている率」が中古国語のそれよりはるかに多いとしておられるにもかかわらず、琉球語と国語との分岐年代を約 2000 年前としておられるのは注目に価する。

　以上は、伊波先生がこの問題について終生精根を尽くして考え抜かれた結論である。先生は関係諸科学にも十分の注意を払い、特に文献的歴史学には精力を傾倒された。そしてここでもなかなか科学精神に徹せられたことは、神武紀元を約 2000 年前とせられたことでもわかる。琉球語が「日本の建国以前に」日本語から分岐したというのも、解釈の仕方によってはなかなか意味深長である。伊波先生を皇民化運動のお先棒かつぎのように言うのは、当らざること甚だしい[3]。私は、伊波先生の不滅の功績は琉球の尊厳を確立したことにあると考えている (服部 1976a)。

　話はやや横道へそれたが、伊波先生の上の結論は、琉球諸方言や琉球語の歴史の科学的研究者としての、そして那覇方言の生粋の話し手としての、言語的直観に、最も多く基づいていると、私は思う。次節以下においては、琉球方言

の研究に着手以来伊波先生の考えに左右されずに独自の立場から私の考えてきたことについて述べ、伊波先生の説は簡単に無視し去る——近年その傾向があるようだが——べきものではないことについての私見を略述したいと思う。

4 日本祖語が奈良朝中央方言より古いと考えられる言語的徴憑について

　言語の歴史を考察するに当たり、言語そのものの研究がすべてに優先すべきであることは、言うまでもない。その言語を話す人々の歴史、その人々に関係する事象の歴史も、もちろん常に考慮に入れる必要があり、それらとの間に矛盾を来さないように心掛けるのは当然であるけれども、後者の情報に合わせて言語史の考察に無理をもたらすのは、本末転倒である。ことに考古学では、ある種の石器あるいは土器がそれまで発見されていないという理由で、それがないと断定することはできないから、特に琉球のように考古学的発掘・研究の今後の発展が大いに望まれる地方に関しては現在までの考古学的情報に依拠し過ぎないよう用心する必要があると思う。

　さて、琉球諸方言と本土諸方言との祖語を「日本祖語」と呼ぶならば、8世紀の上古日本語すなわち奈良朝の中央方言を日本祖語とすることはできない。『古事記』『万葉集』のお蔭で、8世紀の日本語中央方言の状態はかなりよくわかっているが、それを起点として琉球諸方言への発達を困難なく説明し得ない点が多々あるからである。これに反し、日本祖語をさらに古い時代に想定すれば、この困難は除去される望みが十分ある。

　しかしながら、琉球諸方言のうちの、特に先島諸方言の記述的研究が出揃っていない現状にあっては、祖語再構のための全面的比較研究は、まだ行なうことができない。ここでは、日本祖語は8世紀より古い時代に想定しなければならないと考えられる根拠の一部について略説するにとどめる。

　現代日本語の語頭の /h/ に対応する奈良朝の音は、両唇の無声摩擦音[φ]であったと言われる。そうだとすれば、琉球では、先島諸方言は言うに及ばず、沖縄島およびその以北の諸方言にも、日本祖語の *p- を保持しているものがあるから、この点では奈良朝中央方言よりも古い特徴を持っているということに

4 日本祖語が奈良朝中央方言より古いと考えられる言語的徴憑について ——57

なる。

しかしながら、私が繰り返し説いてきたように(たとえば服部 1960: 275; 1973a: 56 注 42)、唇歯音の[f]は堅い上顎門歯を使って鋭い摩擦音を楽に出す経済的な音であるのに対し、両唇音の[ɸ]は軟い両唇を使ってそれらに力を入れつつ鋭くない摩擦音を出す不経済な音であるから、シナ語におけるように[f]に変化するか、首里方言におけるように[w]/ˈw/ に対する無声音[ɸ]/hw/ として保持されるのでない限り、長持ちのしない音である。しかるに、室町末期の語頭のハ行子音は[ɸ]だったと考えられ、かつ構造的見地から単一子音音素と認められ、/hw/ とは解釈できないのだから、それより 800 年も前の奈良時代には、少なくとも語頭では p であったに違いない、というのが私の持論である。慈覚大師の観察した梵字の p が、たとえば国頭郡今帰仁与那嶺の仲宗根政善氏の喉頭化無声無気の[p']のように両唇の閉鎖に力の入る音であり、当時の日本語のハ行子音が同氏の非喉頭化無声有気の[pˈ]のように破裂音が弱く、かつそれより気音のずっと短い帯気音であったとすれば、大師は当然その差異に気づき、梵字 p の発音に対し、「以本郷波字音呼之、……加唇音」と記述したであろう。この推論が正しいとすれば、琉球諸方言の保持する p- 音は、日本祖語を 8 世紀以前に想定する根拠にはなり得ない。

しかしながら、先島諸方言の b- や、与那国島方言の d- が日本祖語の音を保持するものであるとすれば、それらはその根拠となるであろう。なぜなら、上古日本語のこれに対応する音は、沖縄島方言のそれと同様、それぞれ w- および y-[ĩ]であったと考えられるからである。

沖縄島以北の方々の琉球諸方言には、無声帯気の p t k tʃ と有声の b d g dʒ のほかに、喉頭化無声無気の p' t' k' t'ʒ を有するものがあるが、これらの喉頭化音は、日本祖語の *-i *-u 等に先行する *p- *t- *k- から発達したものと考えられるから、8 世紀以前からあったとすることはできない。これに関しては中本正智氏の勝れた研究がある(中本正智 1970)[4]。

なお、この喉頭化音は、日本語としては異様な音なので、すぐに、底層民族の言語の痕跡ではないかと考える人があるようだが、閉鎖音(および破擦音)を無声、有声の 2 系列のほかに、もう 1 系列を持つ必要があるときには、喉頭化音系列を加えるのが弁別的見地から最も有効だから、そういう通時的変化は起

こりやすく、従って、3系列のうちの1つを喉頭化音として有する言語（方言）は少なくない[5]。

次に、琉球諸方言の母音体系は日本祖語のそれから著しく変化しているが、大まかな見方からすると、前者は奈良朝中央方言の母音体系から一応導き出せないことはないかのように見える。しかし、それだから日本祖語を8世紀（以後）に想定してよいということには、直ちにはならない。以下に述べるように、さらに精密な研究が必要なばかりでなく、言語体系全体を比較研究しなければならないからである。

最近、松本克己氏は古代日本語の音韻資料を基礎として内的再建を試み、それによって「遡り得る日本語（？）の最古層」の母音体系は下図Ⅰのようであったとし、その後「ある不明の条件によって発生したa〜oの母音交替によって」Ⅱのような母音体系が生じ、/e/ はⅢの段階に至ってはじめて発生した、という説を発表した（松本1975: 148-150 以下）。そして、古代日本語の母音体系はⅢの段階にあるという。

これはかなり大胆な説ではあるけれども、松本氏のこの研究は、私が年来やりたいと思っていて果たさなかった研究作業を実施した点も含まれており、大変勝れたものであって、橋本・有坂学説の実証的に確立した基盤の上に立って、そこに停まることなく、はじめて研究を前進させたもの、そういう前進のきっかけを作ったもの、と思う。

私も、「イ列」「エ列」の「甲」「乙」の区別は、音韻論的には次のように解釈すべきものと説いている（服部 1959a: 62-63, 286-287）。「カ行」について示すと、

　　　「キ」の甲類　/kji/　　　「キ」の乙類　/ki/

「ケ」の甲類　/kje/　　　「ケ」の乙類　/ke/

従って、私見に従えば、松本氏の段階Ⅲ（奈良朝中央方言）の中舌狭母音 /ï/ は除去すべきものである。

　さて、松本説は、「ある不明の条件によって」a～o の母音交替が発生したとしているけれども、このような母音交替が無から発生したとするのは、やはりおかしい。ここではその根拠を詳説できないけれども、拙文(1959a: 62–63)でも述べたように、私は、奈良時代にはまだ「オ列」の「甲」「乙」の区別は母音音素が違っていたものと考えるから、これらを従来通り、たとえば「カ行」については

「コ」の甲類　/ko/　　　「コ」の乙類　/kö/

のように表わすことにする。この /ö/ は 2 つ以上の母音に遡ると考えられるが、日本祖語では、差し当たり、これに対応する母音音素として[*ə]（中舌中狭母音）1つを立てることとする。そして、「イ列乙」「エ列甲および乙」の母音は二重母音より発達したとする松本説が承認されるとすれば——恐らく承認してよいと思われるが——、そしてその発達が仮に日本祖語以前に完了していたとすれば、日本祖語の母音体系は図Ⅳのようになる。

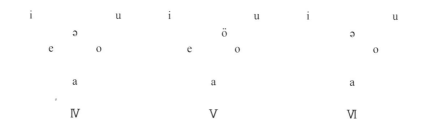

そして、奈良朝中央方言では[*ə]から来た /ö/ が /o/ と合流する直前だったから、図Ⅴのような体系であっただろう。ところが、[*e]（「エ列甲および乙」の母音に対応する母音）が発達する以前の日本語は、図Ⅵのような、不均衡な母音体系を有したことになる。

　一方、私は 20 年も前に、次のような可能性があることを指摘している(服部

1956a = 1959a: 89-91)。

　奈良朝の畿内人に、非常に異なる方言として注意された東国方言は、ここに問題としている日本祖語から直接分かれ出て発達した方言ではなくて、日本祖語と同時代にならび存した方言が、日本祖語系の中央方言に同化されつつも、非日本祖語的な特徴をもまだ保存していたものではないか【下略】

また八丈島方言はかなり前から奈良朝東国方言との類似が注意されていたが、私は次のような可能性を指摘した(服部 1968d: 93 = 本書第 3 章 p. 40、なお服部 1970b = 本書第 20 章参照)。

　八丈島方言は東歌東国方言の系統をひく非日本祖語的方言が現在の(日本祖語系の)本州東部方言の同化的影響を著しく受けつつ成立したもので、まだいくたの非日本祖語的特徴を保存している

同系語、特に方言間には、相互的あるいは一方的分岐後の影響というものがあって、それが著しい場合には、分岐年代を新しく見せたり、不明にしたり、場合によってははっきりした分岐年代を考えること自身を無意味にしたりする。八丈島や琉球の方言についても事態は決して単純ではないのだが、分岐年代だけを問題にしつつ、上述の私見を図示すれば、次のようになる。(「日本祖語」からさらに過去にさかのぼったある発達段階を仮に「日本曽祖語」pre-proto-Japanese と呼ぶことにしよう。)

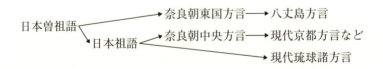

私をしてこのような仮説を立てしめた 1 つの根拠は、八丈島方言の形容詞連体形語尾[-ke]([amake]《甘い》、[karake]《辛い》、[nagake]《長い》)であった。この語尾は、奈良朝東国方言[6]の「可奈之家 3564・4369〔数字は『万葉集』の歌番号〕」「可奈之祁 4369」「奈賀気 4394」などに当たるもので、当時の中央方

言の「可奈之伎 4008」「奈我伎 4020」などに対応する。

　福田良輔氏の精密な研究によると、奈良朝東国方言には「イ列音」や「エ列音」に「甲」「乙」の区別がなかったものと考えられる(福田良輔 1965: 304, 313 など)[7]。しかし、/ki/ と /ke/ の区別はあったのである。(また、八丈島方言でも[ki]と[ke]は音韻的に区別されている。)そして、当時の中央方言でも /kji/、/ki/ と /kje/、/ke/ との区別はあった。一方、東国方言でも上述の形容詞語尾「ケ」が現れるのは関東地方に限られており、他では「キ」が現れる。関東地方の歌には「キ」の現れる例も多少あるが、これは中央語化して表記されたのではなかろうか。

　このような状態であるとき、東国方言の「ケ」形は“訛り”であるとか、“古形”であるとか言ってすませるものではない。そこで、これらの語尾の現れる実例を調べると、「ケ」形が陽母音形で、「キ」形は陰母音形——母音調和による——だと言える可能性もない。また、当時のアイヌ語も現代アイヌ語諸方言と同様 /ki/ と /ke/ の区別は持っていたと考えられるから、アイヌ語の底層によって説明することもできない。結局、上述のように「日本曽祖語」(その形には2つの星印を付ける)を考えるとすれば、そこでは /**ki/ と /**ke/ の区別があり、この形容詞語尾は /**-ke/ であったのを、奈良朝東国方言および八丈島方言はそのまま保持し、奈良朝中央方言はこれを[ki]/kji/ に変化したのではないか、と考えられるのである。

　「日本曽祖語」を考えるもう1つの根拠は次のようであった(服部 1968d: 94–95＝本書第3章 p. 42)。

　　【八丈島方言の】4段活用の[ikara]《行った》、[tatara]《立った》、[nomara]《飲んだ》は何であろうか。私はこれは、東歌のフラル(降)、ホサル(乾)などに当たる形式に、上記の[-a]【他の動詞や形容詞の終止形にも現れる】が接尾したものではないかと思う。すなわち、奈良朝中央語ならば、フレル(降)、ホセル(乾)、ユケル(行)、タテル(立)、ノメル(飲)というところだ。

そして、次のような音韻変化を想定している。

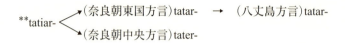

「日本曽祖語」を考える第 3 の根拠は次のようであった(服部 1968d: 93-94 = 本書第 3 章 p. 41)。

　八丈島方言の動詞連体形は [iko]《行く》、[taso]《足す》、[tato]《立つ》【中略】のようで、内地方言で [u] の現れるところに [o] が現れる。これは、東歌のユコ(行)、コソ(越)、タト(立)、フロ(降)などと一致する。
　ところが、八丈島方言には、【中略】[iku]《行く》、[tasu]《足す》、[tatsu]《立つ》などという語形があり、形としては、これらが現代内地諸方言の終止連体形【これは「奈良朝中央方言の終止形」と訂正する】に対応するに違いない。

すなわち、奈良朝東国方言(および八丈島方言)には終止形 tatu、連体形 tato の区別があったのに、中央方言では共に tatu(アクセントは考慮外におく)であったということになる。この困難を私は次のように説明して切り抜けようとしたのであった。

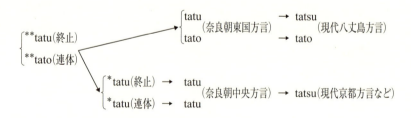

ところが、琉球首里方言には

　　/kakuna/《書くな》、/numuna/《飲むな》、/tatuna/《立つな》

という形式があり、これを上述の日本祖語からの発達とすると、《立つな》を意味する形式は /tacina/ となっていなければならないので、困ったのであった(服部 1968d: 94 = 本書第 3 章 p. 41 以下)。

　この困難を、上の「日本曽祖語」を「日本祖語」とし、中間段階の「日本祖

4 日本祖語が奈良朝中央方言より古いと考えられる言語的徴憑について ──63

語」を廃棄することにより、除去したいと思う。そうすると、奈良朝東国方言、
同中央方言、琉球方言の三者は、日本祖語からそれぞれ別々の方向に変化発達
したものということになる。しかし、三者が同時に分岐したという確証はない
ので、我々の再構しようとする「日本祖語」にはかなりの年代的幅を想定しな
ければならないことになろう。とは言え、奈良朝中央方言と琉球方言の分岐は、
8 世紀を去るかなり遠い過去としなければならない。

　このように考えると、上（p. 59）に想定した母音体系Ⅵの e の所のあきまが埋
まり均衡のとれた体系とはなるけれども、日本祖語から奈良朝中央方言への母
音変遷については、考えのかなり大きい転換を必要とし、次のように考えるこ
とになる [8]。

日本祖語		奈良朝中央
*i	→	/i/（甲）
*e	→	/i/（甲）
*ə	→	/ö/
*a	→	/a/
*u	→	/u/
*o	→	/u/
*ai	→	/e/（乙）
*ia	→	/e/（甲）
*au	→	/o/

　さて、上のように考えると、次の事実が重要な意味を有するものとして、
我々の注意にのぼる（八丈島方言と首里方言は服部 1970b: 11 ＝ 本書第 20 章 p. 619 参
照）。

奈良朝中央	八丈島	首里
/ʼöti-/《落ちる》	/ʼote-/	/ʔuti-/
/pitötu/《1 つ》	/teecu/	/tiiçi/

　前者に関しては、九州の肥後・薩隅（大石初太郎・上村幸雄 1975: 347）や島原・
豊後（『日本国語大辞典』〔初版〕3 巻 p. 630）[9]にも /ʼote-/ が見られる。これは、日本

64——第4章　琉球方言と本土方言

祖語の *əi が、奈良朝中央方言では /i/（甲乙の区別がある場合には「乙」）になったのに対し、八丈、九州、琉球では /*e/ になったことを意味する。これは重大である。

　この観点からすると、私がかつて「乙類のキ」から来たかと疑った（服部 1959a: 303-307）首里方言の /kii/《木》、/ʔuki-/《起きる》の /ki(i)/ も「ケ」系統の音から来たのではないか、検討する必要が生じる。

　まず、「木」については、奈良朝の文献に

　　/ke/（乙類）《木》　豊前、筑後の地名。上総、下野の防人歌。

という例が見える（『時代別国語大辞典　上代編』1967: 278）。八丈では /ki/ であるけれども（Hattori 1973: 376）、これは後世になって共通語化された形ではなかろうか。なお、東条操先生の『全国方言辞典』(p. 297)には、

　　け《草木の総称》　京都府竹野郡。

とあるが、これも極めて注目すべき例だと思う。恐らく「キ」《木》と共存しているのであろう。

　次に、「起きる」に関しては、筑前・豊前・豊後・日向の現代方言に /ˈoke-/ という形が見える（大石・上村 1975: 347、九州方言学会 1969: 155）。ほかに、岩手方言に「オゲル」という形がある（『日本国語大辞典』〔初版〕3巻 p. 509）が、これも注目すべきものである。

　そこで、これらの諸形式に関し、奈良朝中央方言の形を日本祖語形とすることができないことは明らかで、日本祖語には次のような二重母音を立て、次のような変化が起こったものと考えざるを得ない。

八丈島、奈良東国 琉球、九州		日本祖語		奈良朝中央
*i:	←	*ui →	*i:(乙)	→ i(乙)（長短未詳）
*e:	←	*əi →	*e:(乙)	
		*ai →	*ɛ:(乙)	→ e(乙)（長短未詳）

ちなみに、『日本国語大辞典』〔初版〕(3巻 pp. 630, 509)によると、鳥取方言には

「ウチル」《落ちる》、「ウキル」《起きる》という形があるが、前述の京都府竹野郡の「ケ」とともに、日本祖語時代からの非中央的方言形の残存である可能性がある。

　次に、前掲の《1つ》を意味する形式についても、奈良朝中央方言の /pitötu/ に対応する日本祖語形 *pitətu を八丈および琉球諸方言の祖形とすることができないのは明らかだから、日本祖語におけるもう1つの交替形 *pitəətu から来たものとせざるを得ないであろう。

　指示代名詞は、首里方言では、

　　/kuri/《これ》、　/ʔuri/《それ》、　/ʔari/《あれ》

であるが、奈良朝中央方言では、

　　/köre/　　　　　/söre/　　　　　/kare/

であり、現代京都方言では、

　　/kore/　　　　　/sore/　　　　　/ʼare/

であり、八丈島方言では(平山輝男 編 1965: 197、Hattori 1973: 375)、

　　/kore/　　　　　/sore/　　　　　/ʼore/

であるから、日本祖語としては、次のような体系を立てることができる [10]。

　　*kə　　　　　　*sə　　　　　　*ʼə
　　*ka　　　　　　*sa　　　　　　*ʼa

このうち、/a/ を含む形式より /ə/ を含む形式の方が、より近いものを指したものと考えられる。奈良朝中央方言には /*ʼə/ に対応する形式がないから、同方言は琉球諸方言の祖語ではあり得ない。

　1958(昭和33)年ごろから、首里方言の /ʔaɴ/《有る》、/ʼuɴ/《居る》は[ʔam][um]にさかのぼり、それに対応する「アム」「ヲム」という形式が奈良朝中央方言にはないから、この事実を「琉球諸方言が奈良朝以前の日本祖語から発達してきたものと考える1つの根拠とすることができる。」と説いてきた(服部

66——第4章　琉球方言と本土方言

1959a: 57, 1972: 55-56)。すなわち、日本祖語では *'a-《有る》、*wo-《居る》[11]という語幹に、*-mu(恐らく推量の意味を有していた)が直接接尾した形式があったのが、奈良朝中央方言では廃れて、それらの代わりに /'aramu/, /woramu/ が用いられたとするのである。しかしながら、「阿蘇比家武804」「敷里家牟3906」などの「ケム」は /kjemu/(「ケ」は甲類)であって、*kiamu にさかのぼると考えられるから、*amu に由来する形式がこの語尾の中に複合形式として残存するものと考えられる。

　崎山理氏は1963(昭和38)年の勝れた論文によって、18世紀の組踊に「有ゆん」「居ゆん」という形式があるとして、連用形 /ʔaʼi/, /ʼuʼi/ にさらに /ʼuN/ が接尾し得ることを実証された(崎山 1963 = 1972: 344-348)。なるほど沖縄島国頭郡今帰仁方言の

　　/naN/《成る》　　/naʼimi/《成るか》
　　/ʔaN/《有る》　　/ʔaʼimi/《有るか》

などは、右側の形式がそれぞれ

　　//naʼi + ʼum + i//　　//ʔaʼi + ʼum + i//

(/naʼi/, /ʔaʼi/ はそれぞれ連用形「成り」「有り」に対応する)に由来すると考えられるから、左側の形式も

　　/naʼjuN/　→　/naʼiN/　→　/naN/
　　/ʔaʼjuN/　→　/ʔaʼiN/　→　/ʔaN/

のような音韻変化の結果生じたものであろう(服部 1959a : 53-54)。

　しかしながら、首里方言の /ʔaN/《有る》、/ʼuN/《居る》は /ʼuN/ の接尾した形式ではない。なぜなら、「ラ行4段活用」の動詞に当たる動詞は

　　/naʼjuN/〜/naʼiN/《成る》　←　//naʼi + ʼuN//
　　/tuʼjuN/〜/tuʼiN/《取る》　←　//tuʼi + ʼuN//

のようであるのに、「ラ行変格活用」に当たる /ʔaN/, /ʼuN/ には /ʔaʼjuN/〜/ʔaʼiN/, /ʼuʼjuN/〜/ʼuʼiN/ という形はなく、「疑問形」も /ʔami/, /ʼumi/ だからで

4 日本祖語が奈良朝中央方言より古いと考えられる言語的徴憑について ——67

ある。

　上村孝二氏の研究(上村孝二 1966)を引用している仲宗根政善氏の研究(仲宗根 1961＝1972: 76)によると、徳之島、沖永良部、沖縄、宮古、八重山の大部分の方言で、「書く」の「志向形」が /kaka/〔ないしカカー、ハカー〕であり、これは奈良朝中央方言の「由可」「由加」《行》、「奈可」「奈加」《鳴》、「伎加」《聞》などに見られる「未然形」に対応する。しかしながら、奈良時代には未然形は単独では用いられなかったのに、琉球方言で用いられるのは、日本祖語における用法を保持するものであろう、と説いてきた(たとえば、服部 1972: 57 など)。なぜなら、琉球方言の上述の「志向形」の末尾の /-a/ は、奈良朝の「未然形」の /-a/ に対応するとは言えるけれど、それに助動詞「ム」の接尾した /-amu/ に対応するとは言えないからである。また、/-mu/ が脱落したとするのも恣意的だからである。

　しかしながら、与論島では「志向形」が「カカン」であるから、これは日本祖語 12) の *kakamu に対応する形であろう。同様に、奄美大島、喜界島の「カコー」も、それが本土方言からの借用形でない限り、日本祖語の *kakamu から来たものとせざるを得ない。

　そうだとすれば、日本祖語では、「未然形」は、そのままでも用いられたが、*-mu が接尾した形式としても用いられ、奄美方言等を除く琉球諸方言は前者を保持し、奈良朝中央方言は後者のみを保持したということになる。

　これに関連して、首里方言などの /tiida/《太陽》は「テンドー」(天道)から来たという説があり、上村孝二氏が詳しい比較研究を試みられた(上村 1969)。氏が挙げられた「共通語の o: に対して、a: もしくは a のあらわれる」首里方言の単語は、/saataa/《黒砂糖》、/kacaˈ/《蚊帳》、/hoocaa/《包丁》、/naɴza/《銀》、/basjaa/《芭蕉布》(「芭蕉」は /basjuu/)、/şima/《相撲》、/ʔɴmanuhwa(a)/《南》(午の方)であり、そのほかに、『おもろさうし』に「すぢや(衆生)」「ひやし(拍子)」「や(様)」「きや(京)」「いちらご(一郎子)」「たら(太良)」等々があるとしておられる。

　一々の語に関する考証は省略するが、「すまう」を除いてすべて漢語であり、本土では平安時代あるいはそれ以後の文献にはじめて現れるものである。その末尾母音は、「ばせう」を除き、大体

68——第4章　琉球方言と本土方言

[au]/au/　→　[ao]/ao/　→　[ɔ:]/ao/(室町末期)[13]　→　/oo/(現代)

のような変化をしてきたものと考えられるから、出雲方言などのようにこれを[a][a:]に変化してしまった方言(服部 1972: 63、上村 1969＝1972: 456)から上掲の諸単語が琉球方言に借用されたのでない限り、右の[ɔ:]の段階でなく、それより以前の段階から琉球方言に入ったのでなければならない。一方、受け入れの側の琉球方言では、以前からあった[au](あるいは[ao])系統の二重母音(「あを(青)」「さを(竿)」「かうて(買)」「まうて(舞)」「たう(唐)」などに当たる語に見出されたもの)が、少なくとも開音の長母音[ɔ:]に変化していなければならない。なぜなら、それがまだ[au]あるいはそれに近い二重母音であったならば、前掲の問題の諸単語もこの二重母音で受け入れられて、首里方言では /saatoo/《黒砂糖》、/kacoo/《蚊帳》などとなっているはずだからである。ただし、琉球で[au]→[ɔ:]の変化が完了していたために、本土方言の[au]([ao])を[a:][a]で受け入れたという可能性もないことはないが、宮古島伊良部方言に ғukau《不孝》、bau《棒》などの例があるので、琉球で二重母音形で受け入れたのちにそれを[a:][a]に変化した可能性の方が蓋然性が大きいと見たのである[14]。

　上の仮説は、文献的にも検証すべきであるが、ここでは細説できないけれども、『おもろさうし』を概観したところ、反証は挙がらないように思った。

　いずれにしても、前述の「あを」「さを」「かうて」「まうて」に対応する首里方言の形が /ʔoo(ꜛ)-, soo, koo˥ti, moo˥ti/ であるから、/saataa/, /kaca˥/ 等々のような借用語に /-a(a)/ が現れても、この方言の動詞の /kaka/《書こう》、/numa/《飲もう》等々の「志向形」の /-a/ が /-au/ から来たとすることはできない。

　アクセントに関しては、金田一春彦氏に詳しい比較研究がある。しかしながら、「アクセントから見た琉球語諸方言の系統」(金田一 1975 所収)を一読したところ、率直に言ってがっかりした。大分方言式のアクセントを祖形として、すべての琉球諸方言のアクセントをそれから導き出そうとするのだが、方々で無理をしており、特に、第1音節の長母音がアクセントによってのちに生じたとする点など賛成できない。一般に言って、やり方が強引だという印象を受ける。ここでは具体的に説くことはできないが、日本祖語のアクセントを想定すれば

無理のない説明ができるであろう。いずれにしても、はるかに厳密な方法で根本的にやり直さなければならない。

　同氏の「東西両アクセントの違いができるまで」(金田一 1975 所収)もやはり無理で、そういう可能性があるということを言い得たまでで、そうに違いないという証明にはなっていない。12 世紀の院政時代のアクセントが祖形で、それから東京式のアクセントができたというのだが、同じ変化が奈良県南部の十津川にも、中国地方にも、四国の西南部にも別々に起こった、と言わなければならないわけで、それだけでも無理だと感ぜられるが、九州、琉球の諸方言をも考慮に入れると、一層無理なことが明らかとなる。日本祖語のアクセントを想定しつつ、厳密な比較方法——金田一氏はそれを十分理解しているかどうか危ぶまれてきたが——によって根本的にやり直さなければならないと信ずる。

5　言語年代学について

　前節においては、琉球諸方言がそれから分岐した日本祖語は、奈良朝の中央方言ではあり得ず、8 世紀よりもずっと古い時代に想定しなければならないと考えられる根拠の一部分について述べた。それでは、言語の内的証拠によって、単なる直観によらずに、祖語の年代の古さを推定する方法があるであろうか。

　その 1 つは、やはり言語年代学(glottochronology)であると思う。

　言語年代学そのものについてここで説明している暇はないので、他の拙文(服部 1960: 515 以下; 1969: 164-169; 1972: 57-59)を参照して頂くようお願いしなければならない。ここでは、この方法に関連して私の経験してきたことの概略を述べることにしよう。

　1950(昭和 25)年の 12 月にニューヨークで開かれたアメリカ言語学会の大会でスワデシュ(Morris Swadesh)から言語年代学の説明をはじめて聞いたとき、まず最初に感じたのは、基礎語彙とは言え、200 語ぐらい調べただけで、信頼できる結果が得られるだろうか、という疑いであった。しかしとにかく、どんな結果が出るか、日本語について調べてみようと思った。

　1953(昭和 28)年ごろから、拙著(服部 1960: 531)に述べた人々の協力を得て現代京都方言、東京方言、首里方言および自分の亀山方言を調査し、奈良時代の

70——第4章 琉球方言と本土方言

日本語については大野晋氏に調査をお願いして、計算してみたところ、上古語と京都、亀山、東京の諸方言との間の残存語率が、スワデシュらの示すそれに非常に近いので驚いたのであった。古期英語は現代の英国人にとって外国語のようであるのに、『万葉集』は日本人にとってはるかに親しみやすく、英語では特に母音体系に組み変えと言ってよいほどの著しい変化が起こっているのに、日本語においては奈良以来それほど著しい変化が起こっていないので、残存語率は日本語の方が英語よりずっと高いのではないか、という漠然とした予想を持っていたところ、基礎的200語に関する限り、日本語も英語もほぼ同じ――日本語の方がわずかに早い――速度で変化してきたことが明らかとなったからである。

　次に、京都方言と首里方言との分岐年代をスワデシュの式によって計算してみたところ、彼の残存語率によると約1000年前、我々の得た残存語率によると900年足らず前、ということになった。これは明らかにおかしい。平安朝の中央方言が現代の京都方言と首里方言との共通の祖語となったと考え得ないことは、前節に述べたところでも十分明らかである。

　のみならず、もし上の分岐年代の数字が正しいとなると、我々の得た数字そのものに、内的矛盾が含まれていることになる。もし、平安中期中央方言が日本祖語であるならば、上古語と現代京都方言、上古語と現代首里方言を比較した場合に、同じ残存語率が出るはずである。ところが、前者は74.71％、後者は66.46％と、両者の間に大きい差異がある。これは明らかに、分岐年代を算出するためのスワデシュの式 $d = \log c \div 2 \log r$ が修正されなければならないことを意味する。

　そこで、英語とドイツ語の関係を参照しながら、上の式を修正して、京都方言と首里方言の分岐年代を算出したところ、現代から

　　1453年前

という数字を得た。さらに、首里方言と本土方言とが一致して上古語と異なる項目を、本土方言から首里方言への借用語と仮定して計算すると、

　　1754年前

という数字が得られた（服部 1960: 556–560）。もちろん、これらの数字の特に 10
台以下を厳密な意味にとるべきではないが、全体を無視すべきものではないこ
とがますます明らかになってきた。

　その後、琉球諸方言や本土諸方言、さらにアイヌ語諸方言・蒙古語諸方言に
言語年代学の方法を適用したが、諸方言間の相対的距離が、我々の言語学的直
観とよく合う数字として出ている。また、王育徳氏がシナ語の五大方言に適用
し、梅田博之氏が朝鮮語諸方言に適用したが、これまた非常に参考になる数字
が出ている（服部・上村・徳川宗賢 1959a、服部 1970b＝本書第 20 章、王 1960、梅田
1963、服部編 1964、服部 1959c: 54、大城健 1972）。これは、少なくとも近い親族関
係にある諸言語（方言）群においては、そして少なくとも問題の 200 語に関して
は、変化の速度が、言語年代学的研究を有意味ならしめる程度に一定であるこ
とを示すものと考えられる。私としてはますます興味を覚えて、正直のところ、
研究をやめることができないのである。いろいろの問題に関する私見を詳説す
ることは省略するけれども、これらの研究過程を通じて明らかになってきたこ
とは、ことに方言の場合、言語年代学的方法によって算出される数字は、分岐
年代の可能性の最下限を示すものと考えるべきだということである。孤島の方
言でも、その話し手が多くないときには、分岐後の移住者の方言の影響を受け
やすい。そして同じく言語的核心部であるとは言っても、動詞・形容詞の活用
体系などよりも基礎語彙の方が、他方言からの影響に対して抵抗力が弱いこと
が明らかとなってきた。たとえば、八丈島方言は、前節に述べたような古い特
徴を保持するにもかかわらず、東京方言、京都方言との間に次のような高い共
通残存語率が算出され、これを用いてスワデシュの式および私の修正式によっ
て分岐年代を算出すると（r は 0.79 とする）、

	共通残存語率	スワデシュの式による	服部の式による
東京方言との間	0.782	約 527 年前	約 753 年前
京都方言との間	0.751	約 610 年前	約 871 年前

となる。このうち、最も大きい「約 871 年前」を採るとしても、東国方言は 8
世紀にすでに中央方言と著しく違っていたのだから、言語年代学によって算出
された分岐年代は著しく新し過ぎるということになる。言語年代学的研究を進

72——第 4 章　琉球方言と本土方言

める過程で、一般にそのことは感じられてきたのだが、八丈島方言の例は、非常にはっきりした形でそれを我々に示してくれた。

　琉球諸島は八丈島よりも大きい島が多く、従って住民も多いので、後者ほど容易に他方言の影響を受けることはないにしても、分岐年代が言語年代学の算出するものより数百年古いということは十分あり得る。しかしながら、言語年代学が問題とする言語的核心部に関する限り、少なくとも沖縄島以北の方言については、分岐年代を今から 2000 年以上前とすることはできない。ちなみに、分岐後の本土方言からの借用語もはっきりそれを見分けられるものがかなりあるから、前節にも多少触れたように、諸方言の比較研究と文献研究によって、それらに関する徹底的な調査をして、どういう種類の単語が借用されやすいかを明らかにすることにより、史的言語学の方法に貢献することができるであろう。

　私はかつて、喜界島阿伝方言の[kʻubuː]、沖縄県国頭郡今帰仁与那嶺方言の[huˑbuː]〔「huˑbu」〕、その他の琉球諸方言の《蜘蛛》を意味する単語が、本州方言の「クモ」ではなく、壱岐・佐賀・長崎・肥後・日向・鹿児島の「コブ」に対応することを指摘し[15]、この点を重要視したことがある(服部 1959a: 328–333)[16]。近年九州方言と琉球方言の親近性がますます説かれるようになってきたが、前節で指摘した「オテ−」《落》、「ケ」《木》、「オケ−」《起》などは、まず九州方言と中央方言が分岐し、のちに九州方言から琉球方言が分岐したことを示す徴憑と見ることができる。そうだとすれば、言語年代学の示す残存語率が(服部 1970b: 9 = 本書第 20 章 p. 617)、

京都と首里	0.683
京都と鹿児島	0.851
鹿児島と首里	0.719

のように、京都と鹿児島の距離が比較的近く、京都・鹿児島と首里との距離が遠く出るのは何を意味するのであろうか。それは、中央方言との分岐後、古墳時代以降、少なくとも千数百年ほどの間に、鹿児島方言は中央方言の著しい影響を受けたのに対し、首里方言はその影響の受け方が少なかったものと解釈される。関門海峡は交通の障碍にはほとんどならず、本州と九州は地続きと言っ

てよい関係にあるのに、九州と琉球列島との間の海は交通の大きい障碍であり、かつ琉球は中央から遠隔の地にあったからであろう。

　日本語諸方言の比較研究および言語年代学的研究により、我々の眼前に非常に大きな世界が展開してきたと私は思う。1968 (昭和 43) 年 7 月に八丈島方言の言語年代学的資料を集めた後の全体的な印象として、私は次のように書いている (服部 1968d: 95 = 本書第 3 章 p. 43)。

> もし言語年代学的数字が比較的大きく算出されるとすれば【実際上述のようにそれがかなり大きいものとして出たのだが】、それは、方言の比較研究に、ひいては比較研究一般に、極めて興味ある資料を提供することになろう。古い言語的特徴【外からの影響に対する抵抗力の強い言語的核心部】の残存と新しいしかも圧倒的な同化の波との関係を、今までよりも一層精密にかつ一層深く考察する手がかり——そして同時にそれがそういう考察の「きっかけ」ともなるわけだが——が、得られる可能性があるからである。

同じことがすべての辺境の諸方言についても言えるのだが、特に琉球方言と九州方言との関係、およびそれらと他の諸方言との関係の研究は興味がある。我々は、日本語との確実な比較研究のできる「姉妹語」のないのを託ってきたが、現存の諸方言を厳密に研究すれば、古代の文献に主として依存した印欧語比較言語学よりもさらにきめの細かい史的研究を行ない、ひいては比較研究そのものの進歩にも貢献し得る望みが十分あると私は思うのである。

　最後に、言語年代学的方法——単純な誤解を防ぐためには、この場合「基礎語彙統計学的方法」と言い換えた方がよい——が親族関係の証明に貢献する場合がある、と私は繰り返し述べてきたが (服部 1959a: 250-254; 1960: 567-574 など)、これについていろいろ見当違いの批評があるけれども、この私見は全然撤回する必要がない、ということを付言しておこう。この考えはすでに十分述べてある—— 一部の人々が理解しないだけである——から、ここに再び説明する必要はないが、ただ次の 2 点——それは私の議論の本筋の上にあるのではないけれども——だけに言及しておこう。

　私はかつて次のように書いたことがある (服部 1960: 572)。

74——第4章 琉球方言と本土方言

　　実地の研究では、全然未研究か記述の不完全な言語と既知の言語との間、
　或いは2つの未知の言語の間に、まず言語年代学的方法を適用して「親族
　関係の手懸りを把握し」、それをもととして音韻法則の確立に向うという
　ような場合が、ずいぶんあり得ると思う。

これと同じことが現にオセアニア方面で盛んに行なわれて、系統不明であった
諸言語の系統的分類が急速に進みつつある。

　もう1つの点は、基礎語彙統計学的方法の消極的貢献である。上に述べた
「分岐年代の可能性の最下限」を明らかにするというのもその1つだが、私が
かつて日本語と朝鮮語との間に適用して、「両言語が親族関係を有するとして
も非常に古く分裂したものであること(4000年前以後に分裂したものではあり
得ないこと)を物語る」(服部 1959a: 208)と言った如きもその1つである。日本語
と朝鮮語が弥生式時代に分岐したなどとは、言語学的直観によっても到底考え
られないが、基礎語彙統計学的方法によってもそれははっきり否定される。

6　方言的差異の原因となった住民移動について

　前の2節で説いたように、言語的徴憑によれば、奈良朝中央方言のいわば直
系の子孫である京都方言とそれと "姉妹関係" にある琉球方言(首里方言)との
分岐年代は、今から1500年前ないし2000年前と推定される。

　本節では、諸方言の発達を、その話し手との関連において考察することとす
る。

　我々が現実に観察して確認できることは、西南は琉球の先島群島から、東北
は北海道、南は小笠原諸島まで、同系の言語が話されているという事実である。
これは種々の規模の住民移動を考えなくては説明できない。

　小笠原の植民は100年以来、北海道は鎌倉時代にすでに浸透的移住が始まり、
本格的植民は約200年以来というように、住民移住の歴史もほぼ明らかであり、
言語的事実もそれと符合するが、その他の、特に琉球と本土との関係となると、
歴史以前のことなので、言語学・考古学・歴史学・人類学等々の研究結果を綜
合的に考察して推定するよりほかに道がない。しかし現在までの研究結果はい

ろいろな点で確実なことを言うにはあまりにも不十分なので、そのことを十分了承して頂いた上で、私なりの推測を以下に述べることにしよう。

　まず本土と琉球の言語状態を見るに、かなりの規模の住民移動を考えなくては説明できないと思う。そして、その方向は、本土から琉球へか、琉球から本土へかというに、後者の可能性はまずないと見てよいであろう。なぜなら、前述のように、本州方言と沖縄島方言との分岐年代が今から1500年ないし2000年前と考えられるときに、琉球に居た住民が大移動を起こして、北九州に弥生式文化を咲かせたとは考えがたいし、琉球から近畿地方へ大移動して古墳文化を発達させたとは全く考えられない。その土地の言語を左右する程度の住民移動は本土から琉球へ起こったに違いないと思われる。

　次に、大規模な住民移動——特に琉球に関しては浸透的な移住よりもその方が蓋然性が大きいのだが——が起こったとすれば、それはいつごろであろうか。まず、琉球のことは後廻しにして、九州(北部)と本州(近畿)との関係を考えてみるに、古墳時代ならば近畿から九州への移動も考えられるが、弥生時代ならば、北九州から近畿への移動の方が蓋然性がずっと大きいのではないか。弥生式文化の伝播の様子を見てもそう考えられる。

　しかしながら、第4節および第5節で言及した言語的事実を考慮に入れると、九州方言と琉球方言の共通祖語時代が、九州において、短くても2〜3世紀は続いたものと考えなければならない。そうすると、たとえば古墳時代の初めの4〜5世紀に近畿から九州へ大移動があり、それから200〜300年して九州から琉球へ大移動があったとは考えがたいのではないか。

　九州・琉球方言と近畿方言との分岐は、北九州から近畿方面への住民移動によって起こったものとせざるを得ない。大移動ならば、3〜4世紀ごろとすることもできようが、小移動ならば、2000年も前から始まり、恐らくたびたび繰り返されたとしなければならないであろう。ここで伊波先生が神武紀元を2000年前とされたことが思い合わされる。神武東征の話が何らかの史実を反映するのかどうかについての考察は、当然専門家の判断に委ねざるを得ない。

　このように考えると、琉球を——少なくとも沖縄島までを日本祖語化する(すなわち先住民の言語を消して、日本祖語の子孫に当たる言語が話されるようにする)程度の住民移動は、紀元後2〜3世紀ないし、おそくとも6〜7世紀

76——第 4 章 琉球方言と本土方言

ごろまでに九州から琉球へ起こったと考えられることとなる。それがいつごろ
どのようにして起こったかということを考察する段になると、現在はもちろん、
恐らく今後も、考古学が大きい発言権を有することになろう。しかし、ここで
用心しなければならないのは、現在までに何式の土器等が出ていないからとて、
「それがない」と断定できないことである。

たとえば、弥生式文化の南限が種子島あるいは吐噶喇列島の臥蛇島だと言わ
れていたのが、ここ数年来、伊江島、沖縄島北部の本部町備瀬、伊平屋島で発
見された(高宮広衛 1968、友寄英一郎・高宮 1968、友寄 1970。いずれも高宮広衛氏、
嵩元政秀氏のご教示による)。まだ少量で、他の土器等と混じて出土したので弥
生式住民の移住の徴憑とまで見ることはできないようである。私も去る〔1976
(昭和 51)年〕1 月 18 日に上記備瀬村に 1 泊して発掘跡(それは村内の 2 か所に限
られている)を視察したところ、同村落は貝塚が多く、さらに大規模な発掘が
必要だと思った。特に本部半島の北岸から屋我地湾にかけての地区は組織的に
発掘する必要があるのではなかろうか。

今のところ、琉球では古墳時代の須恵器が民族移動の徴憑と考え得る程度に
出土しているので、九州からの大規模な民族移動があったのは 6～7 世紀のこ
ろであろうと推定されているようである。これは私が上に述べた住民移動の年
代の可能性の最下限であるから、やや無理のようには感ぜられるけれどもあり
得ないことではないが、しかし、将来の沖縄考古学の発達によって、それをさ
らに古い時代へと移動させる必要が生ずる可能性もあることは、十分考慮に入
れておかなければならない。「日本には旧石器はない」と言われていた時代が
かつてあったことを忘れてはならない、と私は繰り返し説いてきたのである。

私が上に述べた紀元後 2～3 世紀ないし 6～7 世紀に九州から琉球へ起こった
と推定される住民移動は、2 回あるいはそれ以上であるかも知れない。とにか
くそのころ移住した住民の言語の言語的核心部が、徐々に変化しながらも断絶
することなく伝承されて、今日の琉球諸方言(少なくとも沖縄島以北の)の言語
的核心部となっていると考えざるを得ないと言うまでであって、それ以後の住
民の流入はあり得ないと言うのでは決してない。たとえば、伊波先生が推定し
ておられるような「院政鎌倉時代以降九州地方から時をおいて侵入した者」は
あったであろう。伊波先生はそのころ本土方言から入ったらしい借用語、その

他を根拠にそう考えておられるわけである。しかし、それらの侵入者の言語的影響は、前述の琉球諸方言の言語的核心部を全くあるいはほとんど消して、言語のとりかえを起こさせる程度のものではなかった、と考えられるのである[17]。伊波先生もそのように説いておられる。

また一方、宮古方言等の言語的核心部をもたらした移住民は、沖縄島方言のそれをもたらした移住民よりも先に移動してきた先発隊である可能性がある。

周知の如く、琉球には縄文式土器も出土しているが、高宮広衛氏のご教示によると、近ごろ、沖縄島中頭郡読谷村渡具知の東原から縄文前期の熊本曽畑式土器（約5000年前）が発見された。仲宗根政善氏と名嘉順一氏のご厚意により、私は去る〔1976（昭和51）年〕1月17日にこの地を訪れることができた。1963（昭和38）年と1971（同46）年に志賀島を視察した[18]ことがあるが、海ノ中道との間にわずかの繋がりがあるだけで防御しやすく、かつ博多湾を制圧する要害の地であることを知り、金印の保持者は、日常はたとえば博多の方に住んでいたとしても、この島をいざという時の本拠地としていたのではないかと思ったことがある。この東原も、比謝川の下流が幅広く格好の港——仲宗根氏によれば戦前まで与論島からの牛の陸揚げ地として使われたという——となっており、その入口を制圧する所で、しかも海にも近く、かつ小さい谷間でもあるから、古代人にとっては根拠地として極めて都合の良い場所だと思った。

それでは、これらの縄文人は何語を話していたのであろうか。

すでに述べたように、弥生式時代に日本語が朝鮮語から分岐したということはあり得ない。日本語と朝鮮語との親族関係は未だに証明されておらず[19]、もし両者が同系であるとしても、その分岐年代は極めて古く、恐らく5000年前以後ではあるまい。私はやはり、本土の縄文人は、日本祖語よりも古い日本語の祖先を話していた蓋然性が大きいと思う。そうだとすれば、琉球の縄文人も、それから分岐した日本語系の言葉を話していたのだが、日本祖語の子孫に当たる言語を話す新しい移住民によって、その言語は消されたものと考えなければならない。縄文前期にすでに先発隊がある以上、その後の縄文時代にも先発隊は何回も来ているのであろう。しかし、それらの言語はいずれも、上述の弥生時代以降の有力な移住民の日本祖語系言語によって消されたものと考えられる。

78——第4章　琉球方言と本土方言

　さて、話は少し横道へそれるが、奈良朝東国方言は、中央方言等からいつごろ分岐したのであろうか。『万葉集』の記録を見ると、中央方言にかなり似ていながら、著しい訛りが散見する。方言むき出しに書いたら中央人にはほとんどわからなくなるので、適当に方言を混ぜて地方色を匂わせながら中央語化して書かれたもののような印象を受ける。東国人自身も、歌には自己の方言をいろいろの程度に中央方言化した言葉を使ったであろう。奈良朝の東国語の記録を方言資料として比較研究に用いるには、組織的な精密な言語学的分析が必要であると思う。

　福田良輔氏は、綿密な文献的研究と考古学の知識その他を綜合して、次のように述べておられる（福田 1965）。

　　日本語種族の氏族連合から成る原始大和国家の勢力の東国進出こそ史前日本語の東国伝播の主要因と思われる。それは、氏族連合を基盤とした原始大和国家が成立したのは、三世紀末から四世紀の初頭前後、すなわち古墳時代の初頭といわれている。(p. 72)
　　つまり、弥生中期から、古墳時代の四世期末頃までには、原始国家が中部地方の東部以東に進出するだけの経済力・軍事力が十分でなかったということが考えられる。(p. 74)
　　東国地方へ史前日本語が前記のような条件の下に本格的に伝播したのは四世紀後半以後のことであろう。したがって、東国方言の中核となったものは、四世紀末から五・六世紀前後の史前日本語で、推古時代の古代日本語が直接する史前日本語であったと思われる。もちろん、そこには、先住族である蝦夷族の言語の影響があったと見られるのである。(p.76)

　しかしながら、私は、奈良朝の中央方言と東国方言との差異は、第4節にもその一部について多少述べたように、300〜400年で生じ得る差異よりは大きいと感ずる。また、アイヌ語の影響でなければ説明できないような特徴も私にはまだ見当たらない。少なくとも古墳時代以後は、中央方言が東国方言に大きな言語的影響を及ぼしたであろうと考えられるから、両者の分岐年代は奈良時代を去る300〜400年前よりはずっと古いとしなければならないのではないか。また、国家権力の後楯によらない先発隊的住民の浸透的移住も、陸地続きの地

方では十分起こり得るであろう。そしてそのような先発移住民が新来の大和系移住民——両者とも日本人——との間に、かなり著しい文化的対立をなすまでに至っていた可能性はあるのではないか。

なお、第4節で、鳥取地方や京都府北部の方言の注目すべき非中央語的特徴に言及した。島根県地方の方言には現在でも他とは異なる著しい特徴がある。この地方の住民も（前述の大和への住民移動に先立つ）先発隊であるかも知れない。日本語の歴史を考えるには、この地方の方言の精密な記述的研究も非常に必要だと思う。

以上いろいろ横道にも逸脱しながら説いてきたが、その趣旨は、言語の歴史を考察するには、言語そのものの研究がすべてに優先すべきであって、考古学や歴史観その他の知識はもちろん参考にすべきだけれども、それに依存するの余り、言語の考察に無理を来たしてはいけないということであった。そして、伊波先生が鋭い勘によって終生精根を尽くして考え抜かれた上述の結論は、決して簡単に無視すべきものではない、ということをも明らかにし得たとすれば、私の目的は達したのである。

注

1) （p. 54）『沖縄タイムス』(1976［昭和51］年1月4日)所載の外間氏論文「伊波普猷生誕百年の年頭に」に言及された次の2篇がそれである。「母の言葉と父の言葉」(伊波 1942＝全集8)。「おもろにみる南島文化の基調」(伊波 草稿＝全集6)。

2) （p. 54）上記外間氏論文によると、1945(昭和20)年に書かれたものであるという。

3) （p. 55）仲宗根政善(1975)によると、1938(昭和13)年5月に同氏が国民精神文化研究所で研修のため上京されたとき、伊波先生は、同研究所では「紀平正美などが、神ながらの道を説いているようだが、あんなのは学問ではない、うちへ来て勉強するがよいと、きびしく言われた。」という。

4) （p. 57）この勝れた論文についても私見を述ぶべきことは多いが、ここでは省略する。

5) （p. 58）4系列の場合にも、そのうちの2系列が喉頭化音（あるいは入破音）であるのも、弁別的有効性と調音の経済によるものと思う。

6) （p. 60）奈良朝東国方言に関して、先の1968(昭和43)年の拙文(服部 1968d＝本書第3章)執筆に際しては、北条忠雄(1966)に負うところが多かった。

7) （p. 61）ただしこの混同は〔福田(1965: 444)の言うように〕アイヌ語の影響がなくても十分起こり得る変化である。なお、元から存した「エ列音」の子音には、中央方言の「エ列甲類」のそれほどの口蓋化がなかった、ということもあり得る。

80——第 4 章　琉球方言と本土方言

8)　(p. 63)祖語には[*ə]のほかに少なくとも中舌円唇狭母音[*ʉ]があったと考えら
れるが、その大部分は[*ə]と合流して奈良朝の /ö/ となり、小部分が /u/ に吸収
された。

　*e *oがそれぞれ /i/ /u/ に狭められたのは、二重母音から新しく[ɛ:][ɔ:]が生じ
たためと考えられる。何らかの条件によって一部分の *e *oが元のまま残ったか
どうかは、さらに研究する必要がある。

　奈良朝東国方言の母音体系はまだ不明の点があるが、*ia は /a/ になり、*ai は
*e に合流して /e/ となり、*e *oを /i/ /u/ に狭める変化はなかったかのようであ
る。

　一部の中央方言では、隣接の *a に同化して *tuga→/toga/, *tanu-→/tano-/, *pira→
/pjera/ のような変化が起こった。

9)　(p. 63)なお、豊後には「オチェル」もある。

10)　(p. 65)琉球先島方言には、/kari/《あれ》がある(Hattori 1973: 377、平山輝男・大
島一郎・中本正智 1966: 280)。なお、中称の場合 *s の代わりに破擦音を立てるべ
きかも知れないが、破擦音のみあって摩擦音(s)のない子音体系は過渡的なもので
ある蓋然性が大きいから、日本祖語には(破擦音を立てるとしても、そのほかに)少
なくとも *s を立てる必要がある。

11)　(p. 66)日本祖語形は *bo- であったかも知れない。服部(1972: 注 6)。

12)　(p. 67)祖語時代に「カク」《書く》という動詞があったかどうかが問題にされ得よ
うが、これは「カク」《搔く》と同源であるから、対応関係を考えるには差し支えない。

13)　(p. 68)[ɔ:]を /ao/ と解釈することについては、服部(1960: 261)参照。

14)　(p. 68)このように考えても、首里方言の /hoocaa/ の第 1 音節の母音は例外とな
る。上村孝二氏によれば、新城島方言には pautsa:(庖丁)という例がある。諸方言
の形を組織的に調査する必要がある。また「ばせう」(第 2 音節の長母音は「合音」)
に対しては /basjuu/ が法則的な形で、/basjaa/ は琉球諸方言に有力に行なわれる
/-aa/ が接尾したものではないかということも考慮外に置けない。

15)　(p. 72)なお、東条操『全国方言辞典』(1951)には「こぶ」(p. 357)は九州方言とあ
るが、『日本国語大辞典』〔初版〕6 巻 p. 348(1974)には、対馬、壱岐、五島、屋久島、
種子島、宝島を含む九州諸方言のほかに、岩手県九戸郡、島根県鹿足郡が見えるの
は、注目すべきことである。『日本言語地図　第 5 集』(1972)233 図によると、北奥
には「クボ」系の、島根県には「クモ」系の形式が分布している。

16)　(p. 72)新しい考えによれば、日本祖語形として次のような形式を再構し得る可
能性があることとなる。

　§ 奈良中央 /kumo/《蜘蛛》‖九州 /kobu/‖熊本 ko:bu‖首里 /kuub-/‖与那嶺
huꜛbu‖阿伝 kʻubu:‖日本祖語 /*koobu～*koomu/。§ 奈良中央 /kuni/《国、故郷》‖
首里 /kuniꜛ/‖与那嶺 kʻuni:‖日本祖語 /*koni/。§ 奈良中央 /tu/《津》‖首里 /tu(guci)
/《港》‖日本祖語 /*to-/。

17)　(p. 77)上村幸雄氏は「琉球方言の成立の時期は、古墳時代以降から平安時代の
中ごろまでの間であろうと推定される。」(上村 1975: 28)と述べているが、「成立」
とはどういう意味であろうか。「琉球方言的特徴の確立」の意味ならば、何をもっ

注──81

て「琉球方言的特徴」とするのであろうか。言語は時と共に変化して止まることを知らない。この時代から琉球方言になった、などと言えるように思うとすれば、誤解であろう。

18) （p. 77）正確には 1963（昭和 38）年 11 月の日本言語学会大会（九大文学部）の折と、1971（昭和 46）年 9 月の NHK 福岡支局での放送用語委員会の際である。1963（昭和 38）年には志賀神社の神主の方の案内を受けたが、金印発見地の碑の建っている場所は、道路の南の海側がすぐ崖になっており、山側も急傾斜になっていて平地が全くないから、実際の発見地はそれより数百メートル先のやや開けた、堅固な宮殿の建て得る場所かと思った。その方が同神社に保管されている発見時の発掘作業の絵図とも合う。2 回目の折には NHK の車を利用する便宜を与えられたので、同島を一周することができたが、西北方に案外広い平地があり、それと金印発見地との関係はさらに考察する必要があると感じた。これらの視察は、北九州を日本祖語の土地かとする想定との関連の下に行なったのである。

19) （p. 77）まして、アルタイ諸言語と日本語との親族関係も証明されてはいない。しかし、それだからと言って、朝鮮語やアルタイ諸言語と日本語との間に親族関係がないと言うのではない。そういう断定はできない。しかし、もしあるとしても未だに証明できないほど遠い関係である、とは言える。また、日本語は、南島系言語の上にアルタイ系言語の重なった混合語だというような説も言語学的証明ができているのでは、全然ない。そういう証明ができているとは、比較方法や「音韻法則」の概念をひどく誤解しているのでない限り、考えることができないであろう。

初　出

「琉球方言と本土方言」、伊波普猷生誕百年記念会編『沖縄学の黎明──伊波普猷生誕百年記念誌』pp. 7–55、沖縄文化協会、1976 年。

第5章　日本祖語の母音体系

　科学においては、観察されるわずかの誤差を説明するために古い仮説を廃棄して新しい仮説を立てる必要がしばしば起こる。ニュートン物理学から相対性原理への転換のような大規模のものでなくても、大小さまざまの規模においてこの種の転換が起こる。経験科学としての言語学も同様で、最近の生成文法における目まぐるしいほどの旧説の放棄は、同種の現象と見ることができよう。生成文法は主として現在話されている言語の分析を行なうので、説の検証が言語事実の観察によって比較的楽にできるが、過去に起こった言語変化を取り扱う史的言語学、比較言語学となるとそう簡単にはいかない。現存の文献は過去の言語の一小部分を代表するに過ぎず、現在の方言もその一小部分が記録報告されているに過ぎず、その上、言語変化は実験・観察することができない。

　また「音韻法則」というような根本原理に対する言語学者の態度も必ずしも一様ではない。これを否定したり誤解したりするのは論外で、そういう人々の研究は科学以前のものとなる。しかし、私の知る限りでは、音韻法則には、事実上、説明のできないわずかの例外が伴うのが普通で、そういう例外に対する態度が学者によって異なり得る。私は、「そういう例外は当面説明できなくとも、説明の可能性がないとすべきではない」という想定の上に立っている。

　去る〔1976(昭和51)年〕4月24日の東京・朝日講堂での伊波普猷生誕百年記念講演会における講演と、同日発行の『沖縄学の黎明』(沖縄文化協会)所収の拙論「琉球方言と本土方言」〔＝本書第4章〕とで、「日本祖語から上代日本語(奈良朝中央方言)への変化の途上で母音体系の大きい組み変えが起こった」という仮説を公表した。この仮説に到達するまでには長い年月を要したのである。私が琉球方言と本土方言との比較研究に着手したのは1929(昭和4)年だが、両者の間には明瞭な音韻法則が見出されるにもかかわらず、わずかの例外も見出され、

84——第5章　日本祖語の母音体系

それがずっと私の気がかりになっていた。一体我々は上代日本語の母音体系を基準にして琉球方言との比較研究を行ない、それを大体「日本祖語」(琉球方言と本土方言の祖語)の母音体系のように考えるのが常であった。

　一方、私は1968(昭和43)年に八丈島方言を調査したところ、それが奈良朝中央方言の母音体系より古い体系を反映すると考えられる点が認められたにもかかわらず、それを日本祖語よりもさらに古い「日本曽祖語」の体系を反映するものと考えようとした。この固執を棄て、日本祖語は奈良朝中央方言とは著しく異なる母音体系を有したと考えることにより、前述の新しい仮説が生まれ、いろいろの音韻法則の例外が説明できるようになったのである。

　たとえば「水」は、奈良朝中央方言で midu、東京方言で mizu、土佐方言で mĩdu、沖縄首里方言で mizi だから、奈良朝の形をそのまま日本祖語形としてよさそうだが、そうすると奄美大島の mïzi が例外となる。一方、隠岐、島根、鳥取などに mezu, mezi、青森に medzu、津軽に menzi があるから、日本祖語形としては *meⁿdu(実証されない理論的再構形は * 印をつけて示す)を立て、日本祖語から奈良朝中央方言へ *e→i という変化が起こったけれども、周辺諸方言ではそういう変化が少なくとも一次的には起こらなかったとすべきことが明らかとなる。

　琉球諸方言では、二次的に、奄美大島で *e→ï、首里その他で *e→i という変化が起こった。八丈島や九州の mizu は中央方言、標準語の影響によるものに違いない。また「木」(キ)に対しては、コノミ(木実)、コズエ(梢)の「コ」を参考にしつつ、日本祖語形として、基本形 *kə、延長形 *kəi を立て、後者が奈良朝中央方言の kïi となり、周辺方言で ke となったとすると、防人(奈良朝の東国人)の歌の「ケ」(木)や、奈良朝九州方言の「ケ」(木)、さらに現在の奄美大島の kï、沖縄首里の kii がすべて音韻法則に合った形(例外でない形)として説明できるようになる。しかし、「火」(ヒ)に対しては、ホノホ(炎)、ホナカ(火中)の「ホ」や奈良朝中央方言の pïi を見ると、「木」(キ)の場合と並行的のようだから、日本祖語形として、基本形 *pə、延長形 *pəi を立ててよさそうだが、周辺諸方言に *pe を指し示す形が見当たらず、かえって沖縄の今帰仁(なきじん)方言に積極的に *pi を指し示す形が見出されるので、日本祖語形としては、基本形 *pü、延長形 *püi を立てるべきものと考えられる。

第5章　日本祖語の母音体系──85

　このようにして、日本祖語は8世紀の奈良朝を去る遠い過去に想定すべきで、
伊波先生の約2000年前とする説も簡単に無視できないことが明らかとなる。
もし私が、「音韻法則には多少の例外があるものだ」という態度であったとし
たら、上述の新仮説に到達することもなく、例外は例外として棄て置かれたで
あろう。もちろんこの新仮説も、検証の作業をさらに継続すべきではあるが、
上の一事をもってしても、古い仮説を放棄することがいかに困難かということ
を、私は身をもって体験したのであった。

初　出
「日本祖語の母音体系」『朝日新聞』1976年6月22日夕刊。

第6章　日本祖語について [1]

1　「日本祖語」という術語とその概念について

　今からもう50年以上も前になるが、言語学の勉強の初期に、言語学が、いろいろの程度においてではあるが、話し言葉すなわち音声言語の歴史を過去にさかのぼって研究することができるのを知って、非常に驚いたのであった。そして日本語についても同様な研究をしてみたいと思ったのであったが、今日、諸学者の努力の結果、ある程度のことが、たとえば奈良時代中央方言について言い得るようになったのは、感慨無量である。

　実は、わが国でも契沖の『和字正濫鈔』(1693年に成り1695年に刊行)に始まる国学において、奈良朝や平安初期の古代日本語の独創的な記述言語学的研究が、外国の影響によらずに発達しつつあったが、それはあくまで文字面に現れた文字言語の研究であって、それの基礎をなす音声言語という概念には達しなかった。そして、現代の方言は古語を反映する点のみが注意されたので、現代諸方言の共時論的な研究、従って比較研究は全く行なわれず、ここに言う「日本祖語」の概念に達することもなかった。しかし、国学者らの始めた古代日本語の研究によって、日本人は緻密な帰納的方法によって言語を支配する法則を見出す能力のあることが実証されたのである。

　さて、ここで用いる「祖語」という術語は、ドイツ語のUrsprache、英語のproto-languageの訳語である。従って「日本祖語」はドイツ語で言えばUrjapanisch、英語に訳すればProto-Japaneseということになる。Urjapanischに対しては「原始日本語」という訳もあるけれども、「原始」というのを不適当と考えて、私自身「原日本語」と言っていたこともあるが、以下に述べる理由から、思いきって「日本祖語」を用いるようになった。すなわち、この名称の難点は親族名称的な「祖」の字にあるけれども、最も大切なのは名称よりもそれの表

88——第6章　日本祖語について

わす概念であって、「祖語」という1つの仮説的な概念も、研究が進むととも
に修正され、精密化していくものである。

　現在では我々は、言語の時代的変化、すなわち通時的変化は、言語という一
種の社会習慣の総体が世代から世代へと伝承されていく過程において起こる言
語習慣の変化の積み重ねによって生ずることを熟知している。かつて用いられ
た mother language（あるいは parent language）、そしてそれが分岐発達して生じ
た sister languages という名称は、「母（親）が娘を生む」ような現象は言語の通
時的変化の過程においては認められないとの理由で非難された。現在我々は
「姉妹語」とは言わず「同系語」と言うが、現象さえ正しく理解していればそ
れほど神経質になる必要はないと思う。この意味において、私はしばしば
「……の直系の子孫の方言」というような表現をも敢えて用いてきたのである。

　「祖語」の概念を表わすフランス語にも、langue-mère（mother language）、
langue primitive（primitive language）という名称があった（Jules Marouzeau 1933: 111）。
メイエ等はこれを嫌って une langue commune initiale（an initial common lan-
guage）, une langue initiale（an initial language）（Antoine Meillet 1934[7]: 17）[2] とか une
langue commune（a common language）（Meillet 1925: 27）と言っているが、それらの
直訳語を日本語として用いるわけにいかない。ドイツ語でも Ursprache を避け
て Grundsprache《基語》という術語を使う人々[3] がある。しかし、「日本基語」
と言っても「日本共通基語」と言っても誤解を防げるわけではないので、「日
本祖語」という名称を用いることにしたのである。それの表わす概念について
は、以下に逐次説明するが、大まかに言えば、2つあるいはそれ以上の言語
（方言）がそれから分岐発達してきたと言語学的に説明できるその元の言語を
「祖語」と言い、それが文字によって記録されていなくても、言語学的方法に
よっていろいろの程度に「再構」（reconstruct）することができる。また、それら
の分岐発達した言語を「同系語」（related languages または前述の「姉妹語」）と
言い、それらはたがいに「親族関係」を有し、1つの「語族」（family of lan-
guages）を成すと言う。「親族関係」というのもドイツ語の Verwandtschaft、フ
ランス語の parenté、英語の relationship の訳語で、ほかに「親縁関係」という
訳もあって、この方がやや穏やかであるけれども、上述の理由によって、発音
の一層はっきりした「親族関係」の方を私は用いることにしているのである。

さて、上の諸術語を日本語の場合に適用してみるならば、たとえば、現在の京都方言と現在の——と言っても若い人々はそれを忘れつつあるであろうから、老齢の人々の標準語化されない——首里方言（元の琉球の首都の方言）とは親族関係を有し、同一の日本祖語から分岐発達したものであることを、言語学的に明らかにすることができる、ということになる。

2　比較方法の発達

前節で述べたようなことが言えるようになったのは、「印欧語族」に属する諸言語の研究において「比較方法」(comparative method)が発達し、それが印欧語族外の諸言語の史的研究にも有効な一般原理であることが明らかになったからである。しかしながら、印欧諸言語の研究においても、この方法が一挙に発達したのではない。その歴史を略述することは、日本祖語のたとえば母音に関する考え方の発達史を回顧するためのみならず、わが国等に現在もなお行なわれる誤った言説を批判するためにも、必須であると考える。

18世紀にインドのサンスクリット語（梵語）がヨーロッパに紹介されたとき、この言語が、ヨーロッパ人が古代の文化語として尊重するギリシア語やラテン語と非常に違っていながら著しい類似点のあることに、彼らは驚いた。特に名詞の曲用(declension)、動詞の活用(conjugation)などの「形態体系」(morphological systems)において、この言語はギリシア語やラテン語よりも古風の点が多々あるのが人々を瞠目せしめた。しかも、この言語については紀元前4世紀ごろにすでに「パーニニの文典」のような、今日から見ても極めて勝れた簡潔にして精密な記述が完成していたことに、人々は驚嘆したのである。しかしながら、すべての点でサンスクリット語の方がギリシア語やラテン語よりも古いとは言えないことも、勝れた人々は悟るようになった。カルカッタの「アジア協会」の創設者であるウィリアム・ジョウンズ卿(Sir William Jones)は1789年の同協会の機関誌 Asiatick Researches の第1巻に発表した論文で、「梵語は、その古さが如何あろうとも、実に驚嘆すべき構造の言語である。それはギリシア語よりも完全で、ラテン語よりも豊富であり、両者のいずれよりも精巧である。しかもこれら両者とは、動詞の語根においても文法の形式においても、偶

然生じたと考えられないほどの類似を有している。この類似は実に著しく、いかなる言語学者といえどもこれら3言語を調査しては、これらが、恐らくはもはや存在しないある種の共通の語源から発したものであることを、信ぜずにはおられまいと思われる。」(服部 1955b: 57 注 2)と述べ、さらに、古代のゲルマン語の1つであるゴート語や、欧州の北西周辺に散存するケルト語、また古代ペルシア語も、これら3言語と同一語族に属するであろう、としている[4]。ラテン語はギリシア語の訛ったものであろうとか、これら両言語の祖は梵語であろうとかする考え方と較べて、これは飛躍的に進んだ考え方であって、これを図示すれば、概略下のようになる。

そしてさらに研究が進むにつれ、ペルシア語、ゲルマン語、リトワニア語、古代スラヴ語、アルメニア語、等々がこの語族に属するものとして追加されていった。そして、印欧祖語というものが漠然と考えられているだけに止まらず、印欧諸言語を比較研究することにより「印欧祖語」を「再構」(reconstruct)する試みがなされるに至った。1861-62 年に出たシュライヒャー(August Schleicher)の『印欧語比較文法綱要』第1版には印欧祖語の再構形が明瞭な形でローマ字を用いて示されている。

さて、印欧語比較文法は、ボップ(Franz Bopp)の1816年の著書『サンスクリット語の動詞活用体系について——ギリシア語、ラテン語、ペルシア語、ゲルマン語のそれと比較しつつ』によって創始されたと、普通言われるが、彼によって明らかにされたのは、これらの諸言語の活用体系の類似点が偶然に起因するものでは絶対にあり得ず、親族関係に起因するものと考えざるを得ないという点に過ぎない。これら諸言語の親族関係が精密な方法で証明されるに、さらに60年を要したのである。私はこの事実を、印欧諸言語の親族関係はボップの著書によって「確立」したが、60年後になってようやくそれが「証明」された、と表現することにしている。この表現を日本語(琉球諸方言を含む)と他の諸言語との親族関係等の研究に適用すれば、それのまともな研究が始まっ

てから120年にもなるのに、私の知る限りでは証明はおろか確立もしていない、ということになる。日本語の系統や成立についていろいろの言説があるが、いずれも証明からはおよそ遠いものであることを念頭に置かなければならない。

さて、印欧諸言語の比較研究は、1818年に公刊されたラスク(Rasmus Kristian Rask)の名著『古代ノルド語すなわちアイスランド語の起源に関する研究』および、1822年に再版の出版されたグリム(Jacob Grimm)の大著『ゲルマン語文法』第1巻などによって大きく前進し、いわゆる「グリムの法則」と称せられる印欧諸言語の子音の対応通則の大綱が明らかになった。しかしグリムは母音に関しては重大な誤謬を含む見解を表明し、音韻対応の規則、すなわち「音韻法則」の概念を、当然のことではあるが、まだ持っていなかったことを露呈している。すなわち、他のゲルマン諸言語がa i uのほかにeを有することを無視して、ゲルマン祖語の古風な点を他のゲルマン諸言語よりも多く保存するゴート語がa i uの3つの短母音——iから変化してきたe、およびuから変化してきたoを除けば(Krahe 1956:〔§36,〕§44)——しかない点を、サンスクリット語が同じく短母音としてはa i uの3つしか有しない——ē ōは常に長母音である——のと比較して、これを印欧祖語の状態を伝えるものと考え、さらにセム語がa i uの3母音しか有しないことに言及したので、その後かなり長い間、原始言語3母音説が広く学界に行なわれるようになった[5]。

グリムの時代には、印欧諸言語の子音対応の通則(すなわち"グリムの法則")にも例外がかなり多く、母音については「音韻法則」ということがほとんど考えられていなかったので、このような今日から見れば暴論とも言い得る説が出されたのである。

実は、サンスクリット、ギリシア、ラテンの3言語の短母音の対応関係は次のようである(印欧祖語の*əに対応する母音は考慮外に置く)。

Skr.	i	a	a	a	u
Gr.	i	e	a	o	u
Lat.	i	e	a	o	u

これらの対応関係が同じ音韻的環境に見出されるならば、今日ならば直ちに、ギリシア語、ラテン語の体系の方が古い、と断言できるのだが、グリムの時代

92——第6章　日本祖語について

には母音に関する音韻法則の概念が確立していなかったので、サンスクリット語の形態体系が古い特徴を多く保っている点も1つの支えとなって、「原始言語3母音説」のようなものが出され、それが一世を風靡するに至った。

　こういう雰囲気の中で、前述のシュライヒャーは1861-62年の著書で次のような印欧祖語形を再構している。

	Gr.	Lat.	Skr.	Uridg.（印欧祖語）
《馬》	híppos[6]	equo-s[7]	áçva-s	akva-s

この再構形によって彼は、サンスクリット語の母音が祖語のそれを保存しているものと考えていることが明らかになっている。現在では、さらに、

　　ゴート語　aihwa-　　　　古ザクセン語　ehu-

とも比較した上、印欧祖語形としては*ekwos が再構されている (Oswald Szemerényi 1970: 52)。すなわち、母音はラテン語に現れるものが古いとされている。これはその後確立した「音韻法則」にもとづく比較方法によるのであるが、シュライヒャーの時代にはまだその概念がなく、彼は印欧祖語3母音説を信じていたのである。

　ところが、その後、特に1870年代の後半に、印欧諸言語比較研究の分野において、重要な発見が次々に公表された。その先駆けは、1863年に発表された「グラスマンの法則」(Hermann Grassmann の発見)であって、これによって、"グリムの法則" に見られるいろいろな例外の一部の生ずる原因が明らかにされた。1870年にはアスコリ(G. I. Ascoli)が、サンスクリット語、リトワニア語などの摩擦音の一部が祖語の破裂音から来たことを明らかにし、トムセン(V. Thomsen)は1875年の講義で「口蓋音法則」を発表し、1876年にはヴェルナー(Karl Verner)が "グリムの法則" のまだ残されていた例外が祖語におけるアクセントの位置の相違によって生じたものだとする説(「ヴェルネルの法則」)を公表し、同じく1876年の論文でブルークマン(Karl Brugmann)が印欧祖語に「成節的鼻音」を再構し、さらに続いて、オストホフ(H. Osthoff)の説を採り入れて「成節的 r l」を再構したので、印欧諸言語における母音対応上の例外の多くのものの生ずる原因がそれによって説明されることになった。その結果、ア

プラウト（Ablaut）に関する考え方が根本的に変化するに至った。

　このようにして、1878年にブルークマンとオストホフとは『形態論的研究』と題する雑誌を発刊し、その第1巻の序において「若手文法学派的方向」(die junggrammatische Richtung)を標榜し、「音韻法則の例外皆無性」(Ausnahmslosigkeit der Lautgesetze)という根本原理を強調した。この根本原理はさらに詳しく検討すべきものではあったが、とにかく、印欧語比較文法は、1860年代以前と1880年代以後とでは全くその面目を異にし、極めて厳密な科学として発達することになった[8]。そしてそれ以来、その根本原理の1つである「音韻法則」は、如何なる言語の史的研究（通時論的研究）においても有効であることが、ますます明らかになってきたのである。

　新しい考え方による印欧祖語形の再構例を参考までに示せば次のようである[9]。

	Gr.	Lat.	Skr.	Uridg.
《狼》	lúkos	lupus	vŕkas	*wĺkʷos
《五》	pénte	quinque	páñča	*pénkʷe

　このように、印欧語比較文法は1816年のボップの著書によって創始されたとは言い条、証明の域に達するにはさらに60年を要したのであって、研究方法には1860年以前と1880年以降とでは質的な相違がある。そしてその「比較方法」は印欧語族以外の諸言語の研究にも適用されて、それらを著しく科学的なものとすることに貢献したけれども、一方、ことに印欧語族以外の諸言語の研究家で比較方法の本質を理解せず、旧態依然たる人々も多々あるのが現状であって、たとえば物理学の分野などとは著しく異なり、「科学は累積的に進歩する」とは、少なくとも言語学の分野では言えない、というのが私の持論である（たとえば服部1975bなど参照）。我々はこのことを常に念頭に置いて事態に対処する必要がある。

3　日本祖語の母音に関する研究の進歩

江戸時代において「日本語」——厳密には京都や江戸を中心とする日本語の

94——第6章　日本祖語について

中心方言その他——を習う必要のあった琉球の人々は、直ちに「日本語」と「琉球語」との類似に気づいたはずである。伊波普猷先生の研究によると、琉球の政治家 向 象 賢(1674年没)がすでに、言葉の類似を根拠にして琉球人は日本人と祖先を同じうするとの意見を述べている(伊波1906＝全集1: 17。なお服部1959a: 22)。

　しかし、「日本語」と「琉球語」との関係を言語学的に表明し、両者を同一の「親言語」(parent language)すなわち祖語から分岐発達した「姉妹語」(sister languages)として、その学問的研究を行なったのは、チャンブレン(Basil Hall Chamberlain)の1895(明治28)年の著書が最初であろう(服部1959a: 22およびその注12)。ただし彼が「日本語」というのは東京方言であり、「琉球語」(the Luch-uan language)というのは首里方言のことである。彼は上述の1895年の『琉球語の文典と辞書に寄与する論文』と題する著書で次のように言っている(伊波普猷先生の訳文による。伊波1906＝全集1: 24)。

　　琉球人はその体質日本人に酷似して、モンゴリヤンのタイプを有してゐる。彼等の祖先はかつて共同の根元地に住してゐたが、紀元前三世紀の頃大移住を企て、対島を経過して九州に上陸し、その大部隊は道を東北に取り、ゆくゆく先住人民を征服して、大和地方に定住するに至つた。其間に南方に逍ひつゝ、あつた小部分の者は恐らく或大事件の為に逃れて海に浮び、遂に琉球諸島に定住するに至つたのであらう。それは地理上の位置でも伝説の類似でも言語の比較でも容易く説明される。

　伊波普猷先生もこの説にほぼ賛成されて、上の文章を引用された1906(明治39)年の論文に次のように書いておられる(伊波1906＝全集1: 47)。

　　そこで私は明治初年の国民的統一の結果、半死の琉球王国は滅亡したが、琉球民族は蘇生して、端なくも二千年の昔、手を別つた同胞と邂逅して、同一の政治の下に幸福な生活を送るやうになつた、との一言でこの稿を結ばう。【圏点は服部】

また、1918(大正7)年の講演記録を1931(昭和6)年に出版された著書でも次のように説いておられる(伊波1931＝全集2: 39)。

南島人の祖先は前章にて述べた如く九州の南部にゐたものが神武天皇の頃
　　（西暦の初頃）或る大事件の為め南下したものと思ふ。【圏点は服部】

チャンブレンの説も、伊波先生の説も、いずれも一種の言語学的直観によるも
のと考えられるが、私も「日本祖語」は奈良時代を去るはるか遠い過去に想定
しなければならないであろうという意見を持っている。その言語学的根拠の一
部分については、他の場所ですでに述べたが（服部 1976b＝本書第 4 章）、本論文
でも後に述べる機会があるであろう〔第 8 回など〕。

　さて、チャンブレンは前述の 1895 年の論文で、「琉球語」には短母音が
a i u の 3 つしかなく、ē ō はいずれも長母音で、2 母音の連続、たとえば ai
au などから変化したものである点からして、日本祖語の母音は a i u の 3 つで
あったと推定している。非常に綿密な立派な研究をやっていながら、まだ「音
韻法則」の概念を持っていなかったために、このような結論を出したのであっ
て、このような内的証拠——それについてはさらに後にも述べる〔第 3 回〕——
から、前節で述べたグリム以来、1860 年代のシュライヒャーの著書に至るま
で一世を風靡した「原始言語 3 母音説」の影響下にあったものと考えられる。

　チャンブレンは、『国語学辞典』(pp. 634-635) によれば、1850 年に英国のポー
ツマスで生まれた人で、1873（明治 6）年に来日し、海軍兵学寮教師を経て、
1886（明治 19）年に東京大学文科大学教師 10) となり、日本人学生に対して日本
語学、博言学を講じ、彼らに大きい影響を与えた。上田萬年はその弟子の 1 人
である。4 年後の 1890 年に辞職したが、翌年に東京大学名誉教師の称号を与
えられている。1911（明治 44）年に日本を去ってスイスのジュネーブ湖畔に隠棲
し、1935（昭和 10）年に没しているが、日本語、日本古典に関する造詣が深く、
多くの著書論文を著し、『古事記』の英訳もある。その経歴、学殖、人柄につ
いて、今詳しく調べている暇はないが、彼を非常に尊敬しておられた佐佐木信
綱先生に伺ったところによると、日本語で書かれた書物は新古を問わず広く渉
猟し、非常な学殖を持っておられたとのことである。佐佐木先生は、「書物を
再版する場合には必ず訂正増補すること」というチャンブレンの教えを肝に銘
じておられたのであった。また、市河三喜先生も彼の人柄と学殖を尊敬し、ジ
ュネーブ湖畔を訪ねられたそうで、先生は、彼はラフカディオ・ハーンよりも

96——第6章　日本祖語について

バランスのとれた人柄で平穏な晩年を過ごしておられたと語られたことがあった。

　言語学については彼が英国でどういう教育を受けたのかを、私は今詳らかにしないが、前述のように、比較言語学が精密な科学となったのは、1870年代、特にその後半における諸発見によるのであって、彼が1873年に日本に来たことを、彼が比較言語学のこの飛躍的進歩と無縁であったことの1つの外的証拠とすることができるであろう（服部1955b: 62; 1976b: 9＝本書第4章 p. 46 など参照）。これらの関係諸論文を極東で入手することは不可能に近かったに違いない。一方、英国の言語学界に大きな影響を与えたオックスフォード大学教授マックス・ミュラー（Friedrich Max Müller）の著書『言語学講義』（*Lectures on the Science of Language*, London）の初版は1861年に、7版が1873年に刊行されている（服部1955b: 25）。とにかく、チャンブレンの前述の琉球語に関する著書は、1895年に刊行されたにもかかわらず、明らかに1860年代以前の「原始言語3母音説」の影響下にあるものと認められる。

　私がいつも不思議に思うのは、当時の多くの日本の言語学者がチャンブレンの3母音説を容易に受け入れたらしいことである。上田萬年は1890（明治23）年から1894（明治27）年までドイツに留学し、新しい比較言語学の方法を集大成したパウル（Hermann Paul）の『言語史の諸原理』（*Prinzipien der Sprachgeschichte,* 初版 Halle, 1880）を将来して講義に用いているのである。しかし、新村出先生筆録の『上田万年言語学』（1975）の p. 249 の「音変化に例外がないこと」の条を見ると、この点に関する説明が極めて不十分で、「日本〔語〕ニハコノ無例外ノコトヲ証スベカラズヤモシレズ」とある。金田一京助先生筆録の『新村出国語学概説』（1974）には Lautgesetz という用語が〔少なくとも〕2か所（pp. 14, 219〔, pp. 143, 153〕）に出てくるが、いずれも概念が明瞭ではない。

　私はここでこれらの事実を穿鑿しようとは思わない。しかし次の諸事実だけには触れておかなければならない。

　伊波普猷先生は1901（明治34）年の論文ですでにチャンブレンの上述の論文を引用しておられ（伊波1901a＝全集11: 230）、1904（明治37）年の論文では日本祖語3母音説を採っておられる（伊波1904＝全集8: 435）。

　しかしながら、これは何ら異とするに足りない。伊波先生と同時代の人々に

も「音韻法則」を理解しない人々があり、1932(昭和7)年の著書においてさえ「音韻法則」に対する無理解を露呈している人があるからである。

橋本進吉先生がチャンブレンの上述の説をどのようにお考えであったかは、お尋ねしたことも調査したこともないが、たまたま次のようなご意見(橋本1928＝伊波全集8: 4)が私の目に触れた。

> 言語の方面に於ては、夙にこれが研究に手をつけたものがあつて、二三の語彙[集]や文典の類もあり、中には国語との比較に及んでゐるものもあるが、まだ不完全であつて、十分の効果を挙げるに至らない。

ここに「国語との比較に及んでゐるもの」と言われたのはチャンブレンを指したものに違いなく、さすがは橋本先生だと敬服される。なぜなら、チャンブレンの問題の論文は重厚な研究で非常に勝れたものであるけれども、以下にも述べるように重大な欠陥も含んでいるからである。チャンブレンはその学殖と人格の故に弟子たちに大きい影響を与えた。そのために、彼が本居宣長の国粋主義的な点に批判的であるの余り、宣長の研究の極めて科学的な面を正当に評価していない傾向があるのが、弟子たちに影響を与えたことがあるとすれば残念である。橋本先生は冷静に学問そのものだけを直視される傾向が著しく、ここにもその面目が躍如としていると思う。(第1回了)

チャンブレンは1911(明治44)年に日本を去ったが、恰度それと入れ代わりにロシヤの勝れた言語学者・音声学者ポリワーノフ(E. D. Polivanov)が1914(大正3)年に来朝した。

ポリワーノフは、『ソビエト大百科事典』(1975年版 pp. 191-192)によると、1891(明治24)年にスモレンスクで生まれ、1938(昭和13)年に【中央アジアで】死んだ。1912年にペテルブルグ大学を卒業しているが、ここでボードワン・ド・クルトネ(I. A. Baudouin de Courtenay)とシチェルバ(L. V. Ščerba)について学んだというから、言語学や音声学の最新の知識を身につけていたはずである。1912年から政治に関係し、1919年に共産党員になると同時にペテルブルグ大学教授となっている。1928-29年に、スターリンの下にあって御用学者の役割を演じ非常に勢力のあったマル(N. Ja. Marr)の「言語に関する新学説」を攻撃

98——第6章　日本祖語について

して、中央アジアへの移住を余儀なくされた。しかし、その後もサマルカンド、タシケント、フルンゼにおいて教授となったり、学問的活動を続けたりしている。周知の如く、マルの学説は1950年にスターリンによって打破されたが、上の『大百科事典』はポリワーノフの数々の学問的業績を称えている。彼の記述は、日本語、シナ語、ウズベク語、ドゥンガン語、等々に及び、私の知るところでは、アラビア語やペルシア系のタジック語も観察している。私は1934（昭和9）年に北満州のハルビンに滞在中、そのロシヤ人下町埠頭区の目抜通りキタイスカヤ街の本屋で彼の『東洋学高等専門学校のための言語学入門』[11]（*Vvedenie v jazykoznanie dlja vostokovednyx vuzov*, Leningrad, 1928）を買い、上述の諸言語の観察記述が——私の知る範囲では——正確なのに驚いたのであった。音声学書と言ってもピンからキリまであって、随分誤った記述を多く含んでいるものもある。ある天才的と言われる音声学者の広範囲の諸言語を取り扱った音韻論に関する著書に、私の知る言語の音声学的記述に誤りの多いのに、これまた驚いたことがある。一体外国語の発音を記述するには、我々は、単語や短い文の音声を繰り返し傾聴してそれの真似をし、インフォーマントの同意を100パーセント得ることに成功することから開始するのであるが、後に上述の音声学者が自分自身にも観衆（?!）にも未知の言語を、如何なる仲介言語も用いないでその場ではじめて観察・分析する方法を見学する機会があったとき、インフォーマントの日本語——私は観衆にわかる日本語をわざと選んだのだけれど、それが何語であるかは、その音声学者のあらかじめの求めに応じて、彼に知らせてなかった——その日本語をちょっと一耳聞いただけで直ちに黒板に書き、その表記に多くの誤りが含まれているのを見て、なるほどこれが誤りの原因だなと思ったことがある〔著者の講義によればK. L. Pikeのこと〕。ポリワーノフの諸言語の音声学的記述があまり正確なので、どういう風に観察したのかと思っていると、『P氏日本語研究』（注11参照）に次のような言葉を見出した。

　　アクセントは日本語音声学の最も困難な、より正しく言うならば、ただひとつの困難な問題である。ヨーロッパの研究者にとって、とくにアクセント区別を知覚すること自体がむずかしい。このアクセント区別はわれわれの音声観念と非常にちがっているので、はじめのころ私はほとんどもっ

ぱらインフォーマントの自己観察(内観)から出発しなければならなかった。(p. 80)【エドワーズ(E. R. Edwards)のような勝れた音声学者でも、恐らく自己の外部観察力を過信したために、日本語のアクセントの観察に失敗した。】

　【中略】たとえば、土佐のアクセント型「高低低」「高高低」「高高高」の区別は、これらの例におけるアクセントの原則的なちがいをインフォーマントが指摘しなかったら、観察者は確認できないであろう【圏点は服部】。おなじように、長崎型の語メロディーにたいして、アクセントのある音節(または音楽的にきわだった音節)という概念は適用できない。また京都方言特有の短音節内部の下降的上昇【「下上型乙」の第2音節における】を発見することも【観察者であるポリワーノフの】主観的知覚ではできなかったであろう。要するに、音声学的研究にとって心理音声学的前提が必要であること、またインフォーマントの自己観察(内観)という形で主観的方法を用いる必要があることが、すばらしくよく確認されたわけである。(pp. 80-81)

すなわち、京都方言の2音節(2モーラ)語の4つのアクセントの型の区別も、彼のインフォーマントとなった日本人が、自己観察によって、ポリワーノフよりも先に発見していたのである[12]。しかし、また、次のように述べていることは、ポリワーノフが極めて慎重なそして勝れた音声学者(科学者)であることを示している。

　インフォーマントのあげるすべての型が実際に区別されているのかどうか、という問題はたえず検討しなければならない。それを検討する主な手段は私自身の耳であった。(p. 82)

彼の正確な音声学的記述は、一耳聞いて書きつけるというようなものではなく、その土台にはこのような苦心と努力があったのである。しかし、インフォーマントの内部観察報告と、音声学者の客観的観察と、この両者の調和が崩れると、誤りの生ずるおそれがある。2, 3の例を挙げると、たとえば、彼は日本語(京都方言)の「ン」の鼻母音として実現されるものを正しく観察し得ていない。『P氏日本語研究』pp. 45-46 には、

キンキンした　　ほん(本)を　　てん(天)を　　くだもんや

100——第6章　日本祖語について

これらの「ン」がすべて ŋ と表記してある。これは、これらがインフォーマントにとってはすべて同じ /N/ であり、その後に少しでも休止を置かせると直ちに ŋ に近い音となって現れるからであろう。しかし、自然な発音では4つとも鼻母音（あるいはそれに近いもの）（服部 1930a; 1951: 123-124 など参照）であって、そういう音を有しない西洋人はそれが正確に把握できなくて困るのが常である。また、同書 pp. 51, 52 では土佐方言の b d g の直前の母音に鼻音化がないように表記していたのが、p. 113 では、

> 土佐方言では母音間の有声閉鎖音 b d g のはじめと、従って、先行母音の終わりが鼻音化している。a^mba, a^nda, $a^ŋ$ga（a は任意の母音を表わすものとする）

と言っているが、これは両方とも誤りである。その原因は、これらの音が土佐方言のインフォーマントにとって同じ「濁音」だったからではなかろうか。

　実は、東北方言では b d dz (ŋ) の直前の母音が鼻音化するけれども、土佐方言では、ロドリゲスの記述した日本語と同様、d g の前には鼻音化があるけれども、b z の前にはないのである [13]。また、恐らく山田美妙の東京アクセントの記述を信用（たとえば p. 24）するのあまり、美妙が「全平」とする単語のアクセントを全くの平板として、CVCV(…)型の語の第1音節（第1モーラ）が低いことを見落としている（ポリワーノフ 1976: 18 以下、その他）。

　しかしながら、全体的に見れば、ポリワーノフの音声記述は非常に正確である。とは言え、彼の音韻論は有坂音韻論の程度のものであって、それ以上高い段階の音韻論的観点は全く欠如している。ほんの一例を挙げれば、日本語東京方言の「サ行音」を

サ	シ	ス	セ	ソ	シャ	シュ	ショ
sa	śi	su	se	so	śa	śu	śo

と表記しているが、これは有坂秀世君の音韻論と符合する。そして、これら4つの s が完全に同一なのではなく、わずかながらもそれぞれ異なり、4つの ś も同様に一々異なることには気づいていない。また、これらの音節をそれぞれ

/sa/ /si/ /su/ /se/ /so/ /sja/ /sju/ /sjo/

と音韻論的に解釈する、という見方とは無縁である。従って、私の言う「アクセント素」(服部 1973a など参照)という概念とも無縁であることは言うまでもない。

　次に比較方法についてどれだけの認識があったかというに、その実地の研究を見ると、「音韻の対応」「音韻法則」などの概念は一応理解しているようで、それを武器としての作業で多くの成功を収めているが、「音韻法則の例外」に対してどれだけ敏感であったかは——以下に述べるところによっても明らかになるように——疑わしい。しかし、以下に日本祖語の母音の再構の所で説くように、チャンブレンが 1860 年代以前の段階であったのに反し、ポリワーノフは概して 1880 年代以後の段階にあったとは言えよう。とは言え、比較方法の技術は身につけていたとは言うものの、2 つあるいはそれ以上の言語の全体的比較言語学的研究の精神は理解し得なかったものと考えられる。一例を挙げれば、

　　　トルコ諸語の歴史もおなじような状況である。つまり先史時代の共通トルコ祖語に由来する。この祖語はまたチュワシ語の祖先や共通モンゴル祖語、共通満州ツングース祖語および朝鮮語の古い源泉とともに【さらに古い共通の源泉である——いわゆる】共通アルタイ祖語【単数】にさかのぼる。(p. 219)

しかしながら、朝鮮語は言うに及ぼず、チュルク諸言語(チュワシ語を含む)、モーコ諸言語〔章末補注＊1〕、満州トゥングース諸言語、の 3 者が 1 つの語族をなす、すなわち 1 つの祖語にさかのぼることは、私の知る限りでは、現在でもまだ証明されていないのである。(その蓋然性は大きいのだが。) ポリワーノフは、遠い親族関係にある——あるいは、あり得る 2 つ(以上)の言語、特にアルタイ諸言語のような場合の比較言語学的研究をいかに行なうべきかということに関する深い反省的考察がなかったために、このようなことが言えたのに違いない。また、この程度の認識であったからこそ、日本語の「*pi＞fi＞çi《火》」と「マライ諸語の apuj《火》」とを、また「日本語 ki、琉球語 ki:《木》」と「マ

102——第6章　日本祖語について

ライ諸語の kaju《木》」とを結びつけ(p. 44)、「共通日本語・琉球語祖形 *kVi
《木》」と「マライ・ポリネシア諸語の祖形 *kaju《木》」とを結びつけ得た
(pp. 164-165)のである。それらは、1つの可能性の指摘に過ぎず、証明ではない。
これを証明されたことのように思うならば、それは、比較言語学的研究方法の
精神を理解せず、音韻法則の概念が本当にわかっていないからにほかならない。
この点については、既公刊の多くの拙文で述べたことが十分参考になるはずだ
が、別の機会にもさらに詳しく述べるつもりである。上述の2つの日本語「ヒ」
(火)、「キ」(木)については、これらが、中期朝鮮語の pɯl(去声)《火》、kɯruh
《株、幹の根元》[14]と同源である可能性をも考慮外に置くことはできない。

　さて、ポリワーノフは、日本および日本人との係わりにおいて、チャンブレ
ンと対蹠的であった。チャンブレンは前述の如く日本に40年近くも滞在し、
親しく日本人を教え、またその著書論文をもって彼らに極めて大きい影響を与
えたのに反し、ポリワーノフは、村山七郎氏の「訳者あとがき」(p. 226)によれ
ば、1914(大正3)年5月に日本に向けペテルブルグを出発し、長崎を経て来日、
10月の初めに東大の心理学研究室で佐久間鼎氏の協力を得て日本語諸方言の
アクセントを実験記録し、1か月位で日本を去った(p. 14)。翌年の夏にも再び
来日、「各地に於いて日本語を蒐集すること数箇月、その結果を整理して論文
にするためにロシアに去った。」(p. 226) このように滞在期間が極めて短い上に、
最も交渉の多かったらしい佐久間鼎氏の論著においてさえ(佐久間氏が心理学
者であったせいもあるのかも知れないが)、ポリワーノフの日本語諸方言のア
クセントの比較研究の影響は、私の知る限りでは皆無である。また、ポリワー
ノフが1915(大正4)年9月9日に帝室科学アカデミーの歴史・哲学部の会議に
提出した論文「東京方言における音楽的アクセント」の注3(p. 30)には、上田
萬年、藤岡勝二、八杉貞利、佐久間鼎、東条操、新村出の諸先生に謝辞を呈し
ている(神保氏にはお会いしなかったらしい)が、これらの諸先生からポリワー
ノフの研究の内容について伺ったことは一度もない。藤岡先生からは「片手の
ない面白いロシヤ人が来ていた」程度のことしか伺わなかった。もしどなたか
が彼の研究の内容をご存じであったなら、本論文の注(11)にも述べたような諸
研究を、私が1929(昭和4)年から1933(昭和8)年にかけて発表していく過程に
おいて、どなたかから、その点はポリワーノフがすでに研究しているというよ

うなご注意があってもよさそうなのに、それは皆無であった[15]。

　ポリワーノフの研究が日本に知られなかった原因として、彼の論文が恐らく入手しがたかったであろうことも考えられるし、また、ロシヤ語そのものが、文字がローマ字と著しく異なり、曲用体系、活用体系が複雑で、この言語の専門家以外には気軽に学習できない、敷居の高い言語であることも考慮されてよいであろう。しかし、何よりも増して大きな原因は、以下に述べるような文化史的事実であったに違いない。すなわち、ロシヤ語は——今でこそわが国では多くの東洋言語学者その他の専門家や自然科学者などに盛んに学ばれるようになったようだが——私たちの学生時代にはロシヤ語の専門家など以外には学習されなかった。東大の文学部などでは、英、独、仏の3か国語だけが、他の講義、演習、講読等の表とは別枠の「語学」の欄に「前期」と「後期」が設けられていて、たとえば中等教員の無試験検定をとるにはそのうちの1か国語を第2外国語として履習することが義務づけられていた[16]。これと類似のことは恐らく明治以来の古い伝統に基づくものであろう。日本人が西洋文化を吸収する手段は専らこれらの3か国語であってロシヤ語は問題外であったし[17]、——実は3か国語が全部できることさえむしろ少なかった——私たちも言語学を勉強する初期には、専ら、この3か国語で書かれた書物を読んだのであった[18]。そればかりでなく、西欧人自身でさえ、ロシヤ語の自由にできる人は稀だったらしいことは、それらの著書論文の引用書からも窺えた。実は、この辺の事情は、大きく見れば現在でも著しくは変わっていないようである。たとえば、今年(1977[昭和52]年)の夏のウィーンで開かれた第12回国際言語学者会議でもこの3か国語のみが使われて、ロシヤ語は公用語の1つとして公認されているにもかかわらず、それによる発表は——ソ連人でも英、独、仏語で発表した——1つもなかった。このようなわけで、ポリワーノフの研究は日本の学界に知られることがなかったのであろう。

　ここで少し横道へそれるが、ほぼ同時代に日本に来たロシヤ人で、私が「三羽烏」と考えてきたロシヤ人音声学者がある。それはポリワーノフ、N. ネフスキー(Nevskij)、O. プレトネル(Pletner)の3人である。ネフスキーの著書論文は——『音声の研究』第1輯のものを除いて——直接読んだこともないし、『ソビエト大百科事典』にも記述がないので、今その経歴を明らかにし得ない

104——第6章　日本祖語について

が、その高い名声により 3 人の 1 人に加えたのである。プレトネルはその著書
『実用英仏独露語の発音』(日本語。1926)が勝れた本なので、拙著『音声学』の
p. 200 に、ポリワーノフの『言語学入門』とともに、数少ない優良参考書の中
に数え、「初歩的ではあるが、音の記述が正確であり、」と紹介した。このたび
『P 氏日本語研究』を読んでいたら、p. 82 に「私【ポリワーノフ】の弟子の Or. プ
レトネル」とあるので、なるほどと驚いたのであった。

　さて、少し長くなったが、以上によって、本節で問題とするポリワーノフの
1914(大正 3)年の論文「日本語、琉球語音声比較概観」(注 11 の村山氏編訳書: 126–
147)に対する私の評価と、それと日本の学界との関係に関する私の推定とを、
よりよく理解して頂くための基盤ができたものと期待する。

　実は、この論文は、吉町義雄氏が訳出されて雑誌『方言』4(10) (1934[昭和
9]年 9 月)に発表されているから、私も読んだはずであるが、その存在さえ忘れ
ていたほどで、私としては得るところがないと感じたからそうなったのに違い
ない。その理由は以下に述べるところから明らかになるであろう。

　彼の上述の論文に用いている「琉球語」の資料は、ほとんど、前述のチャン
ブレンの 1895 年の論文によっており、「チェンバレンの比較文法上の研究を補
足修正しようと努めたが、彼の言ったことが正しいと思われるところは論じな
かった。」(p. 128)と言っている点は、注意しておく必要がある。日本語に関し
ては、エドワーズの『日本語の音声学的研究』(E. R. Edwards 1903)が「とくに役
立った」という (p. 127)。

　まず、p. 129 で日本語と琉球語(これは前述のようにチャンブレンによった
のだから、もっぱら首里方言)との「母音対応」について数例を挙げつつ略述
し [19]、p. 131 で次のように述べている。

　　　日本語 o, u｜琉球語 u という対応、および 日 e, i｜琉 i という対応につ
　　　いていえば、日本語における音声区別の方がより古い状態を表わしている
　　　ことは疑いえないと思う。チェンバレンは反対の説をとるが、琉球語の祖
　　　先も日本語のような古い状態をそなえていたのである。

　これは、日本祖語 5 母音説で、このような考え方は、1880 年代以降の比較
方法の ABC である。私なども、彼の説を知るずっと以前から同様な考えに達

していたから驚かなかったのだが、今回調べてみると、私の知る範囲では、日本祖語の母音について最初にこのことを言語学的に言い得たのは、ポリワーノフだということになるようである。(ただ漠然と——すなわち言語学的証明によらずに——5母音が古いと思っていた人はあるであろうが、そういう人々を問題外とすれば。)

ただし、このような結論に達するには、厳密に言うと、「これらは同じ音韻的環境における対応であるから」ということを明示的に述べ、かつそれを語例によって示す必要があるのである。

沖縄本島北部の今帰仁村字与那嶺方言〔後に「名護方言、恩納方言等」と訂正。第17回末、注135参照。〕には、無声の閉鎖音と破擦音に、喉頭化音と非喉頭化(有気)音との対立があり、東京方言との間に、たとえば次のような対応が見出される(喉頭化音は直後にアポストロフィを、有気音には逆さコンマをつけて表わす)。

東京	ヒ	ヘ	フ	ホ
与那嶺	p'i	p'i	p'u	p'u

1962(昭和37)年の夏に米国ケンブリジで開かれた第9回国際言語学者会議に出席するためシアトルを通過した際、アメリカ言語学会の Linguistic Institute で講義中のスワデシュ(Morris Swadesh)に会ったので、何かの話のついでに上述の対応のことを話したところ、彼は直ちに、「日本祖語に*p' と*p との対立があり、この琉球方言は子音も母音も祖形を保存し、東京方言の方で、lax な非喉頭化音と結びついた*i *u がゆるんで e o に変化し、tense な喉頭化音と結びついた*i *u はそのまま保存されて、*p' と*p との区別が失われたという可能性があるではないか」と言った。詳説はできないけれども、この可能性は、与那嶺方言では「ア行音」に対応する音節には非喉頭化の p' t' のみが現れること、先島諸方言ではたとえば次のような対応が見出されること(中本正智 1976b: 224)、などによって否定される。

東京	フ	ホ
石垣	hu	pu

106──第6章　日本祖語について

しかし、言語学者はこのような点を常に警戒しなければならない。

　次いでポリワーノフは次の対応を挙げて、日本語の方が古形を保っていると
している (p. 131)。

日本語	ki	ke	gi	ge	śi	se
琉球語	ći	ki	ʒ́i	gi	śi	si

これについても、上述と同じことが言えるが、それとは別に、次の点に特に注
意しておこう。すなわち、この対応に関連して

日本語	ki《木》	oki-《起き》
琉球語	ki:《〃》	uki-《　〃　》

その他のような重大な例外があるのに、ポリワーノフは ki: についてのみ「ki
＞ći が起こった時代に ī が i と質的に異なっていたので、破擦音化が妨げられ
た。」(p. 143)のような誤った説明を加えているに過ぎない [20]。これは、1880年
代以降の比較言語学的立場から見れば、疎漏である。これらの例外を如何に説
明すべきかについては、『沖縄学の黎明』の拙文(服部 1976b ＝ 本書第4章)に述べ
たが、本論でも、後に述べる〔第8回〕。ただし、

　　　日本語　çige　‖　琉球語　çiʒ́i《髭》

のような例外を、第1音節の i が g を破擦音化したと説明したのは、チャンブ
レンが言っていないのであろうから、ポリワーノフの功績とすべきである [21]。

　さて、上述のような首里方言における著しい口蓋化現象にチャンブレンが気
づかないはずはない。彼は次のような言葉でそれを指摘している。

　　　より軽い母音 i と u の前の子音を破擦音化するか弱化してしまう琉球人の
　　　音声器官の著しい傾向──ただしこの傾向は、より重い、より広い母音 a
　　　の前ではふつう阻止される。(Chamberlain 1895 ＝ 伊波 1906 ＝ 全集 1: 81-82)

このように「傾向」(tendency)と言っているのは、彼が 1860 年代以前の段階の
言語学者であったためで、そこに「音韻法則」を求め、かつその例外を説明し
ようとする、というような意欲を欠き、誤った日本祖語3母音説を提唱するに

至ったのである。

　一体、たとえば ki がそれに含まれている i の影響で chi に変化するという音韻変化は、方々の言語の歴史にその例が見出されるところで、音声学的にも説明できることであるが、ku がそれに含まれている u の影響で chu に変化するというのは音声学的にも納得できない。これは、たとえば、

　東京　　kaku(書く)　　　kiku(聞く)
　首里　　kachung《書く》　chichung《聞く》

のような比較をして、首里の chu が東京の ku に対応すると誤認したために生じた誤りで、実は、後にも述べるように、東京方言の ku に対応する首里方言の音節は ku であって chu ではない。この点を見誤ると、両方言の比較研究の重大な障碍となる。

　伊波普猷先生は、残念ながら、この点ではチャンブレンを受け継がれたのであって、次のように言っておられる。

　　沖縄方言では、オ列音から来たウ列音では子音が原価を保存するに反して、本来のウ列音の子音は、口蓋化(若しくは湿音化)する事、エ列音から来たイ列音と本来のイ列音の場合と同様である。【中略】これらは大方語腹にある場合で、語頭にある場合は、混同を免れない。」(伊波 1930: 8、服部 1959a: 335-336)

すなわち、先生は、東京方言の「ク」に対応する首里方言(那覇方言)の音節は、語頭では ku だけれども、語腹では chu だと認められたのである。

　これに関連する対応関係において、ポリワーノフは、以下に述べる如く、上述の論文において、全く誤った考えを述べている。(第2回了)

　京都方言・東京方言の「ク」に対応する沖縄首里方言の音節が /ku/ であって /cu/[tʃu]ではないことは、次の対応語例を見れば明らかになる(すべて国立国語研究所 1963 による)。(/c/ はすべて「チ」の子音のように読む。アクセント記号はすべて省略する。)

108——第6章　日本祖語について

(1)　語頭にある場合は次のようである。

（イ）「ク」に対応する部分が /ku/ であるもの。

kubi（クビ［頸］），kuci（クチ［口］），kumu（クモ［雲］），kura（クラ［倉、鞍］），
kurusaɴ（クロイ［黒］），kusa（クサ［草］），kusi（クセ［癖］），kuzi（クギ［釘］），など。

（ロ）「ク」に当たる部分が一見 /cu/ らしく見えるもの。

cuuɴ（クル［来］）

(2)　「語腹」にある場合は次のようである。

（イ）「ク」に対応する部分が /ku/ であるもの。

ʔakubi（アクビ［欠］），kakusjuɴ（カクス［隠］），mukunuɴ（ムクム），nakunaku
（ナクナク［泣］），nukusaɴ（ヌクイ［温］），sakura（サクラ［桜］），sukujuɴ（スク
ウ［掬、救］），ʔukujuɴ（オクル［送］），tuuku（トーク［遠］），など。

（ロ）「ク」に当たる部分が一見 /cu/ らしく見えるもの。

ʔacuɴ（アク［明、開］），cicuɴ（キク［聞］），hacuɴ（ハク［吐］），hataracuɴ（ハタ
ラク［働］），hucuɴ（フク［吹］），hwicuɴ（ヒク［引］），ʔicuɴ（イク［行］），'jacuɴ
（ヤク［焼く］），kacuɴ（カク［搔、書］），macuɴ（マク［巻、蒔］），nacuɴ（ナク
［泣］），nucuɴ（ノク［退］、ヌク［貫］），sacuɴ（サク［咲、裂］），sicuɴ（シク［敷］），
tacuɴ（タク［焚］），ʔucuɴ（オク［置］、ウク［浮］），'wacuɴ（ワク［湧］），など。

すなわち、京都・東京の「ク」に当たる部分が首里で /cu/（「来ル」の場合にだ
け /cuu/）であるように見える語例では必ず /ɴ/ が続き、しかも、いずれも動
詞の最終音節である。これらは、動詞の連用形（これらの場合、「クル」の
「キ」または「アク」「キク」等々の「…キ」）に対応する首里方言形 -ci に、同
方言の /'uɴ/《居る》が接尾した語形と認められるので、京都・東京の「クル」
「アク」「キク」「ハク」等々に対応するものとすることができず、上の語例か
ら除外すると、残るのは、京都・東京の「ク」に首里で /ku/ が対応する語例
ばかりということとなる。言い換えれば、

京都・東京　/ku/　‖　首里　/ku/

という音韻法則（音韻対応の規則）が帰納される、ということになる（服部
1959a: 335-336）。

3　日本祖語の母音に関する研究の進歩(第3回)——109

　私は上の考えに 1932(昭和7)年以前に達していたのであるが、そのきっかけ
は次のようである。すなわち、1929-30(昭和4-5)年のころ、仲宗根政善君につ
いて同君の国頭郡今帰仁村字与那嶺方言の「2字の動詞」を調査していた時、
同方言の[haʦuŋ]《書く》が、音韻法則上、東京方言の終止形「書ク」に対応す
る形ではあり得ないので、どういう語形に対応するものかについて考察中、
《居る》を意味する同方言の動詞が[wuŋ]であり、かつ東京方言の「キ」(奈良時
代の「甲類のキ」)に対応する同方言の音節が[tʒi]であるので、同方言の
[haʦuŋ]《書く》は[haʦi](カキ[書])＋[wuŋ](ヲリ[居])ではないかとの考えに
達したのであった[22]。しかし、同方言の「2字のラ行四段動詞」に当たるもの
が[naŋ]《鳴る》、[p‘uŋ]《振る》、[muŋ]《漏る》などであるから、あるいはこれ
らは東京方言の終止形にそのまま対応する語形ではないだろうかという疑いな
どを持っていたので、同方言の動詞の終止形がことごとく[wuŋ]の複合したも
のだとは言い得ないでいた。その後仲宗根君は沖縄島の方々の方言に[najuŋ,
najiŋ; pujuŋ, pujiŋ]などの語形があり、また種々の活用形の研究によって、同方
言の動詞の終止形はすべて[wuŋ]が複合したものだと思うと話された。私もい
ろいろな方言について見ているうちに、大体同君の見解の正しいことを認め、
しかもそれが連用形に対応する形に「居リ」に対応する語が結びついているも
のだとの見解に達したのであった(服部 1959a: 334-335)。ただし、仲宗根君の方
言の[naŋ]《鳴る》、[p‘uŋ]《振る》という語形については、その後、同方言では
/naiɴ/, /p‘uiɴ/ という音韻構造が許されないので、構造の圧力により /naɴ/,
/p‘uɴ/ に変化したものと考えるようになった(服部 1959a: 54)。

　以下の論述に関係があるので、上にも言及した「ラ行4段動詞」に当たる首
里方言の形を『沖縄語辞典』によって下に示しておこう(アクセント記号はす
べて省略する)。

　　hajuɴ(ハル[張])、hujuɴ(フル[降、振]、ホル[掘])、’jujuɴ(ヨル[寄])、
　　kajuɴ(カル[刈])、mujuɴ(モル[盛、漏])、najuɴ(ナル[成、鳴])、nujuɴ(ヌ
　　ル[塗]、ノル[乗])、sujuɴ(ソル[剃])、tijuɴ(テル[照])、tujuɴ(トル[取])、
　　ʔujuɴ(ウル[売]、オル[織])、’wajuɴ(ワル[割])

これらの動詞の「連用形」は、『沖縄語辞典』式に表記すれば、それぞれ

110──第6章　日本祖語について

hai, hui, 'jui, kai, mui, nai, …, tui, ʔui, 'wai

である（すなわち、東京の「リ」に首里の i が対応する）から、上掲の"終止形"は、明らかに、これらの形に前述のこの方言の /'uɴ/《居る》が接尾した語形と考えられる。このようにして、その他すべての首里方言の動詞の、"終止形"が、同様に /'uɴ/ の接尾した語形であると考え得ることを、1932（昭和7）年の拙文（服部1932の（三））で論じたのであった。

　さて、首里方言の《有る》《居る》を意味する形式は /ʔaɴ(0)/, /'uɴ(1)/ である〔数字はアクセントを表わす〕。これらは本土方言のどういう形式に対応するのであろうか。少し横道へそれるけれども、この点に関する私の考えの発達を記しておくことは、以下の所論を理解していただくために、ぜひ必要であると考えるので略述することとする。

　上述の1932（昭和7）年の拙文では次のように論じている。

　　国語史に従うと、今日の【「オル」「アル」という】形はヲリ→オル、アリ→アルという音韻変遷の結果生じたものではない。即ち室町時代頃から連体形が終止形の用法も兼ね、文を終止するようになったために一見終止形「ヲリ、アリ」が「オル、アル」に変ったごとく見えるのだが、実は今日の終止形「オル、アル」は音韻【すなわち音形】としては古代の連体形「ヲル、アル」のいわば後裔である。これらの動詞としては「終止形ヲリ、アリ。連体形ヲル、アル」の区別のあるのが古形なることもちろんである。琉球方言【にはこの両者の区別があり、そ】の終止形を見ると、

	阿伝	与那嶺	首里	石垣町	竹富, 鳩間, 波照間
居リ	gui（早町 ui）	wuŋ	wuŋ	uŋ	buŋ
有リ	ai	aŋ	aŋ	aŋ	aŋ

阿伝方言の形が[gui, ai]なる点より見て、これらの形は「ヲル、アル」ではなく「ヲリ、アリ」に当るものと考えられるが、更にチャンブレン氏・宮良当壮氏に従うと、首里方言・石垣町方言では、

	Conclusive	Attributive	終止形	連体形
居リ	wung	wuru	uŋ	urï
有リ	ang	aru	aŋ	arï

となっていて、終止形と連体形との間に明瞭な区別がある。この区別こそ、古代語の「ヲリ」と「ヲル」、「アリ」と「アル」の区別にそのまま相当【すなわち対応】するもので、琉球方言は古代語の「ヲリ、アリ」に相当する形をそのまま終止形として保存しているものと思う。《ただし石垣町方言の[urï, arï]が連体形「居る、有る」に相当するか否かはやや疑わしい。同方言では東京語の「ル」に対して[ru]のあらわれることが多い。》(服部1932 = 1959a: 346–347)

　この最後の《　》の中の疑いは当然のことで、その後の研究により、この石垣町方言の[urï, arï]という語形は、用法は連体的であるけれども、形としては奈良時代中央方言の「連用形」に対応することが明らかとなった(服部1977: 25–26比較)。

　私は当時上のような考えとなったのではあるが、[ŋ]が奈良朝の「リ」に対応するとすることは音韻法則上当然問題となり得るので、続けて次のように書いている。

　『首里方言においては東京語の「リ」に当る音節は[i]または[ri]である。従って「居リ、有リ」は首里語では[wui, ai]とならなければならないはず。wung, ang の場合に限り ng が「リ」に当るとするは如何。』との抗議が出るかも知れない。これに対して私は次のごとく説明する。wung, ang のごとき「終止形」は文を終止するのが常であって、その後には長かれ短かれ音の休止が来る。かくのごとく常に息の段落の最後の音(文の末尾音 Satz-auslaut)として用いられたために、然らざる音とは、音韻変遷上、別の取扱いを受けたのである。《宮古島や沖永良部島等の方言の「居リ」に当る動詞が若し ïm um などであるならば、それらも同様に説明できよう。》[ŋ](および[m])における発音器官の状態はその休息の状態 Ruhelage に近い。息の段落の最後においては発音器官が休息の状態に近づくのは自然である。【下略】

しかしながら、よく考えてみると、ほかの諸方言では -ŋ(や -m)になっているのに、なぜ喜界島阿伝方言だけで -i として保たれているのかが説明できなけ

112——第6章　日本祖語について

ればならなかったのである。

　当時は、琉球諸方言を組織的に概観する資料がなく、拙著『日本語の系統』
(1959a: 305)を見てもわかるように、方々の方言を断片的にしかも非組織的に記
録した『採訪南島語彙稿』(宮良1926)に主としてよりつつ、『南島方言資料』(東条
編1930/1969)その他で補うよりほか仕方がなかった。それで、たとえば、奄美
大島には kikjuri, kikjuŋ(ともに《聞く》の意)という2形があることはわかってい
たが、『採訪南島語彙稿』に、前者には(イス、ソカ)、後者には(スミ)のように
違った方言名が注記してあったので、方言によって[ri]をそのまま保ったもの
と、これを[ŋ]に弱化したものとがあるのだ、と考えたのである〔章末補注＊2〕。

　終戦後、1955(昭和30)年の夏から1958(昭和33)年の春にかけて行なわれた九
学会連合の奄美大島共同調査に、日本言語学会から上村幸雄、徳川宗賢の両君
と私が参加したが、上村幸雄君は、喜界島の阿伝方言——私が岩倉市郎氏につ
いて調査して1932(昭和7)年の論文に上述のように報告した方言——では《書
く》を意味する終止形は[kʼatʒui]の1つだけれども、同島(‼)の花良治、城久
の方言には[kʼatʒui]と[kʼatʒuŋ]の2形があり、さらに加計呂麻島諸鈍、与路島
与路の方言にも[kʼakʼjur]と[kʼakʼjum]の2形があることを見出し、『人類科学
IX』(1957[昭和32]年3月: 122)に、

　　　これらが四方言の間でどのような対応関係にあるか分らない。この一対の
　　　終止形は各方言でそれぞれ微妙な意味用法のちがいがあるが、それは充分
　　　明らかでない。これに関する質問はいつも被調査者をうんざりさせた。

と報告した(服部1960: 401に再録)。私も翌年の4月に奄美大島名瀬市に滞在中、
加計呂麻島諸鈍方言の勝れた話し手、金久正氏——上村幸雄君の調査したイン
フォーマントと同じ人——について調査したところ、[ʔar]と[ʔam](共にほぼ
《有る》の意)、[ʷur]と[ʷum](共にほぼ《居る》の意)、[ʔikʼjur]と[ʔikʼjum](共に
ほぼ《行く》の意)の1対ずつの語形が同氏の方言には共存することを確認した。
一体、同一方言の共時態において1対の類義語が共存すると言っても、いろい
ろの共存の仕方があり、その方言において起こりつつある通時的変化——上の
例で言えばたとえば[ʷur]→[ʷum]という変化——を反映する場合もあり得る。
そのような場合には、その方言共同体について言語社会学的調査をすれば、た

とえば[ʷur]は老人層に[ʷum]は若年層に主として用いられるというようなことが直ちに明らかになるはずだし、両語形を使う1人のインフォーマントについて調査しても、[ʷur]は《老人くさい言い方》、[ʷum]は《若者らしい言い方》と言ったような、たがいに異なった文体的意義特徴を持っていることが明らかになるはずである。私は、上述の諸鈍方言に上の1対ずつの語形が共存することを、言語史的に見て重大事であると直観して、幸い金久正氏が鋭い語感の持ち主であるばかりでなく、先入観的"言語理論"を調査者に押しつける方でない、また衒いもなく正直に自分の内観をできるだけ詳しく報告される方であるという幸運な事情を利用して、当時私の開発しつつあった「意義素」の研究方法を適用して、これら1対ずつおよびそれらに関連するいろいろな形式の意味の違いの解明のために、当時としてできるだけのことを試みた。その研究結果は、拙著『言語学の方法』(服部1960: 401-412)に記してある。

その結果、[ʔar]と[ʔam]、[ʔikʼjur]と[ʔikʼjum]、等々の違いは、通時的変化を反映するものではなく、ともに同一の文体的レベルにおいて意味的に対立する――すなわちたがいに意義素の異なる――語形であるという事実が明らかになった。そして、[-r]に終わる語形と[-m]に終わる語形との意味的相違を平たいことばで表現すれば、前者は「客観的な表現」(東京・京都などの「有る」「行く」などの"終止形"の意味はこれに近い)、後者は「話し手の、十分自信のない、あまり断定的でない判断を表わすもの」と言えることが明らかになった[23]。

これらのうち、[ʔar][ʷur]は、それぞれ、奄美大島名瀬市方言の[ʔari][ʷuri]と、喜界島阿伝方言の[ʔai][gui]とに――意義素は完全に同一ではないが――語形としては対応することが、ここで詳説を略するけれども、比較言語学的・言語地理学的考察によって確認される(服部1977: 22-23)。従って、これらは、奈良時代中央方言の「アリ」「ヲリ」に対応するものである。

次に、諸鈍方言の[ʔam][ʷum]は、それぞれ、名瀬方言の[ʔaŋ][ʷuŋ]、首里方言の/ʔaɴ/, /ʼuɴ/ に対応し、後者の2方言においては、m→ŋ のような鼻音の弱化が起こったものと考えられる。このことは、チャンブレンがすでに試みていた「内的再構」(服部1977: 19-20)――ポリワーノフはこれを無視したか見落とした――によっても確認される。すなわち、

114——第6章　日本祖語について

　　　/ʔaɴ/《有る》　　　　　　/ʔami/《有るか》

　　　/'uɴ/《居る》　　　　　　/'umi/《居るか》

　　⎰/tujuɴ/《取る》　　　　　/tujumi/《取るか》
　　⎱/turaɴ/《取らない》　　　/turani/《取らないか》

　　⎰/cicuɴ/《聞く》　　　　　/cicumi/《聞くか》
　　⎱/cikaɴ/《聞かない》　　　/cikani/《聞かないか》

などを比較することにより、

　　*ʔam　→　/ʔaɴ/; *'um　→　/'uɴ/

　　*tujum　→　/tujuɴ/; *turan　→　/turaɴ/

　　*cicum　→　/cicuɴ/; *cikan　→　/cikaɴ/

のような通時的変化が起こったことが明らかとなるのである[24]。

　さらに、仲宗根政善君の調査[25]によると、宮古島多良間島字塩川方言には ʔam《有る》、bum《居る》、同じく伊良部島長浜方言には ʔam《有る》、ʔum《居る》という語形があり、琉球大学『宮古諸島学術調査研究報告　言語・文学編』(1968: 61)によると、同じく伊良部島佐和田方言(仲宗根政善君の調査)には am《有る》という語形がある。これらは上述の仮説の支えとなる。

　さて、諸鈍方言等の[ʔam][ʷum]という語形の方は、奈良時代中央方言にはそのまま対応する形が見出されない。しかし、[ʔa-][ʷu-]が、前述の「アリ」「ヲリ」の「ア」「ヲ」に対応することは、これらの動詞のその他の活用形を比較しても疑いない。問題は[-m]である。私がかつて論じたように、動詞等の語尾や文節末尾に接尾する助詞などは、弱化して、音韻法則上の例外となり得るから(服部 1970a)、この[-m]は、理論的には奈良時代の「ミ(甲、乙)」「ム」「メ(甲、乙)」「モ」のいずれにも対応し得る。このうち、次の理由から「ミ」に対応する蓋然性は小さいと考えたことがあるが、ここにその考え方を訂正しておきたい。すなわち、この方言には次のような名詞がある(服部 1977: 23-24)。

　　　耳(甲)　網(甲)　神(乙)　弓(甲)　海(甲)　蚤
　　　　　　　　　　　　　　　　　　　　　膿み

　　　mimi　　ʔami　　k'ami　　jumi　　ʔumi　　numi

（上に（甲）（乙）としたのは上代特殊仮名遣における類の区別である。また、この方言の[mi]は東京方言の「ミ」の m と同様、口蓋化している。）これらの単語はいずれもこの方言の[ʔam]《有る》と同じ上昇アクセントであるから、〔[ʔami]（網）と区別される〕[ʔam]《有る》は[*ʔami]よりもむしろ[*ʔamu]から来た蓋然性が大きいとすることができるであろうか²⁶⁾。上に挙げた諸単語はいずれも名詞であるのに対し、[ʔam]は終止形であるから、末尾母音が弱化して脱落する蓋然性が大きい。しかし、もし[*ʔami]から来たのなら、母音が脱落してもこの方言では[ʔaŋ]のように[m]の口蓋化が残る、ということが言えれば、上述の[ʔam]《有る》の[m]には口蓋化がないのでこの形式が[*ami]から来た可能性は否定されるのだけれども、私がこの方言を調査して獲た資料の範囲ではそれが言えない。逆に、次のような例がある。

　　[ʔak'up]《欠伸》，[ʔak'upɲu]《欠伸が》，[ʔak'uːbim]《欠伸も》

　　[k'up]《頸》，[k'upɲu]《頸が》，[k'ubim]《頸も》

　　[hap]《蛇》，[hapnu]《蛇が》，[habum]《蛇も》

すなわち、上の形態的交替を見ると、前2者は[*ak'ubi][*k'ubi]に由来し、[hap]は[*habu]に由来するものと認められるが、共時態としてはこれら3者の単独に発音された場合の[-p]は全く同じ漸弱漸強音であって必ず弱い破裂音があり、しかも口蓋化は全くない。ただし、*bi と *bu とは同一の[-p]に合流しても、*mi と *mu とは口蓋化の[-ŋ]と非口蓋化の[-m]として区別が保たれる可能性――[m]が持続部（tenue）の音が聴覚的に聞きとれる鼻音であるから――もないことはないけれども、今のところ、諸鈍方言の[ʔam][ʷum]の[-m]が「ミ」に対応する蓋然性が零だとするわけにはいかない。

　のみならず、この[-m]が「モ」に対応する可能性さえある。すでに上に係助詞「モ」に対応する例を3例示したが、この方言では、

　　[ʔuram wanum]《おまえも私も》

　　[k'umim nɛː]《米もない》

のように係助詞「モ」には[-m]が対応するのであって、これに対応する首里方言の形式は[-ɴ]である。

116——第6章　日本祖語について

　また、東京方言の「メ」に対応するこの方言の音節は一般に[mi]であって、この[m]には口蓋化がないから、[ʔam][ʷum]の[-m]は「メ」に対応する可能性もある。

　しかしながら、前述の《十分自信のない、あまり断定的でない判断》という意義特徴はこの[-m]という記号素（すなわち形態素）が担っているものと考えられるので、それに対応しそうな記号素を奈良時代中央方言に求めると、《推量》等を表わす「ム」（「ム・ム・メ」と活用）がまず注意される。しかし、「アム」「ヲム」という形式が奈良時代中央方言では実証されない、という困難に遭遇する。

　そこで注意にのぼるのは、"過去の推量"を表わす「ケム」（「ケム・ケム・ケメ」と活用する）で、この「ケ」は甲類であるから、「ケム」は*-kiamu に由来し、この*ki は"過去"の助動詞「キ」に対応する可能性がある[27]。そうだとすれば、助動詞「ケム」の中に、琉球諸方言の[ʔam]に対応する*ʼamu の変形したものを見出し得るということになる。

　それでは、琉球諸方言の ʔam (ʔaŋ); ʷum (ʷuŋ), bum に対応する日本祖語の語形として*ʼamu, *womu（後者を*bomu とすべきかどうかは、しばらく問題外とする）を再構すればよいであろうか。これには少なくとも2つの問題がある。

　第1の問題は、上述の"推量の助動詞"「ム」に対応する奈良時代東国方言形「モ」があり（松村明編 1971: 835 上・中、吉田金彦氏執筆）、『万葉集』の例ばかりだから「甲類」「乙類」の区別は不明だけれども、このような対応形があるときには、――紙数の都合上ここでは細説しないが――私見によれば、日本祖語形として、男性母音を含む*-mo が再構される[28]。

　第2の問題は、奈良時代中央方言に、4段活用未然形に上述の「ム」がついて、話し手の意志や希望を表わす形式がある。たとえば、/kakamu/《掻こう、書こう》、/töramu～toramu/《取ろう》。これらは次のような音韻変化を経て今日に至った。

　　/kakamu/ → /kakam/ → /kakau/ → [kakɔ:]/kakao/ → /kakoo/

　一方、琉球諸方言にこれに近い意味を有する形式には次のようなものがある。仲宗根政善君の 1961（昭和 36）年の論文（仲宗根 1961: 37-38）によると（いずれも

「志向形」《書こう》)、

　　カコー（大島北部、南部、喜界島）

　　ハカー（沖永良部、沖縄北部与那嶺）

　　カカン（与論島）

　　カカ　　（沖縄南部首里、宮古諸方言、八重山諸方言）

このうち「ハカー」「カカ」は奈良時代中央方言の未然形に対応し、奈良時代のは何かが必ず接尾する非自立形式であるのに反し、琉球諸方言のは自立形式であって[29]、日本祖語にもこれに対応する自立形式 *kaka（意味は《未然的》）があったものと考えられる（服部 1976b: 34–35 ＝ 本書第 4 章 pp. 66–67）。

　しかるに、上の「カコー」[30]「カカン」[31]は奈良時代中央方言の /kakamu/ に対応するものとせざるを得ない。また、平山輝男・中本正智『琉球与那国方言の研究』(1964: 121)によると、与那国方言には kagu'u《書こう》、turu'u《取ろう》等の形式があり、この方言には /i/ /a/ /u/ の3つの母音音素しかなく、その /u/ は東京方言の /o/ と /u/ とに対応し（同書 pp. 34, 45）、かつ同方言の "終止形" は kagu'N《書く》等であるから、この方言の kagu'u は奈良時代中央方言の /kakamu/ に対応する。そうすると、

	大島北部・喜界	大島南部	与那国
《書こう》	kako:	kako:	kagu:
《有る》	ʔaŋ	ʔam	〔'aN〕
《居る》	ʷuŋ	ʷum	buN
《書く》	kakjuŋ	kakjum	kaguN

という対応があるとき、日本祖語形として、

　　*kakamo《搔かむ》, *'amo, *womo, *kakiwomo

を再構してすませるわけにはいかない。なぜなら、*kakamo の*-mo だけが弱化して母音になってしまったのに、*'amo, *womo, *kakiwomo の -mo が鼻音として保たれていることが、これでは説明できないからである。

　そこで私は、「アリ」「ヲリ」の語幹が -r で終わっているのに鑑み、日本祖

118——第6章　日本祖語について

語形として、

*kakamo; *'armo, *wormo, *kakiwormo

を再構しようと思う[32]。ここに見られる -rm- という子音連続は、奈良時代中央方言の /kumo/《雲》に対応する日本祖語形 *kurmu《雲》[33]にも見られたものと思う。

　さて、やむを得ず、ひどく横道へそれることとなったが、以上の論証によって、琉球首里方言の kachung《書く》, chichung《聞く》, chūng《来る》; tuyung《取る》等の chu-; yu- 等が、日本語（東京方言）の「ク」「ル」等の子音が「破擦音化」や「弱化」（「口蓋化」「湿音化」）したものとするチャンブレン（および伊波先生）の説は廃棄すべきことが明らかになったことと思う。

　ポリワーノフが前述の論文「日本語、琉球語音声比較概観」でこの点をどう考えているかというと、

　　*k, *g に終る動詞の直説法現在は u(*u)の前で破擦音となる。ćūŋ「来る」、日本語 kuru。これは形態論的に説明される。（ポリワーノフ 1976: 143）

しかし、何の形態論的説明もない。また、

　　直説法現在の語尾（確実な現在及び未来の終止形）。琉球語 -uŋ, 日本語 -u(tujuŋ「取る」、日本 toru)。日本語 toru はいわゆる短縮形 tuju(チェンバレンは tuju' とする)と比較した方がより正しいと思う。語末はともにおなじ(-u)。tujuŋ の語末の ŋ は nu(*no)の収縮かも知れない。とすれば、tujuŋ は日本語の toru no desu(取るのです)からの torun(desu)と比較される。（同書 p. 146）

しかし、tujuŋ の ju が日本語の「ル」に、ŋ が「ノ」に対応するとするのは明らかに誤りである。また、

　　古い動詞語幹 mi(日本語 mi-ru)「見る」から、u という語尾をもつ四段活用動詞に類推して mu という形がつくられた(日本語の方面でもみうけられる。文語の kokoro-mu, kokoro-muru「試む」)、この mu は単音節語とし

て、首里では mū となり、（日本語 suru-n-desu の -n- < -no- に対応する）ŋ をつけて、mūŋ が生まれ、それが単項円唇化の確立によって nūŋ となった（しかし、逆にはじめ m>n があり、次いで母音が長くなったともみられる）。（同書 pp. 138–139）

この説明も全く誤りで、首里方言の sjuɴ《する》などは"単音節語"に ŋ がついたと説明しようとしても母音が長くないので撞着する。これは、チャンブレンの調べた首里方言では、「マ行 4 段活用」の連用形が、

　　yuni（読み）、tsini（積み）、wugani（拝み）

のようで「ミ（甲類）」に ni が対応するのと同様、「ミル（見）」の連用形「ミ（甲類）」に対応する ni に［ʷuŋ］が接尾してできた［nju:ŋ］の頭音が非口蓋化して［nu:ŋ］となったのか、あるいは連用形の［m］がまだ保たれている間に［ʷuŋ］が接尾して［mju:ŋ］（［mju:m］）→［ɲu:ŋ］［nu:ŋ］という変化が起こったものであろう[34]。ポリワーノフが「単項円唇化」（одночленная лабиализация, p. 138）というのは［ɸu］→［hu］のような場合に、［u］に円唇化があるので子音が非円唇化することであるが、「mūŋ→nūŋ という単項円唇化が起こった」とするのは音声学的に意味を成さない。

　ポリワーノフのこの論文にはその他にも誤りが少なくなく、私としては得るところがなかったので、第 2 回に述べたように、吉町義雄氏の訳（1934［昭和 9 年）を 1936（昭和 11 年）に満州より帰国後読んだはずなのに、「その存在さえ忘れていたほど」の状態となったのである。

付 記

　第 2 回の拙論を読まれた橋本萬太郎君から『ポリワーノフ一般言語学論文集』（1968 年）に上述の『言語学入門』の続篇に当たるような諸論文が集められているとの教示を受けた。私はこの『論文集』を持っていないので、注 11 に記したように、ポリワーノフの文章を引用する場合にはすべて村山七郎氏の邦訳によった。両氏に深謝の意を表する。

　なお、p. 105 に示した音節の対応は語頭に見られるものであり、かつ、与那嶺方言については単純化した点があることを付記しておく。（第 3 回了）

120——第 6 章　日本祖語について

　第 2 回に、伊波普猷先生は、1901(明治 34)年の論文ですでにチャンブレンの既述の 1895(明治 28)年の著書を引用しておられ、1904(明治 37)年の論文ではその「日本祖語 3 母音説」を採っておられると書いたが、これをもう少し具体的に詳しく考察する必要がある。

　1901(明治 34)年の論文とは「琉球の歴史と其言語と」(伊波 1901a)のことであって、『全集』第 11 巻 p. 230 に、その部分が収録されている。

　　多年そを研究せし博言学者チヤンバーレン氏は説をなして曰く「日本と琉
　　球との両語典を精較するに、其相一致せること、猶『スペイン』語と『イ
　　タリー』語とに於けるが如し、今その両語の祖たりし国語ありしものとす
　　れば、日本語は此祖語の一部を多く存し、琉球語は他の一部を多く存せる
　　ものと云ふべし、されば現今の日本語が古代の日本語を代表せるよりも、
　　却て琉球語が日本の古語を代表せること往々是れあり、特に動詞の転化に
　　於て其較著なるを認め得可し」と、【中略】(読者、チャンバーレン氏の著書、
　　『琉球語典及字書』を参照せられよ。)〔原文は「　」内はすべて、、、付き〕

　この論文は、『全集』第 1 巻 p. 525 によると、上の雑誌に発表する前に、「琉球歴史を読む」と題して『青年会報』に公刊したものであるという。

　「チエムバレン先生と琉球語」(伊波 1935＝全集 8)で伊波先生は当時のことを回想しておられるが、それには次のように見える。

　　私が初めて先生の不朽の著『琉球語文典並に辞典に関する試論』を見たの
　　は、明治三十年頃、田島先生が、沖縄を引上げて上京された頃であった。
　　その頃まで先生は『おもろさうし』の研究を続けて居られたが、伊江男爵
　　家から例の著書(チエムバレン先生から贈られた)を借りて来て、頻りに読
　　んで居られたのを、私も時偶拾ひ読みして、発音矯正に資する所があった。
　　【圏点は服部。言語学者として読まれたのではないから、「3 母音説」に注意されな
　　かったらしいが、それは当然である。】もとより高等学校の受験準備中で、将
　　来の方針もまだきまらない時であった。ほんとに琉球語の研究をやる気に
　　なつたのは、三十六年に東大の文科に入つた時で、その頃まで田島先生は
　　「おもろ」の研究を続けて居られたが、私が言語学を修めると聞いて、非

常に喜ばれ、『おもろさうし』外の琉球語学材料を悉く私に譲つて、他日「おもろ」の研究を大成してくれと委ねられた。それ以来私は「おもろ」の研究に従事したが、その翌年鳥居竜蔵博士を案内旁々帰省した時、同博士からチエムバレン先生の著書を恵与されてから、それを土台として、両先島及奄美大島諸島の方言の比較研究を始めることになった。(伊波1935＝全集 8: 582)

　『伊波普猷　年譜・著書論文目録』(外間守善・比屋根照夫・比嘉実編: 1976)によれば、先生は 1897(明治 30)年 4 月に一高を受験、1900(明治 33)年 9 月から 1903(明治 36)年 7 月まで三高に在学、史学志望であったが、1903(明治 36)年 9 月に東大言語学科に入学、1906(明治 39)年 7 月に卒業された。

　従って、上述の 1901(明治 34)年の論文は史学志望の京都在住時代に成ったもので、恐らく図書館か研究室でチャンブレンの著書を閲読し、史学的観点から書かれたものであろうが、すでに「おもろ」「おたかべの詞」「御拝つゞ」「碑文」「おもいこわいにや」「琉歌、長歌、仲風」「口説」(「組踊」)などを実例を挙げて解説してあり、これらは田島利三郎氏の集めた資料中より見本を取り出したものと記されている。史学が志望だったとは言え、すでに琉球の古文学、古文献に対する深い関心が示されており、「栴檀は双葉より香し」というが、先生が生涯を捧げられた琉球学(沖縄学)の全貌が、すでに「双葉」の形に圧縮されていて、将来絢爛として開花するためのエネルギーがそこに蓄えられているように私は感ずる。それで、東大の言語学科に入学されたと言っても、それは言語学者に成るためではなく、後に先生がその創始者となられた「沖縄学」を建設するための基礎学として言語学を学びとる必要があると感ぜられたからではないかと私は推察する。それに第 2 回で示唆したように、当時の東大言語学科は、比較方法、音韻法則の理解に関しては、恩師上田萬年先生を始め、同級生のうち少なくとも小倉進平、金田一京助両先生などは、チャンブレンと同様、前述の 1860 年代以前の状態にあったようだから、そういう雰囲気の中で伊波先生もそうであったのは当然のことで、私はこの点で伊波先生を批判しようとは思わない。しかし、その時代の余波が現今にまで及んでいるのを見る時、伊波先生の「日本語」「琉球語」の母音の史的変遷に関する考え方の発達史を、

122——第6章　日本祖語について

先入観に把われずに、褒貶に偏らず、客観的に述べておく必要があると考え、やや詳しく記述することにした。またそれが本節の目的でもある。

とは言うものの、先生のお考えの変遷、発達の歴史の全貌を明らかにするには『伊波普猷全集』全巻を熟読する必要があるが、今はその暇がないので、残念ながら、主な論文を取り上げて、そのあらましを略説するにとどめざるを得ない。

先に、先生は1904(明治37)年の論文で、チャンブレンの日本祖語3母音説を採られたと書いたが、それは「琉球群島の単語」(伊波1904)のことで、東京大学言語学科在学2年生のときの筆に成る。この論文には、すでに首里、国頭、八重山、宮古、大島の5方言のそれぞれ70ずつの単語(大部分はたがいに対応するもの)が表にして示してあり、そのうち52は語頭の「ハ行子音」に対応するｐｆｈを有するもの、15語は語頭の「カ行子音」に対応するｋｈを有するものであって、琉球列島の諸方言が日本語と同系であることを示すと同時に、日本語がすでにｈに変化してしまった語頭の古い*p-音(日本祖語の*p-音)が多くの琉球方言で今なお保存されていることを明らかにしたものである。これは明らかに明治31(1898)年の上田萬年の論文「語学創見」(橋本1950: 262)に見える「p音考」の影響を受けたものであるが、*k-をも取り上げた点が注意される。チャンブレンやポリワーノフがほとんど首里方言のみを日本語との比較の対象としたのに対し、この論文は、沖縄島北部の国頭方言や、台湾に近い先島の宮古・八重山の方言、奄美大島の方言をも取り上げた点で、画期的なものである。しかしながら、上に引用した文章で、先生ご自身も、チャンブレンの著書を土台として琉球諸方言の研究を始めたと述べておられるけれども、「チヤムバレン氏は日本及び琉球の語典を精密に比較して、両人種の祖先が嘗つて同一の根元地に住して同一の言語を使つて居た時代を想像されましたが」という言葉以外には、この論文は、チャンブレンの影響を個々の問題について指摘できるほど精密なものではない。ただ、

　　　日本語のoは琉球語のuに日本語のeは琉球語のiになりますが(くがに
　　　黄金、ぬ　野、たぬし　楽)、これは琉球語の方が日本語の古い形を保存
　　　してゐるのでせう。【圏点服部】(伊波1904＝全集8: 435)

とあり、（　）の外だけを見ると、これはチャンブレンの日本祖語3母音説を意識しつつ、それを承認されたものと言わざるを得ないであろう。中本正智君も「まさにチェンバレンの母音説のうけうりでしかなかった」と言っている（中本 1976a: 248）。しかし、（　）の中に示された実例の3語を見ると、先生のチャンブレン説に対する理解は我々のそれとは違っていたのではないか、という強い疑問が起こる。

　まず、「ぬ　野」というのは日本語であって琉球語ではない。《野》を意味する首里・那覇の方言は moo［モー］である。次の「たぬし　楽」も、『沖縄語辞典』には tanusimi《楽しみ》、tanusinuɴ《楽しむ》という単語はあるけれども、形容詞はない。「たぬし」は、その語尾が日本語形であるから、これも日本語であろう。「くがに　黄金」だけは、首里方言の kugani と一致し、『万葉集』に実証される「久我禰（クガネ）」とは異なる。この単語は中央方言でも、後に

kugane　→　kogane

という変化が起こったが、これは u が隣接音節の a に同化して半広母音 o となったもので、『万葉集』に実証される〔上付き数字1は上代母音の甲類〕、

tuga ～ toga《栂》
taduki^1 ～ tadoki^1（tadöki^1）《手便》

のような交替も、同様な同化的変化 35)（tuga→toga; taduki^1→tadoki^1）が起こりつつあったことを示すものに違いない。しかしながら、「カネ」（金）の方は同様な同化的変化、

*kani　→　kane　（従って*kugani　→　kogane）

が日本祖語から奈良時代中央方言へ起こったものとすることはできない。なぜなら、奈良時代にすでに kane～kana- のような交替があるから、この方は、日本祖語から奈良時代中央方言へ、

*kanai　→　kane

のような変化が起こったものとせざるを得ないからである（服部 1976b: 29, 31）。

124——第6章　日本祖語について

さて、上に引用した伊波先生の文章中の、

　　　くがに　黄金、　ぬ　野、　たぬし　楽

の3例は、その文脈から見て、いずれも「日本語」(万葉語)を挙げようとされたものと考えられるので、「くがに」は万葉語の「くがね」をご自身の琉球語に同化して(そのために記憶の混交が起こって)書き誤られたものではなかろうか。他の2語の、

　　　ぬ　野、　たぬし　楽

の「ぬ」は「怒、努」という仮名で書かれているのを江戸時代の学者が誤って「ヌ」「タヌシ」と読みそれが伝統となっていたのに対し、橋本進吉先生が、上代特殊仮名遣の研究によって、これらの仮名は先生の所謂「甲類のノ」に属することを確認され、これらの単語は奈良時代には「ノ」「タノシ」という発音であったことを明らかにされたものである。伊波先生が上の1904(明治37)年の論文を書かれた時代には、まだ江戸時代からの「ヌ」「タヌシ」という読みが行なわれていたのだから、伊波先生が、中央方言において奈良時代以降に、

　　　nu　→　no　　tanusi　→　tanosi

という音韻変化が起こったと考えられたのも無理はない。しかし、奈良時代以降の中央方言ではそういう音韻変化は起こらなかったのである。(ただし、上に述べた taduki¹→tadoki¹ と並行的な、

　　　*tanusi　→　tanosi

という同化的変化は、奈良時代の直前——あるいは奈良時代にかけて——には起こったものと推定される。なぜなら、『日本書紀』の歌謡には「于多娜濃芝」という例(大野晋 1953: 211、歌謡 33)があり、『古事記』の「宇多陀怒斯」の例(高木市之助・富山民蔵 1974: 64)と交替するからである。)

　さて、チャンブレンが「日本祖語3母音説」を唱えたのは、上述のような同化的変化を問題としたのではなく、次のような自律的(無条件)母音変化があったと考えたのである。そのように理解するのでない限り、チャンブレンの説を

理解したことにはならない。

琉球語		日本祖語		日本語
i	←	*i	<	i
				e
a	←	*a	→	a
u	←	*u	<	o
				u

従って、実例を挙げるとすればたとえば次のようなものが示されるべきである。
「琉球語」というのはもちろん首里方言を指す。

琉球語		日本祖語		日本語
kii 《木》	←	*ki	→	ki 《木》
mii 《中身》	←	*mi	→	mi 《実》
kii 《毛》	←	*ki	→	ke 《毛》
mii 《目》	←	*mi	→	me 《目》
kuu 《粉》	←	*ku	→	ko 《粉》
kuri 《之》	←	*kuri	→	kore 《之》
huu 《帆》	←	*pu	→	ho 《帆》
kusi 《癖》	←	*kusi	→	kuse 《癖》
husi 《節》	←	*pusi	→	husi 《節》

このように表示すれば、1880年代以降の比較方法を心得た人々なら、チェンバレンの説が成り立ち得ないことは、直ちにわかるはずである。伊波先生がこのような例を挙げずに、上に示したような例ばかり挙げられたことは、チェンバレンの日本祖語3母音説に対して、伊波先生は我々とは違った理解を持っておられたのではないかとの疑いを深くする。

　前述の如く、中本正智君はこれを「まさにチェンバレンの母音説のうけうりでしかなかった」と断じ、次いで、1916(大正5)年の『琉球語便覧』の凡例(伊波1916＝全集8: 257-258)の文章を引用して次のように書いている(中本1976a: 249)。

126——第6章　日本祖語について

　ここで、【伊波先生が】「エ列はイ列に、オ列はウ列に合して了つてゐる」
というとき、そこにはチェンバレンの【日本祖語3】母音説を克服した考え
方が示されている。この考え方を生み出したのは、まさに『琉球語便覧』
の膨大な資料のローマナイズの作業過程における比較・対照によってであ
ったと思われる。

　この『琉球語便覧』は、表には「伊波普猷監修」とあるが、奥付には「編纂者
糖業研究会出版部」とあり、上の「凡例」の中に、

　　ところが琉球語の音韻には仮名では到底書きあらはせないのがあるから、
　　【中略】琉球出身の文学士にして琉球研究者なる伊波普猷氏に乞うて別に之
　　を羅馬字で写して貰つたから比較的正確に写されてゐることと思ふ。これ
　　　　ローマナイズ
　　については、深く伊波学士に感謝する。

という言葉があり、凡例の末尾には署名がないので、誰の文章かわからないが、
全体の内容から見て、こういうことを書けるのは伊波先生を措いてはないよう
に思われるので、この凡例の大部分は伊波先生の筆に成るものと推測される。
そして、中本君が引用した上の言葉も伊波先生のものであろうと考えられるが、
それを「チェンバレンの母音説を克服した考え方」と認めることは、以下に述
べる理由によって、恐らくできないであろう。
　まず第1に、伊波先生は、言うまでもなく知性の高い方であったから、那覇
方言を母語とする話し手として「日本語」を習得される際に、当然、「エ列は
イ列に、オ列はウ列に合して了つてゐる」とか、「日本語のケ、ゲは琉球語で
はキ、ギとなり、キ、ギはチ、ヂとなるのである」(伊波1916＝全集8: 259)とい
うような「凡例」に書かれている通則(すなわち概略的な規則)——ポリワーノ
フが比較方法によって指摘したもの(第2回)——に気づかれたはずであって、
『琉球語便覧』の資料のローマナイズの作業過程において初めて発見されたも
のではない、と私は思う。恐らくそれは、伊波先生がチャンブレンの既述の
1895(明治28)年の著書に接する以前から持っておられた「日本語」と「琉球
語」との音節対応の通則に関する素朴な直観が、このような日本語を出発点と
して琉球語を対応させるという言葉で表現されたのに過ぎないもので、恐らく

チャンブレンの日本祖語 3 母音説を「克服」した考え方とすることはできないであろう。「日本語」を学習した知性ある琉球の人々なら、直ちにこの種の直観的見解に達し得るということは、琉球最後の国王尚泰の近侍であった喜舎場朝賢翁の遺稿『東汀随筆』から、伊波先生が引用しておられる次の文章によっても明らかである(伊波 1920 = 全集 7: 325)。

　　国人平生用ふる所の言語皆合音を用ふ。肯て開音を用ひず。例へば、ロをルと言ひ、ホをフと言ひ、ヘをヒと言ひ、オ〔ヲ〕をウと言ひ、ヨをユと言ひ、レをリと言ひ、〔ソをスと言ひ、〕ネをニと言ひ、ノをヌと言ひ、ケをキと言ひ、コをクと言ひ、ヱをヰと言ひ、キをチと言ひ、メをミと言ひ、モをムと言ひ、セをシと言ふが如し。【圏点は服部】

　第 2 の理由は、伊波先生はチャンブレンの日本祖語 3 母音説を明確には否定しておられない、と認められることである。

　中本君は、1920(大正 9)年の伊波先生の論文「琉球語の母韻統計」から次の文章を引用して、「これによって、チェンバレンの母音説を次のように修正しはじめる」と言っているが(中本 1976a: 249)、そうは解釈できない。

　　「近代の日本語が古代日本語を代表するよりも、琉球語がそれを代表するのが一入忠実である」といつたチヤムバレン氏は、現代琉球語に、a i u の三母韻があって、e o の二母韻が欠けてゐるのを見て、これがとりもなほさず祖語のすがたの生写しであるとされたが、よしや日本古代語の母韻には、a i u しかなかつたとしても、琉球音韻の現状をもつて、直ちに之を証明しようとするのは、早過ぎるやうな気がする。【圏点は服部】(伊波 1920 = 全集 7: 330-331)

すなわち、「祖語 3 母音説」を否定してしまわずに、それが正しい可能性もあると考えておられるものと認めざるを得ない。それでは、なぜ 3 母音説の廃棄を主張されなかったのであろうか。

　上の論文では宮古・八重山の方言などとの比較研究がさらに進んで、琉球語でも「エ列とイ列とがかつて立派に対立してゐた時代」があった(伊波 1920 = 全集 7: 331)と認められているにもかかわらず、上に私が圏点を付したような言葉

128——第6章　日本祖語について

が見出されるのであるが、琉球諸方言の比較研究がさらに進んだ 1930(昭和5)
年の「琉球語の母音組織と口蓋化の法則」(伊波 1930)においてさえ次のような
言葉が見出される。

　　　思ふに、グリムやボップの原始三母音の説に暗示された氏【チャンブ
　　レン】は、国語で古く u であつたものが、後に o と発音されるやうになつ
　　たり(nu→「の」【!!】、yuri→「より」)、ai・ia から e になつたり(nagaiki 嘆
　　→nageki、tatiari 立ちあり→tateri)したのを見た矢先、偶ミ所謂姉妹語なる
　　琉球語に、e o の欠けてゐるのを発見して、原始国語でもさうであつたと
　　類推されたが、琉球語に於ける e o の消滅の、仮名採用以後に起つたこと
　　が闡明されると、記紀万葉等に現れた僅少の例証だけで【!!】、之を断定す
　　るのは、少しく困難になつて来る。【中略】仮りに原始国語三母音説は成立
　　するとしても、琉球語が西暦紀元前三世紀の頃所謂祖語から分れ出たとい
　　ふ氏の説は動揺せざるを得ない。それは琉球語の単語が、一見したところ
　　では、国語と縁遠いやうな気がしても、音韻転換の法則を参酌すれば、殆
　　ど同語根のもので、しかも其の音節の数も、十中八九迄国語のそれに等し
　　く、祖語から直接分岐したとするには、余りに国語に接近し過ぎてゐるの
　　でも明かである。【圏点は服部】(伊波 1930＝全集 4: 31)

すなわち、ここでも「日本祖語3母音説」の成立が完全には否定されていない
ことは明瞭だが、幸い同時にそのほかにもいろいろの点が明らかとなっている。
そのうちの1つは、チャンブレンの「日本祖語」の概念が完全に誤解されてい
ることである。チャンブレンは、伊波先生の指摘されたような断片的な音韻変
化を1つの根拠としたのではなく、「日本語」全体と「琉球語」(首里方言)全体
とを比較し、両言語の間には概略次のような母音対応の通則があることを見出
した。

日本語	i̲	e	a	o̲	u
琉球語	i		a		u

少々の例外は、当時は問題ではなかった。そして、1860 年代以前の誤れる
"比較方法"によって、日本語と琉球語とがそれからそれぞれ違った方向に分

岐発達してきたところの「日本祖語」はｉａｕの３母音しか持っていなかった、との結論——誤れる結論に達したのである。

　これに反し、伊波先生は、日本語と多くの琉球諸方言と比較して概略次のような母音対応の通則があることを明らかにされた。

日本語	i	e		o	u
沖縄	i	i		u	u
沖永良部	i	i		u	u
鬼界	i	i		u	u
徳之島	i	ï		u	u
大島	i	ï		u	u
宮古	ï	i		u	u
八重山	ï	i		u	u

上は、前述の1930(昭和5)年の論文の「南島語の子音移動表」(伊波1930＝全集4: 28-29)から母音対応の通則を引出したものだが、細かい例外は問題とならず、「キ」(木)に対応する単語だけが目立つ例外をなすので、日本語の欄には(キ、ク、コ)とあり、沖縄方言の欄には「ケ(オモロ)」と書き加えてある。

　「エ列音」「イ列音」の対応については、前述の1916(大正5)年の『琉球語便覧』の凡例(本論文で引用)にすでに触れてあるが、同じく前述の1920(大正9)年の論文には、

　　前に引用した、喜舎場翁の文中にも書いてあつたやうに、琉球の標準語では、ケ、ゲは ki, gi、キ、ギは chi, ji、ネは ni、ニは nyi[36]、レは ri、リは yi となり、【下略】(伊波1920＝全集7: 331)

とあり、「オ列音」「ウ列音」については、上の1930(昭和5)年の論文(全集4: 26)に、

　　就中鬼界方言では、口蓋化しない場合【!!】には、オ列から来た[k＋u]・[t＋u]等の子音(ku'kuru 心・tu'chi 時)が、原価を保存するに反して、在来のウ列の[k＋u]・[t＋u]等の子音('ku'chi 口・'tu'chi 月)は無気音化し、【下

130——第6章　日本祖語について

　　略。'k 't 等は「喉頭化無気音」を表わす。】

とある。このようにして、沖縄語にも、古くはｉｕのほかにｅｏがあったのであり、

　　沖縄語でｅｏの消滅した時代の、慶長以後でないことだけは明かである。

と結論しておられるのである(全集4: 37)。

　このようなことが明らかになった以上、当然チャンブレン説の廃棄を主張して、「日本祖語5母音説」を唱道せられるべきだったのに、上述のように、どうしてそうされなかったのだろうか。チャンブレンの言う「親言語」(parent language)すなわち私の言う「日本祖語」は、日本語と琉球語がそれから分岐発達した祖語であるが、前述のように、彼はそれを「西暦紀元前3世紀頃」の言語と推定しているので、伊波先生はそれを紀元前3世紀に固定し、一方両言語が分岐したのはそれよりも少なくとも数百年後(第1回)に違いないと考えられたため、「西暦の初頃」の日琉両民族がまだ分岐しない状態でいた時代の言語(我々の言葉で言えばそれが「日本祖語」)はｉｅａｏｕの5母音を持っていたけれども、それより数百年前のチャンブレンの言う「親言語」(p. 94)(伊波先生はそれを「日本古代語」(p. 127)、「原始国語」(p. 128)、「祖語」(p. 128)などと呼んでおられる)はｉａｕの3母音であったかも知れないと思って、チャンブレンの3母音説を断定的に否定することを避けられたのではないか。(伊波先生のような純粋な学者が学問外の観点からチャンブレンに遠慮されるようなことはあり得ないと思う。)そうだとすればそれは全くの誤解であって、チャンブレンの推定した祖語の年代は当時の彼の言語学的直観によるものに過ぎず、数百年引き下げる必要があることが明らかになったとすれば、彼とても直ちにそれに同意したであろうような流動的なものであるはずである。

　これを要するに、伊波先生は、ポリワーノフとは異なる思考過程を経て、実質的には、我々の言葉で言えば「日本祖語5母音説」に達しておられたのだけれども、それを明確な形で意識されず、チャンブレンの「日本祖語3母音説」の廃棄を主張されなかったものであろう。そこには、1880年代以降の比較言語学の方法の影響を、本当の意味では受けていないところの独自の思考方法が

あったものと、私は考える。

　すでに方々で述べたように、私が琉球諸方言の直接観察を始めたのは1929 (昭和4)年のことで、仲宗根政善君の沖縄島国頭郡今帰仁村字与那嶺方言から始めて、比嘉春潮氏の首里方言、金城朝永氏の那覇方言、岩倉市郎氏の喜界島阿伝方言に及んだ。一方、「日本語」との比較研究の論文として読むことができたのは、チャンブレンの前述の1895年の著書と伊波先生の論文だけであったが、率直に言って両者ともに大きな不満を感じた。そして「国語諸方言のアクセント概観」と題する拙文を雑誌『方言』に1931(昭和6)年9月から1932 (昭和7)年4月まで5回にわたり連載し、いよいよ琉球方言のアクセントの記述考察に入ろうとするに当たり、その基礎としてどうしても「『琉球語』と『国語』との音韻法則」のような論文を同じ『方言』に1932(昭和7)年7月から12月まで4回にわたり執筆せざるを得なくなったのである。

　チャンブレンの説に対する私見のあらましはすでに述べたから、伊波先生のお説に関して当時懐いていた私の不満の主なものを、ここに記しておく学問的義務があると思う。

　第1に、前述の1880年以降式の厳密な比較方法によらずに大まかな音韻対応の通則で満足しておられる傾向が著しい。その1つの例として前述(pp. 107, 108, 118)のようにichun《行く》、tuyun《取る》を「イク」「トル」にそのまま対応する形としておられる(伊波1930＝全集4: 24–25)。

　次に、先生は母音統計によって、「日本語」と「琉球語」とが、

	日本語	琉球語
a	1323	2009
i	942	2039
u	645	2065
e	332	13
o	998	0

のような著しい頻度数の差を示すので、琉球語では古いｅｏがそれぞれｉｕに変化したものと推定しておられるようだが(伊波1930＝全集4: 17以下)[37]、こういう頻度数の比較だけからは、理論的には、そういう結論のみを引き出すこと

132—— 第 6 章 日本祖語について

はできない。祖語の *i と *u がそれぞれ i と e、u と o に分岐した可能性もあるからである。統計的研究ではなくて、厳密な比較方法のみがそういう点を明らかになし得るのである。

また、先生は、

> かうしてオ列がウ列に合併し、エ列がイ列に合併した結果、同音異義の語が倍加したわけだから、それから起る混乱を避けんとして、在来のウ列【‼】及びイ列の子音に口蓋化若しくは湿音化の起つたのも偶然ではない
> 【圏点は服部】(伊波 1930 ＝ 全集 4: 40)

という考え方を方々に表明しておられるけれども、2 つの音素または音節が、通時的変化によって、同一共時態で 1 つの音素または音節に合流してしまったのち、他の方言の影響によらない自律的通時的変化によってまた 2 つに分岐して元に戻ることはない。これについては説くべきことが多いが、今は省略する。

最後に、何よりも大きい不満は、奈良時代中央方言の母音が 5 つよりも多かったことが明らかになっているにもかかわらず、伊波先生は 1930(昭和 5)年の論文においてそれを全く問題外としておられることであった(伊波 1930 ＝ 全集 4: 43, 最後のパラグラフ参照)。

私は、伊波先生を人間として、学者として深く敬愛し、創始され構築された該博な沖縄学や沖縄のために心身を捧げられた熱烈な郷土愛に畏敬の念を懐く者であるが(服部 1976g)、しかし学問上の論述はあらゆる感情・私情に左右されてはならない。上に忌憚なく述べた学問上の私見を、誤った観点から受け取って、私が先生を非難し過ぎるととる人はあるまいと思うけれども、念のためこの数行を書き加えた。

付 記

第 1 回注 7 に、ラテン語の equos を再構形であろうと書いたことに対し、小林英夫氏から Old Latin に実証される形だとのお教えを頂いた。A. Ernout と A. Meillet の『ラテン語語源辞典』(1967: 199, Paris)にも、なるほど equus, -ī(equos, ecus; …)として *を用いてない。

また第 2 回に、ネフスキーの「経歴を明らかにし得ない」と書いたことに対し、長岡京市の三谷章氏から『石田英一郎全集』第 6 巻(筑摩書房)p. 16 以下にその民族学

的業績についての記述がある等のご教示を受け、上野善道君の調査によって加藤九祚『天の蛇——ニコライ・ネフスキーの生涯』があることがわかった。

　最後に特筆しなければならないのは、第1回注(1)に、本稿は昨年10月8日に慶応義塾大学文学部国文学研究会主催の「講座古代学」において行なった講演の草稿を敷衍したものと書いたが、この講演をするようにとお勧め下さったのは池田弥三郎氏であった。「講座古代学」と書けば当然池田さんのお名前を出すまでもないように早合点したための誤りであった。後から気づいたので、ここに記して過ちを正しておく。

（第4回了）

4　琉球方言と上代日本語と日本祖語

　前回述べたように、雑誌『方言』の1932(昭和7)年7月号から12月号まで4回にわたって公刊した拙論「『琉球語』と『国語』との音韻法則」は、日本語諸方言のアクセントを概観した拙論の続稿として琉球方言のアクセントを記述考察するために、その序説として執筆したものであるが、結果として、私の日本語諸方言の比較言語学的研究の青焼写真[38]を発表したことになる。そこで、それに至る私の学問的経験を略述して、その後の研究展開の理解に資したいと思う。また、当時の東大文学部の様子の一斑を記しておくことは、私の学問的義務でもある。

　1928(昭和3)年4月に東大に入学したころ、私は少なくとも次の3つの差し当たりの目標を持っていた[39]。第1は日本語の系統を明らかにすること、第2は音声言語としての日本語の歴史を明らかにし"復原"された発音でたとえば『万葉集』を読むこと、第3は日本語の諸方言のアクセントの分布状態を明らかにすること。

　この第1の目的のために、まず本田存講師の朝鮮語学、藤岡勝二教授の蒙古語学、1928(昭和3)年度から助教授になられ他より少しおくれて開講された金田一京助先生のアイヌ語学、をむさぼるようにして聴講した。(1929[昭和4]年度には同じく藤岡先生の蒙古語学、翌年度にはトルコ語学があった。)これらの講義を聴講しているうちに、これらの諸言語が日本語と同系であることを証明することは極度に困難であることが次第に明らかになっていった。しかし、朝鮮語やアルタイ諸言語の勉強は熱心に続け、朝鮮語学は在学第3学年のときにも後期があったので聴講した[40]。また、2学年、3学年では竹田復助教授、

134——第6章　日本祖語について

関瑾良講師のシナ語学前期、後期を聴講した。関先生のシナ語の発音は特に興味深く観察した。

　東大に入る前に、図書館で要覧のようなものを調べたり、前年度に入学した1,2の先輩に文学部の様子を尋ねたりして、慎重を期したつもりだったが、実際に入学してみると、外で聞くのと中で見るのとでは雲泥の差があるのに驚いた。学生たちは純真なもので、何々先生の講義は素晴しい、というような評判が間もなく耳に入ってくるのである。それは"世間"での知名度とは必ずしも相関関係になかった。その最も著しい例が橋本進吉先生であった。

　先生は上田萬年教授の下に18年も助手を勤められ、しかも寡筆で全く地味な学究で、今で言えばジャーナリズムからはおよそ縁の遠い方であられたから、私が高等学校で1年ぐらい言語学を勉強した程度ではお名前を知る由もなかった。それに、橋本助教授「国語学史概論」は面白そうだけれども水曜日の10時から12時までで、高名な市河三喜教授の「英語学演習」とぶつかっていたし、橋本先生の「てにをはノ研究」（木、10時-12時）は自分の研究にやや遠いかと思って、英文科の単位を早く稼いでおくためにある外国人教師の授業を取ることにした。これらの選択には未知の「助教授」を重要視しないという気持も働いていたように思う。木曜日の1時から3時の藤岡勝二教授の「言語学概論」は、確か市河先生の「英文法概論」と重なっていたけれども、後者をやめて前者を取ることにしたのは言うまでもない。このような態勢で勉強を進めているうちに、橋本先生の講義が組織的で綿密で素晴しいという評判が方々から聞えてきた。そこで先生の「てにをはノ研究」をこっそり聴講してみて、ご講義に魅了されてしまった。もうこのころには言語学科に転科——それは来学年の初めでなければ許されなかった——する決心を固めていたので、上述の外人教師の授業を捨てて、橋本先生に聴講許可をお願いした。「学修届出」は5月末日で、私のこの願い出はその期限をそれほど過ぎてはいなかったと記憶する。すると先生は「もう期限を過ぎているから単位にならないが、それでもいいかね」と言われた。その厳格さがまた私の気に入った。「はい。」とお答えしたことは言うまでもない[41]。

　何よりも私を驚嘆させたのは、橋本先生は私たちの入学した1年前の1927（昭和2）年度に助教授におなりになり、就任第1年度に「国語音声史ノ研究」

というご講義をおやりになったことを知ったことである。

さて、有坂秀世君は一高時代から秀才の名が高かったが、文科乙類で、私は文科甲類だったから、同学年でも全く交際はなかった。1928(昭和3)年に大学に入学してみると——彼は同じ年に言語学科に入った——私の出た英文科以外の授業には、例外なく同君も出ているので驚いた。同君は非常に変わった、そして恐ろしく勉強家の学生で、教室から教室へと直行し、講義の始まる直前まで本を読んでいたので、いつも独りぼっちだった。私が同君に近づきになったのは、欠席した蒙古語学のノートを貸してもらったのがきっかけだった。一方、橋本先生の1927(昭和2)年度の「国語音声史ノ研究」のご講義の内容を知りたいと思っているうちに、1年先輩の岩淵悦太郎氏が出席されたことがわかり、同氏のノートを有坂君が少し前に写していたのを、6月ごろだったかに借りて写すことができたので、その全貌がわかった。私がやりたいと思っていた研究をこれほど深く実施していた人が日本にもいたのかというのが、私の大きい驚きであった。現代と室町末期と奈良時代と3つの時代の国語の共時的音韻体系を記述し、それらの間を種々の資料で繋ぎ合わせつつ、国語の音韻体系の変遷史を研究するという方法を採られたものであるが、これは実証的でかつ組織的な先生の学風・研究方法の当然の帰結であって、たとえばソスュールの共時態・通時態の学説の影響によるものではないと思う。小林英夫氏の訳のソスュール『言語学原論』〔後に『一般言語学講義』(1972)と改題〕は1928(昭和3)年に出版されている。先生に影響を与えたのはむしろ契沖・宣長・龍麿の仮名遣研究の伝統であろう。大学の2年生、3年生のときにも、私は、ご講義はもちろんのこと、特に演習の授業で、橋本先生の大きい学問的影響を受けることになるが、それらの点については他の場所(服部1974)で多少詳しく述べたから、ここでは省略する。

橋本先生の「国語音声史ノ研究」のうちでも特に奈良時代の国語に関する研究に、私は興味を懐いた。なぜなら、それは、それから後世への国語発達史の起点となるばかりでなく、「琉球語」との比較研究、さらには将来可能となるかも知れない朝鮮語その他のアルタイ諸言語との比較研究、のための橋頭堡になるに違いないと考えたからである。

しかしながら、橋本先生のこのご研究に圧倒的に感心すると同時に、疑問と

136——第6章　日本祖語について

する点もなくはなかった。とは言え、当時は奈良時代の諸文献の索引がなかったので、それらの点を明らかにするには、橋本先生のご研究と同程度の研究をしなければならず、他方、シナ語の音韻史の研究もしなければならない。のみならず、有坂君が橋本先生の上のご研究を学習して以来、この方面の研究に非常に意欲的となり猛勉強を始めたので、また、私はほかにもいろいろ勉強したいこと、研究したいことがたくさんあったので、お2人の研究の進歩を見守るにとどめることとしたのであった[42]。

　かねて計画していた私の郷里三重県亀山と東京との間のアクセントの地理的分布の調査を実施したところ、1929(昭和4)年の春休に、揖斐川下流付近に、川1つ隔てて、あるいは地続きの三重・岐阜両県の境界付近に、たがいに著しく異なる東京式アクセントと亀山式(近畿式)アクセントとの、非常に明瞭な境界線があることを発見した(服部1930b)。これは私自身にとっても大きな驚きであった。その後各地でいろいろの方々によって、同様なアクセント境界線が発見された。

　この発見以来、アクセントの研究にもかなり力を入れるようになった。現代諸方言の調査ばかりでなく、橋本進吉先生のご指導により『観智院本類聚名義抄』(1929[昭和4]年夏休)、『四座講式』(1930[昭和5]年夏休)、『補忘記』〔服部1942〕などの研究にも手を染めた。

　しかし、1929(昭和4)年に東大国文科に入学してこられた沖縄島国頭郡今帰仁村字与那嶺出身の仲宗根政善君と知り合いになれたことは、何よりも増して、誠に幸運な出来事であった。私は同君の口から初めて琉球方言の発音とアクセントを聞くことができたのである。まず、1字、2字の名詞、2字の動詞から調べさせてもらったが、音素やアクセントの明らかな対応の通則が認められると同時に、いろいろの例外も見出された。たとえば、「書ク」に対する[haʦuŋ]のように、比較的楽に説明できるもの(第3回)もあったが、そうでないものもあった。さらに首里方言、那覇方言、喜界島阿伝方言と調査を広げても、八重山方言などを参照しても、同様であった。それと並行して、チャンブレンの著書や伊波先生のご論文を見ているうち、前述のようにいろいろ不満の感ぜられる点のあることが明らかとなった。

　そこで私は、前述の1932(昭和7)年の拙文の第2章の表題を「音韻の比較研

究は如何に厳密に行なっても厳密過ぎることはない」として、自分を戒めると同時に、当時の方言学界に対してそういう研究方法を要望したのであった。そういう研究態度の必要な一例として、この 1932(昭和 7)年の拙文に次のように書いている(服部 1959a: 313)。

　岩倉市郎君が、喜界島阿伝方言においては[kʻu]と[kʼu]との区別があり、語頭においては、前者(およびこの方言の hu も然り)は東京語の「コ」に、後者は「ク」に当ることを明らかにされたのは注目に価する。仲宗根政善君も国頭郡今帰仁村与那嶺方言において、東京語の「コ」にあたる音節は語頭では[hu]または[kʻu](有気)で、「ク」に対応するものは[kʼu](無気)であることを明らかにされた。岩倉君は私が同君の方言を調査する前に右の事実に気付いて居られたのだが、仲宗根君のは私が始めて調査した時には同君も私もこれに気付かなかった。それは最初に[kʻuni:]国、[kʼųtʒi:]口、[kʼųsa:]草、[kʼųʃi:]櫛、[kʼųʃi:]癖、のごとき例が多く出て来たためであった。実は[kʻuni:]は非常に稀な例外の中の一つであり、その他は「第二音節の子音が無声音の時には[u]は無声化され[kʼ]のかわりに[kʻ]があらわれる」という更に下位の法則に該当する場合だったのである。音韻の比較研究は如何に厳密に行わなければならぬかを示すよい実例である。

　しかしながら、さらに厳密に言うならば、与那嶺方言でなぜ[kʻuni:]が有気音で始まるのか、また、なぜ「東京語の「コ」にあたる音節は語頭では[hu]または[kʻu]である」のか、が明らかにされなければならなかったのである。

　後者の点に関しては、上述の 2 方言において東京語の[k]に対し[h]の現れる場合と[kʼ](音韻的条件により[kʼ]または[tʒ])の現れる場合があり、しかも両方言で一致する例が「頗る多い」として 27 例を挙げている(服部 1959a: 314)。そのうちから数例を示すと次のようである。

東京方言	与那嶺方言	阿伝方言
カゼ(風)	haʒi:	hadi
カメ(亀)	ha:mi:	hami
コシ(腰)	huʃi:	huʃi

138——第6章　日本祖語について

カタテ(片手)	ha̩t'a:di	hat'at'i
コエル(越)	hui:ruŋ	çi:jui
ナカ(中)	naha̩	na:
カド(角)	k'adu:	k'adu
カミ(神)	k'ami:	k'ami
コト(事)	k'u̩t'u:	k'u̩t'u
カガミ(鏡)	k'aga:mi:	k'agami
カシラ(頭)	k'aʃira:	k'aʃira
ヌカ(糠)	nuk'a:	nuk'a

上のような例を挙げたのちに、次のように言っている。

　例外が割合にあるので確かな事はいえないが、地理的に随分離れた両方言
の間に見出されるかくのごとき一致は、一寸偶然事とはいえないような気
がする。首里・那覇地方や八重山などの方言では、上のhに対して多くk
があらわれるようだが、今後の調査によって、上の例に一致してkとhの
あらわれる方言区域が相当広い事がわかれば、いまのところアクセントそ
の他の条件に規定されていないように考えられる故、或いはこのkとhと
の区別が少なくとも原琉球方言(というものが仮りにたてられるとすれば)
において存した[k]と[x](ドイツ語のAch-Lautのごとき音)の区別をこれ
らの方言が保存せるものと考えなければならぬことになるかも知れないの
である。

　この1932(昭和7)年の拙文以後、多くの学者の努力によって、琉球諸方言の
音韻の地理的分布状態が非常にはっきりしてきた。中本正智君作成の琉球方言
音韻分布地図(中本1976b: xiv–xv)によると、(東京方言の)「カ」「コ」のkに対
応するhを有する方言は、久高島、沖縄島北半、伊江、伊是名、伊平屋、与論、
沖永良部、喜界、の諸島、奄美大島東北端の佐仁町、の諸方言であって、「カ」
に対してhaを有する方言は、八重山群島の黒島、新城島、波照間島の諸方言
である。もしこれらの諸方言が一致して、ある種の単語ではha, huを有し、他
の種の単語ではka, kuを有し、そのような区別の生ずる音韻的条件がなく、か

つ ka, ku を有する単語が借用語でないことが明らかとなれば、上に言う「原琉球方言」(すなわち琉球諸方言の祖語)どころか、「日本祖語」において、*x と *k と 2 つの子音音素を立てなければならなくなるかも知れないのである。

ところが、その後、上の表に示した与那嶺、阿伝両方言で k を有する単語は、他方言からの借用語ではないかと考えるようになり、上の拙文に対する 1959 (昭和 34)年の補注として次のように述べている(服部 1959a: 314–315)。

> k を有する単語の大部分は新しく他方言からはいったものであろう。たとえば、阿伝方言では「頭髪」のことを[hassaʤi:]と言い、この[hassa]が「かしら」に対応する。[ʔassa]《下駄》対「あしだ」「あしら」を参照。

この方言の[ʤi:]は音韻論的には /ŋii/ と解釈されるものであることは、[haʤi] /haŋi/《蔭》、[çiʤĩ] /hiŋi/《毛》(「ヒゲ」に対応)の例(服部 1968c: 83–84 = 本書第 17 章 pp. 584–586)によっても明らかで、これらの /ŋi(i)/ は奈良時代の「ゲ(乙類)」に対応するから、[hassaʤi:]は言わば「カシラゲ」である。従って、阿伝方言の上掲の[k'aʃira]は明らかに借用語であって、著しく変形した[hassa]の方が『万葉集』の「可之良」(カシラ)(4346 防人歌)に対応するもので、これが「カシラ」とともに日本祖語にさかのぼる単語に違いない。

阿伝方言の[ʔassa]《下駄》は、東京方言の「アシダ」(足駄)、『十巻本和名抄』の「阿師太、一名足下」、鹿児島県肝属郡で《田下駄》の意味に使われる単語、に対応するもので、「アシラ」(富山県)、「アシタ」(岩手・千葉・福井)など(以上、『日本国語大辞典』〔初版〕(1 巻 p. 248)による)とともに、日本祖語にさかのぼる可能性がある。首里方言 43)では /ʔasiza/[ʔaʃidʒa]《下駄、駒下駄》、奄美大島大和浜方言(長田須磨・須山名保子・藤井美佐子 1977–80: 250)では /ʔasizja/《下駄》で、これらもこれに対応するものであろう。

上掲の与那嶺方言の[k'aga:mi:]《鏡》、阿伝方言の[k'agami]《鏡》も他方言からの借用語であることは、次のような考察によって明らかとなる。

この単語は奈良時代中央方言では「加賀美」(カガミ)(『記』允恭謡 91)、「可我美」(カガミ)(『万』3627)の形(「ミ」は甲類)で実証される。その「ミ」は「美流」(ミル)(『記』上謡 5)等の形で実証される《見る》を意味する動詞の語幹と同形である。一方、「加宜」(カゲ)(『記』允恭謡 82)、「加気」(カゲ)(『万』4469)[ゲは乙類]などの形で実証され

《影》《蔭》《陰》などの意味[44]を有する単語があるので、「カガミ」は「影見」だとする語源説が正しいと考えられる。なぜなら、奈良時代中央方言には次のような音韻交替の規則があったからである（松本克己 1975: 95–98）。

加宜（ゲは乙類）　　　加我[美]

須宜《菅》　　　　　　須賀[波良]《菅原》

左気《酒》（ケは乙類）　佐加[豆岐]《盃》

多気《竹》　　　　　　太加[無良]《篁》（『和名抄』）

宇倍《上》（へは乙類）　羽播[豆矩儞]《上国》

那閉《苗》（へは乙類）　奈波[之呂]《苗代》

阿米《雨》（メは乙類）　安麻[其毛理]《雨隠》

都米《爪》　　　　　　豆万[豆久]《爪突》（『新撰』）

さて、上の「加宜」「加賀美」に対応するらしい首里方言の形式を求めると、

/kaagi/ (1)姿。また、容貌。(2)陰。日陰など。光の当たらない暗い所。

/kazi/［kadʒi］陰。光の当たらない場所。

/kagaɴ/ 鏡。

の3語が見出され、第2の単語は音韻法則の例外となるので借用語らしいが、他の2語は、後者の第1音節の母音が短い点で前者と違っている点が注意されるけれども、一応奈良朝中央方言形と音韻法則的に対応するように見える。

ところが、これらに当たる与那嶺方言形を見ると、

/⌊kʻaa⌐gi/［⌊kʻa:⌐gi］《容貌》

/ha⌐gi/［⌐ha⌊gi］《かげ（shadow）、陰影》

/⌊kʻagaa⌐mii/［⌊kʻaga:⌐mi:］《鏡》

で、第1の単語は首里方言（沖縄標準語）からの借用語で、上掲の首里語の(1)の意味のものを取り入れたものと認められる。第2の単語は音韻法則的に首里方言の kaagi に対応し（服部 1959a: 327, 280）、従って、奈良時代の「加宜」とともに日本祖語にまでさかのぼるものと認められる。

ところが、上述のように、「加宜」《影》と「加我美」《鏡》とは同一語根を含む

と考えられるので、後者に対応する形式が与那嶺方言に現れるとすれば h で始まる語形を有するはずである。しかるに /ˍkʻagaaˈmii/ は kʻ で始まって音韻法則の例外となるので借用語と認められるのである[45]。恐らく、首里(那覇)方言が第 3 音節の mi をまだ N に弱化しない時代、そして与那嶺方言が語頭の *k をすでに h に変化してしまっていた時代に、この方言が沖縄標準語から借用したものであろう。

喜界島阿伝方言についても同じようなことが言える。同様に[46]、

kʻagi《容姿》
hajĩ《影法師》《蔭》
kʻagami《鏡》

の 3 語があるが、やはり、kʻ で始まる第 1、第 3 の単語は他方言からの借用語であろう。前述の中本正智君の「琉球方言音韻分布地図」によると、隣接した奄美大島全島(佐仁を除く)、さらに徳之島全島が *k 保存地域になっている。

さて、前述の首里方言の第 2 の単語、

kazi《陰。光の当らない場所》

は借用語であろうと言ったが、「ゲ(乙)」に、あるいは一般に本土方言の「ゲ」に zi[dʒi]が当たるのは、いかにも不思議である。本土方言からの借用語であるとしても、「ゲ」に対しては gi が現れてよさそうである。なぜなら、前節において述べたように、喜舎場朝賢、ポリワーノフ、伊波普猷先生によって指摘された、

本土方言	ke	ge	ki	gi
琉球首里方言	ki	gi	ci[tʃi]	zi[dʒi]

という音節対応の通則があり、琉球方言において *e→i という母音音素の通時的変化が起こったと考えられるからである。(第 5 回了)

142——第6章　日本祖語について

　前述のような音節対応の通則が、本土方言（東京、京都などの方言）と琉球首里方言との間に見出されるが、少数とは言え、それにはいろいろの例外が見かけられる。そのうちの一種に、本土の ke ge に対して琉球首里方言でそれぞれ ki gi が現れるのが期待される所に ci[t∫i] zi[dʒi] の現れる語例が多少ある。『沖縄語辞典』によって、語頭音節にそういう例外的対応の見られる例を列挙すれば、

　　　cibjoo《仮病》、cii《易。卦》、ciiku《稽古》、ciisaçi(新語)《警察(明治のはじ
　　　めごろ一時使われた語)》、ciisiɴbjuu《啓聖廟》(ただし siibjuu《聖廟》)、
　　　ciiʑi《系図》、ciɴbuçi《見物》、ciɴduɴ《検分》《見聞》、ciɴcoo(新語)《県庁(廃
　　　藩当初一時用いられた語。のち、kiɴcoo というようになった)》、ciɴdee
　　　《見台》、ciɴjaku《倹約》、ciɴsa(新語)《検査》、ciɴsja(文語)《検者(廃藩前の
　　　役名)》、ciɋkuu《(一)結構。立派。(二)堅固》、ciɋpaku《潔白》
　　　zibita《下卑た》、ziinuu《芸能》、ziniɴ《下男。下人》、ziɴbuku《元服》、
　　　ziɴkwaɴ《玄関》、ziɴzuu《厳重》、ziɋcuu(新語)《月給》、zita《表付きの下
　　　駄》[下駄]に対応。

上のうち、新語については後に説くことにして、ciisiɴ《啓聖》(北京音 ch'i³-shêng⁴ ウェイド式つづりで表わす。以下すべて同様)、ciiku《稽古》(北京音で読めば chi¹-ku³)のように、シナ語からの借用語ではないかと疑い得るものもあるので、この点を詳しく調べてみよう。(以下、本土漢字音は〝歴史的仮名遣〟で示す。)

琉球音	本土漢字音	シナ語北京音
ci	ケ	仮 chia³
cii	ケイ	卦 kua⁴、稽 chi¹、警 ching³、啓 ch'i³、系 hsi⁴
ciɴ	ケン	見 chien⁴、檢 chien³、縣 hsien⁴、倹 chien³
ciɋ	ケツ	結 chieh²、潔 chieh²
zi	ゲ	下 hsia⁴
zii	ゲイ	藝 i⁴
ziɴ	ゲン	元 yüan²、玄 hsüan²、嚴 yen²

| ziQ | ゲツ | 月 yüeh[4] |

以上を概観すると、本土漢字音との間には完全に並行的な関係が見られるのに、シナ語音との間にはほとんど並行関係が見出されないことが明瞭となるが、以下の比較によればそのことは一層明らかとなる。

zuu	ヂュウ	重 chung[4]
cuu	キフ	給 chi[3]
nuu	ノウ	能 nêng[2]
kuu	コウ	構 kou[4]
bjuu	ベウ	廟 miao[4]
bjoo	ビヤウ	病 ping[4]
coo	チヤウ	廳 t'ing[1]
saçi	サツ	察 ch'a[2]
buçi	ブツ	物 wu[4]
jaku	ヤク	約 yüeh[1]
paku	ハク(パク)	白 pai

以上によって、上掲の琉球語はシナ語とは関係がなく本土方言との間に明瞭な関係がある――オーの「開合」まで一致している――ことが明白となったが、そればかりでなく、zibita《下卑た》、zita《下駄》のように日本語にあってシナ語にはない単語も少なくない。

　しかしながらciNkuNsiN《進貢船》のようにシナ語からの借用語(「進貢」の北京音はchin[4]-kung[4]、ただし「船」はch'uan[2]だからsiNは日本漢字音の系統)もあるのだから、ciisiNbjuu《啓聖廟》も「啓聖」の部分はシナ語(北京音ch'i[3]-shêng[4])からの借用語かも知れない。しかるに、「聖廟」の琉球音はsiibjuuであって明らかに日本漢字音の系統――北京音はshêng[4]-miao[4]――であるから、ciisiNbjuu も日本音系統の語ではないかと考えられるが、それでは第2音節のsiN の N は何であろうか。

　以下に詳しく論証するように、首里方言を中心とする方言には、過去において、*b *d *g *z の入りわたりに――および恐らくその持続部の前半部にも

144——第6章　日本祖語について

——鼻音化があった時代があるが、現在の首里方言ではその鼻音化が消失している。しかし、音韻的条件によっては、この鼻音化がɴとなって残っている単語がある。たとえば（再構形における*b *d *g *zの入りわたりの鼻音化は、その直前の母音記号の上に˜印をつけて表わす。子音その他の表記は現代語のそれに近付けた点がある）、

　　　ʔɴbiijuɴ《おびえる》　←　*ʔũbiijuɴ

　　　ʔaɴda《あぶら》　←　*ʔaɴra　←　*ʔamra　←　*ʔãbura

　　　tiɴda《手のひら》　←　*tiɴra　←　*timra　←　*tĩbira

　　　subicuɴ～suɴcuɴ《引きずる》　←　*sumcuɴ　←　*sũbicuɴ

　　　ʔɴzijuɴ《出る》　←　*ʔĩzijuɴ　←　*ʔĩdijuɴ

　　　kaɴda《かずら》　←　*kaɴra　←　*kãzura　←　*kãdura

　　　miɴdasjaɴ《珍しい》　←　*miɴrasjaɴ　←　*mĩzurasjaɴ　←　*mĩdurasjaɴ

　　　sjuɴdunuci《首里殿内》　←　*sjuĩdunuci

　　　huɴdee《わがまま》　←　*huũdee（『日葡辞書』のfôdai[放題]を比較。第1
　　　　　音節の長母音は「合音のオー」)

　　　ʔɴzucuɴ《動く》　←　*ʔĩzucuɴ　←　*ʔĩgju-　←　*ʔĩgu-

　　　hwiɴgu《垢》[3モーラ]　←　*hwĩguru[3モーラ]（奄美大島名瀬方言
　　　　　ɸigoro～ɸiguruを比較。[へ（瓷）グロ（黒）]に対応）

　　　taagana～taɴgana《誰か》　←　*taãgana

このような傾向があるので、前述のciisiɴbjuu（啓聖廟）においても、

　　　ciisiɴbjuu　←　*ciisiĩbjuu

のような音韻変化が起こったのではなかろうか[47]。

　これを要するに、上に列挙したciあるいはziで始まる諸単語の少なくとも大部分は、シナ語からではなく、本土方言からの借用語——日本祖語よりもずっと時代の下った、本土で漢語が使われるようになった時代以後の借用語であろう。しかも、ciiku《稽古》、siibjuu《聖廟》、ziinuu《芸能》などのように、本土方言のei (ee), ooにそれぞれii, uuが対応するのであるから、首里方言において現在見出されるee(←*ai等), oo(←*au等)の確立した時代において借用さ

れたものではあり得ない。なぜなら、もしそうだとしたらこれらの単語は ii,
uu の代わりに ee, oo を有するはずだからである。

　とにかく、本土方言からの借用語である以上、これらの単語において、ki gi
の期待されるところにどうして ci zi が現れるのかが、大きい問題となる。

　私はこの「謎」は、次のように考えれば解けると思う。

　第 3 節の終わり（第 4 回終わり）に述べたように、ke と ki について言えば（ge
と gi の場合も全く並行的であるから、以下すべて略す）、首里方言において、

A 時代		(b)時代		現代
*ke	→	*ki	→	ki
*ki	→	*ki	→	ci

のような音韻変化が起こったと考えることはできない。*ke と *ki が合流して、
(b)時代という共時態において同じ音節 *ki になった——すなわちその時代の
話し手にとって同じ音節として意識された——以上、その後の通時的変化にお
いては両者——というのは実はおかしなことで、正確に言えば、A 時代の *ke
と *ki から来た(b)時代の *ki の意味——は同じ運命をたどるはずだからであ
る[48]。首里方言の過去には、A 時代のように、それぞれ現代の /ki/ と /ci/ に
対応する /ke/ と /ki/ の音韻的対立の存した時代（後に詳説〔第 8 回など〕）があっ
たに違いないと考えられ、従って、その後

　　*ke　→　ki
　　*ki　→　ci[tʃi]

という音韻変化が起こったと考えられる（以下にさらに詳説）のだから、その中間時
代においても常にこの両音節は音韻的に対立する——すなわち音韻的にたがい
に異なる——音節であったに違いない。これを説明するために私は次に示す
「B 時代」のような共時態があったという仮説を立てている。実はこの仮説は、
今回はじめて提起するものではなく、過去においてしばしば[49]述べてきたも
のである。

146——第6章　日本祖語について

A時代		B時代		現代
*ke[ke]	→	*[kʲi]/ki/	→	[ki̥]/ki/
*ki[ki̥]	→	*[ki̥]/kji/	→	[tʃi]/ci/

（[ki̥]は現代の東京、京都などの方言の「キ」と同じような音。B時代の[ki̥]/kji/ という音韻論的解釈については後に詳しく述べる。）*ge と *gi についても、これと全く並行的な音韻変化が起こったものと考える。

　そして、上述の ci および zi で始まる本土方言からの借用語は、A時代に借用されたものではあり得ない、と考える。なぜなら、A時代ならば、首里（を中心とした沖縄）の人々は、本土方言の「ケ」を真似するのに *ki をもってするはずはなく、*ke をもってしたはずであり、従ってその音節は、現代首里方言で ci とならずに ki となっているはずだからである。

　それなら、B時代に借用されたとすればどうであろうか。本土方言の「キ」を真似するには[ki̥]/kji/ をもってしたに違いないが、「ケ」を真似するのに[kʲi]/ki/ をもってするよりも[ki̥]/kji/ をもってする蓋然性の方がはるかに大きいと考える。その理由は2つある。

　本土西部方言の「ケ」の子音は前寄りで、軽度の口蓋化がある（服部1951: 102; 1976f: 75 ＝ 本書第12章 p. 538）――すなわち[kʲ]にやや近い――が、九州方言の大部分ではいろいろの程度の口蓋化のある可能性がある。試みに九州方言学会『九州方言の基礎的研究』(1969)について見るに、次のようである。

　　「エンピツ」（鉛筆）の「エ」を[je]あるいは[ʲe]と発音するのは、p. 24 の「分布事象一覧表」を見ると、鹿児島、熊本両県のほとんど全域、宮崎県の南部と山間地方、大分県の南部と山間地方、長崎、佐賀両県の方々、福岡県の所々である。

　　「センセー」（先生）の最初の「セ」を[ʃe]または[s̆e]と発音するのは、p. 149 の分布図を見ると、ほとんど九州全域であって、ところどころ[se]が散見するに過ぎない。

　　「テ」（手）を[tʃe]と発音する地方は、p. 185 の記述によると、大分県に多く、福岡県の豊前海岸部にもかなりあり、宮崎、鹿児島両県にも稀にある。

国立国語研究所『日本言語地図 第Ⅰ集』(1966)の第7、第8図によると、「セナカ」(背中)、「アセ」(汗)の「セ」に対する[ʃe][ʂe]という発音は九州全土とその属島壱岐、対島、種子島、屋久島等に広く分布し、西日本では、島根県東部、鳥取県、岡山、広島両県の県境地方、徳島県、近畿地方の所々、福井、石川両県、岐阜県北部などにあり、第9、第10図によると「ゼイキン」(税金)、「カゼ」の「ゼ」に対する[(d)ʒe][(d)ʑe]などの発音も、ほぼ同じような地理的分布を示している。

故に、少なくとも九州地方では「ケ」のkにもいろいろの程度の口蓋化があるであろう。一方、首里を中心とする琉球方言の上述のB時代には、[ḳi]と[kʼi]との音韻的対立があったのだから、[k]の口蓋化の有無が「弁別特徴」〔章末補注＊3〕で(服部1959a: 284)、話し手の耳はそれに非常に敏感だったに違いないから、本土方言の「ケ」に少しでも口蓋化の傾向があれば——当時の琉球方言には母音の短いkeがなかったのだから——当然それを、[kʼi]でなく[ḳi]と聞きとったに違いない、と考えられる。

なお、参考までに付言するが、ロドリゲスが16世紀末の日本語の、この問題に関係する音節を次のようにローマ字表記している(Rodriguez 1604: 176 r〜v)ことは、周知の事実である。

エ	ケ	ゲ	セ	ゼ
Ye	Que	Gue	Xe	Ie
[je]	[ke]	[ge]	[ʃe]	[ʒe]

第2の理由は、pp. 144-145 にも示唆し、かつ以下にも論証するように、B時代には、まだ、

au → oo
ai → ee

という音韻変化は起こっておらず、従って、現代首里方言が有する /oo/, /ee/ のような“長母音”はなかったはずで、かつ短母音音素 /e/, /o/ はもうなくなっていたと考えられるので、短母音音素 /i/, /u/ の“実現”範囲は広く、たとえば、

148──第6章　日本祖語について

$$/kji/ = [ki] \sim [k\jmath] \sim [k\jmath]$$

$$/ki/ = [k^ii] \sim [k^i\jmath] \sim [k^i\jmath]$$

のように動揺していたであろう。そうだとすれば、本土方言の「ケ」──前述のように[ke]に傾いていた「ケ」──は、/ki/ すなわち[k^{i}i]ではなく、/kji/ すなわち[k$\jmath$]で真似され、従って、現代首里方言で /ci/[tʃi]として現れることになったものと考えられる。

　ee, oo の確立している現代首里方言においてさえ、ｉｕは弱い位置で緩んだ母音として発音される傾向がある。私は比嘉春潮氏の発音において、特に3モーラ以上の文節末尾の -ti, -tu などが[tɪ][tʊ]となるのをしばしば観察した。-te, -to などという音節がないのだから当然である。

　同じような音韻的環境にあれば、どの言語でも同じような現象が認められるであろう。たとえば、トルコ(共和国)語でも、第2音節以下の弱い位置のｉ ü ɪ u は緩んだ母音として発音される。

　このB時代に借用された本土漢字音は、漢字と結びついて「琉球漢字音」ともいうべきものが成立したであろう。前掲の、

ciisaçi	チーサツィ《警察》、cincoo チンチョー《県庁》
cinsa	チンサ《検査》、ziqcuu ヂッチュー《月給》

のような新語は明治時代の事物を表わすものであるが、当時の本土方言の発音を真似たものではなく、文字言語として輸入された単語を、上述の「琉球漢字音」で読んで成立したものに違いない。cincoo[チンチョー]《県庁》は廃藩当初用いられたもので、のちには kincoo[キンチョー]と言うようになったというが、後者は、首里・那覇方言の音韻によって本土方言の発音を真似たものである。

　前述の、

　　kazi《陰。光の当たらない場所》

も、和語(やまとことば)であるけれども、上述の漢語と同じ音節対応規則に支配されているから、B時代に本土方言から入った借用語と考えられる。このようにして、我々は、首里方言(およびそれに近い親族関係にある琉球諸方言)に

おける本土方言からの借用語を見出すための原則の1つに達する。

　　首里方言において、東京・京都等の本土方言の「ケ」「ゲ」に対応する所に、それぞれ ci zi を有する単語は、本土方言からの借用語である。

　もちろんこの原則を機械的に適用することなく、上にも述べたように、シナ語からの借用語もあり得るから、一々の単語について十分吟味しつつ考察しなければならない。また将来、もっと大規模の徹底的な研究によって、この原則はさらに精密化される可能性のあるものである。

　また、ここで特に強調しておきたいことは、この原則に合わない——東京、京都等の本土方言の「ケ」「ゲ」に対応する所に ki gi を有する——首里方言の単語が、すべて日本祖語にさかのぼるものであるとは限らない、ということである。たとえば、

　　kiɋtu　　　キットゥ《ケット。毛布》
　　kiɴcoo　　　キンチョー《県庁》

などは、B 時代の /kji/[ki̥] が /ci/[tʃi] に変化してしまった後の時代——これを「C 時代」と呼ぼう。現代もその続きである——に入った借用語であることは、明らかである。一方、

　　kiɴzii キンジー《酒・さかななどの贈物。親類の家の普請などの際に、大
　　　　工などに贈る酒・さかななどをいう》

は、以下にも述べるように、本土方言からの借用語に違いないが、ciɴ- でなくて kiɴ- である点より見て、B 時代に入ったものではなく、A あるいは C 時代に入ったものに違いない。『広辞苑』に、

　　けんずい［間水］①大工振舞。②昼飯。酒。③おやつ。間の飲食。

とあるのがこれに当たるが、『岩波国語辞典』『新明解国語辞典』『学研国語大辞典』にこの単語が見えないのが注意を引く。古語辞典類に当たってみると、『岩波古語辞典』(p. 458)に、

150——第6章　日本祖語について

　　　けんずい［硯水・間水・建水］①大工などの職人に、おやつとして与える酒。
　　　　後には、餅などもいった。〈金沢文庫古文書七、文保一・六・九〉

とあるのが最も古く、文保元年は1317年で、13世紀（以前）であるならば、以
下に述べるようにA時代に当たり得る。C時代の借用語ならば、kinzii［キンジ
ー］でなく kinzii［キンズィー］であるはずだから、恐らくA時代の借用語であ
ろう。ただし、『日本国語大辞典』〔初版〕（7巻 p. 323）の「けんずい」の〈なまり〉
の条には、

　　　ケンジ［大隅］、ケンジー・ケンズェー［壱岐］

とあるから、C時代の（九州方言からの）借用語である可能性も零ではない。琉
球諸方言の言語地理学的研究がこの点をさらに明らかになし得るかも知れない。
　そのほかにも、首里方言には、たとえば、

　　　kiga　　　(1)けが。負傷。(2)被害。損害。
　　　kita　　　桁。屋根・床などにさし渡す細い材木など。
　　　haki　　　刷毛。

などの語例があるけれども、kinzii の例などを考え合わせると、これらも直ち
に日本祖語にさかのぼると断ずるわけにはいかず、A時代の借用語である可能
性も考慮外におくわけにはいかない。本土中央語におけるこれらの単語の過去
における実証的記録を見ると、

　　　けが（怪我）は『文明本節用集』（15世紀後期）、『史記抄』（1477年？）に見え
　　　　るのが古い（『日本国語大辞典』〔初版〕、『岩波古語辞典』1974）。
　　　けた（桁）は「介太」という形が『新撰字鏡』（900年）に見える（『時代別国語
　　　　大辞典 上代編』p. 290）。
　　　はけ（刷子）は「波気」（ケは乙類）という形が『古文書16』（762年）に見える
　　　　（『時代別国語大辞典 上代編』p. 574）。

　「けが」は、『日本国語大辞典』〔初版〕（7巻 pp. 152–153）によると、「怪我はあて
字で、「けがる」の語根からかといわれる」とあるから大和言葉かも知れない

が、古い文献に実証例のないのが不安を残す。しかし首里方言の kiga は、本土方言からの借用語であるとしても、(2)の意味がある点より見て、よほど古い——恐らく A 時代の——借用語であろうと思われる。『日葡辞書』には《誤りや災難》とある。

「けた」と「はけ」は本土方言において古い文献に実証されるけれども、それの表わす物とともに容易に借用され得る単語である。

これらの単語が、琉球方言において借用語であるかどうかは、これらの単語に琉球諸方言において対応する諸単語に関する言語地理学的研究、および、それらの諸単語の「意義素」——それには当然文化人類学・民俗学的記述や「新語」であるかどうかの"語感"も含まれなければならない——の研究によって、明らかになし得る可能性がある。

試みに長田須磨・須山名保子・藤井美佐子3氏の『奄美方言分類辞典 上巻』(1977-80)について見ると、

xega[kʼɜga]《怪我(けが)。不測の結果、あやまちなどにはいわない。》(p. 212)

xeθa[kʼɜtʼa]《桁。垂直の柱に対して水平に用いる材で、柱と共に家の構造の骨格となっているもの。》(p. 396)

haxje[hakʂʼɛ]《刷毛(はけ)》(p. 459)

前2者は、後に詳説する機会があるはずだが、

*kʼiga → kʼɜga   *kʼitʼa → kʼɜtʼa

のような音韻変化[50]の結果生じた形と考えられるから、首里方言の形に音韻法則的に対応する。ところが haxje[hakʂʼɛ]はそうではない。首里方言との間では、

首里	大和浜
taki《岳》	θehe[tʼʒhɜ]（← *tʼahɜ ← *tʼakʼɨ）
saki《酒》	sehe[sʒhɜ]（← *sahɜ ← *sakʼɨ）
daki《竹》	dehe[dʒhɜ]（← *dahɜ ← *dakʼɨ）

というのが正規の音韻対応[51]であるから、haxje[hakʂʼɛ]は少なくとも大和浜方

152——第 6 章　日本祖語について

言においては明らかに借用語である。

　上野善道君の調査（上野 1977: 212）によると、徳之島浅間方言では

　　hakee《刷毛［新］》

であって、新語の意識が残っているくらいだから、ここではかなり近い過去の
借用語である。

　このような事態である以上、首里方言の haki も借用語であろうとは考えら
れるが、C 時代のものとは断定できず、A 時代のものである可能性もあるとし
なければならない。それらの点を明らかにするためには、少なくとも先島諸方
言の詳しい研究が必要である。

　今後の琉球方言と本土方言との比較研究においては、本土方言からの借用語
を如何にして見出すかが大きな課題とならなければならない。その目的のため
には、本土方言との比較研究は言うまでもないが、琉球方言内においては、そ
の主な諸方言のできるだけ詳しい——正確な音形と「意義素」の記述を含む
——共時論的、記述的研究と、内的再構と、比較言語学的観点からする [52] 詳
しい言語地理学的研究——“面白い分布図を得るため”の方言地理学的研究は
不必要だと言うのでは決してないが——とが緊要である。文献による琉球方言
の通時的研究が必要なことは言うまでもない。

　付　記
　　第 2 回に、ネフスキーの「経歴を明らかにし得ない」と書いたのに対し、イェール
大学の S. E. マーティン（Martin）教授より懇書を頂き、数年前に東京神田の古本屋で
ネフスキーのことについて書いた加藤九祚氏の『月と不死』という著書〔章末補注＊
4〕を入手したことをお知らせ頂くと同時に、『新沖縄文学』37 号（1977）所載の島尻勝
太郎「ニコライ・ネフスキーについて」のゼロックスコピーの恵送に与った。同教授
のご厚意を嬉しく思う。（第 6 回了）

　第 6 回に示した琉球首里（を中心とする）方言の過去に「B 時代」という共時
態が存在したという仮説は、比較方法に基づく史的言語学的考察から導き出さ
れたものであるが、幸いなことに、この共時態は、文献によっても実証するこ
とができる、と考える。その文献とは、「語音翻訳」である。

4 琉球方言と上代日本語と日本祖語（第7回）——153

　小倉進平先生の『増訂朝鮮語学史』(1940: 395以下)によると、「語音翻訳」は、
申叔舟撰進するところの『海東諸国紀』(成宗2年、西暦1471年)の原版にはなか
ったもので、弘治14年(1501年)に至って追補された「琉球国」の地理国情に
関する記事の末尾に付せられた琉球語の会話、語彙の記録で、"単音"文字で
あるハングルで表記されているため、当時の琉球語の発音をかなり詳しく知る
ことができる。

　伊波普猷先生に「海東諸国記附載の古琉球語の研究——語音翻訳釈義」と題
する詳細な論文(伊波1932b＝全集4: 47-122)があるので、以下、この勝れた研究
に基づいて私自身の考察を進めることとする。

　伊波先生は上の論文(全集4: 48)で、『李朝実録』「燕山君日記」巻第40中の、
弘治14(1501)年正月10日、15日、22日、27日、3月28日の記事を引用した
後に、次のように書いておられる。

　　これは三月末日までの記事で、其後には見出せないが、【「日本琉球国使臣」
　　は】多分四月に入つてまで居たらしいから、約三ケ月間も滞在して、非常
　　に歓待されたことがわかる。この記事を見ると、世祖の朝【1455-1468年】琉
　　球の使節が来聘した時には、彼の国状を詳しく聞くことが出来なかつたの
　　で、特に接待係の成希顔に命じ、ゆつくり聴取らせて、『海東諸国記』の
　　巻末に附した経緯が能く知れる。

琉球側でこれに対応するのは、第二尚氏の尚真王の時代である。この時代につ
いて比嘉春潮氏(1971-73、第1巻p. 105)は次のように書いておられる。

　　尚宣威は君手擦の祝福を受けることができないで越来に隠退し、「てだ
　　この思い子」たる尚真が位に即いた。尚巴志によって【1470年に】三山は一
　　応統一されたとはいうものの、それは未だその緒に就いたという程度であ
　　った。尚真王在位五十年の間に首里王国は、はじめて確乎たる基礎を打ち
　　たてたのであった。沖縄の歴史において尚真は偉大な政治的支配者であっ
　　たということができよう。
　　尚真が一四七七年即位して、一五二六年、六十二歳で世を去るまで五十
　　年、この間に諸制度を整備し、王城、園池を壮麗にして都市を美化し、橋

154——第6章　日本祖語について

　　梁を築造し道路を開き、中山王国の基礎がはじめて固まった。

上の1501年の李朝燕山君への琉球国使節も尚真王が派遣したものに違いない。
與那国善三『最新沖縄歴史年表』(1953: 45)に、

　　1502年　　朝鮮王季玲方冊経を尚真に送る。

とあるのはその返礼であろうか。とにかく、以下にも述べるように、朝鮮側接
待係成希顔の記録した琉球語は現代首里方言の直系の祖先の言語と見て支障を
来さないようである。

　　伊波先生はさらに、「語音翻訳」の内容について、次のように書いておられ
る(伊波1932b＝全集4: 49)。

　　　音訳には諺文が用ゐてあるが、諺文の制定(『海東諸国記』の著者の申叔
　　舟も委員の一人)より半世紀しかたゝないから、最古の字体が使つてなけ
　　ればならない筈だのに、中に千七百八十一年に改正した字母が見出される
　　のは、後世飜刻した際印刷の都合上、新体に代へたと見ていゝ。音韻・単
　　語・語法等の研究から、これが南島の標準語なる首里語で、使者一行を利
　　用して、採集したことは、『実録』中の記事によつて明である。諺文は表
　　音文字で、しかも朝鮮語には音韻の変化が少なかつたから、音韻変化が甚
　　だしい結果、写音法と後世の読み方との間に、大なる開きの生じた、オモ
　　ロ及び金石文の当時の発音を知る上に、「語音翻訳」が多大なる便宜を与
　　ふべきは、言ふまでも無い。

上に、「千七百八十一年に改正した字母」とあるのは、何を意味するのか今の
私には未詳であるが、前述の小倉進平先生の著書の巻末の「年表」p. 12の
1781年の条を見ると、「衝口發。重刊捷解新語」とあるだけで、その前後にも
ハングル字母を改正したというような記事は見えない。専門家のご教示を仰ぎ
たい(第7回末尾の付記参照)。

　　さて、「語音翻訳」にはそのほかにもいろいろ疑問点があり、それらの点を
徹底的に調べていると相当大規模の研究となる。私は今後、ほかに研究したい
こと、しなければならないことが極めて多いので、将来もこの文献の上述のよ

うな大規模の研究に携わる暇はなさそうに思うけれども、種々の点で現在の通
説とは非常に違った考えを持っているので、それを述べるのに必要な諸点に関
する私見は略説——ここは詳説する場所ではないので——しておかなければな
らない。

　まず、私の見ることのできたのは、次の諸本である。

　A本　　東条操先生編『南島方言資料』の巻末に付録として収められたもの。
　　この本はもちろん所有していたが、引越後見失ってしまったので、やむを
　　得ず、やや印刷の不鮮明な昭和44年(刀江書院)の復刻本を用いる。第1版
　　は1923(大正12)年初秋に、第2版(増補版)は1930(昭和5)年7月に刊行さ
　　れたという。東条先生の第2版の序によると、このA本は「内閣文庫所
　　蔵貴重書なる朝鮮版海東諸国紀を底本とし、之を撮影しその不明の部分を
　　同系統の写本なる内閣文庫所蔵昌平校本と南葵文庫本とで修補し製版した
　　ものである。【中略】別に書肆文求堂の好意により同店所蔵の版式の異なる
　　朝鮮版海東諸国紀を見る事を得たので参考のために内閣貴重書本との校異
　　を作つて附載した」とある。

　B本　　1975(昭和50)年10月国書刊行会の復刻したもので、巻末に中村栄
　　孝氏の「『海東諸国紀』の撰修と印刷について」と題する長文(60ページ)
　　の研究が付してあり、それによると、宗家旧蔵本を朝鮮史編修会が『朝鮮
　　史料叢刊』第2として昭和8年に刊行したものを影印に付したものである。

　C本　　東京大学史料編纂所蔵貴重本「養安院本」版本[53]。

　D本　　元文求堂本。本そのものは見得ないが、A本の条に述べた東条先生
　　の校異によってその内容を知ることができる。

　E本　　望月詮三氏校本。前述の伊波先生の論文〔『全集』第4巻〕p. 56以下に
　　次のように見える。「終りに、次に解釈しようとする「語音翻訳」は、比
　　較的正確であると思はれる内閣文庫本に拠つて、他の諸本を参照したこと
　　を附記して置く。この稿を草するに当つて文学士望月詮三氏が、帝室図書
　　寮・帝国図書館・大橋図書館・内閣文庫・南葵文庫・東洋文庫・神宮文
　　庫・京都府立図書館・文求堂の諸本によつて校合したノートを貸与された
　　ことに対して、感謝の意を表する。」伊波先生の上の論文は『全集』第4

156——第6章　日本祖語について

　巻(1974: 47-122)に収録されているが、同書解題 p. 549 によると、『金沢博士還暦記念東洋語学乃研究』(1933)所載の同じ題名の論文をそのまま転載したものであるという。(実は時たま相違している例があるが、それはその都度注記する。)　本論文で引用する場合には、読者の便を計り、すべて『全集』本のページを示すけれども、少なくともハングル及び伊波先生ローマ字表記は、一々『東洋語学乃研究』に当たって確かめた。

　さて、本論文でハングルを用いるわけにはいかないので、次のようにローマ字翻字することにする。下の表は、『訓民正音』(1446 年の元刊本)によったもので、『四声通解』(1517 年の元刊本 p. 11 等)に見えるものをもって補った。後者は(　)の中に入れて示す。

ㄱ	k	ㅋ	k'	ㆁ	ŋ		
ㄷ	t	ㅌ	t'	ㄴ	n		
ㅂ	p	ㅍ	p'	ㅁ	m	(ㅱ	w)
ㅈ	c	ㅊ	c'	ㅅ	s		
ㆆ	ʔ	ㅎ	h	ㅇ	'		
ㄹ	r	ㅿ	z				
ㆍ	ɐ	ㅡ	ɯ	ㅣ	i		
ㅗ	o	ㅏ	a	ㅜ	u	ㅓ	ə
ㅛ	yo	ㅑ	ya	ㅠ	yu	ㅕ	yə

なお、二重母音は次のように翻字する。

ㆎ	ɐi	ㅢ	ɯi				
ㅚ	oi	ㅐ	ai	ㅟ	ui	ㅔ	əi
ㆉ	yoi	ㅒ	yai	ㆌ	yui	ㅖ	yəi

　さて、E 本——これに時たま見える「校訂」の根拠が不明のことが少なくないので——を除き、他の四本の異同を示せば次のようである。頁、行、字は A 本(東条本)による。〃は「左に同じ」の意。

	頁	行	字	A本	B本	C本	D本
（1）	2	6	10	si	〃	〃	s
（2）	3	2	3	'a	〃	〃	'i
（3）	4	4	5	ti	〃	〃	ni
（4）		7	12	'u	〃	〃	zu
（5）	5	1	−1	tyəi	ryəi??	rəi?	tyəi
（6）		2	3	koa	koi	koi	koa
（7）		3	−1	cɐn	c'ɐn	〃	cɐn
（8）		7	−3	t'i	ti	〃	t'i
（9）		9	8	ra	ri	〃	ra
（10）		10	9	yo	〃	〃	（欠）
（11）	6	9	8	'i	〃	〃	zi
（12）	7	1	2	zyo	〃	〃	'yo
（13）			8	ma	〃	〃	mi
（14）		2	2	syaŋ?	syaŋ	〃	（Aに同じ）
（15）			10	p'i	〃	〃	p'a
（16）		8	−1	zu	〃	〃	'u
（17）	8	1	6	c'yəŋ?	c'yəŋ	〃	（Aに同じ）

　以上を比較すれば、D本が他の3本から離れて孤立していることは明らかで、中村栄孝氏が上述の論文で、A（の原本内閣文庫貴重本）、B、Cの3本を「共に同一の版種であった。」とし(p. 2)、その注で、D本だけは「全く別版である。」とされたのと、合う。

　中村氏はさらに、p. 53以下の印刷年代に関する考察において次のように述べておられる。

　　内閣本【A本の原本】および史料本【C本であろう】の『海東諸国紀』は、第二次の版本「燕山君7(1501)年の4月下旬に附録を添加したのち、間もなく」刊行された本】と推測される朝鮮史編修会の宗家旧蔵本【B本】と一致するが、傅氏旧蔵本【D本】は、それらに比して、なお後世に印刷されたもののようである。(p. 54)

158——第6章　日本祖語について

　　諸本の精確な印刷年代に至っては、なお解明することができない。第一
次印刷は、申叔舟の撰進から、あまり遠くない時期、その生存中に行なわ
れたであろう。……その後、何回印刷されたかは断定できない。現存諸本
にもとづいて考えれば、少なくとも2回、仁祖朝【1623-1649年】に明証があ
るものは、傳増湘氏旧蔵本（戦後文求堂からの帰属先きを知らない【D本】）を当
てることができる。養安院旧蔵本と宗家旧蔵本は、にわかに同時の版本と
は定めがたい。【刷りのかすれている所などが一致しない。】そのことはともか
くとして、前者【C本】は、中宗7(1512)年に、洪彦弼が内賜をうけたとき
を印刷年代とすべきであろう。そうして、現在のところ、別に燕山君朝の
印刷があり、その年代は、7(1501)年に、承文院啓下の琉球事情を附録し
たのち、間もないころと推定しておきたい。宗家旧蔵本【B本】が、燕山君
【1494-1506年】・中宗【1506-1544年】両朝いずれの重版に属するかは、決する
ことができない。(pp. 55-56)

上(p. 157)に示した4本の異同について、その内容を批判すると、私見によ
れば次のようになる。

　　　明らかにD本の誤りで他の3本が一致して正しいと認められるもの
　　　　　　　　　——(1)(2)(3)(4)(10)(11)(12)(13)(16)
　　　明らかにD本の誤りでBC両本が((5)の場合には子音の表記に関して)
　正しいのに、恐らくA本を何らかの本によって校訂したためにA本がD
　本と一致し、誤りとなっているもの　　　　　　　　　　——(5)(9)
　　　明らかにD本が正しく他の3本が一致して誤っているもの　——(15)
　　　明らかにD本が正しく、BC両本が誤っているが、A本は恐らく校訂さ
　れたためにD本と同じく正しくなっているもの　　　　　　　——(6)
　　　ADが一致し、BCが一致し、両群が相違しているけれども、いずれが
　正しいかという決定は保留しなければならないもの　　　　——(7)(8)
　　　A本がやや不鮮明であるけれども、恐らくBC両本と一致すると考えら
　れるもの　　　　　　　　　　　　　　　　　　　　　——(14)(17)

上のうち、A本がD本のみと一致する(5)(6)(7)(8)(9)においては校訂加筆

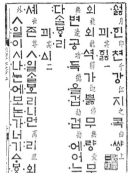
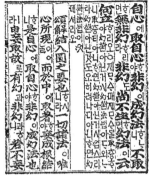

図1　『月印千江之曲』　　図2　『楞厳経諺解』　　図3　代表としてB本
（1447成）初刊本　　　　1462年版本　　　　　　　を示す

の跡が認められるので、A本の原本は恐らくBC両本と一致していたものと考えられる。そうすると、上掲のすべての点でABC3本は一致し、D本だけがそれらから異なる、ということになる。

　概して言えば、D本は誤りの多い本だが、それにもかかわらず、(6)(15)においては正しく、他の諸本が誤っている。

　これらの事実から導き出される結論は、D本が何らかの異本によって(6)(15)の点で校訂されたのでない限り、D本はABC系統の本から出たものと断定することができず、恐らくこれら4本すなわちABC3本およびD本の共通の祖本を想定する必要があるということである。

　もしこの想定が正しく、先に紹介した中村栄孝氏の印刷年代に関する説が正しいとすれば、これら4本の祖本は刊本であるよりは写本である蓋然性の方が大きいが、以下に述べる理由により、その写本は著者自筆本ではほとんどあり得ないと思う。

　ちなみに、上のABC3本のハングルの字体であるが、1447年刊行の『竜飛御天歌(りゅうひぎょてんか)』とともに最古のハングル文献であり同年完成したところの『月印千江之曲(げついんせんこうのきょく)』（その上巻の初刊本を1961年ソウル通文館が印行）に見えるもの(図1)とは著しく異なるけれども、前述の小倉進平先生『増訂朝鮮語学史』p.224の『楞厳経諺解(りょうごんきょうげんかい)』（天順6年、1462年版）に見えるハングル(図2)とは、3本(図3)とも字体が非常に似ているから、少なくともABC3本は、伊波先生のようにずっと後世に翻刻したもの、とする必要はないように思う。専門家のご教示を仰ぎたい。

160——第6章　日本祖語について

　「語音翻訳」の琉球語ハングル表記は概して非常に正確だと認められるが、次に述べる点に関しては明らかに誤っている例が非常に多いので、この点では原著者の直筆本から離れているに違いないと考えられる。すなわち、琉球語のnをハングルのrで表記した例が非常に多く、逆に、琉球語のrをハングルのnで表記した例もかなりある。nrともに正しく表記した例も多いことは言う

---

(1)琉球語の自立語語頭のnをハングルのrで表記した例。問題の字母はイタ

	原本シナ語	同琉球語
71(3.4)	不要饋喫	*r*omasɛra
71(3.5)	饋〔他〕喫	*r*omisyə〔ママ〕
72(3.5)	盡了	mina*r*atti[54]
73(3.9)	叫甚麼子	*r*u'ukka, (E)*r*u'oŋka, (全)*r*u'oŋ〔'uk〕ka 〔　〕は原文
81(4.8)	暖和	*r*uksa
82(4.9)	向〔火〕	*r*ukumi
89(5.9)	白〔酒〕	*r*iŋkɛna
103(6.6)	苦	*r*ikasa, (E)*r*ikasi, (全)*r*ikasa

(2)琉球語の語中・語尾および付属語の語頭のnをrで表記した例はさらに多

65(2.1)	姐姐	'a*r*ɛi〔'a*r*i?〕
65(2.2)	妹子	'o*r*ari
69(2.7)	江口	p'u*r*amoto
73(3.7), 73(3.8)	面	cɛra*r*u
74(3.9), 74(4.1)	心	kimo*r*o
84(4.10)	昨日	k'i*r*i'u, (E)ki*r*i'u
84(5.1)	這月	ko*r*ocɛki
94(5.7)	飯	'ompa*r*i, (E)'umpa*r*i
「みおばに	美飯の事也	おはに共いふ」(『混効験集』(外間 1970: 67, 201))
95(5.8)	飯	'opa*r*i
96(5.9)	飯	(ABC)'opan*r*i, (DE)'opan*r*a〔ママ〕

4　琉球方言と上代日本語と日本祖語(第7回)——161

までもないが、まず、誤記の例を列挙しよう。最初の数字は『伊波晋猷全集』
第4巻のページ数、次に( )に入れてA本のページと行を示し、原本(ABCD 4
本に共通、以下同様)のシナ語、ハングルの琉球語ローマ字翻字、[ ]に入れた
伊波先生の音声表記、最後に『沖縄辞典』の現代首里方言を示す。(E)(全)等
は「E本」「全集本」等の意。〔「原本シナ語」の中の〔 〕は服部原論文のもの。〕

リック体で示す。以下すべて同様。

伊波音声表記	首里方言
[numasüna]《飲ますな》	
[numasɪ]《飲ませ》	
[minanatɪ]《すっかりなくなった》	
[nû ga]〔母音上のˆは長母音〕	nuuga《何か》
[nuksa]	nukusaɴ《暖かい》
[nukumi]	nukumi《火にあたれ》
[ṅigüri]《濁り 》	miɴgwi《濁り》
[ṅigashi]	'ɴzasaɴ《にがい》

い。(解釈のできない数例を除く。)

[anɪ]《姉》	ʔaɴgwaa《姉》
[wonari]《妹》	'unai
[funamutu]《港》	
[tsüra nu]《顔が》	çiranu
[kimᴜ nᴜ]《心が》	cimunu
[kinyû]	cinuu
[kunutsüki]	kuɴçici《今月》
[ubani]	(ʔubuɴ《御飯》)

[ubani]〔ママ。伊波原文では obaṅi〕〔章末補注＊5〕

[ubaṅi]〔ママ。伊波原文では ᴜbaṅi〕

162——第6章　日本祖語について

96(5.10)	飯	'opan*r*i
96(5.9)	大米〔飯〕	k'omyəi*r*o, (E)k'omyəi*r*o, (全)k'umyəi*r*o
96(5.9)	小米〔飯〕	'a'oa*r*o
99(6.1)	鹿〔肉〕	k'a'u*r*u

　　「かうのあつため　鹿肉」(『混効験集』(外間 1970: 70, 207))

114(7.5)	衣服	ki*r*u
119(7.10)	花	p'a*r*a

(3)琉球語の r をハングルの n で表記した例。これには語頭の例はない。

71(3.5)	小〔饋他喫〕	'yəikyəi*n*aku
89(5.5)	白〔酒〕	riŋkɐ*n*a
102(6.5)	葱	kiŋpi*n*a, (E)kiŋpi*n*a, (全)kiŋpa*n*i

　　「きむびら　薤〔の事也　きりひら共いふ〕」(『混効験集』(外間 1970: 69, 205))

103(6.7)	鹹	sipaka*n*asa
104(6.8)	椊	k'a*n*isa
105(6.10)	弦	co*n*u〔ママ〕
115(7.7)	柱	p'a*n*ya
117(7.8)	頭	ka*n*anzu

(4)琉球語の r をハングルの t で表記したもの。

101(6.4)	芥末	k'a*t*asi, (E)k'arasi, (全)k'a*t*asi

　　これは ㄹ(r)を ㄷ(t)に誤ったものであろう。

ちなみに、琉球語の n および r をハングルで正しく表記した例も列挙しておこう。

(5)琉球語の n をハングルの n で表記した例。

59(1.4)	姓	*n*a
69(2.10)	好下飯	saka*n*amu
72(3.5)	盡了	mi*n*a
74(3.9), 75(3.10)	這箇	ko*n*o

4　琉球方言と上代日本語と日本祖語（第7回）——163

[ubaṅi]

[kumɪ nu]
〔ママ。伊波原文では kumi nu〕　　kuminu《米の》

[awa nu]　　　　　　　　　　　?awanu《粟の》

[k'ô nu]

[kinu]　　　　　　　　　　　ciɴ《着物、衣服》

[fana]　　　　　　　　　　　hana《花》

[ikɪraku]　　　　　　　　　　?ikira《少し》

[ṅigüri]

[king bira]　　　　　　　　　ciribira《にら》

[shipukarasa]　　　　　　　　sipukarasaɴ《塩からい》

[karasa]　　　　　　　　　　karasaɴ《辛い》

[tsüru]　　　　　　　　　　　çiru《弦》

[fãya]【-yaは -rya であろう】　　haaja《柱》

[karadzu]　　　　　　　　　karazi《髪》

[k'arashi]　　　　　　　　　karasi《辛子》

[na]　　　　　　　　　　　　naa《名》

[sakana mu]　　　　　　　　sakanaɴ《酒のさかなも》

[mina]　　　　　　　　　　'ɴna《皆》

[kʊnʊ]
[kʊnʊ]〔ママ。伊波原文では kʊnu〕　　kunu《この》

164——第6章 日本祖語について

82(4.9)	夏	*n*atcɐ
85(5.2)	開年	mya'u*n*yən
86(5.3), 86(5.4)	山〔頂〕, 山〔底〕	sa*n*o
90(5.7)	無了	*n*ai
97(5.10)	下飯	saka*n*a
102(6.6)	菜蔬	so*n*ai
105(6.9)	弓(俗)	'i'umi*n*u
105(6.10)	箭(俗)	'i'ya*n*u
105(6.10)	弓(弦)	'i'umi*n*u
112(7.4)	刀子	k'ata*n*a
113(7.4)	鍋児	*n*apɯi
117(7.8)	鼻	p'a*n*a
120(8.2)	狗	'i*n*o

(6)琉球語の r をハングルの r で表記した例。

57(1.2), 59(1.3), 60(1.4), 64(2.1), 65(2.2), 67(2.3), 68(2.5), 69(2.7), 69(6.8)	你	'u*r*a
60(1.3), 64(2.1), 65(2.2)	有麼	'a*r*i
65(2.2)	妹子	'ora*r*i
69(3.1)	無…	'a*r*yapɯira*n*〔初出 'a*r*yapoira*n*〕
70(3.2)	請…	'akɯi*r*a
71(3.3)	撒酒風	sakakɯ*r*ui
71(3.4)	他	'a*r*ɯi
72(3.6)	裏頭	'ucipa*r*a
73(3.7), 73(3.8)	面	cɐ*r*a
73(3.8)	這箇	kɯ*r*ɯi, (E)kɯ*r*i, (全)kɯ*r*ɯi
75(4.1)	歹	('yo)'oa*r*sa
76(4.2)	晴了	p'a*r*ityəi, (E)p'a*r*it'yəi, (全)p'a*r*ityəi

［natsü］	naçi《夏》
［myônɪn］	
［san nʋ］	sanɴu《山の》
［næ］	neeɴ《ない》
［sakana］	sakana《酒のさかな》
［sonæ］	
［yumi nu］	nu《の》
［iya nu］	〃
［yumi nu］	〃
［k'atana］	katana《刀》
［nabɪ］	naabi《鍋》
［fana］	hana《鼻》
［ino］ ママ	ʔiɴ《犬》

［ura］《汝》

［arî］《有るか》

［wonari］《妹》　　　　　　　　'unai

［aryabɪran］《ございません》

［agɪra］《上げましょう》　　　ʔagira

［saka kurui］（酒狂）

［arɪ］　　　　　　　　　　　　ʔari《彼》

［uchibara］

［tsüüra］　　　　　　　　　　çira《顔》

［kuri］　　　　　　　　　　　kuri《これ》

［（yu）warusa］
〔ママ。伊波原文では（yʋ）warʋsa〕　　'waʠsaɴ《悪い》

［farit'i］《晴れた》
　　　　　　　　　　　マ　マ
［farit'ɪ］　　　　　　　　　　hariti《晴れて》

166——第6章　日本祖語について

77 (4.3)	下〔雪〕	pʻuɾi
78 (4.4)	〔雪〕住了	(ABCD) pʻiɾitti, (E) pʻaɾinti, (全) pʻaɾitti 〔(D) pʻiɾitni〕
80 (4.6)	晌午	pʻiɾma
81 (4.7)	黒夜	’i’uɾu
81 (4.8)	白日	pʻiɾu
82 (4.9)	春	pʻaɾu
90 (5.6)	〔酒〕有	’aɾi
95 (5.8)	喫飯	’aŋkɯiɾi

「あけれ　食なとくふを云」(『混効験集』(外間 1970: 127, 329))

95 (5.8)	做〔飯〕	sɐɾyəi, (全) sɐɾai
97 (5.10)	做〔下飯〕	’yoɾaɾi
97 (6.1)	舺〔米〕	siɾaŋkati〔(全) siɾa〔ɾaŋ〕kati〕
100 (6.3)	油	’apuɾa
102 (6.5)	蒜	pʻɯiɾu, (E) pʻiɾu, (全) pʻɯiɾu
104 (6.8)	硯	sɐcɐɾi
106 (6.10)	窓	tʻo’oɾi〔(全) tʻo’u〔o〕ɾi〕
109 (7.1)	席子	mosiɾu
111 (7.2)	篩	pʻuɾui
111 (7.3)	梡子	makaɾi
111 (7.3)	砂貼是	suiɾɯi, (E) suiɾi, (全) suiɾi〔ɾɯi〕 〔（　）は原文〕
115 (7.6)	瓦	kʻaɾa
115 (7.6)	車子	kuɾuma
116 (7.7)	面	(ABCDE) cʻɐɾa, (全) cʻ〔cʻɐ〕ɾa　　〔（　）は原文〕
118 (7.10)	頭髪	kʻasiɾa
119 (8.1)	黒	kurusa
120 (8.2)	鶏	tʻuɾi
122 (8.3)	虎	tora

[furi]【これは"終止形"】	hujuɴ《降る》
[fariti]	hariti
[filma]	hwiruma《午後、昼過ぎ》
[yûru],(全)[yuru]	'juru《夜》
[firu]	hwiru《昼》
[faru]	haru《〔文〕春》
[ari]	(ʔaɴ《有る》)
[agirɪ]《食事をせよ》〔ママ。伊波原文では agiri〕	
[süɪ]《用意をしろ》?	
([yorari]？)	
([shiraga ti]？)	
[abura]	ʔaɴda《油》
[fĩru]	hwiru《にんにく》
[südzüri]	ʂiziri《硯》
[tôri]	
[moshiru]	musiru《むしろ》
[furui]《ふるい》	
[makari]	makai《椀》
[suirî]	suurii《中皿》
[kʻâra]	kaara《瓦》
[kuruma]	kuruma《車、など》
[tsuura] [tsüra]	çira《顔》
[kʻashira]	kasira《〔文〕髪》
[kurusa]	kurusaɴ《黒い》
[tʻuri]	tui《鳥。鶏》
[tora]	tura《虎》

168——第6章　日本祖語について

　以上の諸例の総数を示せば次のようになる。たとえば、「n → r」は、「琉球語の n をハングルの r で表記した例」の意。

(1)	語頭の	n	→	r	8
(2)	語中・語尾の	n	→	r	16
(3)	〃	r	→	n	8
(4)	〃	r	→	t	1
(5)	〃	n	→	n	19
(6)	〃	r	→	r	49

上のうち(1)(2)(3)の誤記の例を合わせると 32 例になる。(5)(6)を合わせて 68 例。従って、n と r の混同例は、全体の $32 \div (32 + 68) = 0.32$ すなわち 32 パーセントに達する。

　この文献は、以下に述べるように、その他の点では、字母の字体の類似に起因すると考えられる少数の明らかな誤りを除き、琉球音の表記が概して非常に正確であると認められるだけに一層、上掲のような 32 パーセントにものぼる n と r との混同例は、ハングル字母の字体の類似によって生じたものとしては、説明することができない。ㄹ(r)をㄷ(t)に書き誤るのならわかるがㄴ(n)は離れ過ぎており、また一方、ㄴ(n)をㄷ(t)に書き誤るのならまだしもㄹ(r)に誤るのは誤り過ぎだからである。

　現在の首里を中心とする沖縄方言では /n/ と /r/ は別の音素で音声的にもはっきり違いがあり、その他の琉球諸方言とも比較すれば、「語音翻訳」当時の琉球語でもそうであったと考えられる。一方、ハングル製作の基礎となった 15 世紀半以後の朝鮮語にも /n/ と /r/ の音素があったから、「語音翻訳」の著者成希顔[55]は琉球語の n と r を楽に聞き分け得たに違いない。もっとも、当時の朝鮮語では自立語語頭には、n は立ち得たけれども r は立ち得なかった。李基文氏の『韓国語の歴史』(村山七郎 監修／藤本幸夫 訳 1975: 150)には次のように見える。(ハングルのローマ字翻字は本論文式に改める。)

　一方 n t tʻ はすべての子音の前に来ることができたのである。特に i または y に先行し得た。例、ni《歯》、nip'《葉》、nyənɯ《他》、nyəi《昔》、ti-

《落ちる》、tyə《あれ》、tʻi-《打つ》、tʻyəntoŋ《雷》等。

　ŋ(○)と r(ㄹ)の語頭に来えなかったのは、恐らく古代から現代に至るまで変りなかったようである。それで漢字語においても r は n に変った。十五世紀文献に nəizir, nəzir(南明・上 40、杜初・21-31、来日【"正しく"は rəizir】)が見られ、十六世紀文献に nisyozə(翻朴・上 33、李小児)、nomo(翻小・9-10、老母【"正しく"は romo】)、nyəicər(同上・9-15、礼節【ryəicər】)等が見える。

従って、知識人を除いては、"正式に"は r-(ㄹ)で書かれる漢字音は実際には n- で読まれたため、漢字音を表わすハングルを取り扱いながらも、この点に関する原理を十分に理解しない半知識人の間にはハングルの r と n とを混同する傾向があったであろう。成希顔自身にはそんな癖があったとは考えられないから、上述の誤記を説明するためには、筆耕あるいは印刷職人にそういう癖があったと考えるよりほか仕方がないのではなかろうか。

付 記

　p. 154 で問題にした点について、大江孝男君にお尋ねしたところ、次のような調査報告を頂いた。

　「1781 年に改正した字母」という表現に該当する事実について手近かの資料で調べてみた範囲では、そのような事実の記録があるという報告は今のところみあたらない。

　『韓国書誌年表』(⑩)には 1781 年に活字鋳造関連記事が 3 か所(3 月 25 日、7 月 6 日、10 月 8 日)引用されているが完成の記事はみえない。書誌学関係論考の古活字年表(⑧⑨⑫)では翌 1782 年を「壬寅字」(別名「再鋳韓構字」)鋳造の年として掲げる。この活字は、1695 年前後に買上げた私鋳活字の「韓構字」を再鋳したもので、両者の字体は見分け難い上に、本来の「韓構字」印本は数少ないという(①③⑧)。1777 年に「丁酉字」が鋳造されたが、これは「甲寅字」(1434 年)体の活字で字体が異なるから、利用度の低かった「韓構字」の再鋳を 1781 年に決定したとすれば事実上の「改正」があったと言えるかも知れないが、両字体の活字ともその後も鋳造されているのである。「壬寅字」と同じころ木活字も造られたらしい(① p. 62)が、ハングル活字があったかどうかは分明でない。

　「字母」というからにはハングルの字体が問題かと考えられるが、活字として年代が近く確実なのは 1778 年の「丁酉ハングル木活字」作成であろう(④⑧⑨⑫)。独自に木活字を用意していた官衙(かん　が)もあるようである(① p. 61)から断定はできないが、1781 年にハングル字母の「改正」のような大きな動きがあったという報告は今のところみあたらない。

　1781 年は現存の『重刊改修捷解新語』刊行の年であるが、これは崔鶴齢が「以私

170──第 6 章　日本祖語について

力活字印行」し第 2 次改修本をもととした木版本とされている。木版に移す際の「摹活字而刊諸版」(同上「序」)の具体的内容が問題になり得るにしても、第 2 次改修の時期がおそくとも 1770 年ごろまで(②⑤⑥)とすれば、1781 年に字母の「改正」が行なわれたわけでもないと考えられる。

なお、東京大学史料編纂所本『海東諸国紀』は「養安院蔵書」(⑦「医学史」p.188、⑪ pp. 376-8 参照)の 1 本で、正徳 7 年(1512 年)の「内賜記」があるとのことである(⑬)から、他の「同一の版種」の本にはやや問題があるとしても、「養安院蔵書」本とその同一版本については、仮に 1781 年に字母が「改正」されたとしてもこれとは無関係であることになる。

①前間恭作(1937)『朝鮮の板本』　②小倉進平(1940)『増訂朝鮮語学史』　③藤田亮策(1941)「鋳字所応行節目に就きて」(『書物同好会会報』第 11 号 pp. 1-3)　④金斗鐘(1954)「한글活字考」(『崔鉉培先生還甲記念論文集』pp. 55-66)　⑤安田章(1960)「重刊改修捷解新語解題」(京都大学文学部国語学国文学研究室編『重刊改修捷解新語』)　⑥中村栄孝(1961)「『捷解新語』の成立・改修および『倭語類解』成立の時期について」(『朝鮮学報』第 19 輯 pp. 1-23)　⑦三木栄(1963)『朝鮮医学史及疾病史』　⑧白麟(1969)「朝鮮後期活字本의形態書誌学的研究」(上)(下)(『韓国史研究』第 3 号 pp. 123-60、第 4 号 pp. 133-66)　⑨孫宝基(1971)『한국의고활자』　⑩尹炳泰編(1972)『韓国書誌年表』　⑪三木栄(1973)『朝鮮医書誌』　⑫諸洪圭(1974)『韓国書誌学辞典』　⑬中村栄孝(1975)「解説」(国書刊行会『海東諸国紀』)。(第 7 回了)

---

(7) 本土方言の「キ」に当たる音節を含む単語。

	原本シナ語	同琉球語	伊波音声表記
68(2.7)	到	kitcyəi	[kitchɪ] [kichɪ]《来た》
74(3.9), 75(4.1)	心	kimo	[kimʊ]
77(4.3), 78(4.4)	雪	'yuki	[yuki]
82(4.9)	秋	'aki	[aki]
84(4.9)	昨日	k'iri'u, (E) kiri'u	[kinyû]
84(5.1)	月	cɐki	[tsüki]
113(7.4)	箒	p'a'oki	[fôki]
114(7.5)	衣服	kiru	[kinu]

(8) 本土方言の「ギ」に当たる音節を含む単語。(以下においては、[ɡ]の有声

| 100(6.2) | 兎 | 'usaŋki | [usagi] |

さて、「語音翻訳」(1501年)について当時の琉球語の音韻体系を考察する順序となったが、今までハングルの一という字母をɯで翻字してきたのを、誤解を防ぐために、今後は、より"音価"に近いと考えられるiで翻字することにする。

まず、本土方言のキ　ケ、ギ　ゲに当たる音節を含む単語から考察を始める。前例にならって、まず『伊波普猷全集』第4巻のページ数、次に（　）に入れてA本のページと行、原本(ABCD4本)のシナ語、ハングル書き琉球語のローマ字翻字、伊波先生推定の音声表記([　]に入れて示す)と意味(《　》に入れる。ただし、シナ語と同じ場合は省略)、筆者推定の音声表記([　]に入れる)、『沖縄語辞典』の現代首里方言、上代(その例がない場合はそれより後世)の日本語の仮名表記("乙類"の仮名には平仮名、その他には片仮名のルビをつける)の順序で示す。今回は、E本は『金沢博士還暦記念東洋語学乃研究』所収の伊波先生の論文により、『全集』本との異同は一々示さない。

服部音声表記	現代首里方言	上代日本語
[ɡitʃɪ]	ʔci《来て》	伎弖
[ɡimʊ]	cimu	岐毛
[juɡi]	ʔjuci《あられ》	由岐
[ʔaɡi]	ʔaci〔文〕	安伎
[ɡʻiɲjuː]	cinuu	伎能布
[tsɯɡi]	çici	都紀
[pʻaʊɡi]	hooci	波波伎、はうき
[ɡinu]	ciN	岐奴

音を[ɡ]で、[k]の有声音を[g]で表わすことにする)

| [ʔusāɡi] | ʔusazi | うさぎ |

172──第6章　日本祖語について

(9)本土方言の「ケ」に当たる音節を含む単語。

70(3.1), 70(3.2), 70(3.3),
72(3.5), 87(5.5), 89(5.6),　　酒　　　　sakɨi　　　　　　　　[sakɪ]
90(5.6), 90(5.7), 93(5.7)

89(5.5)白酒　　　　　　　riŋkɐnasakɨi　　　　　　[ñigüridzakɪ]
　　　　　　　　　　　　　　　ママ

115(7.7)卓子　　　　　　t'akitai　　　　　　　　[t'akidai]
　　　　　　　　　　　　　　　　　　　　　　　　〔初出[t'akidæ]〕

(10)本土方言の「ゲ」に当たる音節を含む単語。

70(3.2)　　　　　請…　　　　'akiira　　　　　　[agɪra]《上げよう》

69(2.9)　　　喫食　　'akiimoro, (E) 'akirimoro [agirimunu]《御食事》
　　　　　　　　　　　　　　　　　　　ママ　　　　　　　ママ

　　(9)の最後の単語について、伊波先生はさらに「竹で造つた卓。dakidai と発
音したであらう。『琉球館訳語』には「卓、代」。今は dê といつてゐる。」と注
しておられる。そうだとすれば、その[daki-]は現代首里方言の daki《竹》、上
代日本語の「多気<ruby>多気<rt>け</rt></ruby>」《竹》に対応することになる。倉石武四郎『岩波中国語辞典』
によると「zhuō　桌・棹〔名〕テーブル、机(口語で単用するときは -r, -z を加
える)。」とあり、『沖縄語辞典』によると、首里方言の dee は「台。物を載せ
て置く台」とある。テーブルが竹製であるとするのも少し変である。それに語
頭の子音が t'- で写されているのも daki の d- と合わないし、第2音節も -kii-
と書かれていない。ハングルの ㅏ (a)を ㅣ (i)に誤った例はほかにもあるから、
上の t'akitai は t'akatai《高台》の誤記ではなかろうか。

　　(10)の 69 の単語について、伊波先生は、「『混効験集』【129 および 329】に、
「あげれ、食などくふを云」【原本には濁点なし】と見えてゐるから、agirimunu は
このあげれ(agiri)と物(munu)との複合したものであらう。あげれもとうに死
語となつて了つて、今では右の辞書に出てゐるだけである。但、これは同じ形
の奉れの義の agiri とは自ら別種の語であることを知らなければならぬ」と記
しておられる。これに対応する本土方言の単語は未詳であるが、ハングルの
-kii-(E 本の -kiri- は誤り)と『混効験集』の「け」とが合致するので、ここに
挙げた。この書物および『おもろさうし』の表記法については後に説く〔第7章〕。

　　上の研究によって、「語音翻訳」当時の琉球語には[k̟i]と[k'i]、[gi]と[g'i]の
対立があったことが明らかとなったが、この結論は、後述の、本土方言の

左^サ気^け

[sak^ji]　　　　　　　saki

[ɲĩguridzak^ji]（[-sak^ji]？）

[ʔãg^jira]　　　　　　　ʔagira　　　　阿^ア宣^げ-

「ヒ」「ヘ」、「ビ」「ベ」、「ミ」「メ」に対応する音節を含む単語に関する研究その他によって、さらに強化される。

　さて、この[ɡ̊i]と[kʲi]、[gi]と[gʲi]という発音は、私が本誌 1976（昭和 51）年 6 月号（服部 1976c＝本書第 10 章）および 12 月号（服部 1976f＝本書第 12 章）の拙論その他（服部 1959a: 62–63, 286; 1976e＝本書第 11 章）において、奈良時代中央方言の「キ甲類」「キ乙類」「ギ甲類」「ギ乙類」の"音価"として推定した発音と、それぞれ全く同じものであることに、注意を喚起しておきたい。

　しかしながら、これらの音節がその後迫った運命は、両方言においてたがいに異なっていた。

　奈良時代中央方言の場合には、乙類の[kʲi][gʲi]が母音[i]の影響で子音の口蓋化を起こし、9 世紀には甲類の[ɡ̊i][gi]へと合流したのに反し、琉球首里方言では[kʲi][gʲi]が同様に母音[i]の影響で子音の口蓋化を起こしたけれども、それと並行して[ɡ̊i][gi]の子音の（舌端）破擦音化が起こったので、両者の区別は保たれた。この両者の相違を図示すれば次のようである。（清音の場合のみを示す。濁音の場合にも全く並行的な変化が起こった。）

中央方言

8 世紀　　　　　　　　9 世紀以降（現代に至る）

[ɡ̊i]（甲）　→　[ɡ̊i]/ki/

[kʲi]（乙）　→　[ɡ̊i]/ki/

174──第6章　日本祖語について

首里方言

B時代		C時代（現代を含む）
[ḵi]	→	[tʃi]/ci/
[kʻi]	→	[ḵi]/ki/

この点を考慮に入れると、現代首里方言で /ki/ を有する単語は、そのB時代においては[kʻi]を有したと推定できるので、対応する本土方言の単語が未詳でも、現代首里方言の対応形が明らかな場合には、(11)のようにB時代の発音を推定することができる。

---

(11)

	原本シナ語	同琉球語	伊波音声表記
71(3.4)	小	ʼyəikyəinaku ママ	[ikɪraku]《少し》 ママ

(12)

	原本シナ語	同琉球語	伊波音声表記
78(4.5)	上了	ʼaŋkattyəi	[agatɪ]《出た》
67(2.3)	離了	tʻacyəiki	[tʻattchɪ ga]《立ったか》
67(2.4)	起身	tʻatcyəi	[tattchɪ]《立った》
68(2.7)	到	kitcyəi	[kitchɪ]《来た》

(13)

	原本シナ語	同琉球語	伊波音声表記
57(1.2), 58(1.3)	人	pʻicʻyu	[fichʻu] [fichʻʋ]
74(3.9), 75(3.10)	人	pʻicyo	[fichu] [fichʋ]
86(5.4)	底	sicya	[shicha]《下》
118(7.9)	舌頭	sicya	[shicha]
121(8.2)	老鼠	ʼoʼyapicyu	[uyapichu] ママ

(14)

	原本シナ語	同琉球語	伊波音声表記
59(1.3)	甚麼	ʼikya	[ikya]《何と》
89(5.5)	白〔酒〕	riŋkɐna ママ	[ńigüri]
103(6.6)	苦	rikasa	[ńigashi] ママ

4 琉球方言と上代日本語と日本祖語（第8回）——175

　現代首里方言で(11)に対応する単語の第2音節が -ki- である以上、「語音翻訳」当時もこの単語の第2音節は[-kʲi-]～[-kʲɪ-]であったに違いなく、[-ʨi-][-ʨɪ-]ではあり得ない。それではなぜハングルで -kii- と書かずに -kyəi- と書いたのであろうか。私の推定は次のようである。

　一体、この文献では、緩んだ母音[ɪ]（後にも説くように、音素としては /i/ に属すると考える。この点で伊波先生と見解を異にする）を yəi で表わすことが少なくない。このハングル綴りの表わす朝鮮語原音が[jeĭ][i̯e̯ĭ]あるいはそれに近いものだった(服部 1975a: 13 注24)からであろう。たとえば、(12)のようである。

服部音声表記	現代首里方言
[ʔɪkʲɪraku]	ʔikira《わずか。少し。少々》
[ʔãgatɪ]	ʔagati《上がって》
[tʼattʃɪ ga]	taɞci《立って》
[tʼattʃɪ]	taɞci
[kitʃɪ]	ɞci《来て》
[pʼitʃʼu]	ɞcu
[pʼitʃʊ]	ɞcu
[ʃitʃa]	sica
[ʃitʃa]	sica《舌》
[ʔʊjapitʃu]	ʔweɴcu《ねずみ》
[ʔiʨ(j)a]	ʔica〔文〕《いかに》、caa〔口〕《どう》
[ɲĭgüri]	miɴgwi《濁り》
	’ɴzasaɴ《にがい》

176——第6章　日本祖語について

従って、'yəikyəinaku（これは 'yəikyəiraku の誤り）の場合、第2音節が、次の[ra]の影響で[kʲɪ]のように緩んだ母音[ɪ]で実現されたため、それをハングル yəi で表記しようとしたものであろう。[ʔɪkʲɪraku]の第1音節の母音は、音素としては /i/ に属したけれども、次に続く非口蓋化の[kʲɪ]の影響で[ɪ]と発音されたために、ハングルの ｜ (i)では写しがたく、ㅖ (yəi)を用いたものであろう。

さて、「語音翻訳」琉球語においては、/i/ に直接続く*t は口蓋化されて[tʃ]となっていた。すなわち、(13)のようであって、例外はない。

/i/ に直接続く*k *g を含む単語は、(14)の3例が見出される。

(14)の 59 の例によっても明らかなように、*k はすでに口蓋化していたのだから、103 の例も、現代首里方言の形と比較することにより、rikasa は nikyasa [nĩg(j)asa]の誤記《ㅑ (ya)を ㅏ (a)と誤ったもの》と考えられる。89 の riŋkena は niŋkeri の誤記に違いないが、ここでは*g の口蓋化はまだ起こっていなかった。現代首里方言でも、

ʔikuçi《幾つ》、ʔikusa《戦》、ʔikusaçi《行く手》〔『沖縄語辞典』では[ʔikusaci]行く先、行く手〕、hwikusaɴ《低い》、nikunuɴ《憎む》

などのように、奥舌母音*u の直接続く*ku の*k は*i の直後でも口蓋化して c とならないのである[56]。上掲の miŋgwi の g も口蓋化して z となっていない[57]。

しかるに、現代首里方言の、

ʔici《庭池》、ʔicijuɴ《（花を）生ける》、hwizi《ひげ》

などの例によって、前舌母音 *e の直接続く*ke *ge の*k *g は直前の*i によって口蓋化されて c z となったと考えられる[58]から、前述の[ʔɪkʲɪraku]の第2音節の[k]がなぜ口蓋化していないかが説明されなければならない。なぜなら、第1音節の[ɪ]は共時態においては /i/ と考えられるからである。

これを説明するために、私は、[ʔɪkʲɪraku]の前身（A時代の形）として*'ekeraku を立てようと思う。この時代の*e は直後の*k *g *t *d を口蓋化しなかったらしく、現代首里方言でも次のような形の単語が見出される。

dikijuɴ《よくできる》(本土方言のデケルに対応)、nigajuɴ《願う》、kiga《怪我》、kita《桁》、hwidatijuɴ《隔てる》。

　上に、奈良時代中央方言の甲類の[ki̥][gi]、乙類の[k'i][g'i]と、B時代首里方言の[ki̥][gi]、[k'i][g'i]とは、発音は同じであったけれども、その後相異なる運命を辿ったことを述べたが、以下に述べるように、この両者はその由来をも異にするのである。

　私はかつて 1932(昭和 7)年の論文(服部 1932 = 1959a: 303 以下)で次のように書いたことがある。

　「奈良朝の文献に乙類の仮名で書かれている「キ」は首里語では ki となり、甲類の仮名で書かれているものが tʃi となるのではなかろうか?」依って Ch 氏の語彙("Essay in Aid of…" なる論文の後についている)の中より、これに関係のある語を抜き出して奈良朝の仮名と比較して見ると、

　　　chichung《聞く、甲》、chimu《肝、甲》、ching《衣、甲》、chīng《着る、甲》、chīng《切る、甲》、chinū《昨日、甲》、chiri《霧、乙》、kī《木、乙》、ukīng《起き(る)、乙》

即ち「霧」が kiri となっていなければ奈良朝の仮名には合わない。濁音の仮名も全く並行的で、国語の「ゲ」はこの方言では普通 gi になり、「ギ」は ji[dʒi]となるが、これが「甲類のギ」で、「乙類のギ」は gi となるというごとき現象があると面白い。然るに sijīng(過ぎ(る)、乙)の例あり、『琉球語便覧』(首里語を示す)にも siji(杉、乙)の例があって、「甲のキギ」——tʃi, dʒi、「乙のキギ」——ki, gi という法則は成立しなくなる。それでは kī, ukīng のごとき例外は如何に説明すべきかというに、次のごとき場合が考えられよう。[1]kī, ukīng は首里語が原日本語から直接受継いだ語で、chiri, sijīng, siji は後に、然も甲類のキに対応する ki(今日の tʃi はこれに近いものより変化し乙類のキに対応するものは当時にはこれとは少し違った音であったろうと考える)の子音の口蓋化の起る前に内地方言より輸入した語。或いは他の琉球方言より入った語。(但し、sijīng, siji はその先

178——第 6 章　日本祖語について

行する母音に口蓋化されて gi が dʒi となったということはなかろうか。
「ス」に対応する si はこの方言では一般には次に来る子音を口蓋化しない
様だが。）[2] 今日の東京語等の「キ、ギ」に対応する音節がこの方言で
tʃi, dʒi となった後に、内地方言或いは ki, gi という音を保存せる他の琉球
方言より kī, ukīng を輸入した。[3] 沖縄島に、東京語の「キ、ギ」に対し
てすべて tʃi, dʒi のあらわれる方言区域と、すべて ki, gi のあらわれる方言
区域とあり、首里方言はその境界線近くに位し、大抵の単語についてはこ
の方言は tʃi の領域に属するが、kī, ukīng については ki の領域に属する。
[4] 内地方言内に「木」「起ける」などの形の行われている方言があり、
この方言もその系統に属するものである、等々。これらの諸点については
首里語の歴史的研究と、精密な言語地理学的研究（後述）とによれば、或い
は事情を明らかにすることができるかも知れない。

その後の研究の進歩によって、これらの設問にはほぼ答えられるようになった。
　まず、上述の [3] の可能性はないことが、沖縄島南半部の諸方言の研究によ
って、明らかとなった（中本 1976b : xiv のカ行子音分布図など参照）。
　次に、[2] の可能性もないことは、以下の所論で明らかになるであろう。
　[4] の可能性は、ある意味では肯定できるのだが、事情は極めて複雑である。
日本祖語形を再構することにより説明しなければならない。すでに略述したこ
とがある（服部 1976b : 29–31 ＝ 本書第 4 章 pp. 62–64）が、以下にさらに詳しく述べる
であろう。
　そこで、[1] の可能性から説き始めることにしよう。
　まず、現代首里方言で [si]/ʃi/ となっている音節の [i]/i/ がその直後に来る *k
*g を口蓋化するということはなかった。『沖縄語辞典』には、

　　şikama《借金の利息のために使役されること》、şikasjuɴ《すかす。なだめ
　　る》、şikijuɴ《据える。据えつける》。
　　şigajuɴ《縋る》、şigata《姿》、şigijuɴ《すげる。はめこむ》。

のような例がある一方、口蓋化の起こっている例は、

　　şici《好き》、şicikusiree《梳きこしらえ》、şiciʔukusjuɴ《鋤き起こす》。

şizi《杉》、şizijuɴ《過ぎる》。

のように、その c_i, z_i が京都・東京方言の「キ」「ギ」に対応する例ばかりである。これらの c_i, z_i は

$$[\c{k}i] \rightarrow /c_i/[t\int i] \qquad [gi] \rightarrow /z_i/[d\textrm{ʒ}i]$$

という自律的音韻変化によって生じたものであって、直接先行する[i]の影響によるものではないことは、「語音翻訳」のハングル表記によって証明されるのである。

　この文献では、以下にも説くように、日本語の「ス」「ズ」「ツ」に当たる音節が、

ᄉ(sɐ)　　ᄌ(cɐ)　　ᄌ(cɐ)

で表記されている。その"音価"を、伊波先生はそれぞれ[sü][dzü][tsü](üは中舌母音)と推定しておられ、私は[sɯ][dzɯ][tsɯ](ɯは奥舌母音)と推定している――その根拠は後に述べる――が、ü にしても ɯ にしても、i などのようにそれに直接続く k や g を口蓋化する力はない。

　ところが、前掲の(7)の語例の中に次のものがある。

84(5.1)　　月　　　cɐki　　[tsüki]　　[tsɯ\c{k}i]　　çici　　都_ツ紀_き

すなわち、その第2音節は、すでに、その後自律的に /c_i/[t\int i]へと変化し得る[\c{k}i]として現れていて、[k'i]ではない。しかも、それは、奈良時代中央方言の「乙類のキ」に対応している。従って、同じく「乙類のギ」に対応する şizi《杉》、şizijuɴ《過ぎる》の z_i も、後に説くところによっても明らかになるように、「語音翻訳」に現れるとすれば、[sɯ̃g'i][sɯ̃g'i-]ではなく、[sɯ̃gi][sɯ̃gi-]のような形――すなわち、直後の[g]を口蓋化する力のない ɯ の後に、その後自律的に /z_i/[d\textrm{ʒ}i]へと変化し得る[gi]の続く形――をとったはずで、直前の şi の影響で、[g]→[d\textrm{ʒ}]という(舌端)破擦音化が起こったのではないのである。

　さて問題なのは、「語音翻訳」の[\c{k}i]、現代首里方言の c_i[t\int i]が、なぜ奈良時代中央方言の「キ」の甲類と乙類との両者に対応するのか、という点である。

180——第6章　日本祖語について

これは言語学的に説明されなければならない。

奈良時代中央方言には、次のような音韻交替の規則があった（松本 1975: 101）。

都紀《月》　　　都久[欲]《月夜》

都紀《槻》　　　都久[由美]《槻弓》

倶基《茎》　　　久々[太知]《茎立》

加微《神》　　　加牟[加是]《神風》

（すなわち、第2音節の「キ」「ミ」はいずれも乙類である。）私はこれらの音韻交替に鑑み、上の左列の諸単語の日本祖語形として、それぞれ *tukui, *tukui, *kukui, *kamui を再構しようと思う[59)]。なぜなら、これらの諸単語の第2音節の母音は、東北、琉球先島諸島などで[ï]あるいはそれに近い中舌母音となっている以外は前舌母音[i]となっており、後に説くように、上の辺境諸方言の[ï]も、[i]→[ï]という音韻変化の結果生じたものと考えられるから、日本祖語形に *-i の要素を再構せざるを得ないからである。

これに対し、

	《雪》	《肝》	《衣服》
「語音翻訳」琉球語	[juki]	[kimu]	[kinu]
奈良時代中央方言	由岐	岐毛	岐奴

などの[ki]の日本祖語形としては、*ki[*ki]を再構すればよい（としばらく仮定しておこう）。従って、日本祖語から次のような音韻変化が起こったことになる。

奈良時代中央方言		日本祖語		琉球首里方言	
				B 時代	現　代
[kinu]	←	*kinu《衣服》	→	[kinu]	→	[tʃiŋ]/ciɴ/
[tukⁱi]	←	*tukui《月》	→	[tsɯki]	→	[tsitʃi]/çici/

すなわち、日本祖語の *ki と *kui とは、奈良時代中央方言では、まだ「キ」の甲類・乙類の区別として保たれていたが、琉球首里方言では合流して、B 時代にすでに、ともに[ki]（→[tʃi]/ci/）となっていたのである。

動詞「過ぎる」の場合も、上に示した「ツキ」（月）の場合と全く並行的な音

韻交替があった。

須疑《過ぎ》　　須具[之]⁶⁰⁾《過ごし》
都奇《尽き》　　都久[之])《尽くし》

従ってこの場合にも同様に次のような音韻変化が起こったものと考える。「杉」（須疑）は、アクセントの点を除き、上の「過ギ」と同形であった⁶¹⁾。

奈良時代中央方言		日本祖語		現代首里方言
[sug'i]	←	*sugui《過ぎ》	→	[sidʒi]/şizi/
[sug'i]	←	*sugui《杉》	→	[sidʒi]/şizi/

従って、上に引用した拙文(pp. 177–178)で問題とした「霧」（紀利）という単語についても、次のような祖語形を再構すれば疑問は解けることとなる。

[k'iri]	←	*kuiri《霧》	→	[tʃiri]/ciri/

しかしながら、まだ1つの大きな疑問が残る。すなわち、「キ」(木)と「オキ」(起き)の「乙類のキ」が、首里方言でkii《木》、(ʔu)ki-《起き》であって、cii, (ʔu)ci- でないのはなぜか？

この疑問は次のようにして解くことができる。

これらの単語に関連しては、奈良時代中央方言において、次のような音韻交替が見られる。

紀《木》　　　許[能波]《木の葉》
於己《起き》　於許[之]《起こし》

すなわち、この場合の「乙類のキ」は、「ク」とではなく「乙類のコ」と交替するのであるから、日本祖語形として*kui を立てるわけにはいかない。

以下に説くように、奈良時代中央方言の女性母音 /ö/(乙類のオ列の母音)に対応する日本祖語の女性母音としては、/ä/[ə](この母音はダグール語の女性母音 /ä/[ə]のように後寄りの母音)と /ü/[ʉ] の2つを立てる必要がある(それぞれ*ə と*ü で表わすこととする)と私は考えるが、「木」と「起き」の場合には*ə を立てる必要がある。(その理由は後述のところによって明らかとなるであろ

182——第6章　日本祖語について

う。）従って、日本祖語から次のような音韻変化が起こったことになる。
*tukui《月》、*kinu《衣服》を併せ示す。（[ö]は中舌母音。）

奈良時代中央方言		日本祖語		現代首里方言
[kʼi]	←	*kəi《木》	→	[ḳiː]/kii/
[ökʼi]	←	*ʼəkəi《起き》	→	[ʔuḳi]/ʔuki/
[tukʼi]	←	*tukui《月》	→	[tsitʃi]/çici/
[ḵinu]	←	*kinu《衣服》	→	[tʃiŋ]/ciꜛ/

すなわち、奈良時代中央方言では、*kui と*ki の区別は「キの乙類・甲類」の区別として保たれているけれども、*kəi と*kui は合流して[kʼi]（乙類のキ）となっているのに対し、琉球首里方言では*kəi と*kui の区別は ki と ci の区別として保たれているけれども、*kui と*ki は合流して ci となっているのである。

　上によって、日本祖語は、奈良時代中央方言よりも、少なくとも 500〜600 年以上前の古い時代の言語と考えなければならないことが明らかとなる。

　かつて説いたように（服部 1976b: 31 = 本書第 4 章 p. 64）、奈良時代の文献に、

　　乙類の「ケ」《木》　豊前、筑後の地名。上総、下野の防人歌。

という例が見える。「起きる」に関しては、筑前、豊前、豊後、日向の現代方言に「オケ–」という形があり、岩手方言に「オゲル」という形がある。先に引用した 1932（昭和 7）年の拙文に、

　　[4]内地方言内に「ケ木」「起ける」などの形の行われている方言があり、
　　この方言もその系統に属するものである

と書いたが、正にその通りだとは言うものの、上の記述によると、*kəi→ke という変化の起こった方言は、西日本ばかりでなく東日本にもあり、*kəi→kʼi という狭母音化はむしろ中央方言のみに起こったのではないかと思われる。

　琉球方言の狭母音化は、一度*kəi→*ke という変化が起こった後に、二次的に起こったものであることは、後に説く。

　これで 1 つの大きい疑問は解けたが、上述の「語音翻訳」琉球語に関するもう 1 つの大きい疑問が残っている。（第 8 回了）

その1つの大きい疑問とは次の点である。

すなわち、「語音翻訳」琉球語における[sakʼi]《酒》(第8回の(9))、[ʔãgʼira]《上げよう》(第8回の(10))の[kʼi][gʼi]に対応する日本祖語の音節は何か？

奈良時代中央方言には、次のような音韻交替の規則があった(第5回末)。

左気《酒》　　　　佐加[豆岐]《盃》
加気《懸け》　　　可可[利]《懸かり》
多気《竹》　　　　太加[無奈]《筍》
須宜《菅》　　　　須賀[波良]《菅原》
阿宜[弓]《上げて》安我[里]《上がり》

これらの「乙類のケ、ゲ」に対しては、今までの日本祖語の *kui(乙類のキ)、日本祖語の *kəi(乙類のキ)の例にならって、日本祖語の *kai, *gai を再構しなければならない。その *-ai に対応する現代本土諸方言の母音は -e であり、琉球諸方言では、さらに狭母音化が起こっているが、沖縄諸島、先島諸島の諸方言では -i になっているから、祖語形に *-i の要素を加える必要があるのである。

従って、少なくとも首里方言では、次のような音韻変化が起こったと想定することになる。(このことについては、後にさらに詳しく述べるつもりである。)

日本祖語		A時代		B時代		現代
*kəi	→	*ke	→	[*kʼi]	→	ki[ɕi]
*kai	→	*ke	→	[kʼi]	→	ki[ɕi]

これに反し、日本祖語から奈良時代中央方言へは、次のような音韻変化が起こったことになる。

*kəi　→　[kʼi](乙類のキ)
*kai　→　[kᵊe](乙類のケ)

すなわち、首里方言では祖語の *kəi と *kai とが合流して同一音節となったのに対し、奈良時代中央方言では両者の区別が保たれていた。

184——第 6 章　日本祖語について

　さて、東条操先生の『南島方言資料』(第 7 回参照)によると、上に取り扱った
「語音翻訳」とほぼ同時代と考えられるシナ側の文献で注目すべきものに『中
山伝信録』『音韻字海』『華夷訳語』の 3 種類がある。これらは、東条先生のお
説(同書 p. 2 以下)によると次のようである。

　　中山傳信錄は康熙 58, 59 年(西暦 1719, 1720)册封副使徐葆光の著である、其
　　の中に収めた琉語は徐葆光が親しく採集したものでない【中略】、夏子陽は
　　萬暦 30 年(西暦 1602)の册使、張學禮は康熙 2 年(西暦 1663)の册使である、
　　傳信錄の琉語も明の系統に屬すものと見るのが至當であらう。
　　○華夷譯語には官撰本と、民撰本との 2 系統がある、琉球舘譯語を收めて
　　あるのは其の中の民撰本の系統で朱子蕃序、茅伯符著として知られて居る
　　類である、朱子蕃、茅伯符共に萬暦の進士である、伯符は名を瑞徵と云ひ、
　　官は南京光祿寺卿にまで進んだ、武備志の著者茅元儀の姪に當る。武備志
　　中の琉語と、華夷譯語の琉語との間に何等かの關係がある事は想像に難く
　　ない。本書の刊本は極めて珍しく揚守敬の舊藏本を安南河内の東洋學院の
　　オールッソー氏(Aurousseau)が得て秘藏されてゐる、氏によれば萬暦 8 年
　　(1580)頃のものかと云ふ、我國には彰考舘本と稲葉君山氏本と 2 種の寫本
　　が傳つてゐる。
　　○音韻字海は明の周鐘等の編であるが其の中の夷語音釋、夷字音釋は編者
　　の採集になつたものでないらしい【中略】、新村博士は萬暦初年を下るまい
　　と云はれてゐる。

　上のうち、第 2 の『華夷訳語』について、石田幹之助博士は次のような新見
解を発表された [62]。すなわち、普通『華夷訳語』なる名称で呼ばれている書
物に(甲)(乙)(丙)の 3 種があり、それぞれ別の書と言ってよいと述べられた後、
それらの中の「琉球舘訳語」の収められている「丙種」について、石田博士は
次のように書いておられる。

　　明末茅瑞徵(伯符)の所輯と称せられ、往々巻首に朱之蕃の序を附した、
　　(さうしてマスペロ博士に従へば会同館の館員が習つた諸国の語を録した
　　のではないかと思はれる)「華夷訳語」(石田 1930 = 1973: 10)

そしてさらに、附注(3)(p.24)において次のように述べておられる。

　（丙）種本が茅瑞徴(伯符)の私撰であるが如く考へられてゐることは第二節に於いて述べたが、これは大いに再考の余地があり、恐らくは誤であるであらう。右の説の根拠は河内本、稲葉氏本に朱之蕃の序と称するものが附いてをり、之にその序の対象たる書を茅氏の著と記してあるからであるが、余はこの序文を熟読して頗る疑なきを得なかつた。即ちその序せられたる書は「山川道里之近遥・境俗性智之優薄、産載物類之区品、気候涼燠之異宜、無不備焉」といふ種類のもので決して語彙の類ではない。依つて或はこれは茅氏の著「皇明象胥録」の序ではないかと考へて之を検するに果してその通りで一字の差もなく、而も呉光義の序で朱氏のものでないことが明になつた。

伊波普猷先生はこれを受けて、上に本論文でしばしば引用した「語音翻訳釈義」と題する論文の「序説」で、次のように書いておられる。

　かつて「海東諸国記附載の古琉球語について」(『国語と国文学』8の3所載)の一篇を草して、古琉球語の発音について述べた時、私は故オールッソー教授の説を無条件で採用して、『華夷訳語』中の「琉球館訳語」を「語音翻訳」より一世紀後のものと比定したが、前者の語彙中に、古格を有する神歌^{オモロ}の用語と一致するものの多いのに気がついてゐた矢先、石田幹之助氏の「女真語研究の新資料」(『桑原博士還暦記念東洋史論叢』所載)にサゼェスチョンを得て、両書の音韻・単語・語法を具さに比較研究した結果、前者が後者より却つて一世紀も古いといふことがわかつたから、序に訂正する。（伊波 1932b＝全集 4: 49–50）

伊波先生のこの訂正に関する私見は後に述べることとして、仮に伊波先生の上の説が正しいとしても、東条先生の挙げられた3種のシナ側琉球語資料は、「語音翻訳」からあまり遠くない時代のものと考えられるから、上に問題にした諸単語、およびそこで問題にした音節を含む単語が、これらの文献においてどのような漢字で表記されているかを調べることは、ここで行なっている研究

186——第6章　日本祖語について

の視野を拡大するためにも必要なばかりでなく、これらの諸文献の性質を明かにしそれらの琉球語史資料としての価値を評価するためにも必要である。

　以下、東条操先生の『南島方言資料』によって研究を進めるが、同書の附録 p.4 には、これら3書のほかに『篇海類篇』『海篇正宗』の琉球語彙があるとして、それらについては、

　　音韻字海の琉語と大同小異で全く同類と認めてよい、此の附録では此の三書については只相違點だけを対照して置くに止めた

と書いておられる。この「校異」は必要に応じて利用するであろう。なお、

(甲)日本祖語の*ki, *gi(としばらく仮定することにしよう)、および *kui, *gui [tʃi], zi[dʒi]――「語音翻訳」に記録がある場合にはその ki[g̣i]――に対応す

	シナ語	中山伝信録	音韻字海	華夷訳語
1	月	子急	都 63)急	都 63)及
2	雪	又急	由旗	由乞
2	霧	気力	気力	乞立
3	昨日		乞奴	乞奴
4	磚	呀及一什	牙及亦石	亜及亦石(焼き石)
5	右	名急里	民急里	民及立
6	北	屋金尼失	乞大 64)	乞大 64)
7	秋	阿紀	阿及	阿及
8	朝	阿噶子吉		
8	時	吐吉	吐急	吐及
8	気	亦吉	亦急	亦及
15 65)	杉木	思雞		
15 66)	烏木	哭羅雞		
16	甘蔗	翁吉	翁急	17 翁及
18 67)	兎	兀煞吉	吾撒急	烏撒及
27	掃箒	火気		
27	木梳	沙八巳		

下に列挙するすべての単語がそのまま日本祖語にまでさかのぼると考えている
わけでは決してない。中には、本土方言からの借用語と認められるものもあ
る。しかし、これらの語彙——その全体的な信憑性については後に述べる〔第
11回、第12回〕——に記録されている以上、当時の琉球語と仮定して、明かな
反証のあるものその他には、注をつけたり、それに含まれている一部の記号素
(L. Bloomfeld の morpheme)にだけ上代日本語の対応形を示したりしながら、
列挙することにしよう。(現代首里方言等の対応形の未詳のものは省く。最初
の数字は『南島方言資料』のページ数を示す。)

に対応する音節を含み、かつ(あるいは、または)その音節が現代首里方言の ci
る音節を含む単語。

語音翻訳	現代首里方言	上代日本語
cɐki[tsɯ̥ki]	çici	都紀（ツキ）
'yuki[juki]	'juci	由岐（ユキ）
	ciri	紀利（キリ）
k'iri'u[ḳ'iŋjuː]	cinuu	伎能布（キノフ）
	'jaci-《焼き》	夜岐（ヤキ）
	niziri	みぎ
		きた
aki[ʔaki]	ʔaci[文]	安伎（アキ）
	ʔakaçici《夜明け》	安可等岐（アカトキ）
	tuci	登岐（トキ）
	ʔiici《息》	伊岐（イキ）
	şizi	須疑（スギ）
	kuruci	くろき
	'uuzi	[東歌]乎疑《荻》（ヲギ）
'usaŋki[ʔusãgi]	ʔusazi	うさぎ
p'a'oki[p'auki]	hooci	波波伎（ハハキ）、ほうき
	sabaci《櫛》	

29	水注	閔子磁之(みづつぎ)		
31	倭扇	枉其	枉其	昂及
32	滚刀			那及那達
33	酒鍾		撒嗑子急	撒嗑子及
33	鋪盖《ふとん》			是及莫那
39	琉球人	倭急拿必周	倭急拿必周	倭及那必周
43	生	一吉之		
43	傷風	哈那失儿		
43	走 [68]	廹姑一甚	追姑一其	乜姑亦及
43	行	亞立其	亞立其	
44	上緊走 [69]	排姑亦急	排姑亦急	排姑亦及
45	回去 [69]	闊都里一其	悶都里一其	慢多罗
47	跪 [70]		匹舍蛮資之	非撒慢都及
47	去 [69]		亦急	亦及
47	来		吃之	外亦立
48	見朝 [69]		大立葉亦急	大立葉亦及
49	昨日賞賜			乞奴非近的
51	心	気麼	起模	个个罗
52	衣服	豈奴	乙依	及那
53	手巾	梯煞儿		
54	冬短衣	木綿景		
60	麵		皿其諾沽	以立蒙乞
72	黄	綺羅		
73	不聴得	乞介籃		
74	嗁	那其	那其	
76	什物			是及莫奴(33 鋪盖?を比較)

(乙)日本祖語の*kəi, *gəi; *kai, *gai に対応する音節を含み、かつ(あるいは、または)「語音翻訳」に記録がある場合にはその kii[kʻi]——に対応する音節を含む単語。

14	竹	托儿	達急	達及

çizi《注ぎ》	菟藝（ツギ）
ʔoozi《扇・うちわ》	安布伎（アフキ）
nazinata《薙刀》	［俱娑］那伎（クサナギ）
sakaʐici《杯》	佐加豆岐（サカヅキ）
sici《敷き》	之吉弓（ツキテ）
ʔucinaa《沖縄》	
ʔicici《生きて》	五十寸手（イキ）
hanasici《鼻かぜ》	之伎《頻き》?（シキ）
ʔici《行き》	由伎（ユキ）
ʔaɴci《歩き》	阿留伎、ありき（アルキ）
（「43 走」を見よ。）	
（「43 走」を見よ。）	
hwisjamaɴci《正坐》	ひざまづき
（「43 走」を見よ。）	

kitcyəi［ḳitʃɪ］　　ɴci《来て》　　伎弓（キテ）

（「43 走」を見よ。）

（「3 昨日」参照。）

kimo［ḳimʊ］

cimu	岐毛（キモ）

kiru［ḳinu］

ciɴ	岐奴（キヌ）
tiisaazi《手拭》	
mumiɴ, ciɴ（「52 衣服」を見よ。）	
muzi《麦》	［東歌］武藝（ムギ）
ciiru《黄色》	き
cik(wiijuɴ)《聞こえる》	岐久（キク）
naci《泣き》	那岐（ナキ）

その音節が、1つの例外(51 鬚、52 髯子、胡子)を除き、現代首里方言の ki, gi──

daki	多気（タケ）

14	笋	打吉	達急	達及
14	木 71)	雞		
32	交床			个失加及（腰かけ）
36	父 72)	會几噶烏耶		
39	父親		一更加烏牙 73)	阿舍都
38	富	喂既奴周		
43	興	屋起堅	屋起里	烏達的唆亦
50	髮	哈那子 哈拉齊	嗑十藍其	加籃
51	鬚	非几	品其	
52	髯子		胡品其	
52	胡子			品乞
55	紵布		達急木綿	
56	竹布			達及木綿
58	酒	煞几	撒其	撒及
60	酒飯		撒其汪班泥	撒及翁班尼
60	喫茶		札安急弟	昂乞立札

さて、上に取りたてて問題とした漢字がどういうシナ語音を表わしたかを考察する段取りとなったが、まず、用いられている漢字を文献別にまとめて表示してみよう。出現順序に従って並べる。数字は出現回数、漢字の上の〇印は（甲）（乙）両グループに用いられていることを示す。〔「愬」は「急」にまとめた。〕

（甲）	中山伝信録	音韻字海	華夷訳語
〇急	5	11	
〇及	1	2	20
旗		1	
〇乞	1	2	6
紀	1		
〇吉	6		

(同上)

kii 　　　　　　　　　　　紀

kaki《掛け》　　　　　　　加気

'wikigaʔuja

ʔweekiɴcu《金持ち》

ʔuki-《起き》　　　　　　　於己

kii《毛》　　　　　　　　　毛

hwizi[74]《ひげ》　　　　比宣

(同上)

(同上)

(「14 竹」を見よ。)

(「14 竹」を見よ。)

sakii[sakʰi]　　saki 　　　左気

(同上)

'akiimoro[ʔãgʰimυnυ]

○	雞	2	
	氣	3	
	己	1	
	之	1	1
○	其	5	6
○	几	2	
	吃		1
○	起		1
	豈	1	
	景	1	
	綺	1	

第6章　日本祖語について

(乙)

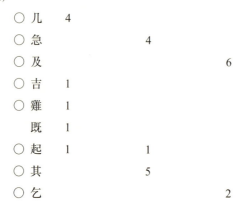

上を概観して直ちに明らかになることは、3書ともに、(甲)グループと(乙)グループとを表記し分けようとしている気配が全くない、という点である。しかしこれは、琉球語の発音に両グループの区別がなかったためではなく、これらの漢字表記の基礎となったシナ語の音韻体系に原因があったのだということが、以下の論述で明かになるであろう。

次に注意にのぼるのは、書物により、好んで用いる漢字が異なる傾向がある、ということである。『中山伝信録』では、(甲)に対して「吉」「急」「其」、(乙)に対して「几」、『音韻字海』では、(甲)(乙)ともに「急」と「其」、『華夷訳語』では、(甲)(乙)ともに「及」「乞」(前者の方がはるかに多い)が頻出する。

用いられる漢字の種類は、『伝信録』が最も多く、『字海』はそれよりかなり少なく、『訳語』に至っては「及」「乞」の2字に限定されている[75]。『訳語』は意識的に用字を限定しようとしたのではないかと思われる。

このような研究を全般的に行なえば、各資料がどの程度に等質的であるかを明らかにすることができるばかりでなく、それらの相互関係、さらには成立過程に関する一つの徴憑を得ることができるであろう。

ここでは、上の琉球語資料としての3書の研究方法を示唆するにとどめ、上掲の諸漢字が、当時のシナ語のどういう音を表わしたかという点の考察に移り、とりあえず当面の研究を進めることにしよう。(第9回了)

4 琉球方言と上代日本語と日本祖語(第10回)——193

　第9回の(甲)と(乙)に挙げた諸漢字が、シナ語の(どの方言の)どういう音を表わしたかを研究するためには、理想的には次のような予備的調査・研究を行なわなければならない。

　上の諸本に異本があれば、それらを網羅的に調査し、それぞれの校本を作成する。『音韻字海』『篇海類編』『海篇正宗』の校異は、すでに述べたように、東条操先生が作っておられる。

　次に、3書に出てくる琉球語およびシナ語の索引を、書ごとに別々に作成し、かつ同じ語が2か所(以上)に出てくる場合には、その間の関連が明らかになるようにしておく。後者の点は『南島方言資料』でも大体わかるのだけれども、さらに徹底的な cross references(同一書内および3書間の)を作成する。『南島方言資料』が3書を対照して示しているのは非常に有益である。

　さらに、使用漢字の総索引を、書ごとに別々に作成し、かつ3書間の連関が直ちに明らかになるようにしておく。

　上のような基礎的な研究ができてはじめて本格的な研究が可能となるわけだけれども、ここではとりあえず、上に挙げた諸漢字の「中世音」と「現代音」等を、藤堂明保編『学研漢和大字典』によって示そう。藤堂氏の「中世音」とは、『中原音韻』(1324)の音韻を指すというが、私の再構した同書の音韻をその直後に[ ]に入れて示す(1は陰平、1′は陽平、2は上声、3は去声である。左肩に*印をつけた字は同書に見えないので、私が理論的に再構したもの。下記の"上海音"の場合も同様)。藤堂氏の「現代音」とは、北京音のことであるが、その直後に B. Karlgren (1915-26)によって、呉方言に属する上海音と温州音を示す。上海音の直後に( )に入れたのは『上海声音字彙』[76]の示す"上海音"である。

	上古		中古		中世			現代	上海	温州
急	kɪəp	→	kɪəp	→	kiəi	[ki^2]	→	tši (jí)	tśi (chieʔ)	tśiai
及	gɪəp	→	gɪəp	→	kiəi	[ki$^{1'}$]	→	tši (jí)	dźi (chieʔ)	dźiai
旗	gɪəg	→	gɪei	→	k'i	[k'i$^{1'}$]	→	tš'i (qí)	dźi (ji^1)	dźi
乞	k'ɪət	→	k'ɪət	→	k'iəi	[k'i^2]	→	tš'i (qǐ)	tś'i (ch'ieʔ)	tś'iai
紀	kɪəg	→	kɪei	→	ki	[ki^2]	→	tši (jì)	tśi (chi^4)	tśi

吉	kiet	→ kiĕt	→ kiəi	[kiʔ²]	→ tši(jí)	tśi(chie?)	tśiai
雞	ker	→ kei	→ kiəi	[ki¹]	→ tši(jī)	tśi(chi¹)	tśi
氣	k'ɪəd	→ k'ɪəi	→ k'iəi	[k'i³]	→ tš'i(qì)	tś'i(ch'i⁴)	tś'i
己	kɪəg	→ kɪei	→ ki	[ki²]	→ tši(jǐ)	tśi(chi³)	tśi
之	tiəg	→ tʃɪei	→ tʂï	[tʂï¹]	→ tʂï(zhī)	*tsï(tsu¹)	*tsï
其	gɪəg	→ gɪei	→ k'i	[k'i¹']	→ tš'i(qí)	dźi(ji¹)	dźi
几	kɪər	→ kɪi	→ ki	[ki²]	→ tši(jī, jǐ)	*tśi(chi¹)	*tśi
吃	⎰ kɪət → kɪət → kiəi	[*kiʔ]	… tʂ'ï(chī)	*tś'i(ch'ie?)	*tśiai		
	⎱ k'ɪət → k'ɪət → k'iəi	[*k'iʔ]	… tʂ'ï(chī)				
起	k'ɪəg	→ k'ɪei	→ k'i	[k'i²]	→ tš'i(qǐ)	tś'i(ch'i³)	tś'i
豈	k'ɪər	→ k'ɪəi	→ k'iəi	[k'i²]	→ tš'i(qǐ)	tś'i(ch'i³)	tś'i
景	kɪăŋ	→ kɪʌŋ	→ kiəŋ	[kiŋ²]	→ tšiəŋ(jǐng)	tśiəŋ(chin¹,³)	tśiaŋ
綺	k'ɪar	→ k'ɪĕ	→ k'i	[k'i²]	→ tš'i(qǐ)	*tś'i(ch'i¹)	——
既	kɪər	→ kɪəi	→ kiəi	[ki³]	→ tši(jì)	tśi(chi⁴)	tśi

　ここは上古音、中古音について私見を述べる場所ではないので、中世音すなわち『中原音韻』の音韻の共時態のみについて考察することとする。

　藤堂説と私見との大きい相違は次の2点にある。まず第1に、藤堂氏は入声音の存在を認めない——この方が通説のようである——のに対し、私は、声門閉鎖音[ʔ]で終わる入声音があった、とする点が異なる。この私見は、すでに1946(昭和21)年の拙著[77]で公にしてあるが、ここではその根拠の一部について略述することとする。

　『中原音韻』の代表する言語では、古えの入声はすでに消失していた、とする通説の主な根拠は、この書の巻末の「正語作詞起例」に、

　　平上去入四声、音韻無入声、派入平上去三声

などとあるのが、それではなかろうか。これは、「古えの入声は、その末尾の閉鎖音が消滅して、それぞれ平上去の三声に変化した」とも解釈できる。そして実際に、たとえば「支思韻」は「平声陰」「平声陽」「上声」「入声作上声」「去声」の5つに各漢字が配属せしめてあり、またたとえば、「齊微韻」には

「入声作平声」「入声作上声」「入声作去声」の３つが揃っている。それのみならず、この韻には

　　去声作平声
　　　陽
　　　　鼻

という例があり、なるほど「鼻」の字は『広韻』では「去声」であるが、現代北京音では「平声陽」であるから、古えの去声が『中原音韻』の言語でもすでに平声陽に変化していたわけである。しかし、このような例はこの１例だけであって、他はすべて「入声作……」となっている。実際に入声が消滅していたのなら、それぞれの字を平上去３声に分属させてしまえばよいのに、なぜそれらが入声の出自であることを一々示す必要があったのであろうか。これが私の大きい疑問である。ところが、同じ「正語作詞起例」に、続いて、

　　入声派入平上去三声者、以広其押韻、為作詞而設耳、然呼吸言語之間、還有入声之別

とある。これを私は次のように解釈した。

　　-p, -t, -k の古い入声末尾音は消失し、古い入声字はそれぞれ平、上、去の三声に近い声調に分岐しているから、これらを平、上、去の三声との押韻に用いると、押韻の範囲を広げることができるので、作詞の便宜を考えて、入声字をそれぞれ平、上、去の三声の次に「入声作平声」「同　上声」「同　去声」として並べ挙げることにした。しかし、それは作詞の便宜を考えてそうしたまでであって、実際の音声言語における入声字の発音は、精密に言うと、声門閉鎖音[-ʔ]に終わっていて、他の三声の字の発音とは異なるのである。

また、実際の分類の仕方を見ても、たとえば、「齊微韻　入声作平声」の条に、

　　実 -t、十 -p、什 -p、石 -k、射 -k、食 -k、蝕 -k、拾 -p

の８字が「同音」として同一グループにまとめられているのであって、「唇内

196——第6章　日本祖語について

-p」「舌内 -t」「喉内 -k」という出自が問題外となっており、かつ順序も不同であるのは、これらが[-ʔ]に合流したことを物語ると思う。

　また、次のように異なる2つの韻に重出する字がある。

　　　蕭豪韻　　　入声作平声　　　薄箔泊博
　　　歌戈韻　　　　同　上　　　　薄箔勃泊渤

私は上述の旧著において、これらの字の音を /pauʔ¹ʼ/ と推定[78]し、[-ʔ]のために短く詰めて発音され実際には[pɔɔʔ¹ʼ]に近かったので、/pauʔ¹ʼ/ の故に「蕭豪韻」に入れられ、[pɔɔʔ¹ʼ]の故に「歌戈韻」に入れられたのだ、と考えた[79]。このようなことが起こるのも、入声尾[-ʔ]があったためと考えられる。

　上述のような理由により、『中原音韻』の「入声作……」の字に対して、入声尾[-ʔ]を立てたのである。

　第2の問題点は、「之」と「景」以外の字に対して、藤堂氏が -iəi, -i の2韻を立てるのに反し、私は -i(-iʔ)の1韻しか立てない点である。上掲の諸字の出現状況は次のようである(服部・藤堂1958)。漢字の直後につけたローマ字はすべて藤堂氏の再構形。上掲の琉球語表記に現れた漢字には下側に＝印をつける。○印は、『中原音韻』における同音漢字グループの境目、従ってその初めを示す。…はそこに漢字が1字、……は2字(以上)あることを示す。

　　平声陰　機 kiəi、幾 kiəi、……肌 ki、飢 ki、……虀 kiəi、……奇 ki、……
　　　　　　○……○溪 kʻiəi、欺 kʻi、欹(敧 kʻi)○……
　　平声陽　……○奇〔竒？〕kʻi(, ki)、……旗 kʻi、……祈 kʻiəi、祁〔祁？〕kʻi、其
　　　　　　kʻi、畿 kʻiəi、……○……
　　上声　　……○蟣 kiəi、幾 kiəi、己 ki、几 ki、…紀 ki○……○起 kʻi、棨
　　　　　　kʻiəi、啓 kʻiəi、……綺 kʻi、杞 kʻi、、豈 kʻiəi○……
　　去声　　……○氣 kiəi、器 kʻi、棄 kʻi、憩 kʻiəi、……○……○ 計 kiəi、記
　　　　　　ki、……既 kiəi、……○……

　愈昌均『較定蒙古韻略 全』(1973年)によれば、愈氏が崔世珍『四声通解』(1517年)の引用例を集めて再構された『蒙古韻略』(1269年から1292年までの間に刊行)には、-i(l)韻と -jəi(ᅨ)韻との区別があり、それらはそれぞれ『蒙古字韻』

(1308 年)の -i 韻と -ei 韻 [80] とに対応する、という。そこで、上に引用した藤堂氏の『中原音韻』再構音と、上の 2 書の示す音とを比較すると、次のようである。

漢字	藤堂中原音韻	蒙古韻略	蒙古字韻
機	kiəi	ki[1]	gi[1]
幾	kiəi	ki[1]	gi[1]
肌	ki	ki[1]	gi[1]
飢	ki	ki[1]	gi[1]
雞	kiəi	kjəi[1]	gei[1]
竒	kiəi〔ki?〕	ki[1]	gi[1]
溪	kʻiəi	kʻjəi[1]	kʻei[1]
欺	kʻi	kʻi[1]	kʻi[1]
敲敲歗	kʻi	kʻi[1]	kʻi[1]
奇〔竒 ？〕	kʻi(, ki)	kki[1], ki[1]	ki[1], gi[1]
旗	kʻi	kki[1]	ki[1]
祈	kʻiəi	kki[1]	ki[1]
祁	kʻi		kei[1]
其	kʻi	kki[1]	ki[1]
畿	kʻiəi	kki[1]	ki[1]
蟣	kiəi	ki[2]	gi[2]
幾	kiəi	ki[2]	gi[2]
己	ki	ki[2]	gi[2]
几	ki	ki[2]	
紀	ki	ki[2]	gi[2]
起	kʻi	kʻi[2]	kʻi[2]
棨	kʻiəi	kʻjəi[2]	kʻei[2]
啓	kʻiəi	kʻjəi[2]	kʻei[2]
綺	kʻi	kʻi[2]	kʻi[2]
杞	kʻi	kʻi[2]	kʻi[2]

豈	k'iəi	k'i²	k'i²
氣	k'iəi	k'i³	k'i³
器	k'i	k'i³	k'i³
棄	k'i	k'ei³	k'ei³
愒	k'iəi	k'i³	k'i³
計	kiəi	kjəi³	gei³
記	ki	ki³	gi³
既	kiəi	ki³	gi³

すなわち、藤堂再構音と後2者とを比較すると、「祁」「棄」の場合を除き、「機」「幾」「奇」〔ママ〕「祈」「畿」「蟻」「豈」「愒」「既」において、藤堂説の -iəi に後2者の -i が対応し、後2者において韻の合流が一層進んでいると言える。一般に『中原音韻』(1324年)は『蒙古韻略』(1269-92年)、『蒙古字韻』[81] (1308年)よりも韻の合流が進んでいる傾向が著しいから、この点より見ても藤堂再構音は不適当と考えられる。

　もし藤堂氏の -iəi 韻の字と -i 韻の字とが別のグループに分属している――『蒙古字韻』の場合はそうである――ならば、それらは韻を異にする可能性もあるが、両者が上に示したように同一グループの中に順序不同で混在する場合には、たとえ通時的には――藤堂氏の示すように――その出自を異にするにしても、『中原音韻』共時態では同一の韻 -i を有したものと考えられる。

　次に、入声字は次のようになっている。

入声作平声　陽同後　……○及、極［ともに kiəi］○……

入声作上声　……○吉、撃、激、諨〔藤堂になし〕、棘、戟、急、汲、給［いずれも kiəi］○……○乞、泣［ともに k'iəi］、訖 kiəi ○……

最後の「訖」に関する藤堂説は次のようである。

上代		中古		中世		現代
kɪət	—	kɪət	—	kiəi	…	tš'i(qi)

しかし、同じ「声」の中に「吉、撃、激……」という kiəi のグループがあるの

だから、『中原音韻』音としても当然 kˇiəi を立てるべきで、藤堂説は次のよう
に修正しなければならない。

kɪət ── kɪət … kˇiəi ── tšˇi(qi)

さて、入声字においては、同じグループの字が一致して -iəi を有するので、
次のような可能性もある。

平、上、去　　　-i
入　　　　　　　-iəiʔ

そこで、上と同じ比較を試みてみよう。

漢字	藤堂中原音韻	蒙古韻略	蒙古字韻
及	kiəi	kki⁴	ki⁴
極	kiəi	kki⁴	ki⁴
吉	kiəi	kjəi⁴	gei⁴
撃	kiəi	kjəi⁴	gei⁴
激	kiəi	kjəi⁴	gei⁴
諏	kiəi		gi⁴
棘	kiəi	ki⁴	gi⁴
戟	kiəi	ki⁴	gi⁴
急	kiəi	ki⁴	gi⁴
汲	kiəi	ki⁴	gi⁴
給	kiəi	ki⁴	gi⁴
乞	kˇiəi	kˇi⁴	kˇi⁴
泣	kˇiəi	kˇi⁴	kˇi⁴
訖	kiəi	ki⁴	gi⁴

すなわち、ここにおいても、後者は圧倒的多数例において、-i 韻を有するので
ある。

一方、すでに述べたように、『中山伝信録』『音韻字海』『華夷訳語』におい
て琉球語の ki, gi（正確には［k̟i］［gi］、［k̟ˇi］［g̟i］）を表わすために頻出する字は、

200——第6章　日本祖語について

　　吉、急、及、乞

であり (pp. 190-192)、「日本館訳語」で日本語の「キ」「ギ」を表わすために頻
出する字は、

　　急

であり、「朝鮮館訳語」で中期朝鮮語の ki を表わすために頻出する字は、

　　吉

であり、『元朝秘史』で中期蒙古語の ki, gi を表わすために頻出する字はそれぞれ

　　乞、吉

である [82)]上に、これらの入声字と同じ声の中に[-iʔ]韻と認むべきグループが
なく、かつ全体として[-i]韻の字と同じ「斉微韻」の中に入っているのだから、
上掲の入声字はすべて[-iʔ]という韻母を有するものと考えられる。

　このように、『中原音韻』の音韻、およびその後の中原系諸方言のそれを表
わす漢字としては、同時代の琉球語の[ḳi]と[kʻi]および[gi]と[gʻi]を表記する
ためには、kiʔ, ki; kʻiʔ, kʻi; kiŋ という音（あるいはそれから変化した音）を表わ
す漢字しかなかったので、前述の（甲）グループと（乙）グループとは、同一韻の
漢字（複数）で表記されたものと考えられる（第9回後半参照）。

　さて、上掲の呉音系のうち、温州音は -iai のような韻母があるので問題に
ならないが、上海音は北京音と韻母が変わらないので問題になり得る。上海音
には濁音の声母を有するものがあり、次の諸字がそれである。

　　及、旗、其

　このうち「及」の字は、『華夷訳語』では琉球語の k-（あるいはそれから変
化した無声子音）を表わすために盛んに用いられ、『中山伝信録』でも「4 磚
呀及一什」のように、『音韻字海』でも「4 磚　牙及亦石」「7 秋　阿及」のよ
うに、k-（あるいはそれから変化した無声子音）を表わすために用いられている。

　「旗」の字は『音韻字海』の「2 雪　由旗」の1例だけだが、やはり k-（上に

同じ)を表わす。

　「其」の字は、『中山伝信録』では「31 倭扇　枉其」で g-(あるいはそれから変化した有声子音)を表わすほかは 4 例とも k-(上に同じ)を表わし、『音韻字海』では「31 倭扇　枉其」「60 麵　皿其諾沽」「50 髪　嗑十藍其」「51 鬚、52 鬍子　品其」で g-(上に同じ)を表わすほかは 6 例とも k-(上に同じ)を表わすのに用いられている。

　一方、「5 右」「15 杉木」「16 甘蔗」「18 兎」では 3 書とも琉球語の g-(上に同じ)がすべて清音字で表わされている。

　これらの事実は、これらの字に関する限り、呉音系ではなく、中原系の音──恐らく北京音──が用いられたことを示すものと考えざるを得ないと思う。

　「景」に対して、藤堂氏は kiəŋ を、私は kiŋ² を立てることに関する論証は省略し、両者においてはそのほかにも、

	藤堂氏	服部(服部 1946: 140–141)
京	kiəŋ	kiŋ¹
軽	kʻiəŋ	kʻiŋ¹

のように意見の相違があることを述べるにとどめる。

　「之」の『中原音韻』音は、藤堂説、服部説ともに、tṣï であって、孤立している。その用例も、上に問題にした範囲では、『中山伝信録』の「29 水注　閔子磁之(みづつぎ)」、『音韻字海』の「47 跪　匹舍蛮資之」のそれぞれ 1 例だけである。(ほかに「31 画　夷夷喀之(『中山伝信録』)」の「喀之」も現代首里方言の kaci に対応する可能性がある。) しかし、その他のすべての語例において ki, kʻi; kiʔ, kʻiʔ; kiŋ というシナ語音の漢字が用いられているのだから、これらの例だけで、琉球語あるいは(あるいは、および)シナ語において音韻変化が起こりつつあったことを示すものと断定することはできない。そこで、まず考えられることは、「之」は「己」の誤写ではないかということである。

　ところが次のような例がある。

　22 垣　全止(『中山伝信録』)

これが当時の琉球語[kaḳi](現代首里方言の[katʃi]《いけ垣》に対応)を表わすも

202——第 6 章　日本祖語について

のならば、この「止」の字も表記上の例外となる。この字のシナ語は次のようである。

上古	中古	中世	現代	上海	温州
tiəg →	tʃɪei →	tʂï[tʂï²] →	tʂï(zhǐ)	*tsï(tsu³)	*tsï

しかも、「之」「止」ともに『中原音韻』で「支思韻」に属するのが、もう 1 つの疑問である。これらの字は現代上海音で tsï であるけれども、音訳当時の呉音系では tsi であった可能性もある。しかも「22 垣」「31 画」「29 水注」の語が『中山伝信録』にのみ見られる点が注意される。この問題は後にさらに取りあげるであろう〔第 11 回など〕。

『中原音韻』にはほかに「車遮韻」があり、これに属する漢字には、たとえば、

	上古	中古	中世	現代	上海	温州
傑	gɪat →	gɪɛt →	kie [kiɛʔ¹] →	tšie (jié)	dźi (jieʔ)	
竭、碣						
結	ket →	ket →	kie [kiɛʔ²] →	tšie (jié, jiē)	tśi (chieʔ)	tśie
潔	kāt →	ket →	kie [kiɛʔ²] →	tšie (jié)	tśi (chieʔ)	tśie
劫	kɪăp →	kɪʌp →	kie [kiɛʔ²] →	tšie (jié)	tśi (chieʔ)	tśie
頰	kāp →	kep →	kie [kiɛʔ²] …	tšia (jiá)	tśi (chieʔ)	tśie
怯	kʻɪăp →	kʻɪʌp →	kʻie [kʻiɛʔ²] →	tšʻie (qiè)	tśʻi (chʻieʔ)	tśʻie

等々の字がある。もし琉球語(首里方言)の上述の[kʻi]がまだ*ke であった時代——すなわち「A 時代」——ならば、(乙)の諸単語に対しては、たとえば、「14 竹　達傑」「14 木　傑」「58 酒　撒傑」等々と書いたはずであるのに、そうでないのは、上の 3 書が「A 時代」ではなく「B 時代」(以降)の琉球語を写したものであることの 1 つの徴憑と見なし得る [83]。

　付　記
　　筆者は昨年(1977 年)の 1 月に、ソ連邦科学学士院東洋学研究所(Institut Vostokove-denija, Akademii Nauk SSSR)から「数回の」——実際には 4 回になったが——講義をするため 2 週間の招待を受けていたのを、都合で延び延びになっていたのだが、去る 7 月 3 日成田を発ち、同 17 日に帰国することにより、約束を果たすことができた。

その際、研究所の方々から受けた心からなる歓待は、筆紙に尽くせないものであった。多くの言語学者たちとの学問的討論から得るところが多大であったことは、言うまでもない。そのモスクワ滞在中、さる書店から、本章第2回、第4回、第6回で言及したネフスキーの、次の著書を入手した。

　　　Н. А. Невский, Фодькдор островов Мияко, Москва, 1978.

　また、モスクワ大学の Institut stran Azii i Afriki の Golovnin 教授から、ポリワーノフの弟子であったのは Oleg Viktrovič Pletner（ポリワーノフとの共著『日本語会話語文法』がある）の方で、日本に居た Orest V. Pletner はその兄弟である、と伺った。本章第2回に引用した村山七郎氏の訳文の「私【ポリワーノフ】の弟子 Or. プレトネル」が正しいとすれば、Orest の方も弟子ということになる。

　またこの 1978 年 9 月上旬には、かねてから招かれていた大韓民国科学学術院主催の国際学術講演会 Comparative Studies of Altaic Languages に参加、講演を行なった。私としては、韓国の招待を受けたのは 3 回目で、いつも変わらぬ歓待にはお礼の言葉もないほどだが、旧知の諸学者ともお会いでき、また新しい知己も得て、学問的にも得るところが極めて大きかった。訪れるごとに韓国が著しい発展を遂げているのは、目をみはるばかりである。今回も種々貴重な書物の恵与を受け、また入手したが、その中に、文璇奎博士の『朝鮮館訳語研究』(1972)があるので、さっそく、注(75)で問題にした「209 鴨　我係」について見るに、

　　　　’orhi

が当ててあり、「係」の字については『中原音韻』『韻略易通』ともに hi としており、『杜詩諺解　初刊本』7–9、『新増類合』の ’orhi を引用している。また、劉昌惇『李朝語辞典』、南廣祐『補訂古語辞典』にも、’orhi はあるが、’orki はない。

　なお、本稿脱稿後『纂輯日本訳語』(1968)を入手したが、そこに収められている『使琉球録』の琉球語を調査したところ、その[ḳi][gi]、[kʻi][gʻi]を表記する漢字はすべて ki, kʻi, kiʔ, kʻiʔ というシナ語音を表わすものばかりであり、「47 跪　匹舎蛮資之（音韻字海）、非撒慢都及（華夷訳語）」に対しては「非撒慢都急」となっている。これら 4 書の相互関係については、後に述べるであろう。（第 10 回了）

　それでは、これらの 4 書（『使琉球録』を含む）は「B 時代」の琉球語を写したもので、「C 時代」——すなわち[ḳi][kʻi]がそれぞれ[tʃi][ḳi]に変化してしまった以後の時代——のそれを写したものではない、と言い得るかというに、上の研究だけでは直ちにそういうことは言えない。なぜなら、シナ語の北京・南京・上海の諸方言においても、『中原音韻』以後(tźi, tśʻi は東京・京都の方言の「チ」、琉球首里方言の ci[tʃi]に近い音)、

　　　ki[ḳi]　　→　　tźi

　　　kʻi[ḳʻi]　　→　　tśʻi

(15)本土方言の「チ」に当たる音節を含む単語[84]。

	原本シナ語	同琉球語	伊波音声表記
68(2.6)	初	cʻuitʻaci	[tsîtachi]
69(2.8)	一路上	mitcimitci	[michimichi]
72(3.6)	裏頭	ʼucipara	[uchibara]
87(5.4)	大路	ʼopumici	[upumichi]
87(5.5)	小路	kumici	[kû michi]
112(7.3)	木貼是	pʻaci	[fachi]《鉢》
113(7.5)	火盆	pʻipʻatci	[fifachi]《火鉢》
117(7.8)	口	kʻici	[kʻüchi]

(16)本土方言の「ヂ」および「ジ」(歴史的仮名遣)に当たる音節を含む単語。

86 86(5.3; 5.3)	地	ci	[djî]
86(5.3)	[山]頂	(ADE)cɐnci, (BC)cʻɐnci	[tsüdji]

ならびに、それと並行的な音韻変化が起こって現代に至ったのだから、その変化の起こった後にはこれらのシナ語諸方言は[ɡi][ɡʻi]という音節(あるいはそれに始まる音節)を有しないわけで、琉球首里方言がまだ「B時代」の段階にあっても、すでに「C時代」に入っていても、シナ人はそのB時代の[ɡi]と[kʻi]、あるいはC時代の[tʃi]と[ɡi]を聞きわけることができず、両者とも「及」「乞」「急」「起」「其」「吉」「几」「難」などの文字で表記するよりほか仕方がなかったはずだからである。

　そこで、この点を確認するためには、以下のような研究をする必要がある。

　まず、「語音翻訳」で、本土方言「チ」(およびその濁音)に当たる音節がいかに表記されているかを調べてみよう〔上の(15)と(16)〕。

　すなわち、先に、(7)本土方言の「キ」に当たる音節を含む単語(第8回)として列挙したものは、いずれもその音節がハングルのki(kʻi)で写されているのに対し、上の(15)に列挙したものは、いずれも問題の音節がハングルのciで写されていて、両者の間にははっきりした発音の差異があったことがわかる。

　一方、劉昌惇『李朝語辞典』(1964)、南廣祐『補訂古語辞典』(1971)によれば、

服部音声表記	現代首里方言	上代日本語
[tsɯitˑatʃi]	çiitaci《ついたち》	ついたち
[ɱitʃiɱitʃi]	mici《道》	美知(ミ チ)
[ʔutʃȋbara]	ʔuci《内》	宇知(ウ チ)
[ʔʊpuɱitʃi]	ʔuhumici《大通り》	意富・美知(オ ホ ミ チ)
[kuːɱitʃi]	(kuutee《小さいもの》)	
[pˑaːtʃi]	haaci《大皿》	はち
[pˑiːpˑaːtʃi]	hwibaci	
[kˑʊtʃi]	kuci	久知(ク チ)
[dʒiː]	zii[dʒiː]《地。地面》	ぢ
[ts(ˑ)ɯ̃udʒi]	çizi[tsidʒi]《山頂》	つじ

15世紀の朝鮮語には、ハングルのti と ci、tˑi と cˑi で表記し分けられる音韻的対立があった。そして、ハングルのti, tˑi は、「語音翻訳」では、たとえば、次のような琉球語を表わすのに用いられている。

117(7.9)	手	tˑi	[tˑî]	[tˑiː]	tii	弓(テ)
104(6.8)	筆	pˑunti	[fudi]	[pˑũdi]	hudi	ふで(←文手(ふみ て))

これらの[tˑi][di]は「A時代」の*te, *de から来たものであり、(15)に挙げたハングルのci(지)で表記された琉球語の音節は、「A時代」(またはそれより以前)の*ti から来たものであって、しかもその子音はハングルのc で表記されているから、破擦音であったに違いない。そこで、

	A時代		B時代		C時代
(イ)	*ti	→	[*tsi]	→	[tʃi]/ci/
(ロ)	*ti	→	[*tʃi]	→	[tʃi]/ci/

という2つの可能性のうち、(イ)の可能性はまずないと考えて、(15)における

206——第6章　日本祖語について

ハングルの ci は、上に示したように、[ʧi] を表わしたものと推定したのである [85]。その理由は、

	A 時代		B₁ 時代		B 時代		C 時代
*te	→	[*tʲi]	→	[ti]	→	[ti]
*ti	→	[*ʨi]	→	[ʧi]	→	[ʧi]

のように、仮に、「B₁ 時代」という段階があったとしても、*ti から来た [*ʨi] はその子音が十分口蓋化していたはずで、従って [tsi] ではなく [ʧi] へと変化したに違いないと考えられるからである。[tʲi] ならば [tsi] に変化する可能性が皆無だとは言えないかも知れないが。

さて、上に、(15) における [ʧi] は「A 時代」(またはそれ以前) の *ti から来た、と述べたが、その根拠は次のようである。

第 8 回おわりと第 9 回冒頭に述べたように、日本祖語の *k で始まる音節の一部において、次のような通時的音韻変化が起こった。

奈良時代中央方言		日本祖語			琉球首里方言		
				A 時代	B 時代	C 時代(現代を含む)	
[ki] (甲類キ)	←	*ki	→	*ki	→	[ki]	→ [ʧi]/ci/
[kʲi] (乙類キ)	←	*kui	→	*ki	→	[ki]	→ [ʧi]/ci/
[kʲi] (乙類キ)	←	*kəi	→	*ke	→	[*kʲi]	→ [ki]/ki/
[kᵊe] (乙類ケ)	←	*kai	→	*ke	→	[kʲi]	→ [ki]/ki/

これと並行的な通時的音韻変化が、日本祖語の *t で始まる音節の一部においても起こったと想定される。すなわち、

[ti]	←	*ti	→	*ti	→	[ʧi]	→	[ʧi]/ci/
[ti]	←	*tui	→	*ti	→	[ʧi]	→	[ʧi]/ci/
[ti]	←	*təi	→	*te	→	[*ti]	→	[ti]/ti/
[te]	←	*tai	→	*te	→	[ti]	→	[ti]/ti/

奈良時代中央方言に、なぜ「チ」「テ」の甲乙の区別がなかったか、については、服部 (1976c: 8 = 本書第 10 章 p. 496 および注 10)、参照。

先の(15)に挙げた諸単語のうち、68, 69, 87 の諸単語の[tʃi]は日本祖語の*ti（としばらく仮定しておこう）にさかのぼり、72, 117 の[tʃi]は同じく*tui にさかのぼる。なぜなら、奈良時代（および平安時代）中央方言において、次のような音韻交替があったからである。

　　宇知《内》　　　宇都[波利]《梁》
　　久知《口》　　　久ッ[波美]《轡》

　以上によって、本土方言の「チ」（および「ヂ」「ジ」）に当たる首里方言の音節は、すでに 15 世紀末に[tʃi]（および[dʒi]）となっていたこと、同じく「テ」「デ」に当たる首里方言の音節は[ti][di]となっていたこと、が明らかとなった[86]。

　そこで、上に問題にした『中山伝信録』『音韻字海』『華夷訳語』『使琉球録』で、これらの音節がどういう漢字で表わされているかを調べてみよう。第 9 回に記したやり方で、次ページ以降に掲げる表の(a)〜(c)に、関係の単語、形式を列挙する。それにつづけて、(a)〜(c)の諸例に現れた問題の漢字を、第 10 回のやり方にならって並べ、それらの表わすシナ語音を調べてみよう。『中原音韻』の服部再構音の根拠を、前回のように詳しく述べることは、省略する[87]。

　さて(a)の諸単語の問題の音節を表わす漢字の『中原音韻』音は、藤堂説でも服部説でも、tʂ- あるいは ts- という声母を有する点で、第 10 回で取りあげた諸漢字（「之」を除く）の『中原音韻』音がいずれも声母 k- あるいは kʻ- であるのと著しい対比をなす。この点から次のことが言える。

　まず第 1 に、これらの漢字で表わされる琉球語音節においては、先の(15)の諸単語の「語音翻訳」表記と同様、

　　　*ti　→　[tʃi]

という破擦音化が完了していたと認められる。ただし、この破擦音化が、A 時代から B 時代への移行と時を同じゅうするかどうかを明らかにするためには、次のような考察をする必要がある。

208──第6章 日本祖語について

(a)日本祖語の*ti(としばらく仮定することにしよう)および*tui、すなわち本代首里方言の ci[tʃi]──「語音翻訳」に記録がある場合にはその ci[tʃi]──に

シナ語	中山伝信録	音韻字海	華夷訳語	使琉球録
3 土 88)	足池	足只	足只	足只
4 路	密之	密集	蜜集	密集
5 近	土古尼迷	即加撒	集加撒	即加撒
6 路近			密集奴集加撒	
7 水路			民足蜜集	
9 初一	之搭之			
23 御路		密集	蜜集	密集
24 朝裏去			烏只八藍亦及	
25 上御路			烏也蜜集	
26 刀	和着	嗑塔拿	達只	荅知
34 鞭子			烏馬奴不只	
44 上御路	悪牙密即約里	悪牙密即約里	烏也蜜集	悪牙蜜即約里
50 口	潤生	窟之	姑之	谷之
59 餅	木之			
64 倭刀			達只	荅知
68 中	屋之			
75 近			集加撒	

(b)本土方言の「ヂ」および「ジ」(歴史的仮名遣)に当たる音節を含む単語。

	中山伝信録	音韻字海	華夷訳語	使琉球録
30 舵	看失	看息	看失	看失
35 通事	通資	通資	度日	度日
37 妻	拖廚	同之	眠多木	眠多木
40 都通事			度日	
44 言語	麼奴喀荅里	麼奴嗑荅里	姑只	谷只
51 臂	非之			

土方言の「チ」に対応する音節を含み、かつ(あるいは、または)その音節が現
対応する音節を含む単語等。

語音翻訳	現代首里方言	上代(以後の)日本語
		都知〈ツ チ〉
mitci, mici	mici	美知〈ミ チ〉
	cicasaɴ	知可吉〈チ カ キ〉
(4 路、5 近参照)		
(4 路に同じ)		
cʻuitʻaci	çiitaci《ついたち》	ついたち
(4 路に同じ)		
ʼucipara	ʔuci《内》	宇知〈ウ チ〉
(4 路に同じ)		
	taci《太刀》	多知〈タ チ〉
	buci《鞭》	むち、ぶち
(4 路に同じ)		
kʻici	kuci	久知〈ク チ〉
	muci	もち、もちいひ
	(26 刀に同じ)	
(24 朝裏去に同じ)		
	(5 近に同じ)	
	kazi《舵》	可治《梶》〈カ ヂ〉
	tuuzi《通事》	つうじ
	tuzi《妻》	刀自(←トヌシ)〈ト ジ〉
	(35 通事に同じ)	
	kuzi《故事》	故事〈コ ジ〉
	hwizikee	比地〈ヒ ヂ〉

210──第6章　日本祖語について

(c)本土方言の「テ」「デ」に当たる音節を含む単語。

1 天	町	旬尼	旬尼	旬尼
7 陰 [89]	姑木的	姑木尼	姑木的	姑木的
8 陽	法力的	法立的	法立的	法立的
8 晩	有煞嘸的	約姑里的	約姑立的	約姑里的
12早起			速多蜜的	
31筆	夫的	忿嚏	分帖	分帖
43買	科的	科的	烏立	烏利
43売	屋的	屋的	高葉	高葉
46早起	速都密的	速都密的	速多蜜的	速多蜜的
48酔了			由的	
51手	蹄	剃	帖	帖
53手巾	梯煞几			

	上古		中古		中世				
						中原音韻		蒙古韻略	蒙古字韻
						藤堂説	服部説		
之	tiəg	→	tʃɪei	→	tʂï	[tʂi^1]	či^1	dži^1 →
集	dziəp	→	dziəp	→	tsiəi	[tsiʔ$^{1'}$]	cci^4	ci^4 →
即	tsiək	→	tsiək	→	tsiəi	[*tsiʔ$^{1'}$]	ci^4	dzi^4 →
只	tieg	→	tʃɪĕ	→	tʂï	[tʂiʔ^2]	či^4	dži^2 →
知	tɪeg	→	ṭɪĕ	→	tʂï	[tʂi^1]	či^1	dži^1 →
失	thiet	→	ʃɪĕt	→	ʃiəi	[siʔ^2]	ši^4	ši^4 →
息	siək	→	siək	→	siəi	[siʔ^2]	si^4	si^4 →
資	tsier	→	tsii	→	tsï	[tsï^1]	ci^1	dzhi^1 →
日	niet	→	niĕt(rɪĕt)	→	rɪəi	[ɻiʔ^3]	zi^4	ẓi^4 →
廚	dɪug	→	dɪu	→	tʃɪu	[tʂʻy$^{1'}$]	ččyu^1(厨)	čeu^1 →
町	tʻeŋ	→	tʻeŋ	→	tʻiəŋ	[tʻiŋ^2]	tʻiŋ^2	→
甸	den	→	den	→	tien	[tiɛn^3]	ttyən	tɛn^3 →
的	tŏk	→	tek	→	tiəi	[tiʔ^2]	ti^4	di^4 →

t'yən	tiɴ	てん
kumotyəi	kumuti	くもりて
p'arityəi	hariti	はれて
	'juɴkwijuɴ	くれて
stomiiti	sutumiti	豆止女天(新撰字鏡)
p'unti	hudi	ふで(←文手)
	kooti	かひて
	ʔuti	うりて

(12 早起に同じ)

'i'uti	'wiiti	ゑひて
t'i	tii	弓
	tiisaazi《手拭》	

現代

北京音	上海音	温州音
tṣï(zhī)	*tsï(tsu^1)	*tsï(?)
tši(jí)	dzi(ziʔ)	zai
tši(jí)	tsi(tsiʔ)	tsi
tṣï(zhǐ, zhī)	tsï(tsaʔ, tsiʔ)	tsi
tṣï(zhī)	tsï(tsu^1)	tsï
ṣï(shī)	se(seʔ)	sai
ši(xī)	si(hsiʔ)	si
tsï(zī)	tsï(tzŭ)	tsï
rï(rì)	ze(niʔ, ziʔ)	zai
tṣ'u(chú)	dzʮ(zu^2)	dzü
t'iəŋ(tǐng)	*t'iŋ(t'in^3)	*t'iŋ
tian(diàn)	*die(die^2)	die
ti(dì, dí)	ti(tieʔ)	ti

212——第6章　日本祖語について

嚔	ted	→	tei	→	tiəi	[t'i^3]	ti^3	di^3	→
帖	t'ep	→	t'ep	→	t'ie	[t'iɛʔ^2]	t'yə^4	t'e^4	→
蹄	deg	→	dei	→	t'iəi	[t'i$^{1'}$]	tti^1	ti^1	→
剃	t'er	→	t'ei	→	t'iəi	[t'i^3]	t'i^3	t'i^3	→
梯	t'er	→	t'ei	→	t'iəi	[t'i^1]	t'i^1	t'i^1	→

　仮に、首里方言において次のような音韻変化が起こったとしよう。

A時代		「語音翻訳」
*ki	→ ［*ƙi]	→ [ƙi]
*ke	→ ［*k'i]	→ [k'i]
*ti	→ ［*ʥi]	→ [tʃi]
*te	→ ［*t'i]	→ [ti]

このA時代の次の段階は、先（第11回）に「B$_1$時代」と呼んだものであって、すなわち広義の「B時代」に過ぎず、従って、この場合には、

　　*ti　→　［tʃi]

という破擦音化は、A時代からB時代への移行からやや遅れて起こったことになる。とはいえ、上の「B$_1$時代」という過渡期は長くなかったものと推定される。なぜなら[ʥi]:[t'i]というような音韻的対立は長くは保たれ得ないものと考えられるからである。

　しかしながら、首里方言において次のような音韻変化の起こった可能性もある。

A時代	A$_2$時代	「語音翻訳」
*ki	→ ［*ƙi]	→ [ƙi]
*ke	→ ［*ke]	→ [k'i]
*ti	→ ［*tʃi]	→ [tʃi]
*te	→ ［*te]	→ [ti]

　上の「A$_2$時代」のような共時態は、本土中央方言では室町末期以来400年も続いているわけだが、首里方言ではどうであっただろうか。

tʻi(tì)	$*tʻi(tʻi^4)$	$*tʻi$
tʻie(tiē, tiě, tiè)	tʻi(tʻieʔ)	tʻie
tʻi(tí)	$*di(di^2)$	$*di$
tʻi(tì)	$tʻi(tʻi^4)$	tʻi
tʻi(tī)	$tʻi(tʻi^1)$	tʻi

　この点を確かめるために、まず、今までに取り扱ったシナ関係の4書のうちに、「A₂時代」のような共時態を記述したものがないか、調べてみよう。

　A時代の $*ki$ と $*ke$ に由来する音節に関する限り、これらの4書は、「語音翻訳」のそれと同時代あるいはそれ以後の時代の共時態を記述したものであろうと考えられることは、第10回に述べた。

　もしそうであるとすれば、$*ti$ と $*te$ に由来する音節も、同じ共時態のもの、すなわち[tʃi]と[ti]でなければならぬはずである。上の(a)の諸単語の問題の音節の表記を調べることにより、

$$*ti \quad \rightarrow \quad [tʃi]$$

という破擦音化が完了していたことは、明らかになった。それでは、

$$*te \quad \rightarrow \quad [ti]$$

という音韻変化は完了していたであろうか。この点を確かめるためには、(c)の諸単語の問題の音節を表わす漢字のシナ語を調べる必要がある。

　まず、「7陰」「8陽」「8晩」「12早起」「43買」「43売」「46早起」「48酔了」「53手巾」に対する琉球諸単語の問題の音節において、

$$*te \quad \rightarrow \quad [ti]$$

という音韻変化が完了していたことは疑いない。「語音翻訳」には -tyəi と -ti とが現れるが、これは[-tɪ]～[-ti]に近い発音の動揺を表記しようとしたもので、音韻としては共に同じ /ti/(“音価”をより精密に表記するならば恐らく /tɪ/)に属したものと考えられる(pp. 148, 175 参照)。

　「51手」「31筆」においても、『中山伝信録』と『音韻字海』はそれぞれ[tiː]

214──第6章　日本祖語について

[-di] を表記したものと認められるが、『華夷訳語』『使琉球録』の「帖」の字
は te, de を表わすものとせざるを得ない。そこで「日本館訳語」におけるこれ
らの単語に対応するものの表記を見ると、

　　（身体門）　　404 手　　　貼
　　（器用門）　　238 筆　　　分貼

となっており（大友・木村 1968）、「貼」の字のシナ語音は、

	上古		中古		中世（中原音韻）		現代北京音
					藤堂説	服部説	
貼	t'āp	→	t'ep	→	t'ie	[t'iɛʔ²]	→	t'ie (tiē)

であって、「帖」と少なくとも部分的に同音である。

　今までにも、『華夷訳語』（「琉球館訳語」）に日本語の混入したと考えられる例
（第9回（甲）「1 月」「6 北」「47 跪」、本回（a）「3 土」）を指摘してきたが、これも恐
らく、日本語の混入したものであろう。もちろん、琉球人が日本語を混入して
答えたのではなく、「日本館訳語」の中に琉球語の混入したと考えられる例も
少なくないので、これら両「訳語」の編者が少なくとも部分的には同一人（単
数あるいは複数）であり、かつ日本語と琉球語とが類似しているために、同一
頭脳の中で混同が起こったものと思う。『音韻字海』等はこの誤りを部分的に
踏襲したものであろう。

　「1 天」の「旬尼」は、「日本館訳語」では、

　　（天文門）　　1 天　　　唆喇

となっているから、日本語の混入とは言えない。『おもろさうし』にこの単語
が「てに」と表記されているところを見ると、「B 時代」の初めには [tɪŋi]/tinji/
のように発音されていた時期があり、シナ人がそれを自己の「天」[t'iɛn] に近
づけて聞きとって「旬尼」[tiɛnni] と表記したものではなかろうか。「語音翻訳」
の「4. 1. 天텬(t'yən)」も、琉球語の [tɪn] あるいはそれに近い発音を、成希顔
が朝鮮語の t'yən[t'jɛn]《天》に同化させて聞きとったものではなかろうか。も
っとも t'yəin[t'jɛin] のように表記すれば一層琉球語原音に近くなったであろう

が、当時のハングル正書法にはそういう綴り(従って朝鮮語にそういう発音)は
なかった。

　以上の論証によって、『華夷訳語』等の記述する琉球語は、すでに「B時代」
に入っていたものと考えられる。

　しかしながら、このことは「A₂時代」の存在を否定するものではなく、ま
たその年代的長さも今のところ未詳とせざるを得ない。

　また、「琉球館訳語」(等)の著作年代が「語音翻訳」のそれより古いことを明
らかにすることができたとしても、それによって「B時代」の上限を確定でき
るわけではない。なぜなら、それは、「B時代」に入ってから何年たったかを
示さないからである。ただ「語音翻訳」はそのハングルによる精密な音声表記
によって、「B時代」に入ってから間もないころの共時態を記録したもののよ
うに思われる点を考慮外においてはいけない。

　次に、琉球語においては、後に、

B時代		C時代
[ki]	→	[tʃi]
[tʃi]	→	[tʃi]

という音韻変化が起こって[ki]が[tʃi]へと合流するわけだが、上のシナ関係の
4書の表記する琉球語の諸単語(第9回(甲)(乙)で取りあげたもの)においては、
『中山伝信録』における極く少数の例外を除き、まだこの合流が起こっていな
い。すなわち、B時代の状態を反映している。この点についても、後にさらに
詳しく考察するであろう。

　そこで、議論をさらに進める前に、本節の(b)の諸単語について考察しなけ
ればならない。本節の(16)に示したように、本土方言の「ヂ」と「ジ」(歴史的
仮名遣)に対応する音韻的区別が「語音翻訳」琉球語では失われているようで
ある。この区別が現代琉球諸方言に見出されない——より正確な表現を用いれ
ば「そういう区別を保持する琉球方言の存在が私の知る範囲では報告されてい
ない」——ということは驚くべき事実だという私見をたびたび表明してきた。
従って、「語音翻訳」時代にすでにその区別が失われていても驚くには足りな
い。上の(b)の諸単語のうち、「トジ」「コジ」「ヒヂ」の「同之」「姑只、谷只」

216——第6章　日本祖語について

「非之」という表記はやはりこの区別が失われていたことを示している。「37 妻　拖廚」の「廚」は呉方言の発音によったものであろう。ただ、2 例だけ大きい疑問を喚起するものがある。

　その1つは「35, 40」の「度日」である。この「日」の発音は、『中原音韻』以来、北京音でも呉音系でも破擦音ではなくて有声摩擦音であるから、琉球音が［dʒi］ではなく［ʒi］であったことを指し示すように見えて、不思議である。なぜ、たとえば「通只、通之、度只、度之」などのように書かずに、わざわざ「度日」と書いたのであろうか。そこで「日本館訳語」を繙くと、果たせるかな、

　　（人物門）　　320 通事　　　度日

とあって、やはり日本語が「琉球館訳語」に混入したものと認められる。この時代の日本語（中央方言）には、まだ「ジ」と「ヂ」の区別が保持されていたから「ツウジ」の「ジ」を「日」で写したのである。ただし、「35 通事　通資」の「資」は例外的表記であって、琉球側の特別な発音があったのか、何らかの呉方言によったものか未詳である。

　もう1つの疑問例は「30 舵」の「看失、看息」であって、ここに無声摩擦音が現れるのは、日本語の混入としても説明することができない。なぜなら日本語は「カヂ」であって「カジ」ではないからである。これは「琉球館訳語」の何等かの誤記を他の3書が踏襲したものではなかろうか。誤写され得る字としては次のようなものがある。〔　〕内は筆者の『中原音韻』再構音。

　　秩　　〔tʂiʔ¹˥〕
　　疾　　〔tsiʔ¹˥〕
　　炙　　〔tʂiʔ²²〕（「只」と同音）

　上にしばしば『華夷訳語』（「琉球館訳語」）が他の3書の拠り所となったかのように書いてきたが、それは根拠あってのことである。次回は、シナ関係書の相互関係に関する私見を略述し、次いで再び「語音翻訳」の共時態について考察することにしよう。（第11回了）

　前回に取りあげた琉球語表記のシナ関係の4書の相互関係、成立の順序、さ

らに「日本館訳語」との関係、そして各々の本質について考察することにしよう。しかし、本格的な詳説は別の著に譲り、ここでは、以下の考察に関係のある重要な点を略説するに止めざるを得ない。

今までは、東条操編『南島方言資料』の『中山伝信録』『音韻字海』『華夷訳語』という順序によってきたけれども、以下では、それらの成立順序と考えられる「琉球館訳語」(『華夷訳語』)、『使琉球録』、『音韻字海』、『中山伝信録』という順に従って、それぞれを『訳語』『使録』『字海』『伝信録』と略称しつつ取り扱うことにしよう。最初の数字は東条本のページ数、それに続く丸括弧の中の数字(がある場合、それ)は京大国語学国文学研究室編『纂輯 日本訳語』(1968)所収の「琉球館訳語」(ロンドン本)のページ数である。その直後に原本のシナ語を記す。〃は「同左」の意。△はすぐ左の表記と同じ字が用いられているの意。

まず、『訳語』の明らかな誤訳を他の3書が訂正している例から説き始めよう。

		『訳語』	『使録』[90]	『字海』	『伝信録』
2	下雨	失莫嗑乜福禄	嗑乜福禄	〃	阿梅福的
2	下雪	失莫由乞福禄	由其福禄	△旗△△	又急福的

「下雨」「下雪」は倉石武四郎『岩波中国語辞典』(以下『倉石』と略称)に、

xiayu《雨が降る》
xiaxue《雪が降る》

とあるように、全体として《……が降る》という意味なのに、「下」を「失莫」[ʃimu](本土方言の「下シモ」に対応)としたのは、シナ人でなく恐らく琉球人の誤訳である。ロンドン本(171 天文)では

(下雨)嗑乜福禄、(下雪)由乞福禄

となっている。この「福禄」は「日本館訳語」(大友・木村 1968 による)の

19(落雨)阿密福禄　24(落雪)由急福禄

を取り入れたものであろう。なぜなら、「福禄」というのは日本語の終止形で、

218──第6章　日本祖語について

琉球語としては「福立」とあるべきだからである[91)]。また、日本語、琉球語ともに主格の助詞が抜けているのも、口語としてはブロークンな感じがするし、沖縄では雪が降らないので、現代首里方言で /ˈjuci/ といえば《あられ》のことであるのに、「雪」に「由乞」を当てているのも、やむを得ないこととはいえ、やや無神経な印象を与えないでもない。『使録』『字海』は、この場合は、『訳語』を訂正したというより、そのロンドン本（またはその系統の異本）を受け継いだものではなかろうか。『伝信録』に至って初めて「福的」《降った》[92)]と修正している。

	『訳語』	『使録』	『字海』	『伝信録』
49（176）　暁的	失達哇	〃		
49（176）　不暁的	民那失達哇	△納△△△		
46　　　　暁得			識達哇	〃
46　　　　不暁得			失藍	〃

『倉石』に「xiaode 暁得《知っている。わかっている》」とあるから、「不暁的」は当然《知らない。知っていない》の意味であるのに、『訳語』はこれを恐らく「都暁的」《みんな知っている》と取り違えて誤訳したものに違いない。『使録』はその誤訳をそのまま受け継いだが、『字海』に至ってこれを訂正した。

　一方、現代首里方言では、

　　siraN《知らない》、siqcooN《知っている》

であるから、『訳語』の「49 暁的　失達哇」は『日本館訳語』の

　　390 知道　　世苔（シッタ）

の影響によるものである疑いが濃厚である。この時代には、琉球語では、こういう環境にある *t の口蓋化（[tʃ]に変化すること）が完了していたと認められる。たとえば（『訳語』の琉球語の下の漢字はロンドン本のそれ。（　）に入れて示す）、

	『訳語』	『使録』	『字海』	『伝信録』
39（174）　琉球人	倭及那必周 （奴）	△急拿△△	〃	〃

39(175)	日本人	亞馬奴必周	〃	△△吐△△ 〃
41(174)	大明人	大苗必周		

のように《人》を意味する単語が「必周」[pitʃu]と表記されていて、「語音翻訳」
(第8回(13))の pʻicʻyu～pʻicyo と符合し、「日本館訳語」で常に「非都」[ɸito]と
表記されているのと著しい対照をなしている。他の3書は恐らくすべてこの
「必周」を踏襲したものと考えられるから、『中山伝信録』の時代になお[pitʃu]
という発音であったとすることはできない。

　なお、「大明」に対して「大苗」と表記される琉球語があったことは、

		『訳語』	『使録』	『字海』	『伝信録』
40(175)	大明帝王 （皇帝）	大苗倭的毎 （烏）	〃	△△△都△	
48(175)	大朝 （明）	大苗			

のような例があることによって、琉球では独自の(本土から借用した)漢字音
(第6回参照)によって、「明」の字を、当時「ミン」と読まないで /mjau/ 93) と
読んだことがわかる。

		『訳語』	『使録』	『字海』	『伝信録』
48(175)	好看	約達撒窋只 （的）	約達撒	丘達撒	
77(178)	好看	約達撒窋只			
49(176)	不好看	哇祿撒窋只 （吐）（密）			

「好看」「不好看」は『倉石』に haokan《うつくしい、みごとな》、bu haokan
《みにくい》とあるように、全体が複合語になっていて、特別の意味を持ってい
るのに、

　　好　　hao《よい、りっぱだ》='jutasjaɴ《よい》

　　不好　buhao《よくない》='waqsaɴ《悪い》

　　看　　kan《目でみる》=[ŋi:tʃi]《見た》

220——第6章　日本祖語について

のように分解して訳したために生じたひどい誤訳で、『使録』が「竅只」(「蜜的」)を切り棄てることによりこれを修正したのを、『字海』は受け継いだ。

		『訳語』	『使録』	『字海』	『伝信録』
60(176)	喫茶	昂乞立札	△△利△	札安急弟	
61(176)	喫飯	昂乞立翁班〔尼〕	△△利△△〔尼〕	汪班尼安急弟	
61(176)	喫肉	昂乞立失失	△△利△△	失失安急弟	

「昂乞立」「翁班」はそれぞれ「語音翻訳」の「(5.8.)喫飯 'aŋkiiri」、「(5.7–8.)飯 'ompari」「(5.8.)(做)飯 'opari」「(5.9.)(大米)飯、(小米)飯 'opanri」に当たる単語(第7回(6)(2)参照)で、シナ語の「喫」および「飯」を訳したものである。『訳語』がシナ語の単語を1つ1つ訳したため琉球語としては誤った語順となっているのに、『使録』はこのひどい誤訳をそのまま引き写したが、『字海』に至って正しい語順に改めた。

		『訳語』	『使録』	『字海』	『伝信録』
43(175)	買	烏立	△利	科的	〃
43(175)	売	高葉	〃	屋的	〃
75(178)	買	烏立	吾利		
75(178)	売	高葉	〃		

『訳語』は「買」と「売」とを取り違えて、間違った訳語を当てているのを、『字海』に至って、

現代首里方言

買	科的《買った》	kooti
売	屋的《売った》	ʔuti

と訂正し、『伝信録』がこれを受け継いだ。なお、『訳語』の時代には、上の現代首里方言の /kooti/ に対応する形は /kauti/《買った》であったと考えるが、その根拠は後に述べる〔注93および服部1979a〕。

　この誤訳は、恐らく次のようにして生じたものであろう。

		『訳語』	『使録』
49(175)	買売	烏立高葉	
77(178)	買売	烏立高葉	亞及耐

この「買売」の訳「烏立高葉」(本土方言の「ウリカイ」に似ている)を2つに分解して、「買」と「売」にそれぞれ「烏立」と「高葉」を当てがったものであろう。従って、当時の琉球語に「高葉」という終止形があったかどうかは疑わしい。「日本館訳語」には〔以下の〔　〕は著者による解読とみる〕

355 買　　稿的［カウテ］

356 売　　吾禄［ウル］

400 買売　阿急乃［アキナイ］

とあって、現代首里方言にも /ʔacinee/《商売》という単語がある。上の「烏立高葉」は、「日本館訳語」に見えないから、日本語の混入とは断定できないけれども、後述の点(p. 226)を考慮に入れると、その疑いはある。『使録』の「亜及耐」は琉球語を直接記録したか、あるいは「日本館訳語」によって訂正したものであろう。

		『訳語』	『使録』	『字海』	『伝信録』
51(177)	脚	亞失	〔悪△〕	匹奢	燦
51(177)	心	个个罗	各各羅	起模	氣麽

「日本館訳語」には次の例が見られる。

405 脚　　阿世［アシ］

418 心　　各各羅亦［ココロイ］

『訳語』の「亞失」「个个罗」はこの日本語を取り入れたか、後述の「借用訓」によったもので、『使録』はこの口語としての誤りを受けついだものであろう。『字海』はこれを訂正した。『伝信録』の「燦」は何を表わそうとしたものか未詳。

　以上指摘した諸点は、「琉球館訳語」が他の3書よりは古く、後3書の拠り

222——第6章　日本祖語について

所となったばかりでなく、修正の対象ともなったことを明示していると思う。同時に明らかとなったことは、「琉球館訳語」が「日本館訳語」の日本語をかなり取り入れていることである。従って、この両訳語の関係がいかなるものであるか、特に当面の問題としては、前者が後者の日本語をどの程度に取り入れているか、を明らかにしない限り、これら4書を琉球語資料として研究することは、厳密に言うと不可能である。しかしながら、その点に関する詳細な研究は、やはり別の著に譲らなければならないので、ここでは、著しい諸点について略説するにとどめる。

　問題の諸点としては、たとえば次のようなものがある。

		『訳語』	『使録』	『字海』	『伝信録』
1 (171)	日	非祿	△祿	飛陸	飛
1 (171)	月	都及	△急	〃	子△

　「日本館訳語」では次のようになっている。

（天文門）	2	日	非禄［ヒル］
	3	月	読急［ツキ］
（時令門）	92	月	読急［ツキ］
	93	日	非禄［ヒル］

すなわち、「2日」は《太陽》の意で、「93日」は《（月日の）日》の意味であるから、これに「非禄」を当てたのは誤訳であるが、「琉球館訳語」の「非祿」はこれをそのまま受け継いだもので、『使録』『字海』はその誤りを踏襲し、『伝信録』に至って「飛」と訂正した。「日本館訳語」の「非禄」は日本語の[φiru]を写したものと考えられるけれども、それを取り入れたに過ぎないと考えられる「琉球館訳語」の「非祿」は、この単語の当時の琉球音が、[p]でなく[φ]で始まっていた証拠とすることはできない。この点に関しては特に注意を喚起しておきたい。

　なお、「都」「読」の字の『中原音韻』音はそれぞれ[tuˈ][tuʔ]であるから、「日本館訳語」の「読急」は当時の日本語の[tuki]という発音を写したものと考えられる。しかし、「琉球館訳語」の「都及」は同書の常用の漢字を用いて

前者の「読急」を書き改めたもので、当時の琉球語が[tuʒi]であった証拠とならないことは、以下に論証するところによって明らかとなるであろう。従って、『使録』『字海』の「都急」も『訳語』の「都及」を引き写したものに過ぎず、『伝信録』に至って初めて琉球音を写そうとしたものと考えられる[94]。

さて、第11回に説いたように、「語音翻訳」琉球語では、本土方言の「ついたち」「道（みち）」「内（うち）」「鉢（はち）」「口（くち）」に対応する単語の「チ」に対応する音節はci[ʧi]であったし、「ぢ（地）」「つじ（頂）」の「ぢ」「じ」に当たる音節はともにci[dʒi]であった（服部1979a参照）。

本土方言の「ツ」に対応する音節は、

(2.3.)幾時　　'itcɐ[ʔitsɯ]
(5.1.)月　　　cɐki[tsɯʒi]

などのように、一般にcɐ（ス）で表記されており、

(6.8.)硯　　　sɐcɐri[sũdzɯri]すずり

の例より見て、「ぢ」と「じ」の場合と同様、「づ」と「ず」の区別もなく、ともに[dzɯ]となっていたものと考えられる。

「琉球館訳語」の時代の琉球語でも、本土方言の「つ」に対応する音節が、[tu]ではなく[tsɯ]であったことは、次の表記例からわかる。

			『訳語』	『使録』	『字海』	『伝信録』
65(177)	一	的子		〃	〃	抵△
66(177)	二	達子		荅△	〃	打△
66(177)	三	窒子（密）		〃	膩△	七△
66(177)	四	由子		〃	〃	天△
66(177)	五	亦亦子（子）		亦子亦子	一子孜	△△子
66(177)	六	木子		〃	畝△	姆△
66(177)	七	那那子		拿拿△	△納△	納△△
66(177)	八	甲子		〃	鴉△	呀△

224——第6章　日本祖語について

66(177)　　九　　　　　姑姑奴子　　　　〃　　　　　　　酷骨碌△　　　　科過△△

ことに、上のうち「一」と「二」は

	『訳語』	「語音翻訳」	現代首里方言	上代日本語
一	的子	(3.1.)putʲəiɕɐ [putɪːtsɯ]	tiiɕi	比登
二	達子		taaɕi	布多

のようであって、本土方言の「ヒトツ」「フタツ」ではなく 95)、琉球語を表記しようとしたものであることは明らかである。「子」の『中原音韻』は[tsi²]であるから、「語音翻訳」のcɐ[tsɯ]と符合する。

　ところが、その他の「ツ」に対応する音節を含む語例を見ると、2種類の表記例がある。すなわち、声母が破擦音[ts]の漢字を用いるものと、同じく破裂音[t]の漢字を用いるものとである。それらの例にたとえば次のようなものがある。

(a)声母が[ts]の字を用いた例。(『中原音韻』音は、「足」[tsɪuʔ²]、「祖」[tsu²]。)

		『訳語』	『使録』	『字海』	『伝信録』
4(171)	水	民足	〃	〃	閦子
14(172)	松	馬足	〃	〃	貿子
21(173)	(犀)牛角	烏失祖奴	〔吾△△△？〕		
33(174)	酒鐘	撒嗑子及	△△△急	〃	
34(174)	角帯	祖奴乞角必			
34(174)	水筒	民足大籠			
34(174)	討艚船隻 （修舡）	福尼兹姑立			

(b)声母が[t]の字を用いた例。(『中原音韻』音は、「禿」[tʻuʔ²]、「都」[tu¹]。)

		『訳語』	『使録』	『字海』	『伝信録』
2(171)	露	禿有	〃	〃	〃
7(171)	夏	那都	拿△	〃	約之
14(172)	棗	那都乜 （多）	〃	〃	△多△

18(172)	龍	達都 （多）	″	″	″
19(173)	羊	非都只 （多）	△△知	匹牝喳	皮着
30(173)	弦	禿奴	″	子△	″
47(175)	跪	非撤慢都及 （多）	△△△△急	匹舍蠻資之	

後の(b)グループの例に対応する「日本館訳語」の表記は次のようである。

（時令門）　88　夏　　納都[ナツ]

（花木門）　128　棗　納都密[ナツメ]

（鳥獣門）　177　龍　苔都[タツ]

（鳥獣門）　180　羊　非都世[ヒツジ]

ところが、「2 露」「30 弦」「40 跪」に当たる語例がない。

　一方、「語音翻訳」には、

（4.9.）夏　　natcɐ[natsɯ]

（8.3.）龍　　tʻacɐ[tʻatsɯ]

（8.2.）羊　　picɐcya[pitsɯ̃dʒaː]

（6.10.）弦　conu[tsɯ̣ru]

という例があって、問題の音節が[ts]で始まっていたことが明瞭に表記されており、他方では、『字海』が

30 弦　　子奴

47 跪　　匹舍蠻資之

のように、声母[ts]の字を用いて書き改めている[96]ところを見ると、(b)群で用いられている「都」の字は「日本館訳語」の「都」の字を取り入れたものと考えられる。ただ不思議なのは、「2 露」「30 弦」「47 跪」に当たる単語が「日本館訳語」にないことである。これは次のように考えることによって説明できるのではないだろうか。「琉球館訳語」の項目数は 595 であるのに対し、

226——第6章　日本祖語について

「日本館訳語」のそれは566であって、後者はいかにもよく整理されたという感じであり、また、部門の数や名称も両者において必ずしも一致せず、部門の中の項目の数や順序もかなり違っているから、両訳語が現存諸本の形にまとめられる以前の写本（草稿）があり、この「草稿日本館訳語」には、「露」「弦」「跪」等の単語もあったものと想像することができよう。前述(p. 221)の「烏立高葉」に当たる日本語もそういう「草稿日本館訳語」にはあったのかも知れない。

　さてそれでは、上の(a)グループの例は琉球語音を表記したものと言い得るかというに、ここにも問題がある。これらに当たる「日本館訳語」の語例を求めると、

　　　（地理門）　　45　水　　　　民足［ミヅ］
　　　（花木門）　　170 松樹　　　馬足那急［マツノキ］
　　　（鳥獣門）　　217 牛角　　　吾世那祖那［ウシノツノ］
　　　（器用門）　　254 鐘　　　　撒幹都急［サカヅキ］
　　　［フネツクリ］に当たる語例なし

であって、これらと比較すると、「琉球館訳語」の「33 酒鐘　撒嗑子及」だけは、「子」の字を用いている点より見ても、琉球語音を写したものと認められるけれども、同書の他の3例は、「足」「祖」という用字そのものまで「日本館訳語」と一致している。のみならず、「日本館訳語」には、《水》の意味の単語および記号素は「地理門」に5例、「鳥獣門」に2例、「珍宝門」に2例、計9例見えるが、ことごとく「民足」と書かれており、《松》を意味する記号素は「花木門」に「161 松子」「170 松樹」の2例見えるが、いずれも「馬足」と書かれている。これは只事ではない。のみならず、「松　馬足」という独立語の例は、「琉球館訳語」には上に示したように有るけれども、「日本館訳語」にはない。これは上述の「草稿日本館訳語」存在の疑いを一層深くする。

　そこで、「日本館訳語」で日本語の「ツ」および「ヅ」を表記するのにどういう漢字が使われているかというに、次のようである。（大友信一、木村晟『日本館訳語　本文と索引』(1968)による。漢字の直後の［　］は『中原音韻』音。）

司［si¹］　204 仙鶴　　司禄［ツル］

足［tsɿuʔ²］69 到岸　　足急毛世［ツキマウシ］

　　　　　46 土　　　　足只［ツチ］

　　　　《水》　　　　民足［ミヅ］（上述の 9 例）

　　　　《松》　　　　馬足［マツ］（上述の 2 例）

禿［tʻuʔ²］488 金壺　谷嗑聶禿祿谷必［コガネツルクビ］

祖［tsu²］　《角》　　祖那［ツノ］（上掲の 1 例）

読［tsʔ¹］　《月》　　読急［ツキ］（5 例）

度［tu³］　320 通事　度日［ツウジ］

都［tu¹］　　　　　　計 21 例。そのうちには上掲の漢字の用いられた語
　　　　　　　　　　例は全然ない。

　これは、「日本館訳語」が同一の単語(記号素)は同一の漢字で表わそうと努
めていることを明示するものである。ただ、「204 仙鶴　司禄」が「488 金壺」
では「禿禄」と書かれているのが例外であるが、「司」の字の『中原音韻』音
は［si¹］であるから、「司禄」は何かの誤記に違いない。ところが驚いたことに、
琉球語資料の 4 書では一致して次のようになっている。

	『訳語』	『使録』	『字海』	『伝信録』
20(173)　仙鶴	思禄	司禄	〔△禄〕	〃

　「思」の『中原音韻』音は［si¹］であって、「司」と全く同音である。《鶴》の現
代首里方言形は /çiru/［tsiru］であり、本土方言でも「ツル」を「スル」と訛る
方言は知られていない。これは、『草稿』にたとえば「詞禄」とあったのを、
「日本館訳語」を書いた筆耕が「司禄」と誤写し、「琉球館訳語」が「司」を同
書の常用字「思」に書き改めたものに違いない。「詞」の『中原音韻』音は
［tsʻï¹］である。

　それでは、上の「日本館訳語」の「ツ」を表記した漢字のうち「足」「祖」
という声母［ts］の字をもって表記した単語は、当時［tu］→［tsu］という音韻変化
がすでに起こっていたか起こりつつあった日本方言の発音を表記したものであ
ろうか[97]。私は恐らくそうではなくて、この表記は次のようにして成立した

228——第6章　日本祖語について

のではないかと思う。

　たとえば、《水》を意味する単語の、当時の日本語および琉球語の標準的な発音は次のようであった。

　　　日本語　　[mǐdu]
　　　琉球語　　[mˈidzɯ]

前者は当然「民都」、後者は「民子」「民足」のように表記されるべきものだが、両訳語の著者や関係通訳においては、日本語と琉球語とが類似している単語は、同じものと記憶し、どちらの言語を話す場合にも同じ発音をする習慣が生じ、それが固定して両訳語に記録されることになったのではなかろうか。たとえば、日本語を話す場合でも琉球語を話す場合でも、「民足」[minˈ'tsɯʔ²]と言えば十分通ずるはずである。このようにして、《水》は「日本館訳語」でも「琉球館訳語」でも共通して「民足」と書かれることになったのであろうと思う。

　このように考えると、「足」「祖」の字を用いた表記はすべて琉球語に基づくものということになる。

　　　足急[ツキ]《到》　　　　　çicuɴ[tsitʃuŋ]《着く》
　　　祖那[ツノ]《角》　　　　　çinu[tsinu]《角》

などは対応する琉球方言があるからよいが、「46土　足只[ツチ]」は、「琉球館訳語」でも「3足只」であって、後者は私が注(87)に書いたように、「現代首里方言では /ˈɴca/[ntʃa]《土》であって çici[tsitʃi]という形式はないから、「日本館訳語」の形が混入したものであろう」と言うだけではすまされなくなる。

　私は本章注(64)に次のように書いた。

　　本土方言の影響で「北」「西」という漢字を「キタ」「ニシ」と「訓読」した時代があって、それをシナ人に伝えたのかも知れない。特に後者は、地名・人名にそういう読みがかなり見られるが、それらはその名残りではないかと思う。しかしながら、「北谷」cataɴの「北」という読みは、*kita→*kica→*cica→caという変化の結果できたのではないかと思うが、「語音翻訳」の時代に現れるとすれば上の第2段階の[ḳitʃa]であったはずで、こ

の時代に新しく本土方言から借用されたのでない限り、[ḳita]ではあり得ない。

この点をもう少し考察してみよう。琉球語4書の「東西南北」は次のようになっている。

		『訳語』	『使録』	『字海』	『伝信録』
5(171)	東	加尼	△失	〃	窟之
5(171)	西	尼失	〃	〃	〃
5(171)	南	米南米	〃	〃	灰
6(171)	北	乞大	〃	〃	屋金尼失

「日本館訳語」および現代首里方言では次のようになっている。

	（方隅門）	現代首里方言
536 東	分各世［ヒガシ］	ʔagari《東》、hwizahoo《東の方(主に農村で)》
537 西	尼世［ニシ］	ʔiri《西》、nisi《西(地名)》
538 南	窗納窗［ミナミ］	hwee《南、南から吹く季節風》
539 北	急苔［キタ］	nisi《北》

すなわち、「琉球館訳語」は、《東》を除いて「日本館訳語」と一致するが、現代首里方言とは、地名に見える /nisi/《西》を除いては一致するものがなく、/catan/《北谷》の /ca/ とは音韻法則的に一致しない。しかし、『おもろさうし』には「北谷」を「きたたん」と書いた例(仲原・外間 1978)がある。この「きた」が古い仮名遣を保存しているもので実際の発音は[ḳitʃa]であったということでない限り、——すなわち、15〜16世紀のころ「北」の字に対して[ḳita]という発音の“訓”があったことを『おもろさうし』の「きた」が示すものであるかぎり、この「きた」は、正に「琉球館訳語」の「乞大」と合致するのである。そして私は、その可能性は十分あると思う。

　第6回で、首里方言の過去のB時代(恐らくは尚真王のころ)に本土の漢字音が借用されて「琉球漢字音」として首里方言に定着したという仮説を述べた。漢字の「音」が借用された以上、「訓」も借用されたに違いないと考えられる。

230——第6章　日本祖語について

p. 148 に挙げた /kazi/《陰》はその一例ではなかろうか。/naçi/《夏》、/huju/《冬》
は日本祖語から受け継がれた単語であろうが、/haru/《春》、/ʔaci/《秋》はそういう季節感がなく口語ではほとんど用いられず、今でも文語という語感があるというから、これらの単語もこの種の「借用訓」ではなかろうか。そうだとすれば、「琉球館訳語」の「7春　法祿」「7秋　阿及」も、日本語が混入したというよりも、有識の琉球人が「借用訓」で答えたのかも知れない。同様に、同書の「5西　尼失」「5南　米南米」「6北　乞大」も借用訓ではないかと思われる。

　「日本館訳語」では、日本語の「チ」は、以下に説明する機会があろうと思うが、ある種の例外を除いて、大部分が「只」で表記されている。これは、日本語の「チ」が、現代東京方言などのように完全な破擦音で始まる[ʧi]ではないけれども、t の口蓋化が著しく、かつアスピレーションのかなり強い[ʦçi][ʧ̑i]（土佐方言の「チ」はこれに近い）のような発音だったからであろうと考える。従って、「土」は[tuʦçi]のように発音された。そして「土」という漢字の琉球語における「借用訓」の発音は[tsɯʧi]であったため、「琉球館訳語」では「3土　足只」となり、前述の「類似の単語は両訳語で表記を統一する」という方針により、「日本館訳語」でも「46土　足只」ということになったのではないかと考えるのである。(第12回了)

　「琉球館訳語」と「日本館訳語」との間には密接な相互関係があり、前者に日本語が、後者に琉球語が混入した例があることはわかっていたが、p. 226 以下に取り扱った例はそれ以上のもので、同じ意味の単語は両「訳語」に共通して同じ漢字で表記しようという意図があったと考えざるを得ない場合であって、このような例もある以上、両「訳語」の研究はたがいに独立に行なうことができない。少なくとも両訳語を、たがいに比較しつつ行なわなければならない。しかし、ここはそのような研究を全体にわたって徹底的に行なう場所ではないので、それは別の著に譲り、ここでは、以下の所論に関係のある点についてのみ述べるにとどめる。

　その一つは語頭の「ハ行清音」の表記法であるが、それについて論ずる前に、当時の日本語および琉球語の発音について概観しておく必要がある。

まず日本語について見るに、1376(洪武9)年の自序のある元末明初の台州黄巌の人陶宗儀の著『書史会要』の「いろは」の音註については、有坂秀世君の明快な研究(有坂1950＝1957再録)がある。陶は日本僧克全の発音を観察し、自分の呉方言の発音によって漢字表記したものと認められるが、克全の日本語の「ハ行清音」の子音は[p]ではなく、両唇摩擦音[ɸ]であったと考えられる。

1492(弘治5)年の朝鮮板『伊路波』の日本語音節ハングル表記については、浜田敦、河野六郎両氏の研究(京都大学文学部国語学国文学研究室編1965a)がある。この書では、日本語の「ハ行清音」の子音を表記するのに、ハングルのp(ㅂ)やp'(ㅍ)を用いずに、わざわざf(ᄫ)を用いているから、当時の標準的日本語では、この子音は[p]ではなく[ɸ]であったと考えられる。

1523(嘉靖2)年に上梓され、1530(同9)年に重刊された定海の人薛俊の『日本考略』の「寄語略」については、大友信一氏と浜田敦氏の研究(大友1963、京都大学文学部国語学国文学研究室編1965b)がある。ここでは、日本語の「ハ行清音」は、fまたはhwで始まる音節を表わす漢字で表記されるのが原則であって、やはり[p]ではなく[ɸ]であったと考えられる。

大友信一氏の研究(大友1963)によれば、1561(嘉靖40)年に成立した崑山の人鄭若曾の『日本図纂』や、1558(嘉靖35)年に6〜7か月日本に滞在した広東省新安の人鄭舜功が帰明に際し同行した日本僧清授の助力を得て1565-66(嘉靖末)年に著わした『日本一鑑』に記録された日本語の「ハ行清音」の子音も[ɸ]であったと考えられる。

1565-75(嘉靖末年・万暦初)年ごろ成立し1592(万暦20)年に公刊された撰者未詳の『日本風土記』の日本語表記を研究された大友信一氏は、「ハ行清音」の子音について次のように述べておられる(大友1963: 566)。

> 唇音の非母・敷母・奉母・幫母・並母に対して喉音の暁母・匣母の進出が目覚しく、一応、両唇音の[ɸ]と推定されるが、暁母・匣母の字(・そして見母)が多く使用されているから、声門音の[h]も相当に出現していた事が考えられる。すなわち、当時、既に唇音退化の現象が大いに行われて、少なくとも、「ひ」「へ」等では、[h]が優勢になりつつあったのではないかと推測される。

232——第6章　日本祖語について

	『中原音韻』		『蒙古韻略』	『蒙古字韻』
	藤堂説	服部説		
許	hiu	[çy²]/hiu²/	hyu²	heu²
虚	hiu	[çy¹]/hiu¹/	hyu¹	heu¹
血	hiue	[*çyɛʔ][çiɛʔ²]	hyuyə⁴	hŭe⁴
熏	hiuən	[*çyn¹]/hiun/	hyun¹	heun¹
朽	hiəu	[çiəu²]	hyəiw²	heiw²
兮	hiəi	[çi¹]	hhyəi	ɦei¹
穴	hiue	[çiɛʔ¹][*çyɛʔ]	hhyuyə⁴	ɦŭe⁴

しかしながら、氏が日本語の「ヒ」および「へ」を表わす漢字として挙げられたのは、次のものである（数字は頻度数を表わす）。

　　ヒ　　　非[17] 許[16] 虚[8] 血[7] 熏[9] 朽[3] 毘[1] 兮[1]
　　へ　　　血[3]

　すなわち、「非」が非母、「毘」が並母という唇音であるほかはいずれも喉音であるけれども、実は上の表のような音である。呉音系[98]としては今回は上海音、蘇州音、温州音を示し、北京音[99]は蘇州音表記に合わせた表記法を用いる。

　すなわち、頻出の字「許、虚、血、熏」は暁母とは言い条、その子音は単なる[h]ではなく、後続の[y]の影響で著しく円唇化された[ç]で、一方日本語の「ヒ、へ」の[ɸ]は口蓋化されていたので後者を表わすためには、鋭い唇歯音[f]よりも円唇化した[ç]の方がむしろ適当と感ぜられたのであろうと考えられる。[i]の直前の口蓋化した[ɸ]が[ç]のように響くことを、隠岐島五箇村久見方言の八幡静男氏の発音において我々はしばしば観察した。それは /ɸi/ から /hi/ へ変わる直前のものと思われた。

　ちなみに、同じ『日本風土記』の「以路波四十八字」でも、

　　は　法、ほ　浮復福伏、へ　血穴、ふ　復勿福、ひ　虚許

| 現代音 | | | |
北京	上海	蘇州	温州
εy^2	$hs\ddot{u}^3$	εy^2	εy^2
εy^1	$hs\ddot{u}^1$	εy^1	εy^1
$\varepsilon y\varepsilon^3$, $\varepsilon i\varepsilon^2$	$hs\ddot{u}e\text{ʔ}$	$\varepsilon y\gamma\text{ʔ}$	$\varepsilon y\text{ʔ}$
$\varepsilon yn^{1,3}$	$hs\ddot{u}n^1$	$\varepsilon y\partial n^1$(勳)	εyon^1(勳)
εiou^2	hiu^1	$\varepsilon i^{\circ}\gamma i^2$	εiau^2
εi^1	i^1	$i^{3'}$(系)	$\hbar i^{3'}$(系)
$\varepsilon y\varepsilon^{1',3}$	$y\ddot{u}e\text{ʔ}$	——	——

となっている。「穴」のシナ語は上の表に示した。「は、ほ、ふ」にはすべて声母 f の漢字を当てている。

　16 世紀末の日本語を記録した Ioão Rodriguez, *Arte da Lingoa de Iapam*, 1604 や *Vocabulario da Lingoa de Iapam*, 1603–04 で日本語の「ハ行清音」の子音が f で表記されていることは周知の如くである。

　以上を概観すると、日本語の「ハ行清音」は、15 世紀、16 世紀を通じて、/ɸ/ であったと考えられる。ただ、その方言的分布は明らかにし得ないが、標準語的な発音では一般にそうであったものと思われる。

　一方、同時代の琉球語ではどうであったかというに、1501(弘治 14)年 4 月の日付のついている「語音翻訳」では、ほとんど常にハングルの p‘(ㅍ)──まれに p(ㅂ)──で表記されている。この p‘ を、伊波普猷先生は両唇摩擦音[ɸ]を表わすものと解釈されたが、私はこれを[p‘]で転写した(たとえば、第 8 回(7)参照)。その理由は、以下に述べるところ、および「(1.3)我 wan《私》」などで w(ㅱ)という字母を使いながら、f(ㅸ)という字母を使っていないことである。

　1534(嘉靖 13)年 5 月に冊封正使として琉球に来て 150 日滞在し 10 月に帰国した四明の陳侃が同年に序文を書き、恐らく 1535(同 14)年に刊行した『使琉球録』には、「夷語附」の次に「夷字附」があり、平仮名のいろはの各字に漢字の音注が付いている。それらの漢字のシナ語音は次頁の表のようである。ついでに、次の『中山伝信録』に関して問題となる漢字のシナ語音をも並記する。

234——第 6 章　日本祖語について

| | 『中原音韻』 | | 『蒙古韻略』 | 『蒙古字韻』 |
	藤堂説	服部説		
は	罷 pai	[pa³]	ppa³, ppai², ppui¹	—, paj², puɛ¹
ほ	布 pu	[pu³]	pu³	bu³
へ	比 pi	[pi²,³] [pʻiｲ]	pi²,³	bi², pi¹,³,⁴
ふ	不 pu	[puʔ²]	pu⁴, fuw¹	bu⁴, ɦŭu⁴
ひ	庇 pi	[pi³]	pi³	bi³
は	花 hua	[χua¹]/hua¹/	hoa¹	ɦŭa¹
ほ	夫 fu	[fu¹,ｲ]/fu¹,ｲ/	fu¹, ffu¹	ɦŭu¹, ɦuu¹
へ	揮 huəi	[χui¹]/hui¹/	hyui¹, hhun¹	?, ?
ふ	夫 ＝ 　ほ			
ひ	蜚 fəi	[*fui]/fui/	fi¹,²,³	ɦŭi³

　すなわち、『使琉球録』では「罷、布、比、不、庇」のように、すべて声母 p の漢字が用いられているから、当時の琉球語の「ハ行清音」の子音が、[ɸ] ではなく[p]であったことがわかる。なお、「布」「不」の韻母が[u][uʔ]であり、「比」「庇」のそれぞれが共に[i]である点その他から、それが「いろは」の琉球読みを記したものであることは明らかである。当時琉球でも「いろは」が行なわれていたのである。

　1719(康熙58)年6月に冊封副使として琉球に来て約8か月滞在、翌1720(同59)年2月に帰国した呉江の人徐葆光が著し、同じ年の7月に天覧に供した『中山伝信録』にも、「いろは」の音注が見える。問題の仮名について見るに、

　　ハは　　波読如花
　　ホほ　　保読如夫
　　ヘへ　　飛読如揮
　　フふ　　不読如夫
　　ヒひ　　比読如蜚

のようであって、最初の字は平仮名の原字を示すつもりであるらしく、4番目

現代音

北京	上海	蘇州	温州
pa[3], p'i[1']	pa[1,4], po[1]（覇）	po[3]（霸）	po[3]（霸）
pu[3]	pu[4]	pu[3]	pu[3]
pi[2,3], p'i[1']	pi[3]	pi[2]	pei[2]
pu[3]（,fou[2]）	pu?	pɤ?	pai?
pi[3]	bi[4]	pi[3]（閉）	pei[3]（閉）
xua[1]	ho[1]	ho[1]	xo[1]
fu[1,1']	fu[1]	fu[1]	fɵy[1]
xuei[1]	hue[1]	huE[1]	ɕy[1]
fei[1,2]	fi[1]（非）	fi[1]（非）	fei[1]（非）

の字、すなわち「花、夫、揮、夫、蜚」でその発音を示したのである。これら
の字のシナ語音は上の表に示したようであって、もうこの時代になると、琉球
語でも、

　　/p/　→　/ɸ/

という音韻変化が完了していたのである。「花」の字について見ると、現代呉
方言では一般に、

　　/hua/　→　/ho/

という音韻変化が起こっている。徐葆光の出身地呉江の方言でも当時すでに同
じ音韻変化が起こっていたかどうかは未詳であるが、起こっていたとすれば、
徐は、「は」の琉球音 /ɸa/ を表記する——彼自身が表記したのだとすれば
——に当たり、中原音（北京系の発音）/hua/ を用いたことになる。これは、こ
の種の文献を研究する際に、常に気を付けていなければならない点で、当時の
有識のシナの人々は、いろいろな程度に中原音を知っていたであろうと考えら
れる。

236──第6章　日本祖語について

　さていよいよ「日本館訳語」および「琉球館訳語」の「ハ行清音」の表記について研究する段取りとなった。このような廻りくどい方法を取ったのは、両「訳語」の成立年代が明確ではなく、かつその内容も等質的ではないので、比較的はっきりしたことの言える「ハ行清音」の表記法を調べることにより、それらの点を明らかにする1つの手がかりを得ようとしたのである。

　「日本館訳語」については諸氏の研究があるが、特に大友信一氏のそれ(大友1963参照)が詳細である。いわゆる乙種本『華夷訳語』が明の1407(永楽5)年に設置された四夷館の撰するところで、「日本館訳語」および「琉球館訳語」の属する丙種本『華夷訳語』はそれとは異なる会同館において撰せられたものであることは、諸説の一致するところである。明初南京公館を改めて会同館としたが、1408(永楽6)年に北京に会同館が設置され、1441(正統6)年に南北2館に分かれ、南館において朝鮮・日本・安南等の事務を取り扱った。大友信一氏は『大明会典』の研究によって、「日本館訳語」編述の上限を一応1469(成化5)年とし、さらに浜田敦氏、浅井恵倫氏の説を参照して、この上限を1492(弘治5)年にまで下げておられる。そして、ロンドン本「日本館訳語」の奥書に1549(嘉靖28)年とあるのを検討して、この年を下限と認めることができるとしておられる。

　私は第12回後半において、「草稿日本館訳語」は日本語の「ツ」がまだ[tu]であった時代に成立し、その後、「琉球館訳語」を参照し、それとの調整を計りつつ「日本館訳語」が成立した、という仮説を提出した。そこで、日本語の「ツ」に関する前掲の諸書の記述を調べてみよう。(「中」「北」「上」はそれぞれ『中原音韻』音、現代北京音、現代上海音の略。)

　　『書史会要』(1376年)
　　　　「土」　　(中、北、上[t'u²])平声
　　　　又近「屠」(中、北[t'u¹]、上[du¹])
　　『伊路波』(1492年)
　　　　두　　　(tu)
　　『日本考略』(1523年)(数字は頻度数)(大友1963による)

4 琉球方言と上代日本語と日本祖語（第 13 回）──237

「子」[13]（中、北、上 [tzi²]）

「多」[3]（中 [100][tuɔ¹]、北 [tuɔ¹˙¹]、上 [to¹]、蘇州 [təu¹]、温州 [tu¹]）

「都」[2]（中 [tu¹]、北 [tu¹, tou¹]、上 [tu¹, tʻou¹]）

「卒」[2]（中 [tzuʔ²]、北 [tzu¹]、上 [tseʔ]）

「禿」[2]（中 [tʻuʔ²]、北 [tʻu¹]、上 [tʻoʔ]）

他の 5 字は 1 例ずつ。

『日本図纂』（大友 1963）（1561 年）

「子」[10]（同上）

『日本一鑑』（大友 1963）（1565-06 年）

「兹」（中、北 [tzi¹, tsʻi¹]、上 [tzŭ¹]、広州 [tʃi¹]）

『日本風土記』（大友 1963）（1565-75 年）

「子」[46]（同上）

「紫」[6]（中、北 [tzi²]、上 [tzŭ²]）

「止」[3]（中、北 [tẓi²]、上 [tsu²]、太原、西安、漢口、温州 [tzi²]）

『日葡辞書』（1603-04 年）、ロドリゲス『日本語文典』（1605 年）　tçu[tsu]

　以上を概観すると、やはり方言的分布はよくわからないけれども、標準語的日本語では、「ツ」は 16 世紀半ばには [tsu] になっていたものと見てよいであろう。『日本考略』には [tsu] と表記したものと [tu] と表記したものとあるが、どういう条件で現れるのか一々の語例について調べなければわからないけれども、シナ人の接した一部の方言では 16 世紀初頭にすでに破擦音化が起こっていたに違いない。

　さて、私の上述の「日本館訳語」に関する仮説が正しいとすれば、その編纂、少なくともその資料の蒐集は 15 世紀中（どんなにおそくても 16 世紀初頭まで）に行なわれたことになる。そして、その編纂は、「琉球館訳語」と同時にそれと並行して行なわれた。そして後者は、1535 年に刊行された『使琉球録』以前に存在していなければならないのである。

　『使琉球録』が「琉球館訳語」を訂正している例、すなわち、後者が前者より先に存在したと認められる徴憑として、第 12 回に「48 好看」、「77 買売」（および「2 下雨」「2 下雪」「5 東」？）を挙げたが、ここにこの種の例を追加しておこう。

238——第6章　日本祖語について

		『訳語』	『使録』	『字海』	『伝信録』
19(173)	鶯(？)	達个	打荅噶	〃	〃
23(173)	舘驛	葉及	舘牙	〃	
30(173)	盔	干不立	不力千	嗑塢吐	〃
30(176)	帯	乞角必	文必	文帯	文筆
66(177)	五	亦亦子 （子）	亦子亦子	一子孜	一子子
70(177)	十五	吐亦亦子	吐亦子子		
77(178)	好看	約達撒窆只 （密）	約達撒		

　上のうち「30 盔 kuⁱ《かぶと》」は現代首里方言では /kabutu/ で、『字海』と
『伝信録』の記録したのはこれに対応する単語であるが、『訳語』は[kāburi]の
ような単語を表記したものであろう。使録はこれを誤写した。もっとも、この
例は『使録』の誤写を『訳語』が正したものである可能性もないことはない。

　「30 帯」に対しては、『おもろさうし』に「みきゝうひ」「たれきゝおひ」
「といきゝおび」「まなきゝおび」とあり、仲原善忠・外間守善『おもろさうし
辞典・総索引』(第2版)には〔「─きゝうひ(─きき帯)」の項に〕

　　「うひ」は帯であるが、おもろ語では「きゝうひ」で帯のことをさす。
　　「きゝ」の意味未詳。『混集(乾、衣服)』に「おほみききよび」として「御
　　紳なり」とある。「紳」は帯のこと。『混集』伊波本注に「老人はチチュビ
　　と云ひき。方言にては今もしか云ふところあり」(p. 120)

とある。現代首里方言では /ʔuubi/《帯》であるが、「琉球館訳語」時代から
[ḳiɡu:ḅi](有標)、[ʔu:ḅi](無標)が文体的特徴の有無の差を有する単語として共
存した可能性はある。ただし、この場合も、『訳語』が『使録』を訂正した可
能性は零とするわけにはいかない。

　しかしながら、「70 十五」「77 好看」は、明らかに『使録』が『訳語』(ロン
ドン本を含む)を正しく直した例であって、後者が前者より先に存した証拠と
することができる。

　上述の証拠によって、「琉球館訳語」、従って「日本館訳語」成立の下限を

1535 年にまで上げることができる。しかしそれはあくまで成立年代であって、資料を集めたのは 15 世紀と考えざるを得ないように思う。

さて、以下において、「日本館訳語」で日本語の「ハ行清音」がどのような漢字を用いて表わされているかを調べるが、大友信一、木村晟両氏の綿密な研究『日本館訳語 本文と索引』(1968)によって、それは一目瞭然となっている。すなわち、

は	法[35]			(葉[1]?)[101]
はっ	巴[1]			
ひ	分[4]	非[35]		
ひゃ	法[2]			
ふ	夫[3]	分[3]	不[1]	福[12]
へう	漂[1]			
ほ	波[5]	活[2]	賀[1]	福[3]
ほう	夫[1]			
ほっ	活[1]			

これらの漢字がどのようなシナ語音を表わしたかを調べてみよう(次頁の表)。

「は　法」は日本語の /ɸa/ を写そうとしたものに違いない。

「はっ　巴」については後に述べる。

「ひ　非」が日本語の /ɸi/ を写そうとしたものであることも疑いない。

「ひ　分」は「ヒガシ(東)」「ヒゲ(鬚)」「ヒダリ(左)」「ヒダルイ(餓)」の「ヒ」、すなわち[ɸi]を表わそうとしたものである。私は『中原音韻』音として[fun]を再構したけれども、これは体系的見地からそう考えられるというまでで、厳密に言えば[fun]ではなく /fun/ とすべきものである。その後、異化によって、

/fun/ → /fən/

という通時的変化がほとんどすべての方言において起こり、古い[u]を保っているのは

240——第6章　日本祖語について

| | 『中原音韻』 | | 『蒙古韻略』 | 『蒙古字韻』 |
	藤堂説	服部説		
法	fa	[faʔ²]	fa⁴	
巴	pa	[pa¹]	pa¹	
分	fən	[fun¹, fun³]	fun¹, ffun³	hŭun¹, fɥuun³
非	fəi	[fui¹]	fi¹	hui¹
夫	fu	[fu¹·¹]	（前出。pp. 234–235）	
不	pu	[puʔ²]	（前出。pp. 234–235）	
福	fu	[fuʔ²]	fu⁴	huu⁴
漂	p'ieu	[p'iau¹·²]	p'yəw¹·³	pew¹·³
波	po	[puɔ¹]	puə¹	bŭo¹
活	huo	[χuɔʔ¹]/[huʌʔ¹/	hhoə⁴, koə⁴	ɣŭo⁴, guo⁴
賀	ho	[χʌ³]/[hʌ³/	hho³	ɣo³

双峯[xuən¹]　　南昌[ɸun¹]

のような辺境の方言か客家語、閩語だけである。「日本館訳語」の音訳者（達）
のシナ語音も恐らく[fən]に近いもので、当時のシナ語に[fin]という音の漢字
がないままに、日本語の[ɸĩ]を表わすのに「分」をもってしたのであろう。
　「ひゃ　法」は「ヒャク（百）」を「法谷」と書いた2例だけで、/ɸja/ という
ような日本音を写すべき漢字がないので、やむを得ず「法[fa]」を用いたので
あろう。
　次に、「ふ　夫」「ふ　福」が日本語の /ɸu/ を写そうとしたものであること
も疑いない。
　「ふ　分」は「フデ（筆）」の「フ」すなわち /ɸũ/ を表わそうとしたもの
（238, 295, 296 の3例）である。
　「ふ　不」については後に述べる。
　「へう　漂」についても後に述べる。
　「ほ　波」についても後に述べる。

| | 現代音 | | |
北京	上海	蘇州	温州
fa$^{1,1',2,3}$	faʔ	faʔ^4	xo^4
pa^1	pa^1, po^1	po^1	po^1
fən^{1,3}	fən^1	fən^1	faŋ
fei^1	fi^1	fi^1	fei^1
fu$^{1'}$	foʔ	foʔ^4	fo^4
p'iau^{1,2,3}	p'yo^3	p'iæ^2	p'iε
po^1, p'o^1	pu^1	pu^1	pu^1
xuo$^{1'}$	waʔ	ɦuɤʔ$^{4'}$	ɦo$^{4'}$
xɤ^3	wu^4	ɦəu$^{1'}$(何)	vu$^{1'}$(何)

　「ほ　活」は中原音「活」[ɣuɔ]を用いて日本語の /ɸo/ を表わそうとしたものである。当時の呉方言が現代上海音に類似した[wɔʔ][wʌʔ]のような音であったかどうか未詳だが、もしそうだとすれば、それを避けて中原音を用いたものと考えることができよう。

　「ほ　夫」は「ホトケ(佛)」「ホネ(骨。2例)」の「ホ」を表わそうとしたものだが、「ホカ(外)」「ホコリ(埃)」の「ホ」と同様 /ɸo/ であったのを、適当な字のないままに、「活 /huʌʔ/」あるいは「夫 /fu/」を選んだものであろう。現代北京音には「佛 /fo$^{1'}$/」「縛 /fo^3/」という字があるけれども、共に /fu$^{1'}$/ という音もあり、中世音は次のようである。

| | 『中原音韻』 | | 『蒙古韻略』 | 『蒙古字韻』 |
	藤堂説	服部説		
佛	fu	[fuʔ$^{1'}$], [fɔʔ$^{1'}$]/fauʔ$^{1'}$/	ffu^4, ppi^4	ɦũu^4
縛	fuo	[fɔʔ$^{1'}$]/fauʔ$^{1'}$/ $^{102)}$	ffau^4	ɦũaw^5

　「ほ　賀」は「ホ(帆)」の1例に見られるだけである。「賀」は北京、済南、太

242——第6章　日本祖語について

原などでは[xɤ³][xə³]であるけれども、漢口、成都、揚州では[xo³]であり、西安では[xuo³]である。西安式の方言を話す人の記録が混入したものであろうか。

「ほう　夫」は「ホウワウ（鳳凰）」を「夫倭」と写した1例（201）にのみ見られる。/ɸoo/を表わそうとしたものである。

「ほっ　活」は「ホッケン（北絹、黄絹）」の[ɸok]を表わしたもの（434）である。

以上を概観すると、「巴、不、漂、波」の4字を除いては、いずれも /ɸ/ に始まる音節を表記しようとした字ばかりであることは明らかである。上に論証したように、15世紀の標準的日本語の「ハ行清音」の子音は、/p/ ではなく /ɸ/ であったと考えられるから、「日本館訳語」がこの時代の日本語を記録したものとするのに、上に取り上げた諸表記例は支障を来さない。ところが「巴、不、漂、波」の4字を用いた例は、その説の障碍となる。そこで、これらの例について調べてみよう。

まず、「不」の字は、濁音の「ブ」を写した例——これは表記上問題がない——は13もあるけれども、清音の「フ」を写したと考えられる1例は次の例だけである。

$$（衣服門）\quad 424\ 鞋 \quad 不牙^{ポ\ ヤア}$$

巻末の校異を見ても、諸本揃って上のようになっている。大友信一氏はこれを「フヤ」と解読して、註30で「『靴』の琉球語とする」と書いておられ、伊波普猷先生は「『日本館訳語』を紹介す」（伊波1932a＝全集4: 300）で、

$$鞋 \quad 不牙（fu\ ya）\quad フヤ（琉球語、靴の義）$$

と転写・解読しておられる。「不」を（fu）とされたのは不適当だと思うが、琉球語で「靴」のことを「フヤ」というとの指摘はありがたい。本土方言にこれに対応する単語がないか調べてみたが、『大辞典』（平凡社）、『日本国語大辞典』（小学館）、『日葡辞書』には、《靴》を意味する「フヤ」「ホヤ」という単語は見えず、九州方言学会『九州方言の基礎的研究』、福岡県教育会本部『福岡県内方言集』、嶋戸貞義『鹿児島方言辞典』などにも見当らない。これに反し、琉球方言には次のような例がある。

東条操『南島方言資料』(p. 29。〔印は「今日やゝ耳遠くなつた言葉。」)

	首里	大島	国頭	宮古	八重山
靴	クツ	クで	クツ	クツ	フヤ
		〔フヤ			

東条操『全国方言辞典』(1951: 716)

　　　ふや　　靴。南島。

国立国語研究所『沖縄語辞典』(1963: 216)

　　　huja　靴

私は、「日本館訳語」でこの単語が「夫牙」[ɸuja]ではなく、「不牙」[puja]と表記されていることを重視し、これを日本語ではなく琉球語であると考える。なぜなら、上に述べたように、16世紀の初には首里方言はまだ[p]を保っていて、/p/ → /ɸ/ という変化は起こっていないから、両「訳語」の時代には、現代首里方言の /huja/ に対応する琉球語は[puja]であったに違いないからである。ところが、シナ関係の琉球語4書では次のようになっている。

		『訳語』	『使録』	『字海』	『伝信録』
53 (167)	靴	姑足	谷足		呵牙
54 (167)	鞋	三扒	三扒	末低	煞巴

(「54 鞋　三扒」は、現代首里方言の /saba/《ぞうり》と比較すると、[sāba]を写したものと考えられる。) すなわち、上の現代首里方言の /huja/ に対応する単語は『中山伝信録』に至って初めて現れる。一方、「日本館訳語」には、

　　（衣服門）　　425 靴　　谷都〔コトー〕

という語例があり、巻末の校異を見ても、諸本が一致している。これは /kutu/ を表記したものである。第12回に指摘した音訳の方針が徹底的に貫かれれば、上の「日本館訳語」の「谷都」が「谷足」と書かれるか、「琉球館訳語」の「姑足」が「姑都」と書かれるかのいずれかであるはずなのに、そうでないのは、これらの単語が両「訳語」において、それぞれ独立に記録されたことを物語ると思う。この琉球語「姑足」[kutsɯ]が日本祖語にさかのぼる単語なのか、

244——第6章　日本祖語について

本土方言からの借用語なのか、今のところいずれとも決しかねるけれども、「琉球館訳語」時代の琉球語に「不亜」[puja]という単語と「姑足」[kutsɯ]という単語とが、種類の違う履物を表わす単語として共存した可能性は十分あると思う。

　そこで、「草稿日本館訳語」と並んで「草稿琉球館訳語」が存在した、という仮説を提案したい。

　この「草稿琉球館訳語」には「靴　姑足」「鞋　三朹」のほかに、両者の中間的な履物として「不亜」が記録されていた。ところが「草稿日本館訳語」の方には「靴　谷都」の記録はあるが「鞋」のところが空白になっていた。そこで、正式の両「訳語」を編纂する時に、この「不亜」を「日本館訳語」式に「不牙」と書き改めて、「鞋」のところの空白に嵌めこんだのではないか、というのが私の推定である。

　　付　記
　　私は上に、琉球語においては、少なくとも16世紀初頭まで、従って15世紀には、語頭の「ハ行子音」は /p/ であったということ、および、日本語においては、15, 16世紀を通じて /ɸ/ であったということを証明しようとした。言うまでもなく、これらの /p/ および /ɸ/ は日本祖語の *p にさかのぼるものである。
　　この日本語に関する証明は不要ではないか、という疑問を懐かれる読者があるかも知れない。なぜなら、日本語中央方言では平安初期、さらには奈良時代においても、この子音が /p/ ではなく /ɸ/ であったというのが"定説"だから、平安初期と室町末期に /ɸ/ である以上、その中間の 15, 16世紀にそれが /ɸ/ であるのは当然で、証明の必要がない、と思われるかも知れないからである。ところが私は、奈良朝は言うに及ばず平安初期においてもそれは /p/ であったと考えているので、そして /ɸ/ 時代は過渡期で、それほど長くは続き得ないだろうと考えているので、上のような証明を必要と考えたのである。この私の /p/ 音説は非常に古いもの(たとえば拙著『言語学の方法』p. 275 参照)であるが、拙論「琉球方言と本土方言」(1976b: 21–22 ＝ 本書第4章 pp. 56–57)にやや詳しく説いた。しかし、詳説するには独立の論文を必要とする。(第13回了)

　次に「波」の字を取り上げる。この字は「日本館訳語」では「ホシ(星)」という単語を表わすために「波世」として5回(4, 28, 31, 30, 29。校異を見ると諸本一致している)用いられているほかは用いられず、また「ホシ(星)」という単語はこれ以外の表記、たとえば「活世」「福世」などという形では現れない。

4　琉球方言と上代日本語と日本祖語(第 14 回)——245

琉球語資料では、p. 248 の表に示すように「波失」(「琉球館訳語」)、「波世」などの形で見え、『中山伝信録』に至ってはじめて「夫矢」[ɸuʃi]という形が現れる。「波失」は、「草稿琉球館訳語」のために琉球語を採録したシナ人の中に呉方言を話す人がいて、自分の呉方言系の音[pu]を用いて琉球語の[puʃi]《星》を表わそうとしたものと考えられる [103]。「日本館訳語」の「波世」はこの琉球語表記が混入したものと考えざるを得ない。

　次に「巴」の字は「386 法度　巴都各」の 1 例(諸本一致している)に用いられているだけで、大友信一氏はこれを「ハットガ」と読み、「ガ」を格助詞としておられる。事実、両「訳語」ともこの種の助詞を名詞につけたものが一貫性を欠くやり方で現れており、シナ人通訳官らの話す日本語や琉球語にはかなりブロークンな面があったらしいことを思わせる。「日本館訳語」としては「巴」の代わりに「法」の字が用いられるべきもので、「巴」の字はこの「訳語」では濁音「バ」を表わすのに用いられる。「法度」という単語は『日本国語大辞典』〔初版〕(16 巻 p. 325)によれば『玉葉』1172(承安 2)年に現れ、かなり古いものであるけれども、もちろん日本祖語にさかのぼる単語ではあり得ない。琉球語資料 4 書にはこの単語は見えないけれども、『沖縄語辞典』に

　　haǫtu　[法度]　法度。禁止。禁制。

とあるから、「琉球館訳語」時代にこの単語が現れるとすれば、[pattu]という形をとるはずである。当時の琉球語に本土からの借用語としてこの単語がこの形で存在し、「草稿琉球館訳語」には「巴都」と記されていたので、通訳官(達)が日琉両言語に共通の単語として「巴都」の形で記憶し、それが「日本館訳語」に混入することになったのではなかろうか。

　「漂」の字は「154 葫蘆　漂淡」として 1 例(諸本一致している)見えるだけである。この単語の歴史的仮名遣は「へう」であるから、母音は「合口」の「オー」である。「琉球館訳語」にはこれに当たる単語はない。一方「漂」の字は

　　45(175)〔表章〕　漂那

　　45(175)〔進表〕　漂那阿結的

	『中原音韻』		『蒙古韻略』	『蒙古字韻』
	藤堂説	服部説		
扒	pa（八）	[paʔ²]（八）	pa⁴（＝八）, pai³	一, baj³
必	piəi	[piʔ²]	pi⁴	bi⁴
排	pʻai	[pʻai¹ʼ]	ppai¹	paj¹
包	pau	[pau¹]	paw¹	baw¹
半	puon	[puʌn³]	poən³	bǫn³
盆	pʻuən	[pʻun¹ʼ]	ppun¹	pun¹ʼ
品	pʻiən	[pʻin²]	pʻim²	pʻim²
兵	piəŋ	[piŋ¹]	piŋ¹	biŋ¹
卞	pien	[piɛn³]	ppyən³	pɛn³
華	hua	[χua¹ʼ]/hua¹ʼ/	hoa¹, hhoa¹ᐟ³	hǔa¹, ɣǔa¹ᐟ³

のように、恐らくシナ語の「表」（『中原音韻』音[piau²]、現代北京音 biǎo）から来たのであろうと思われる借用語 /pjau/ を表わすために用いられている。この借用語は、シナ語の無声無気音[p]を琉球語の /p/ で真似して取り入れたものであろう。この /p/ がこの場合シナ人に有気音（「漂」の声母）と聞こえたことは注意すべきで、朝鮮人が琉球語の /p/ をㅍ(pʻ)で表記したのと合う。一方『沖縄語辞典』には

　　　hjootaɲçiburu　《ひょうたん》

という単語があり、/çiburu/ と合成した形となって《ひょうたん》を意味するところを見ても、本土方言からの新しい借用語ではなさそうなので、「琉球館訳語」時代にあったとすれば──現代首里方言形が /hjuutaɴ/ でないから──[pjautan]〔服部原論文ママ〕という形であったはずで、従って「漂淡」のように表記される可能性は十分ある。これも「日本館訳語」に琉球語が混入したものではなかろうか。

　これを要するに、「日本館訳語」の「不、波、巴、漂」という例外的表記字は、確実な琉球語か、琉球語が混入したと考えられる語例のみに現れ、かつ、

現代音			
北京	上海	蘇州	温州
pa^1, $p'a^{1'}$	$po^{1'}$	$po\Omega^4$(八)	po^4(八)
pi^3	$pi\Omega$	$pi\gamma\Omega^4$	pi^4
$p'ai^{1',2}$	$ba^{1'}$	$b\mathfrak{v}^{1'}$	$ba^{1'}$
pau^1	po^1	$pæ^1$	$pu\mathfrak{o}^1$
pan^3	$pê^2$	$p\o^3$	$p\o^3$
$p'\ni n^{1'}$	$bên^{1'}$	$b\ni n^{1'}$	$b\o^{1'}$
$p'in^2$	$p'in^2$	pin^2	$pe\eta^2$
$pi\eta^1$	pin^1	pin^1	pen^1
$pi\varepsilon n^3$	$bie^{1'}$	$b\mathrm{I}^{1',3'}$(辮)	$bi^{2'}$(辮)
$\chi ua^{1',3}$	wo^2	$ɦo^{1'}$	$ɦo^{1'}$

その他の「ハ行清音」子音の表記例はいずれも /p/ ではなく /ɸ/ を表記したと考えられる例ばかりなので、「日本館訳語」は、/ɸ/ 時代の日本語を表記したものと認められる。

これに反し、「琉球館訳語」は、上に論証したように、15世紀——おそくとも16世紀初頭まで——の琉球語を表記したものと考えられるから、その /p/ 時代を反映しているはずである。ところが、実際は期待に反し、複雑な、しかし極めて興味ある様相を呈している。すなわち、そこに表記されている琉球語は、次の3つのグループに分かれる。

(甲)　声母がpあるいはp'の漢字を用いてあるもの
(乙)　声母がfの漢字を用いてあるもの
(丙)　hw- /hu-/ で始まる漢字を用いてあるもの

そこに用いられている漢字の大部分については、そのシナ語音を第13回に表にして示したから、ここでは新出の漢字(「琉球館訳語」の)のみについて、そのシナ語音を示す。

(甲)のグループに属するのは次の諸例である。

248──第6章　日本祖語について

		『訳語』	『使録』	『字海』	『伝信録』
1 (171)	星	波失	△世	〃	夫矢
2 (171)	電	波淂那 （得）	△得△	〃	賀的
6 (171)	橋	扒只	松△	扒△	
7 (171)	冷	必亞撒	辟牙△	〃	晦煞
7 (171)	寒	必角祿撒	辟△△△		△△羅煞
8 (172)	晝	必祿	皮△	〃	△羅
23(173)	御橋	扒只	〃	〃	
28(174)	筯	扒只 （扒）	杌△	麥匙	賣生又皮爬失
29(173)	盤	扒只	杌△	扒△一名桶盌	他喇古
38(174)	唐人	大刀那必周 （力）	〃	〃	叨濃周
39(174)	琉球人	倭及那必周 （奴）	△急拿△△	〃	〃
39(175)	日本人	亞馬奴必周	〃	△△吐△△	〃
40(174)	大唐人	大刀那必周 （力）			
41(175)	琉球人伴	倭及那必周			
41(174)	大明人	大苗必周			
44(176)	上緊走	排姑亦及	△△△急	〃	〃
45(175)	表章	漂那	彪烏	〃	〃
45(175)	進表	漂那阿結的	溧△△傑約	漂△△△的	〃
45(175)	報名	包名	〃	〃	〃
46(175)	筵宴	札半失 （扎）	〃	〃	〃
47(175)	拜	排是	〃	△△之	
48(175)	進本	盆那阿結的	△△△傑△		
52(177)	眉毛	不潔 （潔）	△潔		
52(177)	胡子	品乞			

52	鬍子		品其	胡品其	
51	鬚			品其	非几
61(176)	鮮魚	必撒莫只	△沙△知		
64(177)	片腦	兵卞			
70(178)	十兩	必亞姑就毎	辟牙谷△△	撒姑毎	〃
70(178)	一百兩	必亞姑	辟牙△	撒牙姑毎	撒牙姑

「星」についてはすでに上に述べた。

「2 電　波淂那」に対応すると考えられる単語に関してはかなり豊富な琉球諸方言の記録があるにもかかわらず、それに関する言語史を再構するにはいろいろ難しい問題があるので、日本祖語形を再構することが困難な例の1つとして、——ここで論じようとしていることからはやや横道へそれることになるけれども——詳しく考察することにしよう。またそうすることにより、本節の表題にいくぶん立ち戻った考察をすることにもなる。

この単語に対応すると考えられる現代首里方言の単語は、『沖縄語辞典』に見える

> hudii 　（一）稲光。いなずま。（二）はげ。頭の傷あとなどにできるはげをいう。

に違いない。上述の「1 星　波失」において、「波」が当時の琉球語の /pu/ を表わしたと考えられるように、「2 電　波淂那」の「波」も /pu/ を表記したものに違いない。『中山伝信録』の「賀的」の「賀」は、この単語が18世紀の初頭には /pu/ ではなく /φu/[hu] で始まっていたことを明示する。しかし、「波淂那」の「那」に対応する音節が、現代首里方言形にも『中山伝信録』形にもないのが問題であるから、まず、「琉球館訳語」の「波淂那」という表記の一々の漢字のシナ語音について考察することから始めよう。

第1番目の「波」の字については上に述べた。

次に、第2番目の「淂」の字は、『康熙字典』には

> 淂　『廣韻』都則切『集韻』的則切竝音德『玉篇』水也一日水貌　又『廣韻』丁力切音滴義同【圏点は服部】

250——第6章　日本祖語について

とある[104]。しかし、ロンドン本では、上に示したように、この字の代わりに「得」の字が用いられており、「琉球館訳語」には「得」の字の用例はほかに数例あるけれども、「淂」の字の用例はない。上の「波淂那」は「波得那」の誤写であろう[105]。

　次に、3番目の「那」の字は、「琉球館訳語」では、確実に /na/ を表わす場合と、/nu/ を表わすと考えられる場合とある。前者の数例を示すと、

		「琉球館訳語」	「語音翻訳」	現代首里方言
1（171）	雷	刊毎那立		kaɴnai
14（172）	花	法那	(7.10.) pʻara[pʻana]	hana
39（174）	琉球人	倭及那必周 （奴）[106]		ʔucinaa
49（176）	不曉的[107]	民那失達哇	(3.5.) mina	'ɴna《皆》
66（177）	七	那那子		nanaçi《7》

　/nu/ を表わすと考えられる例を示すと、

52（176）	衣服	及那	(7.5.) kiru[ɡinu]	ciɴ《着物》
33（174）	鋪盖《ふとん》是及莫那 （舗）			sicimuɴ《敷物》
35（174）	王子	敖那烏哇 《の》の意味の助詞 /nu/）		
40（174）	大唐人	大刀那必周 （同　　上）		

　一方、「琉球館訳語」には、琉球語の /nu/ を表わすための頻用の字として「奴」がある。たとえば、

6（171）	路近	密集奴集加撒 （助詞 /nu/）	
6（171）	山水	亞馬奴民足 （同　　上）	
20（173）	牛角	烏失祖奴	çinu《つの》
32（174）	馬船 （舡）	烏馬奴福尼 （同　　上）	

55(176)　綿布　　　　奴奴木綿　　　　　　　　　　nunu《ぬの》
　　　　　　　　　　（彡）

　「日本館訳語」の用字を見ると、日本語の「ナ」を表わすための頻用(22例)
の字は「納」、「ノ」を表わすための頻用(90例)の字は「那」で、「ナ」を表わ
すために「那」を用いた例は1例もない。ただ、「ヌクム(温)」、「ヌノ(布)」、
「オヌシ(お主)」「イヌ(犬)」の「ヌ」を表わすのに「那」の字を用いているが、
「奴」の字の用例は1つもない。このように両「訳語」の頻用の字が違ってい
るから、「琉球館訳語」で /nu/(特に助詞の)を表わすために「那」の字を用い
るのは「日本館訳語」あるいはその「草稿」の影響である可能性がある。
　　そこで上に問題となった漢字のシナ語音を、従来の例に従って調べてみよう。
　　次頁の表から次のことが言えると思う。すなわち、「那」の字には、『中原音
韻』の時代から現代に至るまで na 系統の音と nuɔ 系統の音とあった。「官話」
としては前者が有力であったが[108]、「日本館訳語」の編者(達)は日本語の
「ナ」を表記するために、まぎれもなく[na(ʔ)]と読まれる「納」を頻用の字と
して採用した。しかし、日本語の「ノ」を表わす字を選ぶには恐らく次のよう
な困難があった。『中原音韻』で[nuɔ(ʔ)]という音の再構される字は次のよう
である。

　　歌戈韻
　　　　平声陽　梛那挼儺
　　　　上声　　娜那
　　　　去声　　糯懦那柰(奈)

(「入声作去声」の「諾搦」は、「蕭豪韻　入声作去声」にも現れるから、
[nɔoʔ³]/nauʔ³/ が再構される(第10回 p.195以下参照)。) このうち「柰」は「皆
來韻　去声」にもあり[nai³]という音も再構される。そうすると、『中原音韻』
に見える上の諸字の中には、「那」のほかに、まぎれもなく[nuɔ]と読まれる
"好字"がない。『教育部公布　国音常用字彙』でも、nuo(p.73)のところに挙げ
られている字は

　　「陽平」挪那娜按接儺、「去」糯懦糯(入)諾搦

252——第6章　日本祖語について

	『中原音韻』		『蒙古韻略』	『蒙古字韻』
	藤堂説	服部説		
得	təi	[təi?²]	tii⁴	dhij⁴
徳	tə	[təi?²]	tii⁴	dhij⁴
滴	tiəi	[ti?²]	ti⁴	di⁴
那	na	[na³] [nuɔ¹ʼ²ʼ³]	no¹ʼ²ʼ³	no¹ʼ²ʼ³
納	na	[na?³]	na⁴	
奴	nu	[nu¹ʼ]	nu¹	nu¹

である。「日本館訳語」の編者(達)は日本語の「ノ」を表記するために、やむ
を得ず、nuɔ とも na とも読まれる「那」を選び、

　　「ナ」＝納　　「ノ」＝那

という方式を決めて、日本語表記を行なったのであろう。

　「琉球館訳語」の方では、これに関連して表記すべき音節は /na/ と /nu/ で
あった。後者に対しては「奴」という好字がある。/na/ に対しては、中原音と
して広く na とも読まれる「那」を常識的に選んだ。ところが「那」には nuɔ
という発音も広く行なわれており、かつ「日本館訳語」で、琉球語の助詞
/nu/ に対応する頻出の日本語助詞「ノ」が常に「那」で表記されているので、
恐らくその影響を受けて、この(琉球語の)助詞 /nu/ をしばしば「那」で表記
し、さらにその他の場合の /nu/ までときどき「那」で表記するようになった
のではなかろうか。

　大分論述が長くなったが、以上によって、「2 電　波得那」という単語の音
形を再構するための基礎を作ったつもりである。前述のように『沖縄語辞典』
には

　　hudii 《稲光。いなずま。》

という単語が見えるから、「波得那」は /pudiinu/(/nu/ は助詞。名詞がこの助
詞の付いた形で採録されている例がときどきある。「45(175)表章　漂那」、「4

	現代音		
北京	上海	蘇州	温州
tei^2, $tə^{1,0}$	$ta?$	$tɤ?^4$	tE^4
$tə^{1'}$	$ta?$	$tɤ?^4$	tE^4
ti^1	$ti?$(tie?)	$tiɤ?^4$	tei^4
$na^{1,2,3,0}$, $nei^{2,3}$, $nuo^{1'}$	na^3(挪 no^1)	$nɒ^{1'}$(挪)	——
na^3	$na?$	$nə?^{4'}$	$nø^{4'}$
$nu^{1'}$	$nou^{1'}$	$nəu^{1'}$	$nəu^{1'}$

(171)山　亞馬奴」など)であろう、と言えそうだけれども、実はそう簡単には
いかない。以下に述べるように難しい問題がある上に、上に明らかにしたよう
に、「那」は /na/ を表わす可能性もあるからである。

　ところが、非常に幸いなことに、国立国語研究所の『日本言語地図　第 6 集』
の第 258 図が《稲妻・電光》の意味の形式の分布図であって、その全国的分布を
概観することができる。そのほかにも、いろいろな人々の手になる調査資料が
あって、この単語の歴史を研究するためには、我々はかなり有利な地位にある。
それにもかかわらず、厳密な考察をすると、種々の困難がある。

　以下においては、この種の問題に関する考察を叙述する方法の、1 つの新し
い試みとして、研究結果を簡潔に述べることをせずに、いかにしてそういう結
論に達するのか、考察の過程そのものを詳しく――あたかも次々に資料が増加
し、その度ごとに知見が深まっていくかの如く――述べようと思う。そうする
ことにより、私の [109] 史的(比較)言語学的研究方法がいかなるものであるかを、
よりよく理解して頂く望みが一層大きくなるものとも期待する [110]。

　もし仮に、首里方言で《稲妻》のことを /hudii/ というということだけがわか
っていて、その歴史や他の諸方言に関する資料が全然なかったとすると、これ
はどうも日本語らしくない、と言って、南方の諸言語などにその語源が求めら
れたかも知れないほど非日本語的な音形を有すると言ってよいであろう。

　ところが、他の琉球諸方言には次のような形式があることが、東条操『南島
方言資料』(1930)によって明らかになっている(「天文門」p. 2、23 電)。

254──第6章　日本祖語について

hudi:	首里(『沖縄対話』1880[明治13]年)
hiʒuri	大島(東方村)
titʃaja	国頭(伊江村)
mnabikal [111]	宮古島(平良)
puturi	八重山(石垣島石垣町、宮良当壮氏)

　上の諸形式を比較して言えることは、伊江島方言と宮古島平良方言とのそれ
は、首里方言の形式とは別系統のものであるらしいこと、〔奄美〕大島方言と八
重山方言とのそれは、首里方言のそれと同源らしいけれどもどういう音韻法則
によって対応し合うのか不明であること、である。資料がさらにふえたら、対
応関係がはっきりするだろうか。

　1957(昭和32)年に我々の作成した『第3次基礎語彙調査表』(服部編1964:序文
参照)には、幸い「255 いなびかり」の項目があるので、この『調査表』によっ
て調べた資料を、方言別に以下に列挙しよう。(　)内の氏名は調査者のそれで、
それがないのは私自身の調査である。今回は調査年月日、調査地および被調査
者の氏名を省略する。(仲宗根氏の表記では語末の -1 はそり舌音の -ḷ となっ
ているが、印刷の便宜上すべて普通の -1 を代用した。)

ʔmnabikal	宮古諸島多良間島字塩川(仲宗根政善氏)
ʔnnabikal	〃　　伊良部島字長浜(仲宗根政善氏)
	〔以下の宮古諸島は今の宮古島市〕
ṇnabikal	〃　　伊良部島字佐和田(仲宗根政善氏)
m̩napˢikai	〃　　平良市大神島(大城健氏)
ṇnapˢikaȥ	〃　　下地町字与那覇(内間直仁氏)
ṇnapikaȥ	〃　　　〃　　来間島(屋比久浩氏)
hudii	沖縄島首里(『沖縄語辞典』)
pʻudi:	〃　　国頭郡今帰仁村字与那嶺(仲宗根政善氏)
inabikari	与論島(山田実氏)
ʔurɛi	徳之島亀津
hiʒur	加計呂麻島諸鈍
kʻannarinu hiʒiri	奄美大島大和浜

hu̥tʻira	〃　名瀬市
ɸudi	喜界島阿伝
ɸudui	〃　花良治
inabikari	高知県幡多郡宿毛市
ohikari	〃　高知市
enapi̥kari	隠岐島五箇村久見
inabikari	京都市(浜田敦、阪倉篤義、寿岳章子、奥村三雄、安田章の5氏)
inabikari	佐渡島外海府真更川(都竹通年雄氏)
inadzuma(昔) inabikari(新)	⎫ ⎬ 八丈島樫立 ⎭

　上を概観すると、これだけの資料によれば、/hudii/ 系統の単語は、琉球諸方言のみに限られているので、日本祖語にまでさかのぼるものであるかどうか、不明である。

　しかし、「イナビカリ」系統の単語が琉球方言にも見られることが注意をひく。与論島のものは共通語からの借用語である疑いがあるが、宮古諸方言のものは、「イナビカリ」とはかなり違った形をしているので、日本祖語から伝承された形式である可能性がある。

　そこで、この点に関し、『日本方言地図 第6集』を先取りして参照してみると、

　　piccjaipudui　鹿児島県大島郡与論島大字茶花

とあるから、上の与論島の[inabikari]は現代共通語からの借用語であることがわかる[112]。しかし、宮古群島に関しては次のようである(多良間島塩川が外間守善氏の調査であるほかは、調査者はすべて仲宗根政善氏)。

nnapikali̇̈	宮古島平良市字東仲宗根
	〃　　〃　〃久松松原
	〃　下地町〃上地
	〃　城辺町〃友利
	〃　　〃　〃保良

256──第6章　日本祖語について

	〃　　平良市〃狩俣
nnapikara	〃　　　〃　　〃島尻
nnabikarï	伊良部島字長浜
	〃　　〃国仲
	多良間島塩川
nnaapikaalï	伊良部島字仲地
	〃　　〃伊良部
nnabikai	平良市　〃池間

　上の調査結果に関する限り、/hudii/ 系の形式は宮古群島には1つもなく、この群島はこの点で琉球列島の中で孤立的地位に立つように見える。

　さて、上のローマ字表記は、原著では NNAPIKALÏ などのように大文字になっていたものを、小文字に直したものである。『日本言語地図解説　各図の説明6』(1974: 24) に、

　　　また琉球の宮古に分布するものは、すべて NNA〜 の語形であるが、その内容は [nna〜][mna〜][ʔnna〜][ʔmna〜] であった。[m] の見られる点、おもしろい。

とあるように、微細な音声的差異を一々地図に表示し分けることはできないので、このように大文字書きにして近い音形のものを一まとめにしたのである。これは言語地図作成上ある程度やむを得ないことだが、特に琉球列島のように方言差の著しいところでは、精密な音声表記を別冊にでもして頂けるとありがたい。上の -PI-, -BI- という表記は [pi] と [pï]、[bi] と [bï] をそれぞれ1つにまとめたものなのか、[pï], [bï] を簡略化したものなのか、不明なのは残念である。『第3次基礎語彙調査表』による調査結果には、すべて [ï] が現れているから、後者である公算が大である。もしそうだとすれば、せめて NNAPIKAKLÏ を NNAPÏKALÏ ぐらいには表記して頂きたかったと思う。

　さて、仲宗根政善氏の記録された [ʔmnabikal]（多良間島字塩川）を1例に採って、それが本土方言からの借用語か、日本祖語にさかのぼるものかを検討してみよう。この方言と上代（およびそれ以後の）中央方言との間には、次のよう

な音韻対応の例がある。

pi:《日》	比(甲類)
pi̥kal《光》	比可里
pigi《ひげ》	比宜
pi̥dzi《肘》	比地
pi̥dal《左》	ひだり

　一方、この方言では、首里方言のように、*i がその直後に来る*ka, *ga の*k
*g を口蓋化することがない。

多良間	首里	上代中央
tsi̥kaʃa:l《近い》	cicasaɴ[tʃitʃasaŋ]	知可吉
ʔŋgaʃa:l《にがい》	'ɴzasaɴ[ndʒasaŋ]	にがし
pi̥kal《光》	hwicai[ɸitʃai]	比可里

　また、次の対応例によって、〔[ʔmnabikal]の〕語末の -1 が上代中央方言の
「リ」に対応することも疑いない。

多良間	大神	首里	上代中央
pal《針》	pɛɨ	haai	波里
tul《鳥》	tuɨ	tui	登理
pi̥kal《光》	pˢikaɨ	hwicai	比可里
kul《これ》	kuri	kuri	許礼
kal《あれ》	kari	kari	加礼

　また、次の対応例によって、[ʔmna-]の[-na-]が上代中央方言の「ナ」に対
応することも明らかである。

m:na《皆》	m̩:na	'ɴna	未那
m̩na《からっぽ》		'ɴna-	牟奈
pana《花》	pana	hana	波那

　従って、多良間島字塩川方言の[ʔmnabikal]は、『〔金光明〕最勝王経音義』

258——第6章　日本祖語について

『和名抄』の「以奈比加利」と、第1音節を除いて音韻法則的に完全に対応しつつ、しかもこの方言において起こった音韻変化は全部受けているので、日本祖語にさかのぼる蓋然性が極めて大きい。その他の宮古諸方言の形式についても同じことが言えるが、平良市字島尻方言の形は琉球諸方言の名詞にしばしば見られる接尾辞 -a(:) の接尾したものである。

　それでは語頭の[ʔm-]は何であろうか。首里方言では、語頭の鼻音の前の[ʔ]は、日本祖語形が語頭短母音(/ˈV/)を有したことを指し示すが、この方言ではどうであろうか。

　この方言では、語頭の母音はすべて[ʔ]で始まり、語頭の[m][n]は直後に母音がある場合(すなわち[mV][nV]の場合)には[ʔ]に先立たれることがない。[ʔ]で始まる鼻音は次のような単語に現れる。(首里方言の形と比較しつつ示す。)

多良間	首里	上代中央
ʔmmaril《生まれる》	ʔNmarijuN[ʔmma-]	宇牟 ウム
ʔm:kụ《膿》	ʔNmi[ʔmmi]	有美 ウミ
ʔm:《いも》	ʔNmu[ʔmmu]	うも、いも
ʔndil《出る》	ʔNzijuN[ʔndʒi-]	伊伝 イデ
ʔmni《胸》	'Nni[ɲɲi]	牟泥 ムネ
ʔŋgaʃa:l《苦い》	'NzasaN[ndʒa-]	にがし
ʔŋgi《抜く》	nuzuN	(奴岐？) ヌキ
ʔmm《汲む》	kunuN	久牟 クム
ʔnna《綱》	çina[tsina]	都奈 ツナ

すなわち、首里方言では[ʔ]は語頭に短い狭母音があったことを指し示すのに反し、多良間方言の上の[ʔ]はそういうこととは無関係に、語頭の成節的(syllabic)な鼻音の前に一様に現れるもので、首里方言で /ʔ/ が /ˈ/ と対立する音素であるのとは異なり、/ˈ/ と音韻的対立をなすものではない。従って、音韻表記では、母音の前のものだけ /ˈ/ で表わせばすむものである。ちなみに、この方言や首里方言の語頭の[ʔ]が底層言語の痕跡であるかどうかは、後に考察するであろう。

これを要するに、多良間方言の[ʔmnabikal]の[ʔm]は「イナビカリ」の「イ」に対応すると断定できないばかりでなく、「イ」に対応するものならば[ʔnna-]となっているはずで、この方言で[ʔm-]（および大神島方言で[m-]）であることは、「イ」に対応するものではないことを積極的に示すものである[113]。

[ʔmni]《胸》　←　*mune　←　*munai

の例でもわかるように、それは「ム」あるいは「ミ」に対応するものに違いない。（上に示した宮古諸方言の資料だけからは、そのいずれに対応するかは決定できない。）

　しかしながら、「イナビカリ」と[ʔmnabikal]とは無関係の単語では決してあり得ないから、日本祖語形としては、それらに対してどういう形を再構すべきかが問題として残る。

　ただ私として注文したいことは、注(110)の講演で言及したように、ある単語(に対応する単語)がその方言にない、ということを積極的に記してほしいということである。この場合について言えば、上の八重山の石垣島石垣方言の[puturi]《稲光》に対応する単語が、別の意味(意義素)を有しつつこの方言に存在するのか、あるいは全く存在しないのか、ということを知りたいのである（私がちょっと調べた範囲では、ないようだが）。そのいずれであるかが確認されれば、その知識は、宮古群島方言、さらには日本祖語に関する我々の考え方に影響するであろう。（第14回了）

260——第6章　日本祖語について

　前回の拙論を脱稿し編集係に手渡したあとで、故宮良当壮氏の厖大な遺著
『日本方言彙編』が未刊のままであることを知り〔後に刊行〕、令息宮良当章氏お
よび第一書房の村口一雄氏のご厚意により、同書原稿ならびに宮良博士の古い
著書『採訪南島語彙稿(第一篇)』(1926)、『八重山語彙』(1930)の「いなびかり、
いなづま」に関する部分を参照し得て、資料が増加したので、歴史言語学的考
察をするのに一層有利となった。以下、調査者が「宮良当壮氏」となっている
のは『日本方言彙篇』から引用したもので、それ以外の場合は一々注記する。

　前回では宮古群島の諸方言の形について考察したので、次いで八重山群島の
それについて考察する。たびたび引用する文献は次のように略称する。

　　『図』＝国立国語研究所『日本言語地図　第6集』(1974)
　　『先島方言』＝平山輝男、大島一郎、中本正智『琉球先島方言の総合的研
　　　　　　　　究』(1967)
　　『琉球音韻』＝中本正智『琉球方言音韻の研究』(1976b)

「首里方言」はすべて国立国語研究所『沖縄語辞典』(1963)による。

石垣島石垣市大川			(宮良当壮氏)	puturi
〃	〃	新川	(『図』仲宗根政善氏)	PUTURI
〃	〃		(中本正智氏)	putiri
〃	〃	真栄里	(宮良当壮氏)	putira
〃	〃	平得	(〃)	
〃	〃	〃	(『図』仲宗根政善氏)	PUTIRA
〃	〃	大浜	(『先島方言』)	pi̥turu
〃	〃	宮良	(『図』仲宗根政善氏)	PUTURI
〃	〃	白保	(〃)	
〃	〃	〃	(宮良当壮氏)	puturi
〃	〃	川平	(『図』仲宗根政善氏)	KANPIKARI
〃	〃	平久保	(『図』外間守善氏)	PIKARU PIKARAA
竹富島			(宮良当壮氏)	ɸuturi

〃	玻座間	(『図』仲宗根政善氏)	HUTURI
〃		(『先島方言』)	Pi̥turu
〃	〔童〕	(宮良当壮氏)	mittʃi
小浜島		(〃)	putturi
鳩間島		(〃)	puturu
〃		(『図』仲宗根政善氏)	PUTURU
西表島祖納		(〃)	PITTURI
〃 〃		(『先島方言』)	pi̥tiri
〃	星立	(中本正智氏)	pitiri
黒島		(宮良当壮氏)	mina-pikari
〃		(〃)	mina-putiri
〃		(〃 『採訪』『八重山』)	mina-putiri
〃		(『先島方言』)	minapu̥tir
〃	仲本	(『図』仲宗根政善氏)	MINAPUTIR(U)
新城島上地		(宮良当壮氏)	nna-puturi
波照間島		(〃)	putʃiru
〃		(中本正智氏)	pu̥tʃiri
〃	富嘉	(『図』仲宗根政善氏)	PIKARI
与那国島祖納		(宮良当壮氏)	ɸutti:
〃 〃		(『図』仲宗根政善氏)	HUTI
〃 〃		(中本正智氏)	ɸuti

　上のうち、宮古諸方言との関連において、まず注意にのぼるのは黒島と新城島の形である。両者ともに西表島と石垣島との南に隣接した小島で、前者には集落が5つ、後者はさらに2つの小島に分かれ、集落が1つずつある。中本正智氏の『琉球音韻』(pp. 235, 236, 406以下)によれば、黒島方言は明らかに八重山系の方言であって、全体的に見て(特に動詞の「終止形」など)宮古系の諸方言とは著しく異なるから、宮古方言から黒島方言への言語的影響はまず考えられない。従ってこの方言に[mina-]という形式が現れるのは重視すべきことである。しかも、第1音節が[mi-]であるから、第14回おわりで多良間方言の

262——第 6 章　日本祖語について

[ʔm-]および大神島方言の[m-]は本土方言の「ム」あるいは「ミ」に対応すると書いたけれども、「ム」に対応する可能性は消失するわけである。

　それでは「ミ」に対応すると言い切れるかというに、そうではない。なぜなら、『琉球音韻』によると、黒島方言には

　　　miŋ《耳》、　mi:《目》、　ami《雨》

のような例があるからである。これらの単語の日本祖語形は、それぞれ

　　　*mimi《耳》、*mai《目》、*'amai《雨》

である [114]。そして、後 2 者は

　　　*mai　→　*me:　→　mi:
　　　*'amai　→　*'ame　→　'ami

のような中間段階を経て、現在の形となったものと考えられる。

　前述の宮古群島の多良間島方言も同じ中間段階を通ったものと考えられるが、中本正智氏の研究(中本 1976b: 226 以下)によると、詳説は略するけれども、中間段階で *mi だったものが成節的[m̩]となり、そこで *me だったものは[mi]として現れる傾向が著しいので、多良間方言の[ʔmna-]、黒島方言の[mina-]は、日本祖語の *mina- にさかのぼる蓋然性が大きい [115]。

　『日本言語地図 第 6 集』の「第 258 図 いなずま(稲妻・電光)」を見ると、「イナビカリ」およびそれに対応する形が、近畿地方ばかりでなく、全国に広く分布しているから、先島方言の形から再構される日本祖語形 *minapikari〜minabikari はこれと無縁ではあり得ない。それでは、「イ」で始まるのと「ミ」で始まるのと、どちらが古形であろうか。『時代別国語大辞典 上代編』(p. 88)によると、『金光明最勝王経音義』にすでに「以奈比加利」という形が見える。

　しかしながら、音韻変化の一般的可能性から言うと、こういう音韻的環境にある語頭の m が脱落する蓋然性の方が、語頭に m が加わる蓋然性より大きいと思う。

　『日本国語大辞典』〔初版〕(18 巻 p. 627)によると、「ミナミ」(南)を「イナミ」と訛る地方に「岐阜・飛騨・静岡・愛知・南知多・志摩・愛媛周桑」があり、

「ニナミ」と訛る地方に「岩手・岐阜・飛騨・静岡・愛媛周桑・伊予」がある。

　　　ミナミ　→　ニナミ　→　イナミ

という音韻変化が起こったのであろう [116]。

　同様に、《電光》の場合も「ミナビカリ」が古形で、「イナビカリ」は(恐らく「ニナビカリ」を経て)新しく生じた形であったが、その「イナ」が連想によって「イナ〜イネ」(稲)と結びついて、「イナビカリ」が「イネ」を孕ませるという民間信仰が生じ、「イナビカリ」が古形の「ミナビカリ」(および「ニナビカリ」)を駆逐するとともに、「イナヅマ」「イナツルビ」という新しい合成語までできたのではなかろうか [117]。『和名抄』にすでに「伊奈豆流比」「伊奈豆末」という合成語が見える。方言の分布状態を見ると、この俗信は琉球列島には及ばなかったらしく、「ミナビカリ」という最古形に対応する形が、宮古群島等に保存されているのであろう。

　さて、八重山群島には「ヒカリ」系統の形なども見えるけれども、それらについて考察することは省略して、首里方言の /hudii/ と関係のありそうな形式のみについて論ずることにしよう。

　石垣市の市街部に行なわれている[puturi]という形は分布が広く、石垣島の白保、宮良、小浜島(強調形)[118]、新城島上地([nna-]が接頭している)に見られる。他の諸方言との音韻対応の通則より見て、これは一時代前の

　　*potori

から来たものと考えられる。鳩間島の puturu も同じ祖形から来たものに違いない。なぜなら、この方言では

　　[turu]《鳥》、[ɸutʃiru]《薬》

のように、*-ri が[-ru]に変化している(中本 1976b: 237)からである。

　竹富島の[ɸuturi]に対しては、一時代前の祖形としてどういう形を立てたらよいのだろうか。『琉球音韻』p. 234 には、石垣(市街)方言と同様、

　　ハ行音は、pi(ヒ・ヘ)、pa(ハ)、hu(フ)、pu(ホ)の四つに区別される。

264——第6章　日本祖語について

とあるから、この法則に従えば*putori を立てざるを得ない。しかし、石垣方言の*potori とこの*putori とを関係づけることは、——詳説は略するけれども——困難である。ところが、

	竹富	石垣市街
《骨》	ɸuni	puni

のような例外的対応もあり、また竹富方言には[ɸuʃi]《星》(『先島方言』p.330、『琉球音韻』p.429)、[ɸu̥ka]《外》(『先島方言』p.220)のような語例もあるから、この方言の[ɸuturi]に対して、石垣方言と同様、

　　*potori

という祖形を立ててもよいのではなかろうか。ただし、どうしてこういう例外的対応が生ずるかは、さらに研究しなければならない。

　次に、第1音節の母音がu で、第2音節のそれがi である形がところどころに見られる。

　石垣市市街部の東に隣接した村落、真栄里、平得の[putira]は、例の -a の接尾した形である。

　黒島方言については、宮良当壮氏は、『採訪南島語彙稿』および『八重山語彙』では

　　m'ina-put'irï

とし、『日本方言彙編』では

　　mina-putïrï

としている。前者はロシヤ式の表記法で、アポストロフィは口蓋化のしるし〔著者の記法と違うことに注意〕で、「i の前の子音はすべて口蓋化されている」と注記しておけば不要なので、『日本方言彙編』ではすべて省かれている。従って、m'ina-put'irï は mina-putirï と書き改められるべきものだが、t'i を誤って tï と書き写されたのではなかろうか。『先島方言』では[minapu̥tir]となっている。仲宗根政善氏の資料は『日本言語地図』では MINAPUTIR(U)と書き変えられ

ているので、その -TI- は[ti]なのか[ti]なのかわからなくなっている。

石垣方言として中本正智氏は[putiri]という形を記録しているが、『琉球音韻』p. 212 の石垣方言のモーラ表には[ti, te, ta, tu, to]があって[ti]のところが空白となっている。だから[putiri]は[puturi]の誤りかとも考えられるが、石垣市街に隣接した真栄里、平得に[putira]という形があるくらいだから、市内にも[putiri]という形を持っている人がないとは限らない。

以上第 2 音節に i の現れる[putiri]に対しては、黒島方言でも[ti]は本土方言の「テ」に対応するから、一時代前の祖形として、恐らく

*poteri

を立てるべきであろうと考える。*o →[u]という変化が起こった後にも[-ri]がまだ健在で、逆行同化によってこの[-ri]が直前の音節の[u]を[i]に変えた、という可能性も皆無とは言いきれないけれども。

八重山諸島から数 10 キロ南西に離れた孤島である波照間島の方言は、大きく見れば八重山系であるけれども、他の八重山諸方言とは著しく異なる音韻変化も少なからず起こっている。この方言の《稲妻》を意味する単語としては、[putʃiru][putʃiri]が記録されているが、これらに対しては、一時代前の祖形として、どういう形を立てたらよいのだろうか。

中本正智氏の『琉球音韻』pp. 229–230 には、この方言と本土共通語との概略のモーラ対応の通則が次のように述べられている。

ハ行音は、pi(ヒ)、pi(ヘ)、pa(ハ)、hu(フ)、pu(ホ)の五つに区別される。
タ行音は、si, zi[dzi](チ・ツ)、si[ʃi], zi[dʒi](テ)、ta(タ)、tu(ト)のように区別される。
ラ行音は、ri, ri(リ)、ri(レ)、ra(ラ)、ru(ル・ロ)のように区別される。

この通則に従うと、一時代前の祖形として次のようなものを立てても、いずれも上に示した現代形を導き出すことができない。

祖形　　　現代形
*potori → ×puturi

266——第 6 章　日本祖語について

*poturi　→　ˣpusiri, ˣpudʑiri

*poteri　→　ˣpuʃiri, ˣpudʒiri

　しかしながら、次のような対応例がある。(『琉球音韻』p. 406 以下の表による)。〔ïはiに、ɴはŋにそれぞれ変えて引用。〕

波照間	石垣市街	首里
taᵖi《旅》	tabi	tabi
fu̱tʃi《傷》	kidzi	kidʒi
ka̱ᵖi《紙》	kabi	kabi
si̱pahaŋ《狭い》	ibasa:ŋ	ʃibasaŋ
ka̱tʃi《風》	kadʒi	kadʒi

すなわち、この方言では第 1 音節が無声子音で始まっていれば、第 2 音節の有声子音は無声化されるのである。そうだとすれば、《稲妻》を意味する単語も中間段階で*puʃiri ではなく*pudʒiri の方になったとすれば、*poteri という祖形からでも、現在の波照間方言形を導き出すことはできる [119]。

　　　　*poteri　→　*pudʒiri　→　pu̱tʃiri

　しかしながら、なぜ中間段階形として *pudʒiri の方を選ぶべきかが合理的に説明されなければならない。ところが、次のような一見例外的対応例がある。

波照間	石垣市街	首里
utʃiruŋ《落ちる》	utiŋ	ʔutijuɴ
fu̱tʃiri《薬》	ɸuʃiri	kusui

『琉球音韻』には上に引用したタ行音対応通則のほかに、p. 230 に、波照間方言について

　　サ行音は、si(シ・ス・セ)、sa(サ)、su(ソ)の三つに区別される。

と書かれているから、上の 2 例は例外となるのである。しかしながら、上のutʃiruŋ, fu̱tʃiri は、語頭子音よりも第 2 音節頭位の子音の方が tense に発音され

ることを示すものではなかろうか [120]。それならば、《稲妻》の場合にも、祖形を*poteri として、

*poteri　→　puʧ̣iri

という音韻変化が起こった、とすることができる。

　一般に波照間方言は、他の八重山群島方言に対してばかりでなく、すべての琉球諸方言に対しても特異点を多く持っているので、音韻・文法・語彙の正確精密にして網羅的な記述的研究が切望される。

　次に第1音節にiの現れる方言がところどころにある。

　[pi̥turu] の報告されている石垣島の大浜は、[puturi] の行なわれている石垣市街から3キロほど東方の村落であり、両者の間には平得・真栄里の[putira]がある。[pi̥turu]は、たとえば[putiri]の母音メタテーゼではなかろうか。石垣市街から5キロほどの海上にある小島の竹富島については、すでに述べたように[ɸuturi]が報告されている。その上に[pi̥turu]があるというのは、大浜からの移民にでもよるのだろうか。

　西表島の北部にある租納〔ママ〕は他から隔絶しているから、その PITTURI と[pitiri]、およびすぐ東隣の村落星立の[pitiri]については慎重に考察する必要がある。『琉球音韻』には次のように見える。

> 　西表租納方言〔章末補注*6〕は波照間・小浜島方言と類似する面をもっている。無声化現象がそれである。(p. 232)
> 　このように石垣方言のi〔原文はi̥〕に対応するものは西表租納方言ではiになっている。これはi → iの変化の結果である。(p. 232)

そうだとすれば、甲類、乙類の「ヒ」「ヘ」がいずれも[pi]となって現れるわけである。実際の語例を見ても次のようである。

　[pi̥ː]（日）(『琉球音韻』p. 232)

　[pi̥ː]（火）(『先島方言』p. 329、『琉球音韻』p. 427)

　[piː]（屍）(『先島方言』p. 382、『琉球音韻』p. 232)

　[pi̥tu]（人）(『琉球音韻』p. 232)

268──第6章　日本祖語について

（［pi̥ː］と［piː］とは発音が違うのだろうか。）

　このような状態である以上、［pi̥tiri］の祖形としては *piteri を立ててよさそうに見える。しかしながら、PITTURI という形の存在を無視するわけにはいかない。これは強調形[118)]であろうが、その点を考慮外においても、*pitori という祖形を要求する。ここでは詳説を省略しなければならないが、こういう祖形を再構するにはいろいろの困難がある。結局［pitturi］は［*puttiri］の母音メタテーゼではないかと思われる。そうすると［pitiri］は［*pituri］から母音の同化によって生じたのかも知れない、ということにもなる。

　最後に与那国島祖納方言の形について考察する。この方言は、八重山諸方言に対してばかりでなく、琉球諸方言の中でも特異な地位に立つが、《稲妻》を意味する単語も、他の八重山諸方言とは著しく違った形を持っている。ただ、宮良氏の転写と仲宗根・中本両氏の転写との間に多少の違いがあるので、まずその点を考察する必要がある。

　　［ɸuttiː］　　（宮良氏）
　　/huti/　　　（仲宗根・中本両氏）

これに関連すると思われる記述が、中本正智氏の『琉球音韻』pp. 193-194 にある。

　　与那国方言では、語によって撥音が音声的にあらわれたり、あらわれなかったりする現象がある。
　　　例、［p'aŋŋai］ 〜 ［p'aŋai］《鍬》
　　　　　［tʃ'iŋŋu］ 〜 ［tʃ'iŋu］《小刀》
　　　　　［damma］ 〜 ［dama］《罠》
　　ちょうど、これと並行して、促音が音声的にあらわれたり、あらわれなかったりする現象もある。
　　　例、［sutti］ 〜 ［suti］《咳》
　　　　　［buttu］ 〜 ［butu］《夫》
　　　　　［duttʃi］ 〜 ［dutʃi］《友》
　　　　　［hattʃi］ 〜 ［hatʃi］《橋》

［attsaŋ］〜［atsaŋ］《厚い》

これは音声的な動揺で、音韻的な交替ではあり得ないと思う。すなわち、たとえば

/daɴma/ 〜 /dama/

/suǫti/ 〜 /suti/

のような交替ではあり得ないと思う。

　一体、日本語の、たとえば東京方言、京都方言などの /CVCV/ という形の単語の子音 /C/ は、2 つとも「外破音」(漸強音)であって、第 1 音節の母音 /V/ と第 2 音節の子音との繋ぎは「ゆるく」、その間に「促音」や「撥音」の入りわたりのような音は聞こえない。ソスュールの記号を用いて表わせば、次のようになる。

　　CVCV

　ところが、たとえば、ハルハモンゴル語などの /CVCV/ という形を有する(と私の解釈する)単語の発音はこれとは著しく異なり、第 2 の子音は内破外破音(漸弱漸強音)——ソスュールはこのような術語を使っていないが——であって、第 1 音節の母音と第 2 音節の子音との繋ぎは「かたく」、その間に「促音」(や「撥音」)の入りわたりのような音が聞こえる。それにもかかわらず、それは /CVCV/ であってゲミナータ(重ね音)/CVCCV/ ではない。ソスュールの記号を応用して新しい表記法を用いれば

　　CVCV

のようにでもなろう。

　日本語はすべて CVCV のような構造かと思っていたところ 1958(昭和 33)年 4 月に奄美大島名瀬市で金久正氏の加計呂麻島諸鈍方言の発音を聞かせて頂き、上のモンゴル語の構造に類似した構造のあるのを知り、「日本語は……」などという概説は危険で、日本語の中にもどんなものがあるかわからない、言語はどんな方向にでも変化し得るものだ、ということを——理論的にはわかっているつもりであったが——、改めて感銘をもって悟ったのであった。この構造に

270——第6章　日本祖語について

ついて、拙著『日本語の系統』(1959a: 56)に次のように書いた。

　　次に、形【[ʔar][ʔam]《有る》、[ʷur][ʷum]《居る》という単語の音形】の方を検討す
　　ると、[r][m]はいずれも漸弱漸強音で syllabic であり、[r]の後にはごく
　　弱く短い[i]が聞え、[m]も持続部は長いけれども唇を閉じて了うのが本
　　体ではなく、軽く破裂させることが目標となっているという(金久正氏お
　　よび押角出身の島尾ミホ氏の報告)。故に、これらは音韻論的にはそれぞ
　　れ /ʔarɪ/, /ʔamɪ/, /'uˀrɪ/, /'uˀmɪ/ と解釈される。

　与那国方言の場合には、多少条件が違うけれども、前ページに示した語例は、
たとえば

　　　[damma] ～ [dama]/dama/
　　　[sutti] ～ [suti]/su ti/

というような構造を持っているのであろう。従って、《稲妻》を意味する単語も

　　　[ɸutti] ～ [ɸuti]/hu ti/

という構造を有するので、それを宮良氏は[ɸutti:]と記録されたのではなかろ
うか。(ただし『琉球音韻』を見ると /CVCV/ の第2母音はいずれも短いから、
仲宗根・中本両氏の /huti/ が正しいのであろう。)『先島方言』p. 311 には
/huti/[ʀu'ti]と見える。

　/huti/ の一時代前の祖形を再構するには、少なくとも他の琉球諸方言との音
韻対応の通則を明らかにしなければならない。『先島方言』『琉球音韻』による
と、次のような例がある。

与那国祖納	石垣市街	首里
ɸu'tʃi《星》	ɸusi	ɸuʃi
ɸuni《骨》	puni	ɸuni
ɸuruŋ《掘る》	puruŋ	ɸujuŋ
ɸu:《帆》	pu:	ɸu:
ɸurutʃitʃi《古い》	ɸurusa:ŋ	ɸurusaŋ

4 琉球方言と上代日本語と日本祖語(第15回)——271

ɸuju《冬》	ɸuju	ɸuju
nni《舟》	ɸuni	ɸuni
t'a:《蓋》	ɸu̥ta	ɸuta
k'uŋ《吹く》	ɸukuŋ	ɸutʃuŋ

すなわち、一見

与那国	ɸu	ɸu
石垣	ɸu	pu
祖形	*pu	*po

という対応関係があるように見えるけれども、与那国方言の場合には、*pu-が第2音節の子音に同化吸収される傾向が著しいから、《稲妻》が[t'i:]ではなく[ɸuti]であるところより見て、この単語の祖形の第1音節としては、*puではなく、*po を立てるべきだと思う。次に、

与那国祖納	石垣市街	首里
tʃ'i:《乳》	tsi̥:	tʃi:
tʃ'i:《血》	tsi̥:	tʃi:
ti:《手》	ti:	ti:

という対応例より見て、/huti/《稲妻》の祖形の第2音節としては *te を立てるべきであろう。そうすると、黒島方言等の祖形として立てた *poteri とこの/huti/ の祖形との関係はどうなるのであろうか。

与那国祖納	石垣市街	首里
hai《針》	pari	ha:i
ʔaŋai《東》[121]	ʔa:ri	ʔagari
ʔiri《西》	ʔi:ri	ʔiri
tʃ'iri《霧》	kiri	tʃiri
kannari《雷》	kannari	kannai
t'ui《ひとり》	pi̥tu:ri	tʃui

272——第6章　日本祖語について

これだけの対応例からは /huti/ の祖形として*poteri を立ててよいかどうかは不明である、としなければならない。

　これを要するに、八重山群島諸方言の一時代前の祖形としては

　　*poteri
　　*potori

の2つが、まず疑いなく再構される。そのほかに、与那国の /huti/ の祖形 *pote- の第3モーラ（があるとすればそれ）が疑問として残る。（第15回了）

　琉球諸方言のうち、その最南西に位する宮古諸方言、八重山諸方言、与那国方言について考察したが、今度は北の端から始めることとする。

　まず、鹿児島県大島郡喜界島方言を取りあげる。

　喜界島は奄美大島の東方約25キロメートルの海上に浮かぶ小島であるが、その方言は他の奄美群島の方言とは著しく異なり[122]、それらとの間にたがいに言葉が通じない。島は東北から西南へと長く、長さ約14キロメートル、幅は広いところで7キロ、狭いところで3キロ足らず、周囲約45キロ、面積59.35平方キロメートル、大半は台地で、主として海岸沿いの低地に、大部分はごく小さい集落が、数百メートルないし数キロずつ離れて、点々と散在している。1955（昭和30）年ごろの人口は総計約1万5千人であった（図4参照）。私が1958（昭和33）年4月にこの島を訪れたとき、および1926（昭和初）年に故岩倉市郎氏の阿伝方言を調査したときの見聞では、字ごとに方言が異なり、言葉を聞いただけでどこの村の人かわかるほどだったが、島全体の標準語的地位にある有力な方言も、共通語的な言葉もなく、どの字の方言も対等の地位にあって、異なる集落の人どうしが会話するとき、それぞれ自分の字の方言を話すけれども、言葉は自由に通ずる、とのことであった。岩倉氏は、「どうして村ごとに言葉が違うのだろう。水に隔てられて言葉が変わるのだ」という意味の言い伝えがあり、昔は隣村へ行ってもそこのお茶を飲まなかったものだ、と話された[123]。このような方言状態を考慮に入れつつ考察を進める必要がある。

　私の手許にある《稲妻》を意味する喜界島諸方言の単語は次のようである。「岩倉市郎氏」とあるのは、『喜界島方言集』[124]の記録である。

4 琉球方言と上代日本語と日本祖語(第16回) —— 273

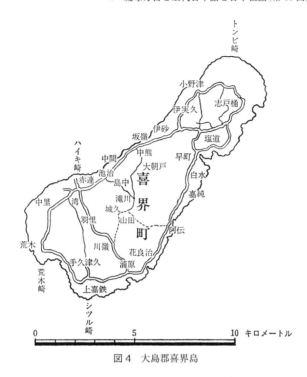

図4 大島郡喜界島

湾	(『図』上村孝二氏)	HUDURI
〃(？)[125]	(宮良当壮氏)	Fuduri
浦原	(岩倉市郎氏)	〔pudi～ɸudi,〕puduri～ɸuduri
花良治	(服部四郎、1958[昭和33]年)	ɸudui
阿伝	(岩倉市郎氏)	pudi～ɸudi
〃	(服部四郎、1958[昭和33]年)	ɸudi
早町	(『図』上村孝二氏)	HUDII
〃(？)[125]	(宮良当壮氏)	Fudi:
志戸桶	(中本正智氏)	ɸudi:

　九学会連合『奄美』[126]所収の服部四郎、上村幸雄、徳川宗賢「奄美諸島の諸方言」によると、上に示した単語の語頭音節および語頭子音と関係のあるものの、諸方言間の対応は次のようである。

274——第6章　日本祖語について

	《舟》	《冬》	《帆》	《骨》	《花》	《鼻》
湾	「hu⌐ni				⌐ha⌐na⌐ŋi	⌐ha⌐na
上嘉鉄					⌐ha⌐na⌐i	〃
浦原	「hu⌐ni	⌐hu「ju		「hu⌐ni	⌐ha⌐na	〃
花良治	「pʻu⌐ni		「pʻu:		⌐pʻa⌐na	⌐pʻa⌐na
阿伝	〃		〃		〃	〃
小野津	⌐pʻu⌐ni		↑pʻu:		〃	「pʻa⌐na
伊砂				⌐hu⌐ni:	⌐ɸa⌐na	⌐ɸa⌐na
中間	「hu⌐ni				〃	〃
城久	「hu⌐ni		⌐hu:		〃	〃

　上の表によると、花良治、阿伝、小野津が語頭の[pʻ]音保存地区で、伊砂、中間、城久は[ɸ]音地区である。早町と志戸桶は、《稲妻》を意味する単語より見ると[ɸ]音地区のように見えるが、『琉球総合』[127]の第2図は、塩道とともにp音地区としている。同書は花良治、阿伝までhɸ地区としている。このような諸家の記述の不一致は、これらの諸地方の音素 /p/ の本質にも原因があるのではないかと思う。阿伝出身の故岩倉市郎氏の発音を、1929-30(昭和4-5)年のころ私が東京で観察したところによると、その[pʻ]の破裂音たるやかそけきもので、少し弱く発音すると[ɸ]として実現した(服部1951: 85参照)。1958(昭和33)年4月の現地調査の際の故勝常三氏の阿伝方言、故郡山元正氏の花良治方言の発音を私は[pʻ]で表記しつつ、しばしば[ɸ]で表記し、上村幸雄氏は両氏の発音を『奄美』で一貫して[pʻ]で表記している。また、上の表では、花良治の西1キロメートル余の浦原は[h]音地区に属しているが、岩倉市郎『喜界島方言集』p. 260には、

　　プドゥリ(浦原)《稲光》

とある。上の表の浦原の記録は、1958(昭和33)年4月12日奄美大島の名瀬市〔今の奄美市〕奄美小学校で、浦原出身の松村利雄先生の発音を記録したものである。同先生は1918(大正7)年9月10日浦原に生まれ、1930(昭和5)年7月の小学校6年生1学期まで同地に居て、台湾台北で小、中学校、師範学校を卒業、

敗戦で引き揚げて 1946(昭和 21)年 11 月浦原に帰り、1954(昭和 29)年 3 月まで郷里にあった人である。調査した範囲では、隣字の花良治の[pʻ]に対してすべて[h]が現れている。これなどは、松村利雄氏が浦原の若い世代に属し、岩倉氏はその古い世代の発音を記録したものであろう。『奄美』の調査実施当時には、上述の[pʻ]音地区、[φ]音地区に対し、[h]音地区に属したのは、上の表に示したように、湾、上嘉鉄、浦原であったが、『琉球総合』は、湾、中里、赤連、羽里を[h]音地区としている。

一方、『奄美』の記録によると、「カゼ(風)」「ケ(毛)」「キ(木)」「コレ(之)」に対応する単語では、喜界島諸方言が全部揃って語頭の[h]を示している。『琉球総合』でも、志戸桶の[φurɪ](コレ 280)、[hadʒi](カゼ 344)、[çïː](木 351、毛 371)などを記録している。

一般に、奄美群島、沖縄群島の諸方言では、概略的に言って、

$$*p \rightarrow /h/$$

という変化が起こった方言では、*k は破裂音のまま保たれ、この変化の起こらなかった方言で、

$$*k \rightarrow /h/$$

という変化が起こった、と言えそうである(服部 1959a: 283)。喜界島全域が*k → /h/ という音韻変化の起こっている地域であるから、従って、その全域が*p 音保存の地域であったはずで、この島の一部で起こった

$$[pʻ-] \rightarrow [φ-] \rightarrow [h-]$$

という音韻変化は、近い過去に始まったものに違いない。無声両唇摩擦音[φ]は長持ちのしない不経済な音だということを、一般音声学的見地から理論的に説いてきたが、この小島の方言分布状態はその一つの実証例と見ることができる。

さて、岩倉市郎『喜界島方言集』は、「フ」/hu/ と「プ」/pu/[pʻu～φu]との音韻的区別があることを明示している。前者は、概略、

フシ《後方、または背中》(「コシ(腰)」に対応)

276——第6章　日本祖語について

　　フ̮ドゥ《去年》(「コゾ」に対応)
　　フ̮ミ《米》
　　フ̮リ《これ、この物》

のように、本土方言の「コ」に対応するが、「プ」の方は次のようである。

　　プー《頬》
　　プシ《節》
　　プシ《星》
　　プタ《蓋》
　　プチュイ《葺く》《吹く》
　　プネィ《船、小舟にも汽船にもいう》
　　プネィ《骨》
　　プユ《冬》
　　プリユイ《気が狂う》(気が「フレ」る、に対応)
　　プリユイ《惚れる》
　　プルサイ《古い》

のように、本土方言の「フ」にも「ホ」にも対応する。この方言には

　　ク̮[kʻu]（本土方言の「ク」に対応)
　　ク[kʻu]、フ̮[hu]（本土方言の「コ」に対応)

のような音韻的区別があるのに、[pʻu]と[pʼu]の区別がないのは、注意すべきである。私の調べた範囲では、花良治、小野津でも同様であり、『琉球総合』(p. 88)によれば、塩道、志戸桶でも同様である。従って、p. 273 に示した《稲妻》を意味する単語の第1音節は、本土方言の「ホ」に対応するものとも「フ」に対応するものとも、直ちには言えないわけである。

　次に、《稲妻》を意味する単語の第2音節以下に関係のある音韻現象について考察する。

	《鳥》	《居る》	《有る》	《聞く》	《飲む》
湾	∟tʻu「ri	∟wu「ri		「tʒi∟tʒu「ri	∟nu「mi∟ri

上嘉鉄	〃	└ʔu⌐ri	⌐ʔa└ri	⌐tʒi└tʒi⌐i	└nu⌐mi└i
浦原					└ji⌐ri《襟》
花良治	└t'u⌐i	└gu⌐i	⌐ʔa└i	⌐tʒi└tʒu⌐i	└nu⌐mju└i
阿伝	〃	〃	〃	〃	└nu⌐ɲu└i
小野津	⌐t'u└i			└na⌐k'ju└i《泣く》	├ju└mju⌐i《読む》
伊砂	└t'u⌐i	└wu⌐i	⌐ʔa└i	⌐tʒi└tʒu⌐i	└nu⌐mu└i
中間	〃	〃		〃	└nu⌐mju└i
城久	└t'u⌐ri	〃	⌐ʔa└i	〃	└nu⌐mi└i

『奄美』の記録するところは上のようであるが、『琉球総合』(p. 93)では次のようになっている。

《鳥》の第2音節が /ri/ である方言

　　　　湾、赤連、羽里、荒木、上嘉鉄、浦原、花良治。

　　それが /'i/ である方言

　　　　阿伝、早町、塩道、志戸桶、小野津、中里。

すなわち、花良治の《鳥》を[t'uri]とする点が前者の[t'ui]と合わないが、とにかく、これらを比較すると、《稲妻》を意味する単語のうち、湾、浦原、花良治の1時代前の形は *pudori ではなく、恐らく、

　　*podori

であっただろうと考えられる [128]。

　花良治から約1300メートル北東の阿伝(両者の間に小さい蒲生という字<ruby>字<rt>あざ</rt></ruby>がある)では、花良治の[ɸudui]とは著しく異なる[ɸudi]が行なわれている。しかしその北東3キロメートルのやや大きい集落早町(ここには港がある)、さらに3キロ余東北の志戸桶には[ɸudi:]という形がある。早町および志戸桶の《聞く》《飲む》等の意味の単語の形は、我々の記録では未詳だが、岩倉市郎『喜界島方言集』には、次のような形が見える。

	阿伝	早町
《呉れる》	クリユイ	クンヂュイ

278——第6章　日本祖語について

《塞ぐ》		サニュイ
《伸ぶ》	ヌヂュイ	ヌビュイ
《飲む》	ヌニュイ	ヌミュイ
《痛む。病む》	ヤニュイ	ヤミュイ

すなわち、湾が動詞"終止形"の末尾音節[-ri]を保持しているのに対し、早町は、花良治、阿伝、小野津などと同様、このrを落として[-i]に変化している方言であることがわかる。志戸桶も恐らく同様であろう[129]。

　一方、上嘉鉄のように、[tʒitʒiː]《聞く》、[numiː]《飲む》という形を有する方言もある。(この方言の[-ri]という形との関係は未詳。)

　そうだとすれば、早町、志戸桶の[ɸudiː]《稲妻》という形は、

　　[ɸuduri]　→　[ɸudui]　→　[ɸudiː]

という音韻変化の結果生じた蓋然性が大きい。すると、早町(および阿伝)の動詞"終止形"の[-ui]は、他の活用形への類推から[-u-]を保持したものであろう、ということになる。

　阿伝の[˩ɸu˥di]《稲妻》は[ɸudiː]の第2母音が短縮した形であろうと思われる。しかし、阿伝方言には次のような例がある。(いずれも勝先生から服部が調査したもの。)

˩nu˥bi˩ː	《喉》(花良治「ヌディー」)
˩ʔi˥tʒu˩ː	《糸》
˩na˥ji˩ː	《ソテツの実》
˩gu˥ʃi˩ː	《鉛筆ほどの棒っ切れ》
˩ʔa˥ʒa˩ː	《父》
˩ʔa˥ʒi˩ː	《祖父》
˩ʔa˥ni˩ː	《祖母》
˩mi˥dʒu˩ː	《溝》
˩ma˥ja˩ː	《猫》
˩k'a˥ja˩ː	《2枚貝。貝殻》
˩tʒi˥w̃u˩ː	《昨日》

しかしこれらは例外なく同じ型のアクセント(この方言のアクセント体系から見て、第2モーラに核のあるアクセント素と認められる)を有する。これに反し、《稲妻》を意味する単語は

阿伝　　　 ∟φuˈdi ～ ⊦φu∟diˈnu
花良治　　 ⊦φu∟duˈi ～ ⊦φu∟duiˈnu
志戸桶　　 ∟φuˈdi:

のようであって、阿伝と花良治の形式は明らかに無核アクセント素を有する。志戸桶のも恐らくそうであろう。阿伝方言の[φudi]は無核アクセント素を有した[φudi:]の第2音節の長母音が短くなったものであろう。

　花良治と阿伝とが、たがいに遠く離れた島にある集落であるならば、[φudui]と[φudi]は別系統の形式である可能性もあろうが、たがいに隣り合う集落であり、両者の方言は全体的に見て非常に近い体系を有するのであるから、

　　　[φudui]　→　[φudi:]　→　[φudi]

という変化が起こったものと考えられる。この結論に到達することが決して無理でないことを明らかにするために、この小島の方言状態を細説してきたのである。

　それでは、早町、志戸桶の[φudi:]は、首里方言の /hudii/ と正確に対応し合う形式だと言えるかと言うに、必ずしもそうは言えない難しい問題があるので、第14回以降、この単語に関連する詳しい論証を続けてきたのである。(第16回了)

　奄美大島の東北端の崎を占める笠利町〔今の奄美市〕の字佐仁の方言は、同町の他の字および大島、加計呂麻島等の諸方言のすべてにおいて、

　　　*p-　→　/h-/

という音韻変化が起こった中で、孤立して日本祖語の*p- を保持する方言であって、その代わり、他の諸方言が*k- を保持するのに対し、広母音、半広母音の前でそれを h- に変化してしまっている。この方言の《稲妻》を意味する単語は

280——第6章　日本祖語について

　　PUTURYA（『図』上村孝二氏）

である。-a は例の語尾（第14回末）であるから、これを取り除けば、puturi となり、喜界島浦原の[poduri]に近い形となる。この方言でも

　　p'uni《船》《骨》

であって [130]、[p'u]（本土の「ホ」に対応）と[p'u]（同じく「フ」に対応）の区別はない。

　笠利町の西隣の龍郷村〔今の龍郷町〕では、《稲妻》を意味する単語として次のものが記録されている。

龍郷村	（宮良当壮氏）	hoturja
〃	（　〃　）	çikjaru
〃 赤尾木	（『図』上村孝二氏）	HIKYARI

このうち第1の単語は佐仁の形に対応するものであるが、第1音節に o の現れる理由は未詳。

　さらに西隣の名瀬市の方言については、次のようにいろいろな形が記録されている。

名瀬	（宮良氏『採訪南島語彙稿』）	hot'era
〃	（　〃　『日本方言彙編』）	hoteru
〃	（　〃　　　〃　）	Fudiru
〃	（服部四郎）	hут'ira
〃 入舟町	（『図』上村孝二氏）	⎰ HUTURYA ⎱ INABIKARI
〃	（『先島方言』p. 311）	çikjaru
〃	（宮良当壮氏）	çiʒiri
〃 西仲勝町	（『図』上村孝二氏）	KAMINARIHIKARI

　上のうち、私の調査は、1958（昭和33）年4月3日鹿児島市において故寺師忠夫氏の発音を記録したものである。寺師氏は1905（明治38）年2月25日に名瀬

市に生まれ、そこで育たれた名瀬方言の勝れた研究家で、著書もあった。『第3次基礎語彙調査表』によって調査したもので、本土方言の「テ」「デ」に対応する音節は[t‘i][di]と表記され、「チ」「ジ」に対応する音節は[t’ʒi][ʒi]と表記されていて、[t‘i][di]と表記された音節はない。たとえば、

t‘i《手》、t‘at‘irjuɴ《建てる》、ʔudi《腕》

t’ʒi《血》、m̩it’ʒi《道》、t’ʒik’jara《力》、t’ʒik‘jasa《近い》、hiʒi《肘》

また、この方言にも、本土方言の「フ」と「ホ」に対応する区別がない。

huni《舟》、hu̥k̚’juɴ《拭く》《吹く》、hurjuɴ《振る》

huni《骨》、huʃi《星》、hu̥k‘a《外》、hurjuɴ《掘る》

そして、上の

hu̥t‘ira（寺師忠夫氏）

huturja（入舟町）

の2つを比較すると、後者のjの影響で第2音節の母音uがiに変化し、j自身は落ちたのが前者と考えられるから、名瀬市入舟町の形と佐仁の形は正確に対応し合うもので、両者の古形は、接尾辞 -a を除き去った

*potori

であろうと考えられる。宮良氏の[hotera][hoteru]の[te]は、石垣方言には[ti]というモーラがない（[ti]は有る（中本 1976b: 212））ために、名瀬方言の[t‘i]を[te]と聞き誤られたものではなかろうか。第1音節の[ho]も今のところ説明がつかない。ただし、ɸudiru のような形は名瀬にもあった可能性はある。

　一方、名瀬市と言ってもその市域は非常に広い。上の西仲勝町というのは町からかなり高い峠を越えた太平洋側の小集落で、市街地の方言とは別個の方言である。上の[çiʒiri]という形も、市街からはずっと離れた西方の集落の方言形ではなかろうか。なぜなら、名瀬市の西隣の大和村大和浜には

k‘annarinu çidʒiri《稲妻》

282——第6章　日本祖語について

という形があるからである。

　私は、方言の記述はその音声学的記述ができるだけ正確でなければならないと主張してきたが、被調査者が何村何字の方言の話し手であるかが明記されていないと、資料としての価値が下がる。

　上の名瀬市入舟町の INABIKARI は恐らく共通語からの借用語ではなかろうか。そういう場合には話し手は「新語」という意識を持っているのが常である。そういう言語意識も記述されなければならない [131]。

　大和浜方言では

　　çi《日》、çikʒari《光》、çik'usari《低い》、çigi《ひげ》、çidʒari《左》

などのように、本土方言の「ヒ」に大体[çi]が対応するから、上の[çidʒiri]《稲妻》は

　　*pideri

にさかのぼる、としてよいかというに、以下に述べる理由により、そうは言えないのである。私の手許にある奄美大島およびその属島の諸方言の《稲妻》を意味する単語の記録は次のようである。

奄美大島

（元）東方村	（『南島方言資料』）	ヒジュリ
大和村大字大金久	（『図』上村孝二氏）	HIZIRI
住用村〔今は奄美市〕山間	（　〃　）	〃
宇検村田検	（　〃　）	HIZYURIKI
〃　湯湾	（中本正智氏）	˩çiˈdʒui
〃　阿室	（『図』上村孝二氏）	HIZYUURI
瀬戸内町古仁屋	（宮良当壮氏）	çiʒuri̥
〃　　〃	（中本正智氏）	˩çiˈdʒu˩r
〃　　〃　中央区	（『図』上村孝二氏）	HIZYUURI

加計呂麻島

瀬戸内町瀬武	（　〃　）	〃

〃	実久（さねく）	（ 〃 ）	〃
〃	諸鈍（しょどん）	（ 〃 ）	HIZYUR
〃	〃	（服部四郎）	∟hi「ʒu∟r(i) 〜
			∟hi「ʒu·∟rim《稲妻も》
加計呂麻島		（宮良当壮氏）	çiʒuri
請島（うけじま）			
	瀬戸内町池治（いけじ）	（『図』上村孝二氏）	HIZYOORI
与路島（よろじま）			
	瀬戸内町与路	（ 〃 ）	〃

　上のうち、加計呂麻島諸鈍方言については、『第3次基礎語彙調査表』を用いて、諸鈍出身の同方言の勝れた方言・民俗研究家金久正氏について、1958（昭和33）年4月に調査してあるので、それに基づいて考察しよう。

　まず、次のような語例が見られる。簡略音声表記を用いる。

　　∟hi「gi∟·《ひげ》、∟hi「ʒi∟·《肘》、↑hi'k「ru《垢》（「ヘグロ」に対応）、

　　「hip∟p'ajum《引っぱる》、「hi∟k'ja「r'《光》、「hi∔ʒa「r'《ひだり》、

　　∟hi「rju·∟sa「m《広い》、「hi∟r'《ひるま》、「hi∟·《日》

などの例により、本土方言の「ヒ」「ヘ」に対応する音節は[hi(:)]であることがわかる。そして、

　　「t'ʒu∟·《人（ひと）》、∟ɱi「tʃ'a《土》（宮古島城辺町友利方言の[mta]《土》（中本1976b: 262）を比較）、∟ɱi「na《2枚貝、巻貝》、「ʃi∟rja「m《しらみ》、

　　∟hi「rja:∟sa「m《低い》、∟tʃi「k'ja·∟sa「m《近い》、∟k'i「nu《きのう》

などの例や、先に挙げた[hikjar']《光》、[hiʒar']《左》、[hirju·sam]《広い》などによってもわかるように、*i は直後の子音を口蓋化しているから、[hiʒur']《稲妻》の古形は

　　*pidori

としてよいかというに、p.268で、八重山の西表島（いりおもて）祖納（そない）のPITTURIの祖形と

284——第 6 章　日本祖語について

して *pitori を立てることが困難だと述べたが、それと同じ理由で困難だと思う。
上に、名瀬方言の祖形として *potori を想定したが、諸鈍方言の場合にも、

　　 *podori　→　*podiri　→　*pidori

という音韻変化を経由して生じた形であろうと思う。もっとも、

　　 *puderi　→　*pudiri　→　*piduri

という音韻変化も考えられないことはないが、他の奄美諸方言等と比較すると、
*podori が祖形である蓋然性の方が大きいと考える。その理由については、さ
らに後に述べる。

　このように考えると、上に示した宇検村田検以下の諸形も、すべて *podori
という祖形にさかのぼるものと考えられる。

　そうすると、上に示した

　　 名瀬市　　　　　çiʒiri
　　 大和村大和浜　　çidʒiri
　　　〃　大金久　　 HIZIRI
　　 住用村山間　　　〃

なども、*pideri から来たものではなく、やはり *podori を祖形とするもので、
結局

　　 çidʒuri　→　çidʒiri

という母音の同化によって生じた形ではないかと思われる。第 15 回に述べた
八重山西表島北部の [pitiri] が

　　 pituri　→　pitiri

という音韻変化の結果生じた形と考えられることを思い合わすべきである。

　次に、奄美大島の南西約 50 キロメートルの徳之島の諸方言については、《稲
妻》を意味する単語について、私の手許に次の資料がある。

天城（あまぎ）	（宮良当壮氏）	Fudui
天城町岡前（おかぜん）小字前野	（『図』上村孝二氏）	HUDUI
〃 瀬滝（せたき）	（ 〃 ）	〃
伊仙町伊仙（いせん）小字中伊仙（なかいせん）	（ 〃 ）	⎰HWIDERI ⎱INABIKYARI
徳之島町亀津（かめつ）	（服部四郎）	⌞ʔuˈrɛ⌟ɪ
〃 〃	（中本正智氏）	⌞ʔuˈde⌞ɪ〜⌞ʔuriˈː
〃 亀徳（かめとく）小字里晴（さとばる）	（『図』上村孝二氏）	UREI
〃 井之川（いのかわ）	（中本正智氏）	⌞ʔuˈde⌞ri

　このうち、亀津の方言については、『第3次基礎語彙調査表』を用いて、千田助芳氏（当時満71歳。名助役とうたわれた人で勝れた方。反応極めて早し）について、1958（昭和33）年4月27日から29日にかけて調査してあるので、それに基づいて考察しよう。

　⌞φu̥ˈka⌞aɪ《深い》、⌞hu̥ˈḳʼɪ《拭く》、φˈ⌜ḳɪ《吹く》、ˈhu⌞nɪ《舟》、⌞huˈɪ《振る》、⌞φu̥ˈru⌞aɪ《古い》
　ˈhu⌞nɪ《骨》、⌞huˈɪ《掘る》、⌞φu̥ˈšɪ《星》

などの例より見て、［ʔurɛɪ］《稲妻》は、［φudui］等とは別系統の単語と考えられるので、考察の対象から外す。

　天城町（当時の天城村）の方言については、私が1958（昭和33）年4月、5月に調査した時の資料の中に、次のような記録がある。括弧内は被調査者。

	《針》	《鳥》
松原西区（まつばらにしく）（稲村逸見氏。1933［昭和8］年2月2日生）	⌞haˈi	ˈt‘ui
浅間（あさま）（中水俊重氏。1914［大正3］年11月18日生）	⌞haˈi	ˈt‘ui
兼久（かねく）（寿富一郎氏。1920［大正9］年生）	ˈha⌞i	ˈt‘ui
西阿木名（にしあぎな）（芝田成良氏。1893［明治26］年4月20日生）	⊢haˈːⴴi	ˈt‘ui

すなわち、上のような音韻的環境で -ri の r を落とした方言と認められるが、『琉球総合』217図（p. 71）でも、浅間、瀬滝、西阿木名を含む天城町の全域を

/'i/ 地区としている。従って、上の[ɸudui][hudui]は、大島方言のと同様、

    *podori

にさかのぼるものと考えられる。

　伊仙町（当時の伊仙村）の方言については、私が 1958（昭和 33）年 4 月、5 月に調査した時の資料の中に、次のような記録がある。

	《針》	《鳥》
佐弁（赤崎照男氏。1940[昭和 15]年 6 月 19 日生）	「ha˩ri	˩t‘u「ri˩nu
伊仙（吉見武文氏。1912[明治 45]年 1 月 10 日生）	「ha˩ri	「t‘uri˩nu
犬田布（白 善良氏。1907[明治 40]年 7 月 20 日生）	「ha˩ri	┠t‘u「ri˩nu
馬根（常 盛忠氏。1915[大正 4]年 6 月 15 日生）	「ha·˩i	t‘u「i˩nu[昔]
	「ha·˩ri	t‘u「ri˩nu[新]

　『奄美徳之島』（東京大学言語学研究室編 1977）601〜606 図によると、上の諸地点（馬根を含む）の属する伊仙町は、西北の一隅を除き -ri 保存地区となっている。そして、606 図では、同地区で《左》が HIDari となっているが、この D が dʒ を含まないとすれば、i がその直後の d を口蓋化していない点で、注目に価する。なお、p. 140 に「AGARI の RI は本来 -ri でなく、-re であったと考えられる。」とあるけれども、『おもろさうし』には「あがるい」とある[132]。

　そこで、上に示した伊仙小字中伊仙の HWIDERI は *pideri にさかのぼるものとすることができるだろうか。

　私が伊仙の吉見武文氏の発音を音声表記した資料によると、次のような音韻的対立がある。

「mjit’ʒi《道》	┠mizɪ《水》
˩k̦’i「nu˩·《きのう》	「k‘ɪ·《毛》
˩nɪ「·《根》	˩ni「·《荷》
˩ʃi┠ma《島》	「s‘ɪ·《瀬》
「t’ʒi·《血》	˩t‘ɪ「·《手》
┠t‘u「ʒi《妻》	┠t‘udɪ《飛んだ》

4 琉球方言と上代日本語と日本祖語（第17回）——287

└dɪ┌N《どれ》

HWIDERI の e は r の前の ɪ のやや広い異音を e と聞きとられたものではなかろうか。そうだとすれば、奄美大島大和村、住用村の[çidʒiri]と同様、結局

*podori

にさかのぼるものということになろう。なお、この方言の INABIKYARI は共通語からの最近の借用語に違いないが、自己の音韻構造に基づいて k を口蓋化した形で受け入れているのが注意される。

　沖永良部島については、次の資料がある。

沖永良部	（宮良当壮氏）	Fudiru
和泊町大字和泊	（『図』上村孝二氏）	HUDI
知名町大字瀬利覚	（　　〃　　）	HUDII
〃　田皆	（中本正智氏）	└ɸudi┌:

後3者は、喜界島阿伝方言および早町、志戸桶方言の形に似ているが、同時に沖縄本島にも類似した形がある。一方、宮良当壮氏は[ɸudiru]という形を記録しておられるが、『奄美』によれば、この島の 21 の小方言が揃って《鳥》に対し[tʼui]のような形を有し、『琉球総合』230 図(p. 93)によれば 18 の小方言が揃って /tuʼi/ という形を示している。従って、宮良氏の記録が正しいとすれば、

*ɸuduri　→　ɸudiru

のようなメタテーゼによって生じたものであろう。その後[tʼuri]などの r が落ちたときに、元の[ɸuduri]という形も[ɸudiru]と並んで存し、この形が[ɸudui]となったものに違いない。この[ɸudui]がさらに[ɸudi(:)]となった可能性もあるが、断言はできない。

　与論島茶花には、本節第14回に言及したように、

PICCYAIPUDUI

という形がある。『奄美』p. 410 によると、茶花を含むこの島の 6 つの方言が

288——第6章　日本祖語について

《鳥》に対して[tui]を示しているから、この PUDUI も *podori から来たもので
あろう。

　沖縄本島の北辺の属島には、次のような形がある。

伊平屋島		（宮良当壮氏）	Fudi:
	字田名	（『図』外間守善氏）	HUDII
伊是名島		（宮良当壮氏）	Fudi:
〃		（　　〃　　）	Furi:
〃	字勢理客	（『図』外間守善氏）	HURII
伊江島	字東江上	（『図』仲宗根政善氏）	TICCYAYA

上のうち、伊江島の形が「ヒカリ」に対応する形に例の -a が接尾した形であ
る以外は、すべて、沖縄本島に広く行なわれる形——首里方言の /hudii/ を含
む——に対応する形であろう。そのうち、[ɸuri:]は、

　　　ɸudi:　→　ɸuri:

という音韻変化の結果生じたもので、その逆の音韻変化が起こったのではない。
この[d]→[r]という変化は、沖縄本島の所々にも見られる。

　沖縄本島の西方の属島には、次のような形がある。

慶良間列島渡嘉敷島渡嘉敷		（『図』仲宗根政善氏）	HURUI
〃	座間味島	（宮良当壮氏）	Furi:
〃	字阿佐、阿真	（高橋俊三氏、宮村肇氏）	ɸuri:
〃	阿嘉島	（　　〃　　）	〃
〃	慶留間島	（　　〃　　）	ɸurui
久米島具志川村〔今の久米島町〕字仲地		（『図』仲宗根政善氏）	HIRUI
〃	仲里村〔今の久米島町〕字比嘉	（　　〃　　）	〃
粟国島字東		（『図』外間守善氏）	HIHWIZYUI

これらのうち、慶良間列島の形は、

　　　ɸudui　→　ɸurui　→　ɸuri:

または、ɸudui → ɸudi: → ɸuri:

のような音韻変化の結果生じたものであろうと思われるけれども、次のように
-ui がそのまま保持されている例があるので、そう断言しきれない不安が残る。

	座間味	阿嘉	慶留間
《鳥》	tui	tui	tui
《埃》(ほこり)	ɸukui	ɸukui	ɸukui
《薬》	kusui	kusui	kusui
《丘》(「森」に対応)	mui		mui

　実は、今までも、ごく近い方言間に

　ɸudui　　ɸudi:

のような差異が認められたので、前者から後者への音韻変化が起こったのだろ
う、としてきたのだが、上と同種の不安は、つねにつきまとっていたのである。
　久米島方言の形は、今までもたびたび例があったように、

　*podori → *podiri → *pidori

のような音韻変化を経て生じた形であろう。
　粟国島の形は

　*pidori → *piduri → ɸidʒui

のようにして生じた形に、さらに hi- が接頭したものであろう。
　島尻郡知念岬(ちねん)の 6 キロメートルほどの東方海上に浮ぶようにして望まれる偏
平な久高島は、字(あざ)が 1 つしかない小島であるが、沖縄本島との間の潮流に妨げ
られて交通が不便なのも原因で、方言が対岸の本島とは著しく異なり、1955
(昭和 30)年の 10 月から 3 か月間、琉球大学で集中講義をしたとき、同大学の
学生たちを連れて同島に数日方言調査に行ったことがあるが、言葉が通じない
ので閉口した。同島出身で、琉球各地で小学校の先生や校長をされたことのあ
る方に通訳をして頂いて、婆さんたちから辛うじて方言調査をすることができ

290——第6章 日本祖語について

た。風葬の風習や、先日もテレビで放送されたイザイホーなど、独特の習俗を保持する離島である。

『日本方言地図』には、《稲妻》を意味する単語として、次のものが記録されている。

　　　知念村字久高〔今の南城市知念久高〕　（『図』外間守善氏）　PURUI〜HURUI

この方言の /p/ は、前述（第16回）の喜界島阿伝方言のそれのように、その破裂音はかそけきもので、しばしば[ɸ]として実現した。《鳥》のことを[l̥ui][133]というように -ri の r を落とした方言だから、上の /purui/ は

　　　*podori

にさかのぼるものに違いない。

　いよいよ沖縄本島を残すのみとなった。私の手許にある記録を、南部から北へ順次並べていこう。

島尻郡玉城村〔今の南城市〕字奥武	（中本正智氏）	「hudi:
〃	（『図』仲宗根政善氏）	HUZII
〃 東風平村〔今の八重瀬町〕字富盛	（ 〃 ）	HUDII
〃 糸満市	（宮良当壮氏）	çi:gujiba:ba:
〃	（『図』仲宗根政善氏）	HIIGUIBAABAA
〃 （元）小禄村〔今の那覇市〕字小禄	（ 〃 ）	HUDAA
〃 与那原町浜田区	（ 〃 ）	HURII
那覇市	（宮良当壮氏）	Furi:
〃 首里	（『沖縄語辞典』）	hudii
〃 寒川町〔今の首里寒川町〕1丁目	（『図』仲宗根政善氏）	HUDII
中頭郡西原村〔今の西原町〕字桃原	（ 〃 外間守善氏）	〃
〃 中城村字伊舎堂	（ 〃 仲宗根政善氏）	〃
〃 北谷村〔今の北谷町〕字吉原	（ 〃 外間守善氏）	〃
〃 勝連村字平敷屋〔今のうるま市勝連平敷屋〕	（ 〃 ）	〃

4 琉球方言と上代日本語と日本祖語（第17回）——291

〃 与那城村字平安座 〔今のうるま市与那城平安座〕	（ 〃 仲宗根政善氏）	〃
〃 嘉手納町	（宮良当壮氏）	Furi:
具志川市〔今のうるま市〕兼箇段	（『図』仲宗根政善氏）	HURII
中頭郡読谷村字波平	（ 〃 ）	HUDI
国頭郡金武村〔今の金城町〕	（宮良当壮氏）	Furi
〃 〃	（ 〃 ）	Fu:di:
〃 〃 字金武	（『図』外間守善氏）	HUUDII
〃 恩納村字恩納	（ 〃 ）	PUDEE
〃 〃 〃	（中本正智氏）	⌐p'ude⌐:
〃 〃 字名嘉真	（『図』仲宗根政善氏）	HUDEI
〃 （元）久志村〔今の名護市〕	（宮良当壮氏）	pudí:
〃 〃 字瀬嵩	（『図』外間守善氏）	PUDI
名護市	（宮良当壮氏）	Fudi
〃	（『採訪』 〃 ）	fud'i:
〃 字城1班	（『図』仲宗根政善氏）	PUDEI
国頭郡本部町字渡久地5班	（ 〃 ）	HURII
〃 今帰仁村	（宮良当壮氏）	puri:
〃 〃	（ 〃 ）	purí:
〃 〃 字与那嶺	（仲宗根政善氏）	⌐p'udi⌐:
〃 〃 〃	（『図』仲宗根政善氏）	PUDII
〃 （元）屋我地村〔今の名護市〕字饒平名	（ 〃 ）	〃
〃 （元）羽地村〔今の名護市〕字源河	（ 〃 ）	〃
〃 羽地村〃	（宮良当壮氏）	pjudi:
〃 大宜味村大宜味	（ 〃 ）	Furi
〃 〃 字喜如嘉	（『図』仲宗根政善氏）	HUDII
〃 東村字平良	（ 〃 外間守善氏）	HURII
〃 国頭村辺土名	（中本正智氏）	⌐φu⌐ri:
〃 〃 字辺野喜	（『図』仲宗根政善氏）	HURII
〃 〃 字安波	（ 〃 外間守善氏）	〃

292 ── 第6章　日本祖語について

　〃　〃　字奥(おく)　　　　　　　（〃　仲宗根政善氏）　PUZII, HUZII

　上のうち、糸満市の形は全く別系統のものであるから、考慮外におく。宮良氏は

　　çi:guji は日暮れ、其の出現時刻を示し、ba:-ba: は電光の明滅する状を形容せるもの。

としておられるが、そうだとすれば[ji]の代わりに[ri]とあるべきではなかろうか(中本 1976b: 297 参照)。

　現在那覇市に組み入れられた小禄の HUDAA は接尾辞 -a: のついた形だが、元の形は hudi のように第2音節の母音が短かったか、あるいはそれより一時代前の形に -a: の接尾したものではなかろうか。

　羽地の[pjudi:]は何らかの誤記ではなかろうか。仲宗根氏は PUDII を記録している。

　その他の形は、すべて対応し合うものと認められる。ただ、次の音韻変化が起こっている方言があるのが注意せられる。

　これらすべての形の祖形として、

　　*podori

を立て得るかというに、それにはいろいろの困難がある。

　まず第1に、恩納方言に[pʼude:]のように[pʼu-]の現れるのが問題である。なぜなら、これは、*po- ではなく*pu- にさかのぼることを示すものだからである。この点について中本正智氏にお尋ねしたところ、1970(昭和 45)年 3 月に、1929(昭和 4)年生まれの山城満氏の恩納方言について調査されたときの次の資料を提供して頂いた [134]。([pʼ]は喉頭化無気破裂音。[pʻ]は非喉頭化無声有気破裂音。アクセント記号は省略する。)

4　琉球方言と上代日本語と日本祖語（第 17 回）——293

　　　p'u:in《降る》、p'u:kin《吹く》、p'u:ni《船》、p'uju《冬》、p'ukku《袋》、

　　　p'ukkuin《脹れる》、p'uruhon《古い》、p'ukahan《深い》

　　　p'u:《穂》《帆》、p'u:ʃi:《星》、p'uka:《外》、p'ukui《埃》、p'u:ni《骨》、p'uin

　　　《掘る》、p'umi:n《褒める》

　上に示したように、仲宗根政善氏の今帰仁村与那嶺方言には[p'udi:]《稲妻》
という形が現れているが、この方言には[p'u]と[p'u]の区別がなく、すべて
[p'u]であるから [135)、この単語の祖形の第 1 音節が*po であった証拠とはなら
ない。

　中本正智『琉球音韻』p. 302 以下によると、名護方言にも、上の恩納方言に
おける音韻的区別に対応する区別がある。

　　　p'ukkui《袋》、p'uju《冬》、p'uin《降る》、p'uni《舟》

　　　pu:《穂》《帆》、puni《骨》

仲宗根政善氏の記録には、《稲妻》の意味の単語は[p'u-]か[p'u-]かのいずれで
あるかが明記されていたに違いないのに、『日本方言地図』はただ PUDEI と表
記し変えたため、この重要な情報を切り捨てる結果となった。

　上に掲げた沖縄本島の《稲妻》を意味する単語については、まだほかにも、い
ろいろ疑問がある。たとえば、

　　　恩納村字恩納　　　　p'ude:

　　　　〃　字名嘉真　　　HUDEI

　　　名護市　　　　　　　PUDEI

のように、第 2 音節に -de:, -dei が現れるのはなぜか。

　その外にもいろいろ困難な問題がある。いよいよそれらについて細説し得る
段取りとなった。

付　記

　以上説いてきたように、私の手許にある資料で概略のことはわかるけれども、細部
に関してはいろいろの疑問があり、特に沖縄本島の資料に関しては重大な疑問がある
ので、所用のあるのを機会に、去る【1979 年】4 月 22 日から 5 月 2 日まで沖縄を訪れ

294——第6章　日本祖語について

て、現地調査を実施した。上の原稿は出発以前に脱稿してあったので、今回はそのま
ま公刊し、調査の結果得られた資料は、次回以下の考察に使用するつもりである。
（第17回了）

　去る【1979年】4月下旬に沖縄本島の諸方言の実地調査を行なった目的はいろ
いろある。中本正智君の報告によると、国頭郡恩納村字恩納方言では、《稲妻》
を意味する単語が[p'ude:]であり、この[p]が喉頭化無気音であるというニュ
ースを私は重大視するのだが、名護市字城1班方言に関する仲宗根政善君の
記録は、『日本言語地図』では簡略化されてPUDEIとなっているのでpが無気
音か有気音かわからない。また、恩納から名護にかけて[-dei]あるいは[-de:]
という形が現れるが、言語史的にそれが何を意味するのか、できれば他の諸単
語を調べることによって明らかにしたい、など、その他いろいろの問題を考察
するための手がかり、基礎資料を得たいと考えたからである。

　調査に当たっては、仲宗根政善君、上村幸雄君を始め「沖縄言語研究センタ
ー」の諸氏、現地の諸氏が、至れり尽せりの便宜を与えて下さったので、短い
時間に多量の調査をすることができた。

　恩納村字恩納は、1961(昭和36)年以来人口がほとんど変わることがなかった、
1106人(1977[昭和52]年12月現在。村の全人口の13.13％)の比較的大きい集落
だが、字固有の方言を話せるのは高齢の人々だけで、高校生は聞いてはわかる
けれども話すことができず、小学生に至っては、老人たちが方言を話すと英語
をしゃべっている、と言うそうである。沖縄国際大学教授高橋俊三氏の弟子に
当たられる金城康長氏のご尽力により、高齢のしかも勝れた3名[136]の方々に
ついて、調査することができた。

　調査資料の全体に関する考察は別の機会に譲り、ここでは当面の問題だけを
取り上げることとする。

　《稲妻》を意味する単語は恩納では[˥p'uʟdɛ˥(j)i]のように3音節であった。
ぞんざいな発音では大城保光氏において[p'udɛ·]に近い発音が聞かれたが、は
っきりした発音では3音節であり、[-dɛi]は1音節の2重母音ではなく、2音
節の母音連続であった。

　この方言は[˥p'a:]《葉》、[p'ana]《鼻》などのように、日本祖語の語頭の*pの

破裂音を保持する方言であり、p. 293 に示したように、中本君の提供された資料によっても、本土方言の「フ」に対しては[p'u]が、「ホ」に対しては[p'u]が現れるのが通則である。私はさらに「札」に対応する[[p'uda]という単語も記録した。従って、上の「p'udεi」の第1音節は、1つ前の時代(首里方言の「A時代」に当たる時代)の*po- ではなく*pu- に対応するものであることは疑いない。

今までに検討してきた諸方言では、1つ前の時代の形として*potori や*podori のように、第1音節として*po- が再構されたのに対し、これは注目すべき新しいニュースである。

第17回末にも示したように、恩納村字恩納と名護市との中間の、恩納村字名嘉真には HUDEI という形があるのが注目される。

高橋俊三氏が1972(昭和47)年度の「国語学演習」において、学生たちに、東北端から西南端まで20数キロメートルもある長い恩納村の海岸沿いにほとんど1列に並んでいる22の字の方言を調査させられた結果によると、「足」を[pisa]というのは、真中北寄りの字恩納だけで、他の字は[ɸisa][çisa][hisa]であり、名護市域に入るや否やその最西南端の字喜瀬と字幸喜は[pisa]である(高橋1973『沖縄方言研究』第2号、第11図)。従って、国頭の p 音地区は字恩納から始まる、と言うのは正確ではないわけである。字恩納は言わば p 音地区の前線に取り残された孤島で、本当の p 音地区は名護市領域の最西南端の喜瀬から始まる。

さて、恩納の調査を取りあえずすませて、いよいよ待望の名護市の方言を調査することとなった。私の手許にある資料では、この方言の PUDEI の p が無気音か有気音かわからないからである。以下の調査では、仲宗根政善君の親戚に当たられる岸本建男氏がほとんどすべての場合に、あらかじめ電話連絡によってインフォーマントを集めておいて下さった。

まず市街地の方言を調査したいと思ったのだが、仲宗根政善君の調べられた比嘉亀造氏は亡くなられたというので、大中区と大西区出身の3名[137)]の方にインフォーマントになって頂いた。

手初めに「雨が降る」と「穴を掘る」を尋ねたところ、両動詞とも

[˩pʼuiˉŋ]

であって発音は全く同じだというので、出合い頭に一撃を食らったように感じ
た。しかし、だんだん調べていくと、

　　　[˩pʼuˉɲi]《舟》　　[˩pʼuˉɲi]《骨》

は明瞭に区別があり、母音が無声化している場合に[pʼu-]が[pʼu̥-]になってい
る以外は、[pʼu]と[pʼu]の区別は保持されているようである。しかし[˩pʼu
ˉda]《札》のような例外もある。そこで、いよいよ、楽しみにしていた《稲妻》を
尋ねてみると、

　　　[˩pʼudɛ·ˉi] 〜 [˩pʼudɛːˉi]

だというので、またまたどかんとやられた思いだった。とはいえ、第2音節以
下に[-dɛi]〜[-dɛːi]という発音が聞かれたのは大収穫だった。
　　私はこれらの報告に接し、市街地の方言だから[pʼu]と[pʼu]が合流の過程に
あるものと判断した。
　　そこで、市街地からできるだけ遠い所をというわけで、名護市域には属する
が、その西のはずれの孤立した小村落である字安和の方言を調べたいと申し出
たところ、岸本建男氏は最良のインフォーマントを4人[138]現地に集めて下さ
った。
　　ここでも[˩pʼuˉɲi]《舟》と[˩pʼuˉɲi]《骨》とははっきり区別があり、[pʼu]と
[pʼu]の区別は大体保持されていると認められるのに、「降る」と「掘る」はと
もに[˩pʼuˉŋ]であって区別がなく、[˩pʼuˉdaː]《方言札》という例もある。そし
て、肝心の単語は、

　　　[˩pʼuˉdi suŋ]《稲妻がする》

というと言い、この[pʼu]は[pu]のようにあいまいに発音されることもあった。
その間に山を1つ隔てているとは言え、とにかく市街地からわずか5キロしか
離れていない小集落に、こんなに違った形——すなわち[-di]で終わる形——
があることは、1つの大切なニュースだと思った。

そこで、市街地から安和とは逆の方向に出来るだけ遠く行ったらどうだろう、というわけで、西南方9キロの、前述の字喜瀬の方言を調査したいと申し出たところ、岸本氏はまた5人[139]の良いインフォーマントを現地に集めて下さった。

ところが、そうそう思う壺にはまるものではない。ここでは[p'u]が[p'u]に変化している例が多く、「降る」と「掘る」はともに[ˍp'uiˉŋ]（有気音に注意!!）、「舟」「骨」はともに[ˍp'uˉni]、そのほか[ˍp'ujuˉ:]《冬》、[ˍp'uˉda:]《方言札》などの例があるが、一方[ˍp'urumuˉnu]《古い》、[ˍp'ukˉk'u]《袋》のような例もあり、[p'u]が全くなくなってしまったわけではない。楽しみにしておいた《稲妻》はと尋ねると、稲ˍp'iˍka·ˉrap'udei ˉsuŋ《稲妻が光る》という回答を得たのであった。

そこで、名護方言圏から比較的独立的であろうと予想される北方の羽地方面の方言を調べてみたいと思っていると、私のがっかりしている様子が、岸本氏から仲宗根君に電話で刻々伝えられていたらしく、かつその上その日はちょうど休日だったので、那覇から仲宗根、上村両君が名護までわざわざ出てこられたので、幸い、琉球大学の親川孝次教授のご紹介で、今は名護市域には属するけれども、低い峠を北へ越えた元の羽地村の字親川の方言[140]を調査することができた。

この方言は、[ˍp'uˉni]《舟》と[ˍp'uˉni]《骨》ははっきり区別があり、一般に[p'u]と[p'u]の区別はよく保持しているのだけれども、「降る」と「掘る」はともに[ˍp'uiˉŋ]でやはり区別がなく、また[ˍp'uˉda:]《札》のような例がある。《稲妻》は

[ˍp'uˉdi suŋ]

であった。

私ががっかりしていると、岸本氏が、名護市街方言の高齢の話し手を見つけて下さった。大城カマドさんで、1893（明治26）年1月8日に名護市街内の宮里に生まれ、19歳のとき、同じく市街内の城にお嫁入りをして今日に及ぶという87歳の方である。高齢ではあるけれども、お店をひとりで経営しておられるほど、しっかりした方である。

298——第 6 章　日本祖語について

　やはり [˩p'u˥ɲi]《舟》と [˩p'u˥ɲi]《骨》の区別ははっきりしており、母音が無
声化する場合は [p'u] の代わりに [p'u̥] が現れるけれども、[˩p'urumuˤnu]《古
い》、[˩p'ukˤkui]《袋》のような例もある。ところが、「降る」と「掘る」はと
もに [˩p'uiˤŋ] であり、[˩p'uˤda:]《札》の例もある。一方、「穂」は [˩p'uˤ:] だ
けれども「帆」は [ˤp'u:] である（この例外は、「帆」が大城カマドさんの日常
生活と縁のうすい事物であるために生じたものではなかろうか）。《稲妻》はと
いうと、やはり

　　　[˩p'udɛ·ˤi]

であった。

　以上の調査結果を概観すると、名護方言圏では [p'u] と [p'u] の合流が始まり
つつあり、母音の無声化によって

　　　[p'u-]　→　[p'u̥-]

という変化が起こったことが少なくとも 1 つのきっかけとなったのではないか
と思われる。従って

　　　[p'u]　→　[p'u]

という変化がその一般的方向で、羽地からさらに西北方に位する今帰仁村では
[p'u] がなくすべて [p'u] となっていることは、注(135)に述べた通りである。
親川、名護、安和で、「掘る」に対して [p'uiŋ][p'uŋ] が出るのは、そういう一
般的傾向に逆行する例外で、原因は考えられないことはないが、未詳としてお
こう。

　従って、[p'udɛ:i] などは [p'udɛ:i] から変化したもので、「A 時代」の *po- で
はなく *pu- にさかのぼるものである可能性がある。

　そこで、第 17 回に引用した『日本言語地図』では PUDEI などと簡略化して
表記されているけれども、原資料が保存されているはずだと思い、帰京後、国
立国語研究所に行き、林大所長、佐藤亮一室長のご厚意により、《稲妻》に関す
る琉球諸方言の調査報告カードを見せていただき、そのゼロックスを作って頂
いた。これによって、今まで疑問にしてきたことは、大部分氷解するわけだが、

ここでは、沖縄本島で当面の問題とした部分に関する資料だけを引用させて頂くこととする。

国頭郡恩納村字恩納	（外間守善氏）	pude:
〃　　　〃字名嘉真	（仲宗根政善氏）	ɸudei
〃　（元）久志村字瀬嵩	（外間守善氏）	pudi
名護市字城 1 班	（仲宗根政善氏）	pʼudei
国頭郡（元）屋我地村饒平名	（　　〃　　）	pʼudi:
〃　（元）羽地村源河	（　　〃　　）	pʼudi:

上のうち、恩納と瀬嵩の記録は原資料でも p の有気、無気の区別が書き分けられていないので、外間守善氏にお尋ねしたところ、その区別を書き分けない主義で通したとのことであった。仲宗根君の場合には、ご自身の方言に破裂音、破擦音に有気、無気の区別があるのだから、名護市字城に関する

[pʼudei]

という報告は、千鈞の重みを有するもので、名護の市街地内にも無気音で始まる形があったことを証し、この方言圏では[pʼu-]→[pʼu-]という変化が、まず語彙的に——と今のところ思われるが——始まりつつあったものであろうという推定の裏付けとなると思う。この方言圏のもっと詳しい言語地理学的・言語社会学的調査を行なえば、音韻変化が如何に起こるかということを実証的に研究する好資料が得られるであろう。

　名護に滞在中、非常に幸運な出来事があった。それは、中村誠司氏、岸本建男氏らのご厚意により使わせて頂いていた市立図書館の閲覧室で宮里健一郎氏にお遭いしたことである。氏は、名護市（元の久志村）字久志に 1941（昭和 16）年 3 月 2 日に生まれられた生粋の字久志[kʼuʃigwa:]方言の話し手で、現在でも久志から勤務先の同図書館まで自動車で通っておられ、しかも自分の方言を強く愛する気持を持っておられるので、2 日にわたり 10 数時間に及ぶ調査をさせていただくことができた。そして、将来同氏が久志方言辞典をお作りになるときの参考になるようにと、私の調査ノートのゼロックスコピーをお手許においてきた。

300——第6章　日本祖語について

　名護市教育委員会には東村字平良出身の宮城満氏があり、岸本氏、中村氏、宮里氏らとともに民俗研究のグループを作り『やんばる』という雑誌を出しておられるのは頼もしいことである。

　さて、宮里氏の久志方言は名護方言とは著しく異なる。たとえば、沖縄島の多くの方言で、本土方言の「ツ」に対応する音節は[t͡ʃi]あるいはそれに近いものであるけれども、久志方言では

　　　[t'umi]《爪》、[t'uru]《弦》、[natu]《夏》、

　　　[t'unu]《角》、[ʔitu]《何時》

などのように破裂音が保持されている。ただし、「水（みづ）」が[midu]、「傷（きず）」が[k'idu]で、「ヅ」と「ズ」の区別はない。

　この方言では、

　　　⎰[˩p'ui˥ŋ]《降る》　　　⎰[˩p'u˥ɲi]《舟》
　　　⎱[˩ɸui˥ŋ]《掘る》　　　⎱[˩ɸu˥ɲi]《骨》

のような区別があるので、《稲妻》はと尋ねたところ、

　　　[˧çi˩du˥i]（若い者）　　　[˧ɸi˩du˥i]（老人）

とのことだった。[p'idui]でないところを見ると、これは

　　　*podori　→　*ɸudiri　→　*ɸiduri

のような起源を有するのではないかと思う。

　ちなみに——と言っても重要なことだが——、宮里氏から聞いた次の情報は、言語史的観点からも、極めて注目すべきことである。すなわち、氏は、他村の人に向かうと、直ちに首里方言式の言葉に切り換えると言われる。それはそのような、一種の「村際」共通語ともいうべきものが存在するからである。そして、その種の共通語は、各村各字の方言に影響を与えないではおかないであろう。現に宮里氏は「露」に対して[tʒiju:]と答えられたので、[t'uju:]ではありませんかと言うと、今晩家に帰って老人に尋ねてみますと言われ、翌日、「老人たちは[t'uju:]と言うそうです」と答えられた。氏の方言も知らず識らずの

間に首里語化しつつあるのである。

　一番最初に調査した3人の名護市街地出身の方々も、時々やってくる田舎回りの首里語を話す劇団の言葉は自分たちには皆わかるが、名護言葉は彼らには全然わからないと言われた。そういえば、大城カマドさん(87歳)に「風」はとお尋ねしたとき、[k‘aʒi]と答えられたので、[haʒi]ではありませんかと言うと、昔はそう言ったとのことだった。[k‘aʒi]は首里式ことばからの借用語であろう。

　1955(昭和30)年の10月から3か月間、琉球大学で集中講義をしていたとき、名嘉順一君のお世話で、たまたま所用で那覇に出てこられた伊平屋島在住の老婦人の方言を調べようとしたことがあったが、島からほとんど出られたことがないと言うのに、自分の言葉を首里・那覇語式に曲げて答えられるので、傍におられた中年の、その方のお嬢さんが、「お婆さん、そんなこと言わないじゃありませんか」と言いつつ純粋の島ことばを教えて下さったことが思い出される。伊平屋島方言にも沖縄共通語が影響を与えつつあったのであろう。方言調査には、これらの点を十分考慮に入れていなければならない[141]。

　宮良当壮氏は、『八重山語彙』(1930)ですでに次のような語源説を出しておられる。

　　プチル[puts’iru][名] 電。火照りの義。プトゥリィに同じ。(波照)。
　　フッティー[futt’i:][名] 電。プトゥリィ(電。火照の義)に同じ。(与那)。
　　フトゥリ[futur’i][名] 稲妻。電。火照りの義。(竹富)。
　　プトゥリィ[puturï][名] 同上。(石垣、白保)。
　　プトゥル[puturu][名] 稲妻。電。火照りの義。(鳩間)。

　そして、厖大な遺著『日本方言彙編』では、「111 電(いなびかり)、稲妻(いなづま)」の項で、

　　çirui　　火照るものの義。[久米]
　　çiʒiri　　同上。[名瀬]
　　çiʒuri　　同上。[加計]

302——第6章　日本祖語について

Fudi 　　火照りの義。［名護］

Fudi: 　　同上。［喜界、首里、伊平、伊是］

　　　（中　略）

ho-teru 　火照るの義。［名瀬］

hoturja 　同上。［龍郷］

のように、琉球諸方言に見られる種々様々の形を、すべて「火照るもの」「火
照り」「火照る」の義としておられる。それは、直観によるものであって、言
語学的証明は、そこには示されていない。しかし、本土方言から、次の1語が、
行間に書き加えられているのは、大切な情報である。

　　hoderi［荒浜］秋の十月に云ふ。

凡例によると、「荒浜」というのは「宮城県亘理郡荒浜」のことである。

　　東条操編『全国方言辞典』(1951: 753)には次のようにある。

　　ほでる［動］稲光りする。淡路島。

　　　ほてる　三重県志摩郡。

『日本言語地図　第6集』は、宮良当壮氏が上に同類とされた種々様々の琉球
諸方言の形をすべて同類として橙色を与え、「各図の説明　6」p. 25 で次のよ
うに述べている。

　　　橙の類は動詞ホテル、ホデルおよびその名詞化したホデリなど、テル、
　　テリおよびその変化形を要素としてもつと考えられるものをまとめた。ホ
　　テルの語源が「火照る」であるとすれば、これが「稲妻」に関する表現と
　　して使われる理由がうなずかれよう。この類の大部分は琉球に分布するが
　　……

とし、本土方言では、次の諸形がこの類に属するものとして挙げられている。
括弧内は調査者。

　　HODERI
　　　岩手県釜石市嬉石（小松代融一氏）

〃　気仙郡三陸村〔今の大船渡市三陸町〕越喜来浦浜(　　　〃　　　)

宮城県桃生郡〔今の石巻市〕雄勝町船越(加藤正信氏)

宮崎県東臼杵郡門川町字上納屋(岩本実氏)

HOTERU(動詞形)

大阪府岸和田市春木町南浜〔今の春木南浜町〕(前田勇氏)

三重県尾鷲市九鬼町九木浦(慶谷寿信氏)

高知県宿毛市沖の島弘瀬(土居重俊氏)

HODERU(動詞形)

岡山県玉野市向日比(虫明吉治郎氏)

HOTTEN

鹿児島県薩摩郡下甑村〔今の下甑町〕手打(上村孝二氏)

(このうち、HOTTEN は上村孝二氏の注に「ホテリの訛か」とあるので橙色を与えたのだという。)

　本土諸方言のこれらの諸形と首里方言等の /hudii/ などとを同類と認める根拠は述べられていないけれども、この種の言語地理学的研究としては、やむを得ないことだろう。

　さて、「ホデリ」「ホテリ」(およびその動詞形)が《稲妻》の意味で、全国の大部分辺境の、しかも方々の諸方言に散見するということは、その元の意味が何であるかは未詳であるとしても、確かに日本祖語にさかのぼる単語であることを示していると考えられる。

　『日本国語大辞典』〔初版〕(18 巻 p. 186)には次のようにある。

ほ-てり[火照]〘名〙①熱くなること。特に、怒りや恥ずかしさで顔が熱くなったり、のぼせて顔が赤くなったりすること。②夕やけで赤くなること。③大風の吹こうとするとき、沖の方の海面が赤く光ること。方言①火事などのときに夜空に映ずる火明り。《ほでり》岩手県釜石　②稲光。稲妻。《ほでり》岩手県釜石《ふでえ》沖縄【沖縄県庁編『沖縄対話』1880 年、p. 4「電フデー」】《ぷでい》鹿児島県喜界島【岩倉市郎『喜界島方言集』】発音〈なまり〉ホタリ[鳥取]

ほ-てる[火照・熱]〘自ラ五(四)〙①熱くなる。……②恥ずかしさのあまり

304——第6章　日本祖語について

顔や耳が赤くなる。③山上または海上が、夜光る。 方言 ①稲光がする。
三重県鳥羽「電がほてった」【三重県方言】、《ほでる》淡路島　②日光が輝
いて暖かくなる。長崎市　③熱がある。仙台、山梨県南巨摩郡奈良田
発音 〈なまり〉ホタル[鳥取]

上のうち、『沖縄対話』の「フデー」は /hudii/ をこのように表わしたもので
あろう。鳥取の「ホタリ」「ホタル」は新しい情報である。

　語源については『言海』(大槻1921版)にすでに、

　　ほ-でり[名][火照ノ義](一)怒リ、又ハ、恥ヂテ、顔ノ赤ラム¬。(二)夕
　　焼ケノ赤ク立ツ¬。

とあり、《火照り》が"動かない"ところのようである。

　『時代別国語大辞典　上代編』には、「ほてり」「ほでり」「ほてる」「ほでる」
は見えない。

　久松潜一先生監修の『改訂新潮国語辞典』(p.1802)には次の諸語が見える。

　　ほ　てり[火照(り)]㊀①顔のほてること。②[古]怒りや恥のため顔の赤く
　　なること。「忿然(おも——して)作色[神代紀下訓]」㊁[古]夕焼けで赤
　　くなること。「山の端に——せる夜は[新撰六帖三]　㊂[古]風が吹くと
　　き、海面や沖の方が火のように光ること。
　　ほでり　の　みこと[火照《命》]瓊瓊杵尊(ニニギノミコト)の子。海幸彦(ウミサチヒコ)。ほすせりのみこと。
　　　[記上]
　　ほ　て・る[火照る](動)ロ﹅五(文ラ四)(「ほ(火)て(照)る」の意)熱くなる。
　　　「赭然(おも——りて)[図書寮本武烈紀訓]」

『岩波古語辞典』(p.1165)には次のように見える。

　　ほてり[火照]①夕焼。「山の端に——せる夜は室の浦に明日は日和と出づ
　　る船人」〈新撰六帖三〉②風が吹き出す前兆に海上が赤く光る現象。颶母(ぐぼ)。
　　「沖の——は雨気なるらん」〈俳・河内羽二重〉

その他の古語辞典5種ほどに当たってみたが「ほてり」「ほでり」「ほてる」

「ほでる」という単語はない。

　これらの辞書に従えば、これらの単語は《稲妻》という意味では上代文献に実証されないようである。しかしながら、たとえば、八重山方言の祖形

　　*potori

その他は、「ほてり」とは第2音節の母音が違っているだけだと言ってよいほどだから、それとは無関係の単語ではあり得ず、同源語に違いないから、それらに対応する単語が日本祖語にすでに存したものと考えられる。それでは、日本祖語形としてどういう形を再構したらよいであろうか。(第18回了)

　「ほてり」「ほでり」を《火照り》だとすることは、

　　ひ《火》〜 ほ-《火》

という音韻交替を認めることで、従って、「ほのお」《炎》等の「ほ-」も上の「ほ-」と同じ記号素(形態素)と認められる。

　これらの単語および記号素の奈良時代の形を『時代別国語大辞典　上代編』(pp. 603, 652)について見ると、次のようである。

　　ひ[火](名)【ひ」は「乙類のヒ」】交替形ホがある。
　　　①火。炎。「肥」(『記』景行)
　　ほ[火]【「ほ」には甲乙の区別がない】火の交替形。「褒能須素里」(神代紀下
　　　【注】)、「褒那之阿餓利」(仲哀紀九年【注】)、「本中」(『記』景行)、【以下
　　　は字音仮名の例ではない。】

『岩波古語辞典』(pp. 1069, 1154, 1169)には次のように見える。

　　ひ[火]《古形はホ。ヒ(日)とは別語》†Fï
　　ほ[火]「ひ」の古形。複合語に残っている。
　　ほのほ[焔・炎]《火の穂の意》†*FönöFö【凡例 p. 14 によれば、星印は「推定形」】

　《火》を意味する単語が「ヒ(乙類)」であることを実証する字音仮名の例が意外に少ないが、『万葉集』に見える次の3例はこれを補強するものである。

306——第6章　日本祖語について

（「備」は「ビ（乙類）」である。）

　　　等毛之備^{とモシび}（3623）、登毛之備^{とモシび}（4054）、等毛之火^{とモシび}（4087）

「ひ」《火》の交替形「ほ-」を表わす仮名は、一時代前の*pö が奈良時代には
すでに po に合流していた——p- の影響で*ö →o という変化が起こったので
あろう——ために、残念ながら「甲」「乙」の区別がない。しかし、「ほ-」を
含んだ合成語には次のようなものがある。

　　　ほかげ［火影］（『宇津保』『源氏』）
　　　ほくし［火串］（『和名抄』等）
　　　火気^{ホけ}《火の気。煙。》（『万葉集』892）
　　　保乃介^{ホノケ}（『神楽歌』湯立）
　　　本那迦^{ホナカ}［火中］（『記』景行）
　　　保乃保^{ホノホ}《炎》［火の穂］（神代紀下・私記乙本、『最勝王経音義』）

　これと一見並行的に見える音韻交替は、

　　　き《木》〜 こ-《木》

である。『時代別国語大辞典　上代編』（pp. 236, 285）には次のように見える。

　　　き［木・樹］（名）【「き」は「乙類のキ」】①木。樹木。「記^き」（『記』仁徳）……③
　　　　材木。「紀^き」（『万』812……
　　　こ［木］【「こ」は「乙類のコ」】木の交替形。……鍬^{くは}・＝高し・＝工^{だくみ}・＝立・＝
　　　　種・＝足る・＝つ・＝伝ふ・＝積^{つみ}・＝末^{ぬれ}・＝の枝・＝の暮・＝の
　　　　下^{たち}・＝の株・＝の根・＝の葉・＝の花・＝の間・＝の実・＝の本・＝
　　　　枕・＝群^{むら}

　これらの合成語のうち、以下の考察に関係のあるものの字音万葉仮名書きの
例に次のようなものがある。（「能」は「乙類のノ」。）

　　　己能久礼^{このクレ}［木暗］（『万葉集』3355）
　　　許能泥^{このネ}［木根］（『記』雄略）

許能波[木葉]（『記』神武）

この種の音韻交替を根拠にして、私は第8回おわりで、上の「記」「紀」《木》に対応する日本祖語形として、

*kəi

を再構した。そして、この*əの"音価"を後寄りの[ə]とし、男性母音*aに対する女性母音とした。それは、日本祖語に次のような母音調和があり、それが奈良時代の合成語に残っていると考えたからである[142]。

日本祖語		奈良時代中央方言
*kə-nə-《木の》	→	[könö(mʲi)]（許能微）
*kəi《木》	→	[kʲi]（紀）
*ma-na-《目の》	→	[mana(ko)]（麻那古）
*mai《目》	→	[mʲe]（米）
*ta-na-《手の》	→	[tana(suwe)]（多那須衛）
*tai《手》	→	[te]（弖）

「ひ」《火》の交替形「ほ-」を含む合成語の場合には、いずれも「ほの-」（奈良時代の例ではその「の」は「乙類のノ」）であって、「ほな-」という形はないから、女性形にちがいなく、奈良時代の「ホ」の仮名には「甲」「乙」の区別がないけれども、上の点を根拠として、日本祖語形を、

*pə-nə《火の》	→	[ponö-]
*pəi《火》	→	[pʲi]

と再構してよさそうに見える。しかし、以下に述べる理由によって、そうすることはできないのである。

すなわち、「き」《木》の場合には、次のような音韻変化が起こったものと考えられる（第8回後半から第9回はじめ）。（関連した音韻変化と比較しながら示す。）

308——第6章　日本祖語について

奈良時代中央方言		日本祖語		琉球首里方言		
				B時代		現代
[ɕinu]	←	*kinu《衣服》	→	[ɕinu]	→	[tʃiŋ]/ciɴ/
[kʼiri]	←	*kuiri《霧》	→	[*ɕiri]	→	[tʃiri]/ciri/
[kʼi]	←	*kəi《木》	→	[*kʼi]	→	[ɕi:]/kii/
[kᵊe]	←	*kai《毛》	→	[*kʼi]	→	[ɕi:]/kii/

他の琉球諸方言もこの日本祖語形を支持する。（＊印は中本正智『琉球方言音韻の研究』(1976b)による。以下同様。）

	《着物》	《霧》	《木》	《毛》
喜界島阿伝	tʒʼiŋ	tʒʼiri	çi:	(hiʤĩ)[143]
奄美大島名瀬	ɕʼiŋ	ɕʼiri	kʼɨ	kʼɨ
〃　　大和浜	ɕʼiŋ	ɕʼiri	kʼɨ	kʼɨ[143]
加計呂麻島諸鈍	ɕʼiŋ	ɕʼiri	kʼɨ:	kʼɨ:
徳之島亀津	ɕʼɯŋ	ɕʼɪrɪ	kʼɨ:	kʼɨ:
*沖永良部島瀬利覚	kibara	ki:	çi:	çi:
*与論島茶花	kipara	ki:	çi:	çi:
国頭郡今帰仁村字与那嶺	tʒʼinu:	tʒʼiri:	ɕʼi:	ɕʼi:
*　〃　伊江島	tʃʼinu:	tʃʼiri	ɕi:	ɕi:
〃　恩納村字恩納	tʒʼinu	tʒʼiri	ɕʼi:	ɕʼi:
名護市字久志	ɕʼinu:	ɕʼiri	ɕʼi:	ɕʼi:
那覇市首里	tʃiŋ	tʃiri	ɕi:	ɕi:
慶良間列島阿嘉島[144]	kiŋ	kiri	ki:	ki:〜ke:
〃　　慶留間島[144]	kiŋ	kiri	ke:	ke:
宮古島平良市西原[145]〔今の宮古島市平良西原〕	tsin	tsɨ:	ɕi:	ɕi:[146]
〃　伊良部島長浜[147]〔今の宮古島市伊良部長浜〕	tsiŋ		ki:	ki:
〃　多良間島字塩川[147]	kiŋ	ki:	ki:	(pigi)[148]
*八重山石垣島石垣	kiŋ	kiri	ki:	ki:
*八重山波照間島	sinu	ssɨ	ki:	ki:

*与那国島祖納		(nnani)	tʃʰiri ki:	ki:

以上の琉球諸方言の形を概観すると、これらの諸方言では、日本祖語の*ki と*kui とが合流し、他方 *kəi と*kai とが合流し、これら両群の区別は保たれている傾向が著しい。特に、名瀬、大和浜、諸鈍、与那嶺、恩納、久志の諸方言で、前者の子音が喉頭化無声無気音であるのに対し、後者の子音がほとんど非喉頭化無声有気音である点が注意される。

そのほか特に注意されるのは慶良間列島に現れる[-e:]であって、私に従えば、これは首里方言の「A時代」の母音[-e:]と同じものを保持するものである。そこで、どういう条件下でこの古い母音が保持されたかを調べる必要がある。下に示す3つの字(島)はいずれも慶良間列島座間味村に属する。

	日本祖語形	座間味	阿嘉	慶留間
《目》	*mai	mi:	me:	me:
《手》	*tai	ti:	te:	te:
《爪》	*tumai	tʃimi	tsumi	tʃimi
《胸》	*munai	nni	〃	〃
《屁》		çi:	he:	he·
《毛(人間の)》	*kai	ki:	ki:～ke:	ke:
《酒》	*sakai	saki	〃	〃
《起きる》	*ʼəkəi	uki:ŋ [149]	〃	〃
《開ける》	*ʼakai	aki:ŋ [149]	〃	〃
《負ける》	*makai	maki:ŋ [149]	〃	〃
《稲》	*ʼinai	nni	〃	〃
《舟》	*punai	ɸuni	〃	〃
《投げる》	*nagai	nagi:ŋ	〃	〃
《掛ける》	*kakai	kaki:ŋ	〃	〃
《曲げる》	*magai	magi:ŋ	〃	〃
《止める》	*jamai	jami:ŋ	〃	〃
《下りる》	*ʼərəi	uri:ŋ	〃	〃
《落ちる》	*ʼətəi	uti:ŋ	〃	〃

310──第6章　日本祖語について

《雨》	*'amai	ami	〃	〃
《風》	*kazai	kaʒi	〃	〃
《木》	*kəi	ki:	ki:	ke:
《枯れる》	*karai	kari:ŋ	〃	〃
《毛(獣の)》	*kai	ki:	ke:	ke:
《上》	*'upai	wi:	we:	wi:

　以上を概観すると、阿嘉、慶留間両方言では1つ前の時代の*eが長いときに e: として保持されたことがわかる。このことは逆に saki《酒》、ami《雨》などの単語が、その時代に、*sake:, *ame: ではなく*sake, *ame であったことを意味すると思う。また、両方言で《毛(獣の)》が ke: に一定しているのに、《毛(人間の)》が阿嘉方言で ki:〜ke: のように動揺しているのは、上に示した阿伝、大和浜、西原、塩川などの諸方言で「ヒゲ」に対応する単語がこの意味で用いられるのと類似の傾向があり、沖縄共通語がその間隙に入りこもうとしているのではなかろうか。慶留間方言の wi:《上》も沖縄共通語の影響によるものではなかろうか。

　そればかりではない。これら3方言には次のような語例さえある。

| 《今日》 | tʃu: | tʃo: | tʃu: |
| 《昨日》 | tʃinu: | kino: | kino: |

これらも、前時代の o: を保持している例ではなかろうか。

　阿嘉島、慶留間島は慶良間列島という離島の中の離島である。とはいえ、沖縄本島方言に、音韻体系のみならず、言語体系一般が近く、かつ距離的にも本島からあまり遠くないこれらの方言が、*e → i, *o → u という音韻変化が付近の諸方言と並行的に起こったにもかかわらず、前時代の*e:, *o: を保持し得たということは、驚くべき事実であると思う。

　ちなみに、上の阿嘉方言の、

　　ki:《木》　　ke:《毛》

という対立は、一見日本祖語の*kəi と*kai の対立を保持しているもののよう

に見えるが、そうではないであろう。なぜなら、他の琉球諸方言が一致してこの対立を失っているとき、この方言だけが孤立してその対立を保持するということは、まずあり得ないからである。ki:《木》は恐らく沖縄共通語からの借用語で、この方言の元の形は*ke: だったのであろう。

さて、奈良時代中央方言の[pꞋi]《火》（「乙類のヒ」）に対応する日本祖語形が*pəi であったとすれば、それは琉球諸方言において、*kəi と並行的な取り扱いを受けているはずである。この点を諸方言について調べてみよう。

まず、以下に取上げる諸単語の奈良時代中央方言の形を調べておこう。

ひげ《鬚》　　比宜（『万葉集』892）（「比」は「甲類のヒ」）

ひかり《光》　比訶利（『記』下雄略）等

ひる《昼》　　比流（『記』中神武、等）

ひ《日》　　　比（『記』中景行、等）

ひ《火》　　　肥（前出。）（「肥」は「乙類のヒ」）

ひぢ《肘》　　比治（740［天平12］年古文書）、比地（『華厳音義私記』）

（「ヒ」の「甲」「乙」は[pi]150)と[pꞋi]とで表記し分ける。）

次頁の表を概観すると、奄美群島、宮古群島の諸方言を除く、他のすべての諸方言において、アクセントの点を除き、《火》を意味する単語が《日》を意味する単語と同音となっている点が注意される。しかも、「ひげ」151)「ひかり」「ひる」の第1音節（「甲類のヒ」）と「ひ」《日》、「ひ」《火》とが同音となっている点で前述の「きぬ」「きり」「き《木》」「け《毛》」の場合と異なる。これはとりもなおさず、「き」《木》の日本祖語形を*kəi としたのにならって「ひ」《火》の日本祖語形を*pəi とすることができないことを意味する。すなわち、それよりも狭い母音を立てる必要があり、かつ、上に述べた理由により女性母音を立てなければならない。言い換えれば、男性形の*pui ではなく、女性形の

　*püi

でなければならない、ということになるのである 152)。

注(116)において、これと同じ推論によって、奈良時代の「未那」《皆》に対応する日本祖語形、

312──第6章 日本祖語について

	《鬚》	《光》	《昼》
奈良時代中央	pigᵉe	pikari	piru
喜界島阿伝	ʃiːʑi̋	(?)hik̜’ai～p‘-	ʃiru
奄美大島名瀬	higi	hik̜’ari	──
〃 大和浜	higi	hik̜’ari	hiruhimma
加計呂麻島諸鈍	higi·	hik̜’arⁱ	hirⁱ
徳之島亀津	ʂɪgi	ɕkaɪ	ʂɪru
*沖永良部島瀬利覚			
*与論島茶花			
国頭郡今帰仁村字与那嶺	p’iʑi:	p’i̥tʒ’ai	p’iru:
〃 *伊江島	t’idʑi	(titʃajuŋ)	tiruma
〃 恩納村字恩納	p’iʑi	p’itʃɛiŋ《光る》	p’iru
名護市字久志	p’igi	?	p’iru
那覇市首里	ɸidʑi	ɸitʃai	ɸiru
慶良間列島阿嘉島 144)	çiʑi	(akagai)	çiruma
〃 慶留間島 144)	çiʑi	(akagai)	çiruma
宮古島平良市西原 145)	çigi	çikai	çi:ma
〃伊良部島長浜 147)	pi̥gi	pi̥kal	p͡li:ma《正午》
〃多良間島字塩川 147)	pi̥gi	pikal	piru
*八重山石垣島石垣	pini		
* 〃 波照間島	pi̥ṇi		
*与那国島祖納	ŋgi		

　　　*müi-na

を再構した。そして、

　　　日本祖語　　　　　　　　奈良時代中央方言
　　　*mürə　　　→ *mörö　→　morö《諸》

《日》	《火》	《肘》	《屁》
pi	p'i	pidi	
ʃi	(ʔumat'u)	ʃidʒi	p'i:
——	(ʔmattʒ'i)	hiʒi	
hi	(ʔmatsi)	hidʒi	ɸɨ
hi:	(ʔumat')	hiʒi·	
śɪ:	(ʔmatśɪ)	śɪʑɪ	ɸɨ
çi:	(mattʃi)	çidʒi	çi:
pi:	(matʃi)	pidʒi	pi:
⌈p'i:	⌊p'i⌈:	p'iʒi:	⌊p'i⌈:
ti:	ti:	tidʒi[153]	pi:
⌈p'i·	⌊p'i⌈:	p'iʒi	⌊p'i⌈:
⌈p'i:	⌊p'i⌈:	p'iʒi	⌊ɸi⌈:
⌈ɸiʟ:	⊢ɸi:	ɸidʒike:	⊢ɸi
çi:	çi:	çiʒi	he:
çi:	çi:	çiʒinto:	he:
çi:	(umatsɪ̥)	çidzi	çi:
pɨ:	(ʔumatsɪ̥)	pizɨ	pi:
pɨ:	(ʔumatsɨ)	pɨzɨ	pi:
pɨ:	pɨ:	pidzɨ	pi:
piŋ	pi:	ʃi:nupiʃi	piŋ
tʃ'i:	tʃ'i:	tʃ'idiŋka	çi:

という音韻変化が起こったものと考えたが、*püi〜*pü- の場合にも、同様に、

　　*pü-nə《火の》　→　*pönö-　→　ponö-

という音韻変化が起こったものと考えられる。そしてこの*pö-(または po-)が合成語を作る記号素として生産的に機能した時代があったものと考えられる。

　また、*müi の場合と並行的に、*püi の場合にも

314——第6章 日本祖語について

奈良時代中央方言		日本祖語		琉球語A時代		同B時代
pˈi（乙類の「ヒ」）	←	*püi	→	*pi	→	*pi
pi（甲類の「ヒ」）	←	*pi	→	*pi	→	*pi

という音韻変化が起こったと考えられるが、この琉球語のB時代の音形は、「語音翻訳」によって実証されるのである。すなわち、

4.9.「火」pʻi[pʻiː]《火》
7.5.「火盆」pʻi-pʻat-ci[pʻiːpʻaːtʃi]《火鉢》
4.8.「白日」pʻi-ru[pʻiru]《昼》
4.7.「晌午」《正午》pʻir-ma[pʻiruma]《昼過ぎ》

　少し横道にそれることになるけれども、日本祖語形再構に関する重要な問題なので、やや立ち入って詳しく論ずることにしよう。

　上の表に示した「ひぢ」に対応する諸方言形のうち、少なくとも、

宮古伊良部島長浜　　　pizi
八重山石垣島石垣　　　pidzï

の2つが音韻法則の例外となる。これらは、音韻法則的には、それぞれpizi, pidzïの期待されるところで、このままだと、それらの第1音節は、1つ前の時代の形として、*pe- を立てざるを得ないのである。ところが、今までに考察した範囲では、この先島方言の*pe- は、日本祖語の*pəi- または*pai- にさかのぼることになる。しかるに、日本祖語から奈良時代中央方言へは、次のような音韻変化が起こった、と説いてきた。

*pəi-　→　pˈi（乙類の「ヒ」）
*pai-　→　pʲe（乙類の「ヘ」）

しかしこれでは、奈良時代中央方言の「ひぢ」の「ひ」が「甲類のヒ」である、という事実に反する。この困難を切り抜けるために、私は「ひぢ」の日本祖語形として、

*pedi《肘》

4 琉球方言と上代日本語と日本祖語（第19回）——315

を再構しようと思う。そして、次のような音韻変化が起こった[154]ものと考える。

奈良時代中央方言	日本祖語	琉球祖語
pidi	← *pedi →	*pedi

（ただし、ここに「琉球祖語」というのは、現在の琉球諸方言ばかりでなく、九州方言の少なくとも一部を含む諸方言の祖語であるかも知れないから、名称としてははなはだ不適当なわけであるが、「少なくとも琉球諸方言」の祖語という意味で、差し当たりこの名称を用いることとする。）

　それでは、上に挙げた琉球諸方言の一部分において、音韻法則に合致した語形が現れるという事実をどういう風に説明するかというに、これらの方言では、過去において、第1音節の母音が第2音節のそれに同化して、

　　*pedi → *pidi

という音韻変化が起こったと考えるのである。（さらに細説を要する点があるが略する。）

　「ヘ」《屁》の奈良時代の音形は未詳だが、すでに『新撰字鏡』に「戸」、『和名抄』に「倍」とあるところを見ると古い言葉である。現代三重県亀山方言、京都方言のアクセントは[˩he˥ː]/˩hee/ であって、琉球諸方言のアクセントと合う。やはり日本祖語にあった単語としなければならない。それでは日本祖語形として *pai を立てればよいかというに、この単語は擬音語に違いないから、この音形ではまずいと思う。それでは、*pe はどうかというに、上に論じたところによれば、これでは奈良時代中央方言で「比」（甲類の「ヒ」）として現れるはずで、平安時代でも「ひ」、現代亀山方言、京都方言でも /˩hii/ となって現れるはずである。この困難を切り抜けるために、私は日本祖語形として、

　　*pee［*peː］

を立て、長母音の *-ee は奈良時代中央方言でも /-ee/ として現れた、と考える。（琉球方言の中には[pˀiː]の期待されるところに[pˀiː]を有するものがあるが、これは擬音的効果をよくするための変形ではなかろうか。）

　この、日本祖語に短母音と音韻的対立をなす長母音を立てる仮説の射程は大

316——第6章　日本祖語について

きいと思うが、その効果の一例だけをここに示しておこう。

　注(154)に引用した拙論の同じ場所(本書第4章 p.63)に、

日本祖語		奈良朝中央方言
*u	→	/u/
*o	→	/u/

という仮説を提出しておいた。この仮説を保持する限り、奈良時代中央方言の

　　古《子、児》、姑《籠》、刀《外》、斗、刀《戸》、斗、刀《門》、砥《砥》、怒、
　　努、奴《野》、用、欲《夜》

などの単語が「オ段甲類」[155]の仮名で表記されており、従って母音音素 /-u/ ではなく /-o/ ——もちろん /-ö/ ではない——を有したことが合理的に説明できなければならない。そのためには、日本祖語形として、これらの単語の母音を *-au とすることもできるが、*-oo[*-o:]とする方がよいと思う。すでに横道の横道の横道に入っているので、紙数の都合もあり、この程度にして細説は別の機会に譲る。

　さて、日本祖語形として *-e を立てなければならない単語はほかにもある。たとえば、

	《坂》	《にんにく》
奈良時代中央方言	比良《平》[156]	比流(「ヒ」は甲類)
喜界島阿伝方言 [157]	ピラ、シラ(阿)	ピル
奄美大島大和浜 [158]	hira	ɸiru
国頭郡今帰仁村字与那嶺	p'ja:	p'iru
〃　恩納村字恩納	p'ira	p'iru
名護市字久志	p'ira	ɸiru
那覇市首里	ɸira	ɸiru

これらの対応に基づいて、次の日本祖語形が再構される。

　　*pira《坂》　　　*peru《にんにく》

「語音翻訳」の

6.5.「蒜」　　p'ii-ru[pʻiru]《にんにく》

もこの再構形を支持する。なぜなら、それは琉球語 A 時代の*peru を指し示すからである。

　日本祖語形に*e を立てる必要のある語例をさらに 2 つ、他の関連単語とともに示そう。まず、下に問題とする単語の奈良時代中央方言の音形を調べよう。

　　きく《聞く》　岐久（『記』下仁徳）等
　　きず《傷》　　岐受（『華厳音義私記』）
　　みづ《水》　　美豆（『万葉集』4002、等）等
　　みち《道》　　美知（『記』中応神等）等
　　あめ《雨》　　阿米（『記』上仁徳）等

「岐」は「甲類のキ」、「美」は「甲類のミ」、「米」は「乙類のメ」。

	《聞く》	《傷》	《水》	《道》	《雨》
阿伝	tʒʻitʒui	tʒʻidu	ɱidu	ɱitʒʼi	ʔaɱi
名瀬	ḵʻiḵʻuŋ	ḵʼiʒi	miʒi	ɱitʒʼi	ʔami
大和浜	ḵʻiḵʻuri	ḵʼidʒi	midzi	ɱitʒʼi	ʔami
諸鈍	ḵʻiḵʻum	ḵʼitʲ	mitʲ	ɱitʃʃi	ʔamiˑ
亀津	ḵʼı̥ḵʼɪ	ḵɪᵈʐi	mɪʐi	ɱɪtʐi	ʔamɪ
*瀬利覚	kikjuŋ	kidʒi:	midʒi:	mi:mi:《耳》	ʔami:
*茶花	kikjuŋ	kidʒi	midʒi	miŋ《耳》	ʔami
与那嶺	hi̥tʒʼuŋ	ḵʻidʒi:	ɱidʒi:	ɱitʒʼi:	ʔaɱi:
*伊江島	tʃitʃuŋ	ḵidʒi	midzi	nitʃi	ʔami
恩納	tʃʻi̥kiŋ	ḵʼizu	mizu	ɱitʒʼi	ʔaːɱi:
久志	ḵʼi̥tʃuŋ	ḵʼidu	ɱidu	ɱitʃi	ʔami:
首里	tʃitʃuŋ	ḵidʒi	midʒi	ɱitʃi	ʔami

318——第6章　日本祖語について

阿嘉島 [144]	tʃitʃuŋ〜 kitʃuŋ	kiʒi	miʒi	mitʃi	ami
慶留間島 [144]	kitʃuŋ	kiʒi	mizu	mitʃi	ami
西原 [145]	tsi̥tsɨ	kidzi	midzɨ	n̩tsɨ	ami
長浜 [147]	tsi̥ɸu	kizɨ	mizɨ	mtsi̥	ʔami
塩川 [147]	ki̥kɨ	kizɨ	mizɨ	mtsi̥	ʔami
*石垣	si̥kuŋ	kidzi	midzi	mitsi	aːmi
*波照間島	si̥kuŋ	fu̥tʃi	midzi	miʃi̥kurumiŋ 〔《耳》〕	ami
*祖納	k'uŋ	kidi	miŋ	mintaɸu《耳》	ami

　まず、「みづ」《水》から考察すると、その第1音節は、奄美大島、加計呂麻島、徳之島、伊江島で、「みち」《道》の第1音節とはっきり異なり、「あめ」の第2音節と同音となっている。先島諸方言でもその傾向がある。故に、「みち」の日本祖語形を、

　　*miti《道》

とするならば、「みづ」のそれは、*məidu, *maidu などとするわけにいかないので、

　　*medu

とせざるを得ないのである [159]。

　次に、「きず」《傷》について考察する。その第1音節は、奄美群島の諸方言において、「きく」および前掲(p.308)の「きぬ」「きり」の第1音節と同音となっており、「き」《木》、「け」《毛》とは、はっきり違っている。これに反し、伊江島、沖縄本島(久志を除く)、先島の多くの方言では、「きず」の第1音節は、「きく」「きぬ」「きり」の「き」とは異なり、「き」《木》、「け」《毛》と同音(あるいは近い音)となっている。故に「きず」の日本祖語形として、

　　*kezu

を立てることはできないように見える。なぜなら、たとえば、

日本祖語		奄美大島大和浜方言
*peru	→	ɸiru《にんにく》
*medu	→	midzi《水》
*kezu	→	ḳ'idzi《傷》

となって、想定される音韻変化が並行的でなくなるからである。この困難は、「日本祖語の*pe, *me の子音には口蓋化がなかった——奈良時代の乙類の「ヘ」「メ」のように——のに反し、*ke の子音は口蓋化されていた——奈良時代の甲類の「ケ」のように——からである。」として切り抜けることができると思う。すなわち、祖語(少なくとも琉球祖語)の*ke は[*ḳe]のような音だったから、ある方言では*ki へ合流し、他の方言では*kəi や*kai から来た[*ḳe(:)]のような音——奈良時代の乙類の「ケ」のような音——と合流した、と考えるのである。

　横道はこれくらいにして、少し元へ戻って今回の話をしめくくろう。

　さきに、火を意味する単語の日本祖語形として、

　　*püi ～ *pü-

を再構したが、*pü- に対応する奈良時代、平安時代中央方言の形式が po- だけであり、現代本土諸方言の《稲妻》を意味する単語にも「ほ-」ばかりが現れるので心細く思われるかも知れない。しかし私は、防人歌の、

　　伊波呂爾波　安之布多気騰母(『万葉集』4419)

の「布」《火》という東国方言形が１つの傍証となると思う。

　それでは、私が苦心してその存在を確認した沖縄本島の恩納方言、名護方言の[p'udei]《稲妻》(pp. 294, 299)の[p'u-]も祖語の*pü- を指し示すものであろうか。この点については次回に論ずるであろう。(第19回了)

　「ほてり」「ほでり」を「ほ-てり」「ほ-でり」という合成語と考えるわけだが、それでは「てり」「てる」(照)に対しては、どういう日本祖語形を再構した

320——第6章　日本祖語について

らよいだろうか。

　今までの知識によると、この動詞の語幹の日本祖語形として、*ter-, *təir-, *tuir-, *tüir-, *tir- などを立てることはできない。なぜなら、もし「照り」の語幹が日本祖語においてこのような形を持っていたのならば、「照り」「照る」等は、奈良時代中央方言形としては

　　　tiri（知里、智里、等）、tiru（知流、知留、等）、等

という形で現れるべきなのに、実際には、

　　　teri（氏利、弖理）、teru（弖流、氏流）、等

という形で現れているからである。従って、今までの知識によれば、この動詞の語幹の日本祖語形として、*teer- あるいは*tair- のいずれかを立てなければならない。前者についても問題はないことはないのだが、特に後者についてはいろいろの問題がある。故に、まず後者について考察することにしよう。

　今までに私が日本祖語形として再構した音節の中に、次のような音節がある。（C は子音を表わす。）

　　　*Cai, *Cəi, *Cui, *Cüi

そして、これらの音節は、語末あるいは記号素（形態素）末にのみ現れると考えられるのだが、それにさらに動詞語幹形成接尾辞*-r が接尾したとすることができるだろうか、というのが第1の問題である。

　それから、今までに再構した*CVi（V は母音）には、それと交替する*CV- という形式があるのが普通だったが、*tai(r)《照る》の場合には *ta- という形式があるか、というのが第2の問題である。数例を挙げれば次のようなものがある。

$$\begin{cases} *tai《手》 \\ *ta- \end{cases} \begin{cases} *mai《目》 \\ *ma- \end{cases} \begin{cases} *kəi《木》 \\ *kə- \end{cases} \begin{cases} *püi《火》 \\ *pü- \end{cases} \begin{cases} *müi《皆》 \\ *mü- \end{cases}$$

　まず、第1の問題から考察しよう。実は、奈良時代の「紀利」《霧》に対する日本祖語形*kuiri を再構したときから言う機会を待っていたのだが、この非語末の位置に立つ「紀」は実は記号素（形態素）末に立っているのだと思う。

霧流(『万葉集』29)、霧相(『万』88)、霧合(『万』2053)

と訓読し、「紀流」という4段活用動詞があったとし、「紀利」はその連用形だとする説は、「いみじうきりたる空」(『和泉式部日記』)、「目もきりて」(『源氏』帚木(一本))などの用例もこれを支持する。従って

　　*kui-r-i《霧》

のように記号素分析できると考えられるのだから、

　　*tai-r-i《照り》

と分析できる可能性も十分ある。

　次に第2の問題について考察しよう。これは実は、「きり」《霧》についても同じ問題がある。すなわち、*kui と交替する*ku- という記号素がないではないかと。私は

　　久毛《雲》(『記』神武)

の ku- がそれではないかと思う。もっとも、さらに、

　　久良之《冥、漠》(東大寺本『法華義疏』紙背)
　　久路岐《黒》(『記』神代)等
　　久理《水中黒土也》(『和名抄』)

と比較すると*kur-《暗、黒》という記号素(語根)があることは確かだが、この*kur- と上述の*kui- との関係如何。

　私は、日本祖語形として再構される

　　*CVi

の*-i の起源は単一ではないと考えている。第19回に示した動詞の"連用形"

　　əkəi《起き》、'akai《開け》、*makai《負け》、……

の*-i は「名詞化」的意義を持っていた母音記号素に違いないと思うが、他の

-i の前身はいろいろの子音その他であり、そのうちの1つに-r が含まれていると考える。そして、上の*kur- について言えば、次のような音韻変化が起こったものと考える。日本祖語以前の日本語を「先日本祖語」と呼ぶならば、

先日本祖語		日本祖語
**kur	→	*kui [160]
**kurmu《雲》	→	*kumu(あるいは*kurmu)
**kurV	→	*kurV

従って、同様に

| **pür《火》 | → | *püi |
| **pürnə《火の》 | → | *pünə |

という音韻変化が起こった可能性がある [161]。

それでは、

**tar《照、輝》　→　*tai

という音韻変化が起こった可能性があるだろうか。これに関連して考えられるのは、

保多留《螢火》(『本草和名』)
保太流《螢》(『和名抄』)

が po-ta-r-u と分析される可能性があることである。また、前述(第18回)の鳥取方言の《ほてり》《ほてる》を意味する「ホタリ」「ホタル」も何か古い形を保持しているものである可能性がある。これらは直接 **tar を指し示すとは言えないけれども、前述のように、**kurmu → kumu《雲》の可能性があるのだから、

**tarma　→　tama《輝く丸いもの、珠》

という音韻変化が起こった可能性もあると考えている [162]。そういう可能性があるとすれば、**tar → *tai という音韻変化の起こった可能性もある。

一方、上述のように、*tair- の代わりに *teer- を立て得る可能性もある。この場合、前者の蓋然性の方が大きいと思うが、それに関する詳説は省略して、以下においては後者の可能性も無視しないで考察していこう。

　さて、日本祖語に *tai(または *tee)という記号素(または単語)——その意味は《照るもの》であろう——があったとすると、それに対応する首里方言の形は

　　A 時代　*te:　　B 時代以降　*ti:

であるはずである。私は現代首里方言の

　　/tiida/《太陽》

の /tii/ がこれであろうと思う。そうだとすれば /da/ は接尾辞である。これは

　　奈太《灘》(『万葉集』3893)
　　安比太《間》(『万葉集』3571)

の -da と同じ記号素ではなかろうか。また、

　　久多毛之《果》(『和名抄』)
　　介多毛乃《畜》(『和名抄』)

などの -da も同じ記号素ではなかろうか。この「ダ」は「古い連体格の助詞」「連体助詞ナの転」などとする説があるが、上に見てきたように、連体格助詞の古形には *-na〜*-nə という母音調和による交替形があるのに、-da にはこういう交替形がないから、もっと独立性の強い記号素だと考えられる。それに、どういう原因で、*-na → *-da という変化が起こったと説明できるのであろうか。その点に関し何の説明もない。

　「クダモノ」の「ク」は、「許能」《木の》の kö- と同源の記号素に違いないが、なぜに ku- という男性形の交替形が現れるのであろうか。その点に関する説明もない。私は、

　　*kö-da　→　ku-da

のように、女性形の kö- が男性形の -da に同化して男性形 ku- に変化したもの

324——第6章　日本祖語について

で、-da はそれほど強く自己を主張する形式であったと考える[163]。従って、「ケダモノ」の日本祖語形は*kaida-mənə だということになる。

　以上の -da は《のついているもの、のついているところ》というほどの意味の記号素ではなかろうか。

　以上の考察によって、「ほてり」「ほでり」の日本祖語形としては、

　　*pü-tairi, *pü-dairi（または*pü-teeri, *pü-deeri）

が再構されることが明らかとなった。

　このうち、*ai は男性母音だが、*eː はどうであろうか。

　　美奈曾己《水底》（『万葉集』4491）
　　美奈刀《水門、港》（『万葉集』4006、等）等
　　美奈毛度《水源》（『東大寺要録』）
　　美豆《水》（『万葉集』4002、等）等

など（「美」は「甲類のミ」）を比較すると、日本祖語形として、

　　*me-na《水の》
　　*medu《水》

が再構され、*-du が接尾辞であることがわかり、*me《水》[164]は男性語であることがわかる。従って*ee も男性母音である可能性はある。

　ちなみに、「照り」の日本祖語形が*tairi（または*teeri）であるとしても、

　　現代京都方言　　/˩teru, ˩teri˥, .../
　　現代首里方言　　/tijuɴ, tiraɴ, titi/

であるから、奈良時代中央方言の「氐利」「弖流」などの第1音節の母音も短くなっていた可能性はある。

　第18回に示した本土諸方言の「ほてり」「ほでり」が、「くだもの」の場合のように、「ふてり」「ふでり」という形で現れないのは、すでに（第19回）述べたように、

4 琉球方言と上代日本語と日本祖語(第20回)——325

　　　*pü-nə《火の》　→　　*pönö→　　ponö

という音韻変化によって生じた*pö-(po-)《火》が合成語を作る記号素として生
産的に機能した結果であろう。

　さて、ようやく琉球諸方言の《稲妻》を意味する単語について考察できる段取
りとなった。今までにこれらの諸方言について再構した一時代前の形を列挙す
ると、次のようである。

　*potori　　八重山群島石垣島、石垣市街、白保、宮良、小浜島、新 城
　　　　　　島上地。竹富島(*putori？)。

　*poteri　　黒島(*potori → *puturi → putiri？)。

　*poteri　　波照間島。

　*pote-(?)　与那国島祖納。

　*podori　　喜界島湾、浦原、花良治。

　　　　　　早町、志戸桶([ɸudi:])、阿伝(ɸudi ←*pudi:)(？)。

　*potori　　奄美大島佐仁、名瀬。

　*podori　　奄美大島大和村、住用村、宇検村、瀬戸内町、請島、与路島。

　　　　　　徳之島天城町、伊仙町。

　　　　　　沖永良部島(？)。

　*ɸudi:　　沖永良部島瀬利覚、田皆、和泊。

　　　　　　伊平屋島。

　*podori　　久米島、粟国島、慶良間渡嘉敷島、慶留間島。

　　　　　　座間味島、阿嘉島(ɸuri:)(？)。久高島。名護市字久志。

 ⎰*ɸudi:　　沖縄本島玉城村、東風平村、与那原町、那覇市(首里を含む)、
 ⎱*pudi:　　西原村、中城村、北谷村、勝連村、与那城村、嘉手納村、読
　　　　　　谷村、具志川市、金武村、名護市安和、本部町、今帰仁村、
　　　　　　(元)屋我地村、(元)羽地村、大宜味村、東村、国頭村。

　p'ude(:)i　恩納村字恩納、名護市市街、(喜瀬)。

　上のうち、かなり有力に見られる*potori, *podori はどうして生じた形であろ
うか。

326——第6章　日本祖語について

前に *mürə《諸》(注116)および、*pünə《火の》(第19回)の場合に実例をもって示したように、

日本祖語　　　　（奈良時代）　　平安時代中央方言

*CüCə　　→　　CöCö　　→　　CoCo

という音韻変化が起こったと考えられる。

　上の2形式については、そういう音韻変化が起こったと考えられる根拠を個別的に述べたのだが、その一般的根拠は3年以上前の拙論(服部1976c＝本書第10章)に、次のように簡潔に述べた。

　　上代日本語には /CaCa/［男性語］、/CöCö/(←*CäCä)［女性語］、/CuCa/［男］という結合は豊富なのに /CuCö/ という結合は一つもないので、*CüCä［女］→ /CöCö/ という〔通時的〕音韻変化〔の起こった蓋然性が大きい。また *CäCü［女］→ /CöCö/ という音韻変化や*pütä［女］→ /puto/［男］《太》というような変化も起こった可能性があるから、奈良時代の /ö/ の代わりに、さらに古い時代に女性母音として /*ü/ と /*ä/ を立て得る可能性がある。

　すなわち、日本祖語が /*ä/ のほかに /*ü/ を有したとすることにより、奈良時代中央方言の

女性母音　　　ö
男性母音　　　a　　　o　　　u

という著しく不均衡な母音体系よりも、より均衡のとれた母音体系を日本祖語が持っていた、と考えようとしたのである。

　そして、第8回において、

　　奈良時代中央方言の女性母音 /ö/(乙類のオ列の母音)に対応する日本祖語の女性母音としては、/ä/[ə](この母音はダグール語の女性母音 /ä/[ə]のように後寄りの母音)と /ü/[ʉ]の2つを立てる必要がある(それぞれ*ə と *ü で表わすこととする)

と述べたのは、日本祖語の母音調和が、トルコ語のそれのように前舌母音対後

舌母音の母音調和ではなく、むしろ、東蒙古諸言語、トゥングース語、朝鮮語式の狭母音対広母音の母音調和であったと考えたからである（服部1978参照）。そして、日本祖語の*ə を「後寄りの母音」としたのは、それが奈良時代中央方言の［ö］や、琉球諸方言の u へ変化していくことを考慮に入れたからである。

　首里方言などの琉球諸方言においても、次のような音韻変化が起こったものと考えられる。

日本祖語			A 時代		B 時代以降
*CüCä	→	*CöCö	→	CoCo →	CuCu

　ところが、*pü-tairi（*pü-teeri）*pü-dairi（*pü-deeri）の場合に困難なのは、琉球諸方言の足並みが揃わない点にある。*potori については、次のような音韻変化を想定することができる。

　　*pütairi → *püteeri → *püteri → *pütəri → *pötöri → *potori

　困難なのは、波照間島、黒島の*poteri、沖縄本島その他の*pudi: である。後者については以下に詳しく考察する。波照間島の*poteri はどう考えたらよいだろうか。

　上の*püteri の段階から来たものとすれば、なぜ *pü- → *po- という変化が起こったかが説明されなければならない。今の私にはそれが不可能である。この困難は、次のように考え換えることにより切り抜けることができると思う。

　　*potori《稲妻》 → *puturi → $\begin{cases} \text{*putiri} & \to & \text{pu̥tʃiri} \\ \text{*putiru} & \to & \text{pu̥tʃiru} \end{cases}$

　　*'oteruŋ《落ちる》 → *'utiruŋ → utʃiruŋ

　黒島の場合も、括弧（p. 325）の中の想定を生かせばよいと思う。
　与那国島祖納の方言の形については、本稿〔第20回〕の末尾に述べる。
　いよいよ、苦心してその存在を確認した

　　p'udε(j)i（恩納村字恩納方言）

について考察することにしよう。中本正智君の記録した p'ude: は、より若い

328——第6章　日本祖語について

世代において、

  p'ude(j)i/p'ude'i/ → p'udeǐ/p'udei/ → p'ude:/p'udee/

という音韻変化が起こったものか、あるいは[p'udei]がしばしば[p'ude·]と発音される偶発的発音を記録したものであろう。

 まず、[i]の前に[ε]が現れるという——と概略的に言える——事実が、首里方言などの観点からは異様である。ところが、この方言は、首里方言とは異なり、短母音音素 /e/ を有するのである。たとえば、

恩納方言	首里方言
p'itʃε《 額 》	hwicee
hakε《刷毛》[新語]	haki
ʔirεra《鎌》	ʔirana
ʔukεmε:《お粥》	ʔukee
ʔazε《味》	ʔazi

上のεの中には明らかに /*ee/ の短縮したものと考えられるものがある。(*azεは「味わい」に対応し、/*ʔazee/ から来たものではなかろうか。) 一方、先にも報告したように、名護市市街地方言に[p'udε:i]という発音があるから、恩納の p'udε(j)i のεは /*ee/ にさかのぼるものに違いない。

 また、恩納方言には、

  t'ui《鳥》、mai《鞠》、mui《小高い所》(「森」に対応)

のような例があるから、p'udε(j)iの -iは /*ri/ にさかのぼる、と考えられる。

 故に、恩納方言、名護市市街地方言の p'udεi の1時代前の形として /*pudeeri/ を再構することができる。この形は、明らかに日本祖語の*püdairi(または *püdeeri)から来たものである。ただし、母音調和の圧力により、途中で、

  *püdairi(*püdeeri)→ *pudairi(*pudeeri)

という変化が起こったのかも知れないから、p'udε(j)i の p'u が日本祖語の*pü を直接指し示すものと断定することはできない。ただ、この形が

$$^*\text{püdə-} \quad \rightarrow \quad ^*\text{pödö-} \quad \rightarrow \quad ^*\text{podo-}$$

という音韻変化を経過したものでないことは確かである。

　しかしながら、恩納方言でも、首里方言と同様、A時代の /ee/ を [iː] に変化してしまっている。たとえば、

　　　tʻiː《手》、kʻiː《毛》、niː《根》、miː《目》、kʻiː《木》

また、tʻiːda《太陽》、tʻiːŋ《照る》のような例もある。そうだとすれば /*pudeːri/ もどうして pʼudiːi とならなかったのだろうか。

　もう紙面もないので、この問題の細説は別の機会に譲るが、次のような対応例のあることを指摘しておこう。

恩納	pʼɛːra《木の柄のついた25センチ位の鉄の農具》
首里	hwiira《へら。農具の1つ。》
奄美大島大和浜	ɸʒra《(1)大型のしゃもじ、(2)農具の1つ》
奈良時代中央	幣羅（『歌経 標 式』《鎩》『新撰字鏡』『和名抄』）

これらは恐らく、日本祖語の *peera にさかのぼるものであろう。（「幣」が甲類の「ヘ」であることが注目される。従って、日本祖語形は *paira ではあり得ない。）恩納方言は、1つ前の時代の /*r/ の前の /*ee/ を ɛː として保持しているものであろう。

　ちなみに、上にしばしば琉球諸方言の1つ前の時代の形として、*putori, *pudori という形を立てることが困難だと説いてきた。それは、*pütəri → *pötöri → *potori という音韻変化は考えられるけれども、*pütəri → *putori という音韻変化は、琉球方言の場合、考え難いからである。

　さて、いよいよ大詰へ来た。すなわち、首里方言を初めとする沖縄本島、その属島その他の /hudii/ 系統の形は、上述の /*pudeeri/ から来たとすることができるであろうか。

$$^*\text{pudeeri} \quad \rightarrow \quad ^*\text{pudeeʼi} \quad \rightarrow \quad ^*\text{pudiiʼi}$$

という音韻変化が起こったということを証することができれば、そう言えるだ

330──第6章　日本祖語について

ろう。しかし、まず、仮に、

　　*pudeeri　→　*pudiiri

という音韻変化が起こったとすれば、この形は現代首里方言では /hudiiri/ と
なって現れるはずである。なぜなら、/ciri/《霧》、/ciri/《塵》、ɸiri《縁》、ʃiri:
《後ろ（しりえ）》、wi:ri《襟》のようにこの方言では /*i/ の直後の /*ri/ の*r は
落ちないからである。

　そこで、この話の発端（第14回）に戻って、「琉球館訳語」の

　　2 電　　　波淂那
　　　　　　（得）

に関する考察から始めよう。同「訳語」から、この問題に関係する単語を拾い
出してみよう。

	琉球館訳語		現代首里方言
1	雷	刊毎那立	kaʜnai《かみなり》
2	霧	乞立	ciri
2	電	科立（琉球は水が凍らないので、日本祖語の*köpöri に対応する単語は琉球方言では失われた。）	
3	風雹	嗑集科立	
4	氷	姑亦立	
4	灰	活个立	hukui《ほこり》
5 / 76 左	分達立	hwizai	
76	右	民及立	niziri
16	瓜	烏立	ʔui
20	鶴頂	宅立奴姑只	tui《鳥》
21	鶏	它立	tui
30	盔《かぶと》	干不立	kabui《門・便所などの上のおおい》
30	鎗	亜立	'jai《槍》
31	硯	孫思立	şiẓiri〔『沖縄語辞典』によれば şiziri〕

32	碗	麻加立	makai
52	帽	看不立	（30 盔の項を見よ。）
56	鶴項帯	它立奴姑只乞角必	tui
60	麺	以立蒙乞	（「イリムギ」に対応）

上を概観してもわかるように、「琉球館訳語」の代表すると考えられる琉球語には、/-ri/ のr が落ちた例は１つもないのである。

ほぼ同時代の琉球語を記録したと考えられる「語音翻訳」でも同様である。

	語音翻訳		現代首里方言
6.8.	硯	sɐ-cɐ-ri	şiẕiri〔同上〕
6.10.	窓	tʻo-ʼo-ri	
7.3.	梡子	ma-ka-ri	makai
8.2.	鶏	tʻu-ri	tui
5.5.	有	ʼa-ri	（「琉球館訳語」47 有　阿立）

従って、この時代に日本祖語の*püdairi, *pütairi に対応する単語が首里方言あるいはそれに近い方言に現れるとすれば、現在の沖縄本島の方言分布状態より考えて、またそれがB 時代に属したと考えられることよりして、まず、

　*pudiiri

という形を取ったであろうということが考えられる。しかし、これならば、現代首里方言およびそれに近い方言において、

　/hudiiri/

という形で現れるはずであるのに、そういう形はどこにも見出されていない。

　そこで次に考えられることは、恩納方言と同様、A 時代の /*ee/ が*r の前で保持されて、「琉球館訳語」「語音翻訳」の琉球語で、

　*pudeeri

という形で現れたということである。そうだとすれば、上の「琉球館訳語」の

332——第6章　日本祖語について

　　2電　　波得那

はこれを表記したものと考え得るかというに、「那」を ri と読むことは不可能
である。第14回に論証したように、「那」の字は、「琉球館訳語」において、
確実に /na/ を表わす場合と、確実に /nu/ を表わす場合とだけだからである。
　それでは、「波得那」は *pudeeri に例の接尾辞 -a(a) の接尾した

　　*pudeerja(a)

という語形を写したものと言い得るかというに、それから来たと考え得る

　　/hudiija(a)/

のような形がどこにも見出されないから、それも無理であろう。
　結局、「波得那」は、第14回に述べたように、/pudiinu/《いなびかりが》を表
わすものと考えられる。
　康熙58(1719)年に冊封副使として琉球に来た徐葆光の著わした『中山伝信
録』には、

　　2電　　賀的

と見える。この時代にすでに /hudii/ となっていたのである。
　そこで、*-ri の痕跡をとどめない /hudii/ という形の出現の原因についても
う1つ考え得ることは

　　/hudijuɴ/《稲妻が光る》

という動詞があって、その連用形(すなわち名詞形)として、/hudii/ という形
が現れたということである。しかし、そういう動詞は、私の調べた範囲では見
出せなかった。多くは /hudii s(j)uɴ/《稲妻がする》のように言うのである。
　そこで私は、首里方言の /hudii/ およびその系統の諸方言の形は、日本祖語の

　　*püdai(または püdee)

から来たという説を提出する。従って、/hudii/ の /dii/ は /tiida/《太陽》の /tii/

と同じ記号素ということになるのである。

第14回後半で述べたように、宮古群島では《稲妻》を意味する単語として「ミナビカリ」系統の単語が行なわれている。そこで、宮古島西原出身の名嘉真三成君に、意味は違っても形が首里の /hudii/ に対応する単語がないか調査を依頼したところ、本年(1979年)4月2日付の書簡で次のような報告をいただいた。

> 伊良部島長浜方言(同君のお母さんの方言)
>
>   /puti/[pu̥ti]《はげ》　/pidiri/[pˢidil]《傷痕》
>
> 平良市西原方言(名嘉真君自身の方言)
>
>   /huti/[ɸu̥ti]《はげ》　/hidiˀi/[çidi:]《傷痕》

首里方言の /hudii/ にも《はげ》の意味があるから、上の /puti/, /huti/ は首里方言の /hudii/ に対応する単語ではないか、というのが名嘉真君の意見である。同方言では /CVCi/ という形ばかりで /CVCii/ という形はないか、と尋ねたところ、同君の調べた範囲ではないとの答えであった。

しかし、この対応は手離しでは是認することができない。まず第1に、長浜方言の /pu-/ は1つ前の時代の *po- を指し示す。その上、仲宗根政善君の調査によると、長浜方言の《ほこり》は[pu̥ki]であるから、上の[pu̥ti]は1時代前の *potori から来た可能性が十分あるのである。

このように、八重山群島諸方言ばかりでなく、上述の宮古諸方言の形までも *potori から来たのだとすると、

   *pote-(？)

として疑問のまま残した与那国島祖納方言の形も *potori にさかのぼる可能性はある。しかしながら、『先島方言』p. 316 によれば、この方言の《埃》は[kˀuŋ]であるから、宮古方言の場合のようには、問屋が下ろさない。日本祖語形の *pü-tai から来たとすることができないのは、上述のようであるから、しばらく疑問としておくほかはない。

以上をもって、「琉球館訳語」の「2 電　波得那」に関する論述を終わることとする。誠に長い横道であったが、その間に日本祖語に関する私の重要な見

334——第6章　日本祖語について

解を述べることができたので、単なる横道とはならなかったわけである。
（第20回了）

　私の癖として、Aのことを説くにはBのことを説く必要があり、Bの前には C を、C の前に D を説く必要がある、という具合で、論述が次第に後退するというか、横道へ入るというか、そういう観を呈することが少なくない。日本祖語の再構にはどうしても琉球語の歴史を明らかにする必要があるので、「語音翻訳」について考察し、さらに「琉球館訳語」『使琉球録』『音韻字海』『中山伝信録』等を考察したのは、そのためであった。その途中で、『中原音韻』等について説く必要もあった。そのため、今までの論述は、数学の記号を用いて表わせば、たとえば、

　　　……〔……〔…… |……（……）

のような形をなしている。これらの括弧は当然それぞれ括らなければならない。
　数か月前までの予定では、このあと、本節において、「琉球館訳語」についての考察をまとめ、上のシナ関係の4書の相互関連について考え、「語音翻訳」について説き、さらに『おもろさうし』や琉球碑文について論ずるつもりであった。しかし、頭の中で考えるときには簡単のように思えても、実際に書いてみると、それの何倍もの長さになるのが常である。今までのような書き方をしていたら、あるいは1年以上もかかるかも知れないという気がしてきた。しかも、その途中で日本祖語に直接言及する部分は比較的少なく、かつ断片的となろうと思われる。それではますます「読者離れがする」であろうし、また私自身の仕事の関係も、この問題に関しそれほど長い連続執筆を困難とする情勢となってきた。それで、上の括弧の締めくくりはすべて別の著に譲り、この第4節はここで中止することに決心したのである。

5 日本祖語に関する 2、3 の問題

日本祖語の再構について詳しく論じていたら、これまた切りのないことである。ここでは今までに説き残してきた 2,3 の重要な問題についてできるだけ簡単に述べて、この連載を終わりたいと思う。

今まで日本祖語について考察してきたことは、主として母音についてであった。それらをまとめて、さらに全体の枠組の中に入れて示すと次のようになる。（本論文ではその全体を細説することはできなかった。）

日本祖語以後の母音推移表

奈良時代中央方言		日本祖語		A 時代首里方言
/i/(甲類)	←	*i	→	*i
/i/(甲類)	←	*e	→	*e
/a/	←	*a	→	*a
/u/	←	*o	→	*o
/u/	←	*u	→	*u
/ö/	←	*ə	→	*o
/ö/, /u/	←	*ü	→	*o, *u
/e/, /ee/(ともに乙類)	←	*ai	→	*e, *ee
/i/, /ii/(ともに乙類)	←	*ui	→	*i, *ii
/i/, /ii/(ともに乙類)	←	*əi	→	*e, *ee
/i/, /ii/(ともに乙類)	←	*üi	→	*i, *ii
/e/, /ee/(ともに甲類)	←	*ia	→	*e, *ee
/o/, /oo/	←	*au	→	*o, *oo
/e/, /ee/(ともに甲類)	←	*ee	→	*e, *ee
/o/, /oo/	←	*oo	→	*o, *oo

奈良時代中央方言では、異化によって

*kumu → /kumo/《雲》、*tutu → /tuto/《苞》

のような変化が起こったし、また一部の中央方言では、隣接の*a に同化して、

336——第6章　日本祖語について

　　*tuga　→　/toga/《栂》、*tanu-　→　/tano-/《楽》、*pira　→　/pʲera/《平》

のような変化も起こったと考えられる。

　上を概観すればわかるように、奈良時代中央方言では、「A時代」(恐らく1400年ごろまで)の琉球語首里方言には起こらなかった次のような狭母音化が起こった。

日本祖語		奈良時代中央方言
*e	→	/i/(甲類)
*o	→	/u/
*əi	→	/i/, /ii/(ともに乙類)

　そして、拙論「琉球方言と本土方言」(服部1976b: 26以下、30以下＝本書第4章 p.60以下、p.63以下)において、この狭母音化は、奈良時代の東国方言や九州方言には起こっておらず、その痕跡が現代八丈島方言や現代九州方言に見られる、と説いた。これは、日本語の歴史を考える上に重大な意味を有する事実であると思う。特に、「中央方言」の地理的範囲が問題である。中央方言が四周の方言を同化した勢力は、奈良時代以前から強力であったと考えられ、現在では、本土全域をほとんど覆いつくしたと言ってよい状態であるから、「奈良時代中央方言」の地理的範囲を実証的に研究する手立てはない、と言ってよい。しかし、私の言語学的直観による推定をかいつまんで述べれば、この重大な音韻変化の起こった震源地は、奈良・京都・大阪を中心とする近畿式アクセント(甲種アクセント)系の方言の祖語ではないかと考える。もちろん、この音韻変化が起こったのは、この系統の方言が日本祖語から分岐して、大和地方さらには畿内地方に地理的に確立してから後のことである。この私の推定は、以下に述べることの中にもその支えを見出すであろう。

　上の「母音推移表」を見て直ちに明らかになることは、日本祖語の母音*eと*oに対しては、それぞれ長母音*ee, *ooを立てたのに、その他の短母音に対しては長母音を立てなかった点である。これは明らかに不均衡である。まず、この点から考察を始めよう。

すでに、1932（昭和7）年の拙論に、私は次のように書いている（服部1932＝1959a: 327以下）。

> 琉球方言は内地方言よりも長母音が非常に多い。殊に与那嶺方言は長母音に富んでいる。これらは後に長くなったものか、原日本語【日本祖語】の俤を伝えているものかは、精密に研究した上でなければ容易に判断は下せないのである。単音節名詞については第1節に述べた。今は更に一例をあげるにとどめて置く。

そして、次のような対応例を示している。

	首里	国頭郡与那嶺	喜界島阿伝
《息》	iːtʃi	˥i˩tʃi̥	˥i˩tʃi̥
《臼》	uːsi	˥u˩ʃi̥	˥u˩su
《桶》	wuːki	˥hu˩ki̥	˥wi˩ː
《中》	naːka	˥na˩ha	˥na˩ː
《針》	haːi	˥pʻa˩i	˥ɸa˩i
《松》	maːtsi	˥ma˩tʃi̥	˥ma˩tu

そのほか5例をあげ、ほかに、

《樽》	taru	˥ta˩ru	˥ta˩ru
《舟》	ɸuni	˥pʻu˩ni	˥ɸu˩nɪ
《蚤》	numi	˥nu˩mi	˥nu˩mi

のような例外的対応例を示して、「これらは首里方言の古い形が[taːru, ɸuːni, nuːmi]のごときものだったのではなかろうか。」としている。そして次のように書いている。

> 首里方言のこれらのアクセントはことごとく平板的である。しかし右の比較によって、この方言でもずっと古くは第一音節にアクセントの山があったのではないかと思われる。第一音節にアクセントの頂点があったために、その母音が長くなったか、或いは古い長母音を保存したものであろう。と

にかく、首里方言のこの種の長母音はアクセントと関係のあるものと考えられる。（この種の語には私のいう「甲種方言」で「下上型甲」のアクセントを有するものが割合多い。）【圏点は今回】

すなわち、ここではまだ、長母音がつづまって短母音となったために、そこに「アクセントの頂点」（アクセント核）が生じたのだ、とは言い得ないでいる。

ところが、1958（昭和33）年5月の拙論「奄美群島の諸方言について——沖縄・先島諸方言との比較——」（服部 1959b＝1959a: 275 以下）では次のように述べている（服部 1959a: 277 以下参照）。

東京方言の2音節名詞および1音節名詞に当る大島群島諸方言の名詞のアクセントを考える場合には、次のような分類を用いるのが便利である。

$$
\begin{aligned}
&\text{A} \quad \text{鼻}_1 \;\; \text{飴}_1 \;\; \text{風}_1 \;\; \text{橋}_2 \;\; \text{石}_2 \;\; \text{音}_2 \;\; \cdots\cdots \\
&\text{B} \quad \text{花}_3 \;\; \text{島}_3 \;\; \text{鑿}_4 \;\; \text{汗}_5 \;\; \text{雨}_5 \;\; \text{亀}_5 \;\; \cdots\cdots \\
&\text{C} \quad \text{甕}_3 \;\; \text{蚤}_3 \;\; \text{舟}_4 \;\; \text{箸}_4 \;\; \text{声}_5 \;\; \text{桶}_5 \;\; \cdots\cdots \\
&\text{a} \quad \text{毛} \;\; \text{葉} \;\; \text{血} \;\; \text{瀬} \;\; \cdots\cdots \\
&\text{b} \quad \text{木} \;\; \text{歯} \;\; \text{乳} \;\; \text{巣} \;\; \cdots\cdots
\end{aligned}
$$

（右下の数字は、『類聚名義抄』などで、1上上、2上平、3平平、45平上、と記録されており、京都などの方言で、4は下上型甲、5は下上型乙、となっていることを示す。）

「第1種アクセント」A・B・Cおよびa・bを互に区別しているもの。徳之島全島の【16の】諸方言がこれに属する。【下略】

「第2種アクセント」AとBC（この両者は同じアクセント素）とを区別し、aとbとを区別しているもの。左記の瀬戸内系諸方言と喜界島の小野津方言がこれに属する。【下略】

「第3種アクセント」AB（この両者は同じアクセント素）とCとを区別し、aとbは区別しない。これに属するのは、「大島」名瀬、小湊〔今の奄美市名瀬小湊〕、久場〔龍郷町〕、「喜界島」阿伝、花良治、浦原。

「第4種アクセント」ABCを区別せず、abも区別しない。【奄美】本島の次の諸方言がこの系統に属する。【下略。これらの方言は、いわゆる"アクセントのない"方言である。】

さらに、沖縄本島およびその属島の諸方言については、次のように述べている（服部 1959a: 279）。

　　昭和30年沖縄滞在中、およびそれ以前に調査したところによると、沖縄本島の諸方言は大体第1種系で、国頭村辺野喜、今帰仁村与那嶺、那覇市那覇・小禄・首里、知念村久手堅がそれに属し、伊平屋島田名、久米島具志川村仲地も同じ系統であるが、沖縄本島の久志村汀間は第2種の系統、糸満町〔糸満市〕は、久高島、宮古島平良市西里、石垣島大浜町〔今の石垣市〕真栄里とともに第4種系である。

このように述べた後で、次のように記している。以上引用した所も、次に引用する所も、以下の論述を理解して頂くのに必要なので、少し長くなるけれども引用することにしよう（服部 1959a: 280）。

　　AとBとCの区別があるという点では、これら4種のうち、第1種が最も古いと考えられるが、第1種の中には、首里、那覇、小禄、久手堅、田名、仲地や、徳之島の与名間、松原西区、浅間、金見の諸方言のようにC群の名詞の第1音節母音の長いものがある。この母音が短い方言は、第1種系・第3種系では例外なく第1音節が高い（そこに核がある）。これは恐らく、第1音節母音の長いのが古い形で、これが短くなったために、第1音節が高くなりここに核ができたのであろう。

そして、そう考えられる根拠を3つほど挙げているが、その第一のものは以下の論述にとっても関係があるので引用しなければならない（服部 1959a: 280, 281）。

　　徳之島の大部分の方言では、C群名詞の第1音節母音は短く且つ高いが、花徳、馬根のように、この母音を僅か長めに発音するものもある（第2音節はもちろん低い。花徳は第1音節がやや上昇気味である）。一方、このC群名詞の第1音節母音を長く発音する諸方言〔のアクセント〕は次のようである。（「甕」に当る単語を例にとる。）

　　⌊kʻaˉ⌊mi　　　⌊kʻaˉ⌊minu　　　与名間

⌐k'a⌐:_mi	⌐k'a:⌐mi_ga	金見
⌐k'a:⌐mi	⌐k'a:⌐mi_nu	浅間
⌐k'a:⌐mi	⌐k'a:mi⌐nu	松原西区
	⌐k'a:⌐minu	同じく別の話し手

　与名間式の発音の第 1 音節母音が短くなれば花徳式発音となり、この母音が更に短くなれば、第一種系の他の諸方言式発音（[⌐k'a_mi]）となる。また、那覇方言の

　　⌐ka:⌐mi　　　⌐ka:_minu

というアクセントは与名間式のアクセントから変化したものと考えることができる。

　この説に金田一春彦君は真向から反対して、1975(昭和50)年 9 月の論文（金田一 1960＝1975: 136 以下）で、琉球諸方言をアクセントの型の“対応”の観点から次の 4 種類に分類している。

　　[Ⅰ]((1・2 類))((3 類))((4・5 類))に分かれる方言
　　[Ⅱ]((1・2 類))((3・4・5 類))に分かれる方言
　　[Ⅲ]((1・2・3 類))((4・5 類))に分かれる方言
　　[Ⅳ]((1・2・3・4・5 類))のように型を区別しない方言

ここに「1 類」「2 類」「3 類」……と記されているのは、私が上に 1, 2, 3, 4, 5 という数字で示した『類聚名義抄』に見られるアクセントの型の分類と同じものである。従って、金田一君の[Ⅰ][Ⅱ][Ⅲ]と私の「第 1 種系」「第 2 種系」「第 3 種系」とは、数は同じだけれども、内容は異なる。特に、金田一君が、上に私の示した「C」というグループを設けない点を注意する必要がある。そして、同君は次のように述べている（金田一 1975: 138）。

　　「大分【九州の大分方言】とよく似ている[Ⅰ]のアクセントが古いもので、他の[Ⅱ][Ⅲ][Ⅳ]はすべてそれが変化してできたもの」と考えるのである。
　　【服部によって】C 群名詞と呼ばれる語は、大体大分方言で第一音節は高い。そして短い。私は大分方言を古形とする以上は、第 1 音節が高く、そうして短いのを古形と考えるわけである。【圏点は服部】

このようにして、私が上に示した与名間、金見、浅間等々の方言の形の第1音節はそこにアクセントの頂点があったために母音が長くなったのだと説明できるとし、金田一君はさらに次のように述べている(金田一 1975: 140)。

第4・5類の語彙は大抵第1音節がどこかで【これは「いずれかの方言で」の意味だから驚くほかはない】延びる傾向をもっているようだ。そして逆に第1音節の長い2音節名詞は、ほぼ第4・5類に集まっているように思われる。【圏点は服部】

上に私が圏点を付したことばの存在によって、金田一君の"法則"にはかなりの例外があることがわかる。従って、この点を精査する必要がある。

次に、私の第2の根拠については、金田一君は次のように書いている(金田一 1975: 143)。

名瀬方言の場合の例は、被調査者の発音がおかしかったのではないか。

これは、私が寺師忠夫氏の発音に従って、奄美大島名瀬方言には

⊦t'o⌐ra (俵)　　└t'u⊦ra (虎)
⊦k'o⌐ra(川)　　└k'u⊦ra(倉)

のようなアクセントの区別があると書いたこと(服部 1959a: 281)に対する批評だが、暴言ではなかろうか。なぜなら、寺師氏は名瀬方言すなわちご自身の方言の勝れた研究家で、論著もある方であり、この両アクセントの型の区別は、確か私が最初気づかないでいたのを、同氏がその区別の存在を主張されたので、私も精密に観察することによってそれを確認したものであり、前者の現れる条件もはっきりしているものだからである。

私の第3の根拠については、金田一君は次のように書いている(金田一 1975: 143)。

アイヌ語の例も、私には、アクセントの区別があったものが、長短の違いになったと説明できると思う。そうしてその方がよいように思うが、頭が固いのであろうか。

342——第6章　日本祖語について

　アイヌ語の北海道方言とカラフト方言との比較研究により、アイヌ祖語には
母音の長短の音韻的対立はあったがアクセント素の対立はなかったことを明ら
かにした私の論文は、1967(昭和42)年に公刊した(服部1967a)から、それを熟読
されれば、金田一君は自分が誤っていることを悟られるはずである。

　金田一君の言おうとするところは、結局次のようなことになろう。

　　　琉球祖語では、2音節の第4類・第5類の名詞は、第1音節の母音が短く
　　　かつアクセントの山がそこにあったが、そのアクセントのせいで、一部の
　　　琉球方言で、のちにその母音が長くなった。

しかし、比較方法によってこのようなことを言うには、「どの方言において」
「どういう単語において——従ってどういう音韻的環境において」そういう音
韻変化が起こったかを明確にしなければならない。ところが金田一君の論文で
はこの点が全くあやふやである(前ページの引用文に私が圏点を付した表現を参照)。
これでは比較研究とは言えない。

　首里方言に関しては、上村幸雄君が『沖縄語辞典』(1963: 55-56)で次のように
述べている。((0)は平板アクセント、(1)は下降アクセントを示す。)

　　　注目すべき現象として「2音節」名詞の4類・5類に属する単語のうち
　　　一群のものが、その「第1音節」が長くなることがあげられる。
　　4類「息」ʔiici(0)、「糸」ʔiicu(0)《絹》～ʔiicuu《糸》(0)、「奥」ʔuuku(0)、
　　　「帯」ʔuubi、「空に対応？」suura(0)《先。梢》、「中」naaka(0)、「箸」
　　　haasi(0)、「臼」ʔuuşi(0)、「松」maaçi(0)など。
　　5類「影」kaagi(0)(ただしkazi(0)という形もある【後者が本土方言からの
　　　借用と考えられることは、すでに説いた(第6回)】、「猿」saaru(0)、「婿」
　　　muuku(0)、「桶」'uuki(0)、「蛇に対応？」hwiibu(0)など。
　　しかし、同じ4類・5類であっても、次のように長音化しない語もある。
　　4類「跡」ʔatu(0)、「粟」ʔawa(0)、「稲」ʔnni(0)、「海」ʔumi(0)、「笠」
　　　kasa(0)、「糟」kaşi(0)、「今日」cuu(0)、「汁」siru(0)、「下駄」zita
　　　(0)【これも本土方言からの借用語】、「筋」şizi(0)、「銭」ziɴ(0)【借用語】、
　　　「種」tani(0)《男根》、「苗」nee(0)など。

5　日本祖語に関する 2、3 の問題(第 21 回)——343

　5 類「汗」ʔasi(0)、「雨」ʔami(0)、「琴」kutuu(0)、「霧」çiju(0)、「春」hwaru(0)(ただし文語)【文語は借用語であろう】、「鶴」çiru(1)【琉球諸方言を比較すると借用語と考えられる】、「秋」(1)(ただし文語)など。

　これらの単語のアクセントによる「第 4 類」「第 5 類」という「類」の区別が日本祖語にさかのぼるものとすれば——金田一君はそれと同等のことを考えているが——、これらの単語の第 1 音節母音の“長音化”は、アクセントとは関係がないと認められる。なぜなら、第 2 音節の母音が狭母音 i u のものばかりでなく、「中」「空」のようにこれが a のものまで第 1 音節母音が“長音化”している一方、「糟」「汁」「汗」「雨」のように、第 2 音節の母音が狭母音 i u のものや「粟」「笠」のようにこれが a のものでも第 1 音節母音が“長音化”していない例が、あるからである。

　しかし、首里方言だけでは不安だから、私が調査した他の諸方言と比較してみよう〔第 1 表〕。まず、資料の説明をする [165]。

　首里方言　　『沖縄語辞典』
　国頭郡恩納村字恩納、名護市字久志、国頭郡今帰仁村字与那嶺(以上沖縄本島)、徳之島亀津、加計呂麻島諸鈍、奄美大島名瀬、喜界島阿伝の諸方言については、私自身の調査した資料を用いるが、調査年月、インフォーマントについては、すでに以前に本論文において述べた。
　喜界島小野津方言は、1958(昭和 33)年 4 月 9 日に同島早町小学校で、ともに小野津神宮生まれの吉田龍夫(1916[大正 5]年生)、台司三代二(1918[大正 7]年 10 月 11 日生)の両氏について調査した。
　徳之島天城町浅間方言は上野善道君の調査資料(上野 1977)による。

　見出し語のうち( )に入れたのは『類聚名義抄』等に記録が見出されないけれども、諸方言の比較によってその類に属すると考えられているものである。振り仮名のうち、平仮名は上代特殊仮名遣で“乙類”、片仮名は“甲類”または“甲・乙”の区別のないもの、片仮名を括弧に入れたのは、“甲・乙”の区別の未詳のもの、である。

344──第6章　日本祖語について

第1表（ ）内は別の記号素（形態素）が接合している単語、《 》内は対応しな

	首里	恩納	久志	与那嶺

第4類（平上・上）の(1)

	首里	恩納	久志	与那嶺
息 イキ	├ʔiici	ʔi:「tʒi	ʔi「ki	「ʔi∟tʒi
臼 ウス	├ʔuuşi	ʔu:「su	ʔusu「:	「ʔu∟ʃi
海 ウミ	├ʔumi	ʔmi「:	ʔmi「:	「ʔu∟mi
（奥）オク平平	├ʔuuku			「ʔu∟ku
（筋）スヂ平平	├şizi			「ʃi∟ʒi
中 ナカ	├naaka	na:「k'a	naka「:	「na∟ha
主 ヌシ	├nuusi	nu:「ʃi	nuʃi「:	「nu∟ʃi
箸 ハシ	├haasi, ├hasi			(me:「ʃi)
針 ハリ	├haai	p'a「i	φa「i	「p'a∟i
舟 フネ	├huni	p'u:「ni	p'uni「:	「p'u∟ni
箆 ヘラ	├hwiira	p'e:「ra		「p'i∟ra
松 マツ	├maaçi	ma:「tsu	matu「:	「ma∟tʒi
宿 ヤド	├'jaadu, ├'jadu	ja:「du	jadu「:	「ja∟du

第5類（平上・平）の(1)

	首里	恩納	久志	与那嶺
蔭 カゲ	├kaagi	k'a:「gi		「ha∟gi
蜘蛛 ク(モ)	(├kuubaa)	(k'u:ba「:)		「hu∟bu
声 コエ	├kwii	k'u「i	k'wi「:	「hu∟i
猿 サル	├saaru, ├saru［文語］	sa:「ru	sa:ru「:	(sa:「ru∟:)
足袋 タ(ビ)	├taabi	ta:「bi	ta(:)「wi	「t'a∟bi
露 ツユ	├çiju	tsu:「ju	t'uju「:	「tʒi∟ju
鍋 ナベ(乙類)	├naabi	na:「bi	nawi「:	「na∟bi
婿 モコ・ムコ	├muuku	mu:「k'u	muk'u「:	「mu∟hu
（本）もと平平	├muutu	mu:「t'u		「mu∟t'u
桶 ヲケ	├'uuki	ʷu:「ki	ʷuki「:	「hu∟k'i

い単語。

亀津	浅間	諸鈍	名瀬	阿伝	小野津
「ʔıʟk̥ʼı	「ʔiiʟki	ʔik̚ʼiﾞ·	「ʔiʟkʼi	「ʔiʟʟtʒi	ʔiﾞkʼi
「ʔuʟṡı	「ʔuuʟsi	ʔusiﾞ·			
「ʔuʟN	「ʔuN	ʔumiﾞ·	「ʔuʟN	「ʔuʟmi	ʔuﾞmi
「ʔuʟku	《「naa》	ʔukʼuﾞ·	ʔuﾞkʼu	「ʔuʟkʼu	ʔuﾞkʼu
「śıʟźı	ʟsiiﾞzi	siʒiﾞ·	「ʃiʟʒi	「suʟʒi	suﾞʐi
ɲaﾞ:(ʟnu)	「naa	naﾞhaʟ:	「naʟ:	「naʟ:	naﾞ:
「nuʟṡı	ʟnuuﾞsi	nuʃiﾞ·			
(「naʟṡı)	(「MjaaʟsI)		「haʟʃi	「pʼaʟʃi	「pʼaʟʂi
「haʟı	ʟhaﾞi	hariﾞ·	「haʟri	「pʼaʟi	pʼaﾞi
「huʟnı	ʟhuuﾞni	huniﾞ·	「huʟni	「pʼuʟnı	pʼuﾞnı
「hwiʟra	〔hwiiﾞra〕	hirjaﾞ·			
「maʟtśı	ʟmaaﾞci	↓mat, matʼiﾞ·	「maʟtʒi	「maʟtʼu	maﾞtzu
	ʟjaaﾞdu				
「kʼaʟgi	ʟhaaﾞgi	kʼagiﾞ·	「kʼaʟg3	「haʟʒi	haﾞŋı
「kʼuʟbu	(maɴguuﾞhu)		「kʼuʟbu		(huﾞbuʟ:)
「kʼuʟi	ʟkuﾞi	kʼuiﾞ·	「kʼuʟi	「kʼuʟi	「kʼuʟi
「saʟru	ʟsjaaﾞru	saruﾞ·	「saʟru	(saﾞruʟ:)	(saﾞruʟ:)
「tʼaʟbi	ʟtaaﾞbi	tʼabiﾞ·			
	「Ciiʟ'ju	tʼijuﾞ·	「tʒiʟjo	「tʼuʟju	tzuﾞju
「naʟbı	ʟnaaﾞbi	nabiﾞ·	「naʟbi	「naʟbi	
(mukʼuﾞduN)	(「muǫʟkwa)		「moʟho		「muʟku
「muʟtu	ʟmuuﾞtu				
	「'wii	ʷuxiﾞ·	「wiʟ:	「wiʟ:	wıﾞi

346──第6章　日本祖語について

	首里	恩納	久志	与那嶺

第4類(平上・上)の(2)(名瀬方言の[○「○]と表記した型は p. 341 ページの

	首里	恩納	久志	与那嶺
<ruby>粟<rt>アハ</rt></ruby>	├ʔawa	ʔa:wa「:		ʔa:wa「:
<ruby>板<rt>イタ</rt></ruby>	├ʔica	ʔi:tʃa「:	ʔi「ta	çitʒa「:
<ruby>笠<rt>カサ</rt></ruby>	├kasa	k'a:sa「:	k'a̜sa「:	ha̜sa「:
<ruby>糟<rt>カス</rt></ruby>	├kaʂi	k'a:su「:	k'a̜su「:	ha̜ʃi「:
<ruby>肩<rt>カタ</rt></ruby>	├kata	k'a:ta「:	k'a「ta	ha̜t'a「:
<ruby>汁<rt>シル</rt></ruby>	├siru	ʃiru「:,ʃi「ru	ʃiru「:	ʃiru「:
<ruby>(外)<rt>(ソト)</rt></ruby>	├sutu	《Lp'u「k'a》	《ɸuka「:》	ʃut'u「:
<ruby>鑿<rt>のみ</rt></ruby>	├numi	nu:mi「:	nu「mi, numi「:	numi「:
<ruby>麦<rt>ムギ</rt></ruby>	├muzi	mu:ʒi「:	mugi「:	muʒi「:
<ruby>藁<rt>ワラ</rt></ruby>	├'wara	wa:ra「:	wara「:	wara「:

第5類(平上・平)の(2)

	首里	恩納	久志	与那嶺
<ruby>汗<rt>アセ</rt></ruby>	├ʔasi	ʔa:ʃi「:	ʔaʃi「:	ha̜ʃi「:
<ruby>雨<rt>アメ</rt></ruby>	├ʔami	ʔa:mi「:	ʔami「:	ʔami「:
<ruby>牡蠣<rt>カ(キ)</rt></ruby>	(├gacicaa《うに》)	ga:tʃi「:	gaki「:	gatʒi「:
<ruby>眉<rt>マヨ</rt></ruby>	├maju	ma:ju「:	(mi:maju「:)	maju「:
<ruby>腿<rt>モモ</rt></ruby>	├mumu	mu:mu「:	mu「mu	mumu「:
<ruby>夜<rt>ヨル</rt></ruby>	├'juru	ju:ru「:	juru「:	juru「:

4類

　表記は音声表記であるから、多少の動揺が表記面に表われているけれども、音韻論的解釈によって統一することなく、表記の動揺をそのまま記しておく。また、亀津方言で、たとえば[ʔi「ruʟ]のように語末にʟを付したのは、助詞 nu 等が低くつくことを表わす。〔浅間方言の大文字は(無気)喉頭化音を表わし、K＝k'、C＝tz、M＝m'、〕諸鈍方言の語末のルビ表記〔上付き小字〕の i, ɨ のうち無声音直後のものは無声。

　さて、金田一春彦君は、同じ論文(1960＝1975: 146)において、「琉球語諸方言祖形の2音節名詞のアクセント」として、

5 日本祖語に関する2、3の問題（第21回）

亀津	浅間	諸鈍	名瀬	阿伝	小野津
[L○┤○]と同じもの。)					
⌈ʔo:L	⌈ʔoo	ʔoˡ·	ʔaˡwa	ʔaˡwa	ʔaˡwa
	L ʔicjaˡa				
	L kasjaˡa	k'asaˡ·	k'aˡsa	haˡsa	haˡsa
	〔L kasiˡi〕	k'asiˡ·	k'aˡʃi	k'aˡsu	haˡsu
k'aˡt'a	L kataˡa	k'at'aˡ·	k'aˡt'a	haˡt'a	haˡt'a
sɪˡruL	L siruˡu	ʃiruˡ·	ʃiˡru	ʃiˡru	ʃiˡru
ʃuˡtuL	L sjutuˡu	si̥t'uˡ·	suˡt'u	suˡt'u	⌈suLt'u
nuˡmiL	L numiˡi	numiˡ·	nuˡɴ	nuˡmi	nuˡmi
	L mugiˡi				
	L 'waraˡa				
ʔaˡʃiL	L ʔasjiˡi	ʔasiˡi	ʔaˡsz̥	ʔaˡʃi	ʔaˡʂi
ʔaˡmiL	L ʔamiˡi	ʔamiˡ·	ʔaˡmi	ʔaˡmi	
	L gaciiˡci				
(miɴˡsiLgi)	(L miɴmaˡ'juu)	(maˡjuL·⌈gi)	maˡjo	(miˡmaLw̃u)	
muˡmuL	L mumuˡu	mumoˡ:			
juˡruL	L 'juruˡu	juruˡ·	juˡru	juˡru	

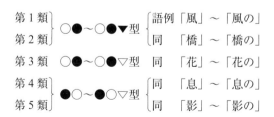

という表を示し、議論を進めている。

さしあたりこのうちの「第4類」と「第5類」を取りあげることとするが、もし琉球諸方言に私が上に示した「第4類の(1)」「第5類の(1)」のような語

348——第6章　日本祖語について

第2表

	首里	恩納	久志	与那嶺
第3類(平平)の(1)				
瓶 カ(メ)	├kaami	k'a:「mi	k'a:「mi	「ha∟mi
蚤 ノミ	├numi	nu:「mi	numi「:	「nu∟mi
浜 ハマ	├hama	p'a:「ma		「p'a∟ma·
骨 ホネ	├huni	p'u:「ni	ɸuni「:	「p'u∟ni
鞠 マリ	├maai	ma「i		《ʔumim「p'a:∟na》
第2類(上平)の(1)				
牙 (キ)バ	「cii∟ba	「tʒi:∟ba:		「tʒi:ba∟·
(串) クシ	├guusi	gu:「ʃi		「gu∟ʃi

例ばかりあるのなら、そういう議論も成り立つ可能性はあろう。しかし、「第4類の(2)」「第5類の(2)」のような語例もあるのである。金田一君はその存在を事実上無視している。事実に根拠を置かない議論は、砂上の楼閣に等しい。

　第1表の諸方言の対応語例表を見ればわかるように、「第4・5類」において(1)と(2)とが分岐すべき音韻的環境の差異が見出されないから、この資料に基づく限り——これらの諸単語が日本祖語にまでさかのぼるものと仮定して [166]——、次の2つの仮説を立てることができる。

　　仮説1。(1)の語類の第1音節の母音は、日本祖語において音韻的に短母音に対立する長母音であった [167]。
　　仮説2。(1)の語類の第1音節の母音は、日本祖語において音韻的に短く、かつアクセントの山【高(低)核】があった。

　「仮説2」を採ることは、たとえば、首里方言で、

　　*「nu∟si　→　nuusi《主》

という変化が起こったとすることである——金田一君はそう考えている——が、その場合にはいろいろの困難を生ずる。そのうちの1つの、特に重大な困難は、

亀津	浅間	諸鈍	名瀬	阿伝	小野津
「k'a⌐mi	∟kaa「mi	k'ami「・	「k'a⌐mi	「ha⌐mi	ha「miʲ
「nu⌐mi	∟nuu「mi	numi「・	「nu⌐N	「nu⌐mi	nu「mi
	∟haa「ma				
「hu⌐nɪ	〔∟huu「ni〕	ɸuni「・	「hu⌐ni(?-i)	「p'u⌐nɪ	
	(∟maa「ru)				
ki:「ba	「Kii∟ba	ḳ'iba「・			
「gu∟sɨ	∟guu「sɨ				

「第 4 類」と「第 5 類」の区別が日本祖語に存したとする限り、その各々を 2 分して、この 2 類の代わりに祖語に 4 つのアクセントの「類」を立てなければならなくなることである。

　そればかりではない。琉球諸方言の 2 音節名詞で第 1 音節母音の長い単語は、次回に示すように、「第 4・5 類」以外の「類」にも見出される。

　これらの困難は「仮説 1」を採ること——すなわち金田一君の説を廃棄すること——によって消滅する。

　そのほかの点でも「仮説 1」の射程の広いことは、次回に説くところによって明らかになるであろう。（第 21 回了）

　前回の末尾に、琉球諸方言の 2 音節名詞で第 1 音節母音の長い単語は、「第 4・5 類」以外の「類」にも見出される、と書いたので、その実例を第 2 表に示すことにする。

　これを、前回の第 1 表と比較すると、「牙（キバ）」を除いて、すべての単語が、琉球諸方言のそれぞれにおいて、「第 4・5 類」(2)の方ではなく、(1)の方の単語と同じアクセントを有するといってよい状態であることが注意される。第 2 表のこれらの単語はそのほとんどが、第 2 音節に狭母音 i i 等を有するけれど

350——第6章　日本祖語について

も、「浜」のようにここにaを有するものもあり、第3表、第4表に示すように、「第3類」「第2類」に属する単語で、第2音節に狭母音iï等を有し、第1音節母音が(恩納を除く)諸方言で短くかつ「アクセントの山」を有しない単語が少なからずあるから、音韻的環境の差異によって、第2表のこれらの単語が「第3類」「第2類」から分出して、第1音節に「アクセントの山」を有するようになったものとすることはできない。

　従って、前回に示した「第4類」「第5類」と上掲の「第3類」のそれぞれの(1)の諸単語の第1音節の長母音は、日本祖語の長母音を保持するものと考えられる。それでは、いかなる条件の下にこの長母音が保持されたのかを考察するために、私の調査資料(および『沖縄語辞典』と上野善道君の資料と)に基づいて、次頁以降に掲げる第3・4・5表を作成した。

　恩納方言、久志方言で、たとえば

　　ʔiˈru(:)　　　　k'iˈmu(:)

と表記してあるのは、それぞれ

　　ʔiˈru, ʔiruˈ:　　k'iˈmu, k'imuˈ:

のように両様の発音が記録されていることを表わす。

　第1表ないし第5表を比較すると、p.338以下に示した私の分類が正鵠を得たもので、同じくp.340に示した金田一春彦君の分類が誤っていることが、一目瞭然となる。すなわち、上の琉球諸方言の2音節名詞はアクセントの上から概略、

服部の旧説

1類、2類	A
3類、4・5類の(2)	B
3・4・5類の(1)	C

のように分かれるのであって、金田一説の

［Ⅰ］（ 1・2 類）（ 3 類）（ 4・5 類）

［Ⅱ］（ 1・2 類）（ 3・4・5 類）

［Ⅲ］（ 1・2・3 類）（ 4・5 類）

のうち、［Ⅰ］［Ⅲ］のように分かれる方言は、上に取り扱った諸方言の中には全然見出されない。逆に、前述の私の旧説は、次のように再確認される。

A・B・C の 3 者を区別する方言——（沖縄本島）首里、恩納、与那嶺、
（徳之島）亀津、浅間

A と BC との 2 者を区別する方言——（沖縄本島）久志、（加計呂麻島）諸鈍、
（喜界島）小野津

AB と C との 2 者を区別する方言——（奄美大島）名瀬、（喜界島）阿伝

　このようにして、金田一春彦説は根底から崩壊し去る。

　1976（昭和 51）年 4 月の論文（服部 1976b: 36–37 ＝ 本書第 4 章 pp. 68–69）で私が次のように述べたのは決して単なる誹謗の言葉でないことは、上に論じたところによって明らかになったであろう。

　同氏【金田一春彦君】の「東西両アクセントの違いができるまで」も【『アクセントから見た琉球諸方言の系統』と同様】やはり無理で、そういう可能性があるということを言い得たまでで、そうに違いないという証明にはなっていない。12 世紀の院政時代のアクセントが祖形で、それから【土佐方言式アクセントとなったのちに、さらに、アクセント核が 1 モーラずつ後へずれて】東京式の【中部地方、関東地方（の大部分）などに広く分布する】アクセントができたというのだが、同じ変化が【近畿式アクセントに隔てられて互いに遠く離れている】奈良県南部の十津川にも、中国地方にも、四国の西南部にも別々に起こった、と言わなければならないわけで、それだけでも無理だと感ぜられるが、九州、琉球の諸方言をも考慮に入れると、一層無理なことが明らかとなる。日本祖語のアクセントを想定しつつ、厳密な比較方法——金田一氏はそれを十分理解しているかどうか危ぶまれてきたが——によって根本的にやり直さなければならないと信ずる。(【　】内は今回の敷衍的説明。)

352——第6章　日本祖語について

第3表

	首里	恩納	久志	与那嶺

第3類(平平)一般

	首里	恩納	久志	与那嶺
穴_{アナ}	┣ʔana《くぼみ》	ʔa:naˉ:	ʔanaˉ:	ʔanaˉ:
網_{アミ}	┣ʔami	ʔa:miˉ:	ʔamiˉ:	ʔamiˉ:
犬_{イヌ}	┣ʔiɴ	ʔinnuˉ:	ʔinuˉ:	(ʔinˉnu˪kwa)
色_{イロ}	┣ʔiru	ʔiˉru(:)	ʔiruˉ:	ʔiruˉ:
(膿)_{ウミ}	┣ʔɴmi	ʔmiˉ:	ʔuˉmi	ʔumiˉ:
裏_{ウラ}	┣ʔura	ʔuˉra	ʔuˉra	ʔuraˉ:
皮_{カハ}	┣kaa	k'aˉ:	k'aˉ:	haˉ:
肝_{キモ}	┣cimu	tsumuˉ:	k'iˉmu(:)	˪tʒimuˉ:
草_{クサ}	┣kusa	k'u̥ˉsa	k'u̥saˉ:	k'u̥saˉ:
糞_{クソ}	┣kusu	k'u̥ˉsu(:)		k'u̥ʃuˉ:
雲_{クモ}	┣kumu	k'uˉmu	k'umuˉ:	k'umuˉ:
島_{シマ}	┣sima	ʃiˉma	ʃimaˉ:	ʃimaˉ:
炭_{スミ}	┣ʂimi《墨》	su:miˉ:	suˉmi	ʃimiˉ:
玉_{タマ}	┣tama	t'a:maˉ:		t'amaˉ:
綱_{ツナ}	┣çina	tʒiˉna(:)	t'unaˉ:	tʒinaˉ:
角_{ツノ}	┣çinu	tsu:nuˉ:	t'uˉnu(:)	tʒinuˉ:
面_{ツラ}	┣çira	tʒiˉra(:)	t'uˉra(:)	tʒiraˉ:
年_{とシ}	┣tusi	t'uˉʃi(:)	t'u̥ˉʃi(:)	t'u̥ʃiˉ:
波_{ナミ}	┣nami	na:miˉ:	naˉmi	namiˉ:
糠_{ヌカ}	┣nuka	nu:kaˉ:	nukaˉ:	nuk'aˉ:
墓_{ハカ}	┣haka	p'aˉk'a		p'ak'aˉ:
恥_{ハヂ}	┣hazi	p'a:ʒiˉ:	ɸaˉʒi	p'aʒiˉ:
花_{ハナ}	┣hana	pa:naˉ:	ɸanaˉ:	p'anaˉ:
豆_{マめ}	┣maami	ma:miˉ:	ma:miˉ:	mamiˉ:
耳_{ミミ}	┣mimi	mi:miˉ:	mi:miˉ:	mimiˉ:
物_{(モ)の}	┣munu, ┣muɴ	muˉnu		munuˉ:

亀津	浅間	諸鈍	名瀬	阿伝	小野津
(mɪ⌐:)	(mi⌐i)	(├k'u∟mo⌐rⁱ)	(├mi⌐nu)	ʔa⌐na	⌐ʔa∟na
ʔa⌐mi(∟?)	∟ʔami⌐i	ʔami⌐·	ʔa⌐N	ʔa⌐mi	ʔa⌐mi
⌐ʔɪ∟N	∟ʔi⌐N	ʔi⌐N	ʔi⌐N	ʔi⌐N	
ʔi⌐ru∟	∟ʔiru⌐u	ʔiro⌐·	ʔi⌐ro	ʔi⌐ru	ʔi⌐ru
ʔu⌐mi∟	∟ʔumi⌐i		ʔu⌐mi	ʔu⌐mi	
	∟ʔura⌐a	ʔura⌐·	ʔu⌐ra		
k'o⌐:∟	∟ko⌐o	k'o⌐:	├k'o(⌐nu)	k'a⌐wa（新語？）	
k'i⌐mu∟	∟Kimu⌐u	k'imo⌐·	k'i⌐mu	tʒi⌐mu	
k'u̯⌐sa∟	∟kusja⌐a	k'u̯sa⌐·	k'u̯⌐sa	s⌐sa	s⌐sa∟
ku⌐ʃu∟	∟kusju⌐u	k'u̯su⌐·〔ママ〕			
k'u⌐mo	∟Kumo⌐o	k'umo⌐·	k'o⌐mo	k'u⌐mu	k'u⌐mu
śɪ⌐ma∟	∟sima⌐a	ʃima⌐·	ʃi⌐ma	ʃi⌐ma	ʂi⌐ma
śɪ⌐mi∟《墨》	∟simi⌐i	simi⌐·	ʃi⌐mi	su⌐mi	su⌐mi
	∟tama⌐a	t'ama⌐·	t'a⌐ma	t'a⌐ma	t'a⌐ma
tśɪ⌐na∟	∟Cina⌐a	t'i̥na⌐·	tʒi⌐na	t'u⌐na	ts'u⌐na
tśɪ⌐no∟	∟Cino⌐o	t'i̥no⌐·	tʒi⌐no	t'u⌐nu	
tśɪ⌐ra∟	∟Cira⌐a	t'i̥la⌐·	t'i⌐ra	t'u⌐ra	t'u⌐ra
t'u⌐śɪ∟	∟tusi⌐i	t'u̥ʃi⌐·	t'u⌐ʃi	t'u⌐ʃi	t'u⌐ʂi
na⌐mi∟	∟nami⌐i		na⌐N	na⌐mi	na⌐mi
	∟nuka⌐a	nuk'a⌐·	nu⌐ka	nu⌐k'a	nu⌐k'a
ha⌐ka∟	∟haka⌐a	hḁk'a⌐·	ha⌐k'a	ha⌐k'a（新語）	⌐ha∟k'a
	∟hazi⌐i	hadʒi⌐·	ha⌐ʒi	p'a⌐dʒi	p'a⌐ʒi
ha⌐na∟	∟hana⌐a		ha⌐na	p'a⌐na	p'a⌐na
ma⌐mi∟	∟mami⌐i	mami⌐·			
⌐mi∟N	∟mi⌐N	mimi⌐·	mi⌐N	mi⌐mi	
⌐mu∟N	∟mu⌐N	mu⌐N			

354——第6章　日本祖語について

	首里	恩納	久志	与那嶺
山（ヤマ）	「'jama《林》	ja「ma	jama「:	jama「:《林》
弓（ユミ）	「'jumi	ju:「mi(?)		jumi「:
夢（イメ）	「ʔimi	ʔi:mi「:	ʔimi「:	∟ʔimi「:
腸（ワタ）	「'wata《腹》	wa:ta「:	wata「:	wat'a「:
斧（ヲの）	「'uuɴ		ʷu:nu「:	wu:「nu:

第4表

	首里	恩納	久志	与那嶺

第2類（上平）一般

	首里	恩納	久志	与那嶺
痣（アザ）	「ʔa∟za《ほくろ》	「ʔaza	「ʔada	ʔa「dʒa:
彼（アレ）	「ʔa∟ri	「ʔari	「ʔari	ʔa「ri:
石（イシ）	「ʔi∟si	「ʔiʃi	「ʔiʃi	ʔi「ʃi:, 「ʃi:
歌（ウタ）	「ʔu∟ta	「ʔuta	「ʔuta	hu̥「t'a:
音（オと）	「ʔu∟tu	「ʔutu	「ʔutu	hu̥「t'u:
垣（カキ）	「ka∟ci《いけがき》	「kaʃi		hḁ「tʒi:
川（カハ）	「ka∟a《井戸》		「k'a:	「ha:
旅（タビ）	「ta∟bi	「t'abi		t'a「bi:
蔓・弦（ツル）	「çi∟ru	「ts'uru	「t'uru	tʒi「ru:
夏（ナツ）	「na∟çi	「natsu	「nat'u	na「tʒi:
橋（ハシ）	「ha∟si	「p'aʃi	「ɸaʃi	p'a「ʃi:
肘（ヒヂ）	(「hwizi∟kee)	「p'iʒi	「p'iʒi	p'i「ᵈʒi:
昼（ヒル）	「hwi∟ru	「p'iru	「p'iru	p'i「ru:
冬（フユ）	「hu∟ju	「p'uju	「p'uju	p'u「ju:
胸（ムネ）	「'ɴ∟ni	「ni:	「ni:	「ni:
村（ムラ）	「mu∟ra	「mura	「mura	mu「ra:
雪（ユキ）	「'ju∟ci《あられ》	「jutʒi	「juk'i(新語?)	ju「tʒi:

第5表

第1類（上上）

	首里	恩納	久志	与那嶺
飴（アメ）	「ʔa∟mi	「ʔami		ʔa「mi:
牛（ウシ）	「ʔu∟si	「ʔuʃi	「ʔuʃi	hu̥「ʃi:

ja⌐maꜜ	└ʼjama⌐a	jama⌐·	ja⌐ma	ja⌐ma	ja⌐ma
ju⌐miꜜ	└ʼjumi⌐i	jumi⌐·	ju⌐ɴ	ju⌐ɴ	
ʔi⌐mɪ(ꜜ?)	└ʔimi⌐i	ʔimi⌐·	ʔi⌐mi	ʔi⌐mi	
wa⌐tʼaꜜ	└ʼwata⌐a		wa⌐tʼa		
	〔(└juu⌐ki)〕				

亀津	浅間	諸鈍	名瀬	阿伝	小野津
ʔa⌐daꜜ	⌐ʔazjaa	ʔa⌐daꜜ:	ʔa⌐za	ʔa⌐da	⌐ʔa∟za
ʔa⌐ʐɪ	⌐ʔarii	⌐ʔa∟ɾⁱ	ʔa⌐ri	ʔa⌐ri	⌐ʔa∟ɾɪ
ʔi⌐ṣ̩ɪ	⌐ʔisii	⌐ʔi∟ʃⁱ	ʔi⌐ʃi	ʔi⌐ʃi	⌐ʔi∟ʃi
	⌐ʔutaa	ʔu⌐tʼaꜜ:	ʔu⌐tʼa	ʔu⌐tʼa	⌐ʔu∟ta
ʔu⌐tʼu	⌐ʔutuu	ʔu⌐tʼuꜜ:	ʔu⌐tʼu	ʔu⌐tʼu	⌐ʔu∟tʼu
kʼa⌐kʼi	⌐kakii	⌐ka∟kⁱ	kʼa⌐kʼi	ha⌐tʒi	
kʼo⌐:	⌐koo	⌐kʼo∟:		ha⌐:	⌐ha⊢:
tʼa⌐bi	⌐tabii	tʼabi⌐·	tʼa⌐bi	tʼa⌐bi	⌐tʼa∟bi
tṣ̩ɪ⌐ru	⌐Ciruu	⌐tʼi∟ɾⁱ	tʒi⌐ru	tʼu⌐ru	⌐tzu∟ru
(na⌐tṣ̩ɪɴ)	⌐nacii		na⌐tʒi	na⌐tʼu	⌐na∟tʼu
ha⌐ṣ̩ɪ	⌐hasii	⌐ha∟ʃ	ha⌐ʃi	pʼa⌐ʃi	⌐pʼa∟ṣi
ṣ̩ɪ⌐ʐ̩ɪ	⌐hwizii	hi⌐ʒi∟·	hi⌐ʒi	ʃi⌐dʒi	ɸi⌐ʒi
ṣ̩ɪ⌐ru	⌐siruu	⌐hi∟ɾⁱ	hi⌐ru	ʃi⌐ru	⌐pʼi∟ru
hu⌐ju	⌐huʼjuu		hu⌐ju		
	⌐nii, ⌐munii	mu⌐ni∟:	mu⌐ni	mu⌐nɪ	⌐mu∟nɪ
mu⌐ra	⌐muraa	mu⌐∟aꜜ·	mo⌐ra	mu⌐ra	⌐mu∟ra
ju⌐kʼi	⌐ʼjukii	⌐ju∟kⁱ	ju⌐kʼi	ju⌐tʒi	⌐ju∟kʼi

ʔa⌐mɪ	⌐ʔamii	ʔa⌐miꜜ:	ʔa⌐mi	ʔa⌐mi	⌐ʔa∟mⁱi
ʔu⌐ṣ̩ɪ	⌐ʔusii	⌐ʔu∟ʃ	ʔu⌐ʃi	ʔu⌐ʃi	⌐ʔu∟ʃi

356——第6章　日本祖語について

	首里	恩納	久志	与那嶺
海老 (エ ビ)	「ʔi⌐bi	「ʔibi	「ʔibi	ʔi「bi:
風 (カゼ)	「ka⌐zi	「kʻaʒi	「kʻadi	ha「ʒi:
金・鐘 (カネ カネ)	「ka⌐ni	「kʻani	「kʻani	ha「ni:
傷 (キズ)	「ki⌐zi	「kʻizu	「kʻidu	kʻi「ʒi:
霧 (きり)	「ci⌐ri	「tʒiri		tʒi「ri:
釘 (ク ギ)	「ku⌐zi	「kʻuʒi	「kʻugi(?)	kʻu「ʒi:
口 (クチ)	「ku⌐ci	「kʻutʒi	「kʻutʃi	kʻu「tʒi:
頸 (クビ)	「ku⌐bi	「kʻubi	「kʻui	kʻu「bi:
腰 (こシ)	「ku⌐si	「kʻuʃi	「kʻuʃi	hu⌐「ʃi:
之 (これ)	「ku⌐ri	「kʻuri	「kʻuri	hu「ri:
酒 (サけ)	「sa⌐ki	「saki	「saki	sa⌐kʻi:
袖 (ソデ)	「su⌐di	「sudi	「sudi	su「di:
竹 (タけ)	「da⌐ki	「dakʻi	「dakʻi	da⌐kʻi:
壺 (ツボ)	「çi⌐bu	「tsubu	「tʒibu(新?)	tʒi「bu:
爪 (ツめ)	「çi⌐mi	「tsumi	「tʻumi	tʒi「mi:
鳥 (とリ)	「tu⌐i	「tʻui	「tʻui	「tʻui
西 (ニシ)	「ni⌐si《北》	「niʃi		ni「ʃi:
布 (ヌノ)	「nu⌐nu	「nunu	「nunu	nu「nu:
鼻 (ハナ)	「ha⌐na	「pʻana	「ɸana	pʻa「na:
羽 (ハネ)	「ha⌐ni	「pʻani	「ɸani	pʻa「ni:
蠅 (ハヘ 《乙類》)	「hwe⌐e	「pʻe:	「ɸe:	「pʻe:
髭 (ヒげ)	「hwi⌐zi	「pʻiʒi	「pʻigi	pʻi「ʒi:
星 (ホ シ)	「hu⌐si	「pʻuʃi, pʻuʃi「:	「pʻu:⌐ʃi	pʻu「ʃi:
水 (ミ ツ)	「mi⌐zi	「mizu	「midu	mi「ʒi:
道 (ミチ)	「mi⌐ci	「mitʒi	「mitʃi	mi「tʒi:
虫 (ムシ)	「mu⌐si	「muʃi		mu「ʃi:
森 (モ リ)	「mu⌐i《丘》	「mui		「mui
(槍) (ヤリ)	「ja⌐i	「jai		「jei
床 (ユカ)	「ʻju⌐ka	「juka		ju「ɸʷa:

5 日本祖語に関する2、3の問題(第22回)——357

亀津	浅間	諸鈍	名瀬	阿伝	小野津
ʔɪ⌐bi	「ʔibɨɨ	「ʔiꜜpˢⁱ	ʔi⌐bi	ʔi⌐bi	「ʔiꜜbi
kˈa⌐dɯ	「kazjɨɨ	kˈa⌐dɛ∟:	kˈa⌐zʒ	ha⌐di	「haꜜʒi
	「kanɨɨ	kˈa⌐nɪ∟:	kˈa⌐ni	ha⌐nɪ	「haꜜnⁱi
kˈi⌐ʑɪ	「Kizɨɨ	「kˈi∟tⁱ	kˈi⌐ʒi	tʒi⌐du	「kˈiꜜzu
kˈi⌐ri	《「kasɨɨ∟mi》	「kˈi∟rⁱ	kˈi⌐ri	kˈi⌐ri(新語?)	——
kˈu⌐gi	「Kugɨɨ	「kˈu∟kⁱ	kˈu⌐gi	kˈu⌐ji	「kˈuꜜni
kˈu⌐tsɪ	「kucɨɨ	「kˈu∟tʃⁱ	kˈu̥⌐tʒi	kˈu⌐tʒi	「kˈuꜜtʒi
kˈu⌐bi	「Kui	「kˈu∟pⁱ	kˈu⌐bi	kˈu⌐bi	「kˈuꜜbi
kˈu̥⌐sɪ	「kusɨɨ	「kˈu∟ʃⁱ	kˈu⌐ʃi	hu⌐ʃi	「huꜜʃi
kˈu⌐rɪ	「kurɨɨ	「kˈu∟rⁱ	kˈu⌐ri	hu⌐ri	
sa⌐kˈɨ	「sjakɨɨ	sɛꜛhʒ∟:	sʒ⌐:	se⌐:	「seꜜ:
	「sjudɨɨ	su⌐dɪ∟·	su⌐di	su⌐di	「suꜜdɪ
dɛ⌐:	「dëë	dɛhʒ∟·	dɛ⌐:	de⌐:	「deꜛ:
tsɪ⌐bu	「Cɨbuu	tˈiꜛβu∟:	「tʒi∟bu	tˈu⌐bu	
tsɪ⌐mɪ	「Cɨmɨɨ	tˈiꜛmi∟·	tʒi⌐mi	tˈu⌐mi	「tsuꜜmɪ
tˈu⌐ɪ	「tui	「tˈu∟rⁱ	tˈu⌐ri	tˈu⌐i	「tˈuꜜi
nɪ⌐sɪ	「nisɨɨ	「ɲi∟ʃ	ɲi⌐ʃi	ɲi⌐ʃi	「ɲiꜜʃi
nu⌐ro	「nonoo	nu⌐no∟:	no⌐no	nu⌐nu	「nuꜜnu
ha⌐na	「hanaa	ha⌐na∟·	ha⌐na	pˈa⌐na	「pˈaꜜna
ha⌐nɪ	「hanɨɨ	ha⌐nɪ∟·	ha⌐nʒ	pˈa⌐nɪ	「pˈaꜜnɪ
ha⌐ɪ	(「ʔoo∟bai)	「ɸʒ∟:	⊢ɸʒ⌐:	pˈe⌐:	「pˈeꜜ:
sɪ⌐gi	「sigɨɨ	hi⌐gi∟·	hi⌐gi	(ʃiː⌐jĩ∟:)	「pˈiꜜɲi
ɸu̥⌐sɪ	「husɨɨ	「ɸu∟ʃi	hu⌐ʃi	pˈu⌐ʃi	
mi⌐ʑɪ	「mizɨɨ	「mi∟tⁱ	mi⌐ʒi	mi⌐du	
mi⌐tsɪ	「micɨɨ	「mi∟tʃⁱ	mi⌐tʒi	mi⌐tʒi	
mu⌐sɪ	「musɨɨ	「mu∟ʃⁱ《へび》	mu⌐ʃi	mu⌐ʃi	
mu⌐ɪ	「mui				
ja⌐ɪ	「ˈjai	「ja∟rⁱ	ja⌐ri	ja⌐ri(新語)	
ju⌐kˈa	「ˈjukaa				

358──第6章　日本祖語について

| 横
（よこ） | 「'ju˻ku | 「juk'u | ju˻k'u: |
| 嫁
（ヨ）メ | 「'ju˻mi | 「jumi | ju˻mi: |

　日本祖語について考察すべきことは、言うまでもなく極めて多いが、もう残る紙数も少ないので、重要な数点について論ずることとする。

　第1表と第2表を検討すると、「第3・4・5類の(1)」の諸単語は、首里、恩納、浅間の方言で、大抵、

　　CVVCV

という形を有する一方、恩納方言では、「第4・5類の(2)」および「第3類一般」の諸単語の大部分がCVVCVVという形を有し、それに対応する諸方言の単語が、そろって第1音節に短母音を有し、かつ与那嶺、（久志、）浅間の諸方言で第2音節母音が長いから、恩納、浅間、首里の方言の問題の諸単語〔第3・4・5類の(1)〕の第1音節の長母音が保持された直接の原因は、第2音節の母音が短かったために違いない。それでは、これらの単語は一律に日本祖語において

　　*CVVCV

という形を持っていた、としてよいかというに、そうはいかないのである。なぜなら、恩納方言の少なくとも p'u:ni《舟》、k'a:gi《蔭》に対応する日本祖語形としては、

　　*puunai　　　*kaagai

を立てなければならない [168]。そうすると、こういう形から恩納方言などの形に達する途中で、

　　*puunee　　　*kaagee

のような形を経過する必要があり、第2音節の母音が長かった時代があったに違いないと考えられる。そうすると、これらの単語の第2音節母音が短くなった原因は何か？　私は恐らく、これらの方言の過去のある時代の共時態において、日本祖語の、

ju⌐ku	「˙jukuu	
ju⌐mɨ	「˙jumɨɨ	「juˌmˈi

 *CVVCV

という形にさかのぼりしかも低く始まるアクセントの*CVVCV という形の単語が数多くあり、その時代にそれに引かれて(すなわち「構造の圧力」によって)、低く始まるアクセントを有した*puunee, *kaagee の第 2 音節母音*-ee も短くなったものと考える。そうすると、もう 1 つ新しい問題が生ずる。

　第 1 表の「第 5 類の(2)」の「雨」に対応する恩納方言の形は ʔaːmi: であるが、それに対応する日本祖語形は、

 *'amai

であって、*'aamai ではあり得ない、ということである。なぜなら、もしそうだとすると、この単語は途中で

 *'aamee

という形を経過するはずで、そうするとこの単語のアクセントは前述の*kaag-ee《蔭》と同じ第 5 類に属するから、現代恩納方言では

 ʔaːmi

として現れるべきなのに、実際はそうではないからである。そうすると、恩納方言では、ʔaːmi:《雨》の第 1 音節母音は、後に長くなったことになる。その原因は何か？

　精密な研究は別の機会に譲り、ここでは大まかなあらすじを述べるに止めざるを得ない。「第 4・5 類の(2)」「第 3 類一般(第 3 表)」の諸単語は、与那嶺、浅間(および久志)の諸方言で

 CVCVV

という形を有するのに、恩納方言では、大抵、

CVVCVV

という形を有するが、これは、一部分を除き、前者を古形とせざるを得ないであろう。なぜなら、後者が古形だとすると、前述の日本祖語の*puunai《舟》、*kaagai《影》などという単語は、恩納方言で

    *p'u:ni: k'a:gi:

となったはずであるのに、そうではないからである。

　それでは、上に「一部分を除き」と言ったのは、どういう単語か。私は、恩納方言で、第2音節の母音が -a: である単語がそれであると考える。なぜなら、*puunee, *kaagee の半広母音 *-ee が構造の圧力で短縮しても、広母音*-aa は長いまま残る可能性が十分あるからである。ただし、第2音節母音が恩納方言で -a: であるすべての単語の第1音節母音が、日本祖語で長かったとすることはできない。一部分は短かった可能性もある。個別的に研究しなければならない。たとえば、私は次のような再構を試みる。

	日本祖語	首里	与那嶺	恩納	
粟 アハ	*'aapaa	ʔawa	ʔawa:	ʔa:wa:	（第1表）
皮 カハ	*kapaa	kaa	ha:	k'a:	（第3表）
川 カハ	*kapaa	kaa《井戸》	ha:	k'a:	（第4表）

すなわち「粟」と呼ばれる穀物は弥生時代にすでにあったとされているから、それを表わす琉球諸方言の単語(亀津、浅間、諸鈍の諸方言では ʔo: となっている！)は日本祖語にさかのぼる可能性が十分あるが、上に示した現代琉球諸方言における「皮」「川」に対応する単語の音形との差異を説明するためには、上のような日本祖語形を再構せざるを得ないのである。

　恩納方言の CVVCVV という形の単語のアクセントは、厳密に言うと、

    ┠ʔa└:mi┌:《雨》、┠mu└:mu┌:《腿》

のように、やや高く強く始まって下降してから、第2音節で上昇していく。これは、「アクセント素」の頭がやや高く強く発音される傾向がある、という、

至る処に見られる現象である。恩納方言では、与那嶺方言などと同様、これらの単語の第2音節の母音が長かったために、発音のバランスを保つために、第1音節の母音の短いものも長くなったものと考えられる。その際、第1、第2両音節の母音が共に長い単語の存在がそれに拍車をかけたであろう。

「第4・5類の(1)」「第3類の(1)」の諸単語は、琉球語の過去のある時期において、低く始まる上昇的アクセントを有したので、第1音節の長母音が、与那嶺、亀津、名瀬、阿伝の諸方言で短母音化するときに、つづまって、そこにアクセントの山が生じたのであろう(pp. 339–340)。

このように考えると、「第4・5類の(2)」「第3類一般」の諸単語の第2音節母音が、恩納、(久志、)与那嶺、浅間の諸方言で長いのも、古形を保存するもので、亀津方言でつづまって短母音化するときに、そこにアクセントの山が生じたものと考えられる。

以上の仮説が保持可能であるとすると、日本祖語は、

$$^*ee \qquad ^*oo$$

のほかに、長母音として、

$$^*ii \qquad ^*aa \qquad ^*əə \qquad ^*uu$$

を有したことになる。

「第4・5類の(1)」「第3類の(1)」の諸単語の第1音節の母音が日本祖語において音韻的に長かったという仮説にとって有利な事実を以下に述べよう。

私はかつて(服部 1976c = 本書第 10 章; 1976e = 本書第 11 章)、上代特殊仮名遣では「オ」の仮名は"甲・乙"両類(私の新しく提案した名称では「陽類」と「陰類」。ただし、「イ列」「エ列」については従来通り「甲類」「乙類」という)に分かれず1類だけれども、実際の発音では

於久可《奥まった所》　/ˈokuka/
於許之《起こし》　　　/ˈökösi/

のように、/ˈo/ と/ˈö/ の音韻的区別があった、と説いた。一方、本節冒頭(第21回)に示したように、

362——第 6 章　日本祖語について

日本祖語　*o　→　奈良時代中央方言　/u/

という音韻変化が起こったとしているのであるから、上の /'okuka/ の日本祖語形をどうするのか、との疑問が生じ得る。これは、首里方言の /ʔuuku/ 等（第 1 表、第 4 類の (1)）との比較によって、日本祖語形を

　　*'ooku (-)

とすることにより、奈良時代に想定した男性形を矛盾なく説明することができる。

　上の諸単語の第 1 音節母音の長い例は、琉球方言以外にも見出される。平山輝男編『薩南諸島の総合的研究』(1969: 326 以下) には次のような例が見える。

	種子島 中種子	屋久島 宮之浦	同 尾之間	吐噶喇列島 黒島	宝島
箸 ハシ	ha⌐ʃi	ha:⌐ʃi	ha:⌐ʃi	ha⌐ʃi	haʃi̥
針 ハリ	⌐ha⌐ri	ha:⌐ri	⌐hai	ha⌐ri	hai
松 マツ	⌐ma⌐tsu̥	ma⌐tsu	ma:⌐tsu	ma⌐tsu	matsu
蔭 かげ	⌐ka⌐ge	ka:⌐ŋe	⌐ka:ŋe	ka⌐ge	kage
蜘蛛の (巣) ク(モ)	ko⌐bu⌐no	kumon	⌐ko:bun	kumon	kobuŋ
猿 サル	⌐sa⌐ru	sa:⌐ru	sa⌐u	sa⌐ru	saru
桶 ヲけ	⌐o⌐ke	o:⌐ke	o⌐ke	o⌐ke	oke

　また、野村正良君が揖斐川上流の方言で発見した [kaŋge]（影）という形は、日本祖語形の第 1 音節母音が長かったことを指し示すものと考えられるし、1977（昭和 52）年の春に、上野善道君が、岩手県の東北海岸の九戸郡種市町〔今の洋野町〕と久慈市との境界付近の 6 地点の方言で、[マーヅ]（松）、[ハーリ]（針）、[ナーベ]（鍋）という形や [コブ]（蜘蛛）という形を発見した [169]。

　「蜘蛛」の日本祖語形としては、琉球・九州の諸方言を比較すれば、

　　*koobu

を立てるべきで、奈良時代中央方言の「久毛」という形は、日本祖語の *b には入りわたりに鼻音化があったために、

$$^*koobu \quad \rightarrow \quad {}^*kombu \quad \rightarrow \quad {}^*kommu \quad \rightarrow \quad {}^*kumu \quad \rightarrow \quad kumo$$

のような音韻変化の結果、すなわち $^*oo$ が中央方言で短母音となった結果生じた形であろうと思う。

　上に示したように、日本祖語において第1音節母音が長かったと考えられる2音節名詞は、**第1表ないし第5表**に関する限り、琉球諸方言においては「第4・5類の(1)」の諸単語がそれで、そのほかに「第3類」に多少あるが、「第1類」に見当らず、「第2類」には、**第2表**に示した次の2語が見かけられるだけである。

　「牙」_(キバ)は、望月郁子『類聚名義抄——四種声点付和訓集成』(1974: 182)によると「上、濁平」であり、『日本国語大辞典』〔初版〕(6巻 p. 15)には、

　　標準アクセント［￣キバ］、平安●○、京都「下上型乙」

とあるけれども、近畿アクセント系である私の亀山方言では「￣キバ」であり、平山輝男『全国アクセント辞典』(1960a: 170)には、

　　東京［￣キバ］、京都、［キ￣バ］、鹿児島［キバ￣］

とある。**第2表**の琉球諸方言の形を見ると、

　　牙_(キ)−歯_バ

という語源説の成り立つ可能性は十分ある。日本祖語形としては

　　$^*kii\text{-}baa\,(?\,{}^*kui\text{-}baa)$

を立て得る。東京方言が［キ￣バ］ではなく、例外的な［￣キバ］というアクセントを有することは、このようにして説明できるであろう[170]。

　「串」_(クシ)は『類聚名義抄』には見えず、『日本国語大辞典』〔初版〕(6巻 p. 451)には

　　標準アクセント［クシ￣］、京都［￣クシ］

とあり、私の亀山方言でも［￣クシ］で、『全国アクセント辞典』には、

364——第6章　日本祖語について

東京[クシ⌐]、京都[⌐クシ]、鹿児島[クシ⌐]

とあるので、この対応例から見ると「第3類」に属しそうだが、金田一君は
『国語アクセントの史的研究』p. 63で「第2類」に入れているので、それに従
って論を進めることとする。

　第2表によれば、「串（クシ）」に対応する琉球諸方言の形は、「第3類の(1)」の諸
単語と全く同じアクセントとなっている。その原因は、語頭子音の「濁音化」
(有声化)ではなかろうか。(この「濁音化」はその単語の意味に「感情価値観
的」意義特徴を加えるもので、琉球諸方言のかなりの単語に見られる。) そう
だとすれば、第5表の「竹（タケ）」に対応する諸鈍方言の形のアクセントが例外的
となるのも同じ原因によるのではなかろうか。「串（クシ）」が「第2類」に属すると
する金田一春彦説が正しいとしての話だが、琉球諸方言のこの単語に対応する
日本祖語形は、第1音節母音が長いことになるから、「第2類」にも第1音節
に長母音を有した単語があったことになる。

　日本祖語の「第1類」「第2類」の単語に、その外に長母音があったであろ
うか。

　少なくとも次の諸単語の第2音節母音としては、*-Vi を立てなければなら
ないから、これは長母音に準ずるものである。

「第1類」飴（アメ）、風（カゼ）、金（カネ）、口（クチ）、酒（サケ）、袖（ソデ）、竹（タケ）、髭（ヒゲ）、「第2類」胸（ムネ）

故に、その他にも長母音のあった可能性はある。この両類の与那嶺方言、浅間
方言の単語の第2音節母音が長いのもその徴憑であり得る。

　それでは、第1音節に長母音があったであろうか。この点を言語学的に証明
することは、ほとんど不可能のように見えるが、第5表において、次の数点
が私の注意をひいた。

　「海老（エビ）」の「エ」が「ア行のエ」であるならば、それに対応する日本祖語形
は *'ee- または *'ai- となろう。

　「霧（キリ）」の日本祖語形として*kuiri が再構されることは、すでに述べた(第8回)。
　「袖（ソデ）」は「蘇弖（ソデ）」(『記』雄略)と書かれていて、その「ソ」は「陽類」(すなわ
ち"甲類")であるから、この単語の日本祖語形は*soodai となる、

「星」に対応する久志方言形の第 1 音節の母音がなぜ長いのか、研究を要する[171]。

「海老」「霧」「袖」の日本祖語形の第 1 音節母音が長かったとすれば、それに対応する琉球諸方言の形のそれが短いのはなぜか。今のところ、これらの単語は「第 4・5 類の(1)」「第 3 類の(1)」の諸単語とはアクセントが違ったからだ、とするよりほか仕方がないと思う。

以上の諸点を考慮に入れるならば、日本祖語の 2 音節名詞には、『類聚名義抄』の 5 類の区別に対応する 5 種のアクセントの区別があった、とせざるを得ないと思う。それではそのおのおのは、どのようなアクセントだったであろうか。日本語諸方言のすべてについて精密な研究を行なった上でないと、明確なことは言えないが、さしあたり次の想定を公にしておこう。

「第 1 類」と「第 2 類」は高く始まり、「第 3 類」「第 4 類」「第 5 類」は低く始まるアクセントであったであろう。「第 4・5 類の(1)」の全部および「同じく(2)」の一部分の単語の第 1 音節母音、さらに「第 3 類」の大部分の単語の第 2 音節母音は長くかつ低く始まったので、そこに"アクセントの山"ができる可能性はどの方言でも持っていた。故に「甲種アクセント」の四周の方々の「乙種アクセント」の諸方言で、そういう変化が独立に起こったとしても不自然ではない（琉球諸方言の状態参照）。ただし、これらの乙種アクセント方言で「第 3 類の(1)」が他の「第 3 類一般」に合流し、「第 4・5 類の(2)」が「第 4・5 類の(1)」に合流した——と言われている——のは、この両群の間にアクセントの相違があり、おのおのの群の中には類似点があったからであろう。一方、「第 1 類」と「第 2 類」とは高く始まるという点が共通していたので、琉球諸方言、九州方言の一部、東北方言の一部、島根方言の一部などで、両者が合流したのであろう。そして、「第 2 類」の第 2 音節の母音は恐らく長くかつ低く始まったために、「乙種アクセント」（の一部）でここに"アクセントの山"ができたのではないか（こういう変化が起こり得ることについては、徳之島亀津方言の第 3 表の単語を比較）。

このように考えると、先（第 21 回）に述べた畿内を中心とする「中央方言」は、母音の点では四周の方言に起こらなかった変化を起こしたけれども、アクセントの点では非常に保守的だったということになる。のみならず、日本祖語の長

366——第6章　日本祖語について

母音が短縮するとき、そこに「アクセントの山」(アクセント核)ができなかっ
たわけだが、喜界島小野津、沖縄本島久志(、首里)の方言など、そういう例は
少なからず見出されるから、決して起こり得べからざる変化ではない。

　私はかつて、『類聚名義抄』の「平平」「平平平」を

　/○○˩/, /○○○˩/

と解釈した(服部 1973a: 27)が、これは、たとえば(○印は助詞)、

　˩ami:「○《綱》, ˩iro:「○《色》, ˩kame:「○《瓶》
　˩atama:「○《頭》, ˩kagami:「○《鏡》, ˩omote:「○《表》

のような発音で、京都方言等で、のちに長母音音節に先立つ部分が高くなった
のではないか。乙種アクセントの諸方言では、院政時代に上と同じアクセント
であったとは限らないが、過去のある時代に、少なくとも上の長母音に対応す
る母音が長い時代があり、その長母音が短縮するときに、そこに核ができたの
ではないか。

　さらに、1音節名詞、3音節(以上の)名詞、動詞、形容詞などのアクセント
を比較研究しなければならないので、上は今のところ一試案に過ぎないが、
"定説"——こういう表現は軽々しく使うべきではないと思うが——とは違った
可能性が十分あることを示すために、公にしておく。一般に、本土方言につい
てさえ、アクセントばかりでなく、音素(音韻)構造についても、動詞、形容詞
の活用体系についても、正確精密な記述的研究、調査が必要であり、それらの
比較研究に至っては、"定説"を御破算にして、根本的にやり直す必要がある
と思う。

　このように、今のところ、日本祖語には『類聚名義抄』の5類に対応するア
クセント素の対立があったとしなければならないが、先日本祖語ではどうであ
っただろうか。一体、語頭の喉頭化音、無声無気音、無声有気音などは、第1
音節の母音を高く始め、(非喉頭化)有声音、有声有気音などはそれを低く始め
る内在的力を持っている。また、上にもしばしば説いたように、長母音が短縮
すると、そこにアクセント核が生じやすい。日本語のアクセントも、先日本祖

語時代において、そのような音素的環境の様々の違いが原因で生じたものでないか、将来綿密に研究する必要があると思う。

　ちなみに、日本祖語は約 2000 前の弥生時代に北九州に話された言語とすることができるであろう、そして同時代にすでに、日本の他の諸地方には、日本祖語とは異なる日本語系の諸方言が広く行なわれていたであろう、とする私の古い推定に、変わりはないことを付言する。

　最後に、日本祖語形の再構が困難な 1 つの場合について考察して、この長い連載を終わることにする。
　1976(昭和 51)年 4 月の論文(服部 1976b: 30 = 本書第 4 章 p. 63)で、私は次の対応を指摘した。

奈良朝中央方言	八丈島方言	首里方言
/ʾöti-/	/ʾote-/	/ʔuti-/
/pitötu/	/teecu/	/tiiçi/

　そして、前者の日本祖語形としては *ətəi を立てざるを得ないとし、後者については次のように述べている(本書第 4 章の p. 65)。

　　奈良朝中央方言の /pitötu/【これは /pⁱitötu/ とすべきもの】〔に対応する日本祖語
　　形 *pitətu〕を八丈および琉球諸方言の祖形とすることができないのは明らか
　　だから、日本祖語におけるもう 1 つの交替形 *pitəətu から来たとせざるを
　　得ないであろう。

しかしながら、第 21 回の**第 1 表**に基づく考察によって、次のような変化が起こったことが明らかになっている。(「もと」《本》は両音節とも「陰類」すなわち "乙類"。)

奈良時代		日本祖語		現代琉球首里方言
もと《本》	←	*məətə	→	muutu

故に *pitəətu は、首里方言では、第 1 音節が落ちたとしても、tuuçi となるはず

368——第 6 章　日本祖語について

である。従って、日本祖語形を*pitəitu とし、*-təi- に対応する母音が八丈、首里で長くなっているのは、それが長母音となり、その長さが何かの原因で保持されたものとして、この困難を切りぬけることができるように思われるかも知れない。しかるに、『枕草子』195 段(『日本古典文学大系』19, p. 241)に次のような一文がある。

> 物語などこそ、あしう書きなしつれば、いふかひなく、作り人さへいとほしけれ。「ひてつ車に」といひし人もありき。

この「ひてつ」が東(あずま)なまり(あるいは他の非中央方言系方言の単語)ならば何ら問題はない。しかし、この文脈から見ると、そういう田舎なまりを非難しているのではないように見える。これが中央方言系方言の訛りであるとすると、その日本祖語形として*pitəitu を立てることはできない。なぜなら、この祖形は、奈良時代中央方言においては[piti(:)tu]（「ひちつ車」）として現れるはずだからである。そこで日本祖語形として

　　*piteetu

を立てれば、上の「ひてつ」や八丈、首里の形を一応説明できるように見える。しかし、日本祖語に、

　　*ə 〜 *ee

という母音交替があったことを明らかにする必要があるという新しい課題が生ずる。

　まだもう 1 つ問題が残っている。この単語の日本祖語形の第 1 音節が *pi- であったとすると、なぜ首里方言でこの単語は(tiiçi ではなく)ciiçi という形で現れなかったかということを合理的に説明できる仮説を考え出さなければならない。ところが、非常に幸いなことに、「語音翻訳」に、

　3.1.　一鐘酒　　sa-kɯi　pu-tyəi-cɐ

とあるので、15 世紀末(「B 時代」)の琉球語が[putɪ:tsʊ]/putiicɯ/ という形を有したことがわかり、現代首里方言で tiiçi という形で現れる理由が明らかとな

る。それでは、日本祖語形として、

　　*puteetu

という形も立てる必要があるかというに、その必要はない。日本祖語には、

　　*pitə-《1》、*puta-《2》 *mi-《3》、*mu-《6》

という交替があったと考えられるから、*pi- が古形で、恐らく「A 時代」の
琉球語で、*putaatu に類推して*piteetu が*puteetu に変化したものであろう。
　ちなみに「琉球館訳語」には

　　65 一　　的子

とあり、『使琉球録』も『音韻字海』もこれを踏襲している。この表記は、16
世紀初にすでに、無雑作な発音では[ti:tsɯ]とも言われたことを証するもので
なかろうか。

　本格的な日本祖語形の再構には、このように、全体的体系・構造を常に考慮
に入れつつ、一つ一つの単語について綿密な考察を積み重ねていかなければな
らない[172]。その際、現代諸方言の記述的資料が正確精密であることが強く要
望される。遺憾ながら、本論文における比較研究を行なった際に、琉球諸方言
の資料がこの点で十全だとは言えないものがあることが見出された。まさに消
えなんとする琉球その他の諸方言の今後の記述的研究が、正確精密であること
を、こいねがってやまない次第である。
　本論文において行なった考察は、比較方法・内的再構法による日本祖語形再
構の大綱を示したまでで、さらに広く、さらに深い研究を行なう必要があるこ
とは、言うまでもない。

注
（第 1 回）
1)　(p. 87) 1977 (昭和 52) 年 10 月 8 日に慶応義塾大学文学部国文学研究会主催の「講
　　座古代学」において行なった同じ題目の講演の草稿にもとづき、それを敷衍しつつ
　　書き下ろした文章である。

370——第6章　日本祖語について

2)　(p. 88)A. Meillet(1934[7]: 17)ではドイツ語の Urindogermanisch に対して l'indo-euro-péen commun と言っている。

3)　(p. 88)たとえば Hans Krahe(1948[2]: 36)；Oswald Szemerényi(1970: 31)。また Karl Brugmann 自身 Grundsprache という術語を用いたこともある。服部(1955b: 67)など参照。

4)　(p. 90)服部(1955b: 57)参照。ただし、そこで、「ただ、"some common source, which, perhaps, no longer exists" という表現を用いたこと、すなわち perhaps《恐らく》という副詞を使って、その祖語が現存する可能性が零でないことを表現しているのは、彼がまだ現代言語学の祖語の思想に十分明瞭に到達していなかったことを物語るものと解釈することができよう。」と書いたことは、ジョウンズ当時の学問的水準から推すと、恐らく正しいであろうとは思われるが、なお同情的に解釈すれば、「そういう祖語で書かれた文献は恐らく現存しないであろう」の意味である可能性もある。

5)　(p. 91)服部(1955b: 57, 61 以下)など参照。このような場合に学界の「定説」となった、という人々があるが、「定説」という言葉ほど人を誤りに導きやすいものはないと思う。時代を超越しているために同時代の人々に理解されず、従って"定説"とならず、後世になってその価値の認められる説も少なからずある。

6)　(p. 92)これはイリュリア語からの借用語かと疑われている。ギリシア語の方言形には íkkos という形もある。

7)　(p. 92)ラテン語の主格形は equus であるが、これは他の曲用形 equo, equorum などと比較して再構したものであろう〔第5回の付記を参照〕。

8)　(p. 93)以上、服部(1955b: 65 以下)参照。1870 年代の比較言語学の飛躍的進歩を十分理解せず、ボップ、グリム、シュライヒャー、ブルークマン、パウルなどを一律に比較言語学の発達史上に並べて説くのは不当であるばかりでなく、misleading である。

9)　(p. 93)Brugmann(1922: 98, 110)など、Szemerényi(1970: 58)比較。ギリシア語の lúkos は*wlúk^wos から来たもの。ラテン語の quinque は quattuor《四》への類推によって*pinque が変化したもの。祖語〔*penk^we〕の*e は、ラテン語では〔ŋ〕の前で i に変化した(Szemerényi 1970: 35)。

10)　(p. 95)外国人に対しては「教授」の代わりに「教師」の称号を与えた。英訳は同じく Professor であっただろう。〔章末補注＊7〕

(第2回)

11)　(p. 98)この書は『言語学入門』とあるけれども、「序説」(pp. 1–61)と「音声篇」(pp. 61–220)だけであって、「文法篇」その他が公刊されなかったのが惜しまれる。本文にも述べたように、私はこの書を 1934(昭和 9)年に入手したのだが、その後暇を得たときに、ざっと目を通したところ、本文に記したように、音声学的記述が非常に正確だという印象は受けたけれども、理論的には学ぶところがないように思ったので、全体を熟読したことはなかった。しかし、彼の fonema 論には、有坂音韻論に一味類似した面があるのを興味深く思い、1939(昭和 14)年 10 月の日本音声学協会の総会での講演でジョウンズ(Daniel Jones)の「具体音と抽象音」の説ととも

注(第 2 回)——371

にそのあらましを紹介し、同講演は「Phoneme について」と題して、『音声学協会会報』第 59 号(pp. 1–4)、第 60/61 合併号(pp. 9–11)に公刊した(拙著『言語学の方法』1960: 229–239 にも再録)。同拙文の第 1 ページで「紹介したポリワーノフのフォニェーマ論は全訳して発表するつもりであるからここではこの程度の説明にとどめて置く。」と書いているが、この訳稿は公刊せずじまいとなった。

なお、上のポリワーノフの『言語学入門』は拙著『音声学』(1951)の巻末の「参考書について」において、最も勝れた音声学書の 1 冊として挙げ、「アジアの諸言語の音声を詳しく記述している。」〔p. 163〕と記している。

また、やはり戦前のかなり古い時期に、ある公の席で、ポリワーノフが上述の著書で日本語のアクセントの研究を発表していることを話したところ、ある人が早速、当時高円寺にあった拙宅を訪れ、問題の部分を私に翻訳させて筆記し、それを自分の発見・翻訳であるかのように公刊したことがあった。

さて、『月刊言語』(井上史雄 1976)その他で、私の日本語アクセント研究とポリワーノフのそれとの関係が問題になっているようなので、ここでそれを略述しておこう。『方言学講座』第 1 巻の拙文「わたしの方言研究」(服部 1961)を補足しながら簡単に述べる。私が自分の(近畿式)アクセントと東京式アクセントとの大きい相違を知ったのは、中学 1 年生のとき(1921 年[大正 10]年)に英語の手ほどきを受けた高野鷹二先生のお蔭である。一方その夏休には仙台の三兄の家に一夏滞在し、仙台方言に接し、その音調が著しく平板的であることに気づくと同時に、「花」と「鼻」などの “アクセントの区別がなく”、「梨(なし)」と「茄子(なす)」とは「キナス」「ツケナス」と言って区別すると兄嫁に教えられた。1925(大正 14)年に東京の第一高等学校に入学し、入寮してからは、東京方言の学習が始まった。そして、2 年生のときの寮の同室生に広島県出身の者が 4 人いて、アクセントが東京式なのに驚き、日本語のアクセントの地理的分布に興味を持つようになった。またこのころ、鹿児島方言が外国語のようで全くわからないことを知った。3 年生のときに自分の方言のアクセントの整理を始め、佐久間鼎氏の著書などを参考にして、東京方言との型の対応を確認しつつ、アクセントの地理的分布調査の準備をした。1928(昭和 3)年に東大に入学してからは、その秋から東海道地方のアクセント分布の調査を始め、1929(昭和 4)年の春休に、揖斐川の下流付近に東西アクセントのはっきりした境界線があることを発見した。しかし、型の対応という事実を知りながらも、まだその言語史的意味は十分理解しなかったことが、『音声の研究』第 3 輯の拙文(服部 1930b)には窺われる。「アクセントの型の対応【今の私の言葉で言えば「アクセント素の対応」】が音素の対応と同等のものである」との考えに達したのは、比較言語学の勉強が進むとともに、琉球方言との比較を考察しているときで、頭の中で突如としてひらめいたのであった。雑誌『方言』創刊号(1931[昭和 6]年 9 月)の拙文(服部 1931–33(一)p. 13 など)では、この考えが明瞭に記されている。

拙著『アクセントと方言』(1933)では、さらに進んだ考えとなっている。すなわち、高知県土佐郡一宮村方言と東京方言とを比較するに当たり、(2 モーラでなく)3 モーラ、4 モーラ、5 モーラの動詞、形容詞のいろいろな活用形のアクセントを比較しつつ、第 1 則ないし第 5 則の対応規則を帰納し、高知方言の「アクセントの

372——第6章　日本祖語について

山」が1モーラずつ前進すれば東京方言のアクセントになることを示し、「右の如く考える私の根拠は、未だいずれも非常に有力なものではないから、今後の研究の余地が充分あるのである。」(p. 61)と結んでいる。そして、「琉球方言のアクセントについては雑誌『方言』に於て細説する筈である」(p. 62)と書いているが、実は琉球方言(当時調査ずみの方言は、国頭郡与那嶺、首里、那覇、喜界島阿伝など)については難しい問題を抱えていたのであり、その後満州国に渡り、アルタイ諸言語の研究に力を注ぐこととなり、帰朝後もその研究その他に忙殺されて、この約束は現在に至るまで果たさないでいる。

　さて、昨年(1976[昭和51]年)7月に弘文堂から E. D. ポリワーノフ著、村山七郎編訳『日本語研究』(弘文堂)が公刊されたので、彼の説は日本の読者に近づきやすいものとなった。(この好著を、以下に『P氏日本語研究』と略称する。)本文に述べたように、私は彼の『言語学入門』を1934(昭和9)年にハルビンで入手したが、この書に見られる彼の日本語アクセント研究は、村山氏の上述の著書の p. 32 から p. 66 まで(ただし、p. 43 末から p. 45 の3分の2までを除く)に、また「序論」の一部分は p. 185 から p. 224 までに訳出されている。このアクセント研究と上述の私の研究とを比較すると次のことが言える。すなわち、京都方言の2モーラ名詞に4つの型があることは、彼がすでに発見していた。しかし、山陽道のアクセントが東京語式であることは、彼はまだ知らないでいる。(アクセント境界線のことも知らない。)彼は私にとって未知の方言、長崎県三重村方言のアクセントを詳しく調べている。また、彼はすでに、2モーラの CVCV 型の名詞、動詞について、京都方言、土佐方言と東京方言、長崎三重村方言との型の対応に気づいているが、私たちのようにたくさんの単語について調べた結論かどうか不明であり、調査した語数が少なかったために1音節語については対応関係を明らかにし得ないでいる。3モーラ語については、彼は土佐で「高低低型」と「高高低型」との区別があるのが古く、京都方言はこの両者を混同した、とは言い得ているけれども、私が上述の拙著『アクセントと方言』で明らかにした広範囲の型の対応関係には気づいていない。すなわち彼は日本語諸方言のアクセントの比較方法を、私のように根本的に考察するには至っていない。

　上のように認めた(村山氏の訳出しているその他の論文は未見であった)ので、上述の如く、ポリワーノフの『言語学入門』からは「理論的には学ぶところがないように思った」のである(日本語のアクセント以外の点に関する理論についても同様)。

　前述の『方言学講座』第1巻の拙文 p. 258 には次のように書いている。「東大で教えるようになって【1933(昭和11)年4月以降】からのことだが、ある学生が「アクセントの比較方法の良い参考書はありませんか」と尋ねてきたことがある。何か特効薬のような外国書があって、私がそれを武器にしてアクセント研究を進めているのではないかとでも思ったものらしい。私の知る範囲ではそんなものはなかった。」ここでは細説はできないけれども、『P氏日本語研究』が公刊された今日でさえ、上の私の言葉はその正当さを失っていない。日本祖語のアクセントの再構は、現在存する説をすべて御破算にして、綿密な言語学的方法によって新規蒔き直しに試みなければならないのである。なお、『沖縄学の黎明』の拙文「琉球方言と本土

方言」(服部 1976b: 36–37 = 本書第 4 章 pp. 68–69)にも同じ意見がもう少し詳しく述べてある。

　ちなみに、上に引用した拙文に「ある学生」と言ったのは、生田早苗君のことであって、上述『月刊言語』の『P 氏日本語研究』の紹介文で井上史雄氏(1976)がこの「ある学生」を「若き日の金田一春彦氏」と断定しているのは、根拠なき当て推量によるものである〔章末補注＊8 参照〕。そのほかにも井上氏はこの文章の中でやはり当て推量と認識不足によりいろいろ見当違いのことを書いている。

12)　(p. 99)1914(大正 3)年の研究段階では、ポリワーノフは佐久間鼎氏に、土佐方言の 2 音節語のアクセントの型は 3 つである、と話している(『P 氏日本語研究』p. 13)。

13)　(p. 100)拙文「高知方言の発音について」(服部 1931; 1951: 127)など参照。なお、この拙文で、高知の「ツ」は「力を入れると[tsu]に近づくが、無雑作に発音すると[tu]に近くなる。之は[t͡u]で表わしたらよいかと思う。」としているが、後に、このインフォーマントは自己固有の[tu]という発音を恥しく思い、[tsu]を発音しようと努力していたのを、少し注意が緩むと[tu]が露呈するものであることが判明した。濁音もこれに準ずる。

14)　(p. 102)kuruɯh については、1976(昭和 51)年 6 月 12 日、日本言語学会の大会からの帰途、李官馥氏(当時、都立大学大学院国語国文研究生)より教示を受けた。

15)　(p. 103)たとえば、藤岡勝二先生はロシヤ語がお読みになれた。(我々が大学の 2 年生のとき、1929[昭和 4]年度のモーコ語の授業に関連して、ルードネフのモーコ語文法をすでにお訳しになっているというお話を伺った。) 同先生からは、奈良県十津川村のアクセントが「完全に東京式」であることをご教示頂き、ご友人の乾弁護士をご紹介いただいたことがある。(このことはどこかに書いたはずである。) 私の十津川村実地調査は、先生のご教示が動機であった。

16)　(p. 103)当時の東京帝国大学『文学部学生便覧』。

17)　(p. 103)我々の第一高等学校時代(1925[大正 14]年 4 月から 1928[昭和 3]年 3 月まで)に、左翼の学生には図書館にこもって猛勉強をした者がかなりあったようで、寮の同室生にもそういうのが 1 人いたが、すべてドイツ語の書物を読み、ドイツ語がずいぶんできるようになっていた。1933(昭和 8)年に聞いた話だが、湯島の所にあった夜学の外国語学校のロシヤ語講座の聴講生の名前は警視庁のブラックリストに載っているとのことだった。

18)　(p. 103)私がロシヤ語の勉強を始めたのは、東大文学部で 1932(昭和 7)年度(私にとって卒業後 2 年目)の八杉貞利講師の「ロシヤ語前期」を聴講したのが最初で、そのきっかけは、1932(昭和 7)年の 3 月に、橋本進吉先生を通じて(藤岡勝二先生は当時ご病気だった)島村孝三郎先生から北満州へアルタイ諸言語の研究に行かないかというお話があったことである。考古学の江上波夫、駒井和愛、三上次男らの諸君と同様外務省(東亜考古学会)の留学生として行くこの話は沙汰止みとなり、1933(昭和 8)年度に日本学術振興会の援助を得て、東大大学院学生の資格のままで同年 10 月に満州国へ向け日本を発ったのであった。そして 11 月ごろから約 11 か月間ハルビンに滞在したので、ロシヤ語がかなり楽になったのである。

374——第6章　日本祖語について

19) （p. 104）ポリワーノフが、日本語 aśīta《明日》、琉球語 aća の対応で「śit＞śĭt＞śt」という結合はメタテーゼによって既存の破擦音 ć（＝tś）に同化している」【圏点は服部】という（p. 130）のは誤りで、これは「シ」の影響で直後の t が口蓋化して tʃ となり、ʃtʃ という子音群が弱化して tʃ になったもので、同様な音韻変化は「4段活用動詞」の音便形などにも見られる（服部 1959a: 324 など参照）。ポリワーノフは、東京ヒト（人）｜琉球 ću の対応の説明の際にも同様にメタテーゼ説を採っている（p. 143）が、誤りである。

20) （p. 106）後に、彼が「マライ諸語の kaju《木》」との比較によって（‼）日本祖語形を*kVi としたことは、前述の通りである。

21) （p. 106）私も彼とは独立に、首里方言において i がそれに直接続く子音を口蓋化することを指摘している（服部 1959a: 322）。なお、チャンブレンの論文は今私の手許にない。

（第3回）

22) （p. 109）この語形が「書キヨル」に当たるのではないかというような思い付きとは無関係である。

23) （p. 113）詳しくは、服部（1960: 401-412）参照。これに関進して、私は ari → am という通時的変化が起こったという自分の古い推定を棄て、沖縄諸方言の /ʔaN/《有る》、/'uN/《居る》の /N/ は[m]から来たものとしている。服部（1959a: 56 以下）参照。

24) （p. 114）ここでは末尾鼻音の変化のみを問題とし、あたかもその他の子音や母音には変化が起こらなかったかのように表示した。

25) （p. 114）1959（昭和 34）年6月に筆者あてに送られた報告。

26) （p. 115）本論文に引用する奄美大島およびその属島の諸方言の資料はすべて、1958（昭和 33）年4月に私自身が現地調査した時に得たものである。

27) （p. 116）松村明編『日本文法大辞典』（1971）の「けむ」（助動）の条には、「過去の助動詞「き」に推量の助動詞「む」の合したものであるが、その経過については、「き」の未然形「け」に「む」がついたとする説と、終止形「き」に推量の助動詞の古形「あむ」がついた kiamu から変じたとする説とがある。」（p. 207 下、吉田金彦氏執筆）とあり、「き」（助動）の条には「「き」の語源はカ変動詞「来」であり、」（p. 150 下）、「「き」は終止形にしか用いられないが、古くは連用形にも用いられたのではないかという疑いがある」（p. 151 下）（吉田金彦氏執筆）とある。私は、さらに古くは連体用法もあった可能性があると思う。

28) （p. 116）奈良時代中央方言の「オ列音」を含む助動詞、助詞のうち、「ゴトシ」「コソ」「シモ」「ソ」「ゾ」「ト」「ド」「トモ」「ドモ」「ノ」「ノミ」「モ」「モノ」などはいずれも「乙類」の母音を含み、日本祖語形としては、女性母音が再構される。従って、助詞「ヲ」の日本祖語形にも女性母音を再構すべきであろう。ただ、格助詞「ヨ」「ヨリ」だけが「甲類」であるが、これらには「ユ」「ユリ」という交替形があることが注意される。なお、『沖縄学の黎明』（1976）の拙文（服部 1976b: 26 以下＝本書第4章 p. 60 以下）参照。

29) （p. 117）平山輝男、大島一郎、中本正智『琉球先島方言の総合的研究』（1967: 131, 136, 138, 146, 151）によると、宮古諸方言には kakadi《書こう》という形式もあるが、

注（第 5 回）——375

これは -di が新たに接尾したものであろう。

30)　(p. 117)国語学会編『方言学概説』(1962)の上村幸雄「琉球の方言」(『沖縄文化論叢 5』に再録)の p. 96(『論叢』)によると喜界島手久津久方言には[kaka]《書こう》という形式がある。[kako:]という形式と共存するならば、この両者の意義素の差を、私が諸鈍方言の[ʔar]と[ʔam]について試みたように、明らかにしなければならない。

31)　(p. 117)仲宗根君の調査によれば、与論島方言の「終止形」には「カキュイ」「カキュン」の両形がある。この方言はさらに精査を要する。

32)　(p. 118)日本祖語には*kaka と*kakamo とが対立共存し、前者は《未然》的意義特徴を有し、後者はさらにそれに《推量》の意義特徴の加わった意義素を有したものと考える。*'ar-, *wor- はそれぞれ《有る》《居る》を意味する語幹であったに違いない。*kakiwor- が最初から祖語に存した複合形式か、祖語から現代諸方言への通時的変化の過程中に作られたものかは未詳だが、*kakiwormo《掻きつつある + 「推量」》あるいはそれに対応する形式が通時的変化を重ねて遂に今日の首里方言の /kacun/ となり《掻く》(および《書く》)の意義素を獲得したものと考えられる。その意味変化の経路については服部(1977)参照。なお、文末に用いられた*kakamo 等の -mo は弱化して奄美、与那国の諸方言で母音に変化したのに、係助詞*mə は文末以外の位置に用いられるのが普通なので、琉球諸方言で -m, /-n/ として保たれた。なおまた、首里方言の /kacun/ に対応する形式の発生が遠い過去ではない場合は、日本祖語形として*amo, *womo を再構し得る可能性もなくはないが、語幹が*'ar-, *wor- に一定していた蓋然性の方が大きいと思う。

33)　(p. 118)奈良時代東国方言形に「久牟」/kumu/《雲》の例(『万葉』4403)がある。なお服部(1959a: 101-102)、『日本国語大辞典』〔初版〕(6 巻 p. 600)、参照。また、この単語が京都と東京のアクセントの対応法則の例外となる点も注意される。

34)　(p. 119)服部(1959a: 57, −4 行)参照。また、mj → ɲ という突発的変化については同書 p. 341、4-5 行の補註参照。なお、首里方言の /nuun/《見る》、/cuun/《来る》の母音が長いのは、連用形の母音が長かったためと私は考えているが、その根拠を細説する紙数がない。

(第 4 回)

35)　(p. 123)拙文「琉球方言と本土方言」(服部 1976b: 30 ＝本書第 4 章注 8)に次のように述べてある。

　　　　一部の中央方言では、隣接の*a に同化して*tuga → /toga/, *tanu- → /tano-/, *pira → /pjera/ のような変化が起こった。

　このような同化的変化は現代の方々の方言で、上の変化とは独立に起こっている。

36)　(p. 129)[ni]と[n̠i]のような区別であろう。喜界島阿伝方言では前者の[n]が歯茎音である。拙著『音声学』(1951: 94)、『日本語の系統』(1959a: 314)参照。

37)　(p. 131)ただし、『おもろさうし』の「エ列」「オ列」の仮名がどういう音を表わすかは、さらに厳密な言語学的研究を必要とするのではなかろうか。

(第 5 回)

38)　(p. 133)この単語は『広辞苑』『日本国語大辞典』『学研国語大辞典』になく、その代わりに「青写真」がある。私は中学時代から「青焼写真(あおやきじゃしん)」

376——第6章　日本祖語について

と言い慣わしている。

39)　(p. 133)大学に入学するまでのことについては、拙文「わたしの方言研究」(服部1961)等に略述したから、ここでは省略するが、一部に行なわれている誤解を解くために、数点にだけ触れておく。三重県立津中学校在学中(1921[大正10]年4月から1925[大正14]年3月まで)には高野鷹二先生のお蔭で英語の構造に非常に興味を持つようになり、そのために英語が好きになり、1925(大正14)年4月に第一高等学校に入学したころには、中学時代に通読した『漱石全集』の影響もあって、英文学を専攻するつもりでいたが、数か月後には国文学に転向した。その後いろいろ学問的遍歴をすることになるが、今から考えてみると、この転向の深層心理学的インパルスの1つとして、幼い時に母から受けた国学に関する関心があり、それが今日に至るまで作用しているように思う。一方、小学校時代に姉や兄たちが絶えず与えてくれた読み物は、大阪に時折行ったほかは小さい田舎町(今の亀山市)から全く外に出なかった幼い私に、想像の上で未知の土地、特に外国に想いを馳せさせてくれるものが多かったが、これも私に大きい影響を与えた。高等学校3年生(1927[昭和2]年)のときに音声学や言語学を見出してから私の進行方向は不動のものとなるが、回顧してみると、幼少年時代の精神的影響は誠に根強いものがあるように思う。こういうわけで、大学は当然言語学科が志望だったが、卒業後中学校(や高等学校)の教師となることを考えて、無試験の言語学科をあきらめて数倍の競争試験のあった英文科に入学し、東洋諸言語の勉強に熱中する"奇妙"な英文科学生となったのである。従って私の大学英文科入学と、一高入学当時の英文学専攻志望とは無関係である。大学入学後、免許状さえ取ればどの学科にいても教師になれることがわかったので、入学して授業が始まってから1か月も経たないうちに、言語学科に転科することに決心したのであった。

40)　(p. 133)本田先生の朝鮮語の授業は3年連続して聴講したように記憶しているが、『便覧』には、2年目にはなかったようになっている。

　　金田一先生の第1年度のアイヌ語文法のご講義は興味津々たるものがあったが、第2年度、3年度の後期のアイヌ文学講読は、率直に言って、全く魅力がなかった。短いユーカラその他の作品をプリントにしていらして、繰り返し繰り返し現れる人称接辞をいつも同じように分析、説明しながら、ゆっくり同じ速度で2年間続いた。2年目には聴講をやめようかと思ったのだが、聴講者は有坂秀世君と私と2人きりで、私たちがやめると聴講者がなくなるので、3年生のときにも出席させて頂くことにしたのである。金田一先生は、ほかの先生方とは違い、いつもニコニコとして、私たちの方を見ずに、教室の後方の壁のやや高目のところを眺めながら本当に楽しそうにお話しになるので、一層やめるのがつらかった。それに、1929(昭和4)年度、1930(昭和5)年度の『文学部学生便覧』を見ると、「講義題目」の「言語学」のところには、藤岡教授の3つのご講義と並んで金田一助教授の2つのご講義が並んでいるのに、「研究室」のところには、どうした事情によるのかはわからないが、藤岡教授と呉茂一講師と副手の名前があるだけで、金田一先生のお名前は出ていなかった。1928(昭和3)年度の『便覧』にはご講義の題目さえなかったのである。こんなことも先生をお気の毒に思う一原因となり、聴講をやめることができな

かった。

41) (p. 134)以上、手許に保存されている当時の『文学部学生便覧』とそれへの私の書き込みに基づいて記憶を復原した。

42) (p. 136)1927(昭和2)年から1932(昭和7)年に至る上代特殊仮名遣の音価の推定に関する橋本先生のお説および有坂君の説の進歩——恐らく書いたものとしては残されていない——の歴史については拙文(服部 1976c: 4 = 本書第10章 pp. 490–491; 1976f: 71 = 本書第12章 pp. 531–532)に略述してある。橋本先生は、1927(昭和2)年度の次に1932(昭和7)年度に再び「国語音声史」のご講義をなさった。それは私が大学を卒業してから2年目であったが聴講させて頂いた。「乙類」に関しては「キ」[kïi]、「ケ」[kïe]、「コ」[kö]というお説だったので、エ列に関しては -ïe よりも -əi の方が適当ではないでしょうかという意味のお手紙を差し上げたところ、次の週のご講義で、しばらく服部の説を採用しておく旨おっしゃったのであった。このことをある編集委員会で話したところ、そこに出席していた某氏が直ちに私(!?)に向かって「私もその講義に出ていたが先生はそんなことを言われませんでしたよ。」と断言(!!)したので、やむを得ず、この事件を記憶していると言われたことのある五味智英氏に証人になって頂いたのであった(服部 1976c: 13–14 = 本書第10章関連資料に公刊した交換書簡参照)。その後さらに1, 2の方々がそのことを記憶していると言われたことを伝え聞いたが、最近江湖山恒明氏から頂いた書簡(4月20日付)に次のように記されており、必要に応じて公表してもよい旨追記してあるので、ここに公刊させて頂くこととする。

　　「上代日本語の母音体系と母音調和」の末尾の五味智英君との往復御書簡の内容に関しまして、私個人の事もお耳に入れたく存じます。私の記憶も「某氏」とは全く違いまして、五味君と全く同じでございます。ただ五味君のように具体的内容をハッキリ記憶してはおりませんが、事柄その物の記憶には間違いございません。それは次のような衝撃的な事があった為であります。橋本先生が前週の講義内容に訂正の発言をされたあと、2, 3人でおしゃべりしました時、「我々は講義内容を理解するだけで精一杯なのに、その講義内容を批判し且つ代案を提出できるのは、橋本先生と同程度かそれ以上の学力の人かであろう。当然橋本先生と同年輩か年長かの方であろう」と話し合いました。そのあと何日か経って、誰かが「この前問題になった服部さんは、実は言語学科大学院在籍の若い方だそうだ」と伝え、「それなら我々と年齢は4, 5歳位しか違わないではないか。それなのに学力の方は雲泥の差とはなァ」と嘆息いたしました。こんなエピソードのため、事柄自体はハッキリ覚えているわけであります。

私に対する褒め言葉などそのまま引用させて頂いて恐縮に思うけれども、某氏の記憶違いであることの決定的証言となるように思うので、敢えて引用させて頂くことにした。

43) (p. 139)『沖縄語辞典』(国立国語研究所 1963: 125)。以下に引用する首里方言の形式は、すべてこの辞典による。

44) (p. 140)『時代別国語大辞典 上代編』には「カゲには光と、光を遮られた暗い部分という、まったく相反する意味が同一の語形の中に共存しているが、その意味

378——第6章　日本祖語について

の分岐を考えるのは容易でない。」(p. 182)とあるが、『岩波古語辞典』が「光によってできる像。明暗ともにいう」(p. 282)と言っているように考えれば原義が推定できる。恐らく「渡る日の加気」「月影」の「カゲ」も《形》に近い原義を有したもので、「カゲ」という単語は元来鏡や地面（後世には障子）などにうつる映像を意味するためにも盛んに用いられたのが、《地面などにうつる影》から《樹の蔭》という意味が、さらにそれから《暗い所》という転義が生じたのであろう。

45)　(p. 141)これと同じ趣旨のことを拙論「比較方法」(服部編 1971: 10)に述べた。ただし、そこで /kagaa˩mii/ と示したアクセント素表記を本稿に示したように改める。

46)　(p. 141)最初の2単語の意義素の区別は岩倉市郎『喜界島方言集』(1941年、中央公論社)の1977(昭和52)年復刻本(国書刊行会)による。1958(昭和33)年4月8日に私が阿伝方言を現地調査した際インフォーマントになられた勝常三、郡山元正両氏は「⌈ha˩ ji̇̄」が《器量》《容貌》の意味をも有すると報告している。

(第6回)

47)　(p. 144)このように書いたが、『日本国語大辞典』には「聖廟」(セイベウ)(11巻: 643)はあるけれども「啓聖廟」(ケイセイベウ)はない。『比嘉春潮全集』(1971-73)第3巻 p. 538 によると、「聖廟」「啓聖廟」ともにシナ思想によって久米村に建てられたものであるから、ciisin の部分はシナ音によったのかも知れない。しかし、このようなシナ的文物まで siibjuu のように日本系字音で呼んだことは極めて興味がある。また、このような単語まで記録した『沖縄語辞典』に感謝しなければならない。

48)　(p. 145)この点については説くべきことが多く、別に論文を書く必要がある。なお、『言語研究』68号拙論(1975b)p. 13、特に16〜19行にもその点を示唆しておいた。

　　なお、p. 132 中ほどに「元に戻る」と書いたのは、言うまでもなく「それらの音韻(の言わば"後裔")の語彙的分布が元に戻る」の意味であって、音韻そのものは、その直前に引用した伊波先生の所説に見えるように

　　　　ke　→　ki
　　　　ki　→　ci

のような通時的変化をする可能性が十分あることを含意している。

49)　(p. 145)活字にしたものとしては、たとえば、拙著『日本語の系統』p. 285(ただし、第1刷には重大な誤植がある。第3刷以下を参照されるようお願いする)、服部(1968c: 84-85 = 本書第17章 pp. 587-588)。

50)　(p. 151)i が a に同化して ɜ に変化したもの。前節 p. 123 以下参照。この大和浜方言には、たとえば monado(長田・須山・藤井『奄美方言分類辞典 上』(1977: 155)のような例も多く、拙著『日本語の系統』p. 58 以下に述べたことは、この観点から再考を要する。

51)　(p. 151)この方言では naha《中》、xuhunuci《九つ》などのように、広母音、半広母音の影響で *k が h に変化した。

52)　(p. 152)拙著『日本語の系統』p. 308 に示唆したような言語地理学的研究もその一例である。

注(第 8 回)——379

（第 7 回）

53）　（p. 155）A 本は n と r の誤記があまり多いので、韓国あたりで良本が発見されたというようなニュースがないか、大江孝男君にお尋ねしたところ、B 本の出版されていることを、のちに C 本の存在することを知らせて頂いた。韓国の金芳漢、金完鎮両教授からは、新しい刊本が発見されたという事実は知らないとの回答があったという。

54）　（p. 160）全体が複合語で、[natɪ]は自立語と言えないかも知れない。

55）　（p. 168）厳密には彼の出身地を調べ、現在の朝鮮諸方言の分布から、当時のその地方の方言の音韻体系を推定しなければならない。

（第 8 回）

56）　（p. 176）一連のいわゆる「敬語」においては、次のような形が存在する。

その「敬語」

kaagi《姿。容貌》	ʼɴcaagi
kabi《紙》	ʼɴcabi
kaca《蚊帳》	ʼɴcaca
kama《かまど》	ʼɴcama
kee《ひつ。衣裳箱》	ʼɴcee
kuca《若夫婦の寝室》	ʼɴcuca
kumi《米》	ʼɴcumi
kusi《背中。腰》	ʼɴcusi

これらは、たとえば、

　　*mikama　→　*mikjama　→　ʼɴcama

のような音韻変化が起こった結果、上の最初の 5 つの単語において、普通語と「敬語」との間に

　　k- 〜 ʼɴc-

という音韻交替が生じたので、類推によりこの交替を最後の 3 単語にまで及ぼして、

　　ʼɴcuca, ʼɴcumi, ʼɴcusi

という形式が出来たもので、たとえば

　　*mikusi　→　*mikjusi[miɕ(j)uʃi]　→　ʼɴcusi[ɴtʃuʃi]

という音韻変化が起こったのではないと考えられる。なぜなら、*mikusi は、音韻法則的には、現代首里方言では、ʼɴkusi[ŋkuʃi]となって現れるべきだからである。

57）　（p. 176）一部の首里方言では /ni/[ɲi]→ /mi/[ɱi]という変化が起こった。

58）　（p. 176）sizisaɴ〔文〕《しげし。頻繁である》は、「文語」とあるから、同様の同化的口蓋化が起こったものではなく、第 6 回に述べた kazi《陰》と同様、本土方言からの B 時代における借用語であろう。ʔici《庭池》、ʔicijuɴ《生ける》も B 時代の借用語でないか警戒を要するが、これらの点は、琉球諸方言の言語地理学的研究によってさらに明らかになる望みがある。

59）　（p. 180）これらおよび以下に示す日本祖語の*-ui 再構形は、ここで初めて提案するものではなく、すでに、服部(1976b: 31 = 本書第 4 章 p. 64)に述べてある。

60）　（p. 181）「すごす」という形は、

380——第6章　日本祖語について

　　　sugusu　→　sugosu

という異化的音韻変化の結果生じた新しい形と考える。服部(1976c: 13 上＝本書第
10 章注 17)比較。

61)　(p. 181)『日本国語大辞典』の「すぎ」[杉・椙]の〈なまり〉の条には、シゲ[津軽
　　ことば]、スゲ[津軽語彙]という形が見える。これらが異化的音韻変化(狭母音→半
　　広母音)によるものでなければ、日本祖語よりもさらに古い時代の**sugəi という形
　　の名残りであるかも知れない。**-gəi は、以下に述べる*kəi《木》の連濁形で、女性
　　母音 ə を含むが、u が男性母音なのでそれに同化して、**sugəi→*sugui という変化
　　が起こったと考える。

(第9回)

62)　(p. 184)「女真語研究の新資料」(『桑原博士還暦記念東洋史論叢』1930)。本稿で
　　は、すべて、石田幹之助『東亜文化史叢考』(1973)に再刊されたものによる。

63)　(p. 186)「都」の字は琉球語の tu, du を表記するのに用いられた例があり、その
　　方がシナ語音とも合うから、「都急」「都及」は琉球語を表記したものではなく、日
　　本語が混入したものと思う。このような点については後に詳しく説く。伊波先生
　　(全集 4: 287)に従うと、「日本館訳語」には「月　読急」、「日本寄語」には「禿計」
　　とある。この推定は後述の徴憑によっても強化される〔第 11 回、第 12 回〕。

64)　(p. 186)「乞大」も日本語の混入ではなかろうか。『中山伝信録』には「屋金尼
　　失」とあり、現代諸方言でも、《北》は nisi(首里)、[niʲtʃi](与那国)、[nisïma](八重
　　山黒島)、[miʃi](与論島立長)などという。(中本正智『琉球方言音韻の研究』
　　(1976b)による。) ただし、本土方言の影響で「北」「西」という漢字を「キタ」「ニ
　　シ」と「訓読」した時代があって、それをシナ人に伝えたのかも知れない。特に後
　　者は、地名・人名にそういう読みがかなり見られるが、それらはその名残りではな
　　いかと思う。しかしながら、「北谷」cataɴ の「北」という読みは、*kita→*kica→
　　*cica→ca という変化の結果できたのではないかと思うが、「語音翻訳」の時代に
　　現れるとすれば上の第 2 段階の[kitʃa]であったはずで、この時代に新しく本土方言
　　から借用されたのでない限り、[kita]ではあり得ない。p. 176 参照。

65)　(p. 186)次に「楡木　揩難」があるが、対応形が未詳なので省略。以下同様。

66)　(p. 186)同じページに「柳　現其」とあるが、現代首里方言では ’janazi《柳》。
　　「現」は呉音系で[jɛn]であったであろう。

67)　(p. 186)p. 20 の「麟麟　其鄰 ……」は漢語だから省略。以下同様。
　　　　p. 24 の「見朝　大立葉亦及(『訳語』)」「朝裏去　烏只八藍亦及(『訳語』)」の「亦
　　及」は「行き」に対応する形式に違いないが、『華夷訳語』の例しか見えず、かつ、
　　「47 去」の項に出る「亦及」と用字が同一なので省略。以下同じような場合には
　　一々注しない。

68)　(p. 188)「廸姑一甚」の「甚」は「其」の誤記に違いない。なお、注(69)参照。

69)　(p. 188)琉球方言の「一其」「亦急」「亦及」は、形としては奈良時代中央方言の
　　連用形「行き」に対応するけれども、“終止形”として用いられたものであろう(服
　　部 1977: 25-26)。
　　　この動詞——活用形そのものでなく、その「語幹」——に対応し得る奈良時代中

央方言のそれとしては、「イク」「ユク」「イユク」の三者を挙げることができる。
『時代別国語大辞典 上代編』(p. 69)の「いく[往]」の条には、

> 万葉ではユクが一般的である中で、イクは右にあげたものといま一例と計七例
> だけである。一首中にユクと併用されたのもあり、すべて字余り句の中にでて
> いる。ユクに比べて新しく、俗な形かと思われるが、用法の差があるかどうか
> など、これだけの例からはわからない。【圏点は服部】

とあり、『岩波古語辞典』(p. 85)の「い・き[行き・往き]」の条にも、

> イキ(行)は、すでに奈良時代から例があるにはあるが、ユキ(行)の形の方がは
> るかに多く使われ、平安時代に入ってからも、漢文訓読体ではほとんどすべて
> ユキを使い、女流文学でもユキを使う方が多かった。【圏点は服部】

とあり、ユク→イクという変化が起こったと考えられているようである。

しかし、『日本国語大辞典』〔初版〕(1巻 p. 675)の「い・く【行・往】」の「補注」
(1)には、

> 『万葉集』のかな書き例は七例にすぎないが、中古になると「ゆく」と並用さ
> れるようになり現代に至っている。アシユクの約言イユクの中略ともいわれ
> [碩鼠漫筆]、「ゆく」より新しい俗な形であったかともいわれるが明らかでな
> い。逆に「ゆく」の古形という説[万葉集辞典＝折口信夫]もあり、意味の上で
> はほとんど差異はない。

とある。琉球方言と比較すると、首里方言では、

> ʔicuɴ《行く》、ʔikaɴ《行かぬ》、……

であって、日本祖語形が"母音"で始まっていたことを明示している。それではこ
の首里方言動詞は「イク」と「イユク」のいずれに対応するかというに、後者なら
ば後に詳述するように、ʔiicuɴ, ʔiikaɴ, ……となっているはずだから、前者に対応す
るものに違いない。従って、奈良時代以前には、イク→ユクという変化が起こった
ので、その逆ではないと考えられる。日本祖語形としては、次の形が再構される。

> *ʼika, *ʼiki, *ʼiku, ……

この再構形は、琉球諸方言の次の比較によっても支持される。(中本正智『琉球方
言音韻の研究』(1976b)による。)

	行く	石	何時	湯	枝	指
首里	ʔicuɴ	ʔisi	ʔiçi	ʼjuu	ʼjuda / ʼida	ʔiibi
祖納(与那国)	çiruŋ	itʃibugu	itʃi	du:	duda	ujubi
石垣／大浜 (八重山)	ikuŋ / ikuŋ	iʃi / iʃi	itsï / itsï	ju: / ju:	juda / juda	ibi / jubi
平良／池間 (宮古)	ikï / hai	isï / isï	itsï / itsï	ju: / ju:	juda / juda	uibi / ujubi
辺土名(沖縄)	ʔikiŋ	ʔiʃi	ʔitʃi	ju:	jura	ʔuibi
志戸桶(喜界)	ʔikjuɴ	ʔiʃi	ʔitʃu	ju:	jida	jubi
亀津(徳之島)	ʔikjui	ʔisï	ʔitsï	ju:	jida	ʔu:bï
名瀬(奄美大島)	ʔikjuɴ	ʔiʃi	ʔitʃi	ju	juda	ʔibï

382──第6章 日本祖語について

すなわち、《石》《何時》を意味する単語が、すべての方言において一致して、ʔi-, i- を有するのと並行して、《行く》を意味する単語も、与那国祖納と宮古池間島との方言が別の単語を有する以外は、すべて一致して ʔi-, i- を有する。一方、《湯》《枝》を意味する単語は、諸方言一致して j-(祖納は d-)を有するのに、《行く》を意味する単語が ju- を有する方言はない。また、首里方言の ʔiibi《指》の第1音節の母音が長いのは、日本祖語の2モーラに対応することを明示するものであるが、果たせるかな、祖納と池間に ujubi という形があり、その uju- が古形の特徴を保存しているものであることは疑いない。これに反し、日本祖語の*'ijuk-(「イユク」)に対応すべき形式は、琉球のどの方言にも見出されない。

なお、『岩波古語辞典』(pp. 135, 1335)には、

いめ[夢]《イは寝。めは目。眠っていて見るものの意》ゆめ。imë

ゆめ[夢]《イメ(夢)の転》

とあって、この方は、イメ → ユメという変化が起こったと考えられている。奈良時代の文献に、ユメという形が見えないからでもあろう。琉球諸方言(中本正智、前掲書)には、

首里	奥武(沖縄)	大浦(宮古)	名瀬
ʔimi	ʔimi	jumi	ʔimï

のような例があり、大浦方言で*'i → ju という変化が起こっているのを除けば、他は日本祖語の*'i- を明示している。中本君は、奥武の[ʔi:bi]《指》、[ʔimi]《夢》、名瀬の[ʔibï]《指》、[ʔimï]《夢》を「例外」としている(同書 pp. 286, 322)が、それは"標準語"の「ゆび」「ゆめ」を古形と考え、それを出発点として比較したからで、上述のように考えれば、かえって古い語頭の*'i- を保存する「音韻法則的」な形であることが明らかとなる。

「ゆび」の方は、『岩波古語辞典』(pp. 1332, 257)には、

ゆび[指]《古形オヨビの転》

および[指]ゆび▽上代、ヨビの音の甲乙類未詳。

とあり、『和名抄』には、

指由比、俗云於与比

とあり、後者の方が俗語とされているのが注意を惹く。奈良時代中央方言の万葉仮名としては「与」は乙類、「比」は甲類であるけれども、『和名抄』(931-38年ごろ成立)によって仮名の甲乙を決めるわけにはいかない。しかし、奈良時代中央方言の音韻結合の通則から言うと、「オヨ」と続く場合、/'öjö-/ であったと考えられる。第3音節は、「語音翻訳」で 'oibii であり、奄美諸方言に[-bï]が現れる点より見て、奈良時代中央方言に現れるとすれば「乙類のビ」であったはずで、母音調和の規則その他(細説は省略)をも考え併せると、日本祖語形としては、*'əjəbui ではなく、

*'əjübəi

が再構される。『日本国語大辞典』[初版](4巻 p. 115)の「お-よび[指]」の条に見える語源説「(1)オヨミ(凡算)の転[言元梯]。オホヨミ(凡読)の約転。折ってものを数えるところから[大言海]。(2)オは助語、ヨビはヨビ(呼)の義で、ヨミに通じて、数えることをいう[俚言集覧]。」は、これらの「ミ」「ビ」が「甲類」であるから、

いずれも成立し得ない。

「ゆめ」(夢)の方は奈良時代中央方言の形が「伊米（イメ）」で、第2音節が乙類のメであり、奄美諸方言に[-mï]が現れるから、日本祖語形としては、

　　　＊'imai

が再構される。なお、これらの＊b-, ＊m- に始まる音節については、後にも述べるであろう。

70)　(p. 188)「之」は表記上の例外。「都」については注(63)参照。

71)　(p. 190)「14 樹　那吉　拿急　那及」の対応語は未詳。ただし、「14 柏　貿子那吉　馬足拿急　馬足那及」とあるのが注意される。

72)　(p. 190)「會」の音は、『中原音韻』、北京音、南京音を始め、中原系の諸方言では[xui][xuəi]あるいはそれに近い音であって、[ui][ue]あるいはそれに近い音が現れるのは、広東、上海、温州だけである(Bernhard Karlgren 1915-26: 750.)。「37 男　會儿噶」「37 女　會南姑」(いずれも『中山伝信録』)も首里方言の 'wikiga《男》、'winagu《女》に対応する。これは注意を要する事実である。

73)　(p. 190)『音韻字海』には「40 母親」も「倭男姑吾牙」となっている。

74)　(p. 191)第1音節の i の影響で g が z に変化したもの。

75)　(p. 192)大友信一『室町時代の国語音声の研究』(1963)によると、「日本館訳語」において日本語の「キ」「ギ」を表記するために用いられている漢字は次のようである。(pp. 314, 316、数字は出現回数。)

　　　き　　急51、近3、乞1、斤1

　　　ぎ　　急10

この点より見ると、両「訳語」の間には、少なくとも上に関する限り、用字統一上の連繋はなかったと認められる。

小倉進平先生の「「朝鮮館訳語」語釈」(1941。ここでは京都大学文学部国語学国文学研究室編(1975)の影印本を用いる)によると、中期朝鮮語の ki を表記するには、ほとんど「吉」の字(30 例近く)が用いられ、例外は「209 鴨　我係 or-ki[ol-gi]」の「係」の1例だけであるという。しかし、同先生の『朝鮮語方言の研究(上)』(1944: 280)には、

　　　鴨　　(1)[o-ri]多くの地方。(2)[ol-gi][南]蔚山。[慶北]永川・浦項・盈徳

とある。故に、上の「我係」は or-hi を写したもので、中期朝鮮語にはそういう形もあり、それが現在諸方言の[ori]の祖形となったものに違いない。「係」は『中原音韻』(後述)でも「齊微韻、去声」に

　　　戯　系　係

が1つのグループをなしていて、「計、記、寄、……」の[kị³]に対立しているから[xi³](現代日本語の「ヒ」に近い音)であったはずで、従って「我係」は or-ki ではなく、or-hi という中期朝鮮語を写したものであろう。それはさておき、ki, gi を表わすための頻用漢字が、

　　　琉球館訳語　　　　及
　　　日本館　〃　　　　急
　　　朝鮮館　〃　　　　吉

384——第6章　日本祖語について

のように相違しているのは、注目すべき事実である。

（第10回）

76)　(p. 193)稲葉鼎一郎編(1935)。「序」に次のようにある。

　　　本書は　上海語の権威者王廷珏先生の口述を其発音通りに　編輯したもので
　　あります

　　　先生の口から私の耳に　それを整理して行つたので　聞き違ひ　書き誤り
　　間違ひも多く　正鵠を失して居るものが多々有ると思ひます【下略】

　しかし、「例言」には、

　　　王廷珏先生は蘇州の名家、在滬三十余年、三井洋行に勤務の傍ら、各学校会
　　社に多年上海語を教授され在滬邦人は殆んどが其生徒である。【下略】

　とあるから、蘇州方言を基盤とした上海語を稲葉氏が日本人の耳で聞いてローマ字
　表記したものだということを考慮に入れておく必要がある。

77)　(p. 194)拙著『元朝秘史の蒙古語を表はす漢字の研究』(1946)のたとえば p. 139
　以下の表の「第3種転写」において、韻母を表わす母音字(の最後のもの)の右肩に
　つけてあるアポストロフィは声門閉鎖音を表わす。たとえば、

　　　　　八　　pa'²

　は「[paʔ]の上声」の意味である。

78)　(p. 196)服部(1946: 139)に、「勃」と同音の「孛」「誖」に対して pau'¹ という
　「第3種転写」を与えている。

79)　(p. 196)拙論「元朝秘史蒙古語の o 及び ö に終る音節を表はす漢字の支那語音の
　簡略ローマ字転写」(1944: 74 以下)。これは服部(1946)の「本論」の一章であって、
　橋本先生に捧げたために爆撃による消失をまぬがれた。

80)　(p. 197)服部(1946: 43)。一般に『蒙古字韻』に関する私の考えは、同書 pp. 36–
　58 にかなり詳しく述べた。

81)　(p. 198)『蒙古字韻』の拠り所となったと考えられる『古今韻會』は 1292 年以
　前に成った。服部(1946: 39)。

82)　(p. 200)服部(1946: 122, 120)。私は同書において、これらの字に、k'iʔ²(乞)、
　kiʔ²(吉)という第 3 種転写を与えている(pp. 140–141)。

83)　(p. 202)石田幹之助博士の所謂(丙)種本『華夷訳語』の中には、「琉球館訳語」
　と並んで「日本館訳語」があるので、後者において日本語の「キ」「ギ」「ケ」「ゲ」
　がどういう漢字で表わされているかを見るに、大友信一、木村晟『日本館訳語　本
　文と索引』(1968)によれば次のようである。

　　　「キ」を表わす字
　　　　乞　　き(木・樹) 1 例
　　　　斤　　きぢ(雉・雉子) 1 例
　　　　近　　きびし(厳)、しきもの(敷物)、ひきでもの(引出物)の 3 例
　　　「キ」あるいは「ギ」を表わす字
　　　　急　　67 例
　　　「ケ」あるいは「ゲ」を表わす字
　　　　急　　さけ(酒) 8 例

　　　　　　ひさげ(提・提子) 1例
　　傑　　たけ(竹) 2例
　　　　　　ひざまづけ(跪) 1例
　　　　　　ほとけ(仏) 1例
　　　　　　ざうのげ(象の牙) 1例
　　　　　　ひげ(鬚) 1例

なお、「357 走　嗑只各喇」を大友氏らは「カケクラ」としているが、これは「徒から」《徒歩で》と解読すべきものと思う。『岩波中国語辞典』には「zǒu　走[動](足で)あるく。」とある。

　すなわち、日本語の「キ」「ギ」と「ケ」「ゲ」とは別の字で表記し分けられているが、「酒」を「撒急」と書いた例が 444, 463, 464, 467, 468, 469, 462, 467 の 8 例もあって琉球語と同形であるのが注意を引く。先に、注(63)で、「琉球館訳語」に日本語の混入した例を指摘したが、両訳語の関係およびそれらの本質に関する私見については、後に述べるであろう。

（第 11 回）

84)　(p. 204)数字その他の略号については、p. 161 参照。

85)　(p. 206)このことから直ちに、当時の朝鮮語においても ci(지)は、[tsi]ではなく[tʃi]を表わしたと断定することはできない。なぜなら、仮に[tsi]であったにしても、外に[tʃi]がないわけだから、成希顔は琉球語の[tʃi]を[tsi]でまねするほか仕方がなかったはずだからである。しかしながら、当時の朝鮮語の ci も[tʃi]であったと考えられることは、『言語の科学』第 7 号に掲載予定の拙論(服部 1979a)で詳しく述べる。

86)　(p. 207)112, 113 の「ハチ」は梵語 pātra の借用形というから、しばらく考慮外におく。

87)　(p. 207)これらの点を詳述した拙論を別に著したいと考えている。

88)　(p. 208)現代首里方言では ’ɴca《土、土壌》であって、çici という形式はない。「日本館訳語」の「46 土　足只」(大友・木村『日本館訳語 本文と索引』(1968))が混入したものであろう。「ツ」が「足」で表記されていることに関する考察は省略する。

89)　(p. 210)口蓋化されて、現代首里方言で -ti の代わりに -ci の現れるものに対応する形式は、考慮外におく。

（第 12 回）

90)　(p. 217)京大の『纂輯 日本訳語』(1968)による。

91)　(p. 217)注(69)参照。

92)　(p. 218)形としては「降りて」に対応するけれども、当時の琉球語としては《降った》の意味と考られる。現代首里方言でもそれに近い意味に用いられることがあるけれども、

　　　　hutaɴ《降った》　　hutii《降ったか》
　　　　hujuɴ《降る》　　　hujumi《降るか》

という活用体系の hutii(＝huti《降った》+i《か》)にその名残りをとどめている。

386——第6章　日本祖語について

93)　（p. 219）現代首里方言の /oo/ に対応するこの時代の母音が /au/ であったこと
　　は、本稿でも後に述べるであろうが、近く刊行の拙論「「語音翻訳」を通して見た
　　15 世紀末の朝鮮語の発音」（服部 1979a: 5-6）参照。

94)　（p. 223）外間守善『沖縄の言語史』（1971: 37）に、
　　　　　タ行子音も、月を表記するのに『琉球館訳語』【15 世紀初ごろ】が「都及（tuki）」、
　　　　　『音韻字海』【1572 ごろ】が「都急（tuki）」、『中山伝信録』【1721】が「子急（tzŭki）」
　　　　　とあるところをみると、一六世紀頃は t で統一されていて、チ、ツにあらわれ
　　　　　る子音変化は一八世紀以後のものであろうか。あるいは、破裂音 t の破擦音化
　　　　　が、母音変化に影響を受けているという側面から考えていくと、もっと早いの
　　　　　かも知れない。
　　とあるけれども、以下に述べるように、「語音翻訳」（1501 年）、さらには「琉球館
　　訳語」の時代にすでに、破擦音化が完了していたものと考えられる。

95)　（p. 224）「日本館訳語」の「数目門」では、「512 一　亦只［イチ］」「513 二　尼
　　［ニ］」等となっている。

96)　（p. 225）『使琉球録』の「夷字附」には、「ち　知」「つ　了」とある。「了」は
　　「子」の誤写であろう。

97)　（p. 227）京大国語学国文学研究室編『伊路波 弘治五年朝鮮板』（1965）によると、
　　1492 年の『伊路波』には「ち」「つ」がそれぞれ디（ti）、두（tu）と表記されている。
　　しかし嘉靖 35（1556）年ごろに日本に来た鄭舜功の著『日本一鑑窮河話海』巻之四
　　の「いろは」倭字倭には、「チ　致」「ツ　玆」とある。「玆」の『中原音韻』音は
　　[tsï¹] である。

（第 13 回）

98)　（p. 232）上海音は、稲葉鼎一郎編『上海声音字彙』（1935）により、蘇州音と温州
　　音は、北京大学中国語言文学系語言学研究室編『漢語方言字滙』（1962）による。当
　　該文字がない場合は同音と認められる他の字の音を採った。

99)　（p. 232）教育部公布『国音常用字彙』（1932）により、記号を蘇州音表記に合わせ
　　て国際音声字母に改める。

100)　（p. 237）趙蔭棠『中原音韻研究』（1936）は、
　　　　　多 to¹　朵 tuo²
　　としているけれども、『中原音韻』では、/to/ と /tuo/ の音韻的対立はないので、
　　共に、
　　　　　多 tuɔ¹　朵 tuɔ²
　　とした。ただし、牙音、喉音字では次のような音韻的対立がある。たとえば、

	趙説	服部説	
歌	ko¹	kʌ¹	/kʌ¹/
戈	kuo¹	kuɔ¹	/kuʌ¹/
軻	kʻo¹	kʻʌ¹	/kʻʌ¹/
科	kʻuo¹	kʻuɔ¹	/kʻuʌ¹/

　　拙著『元朝秘史の蒙古語を表はす漢字の研究』（1946: 140）、および服部（1944）参照。

101)　（p. 239）「葉」は「華」の誤写であろう。

102) (p. 241)この字は、『中原音韻』の「蕭豪韻　入声作平声」と「歌戈韻、入声作平声」と2か所に出ている。p. 196 参照。

（第14回）

103) (p. 245)pp. 249–250 と注(105)をも参照。

104) (p. 250)藤堂明保編『学研漢和大字典』、『中原音韻』『蒙古韻略』『蒙古字韻』等にはこの字はない。

105) (p. 250)「日本館訳語」にも「淂」の用例はなく、「得」の用例は、

　　　人事門　　　384 進貢　　嗑得那

の1例だけある。これを伊波普猷先生は「皇帝ノ(物)」と読み、「篇海類編、朝貢使臣を嗑得那使者と訳す」と注しておられる。大友信一氏はこの解読に従っておられるが、浜田敦氏は解読せずに「？」をつけておられる。しかし、「琉球館訳語」にも

　　　39(175)朝貢使臣　　　嗑得那使者
　　　45(〃)朝貢　　　　　嗑得那
　　　〃 (〃)進貢　　　　　嗑得那

とあるから、伊波先生がこれに気づかれたら、同じように解読されたであろう。『沖縄語辞典』には、

　　　kootii　皇帝。中国の皇帝。

という単語があり、これが「琉球館訳語」の時代に現れるとすれば /kwautii/ という形を有するはずである。従って、伊波先生の解読が正しいとすれば、「嗑」は /kwau/ を表わしたことになる。

　一方「嗑」の字は、「琉球館訳語」では、大部分の用例において /ka/(あるいは /ga/)を表わしたと考えられる。ほんの数例を挙げれば、

現代首里方言

　　　 1 (117)風　　　嗑集　　　　　kazi《風》
　　　19(173)皮　　　嗑哇　　　　　kaa《皮》
　　　31(174)紙　　　嗑乜　　　　　kabi《紙》
　　　33(〃)酒鍾　　撒嗑子及　　　sakaẓici《さかずき》
　　　50(177)頭　　　嗑籃子　　　　karazi《頭髪》
　　　63(〃)亀仌　　嗑乜　　　　　kaamii《水陸両棲の亀》

また「加」と相通する例さえある。

　　　62(177)鐵　　　姑禄嗑尼　　　kurukani《鉄》
　　　〃 (〃)錫　　　失禄加尼　　　sirukani《錫》

「日本館訳語」でも「嗑」は日本語の「カ」を表わすために頻出する字(48例)である。

「嗑」の字のシナ語音は次のようである。

藤堂説	ko	ho
『中原音韻』服部説	k‘ʌ³	
『蒙古韻略』		hha⁴
『蒙古字韻』	k‘o⁴	yo⁴

388——第6章　日本祖語について

現代北京音　　　　　k'ɤ³　　　　　　　　xɤ¹˙

　〃　上海音(「合」)　　　　kaʔ　　　　haʔ　aʔ
　〃　蘇州音　　　k'ɒʔ(客)　　　　　ɦaʔ²⁴(盒)
　〃　温州音　　　k'aʔ(客)　　　　　ɦøʔ²⁴(盒)

すなわち、中原系の[k'ʌ³]あるいはそれに近い音を用いれば、琉球語や日本語の
/ka/(あるいは /ga/)を表わすのに適当な字ということになる。ところが、「琉球館訳
語」には次のような例がある。

現代首里方言

　　1 (171)雨　　嗑乜　　　ʔami《雨》
　　7 (〃)熱　　嗑子撒　　ʔaçisaɴ《暑い。熱い》
　　62(177)銅　　嗑加加尼　ʔaka-《赤》

これらは、『蒙古韻略』の hha⁴ の系統の[ɦaʔ](または[aʔ])という呉方言の音を用
いて表記したもので、これらの単語の採録者が呉方言の話し手であったことを示す
ものと思う。
　しかるに、この「訳語」には、琉球語の /ʔa/ を表わすために、

「語音翻訳」

　　2 (171)明日　　阿者　　(4.9.)'acya
　　47(175)有　　阿立　　(1.5. 等)'ari

のように「阿」の字(「日本館訳語」で日本語の「ア」を表わすのに頻出(39例)の
字)を用いた例もある。しかも、「琉球館訳語」では、上に挙げた「1 風　嗑集」の
直後に「1 雨　嗑乜」があるのである(!)。この事実はどう説明したらよいのだろ
うか。
　私は次のような仮説を提案する。
　「草稿琉球館訳語」のために琉球語を採録したシナ人の中には呉方言の話し手
がいた。この「草稿」を「草稿日本館訳語」と対照しつつ「琉球館訳語」を編
纂するときに、編纂者の中に琉球語にあまり通じない人がいたか、あるいは疎
漏のために、「草稿」の中の「1 雨　嗑乜」等の「嗑」を「阿」と訂正しなか
った。
　いずれにしても、上に示した「39, 45」の「嗑得那」を「皇帝ノ」と読むことは
無理で、未詳の語とせざるを得ない。

106)　(p. 250)ロンドン本が /nu/ と読む「那」を「奴」となおすときに /na/ と読む
　　「那」まで「奴」と改めたもので、琉球語を知らないシナ人の筆になるものであろ
　　う。

107)　(p. 250)第12回参照。

108)　(p. 251)B. Karlgren(1915-26: 714)には、「挪」と「那」の中古音を同じく[nɑ]
　　とし、「〔14〕挪」に対して、表では、北京はじめ諸方言のno(nå)という形を示しな
　　がら、脚注では、「挪」については、

　　　　温州 no、上海 nå、懐慶、帰化、大同、鳳台、上海、温州 na、興縣 nda

　　とし、「〔15〕那」については

　　　　15 des formes en -a partout (en Mand. excl., dans les autres dial alt.)【趙元任氏等の

注(第15回)——389

　　　　訳は「「那」字到處読 -a(官話専読 -a、餘爲又読)」となっている〔p. 547〕。】
とある。Karlgren の記述に従えば「那」は「官話では専ら na と読む」けれども、
北京、開封、太原、太谷、蘭州、平涼、西安などには no という音もある。

109)　(p. 253)「私の」という限定詞をつけた理由を理解して頂けるように説明する
　　には、研究方法の歴史と現状とそれに対する批判を詳説する必要があるので、今回
　　は省略する。しかし、この論文そのものがそういう私見の開陳にもなっている。

110)　(p. 253)実は、この拙論全体がそういう論述の仕方を取っているわけだが、議
　　論があまりに多岐にわたるので、読者はあるいは私の意図が奈辺にあるかを、しば
　　しば見失われるかも知れない。それには個々の部分を見ただけでは駄目で、全体を
　　辛抱強く、かつ綿密に読み通して頂くことをお願いするよりほか致し方がないので
　　ある。
　　　　私は昨年(1978 年)の 9 月 30 日に那覇市の沖縄タイムス社ホールにおいて行なわ
　　れた法政大学沖縄文化研究所創設六周年記念講演会において、「琉球語源辞典の構
　　想」と題して講演〔本書第 7 章として収録〕を行なったが、序説にとどまり、辞典
　　そのものの中味については抽象的に略説せざるを得なかった。ここに説くところは、
　　その中味に関する私の考えの一端を示すもので、私が何を考え、何を求めているか
　　が、多少とも明らかになるであろうと思う。

111)　(p. 254)原著に「ムナびかる」とあるのをローマ字に直したもの。〔他も原著の
　　片仮名・平仮名をローマ字に直してある。〕

112)　(p. 255)山田実『南島方言与論語彙』(1967: 3)は「ピッチャイ」のほかに「ピッ
　　チャイプドゥイ」も用いられるとし、
　　　　また、イナビカリの形も用いられはするが、充分に熟したものではない。
　　としている。

113)　(p. 259)『日本言語地図』は[mn-]〔ʔmn-〕も[nn-]〔ʔnn-〕も一様に NN- と表記し
　　たために、この重要な情報が覆い隠される結果となっている。

(第 15 回)

114)　(p. 262)「耳」の「ミ」はともに甲類であるから、日本祖語形としてしばらく
　　*mimi を立てておく。「目」「雨」の「メ」は乙類であり、「眼」「雨雲」のような
　　交替形があるから、*mai, *'amai を立てる。

115)　(p. 262)詳説を略するけれども、日本祖語形が *muina- である蓋然性は極めて
　　小さいと考える。

116)　(p. 263)『日本国語大辞典』〔初版〕には次の 3 つの形が見える。
　　　　みな[蜷]　貝「かわにな(川蜷)」の古名。(18 巻 p. 622)
　　　　にな[蜷・河貝子]　貝「かわにな(川蜷)」の古名。(15 巻 p. 490)
　　　　いな　貝「かわにな(川蜷)」の異名。(2 巻 p.278)
　　この場合にも、一部の方言では
　　　　ミナ　→　ニナ　→　イナ
　　という音韻変化が起こったのであろう。なお、『時代別国語大辞典 上代編』(p. 713)
　　によると、「ミナミ(南)」「ミナ(蜷)」の「ミ」はいずれも甲類である。
　　　　ちなみに「ミナ(皆)」の「ミ」は乙類であるから、同様な音韻変化の起こる公算

390──第6章　日本祖語について

は小さいと考えられるが、『日本国語大辞典』〔初版〕によると、「インナ[NHK(石川)]」という例がある。「ミナ(皆)」は強調的に発音されることの多い単語で、「ミンナ」という形があるくらいであるが、同辞典の「なまり」の項にも、「シーナ」[島根]、「ンナ」[秋田・島根]という例が見える。上述の「インナ」(石川)は、この「ンナ」に「イ」が接頭したものか、乙類の「ミ」が甲類に変化した後に生じた形であろう。

　奈良時代中央方言の「未那」(皆)は、今まで繰り返し述べてきたように、[mʼina]という発音であったと考えるが、それでは、前述(pp. 206-207など)の例にならって、日本祖語形として

　　　*muina

を再構できるかというに、私はそうでないと思う。まず第1に、この単語は第1音節が「乙類のミ」だから、語幹の[mʼi]と接尾辞の[na]とに分析できると考える。次に、この語幹は「毛呂」(諸)の「モ」と交替するのではないかと思う。一方、「毛呂」の「呂」は乙類であるから、そのより古い形は*mörö であろう。これに対応する日本祖語形としては、まず

　　　*mərə

が考えられる。この再構が正しいとすれば、「未那」に対応する日本祖語形は

　　　*məina

ということになる。この形から琉球方言への発達は、少なくとも

　　　*məina　→　*mena　→　*mina

という諸段階を経過するはずである。一方、『日本国語大辞典』に見える「メナ」(広島県)は第1音節の母音が第2音節の母音に同化したものであろうけれども、「メンナ」(八丈島)は上の再構形を支持するものである可能性もある。しかるに琉球諸方言には次のような形が見られる。

　　　ʼnna[nna]　　首里方言

　　　m:na　　　　宮古群島伊良部島長浜

　　　〃　　　　　〃　　　多良間島塩浜

これらは、上に示した第2段階(日本祖語の次に示した段階)が、*mena ではなく、*mina であった蓋然性が大きいことを指し示す。果たせるかな、「語音翻訳」では

　　　(3.5.) mina(服部音声表記[mina])

であって、上の第2段階(この場合には A時代)が *mina であったことがわかる。なぜなら、上の第2段階すなわち A時代が *mena であったならば、「語音翻訳」では、

　　　miina(服部音声表記[mʼina])

という形で現れるはずだからである。従って、日本祖語形としては第1音節に*məina よりも狭い母音を立てなければならない。

　ところが、日本祖語形として

　　　*muina

を立てるわけにはいかない。なぜなら、日本祖語では*u は男性母音であり、前掲の*mərə《諸》の*ə は女性母音だからである。そこで今までもたびたび言及してき

た第2の女性母音*ü を用いて、日本祖語において、

*müi 〜 *mü-

という交替があったと考える。*müi ならば、

奈良時代中央方言	日本祖語	琉球語 A 時代
[mʼi](乙類の「ミ」) ←	*müi →	*mi

という音韻変化を想定するのにも支障を来たさない。一方、「毛呂」の方は、

日本祖語	奈良時代中央方言
*mürə →	*mörö → morö

という音韻変化が起こったと考える。(服部 1976b: 30 注の最初の2行 = 本書第4章注8; 1976c: 11 下 17–18 行 = 本書第10章 p. 501、など参照。) 琉球方言でも *mürə は A 時代には *moro となっていたと考えられる。現代首里方言では

muru (1)皆。全部。(2)まるで。全く。全然。

となっている。

117) (p. 263)この推定が正しいとすれば、「イナビカリ」という形は近畿地方を中心に有力で、「イナヅマ」は中部、関東、東北、および中国、九州の諸地方に多く見られるから、「方言周圏論」はこの場合に当てはまらない、ということになる。

118) (p. 263)これは注(120)に言及する与那国方言の /CVCV/ の発音と関係のある現象でないか研究を要する。

119) (p. 266)ただし、宮良当壮氏の記録された[putʃiru]がなぜ[-u]で終わっているかは、今のところ説明できない。

120) (p. 267)与那国方言の /CVCV/ という形の単語の発音(第15回末)を比較せよ。

121) (p. 271)首里方言形の一時代前の祖形は、/*ʔagare/ ではなく /*ʔagarui/ であることが、『おもろさうし』によって実証されている。(拙著『日本語の系統』(1959a: 138) しかし、与那国、石垣両方言の祖形は /*’agari/(恐らく[ʔãgari])であるように見える。

(第16回)

122) (p. 272)1958(昭和33)年4月8日、9日に、喜界島阿伝小学校で、同校の先生故勝常三氏(1893[明治26]年10月4日阿伝に生まれ数え年17歳まで阿伝、以後鹿児島 1946[昭和21]年12月帰郷)の阿伝方言、故郡山元正氏(1885[明治18]年1月15日に花良治に生まれ、1973[昭和48]年9月30日89歳にて没)の花良治方言を調査した際次のような報告を受けた。

鹿児島方言はわかりにくい。【故岩倉市郎氏が「私は嘉界語と鹿児島語と日本語と3か国語を話します」と冗談半分に言われたほど3者は異なる。勝、郡山両氏も鹿児島に長く住んだ上での感想であるから、いきなり行かれたときはほとんどわからなかったのではなかろうか。】

以下は、上述の郡山元正氏の経歴。1903(明治36)年(18歳)まで花良治で育ち、4年間奄美大島名瀬に学び、1907(明治40)年農学校卒業、鹿児島聯隊に入隊、除隊後県立糖業試験所助手などを勤めながら、1918(大正7)年まで鹿児島在住、1920(大正9)年沖永良部知名村で1年間技手を勤め、1922(大正11)年4月から喜界島早町村小学校教員15か年、1937(昭和12)年から早町青年学校教諭として10か年、

392——第6章　日本祖語について

1947(昭和22)年辞して帰農された。以下は、郡山元正氏の語られた言語経験である。

　　　大島(名瀬)がかえってわかりにくい。

　　　沖永良部の方がわかりやすい。2, 3日でわかるようになる。単語は喜界とほとんど同じ。【長年鹿児島に在住後この島に行かれたので一層近く感ぜられた可能性もある。】

　　　与論は大島よりわかりにくい。

この報告は、方言間の距離とは何かということを研究するのに参考になる。

　九学会連合奄美大島共同調査委員会編『奄美 自然と文化 論文編』(1959)所収の服部四郎、上村幸雄、徳川宗賢「奄美諸島諸方言の言語年代学的調査」p. 462によれば、喜界島阿伝方言と、次の諸方言との言語年代学的距離は次のようである。(数字はパーセントを示し、それが大きいほど距離が近い。)

　　　奄美大島名瀬　　　　　　　　90.8
　　　加計呂麻島諸鈍　　　　　　　90.4
　　　徳之島亀津　　　　　　　　　90.9
　　　沖永良部島手々知名　　　　　90.1
　　　与論島茶花　　　　　　　　　88.0
　　　沖縄島国頭郡今帰仁与那嶺　　87.4
　　　沖縄島首里　　　　　　　　　86.0
　　　鹿児島　　　　　　　　　　　75.0
　　　東京　　　　　　　　　　　　74.2
　　　ちなみに、東京、鹿児島間は　85.1

　　これらの数字と、上の郡山、勝両氏の報告等とを比較すると、言語年代学的距離が同じでも、音韻構造(特に単語の音形)が著しく異なると、「わかりにくく」なるようである。細説は別の機会に譲る。

123)　(p. 272) 1958(昭和33)年4月9日に、阿伝小学校で、勝常三、郡山元正両氏より次のような報告を受けた。

　　　　島内は言葉がよく通ずる。だから、皆自分の訛りを直そうとは思わない。早町、湾(わん)などの方言が標準的だという気持は全然ない。どの字(あざ)の言葉も同等だ。互いに言葉を笑い合うことはない。無頓着だ。内地の言葉ならすぐまねする。

　　　　子供は同一集落内だけで遊ぶ。九分通り同一集落内で婚姻。大島との婚姻は多少ある。阿伝にも4〜5名大島から嫁が来ている。皆阿伝ことばになっている。その嫁たちを中心に大島ことばが広がることはない。ただし、彼女らは阿伝ことばを完全には習得できない。

　　　　湾ことばは優しい。京ことばのようだ。小野津、阿伝、上嘉鉄、荒木は言葉が荒い。花良治、志戸桶の言葉は優しい。

　　私の「奄美大島、徳之島調査旅行日記」によると、私は単身4月7日名瀬港を午前10時45分に豊洋丸(80トン)で出帆。笠利崎を南へ廻るまで約2時間、東シナ海のその日ことに高かった荒波と強風に、2等客室を2階建に【私には「無謀にも」と思われた】増築して重心が上に上がったはずの小汽船なので縦揺れと横揺れとが

同時に、しかも極端にひどく今にも転覆しそうになるのに、乗客たちは船室に横たわっている。私とひとりの鹿児島大学生だけが甲板に出て、ひっくり返ったら海に跳び込もうと話し合いながら、しぶきにびしょぬれになって、取りつけのベンチにしがみついていた。笠利崎を廻って船が南へ向かったら波が少しは穏かになって転覆のおそれはなくなったけれども、揺れはやはりはげしく、ついに酔って、朝食を全部もどした。午後3時15分喜界島の湾港に着くまで、さんざんな船旅だった。喜界から名瀬への帰りも同じ豊洋丸に乗って、昔の船旅の危険さを偲び、島々の方言がたがいに著しく異なる一大原因が船旅の困難さにあることを、自らの体験で悟ることができた。

　湾港から阿伝までのバス上からの印象を、「日記」は次のように書いている。

　　4時半、東南廻りのバスにて出発。上手に見える広い平地に(軍の)飛行場があったという。砂糖きび畑、麦畑多し。麦は黄色い。

　　公民館長の長田氏がいろいろ説明して下さる。長田氏は荒木で下車。

　　バスの運転手が説明してくれる。どの集落もよくかたまっていて、集落と集落との間は遠く離れている。これでは方言が分化するわけだ。馬や山羊が杭につながれて、草を食っている。海岸は珊瑚礁だ。浦原に近づく頃より左手に高くけわしい断崖見ゆ。花良治付近から田が多い。苗を植えている。

　　5時半阿伝に着く。さっそく勝常三先生を訪れる。幸い在宅。被調査者となることを快諾される。

　　岩倉市郎氏の生家を訪れる。年をめされた母堂(岩倉すゑさん)が独り住んでおられる。元の家は戦争で焼けたという。貧しい暮しの様子。市郎君の大きな写真が、父君のとともに掲げてある。香料を供える。(中略)

　　勝先生と区長滝高雄氏(40歳位)の案内で宿所の民家(小さな雑貨屋、盛岡福成氏)に行く。(中略)

　　盛岡氏と区長とが焼酎を出してくれるが飲まないで話だけ聞く。字ごとに方言が違うこと、ある所では壁一重で言葉が違うという。(たとえば「下駄」のことを[ʔassa]|[ʔaʃʃa])そういう所では子供たちは隣り字の子供と遊ばないか、と尋ねると、やはり遊ぶという。ただ家に帰ってきて隣り字の言葉を使うと、「お前はどこの言葉を話しているのだ。」となじられるという(‼)。

　このように集落の割拠主義はまことに著しいものがある。字ごとに言葉の違いがあるのは当然である。私の知る範囲では、他の琉球諸島も同じような言語状態であるから、琉球諸方言の比較研究に際しては、常にそのことを念頭に置いていなければならない。以下この種の記述は、他の著に譲り、本論文では省略する。

124)　(p. 272)1941(昭和16)年1月の柳田国男の序文のある1977(昭和52)年11月30日国書刊行会発行の版による。同書が複製に当たり、原著の奥書を棄ててしまうのは悪い癖だから、忠告したいと考えている。

125)　(p. 273)宮良氏の遺稿『日本方言彙編』には両者ともに、ただ「喜界」とあるけれども、「採訪地図」を見ると、喜界島には、湾と早町の所に〇印がついているので、上村孝二氏の記録に合わせて両者に振り当てた。

126)　(p. 273)注(122)参照。

394——第6章　日本祖語について

127) (p.274)平山輝男、大島一郎、中本正智『琉球方言の総合的研究』(1966)をこのように略称する。この書には「喜界諸方言」についてかなりの記述があり、方言分布図も6枚ほど示されているが、惜しむらくは、被調査者たちがどの字の出身か記してない。また、注(122)に引用した九学会連合の『奄美』に関する言及もないのも、科学的研究の累積的進歩という見地から、残念なことである。

128) (p.277)その理由は後に述べるであろう。

129) (p.278)『琉球総合』には、志戸桶の形として[kikjuŋ]《聞く》、[numjuŋ]《飲む》が記録されている(pp.401, 408)が、これは、共時的に[kikjui][numjui]と共存し得る形式である。第3回参照。

(第17回)

130) (p.280)1958(昭和33)年4月に名瀬市で泊二助氏(1891(明治24)年6月20日に佐仁に生まれ、1933(昭和8)年、42歳のとき名瀬に移住)について調査。

131) (p.282)第14回の与論島の「イナビカリ」という形の場合を比較。

132) (p.286)注(121)参照。

133) (p.290)この方言の語頭のこの子音は[θ]に近く聞えるので、ある朝道路上に立ちながら、中年の婦人たちの発音のまねを数回繰りかえしたが、「及第する」——「その通り」と言われる——までには至らなかった。その後、あの子音は[ɭ]だとの報告があったので、ここでは仮にそれによったのだが、この説に対しても疑いを持っている。やはり摩擦音は舌の側面からではなく舌尖から聞こえたけれども[θ]でまねすると「落第」したのである。そして、かそけき dental の極めて lax な[t]式の破裂音がしばしば聞こえた。これは[ɽ]とは全く違った音であると思う。

134) (p.292)本年(1979年)2月2日に拙宅あて郵送。

135) (p.293)『第3次基礎語彙調査表』による調査結果でも次のようになっている。
p'uni《舟》、p'uŋ《振る》、p'uruʃeŋ《古い》、[p'ut'ʒuŋ]《吹く》、p'uni《骨》、p'uŋ《掘る》、p'uʃi:《星》
従って、第3節 p.105 の「今帰仁村字与那嶺方言」は「名護方言、恩納方言等」と訂正しなければならない。この誤りは、中本正智氏らの調査された名護方言等の資料に関する知識と、与那嶺方言に[k'u]と[k̇'u]の区別等が存することに関する知識などとの混同によって生じたものである。あの文章を発表後数か月でその誤りに気づいたのだが、今回まで訂正の機会を待っていたのである。

(第18回)

136) (p.294)次の3名の方々である。
大城保光氏。1896(明治29)年3月9日恩納生。
恩納尋常高等小学校卒業。兵役入隊のため1931(大正6)年から1933(大正8)年まで鹿児島在住。以後恩納。
大城静さん(保光氏夫人)。1907(明治40)年3月15日恩納生。恩納尋常高等小学校卒業。18歳のとき2か年大分県下部郡中津町で働いた以外は恩納在住。
山城節さん。1906(明治39)年3月24日恩納生。小学校に行かず。20歳のときから2か年半、栃木県足利市で働いた以外は恩納在住。
なお、中本正智君が1970(昭和45)年3月に調査したインフォーマントの山城満

注(第 19 回)——395

氏は、1929(昭和 4)年生まれとのことである。

　字恩納と言っても、集落内のやや高い山手寄りと低い方面とでわずかながら言葉が違うというが、どういう点が違うのか未詳。調査のためにお座敷を貸して下さった大城さんのお宅は、村の中央を横切っている国道から下に向かって入った所にあった。沖縄国際大学国文科国語学演習(高橋俊三氏)『沖縄方言研究』(高橋 1973:4)によると、字恩納は「山のふもとに二村あった。それが一つの村になった。」(仲松弥秀氏の説)とある。字内の言葉の違いがそれに起因するものかどうかも未詳。

137)　(p. 295)山入端太助氏。1913(大正 2)年 12 月 20 日生。
　　　大中区尋常高等小学校卒業。23 歳から約 10 年佐世保、以後海軍に勤務し、1946(昭和 21)年 12 月帰国。
　　　岸本東真氏。1903(明治 36)年 10 月 10 日生。
　　　大西区尋常高等小学校卒業。24 歳のときフィリピンのミンダナオ島に行き、1928(昭和 3)年帰国。1934(昭和 9)年にサイパン島に行き、戦後帰国。
　　　山内松盛氏。1917(大正 6)年 1 月 13 日生。
　　　1938(昭和 13)年入隊、1941(16)年満州より帰国。

138)　(p. 296)以下、姓名と生年月日を記すにとどめる。
　　　仲村峯吉氏。1892(明治 25)年 5 月 8 日生。
　　　宮城運吉氏。1904(明治 37)年 11 月 8 日生。
　　　宮城ウシさん。1908(明治 41)年 7 月 25 日生。
　　　幸地カメさん。1915(大正 4)年 5 月 18 日生。

139)　(p. 297)宮城兼長氏。1906(明治 39)年 9 月 30 日生。
　　　大田喜長氏。1901(明治 34)年 12 月 13 日生。
　　　比嘉マツさん。1901(明治 34)年 8 月 15 日生。
　　　大田カメさん。1902(明治 35)年 2 月 18 日生。
　　　比嘉キミさん。1903(明治 36)年 4 月 4 日生。

140)　(p. 297)インフォーマントは母堂親川ヨシさん。1916(大正 5)年 3 月 5 日すぐ隣の字親川に生まれ、羽地尋常高等小学校を卒業。19 歳のとき現住地の隣字川上の親川清助さんの所へ嫁入りされた。

141)　(p. 301)第 17 回の、
　　　名護　　　Fudi, fud'i《稲妻》
という宮良当壮氏の報告は、名護方言形ではなく、沖縄共通語形を記録したものではなかろうか。

　　また、島尻郡玉城村字奥武の方言について、件宗根政善君は HUZII を、中本正智君は hudi: を報告している(第 17 回)。仲宗根君のは 1884 年生まれの大城牛さんについて調査したものであるから、中本君のは、それより若い世代の言葉を記録したものではなかろうか。そうだとすれば[hudʒi:]→[hudi:]という音韻変化は、この方言の音韻的環境では起こり得ないから、この[hudi:]は沖縄共通語形がこの方言に借用されたものではないかと思う。精査をお願いしたい。

(第 19 回)

142)　(p. 307)奈良時代中央方言の格助詞「の」が「乙類のノ」に一定しているのは、

396——第6章　日本祖語について

類推により女性形(すなわち「弱形」)に統一されたもので、合成語(複合語)にのみ古い母音交替*a〜*ə が残っているものと考える。

　注(28)では、奈良時代中央方言の格助詞「の」が「乙類のノ」だから、それに対応する日本祖語形として*nə が再構されるとした。管見によれば、この格助詞が na〜no と交替する方言(現代諸方言)はないようだから、日本祖語形として*nə を再構するのが"常識"であろう。しかし、合成語に上のような母音交替がある以上、それが古形に違いなく、仮に日本祖語では*nə のみであったとしても、それより1つ前の時代には*na〜*nə という交替があったものと考えられる。語尾や後置詞の弱化については、拙論「語尾の弱化」(服部 1970a)参照。

143)　(p. 308)阿伝方言の[hiǰi]は音韻論的には /hiɲi/ と解釈され、「ヒゲ」(鬚)に対応するものと考えられる。この方言に「ケ」(毛)に対応する単語があるかどうかは未詳。大和浜方言の[kʻi]は《犬、猫、牛、馬などの毛》で、人間の体毛や「ひげ」は[higi]という。後者は「ヒゲ」に対応する。

144)　(p. 308)沖縄国際大学教授高橋俊三氏指導の下に、宮村肇氏が調査された資料による。その存在は仲宗根政善君から知った。

145)　(p. 308)名嘉真三成君自身の方言の記録。

146)　(p. 308)注(143)の大和浜方言の場合のように、犬、猫、牛、馬などの「毛」は[ki̥ː]と言い、人間の体毛は[çigi]と言う。「ひげ」(鬚)も山羊のひげも[çigi]。

147)　(p. 308)仲宗根政善君の調査による。

148)　(p. 308)「ひげ」(鬚)をも[pigi]と言う。「け」(毛)に対応する単語があるかどうかは未詳。

149)　(p. 309)これらの方言の ukiːŋ, akiːŋ, …は *ukijuŋ, *akijuŋ, …から来たもので、第2音節の母音は短かったものと考えられる。

150)　(p. 311)「甲類のミ」を[mi̥]で表わした式に従えば「甲類のヒ」は[pi]で表わすべきだが〔今の IPA では[pʻi]〕、印刷上の便宜を考えて[pi]で表わすこととする。

151)　(p. 311)八重山波照間方言の piŋi の第1音節の i はそれに続く n(おそらく[ŋ])の影響で i が変化した——あるいは *i →i という変化が起こらなかった——ものではなかろうか。

152)　(p. 311)この再構形は、ここで初めて提出するものではない。1976(昭和51)年6月22日の『朝日新聞』夕刊所載の拙論「日本祖語の母音体系(例外を追究して得た新しい仮説)」(1976d＝本書第5章)に同じ再構形が示してある。

153)　(p. 313)中本正智『琉球方言音韻の研究』p. 427 の表の「肘」の項では、伊江島形と辺土名形とが入れ違っている。同書 pp. 306-307 によって正した。

154)　(p. 315)この仮説はここで初めて提出するものではない。『沖縄学の黎明』所載の拙論(服部 1976b: 29＝本書第4章 p. 63)で、次のように示している。

	日本祖語		奈良朝中央方言
*i	→	/i/(甲)
*e	→	/i/(甲)

155)　(p. 316)服部(1976c: 4 上＝本書第10章 p. 489)において、「イ段」「エ段」の2類をそれぞれ「甲類」「乙類」と呼ぶのに対し、「オ段」の2類を「丙類」「丁類」

と呼ぶことを提案したが、これはまずかったと思う。なぜなら、「丙」「丁」は「甲」「乙」の存在を前提とするからである。「甲」「乙」とは関係のない名称を選ぶべきである。「A類」「B類」でもよいが、漢字を使って「陽類」「陰類」と呼ぶことを提唱する。/o/ は男性母音（陽母音）、/ö/ は女性母音（陰母音）だからである。

156) （p. 316）服部旦「古事記『比良』語義考」(1976)によれば、「比良」《平》と p'ira《坂》とは同源語である可能性が十分あると考えられる。

157) （p. 316）岩倉市郎『喜界島方言集』(1941)。

158) （p. 316）長田須磨・須山名保子・藤井美佐子『奄美方言分類辞典 上』(1977)

159) （p. 318）この再構形もここで初めて提出するものではない。注(152)で言及した1976(昭和51)年の拙論(＝本章第5章)でも示した。

（第20回）

160) （p. 322）**-r → *-i という音韻変化は突飛のように見えるかも知れない。しかし /**r/ が母音間では現代日本語や現代朝鮮語のように弾き音の r であり、末尾音としては朝鮮語の -l にも似た舌尖・歯茎音のやや口蓋化した明るい音色の l であったとすれば、そういう音韻変化は十分可能である。

161) （p. 322）《火》を意味する先日本祖語形を **pür とすると、中期朝鮮語の puɨl《火》と形が似てくる。同様に、《木》を意味する単語の先日本祖語形を **kər とすると、中期朝鮮語の kuɨruh《株》の *kur- と似てくる。また、前述の *kur《暗、黒》も中期朝鮮語の kurum《雲》の *kur- に似ている。日本語と朝鮮語との親族関係はまだ言語学的に証明されていないから、これらの記号素(形態素)が同源だとは断定できないけれども、その証明ができていないから、同源でないと断定することもできないのである。

　　本稿では、日本語外の言語との比較には一切触れない態度をとってきた。それは、私が、「日本語は他の言語とは系統的関係を有しない、孤立した"神聖な"言語だ」などと考えているからでは毛頭ない。私の今までの論著の中にそのような思想がその片鱗でも露呈しているのならともかく、そんなことは未だかつて考えたことがないから、露呈しているはずがない。日本語と他の諸言語(朝鮮語、"アルタイ諸言語"を含む)との親族関係、あるいは日本語は"混合語"であるとの説、の言語学的証明はまだできていない、との古くからの考えは、今でも変わりはないけれども、日本語と他の言語との類似点は、いかなるものでも、指摘されればされるほどよいという考えも、古くから変わりはない。

162) （p. 322）この場合、**tarma の -ma は、kuruma《車》などの -ma と同じ《球形または円形のもの》を意味する記号素である公算が大である。そうするとこの記号素は

　　末呂宿（『万』4113）

などの marö《丸》の mar- と同じものであろうから、引き続いて、tama や kuruma が、なぜ

　　*tamai 　　（←**tarmar）
　　*kurumai 　（←**kurumar）

でないか、という問題が生ずる。実は

398——第6章　日本祖語について

　　　*kai《毛》→ kᵖe（乙類の「ケ」）

であるのに、なぜ（*sirakai →）*sirakᵖe ではなくて、

　　　志良加（新撰字鏡）
　　　シ ラ カ

であるか、というのも同じ問題である。これは恐らく、単語の長さと関係があるのではないかと思うが、後考を待ちたい。

　なお、「米具利」《廻り》（『万』4049）の第1音節の mᵖe（←*mai ←**mar）は marö の
　　　メ グ リ

mar- と同じ記号素に違いない。

　ちなみに、上の marö について一言しておきたい。有坂秀世君の「古代日本語に於ける音節結合の法則」（有坂1934）の「第三則」は次のようになっている。

　　　ア列音と乙類のオ音とは、同一結合単位内に共存することが少ない。【圏点は服部。】

そして、そこに挙げられている例の中に次のものがある。

　　　アそ（親称）、カそ（父）、タの（タのム、頼）、マそ（全）、マろ（円）、マろ（自称）
　　　【平がなは乙類】

そして、上のうち

　　　……アソ（親称）、タノ（頼）、マロ（自称）……は、之を更に細かく分析し得るといふ説が既に提出されてゐる

としているが、その他に対しては説明がない。しかし、これは、男性母音 a に女性母音 ö が続く例であって、明らかに母音調和の法則を破るものなので、少数であるとは言え、不問に付すべきものではないと考えてきた。

　これはエウェンキ語に見られる次の現象と関係のある現象ではなかろうか。

　　　a ē ō に続き得る広母音が a であるのに反し、ā に続き得る広母音は ä であるという点で、母音調和の規則が破られている。この ä は、弱い位置に立つ母音が弱化した結果である（服部1978: 84 下）。

また、新疆のイリ地方の満州口語についても次のように書いている。

　　　この言語は、母音調和衰退の道を更に前進している。なぜなら /a/ の後に /ä/ が来ることがあるからである。（同じ拙論 p. 84 上。）

ただし、どういう条件でこういう位置に弱化母音が現れるのかについては、今後の研究に待たなければならない。

163)　(p. 324)大野晋『日本語の文法を考える』(1978: 197)には kukunöti《木木の神》とあるけれども、この「クク」は「倶基」《茎》（「基」は乙類の「キ」）の交替形であろう。-nö- はすでに述べたように（注142）、*-na～*-nə の弱化形である。

164)　(p. 324)この *me も **mer または **mVr にさかのぼる可能性がある。

（第21回）

165)　(p. 343)平山、大島、中本『琉球先島方言の総合的研究』(1967: 194-504)に、722項目について、11の先島諸方言の形がアクセント表記とともに音韻記号と音声記号とで示されているので、私の調査した資料と補い合って好都合だけれども、次の理由で第1表には示さないことにした。まず第1に「奥」「筋」「主」「箆」「宿」
　　　　　　　　　　　　　　　　　　　　　　　　　　　　　オク スジ ヌシ ヘラ ヤド
「足袋」「露」「本」「笠」「糟」「外」「鑿」「麦」「蕨」「汗」「牡蠣」の16項目がない。
タ ビ ツユ モト カサ カス ソト ノミ ムギ ワラ カキ
第2にいろいろ注釈を要する点がある。こういうわけで、この第1表には挙げな

かったけれども、ここに私の説くところにとってむしろ支えとなる特徴が認められることを付言しておく。

166) （p. 348）たとえば、「足袋」が日本祖語にまでさかのぼる単語であるか、という疑問が提出され得る。平安初期ごろにこの単語の表わした物そのものは日本祖語時代にはなくても、「ある種の足にはくもの」を表わす「タビ」という単語は存在したものと仮定したわけである。しかし「鉢」「幕」「百」のような本土方言からの借用語と考えられるものも、この単語と並行的なアクセント対応を示すので、「タビ」も同種の借用語でないとは断定できないわけである。東京［チャップリン］、亀山［チャップリン］のような例もある。ある時代のある方言にとって、外来語を受け入れやすいアクセントの型があるようである。数詞の「イチ、ロク、シチ、ハチ」なども、平山輝男『全国アクセント辞典』（1960a）によると、東京、京都、鹿児島の3方言で「第2類」に属するかのようなアクセントの対応関係を示すけれども、これらを日本祖語にさかのぼる単語とするわけにはいかない。（首里方言に借用されたこれらの漢数詞のアクセントはすべて平板型である。）亀山方言についていえば、これらの漢数詞を無標の上上型（第1類）で受け入れるわけにはいかないし、下上型（第4・5類）ではあまりに固有語（やまとことば）らしい感じとなるので、上下型が良いということになりそうである。東京方言でも、それを裏返しにした語感が支配した時代が、少なくとも過去にはあったのではなかろうか。

167) （p. 348）首里方言において「海」「筋」「舟」「露」に当たる単語の第1音節母音が短いのは、こういう音韻的環境で短縮されたものに違いない。hasi（箸）、'jadu（宿）などという形は借用語ではなかろうか。

　　恩納方言のpʻai（針）、kʻui（声）は、こういう音韻的環境で第1音節の長母音が短縮されたものに違いない。

　　久志方言のCV⌐CV型は、ほかの語例から類推するとCVCV⌐Vにも発音されるようである。

　　浅間方言でも恩納方言と同じ短母音化が起こっている。この方言では、この語群では低く始まるのが原則であるが、喉頭化音（ʔ, C）で始まる場合、1音節語になった場合、には高く始まる。

　　久志、諸鈍、小野津の方言は(1)と(2)の区別を失っている。

　　一般に、接尾辞 -a(a)が接尾した場合、ある意義特徴を加えるために末尾音節の母音を延ばす場合——第1表では（ ）に入れて示した——には、語形に変化が加わることがある。

（第22回）

168) （p. 358）第19回に示した日本祖語形は、そこまでに述べてきた知識にもとづくもので、今回までに述べたこと、さらには将来の研究によって修正されるべき点を含んでいる。たとえば、*punaiは*puunaiと修正されるべきである。

169) （p. 362）拙論「琉球語源辞典の構想」（1979c: 46–47 ＝ 本書第7章 pp. 433–434）。なおそこに"吐噶喇列島"について書いたことは、ここに書いたように訂正しなければならない。〔すなわち、屋久島の尾之間と宮之浦で、中種子は除く。〕

170) （p. 363）金田一春彦君は『国語アクセントの史的研究』（1974: 63–64）の「第2

400——第6章　日本祖語について

類」（および「第3類」）の表から「牙（キバ）」を除外している。

171)　(p. 365)第18回に次のように述べた。

　　　親川、名護、安和で、「掘る」に対して[pʻuiŋ][pʻuŋ]が出るのは、そういう一般的傾向に逆行する例外で、原因は考えられないことではないが、未詳としておこう。

　ここに「一般的傾向」というのは、これらの方言で起こりつつある

　　　[pʻu]　→　[pʻu]

という音韻変化の傾向で、「掘る」に対しては、これらの方言では[pʻuiŋ][pʻuŋ]という形が現れることが期待されるところだからである。

　　しかしながら、恩納方言では、

　　　[˩pʻu:i˥ŋ]《掘る》　　　　　[˩pʻu:i˥ŋ]《降る》

であって、期待どおり[pʻu]が現れるけれども、母音が長い。従って、日本祖語においても、これらの動詞の第1音節の母音は長かったため、親川、名護、安和の諸方言で「掘る」に対応する動詞の語頭子音として[pʻ-]が現れるのである可能性は十分ある。そうだとすれば、久志方言の[pʻu:ʃi]《星》という形も、これに対応する日本祖語形の第1音節の母音が長かったことを指し示す徴憑である可能性は十分ある。

172)　(p. 369)平山、大島、中本『琉球先島方言の総合的研究』(pp. 194-504)によると、八重山群島の波照間島方言には、

　　　miŋ《穴、目》, naŋ《名》, fum̥oŋ《雲》, pïŋ《日》, sïkeŋ《月》, ʔaŋ《粟》, patoŋ《鳩》, nubusïŋ《首》, sup̥uʃïŋ《膝》, ʔadzaŋ《痣》

のような形がある。これらは、日本祖語の語末鼻音を保持するものか、何らかの接尾辞がついたものか、さらに広く深い研究を行なった上でないと、判定できない。

　　蔓　　　　tʻʒiruŋ（与那国）　sïru（波照間）
　　鳩　　　　patun̥a（西表、租納）　patoŋ（波照間）

のような例もあることを注意しておく。

　　また、第2表の「鞠（マリ）」に対応する首里方言のmaaiなどを見ると、日本祖語形は*maariであったと考えられる。そうすると、

　　　先日本祖語**maar　→　日本祖語*maai

という変化が想定され、注(162)で言及したmarö《丸》のmar-はこの*maaiと同じ形態素で**maarにさかのぼるためにmarö《丸》の第2音節に弱化母音が現れているのだとも説明でき、「玉（タマ）」「車（クルマ）」の「マ」は*-maiではなく*-maaiにさかのぼるために「め」（乙類）でないのだと説明できる可能性がある。そうすると「白髪（シラガ）」の「カ」も*-kaaiにさかのぼる可能性があり、「毛」の日本祖語形は*kaiではなく、*kaaiである可能性がある、ということになる。

補　注

＊1)　(p. 101)著者は1977〜79年ごろは「蒙古（語、諸言語、語族など）」の代わりに「モーコ（語、諸言語、語族など）」を用いたが、その理由は未詳。講義等でも聞いた記憶はない（音声は同じ）。その後、再び「蒙古」を用いたが、服部(1989)に再録

補 注──401

された論文(1958)「アルタイ諸言語の研究」では原文の「蒙古」が「モーコ」に修
正されている。ただし、同書(1989)の「序文」p. ii では、「私は、「蒙古語」でモン
グォル語、モゴール語、ダグール語などすべての蒙古系諸言語・諸方言を表し、
「モンゴル語」でモンゴル人民共和国の言語を表すようにしているけれども、別の
使い方をする人々もある。」とある。(この用法は、総称としての「チュルク語(諸
語、語族など)」とトルコ共和国の「トルコ語」との使い分けと平行的であろう。
ただし、漢字表記は使われていない。)

　その一方で、同書所収の「モンゴル語詩」の翻訳(1976)「蒙古の家(ゲル)」では、
訳者あとがきに、「mongγol の訳語として、「モンゴル」は語感が軽いので、著者の
同意を得て、由緒あり、かつ重厚な「蒙古」を用いた。」とある(p. 481)。これは詩
の中での用法であろう。「できるだけ原著者の熱烈な気持ちを訳出しようと努め
た。」とある。

＊2)　(p. 112)イス＝奄美大島東方村字(現瀬戸内町)伊須、ソカ＝奄美大島東方村字
蘇刈、スミ＝奄美大島住用村。

＊3)　(p. 147)著者は、第10章と第12章(ともに1976)までは「弁別的特徴」として
きたが、この第6章(1978)以降は「弁別特徴」と変えている。第7章(1979)、第
14章(1983)も同様。distinctive feature の形容詞部分を機械的に「弁別的(特徴)」と
訳してきたが、よく考えてみれば「弁別する特徴」なのだから「的」は不要で「弁
別特徴」の方が良い、という説明であった。

＊4)　(p. 152)これはネフスキー著／岡正雄編(1971)で、加藤九祚(1971)はその解説
である。

＊5)　(p. 161)伊波普猷の音声表記に関して、原典との違いを補注として掲げたが、
これらに関しては、本書の著者が意図的にその誤りを正した結果を書いている可能
性があることを付け加えておく。

＊6)　(p. 267)中本は一貫して租納と表記し、与那国の祖納と区別。今は竹富町字西
表の一部。

＊7)　(p.370 注10)この時の大学の正式名称は1886(明治19)年に改称された「帝国
大学」で(cf. p. 46)、Chamberlain(1895)には、Emeritus Professor of Japanese and Phi-
lology in the Imperial University of Japan とある。「東京帝国大学」になったのは1897
(明治30)年からで、伊波普猷はこの時代である。1947(昭和22)年から元の「東京
大学」に戻った。

＊8)　(p. 373 注11)東大文学部1972, 73年度の金田一春彦氏の講義の中で、「その学
生は私です。」と言うのを補注者は聞いた。

初　出

「日本祖語について(1)-(22)」『月刊言語』7(1): 66-74; 7(2): 81-91; 7(3): 81-90; 7
(6): 98-107; 7(7): 97-105; 7(8): 88-96; 7(9): 90-101; 7(10): 94-103; 7(11): 108-117; 7
(12): 107-115; 8(1): 97-106; 8(2): 107-116; 8(3): 87-97; 8(4): 106-117; 8(5): 114-123; 8
(6): 118-125; 8(7): 110-119; 8(8): 108-116; 8(9): 108-118; 8(10): 105-115; 8(11): 97-
107; 8(12): 100-114、1978-79 年。

第7章　琉球語源辞典の構想

　日本語はその他の言語と、たとえば特に朝鮮語と親族関係を持っていそうだとか、あるいは、さらにアルタイ諸言語、つまりトゥングース語、蒙古語、トルコ語などと親族関係を持っていそうだと言われています。私もそれは非常に可能性のあることだと思います。けれども、まだその親族関係は言語学的には証明されていないのです。その他にもいろいろな説がありまして、たとえば、日本語は混交語だというような説もありますけれども、これもちっとも証明にはなっていないのです。実は、いかにも言語学的証明であるかのごとく書かれておりますので、非専門家は、つい証明されたのかとお思いになるかも知れませんが、それは証明にはなっていないのです。従って、日本語と他の言語との間に似た単語がある場合でも、それが同源語である——同一の祖語から分岐発達したいくつかの同系語が祖語の同一単語をそれぞれ伝承していると認められる場合に、それらの単語を「同源語」と言いましょう——と断定することは差し控えなければいけないのです。

　ところが、たとえば英語は、ドイツ語、あるいはさらにデンマーク語、スエーデン語、ノルウェー語、アイスランド語、あるいは古代のゴート語と親族関係があるということは完全に証明されております。ですから、非常に事情が違う。さらに、それからゲルマン祖語というものをある程度再構できるのです。そのゲルマン祖語と、さらにギリシア語、ラテン語、それからサンスクリット語などと比較しますと、さらにそれより前の、5000年程前の印欧祖語というものを再構することができる。そういう学問的には大変幸いな状態にある。ですから、そういうところではたとえば、英語の語源辞典というものを編纂することは非常に科学的なやり方でできるわけであります。

　ところが先ほど申しましたように、日本語の場合には、日本語との間に親族

404──第7章　琉球語源辞典の構想

関係の証明された言語がないので、日本語以外の言語との比較によって同じように科学的な語源辞典を作ることはできないわけであります。そういう状態でありますから、日本語のある単語と同源であることが証明された単語が見出されたように、時々書かれることがありますけれども、そういうことを断定的に書いてはいけない、そうすることは学問的にはできないのであります。こういうようなことをしょっちゅう言っておりますと、どうして否定的なことばかり言うのだろう、もう少し前向きなことをどうして言わないのだろうという向きがありますが、これは証明になっていない、あれは証明になっていない、ばかりで、おまえはどうしてもっと、これとこれは同源語らしいというようなことを言わないのか、というようなことも言われているらしい。同源語らしい、ということは言えるのですね。ですけれども、私はそういうことは言ったことはありますけれども、断定はいつも保留している。断定していない。そこのところが一部の人々とは違うわけですね。断定するかしないかという違いなんです。

　それで私はそういった言わば安全第一主義のようなことばかりを言っていて、それでは、今いろんな方々がやっておられることは全部無意味だと考えているかというと、決してそうではないのであります。どんな言語のどんな単語でも、日本語の単語と似ているものがあれば、どういうふうに似ているかが指摘されればされるほど良いという考えですから、たとえばある方が『国語語源辞典』というのをお出しになるとき、そういうのに広告文を一筆書いてくれと言われましても、書くわけですね。書きますけれども、よく熟読なされ ばおわかりになるように、そういう研究は奨励しているんだけれども、それらの外国語と日本語の単語とが同源語だと断定してはいけないということはちゃんと書いてあるんです。必ず。そういうわけでありまして、決して、そういう研究をやるな、と言って水ばかりかけているわけではありません。

　そういうわけですから、たとえば具体的な例をあげて説明いたしますと、朝鮮語と日本語とがどうも親族関係を有しているらしい。従って、両者の間に似ている単語があれば、たとえば中期朝鮮語、と言いまして15世紀の朝鮮語ですが、「火」のことを puɰl といいます。それに対して奈良時代の日本語では[pʰi]と言いますね。これはやはり似ている。それから中期朝鮮語で「水」のことを muɰl と言う。奈良時代の日本語で midu と言いますね。これもやはり似て

いる。けれども、それらは、同源語であるとは断定できない。なぜなら日本語と朝鮮語との親族関係が証明されていないからです。しかし、同源語である可能性はあるわけですね。断定はできないけれども。ところが、それらが——今度は、こういうことを言えばよくおわかりになるかも知れないと思いますが——同源語ではないと断定することもできないということ、そこのところが、なかなかおわかりにならないらしいのですね。非専門家は。(日本語と朝鮮語とが親族関係を持っていないという証明もできていない。)従って、それらの単語が同源であるとは断定できないと同時に、同源でないという断定もできない。同源でないと断定したら、また間違いになるということです。それで、つまりネガティブな断定もポジティブな断定もできないということがわからなければいけない。

　一方、奈良時代日本語の「木」という意味の単語は[kʼï]です。それに対して、いわゆる「南島祖語」の「木」という意味の単語は*kahui/*kahiu だから、これと今の奈良時代の[kʼï]とが同源である、と断定したら、その瞬間にそれはもうニセ者だということになる。しかし、断定しないで、似ているということを指摘するのは結構だと思います。

　ところが、中期朝鮮語にそれに似たものはないかと言いますと、実は2年程前に発見されたのですが、韓国の学生が私に知らせてくれたのですが、中期朝鮮語に kuruh という単語がある。それは、「株」という意味です。そうすると-uh というのは接尾辞かも知れませんから、語根は kur- かも知れない。そうするとこの語根 kur- は奈良時代日本語の[kʼï]に似ている。だから、それらはやはり同源である可能性がある。しかし、そうだという断定はできないが、また、それらは無関係だという断定もできない。ですから、「木」の意味の単語に関する限り、朝鮮語には似ているものはない、したがって、南島祖語の*kahui/*kahiu だけが同源語である可能性があるものだということを言ったとすれば、それは、もう、誤りであるということであります。

　ところが、たとえば、印欧諸言語はそれらたがいの親族関係が証明されておりますから、そういった断定のできる場合があるのですね。たとえば、ドイツ語の「火」という意味の単語は Feuer [fɔ́yər]で、それに対してフランス語は feu [fø]ですから、たがいに似ておりますね。日本語の場合のようなやり方で

すと、これらは同源語であると断定する人があるかも知れない。比較言語学的
研究方法を知らない場合はですね。同源語かも知れないという人が出てきても
不思議ではないですね。Feuer と feu は似ていますからね。ところが、これは、
同源語ではないと断定できるのです。印欧諸言語の研究は進歩していますから、
そういう断定ができます。ところが、これに反して、ドイツ語の「兄弟」とい
う意味の Bruder [brúːdər] とフランス語の frère [frɛːr] とはですね、ちょっと似
ておりません。ところが、これらは、同源語であると断定できるのです。こう
いう具合に、似ていなくても同源語だと、言語学的研究の発達しているところ
では、断定することができるのです。

　ところが、日本語の場合にはそういうことはできない、ということでありま
す。で、これは話は変わりますが国語辞典にいろんな語源説が引用してござい
ますね。いろんな人の語源説が。それらを見ておりますと、科学的な見地から
研究したものはほとんどない。よさそうだと思われるのもあるんですけれども、
非常にあぶないものが多い。大抵は当て推量に過ぎない。勝手放題にいろんな
ことを言っている。そういう状態であります。ですから、日本語の語源辞典と
いうのはまるで成立してない、と言ってもいい状態であります。

　これは、実は2つの方法によってかなり改善されうる望みがあると私は思う
のであります。その1つは専門用語になりますけれども、「内的再構」——in-
ternal reconstruction——と言うんですが、他の同系語との比較によらないで、1
つの言語の内部だけで古い形を再構する、そういう方法でありまして、これは、
ある1つの言語があって、たとえば日本語のように他に比較すべき言語がない
ときでも、その内部構造をいろいろ調べておりますと、母音交替とか、子音交
替というのがありまして、そういうものから、その過去の状態をかなりさかの
ぼって再構することができる場合があります。その良い例を1つあげますと、
金沢大学の教授で、印欧語の専門家なんですけれども、松本克己という人が
1975(昭和50)年の3月に「古代日本語母音組織考」というのを『金沢大学法文
学部論集　文学編』(松本 1975〔＝1995『古代日本語母音論——上代特殊仮名遣の再解
釈』，ひつじ書房〕)に出された。これが1つの良い例で、これによってかなりそ
ういうことが可能であるということが示されたと思います。この方法は極めて
有力な方法ではありますが、しかし余程慎重にやりませんと危険をはらむおそ

第7章　琉球語源辞典の構想——407

れがあるのでありまして、松本君の論文はそういう意味で完璧とは言えない。かなり問題の点が含まれている。それらについて、私は、2回(服部1976b＝本書第4章; 1976f＝本書第12章)ほど私見を公にしておきましたが、そういう危険な点があるからというので、あれはだめだというふうに言う向きもあります。全体として非常にいいものを持っているのにそういう点は見ないで。実はあの方法をもっと精密にやっていけば随分のことができると思うのであります。

　第2の方法と申しますのは言語学で比較方法と申しまして、先ほど申しましたドイツ語と英語とを比較してゲルマン祖語を再構する——そういうような同系語が2つ以上あるときに適用できる方法です。

　それで、先ほど申しましたように日本語は比較すべき言語がないと申します。朝鮮語はまだ比較することができないと申しましたけれども、実はあるのです。それは琉球方言という、それは非常に貴重な比較研究の対象があるのであります。もっとも琉球方言以外の方言は興味がないかというと、そうじゃないので、八丈島方言、それはやはりそういう観点から非常に興味がある大切な方言であります。しかし、八丈島方言というのはかなり、やはり、中央方言の影響を受けておりまして、変形しております。たとえば、動詞活用の体系などというのは、言語体系の中では頑固な部分でありまして、そういうところは侵食されにくいのですけれどもね。他の部分、語彙などというのはやはり、中央の影響を大いに受けてかなり古い形を失っておるのです。

　ところが、この琉球方言というのは、これもやはり中央方言の影響をかなり受けてはおります。それについてはこれからお話しする機会もあるかと思いますが。どこが中央方言の影響によって変化しており、どこが日本祖語から受け継いだものか、その見分けが非常に大切ですね。実はこれはかなり困難なことであります。決して容易じゃないのです。が、まあ、そういう点はあるけれども、しかし、琉球方言は全体的に見ますと八丈島方言などよりずっと頑固な方言、つまり、概して体系の独自性を保持する傾向が非常に著しかった方言であります。と申しましてもこれは誤解を招かないように特に注意いたしたいのですが、それでは古い形をそのまま持っているかというに、そうじゃないのです。民俗学などでよく、琉球は古いものを持っていると、何か、古い形がそのまま保存されているかのように言われたことがあるようですが、1つの方言がその

全体系を古い形のまま保持するということはないのです。琉球方言と本土方言が——と概略的な表現を用いましょう——分岐してから、おそらく2000年もたっているでしょうが、年月がたてばたつほど、本土方言も変わりますが、琉球方言もそれだけ変わっているのです。変わっているけれども、両者の間に断絶があって、違った変わり方をしている、と。従って本土方言が失った特徴を琉球方言が保存している場合がある。体系全体じゃありません。特徴の一部分です。そのかわり、逆に琉球方言が失ったものを本土方言が保存しているという点もあるのです。そういう見方で見ないといけない。琉球はみな古いんだと、すぐにそういうようなことを言う。言語学は幸いそういうことは言わなくてすむんですね。普通もう少しやわらかい科学である文化人類学、民俗学などだと、そういうことを言う傾向があった。このごろはこういう科学も発達してきましたからそういうことはあまり言わなくなったと思いますけれども、以前にはよくそういうことがあって、琉球の中に古代の姿を見るなどということが、しばしば言われたように思います。

　しかし、琉球方言はそういう具合に独自の変化をとげた方言でありますから比較研究をする場合に非常に貴重なのであります。実は、国語辞典中の語源説のところを見ておりますと、琉球方言はほとんど引用してないので、どうも国語学者というのは琉球方言の存在を忘れているのではないかと、極言すればそういう印象を受けるのです。そこでこういう機会に、それは非常に残念なことだということを強調したいと思うのであります。もちろん琉球方言の研究そのものは非常に盛んになりまして、そういう専門家たちが琉球方言を忘れているはずはない。むしろそれが対象になっておりますからそういうことはないわけですけれども、今度はどうも琉球方言の専門家の研究を見てると、本土方言と比較する場合に比較の基点が、——少々の例外はあります。全部が全部そうだとは申しませんが——本土方言を基点としている。琉球方言と本土方言を比較する場合、本土方言を基点にして、これがこう訛っているとか、こう変わっているとか、そういう傾向があることが私には惜しまれるのであります。これについては、さらに述べたいことがありますが、今は省略いたします。

　それではどうしたらいいかということを、これから申しますが、つまり、それは琉球方言と本土方言、あるいは奈良時代の中央方言、そういうのと比べま

す場合、いずれも対等の資格においてやらなくてはいけない。本土方言を基点にしてやる、あるいは逆に琉球方言を基点にしてやる、それではいけない。それらを対等の資格において、日本祖語というものを再構して、それからそれを基点として考えると非常によくわかる、ということであります。で、私の講演の目標の１つは、この種の、今申しましたような考え方に対する根本的な考え方の転換をする必要がある、頭の切り換えをする必要がある、ということを強調することであります。

日本祖語というのはいったい何年くらい前のものだろうか。これは、私は、この前の伊波先生の生誕百年記念の講演会で申しましたように、伊波先生がすでに約 2000 年くらい前ということを言っておられます。ほぼ正鵠を得ているのではないかと思います。いろんなことから言って、それくらいのところに祖語をおきますといろんなことが良くわかるように思われます。ですから大分前ですね、奈良時代よりは。これからよく研究してみればだんだんわかってくると思いますが、奈良時代より少なくとも 500〜600 年以上前にもっていかなくてはならない。少なくとも。ですから伊波先生が 2000 年前とおっしゃったのは、それは、ひとつの直観でありますけれども、私は講演でそのことを特に引いて賛成する意味のことをお話ししたのであります。

そこで、たとえば少し例を示しますと、表Ⅰでありますが、首里方言と京都方言の比較をしておりまして、たとえば、首里方言の「チン」《着物》が京都では「キヌ」《絹》。「キヌ」は意味がちょっと変わっております。が、奈良時代にさかのぼりますと、「衣」《着物》という意味で、同源語であると考えられます。それで「キヌ」の「キ」が首里では「チ」になっている。その次の《聞く》という意味の動詞が、京都方言では「キク」というのが、首里方言では「チチュン」ですね。「キ」が「チ」になっている。それから「霧」ですね。これが京都方言では「キリ」ですが、首里方言では「チリ」。やはり「キ」が「チ」になっている。次に「月」が京都方言では「ツキ」ですけれども首里方言では「ツィチ」となっている。やはり「キ」のところが「チ」になっている。ですから京都方言の「キ」は首里方言の「チ」になるというふうに、ふつう言いますけれど、そういう言い方がいけないのですね。そうじゃなくて、先ほど申しましたような対等の資格において考えますと、どういうふうに言うかと言いま

410——第 7 章　琉球語源辞典の構想

表 I

京都方言等	首里方言
kinu《絹》	tʃiN《着物》
ki(ku)《聞》	tʃi(tʃuN)
kiri《霧》	tʃiri
tsuki《月》	tsitʃi
ki:《木》	ki:
ke:《毛》	ki:
kebur-〜kemur-《煙》	kibur(aN)
te:《手》	ti:

すと、京都方言の「キ」は首里方言の「チ」に対応する、と言うのです。以前
は何であったか、ということはそれをもとに考えるのです。「キ」が「チ」に
なるという言い方がもうすでにいけないのです。

　そこでさらに表 I を見ていきますと、樹木の「木」が京都方言の「キー」が
首里方言では「キイ」ですね〔京都方言の長母音 /kii/ に対して、首里方言の ki: はそ
の間に軽い切れ目を伴うものと観察し、/ki'i/ と解釈していることの反映。続く 2 例も同
様〕。そうすると、これは先ほどの対応の例外になりますね。こういう例外に
対して、言語学者は大いに警戒心を抱かなきゃならないのですがね。そういう
のを平気で少しくらい例外はあるだろうというのではいけないのです。それか
ら、その次に「毛」ですが、それが京都方言で「ケー」ですけども、首里方言
では「キイ」ですね。「ケ」が「キ」に対応する。「なる」のではなく、「対応」
している。それから、首里方言では「キブラン」《煙らない》ですけれども、京
都方言等で「ケブル」とか「ケムル」とか言う。その「ケ」のところがやっぱ
り「キ」に対応している。だから「エ」が「イ」に対応している。それから
「手」が京都では「テー」ですけども、首里では「ティイ」で「エ」が「イ」。
ですから、対応はでたらめでないということがわかります。発音は違っている
けれども、違い方がでたらめでない。ただ、どうも「キ」については不思議な
例外がある、と。そういう状態であります。こういうのを「音韻対応の通則」
と言いまして、いわゆる「音韻法則」などとも言うのですが、そういう音韻法
則があるのに例外が少なくともこの中にすでに 1 つあるということです。

表Ⅱ

現代京都方言等	奈良時代中央方言	日本祖語	現代首里方言
[ķinu]	← [ķinu]	← *kinu《衣服》	→ [tʃiŋ]
[ķi(ku)]	← [ķi(ku)]	← *kik-《聞》	→ [tʃi(tʃuŋ)]
[ķiri]	← [kʲiri]	← *kuiri《霧》	→ [tʃiri]
[tsuķi]	← [tukʲi]	← *tukui(~*tuku-)《月》	→ [tsitʃi]
[ķi:]	← [kʲi]	← *kəi(~*kə-)《木》	→ [ķi:]
[ke:]	← [kʲe]	← *kai(~*ka)《毛》	→ [ķi:]
[kebur-]~[kemur-]	← [kʲẽbur-]	← *kaibur-《煙》	→ [ķibur-]
[te:]	← [te]	← *tai(~*ta-)《手》	→ [ti:]

　こういう例外はよくあるのであります。現在でも例外は少しぐらいあるものだという態度の人もありましてね。言語学者でも。「音韻法則」などというのが、「法則」というのがよくない、とも言われます。私はもちろん、音韻法則は例外はありえないなどとは申しません。実際はほとんどいつでもあるのですからね。ただ、「例外は少しぐらいあるものだ」と当たり前のように考えるのと少し違うところは、私は、例外があるとき、どうしてこういう例外があるのだろうと考える。そうするといつかそれが説明できる時が来るというのが、今までの50年の経験です。さきほどの例外は、実は説明できる、ということをお話しいたしたいと思います。

　それで、京都方言をさらに奈良時代の中央方言にもっていきますと、やはり多少変わった様相を呈してまいります。表Ⅱを見て下さい。「キヌ」は「キヌ」で、これはほとんど同じ。「キク」も「キク」ですね。ところが「キリ」がちょっと変わってくるんですね。今の京都方言では「キ」ですけれども、[kʲi]という発音だったらしい。いわゆる、「乙類のキ」というやつですね。それから、その次に「月」ですね。これが、「ツ」が「トゥ」[tu]だった。奈良時代には「月」は[tukʲi]だったと考えられます。それから「木」もですね。やはりこれも「乙類のキ」で[kʲi]ですね。今の京都方言と違っているということがわかります。それから「毛」になりますと、「乙類のケ」で[kʲe]です。そういうわけで、奈良時代までいきますと大分様子が変わってくるのですね。それにもかか

412——第7章　琉球語源辞典の構想

表Ⅲ

現代京都方言等	奈良時代中央方言	日本祖語	現代首里方言
	［ki̥i］ ←	＊ki	
［ki̥i］ ←		＊kui	→ ［tʃi］
	［kʼi］ ←	＊kəi	
［ke］ ←	［kᵉe］ ←	＊kai	→ ［ki̥i］

わらず、やはり、奈良時代の中央方言を基点にしたのでは先ほどの例外がよく説明できません。

　ところが、先ほど申しました内的再構という方法を使いますと、表Ⅱに示したように日本祖語の形が再構されるのです。だいぶ様子が変わってきてますね。「霧」が＊kuiri になる。それから「月」が＊tukui、「木」が＊kəi、「毛」が＊kai、「煙」が＊kaiburi、「手」が＊tai。こういうふうになってくるんですね。そうすると、表Ⅲの日本祖語というものをもとにして考えますと、日本祖語の＊ki は奈良時代にも「キ」です。ところが、日本祖語の＊kui と＊kəi が一緒になって［kʼi］(乙類のキ)になる。で、その「キ」と［kʼi］が一緒になって現代京都方言の「キ」になる。そういう関係になっている。＊kai は奈良時代の［kᵉe］を経て現代の「ケ」になる。ところが首里方言はどうなるかといいますと、そのまとめ方が違っておりまして、日本祖語の＊ki と＊kui が一緒になって「チ」になる。今度は＊kəi と＊kai が一緒になって「キ」になる。ですから、これはご覧になってすでにわかりますように、京都方言を中心にして現代首里方言を見ますとこの関係がわからなくなります。それから奈良時代の中央方言をもとにして見てもやはりわからないのです。日本祖語を基点にしてはじめてどちらもわかる。首里方言の方もわかれば奈良時代、それから現代の京都方言もわかる、ということであります。ですから、こういう考え方をいつもしなければならないということです。比較研究をやります時に。ですから、私が頭の切り換えが必要だというのは、本土方言を基点にして琉球方言ではこれはこう変化する、という考え方はいけないということです。そうじゃなくて、これとこれは対応する、と考え、その対応をもとにして、日本祖語をいつも考えるというやり方でなければならない、ということを実例をもってお話ししたつもりであります。

　そこで、琉球方言でこういう音韻変化が起こったということは、ここでは略

第7章　琉球語源辞典の構想──413

しましたが、実は琉球の諸方言の比較研究によってもそのことがわかるのです。私は1932 (昭和7)年に「琉球語と国語との音韻法則」という論文を書きましたが、あの時代のころに比べますと、琉球諸方言の研究は随分進み、いろんなことがわかってきております。たとえば与那国島の祖納方言、八重山の諸方言、宮古の諸方言、それから沖縄島の諸方言、それから与論島、沖永良部島、徳之島の諸方言、加計呂麻島、奄美大島の諸方言、喜界島の方言、これらはみな琉球諸方言に属しますが、それらを比較しますと、先ほどの日本祖語の再構を支持するような対応関係が現れております。これらの諸方言を比較することによってもああいった再構、仮説が支持されます。その証明は省略いたしますけれども。

　そこで私は、そういったような専門的なことを実はここで詳しくお話しするつもりではありませんが、今申したことは専門家向けの話なんで、専門家の頭を切り換えていただくために言ったのでありまして、みなさんに関係のないことではあります。しかし、ここで申したいことは、そういう音韻とか音韻法則とかいうようなうるさいこと、しかも音韻とは何だ、音韻法則とは何だ、人間とどういう関係があるんだ、というような批評がありまして。おまえたちのやっている言語学というのは人間と関係のないことだ、あんなものは人間とどういう関係があるのだとか、人間から切り離して言葉だけを取り扱って、もてあそんでいるんじゃないかとか、そういうような批評もあるようですね。実は、それはそうじゃないのです。結局それは我々の頭の中にああいう音韻という形であるものを取り出しているのでして、その時、いつも、それは人間にとってどういうふうにあるのかということを忘れているのではないのです。しかし、やはり全体として見て、いかにも人間と関係のないものを取り扱うように見えます。ところが、私が今日お話ししたいことはそういうような、つまり人間の生活史、あるいは文化史と関係のないことをやっているように見える言語学というものが、他の人文科学にはできないような貢献を文化史研究に対してできるのではないかと、そういうことをひとつの例をもってお話ししたいと思うのであります。

　その証明は、今、詳しく申しておれませんが、たとえば日本祖語の*kiと*kuiの両方が、琉球祖語──そういうものを立てていいかどうか厳密に言う

414——第7章　琉球語源辞典の構想

表IV

日本祖語	琉球祖語	現代首里方言
*ki *kui	→ *ki →	[tʃi]/ci/
*kəi *kai	→ *ke →	[ķi]/ki/

とちょっとむつかしいんですけれども——先ほど挙げましたいろんな琉球諸方言がわかれる前の琉球祖語というものを立てることが、大まかに言ってできそうです。そこで、表IVに示したような音韻変化が起こったのであろうと推定します。日本祖語には、もちろん、この表に示したもの以外の音節があったと考えられますが、それらについては、しばらく考察しないことにします。

　実は、この表に「琉球祖語」と書きましたのは、本当の琉球祖語——そういうものがあったと仮にしまして——よりはさらに首里方言に近づいた時代かも知れませんが、こういう時代がかなり続いたのではないかと考えております。この *ki と *ke のあった時代を「A時代」と呼びますと、このA時代から現代の首里方言へは、表Vに示したような音韻変化が起こったと考えられます。

　この表Vのような音韻変化が起こったと、どうして考えるか、ということの証明は、専門的になるので省略します。しかし、A時代からB時代に移ったときに、元の「キ」には変化がなかった——記号は *ki と [*ķi]のように変わっていますが、前者は音韻記号のようなもの、後者は精密音声表記で、ともに同じ「キ」のような音を表わします——が、*ke は[kʼi]に変わった、と考えるわけです。この[*kʼi]は先ほど申しました奈良時代中央方言の「乙類のキ」と同じ発音でありまして、[*ķi]の方は「甲類のキ」と同じ発音です。しかし表IIIと表Vとを較べてご覧になればわかりますように、奈良時代中央方言と「B時代」首里方言の[kʼi]の前身はたがいに違っています。このように、違った言語状態から同じ言語状態が生ずるということは、大変興味があります。

　ですから、私はよく言うのですが、言語の変化というものは、「行く川の流れは絶えずしてしかももとの水にあらず。流れに浮ぶうたかたは、かつ消えかつ結びて久しくとどまることなし」。こういううたかたがですね。奈良時代にできて、その後平安時代になると消えてしまった。首里方言でも同じで、別の

表Ⅴ

A 時代		B 時代		C 時代（現代を含む）
*ki	→	[*ķi]	→	[tʃi]/ci/
*ke	→	[*kʼi]	→	[ķi]/ki/

原因でB時代に同じうたかたができて、「C時代」になると消えてしまった。これはこの例ばかりでなくて、言語変化の全体を見ているといつも同じようなことがあって、大変おもしろいと思います。そういうことを言いますと、それは日本語独特の傾向じゃないかという反問があるかも知れませんが、世界の言語をよく見ておれば見ておるほど同じようなことがあるように思います。ですから、やはり日本語を研究する場合にも、世界の諸言語の様子を見なければならない。そういう知識を持っていればいるほどいいという、つまり言語学を勉強すればするほど良いということになるのです。

　で、B時代というものがあったに違いない、ということを、そういう仮説をずっと前に発表しております。要するに、表Ⅴに示したように、A時代、B時代、C時代と、こういう状態を経過して今日に至ったと考えられるのであります。で、こういうふうに考えるのは、いわゆる比較方法による、歴史言語学的考察による結論でありますが、これが非常におもしろい結果をもたらすのであります。

　1963（昭和38）年でしたが、国立国語研究所で、昨年亡くなられました比嘉春潮さんだとか、島袋盛敏さん、それから上村幸雄さんの3人で非常に立派な『沖縄語辞典』というものを作られました。この辞典は見れば見るほど立派だということがわかってくるのですが。この辞書によってあることを調べておりましたら、非常におもしろいことがわかってきたのです。これは首里方言を記録した辞典ですが、そこに一種の琉球漢字音とでもいうべきものがあるということがわかってきました。日本にはご存知のように漢字音というのがあります。漢字音というのは元来シナから入ったものですから、日本語としては借用語と申しまして、そういうのは横から入ってきたもので、親族関係とは関係がないのです。ところが琉球語にもそういう漢字音が入っている。そうすると琉球は、もう明とか清とかと盛んに交通しているのですからね。琉球の漢字音はどうせシナ語が入ったんだろうというようなことを今でも平気でいう人がいる。私も

416——第7章 琉球語源辞典の構想

表Ⅵ

琉球漢字音	本土漢字音	シナ語北京音
[tʃi]	キ	喜 hsi³、寄 chi⁴、祈 ch'i²
[tʃiku]	キク	菊 chü²
[tʃi]	ケ	仮 chia³
[tʃi:]	ケイ	卦 kua⁴、系 hsi⁴、警 ching³、軽 ch'ing¹
[tʃiŋ]	ケン	縣 hsien⁴、見 chien⁴
[dʒi]	ギ	義 i⁴、儀 i²、宜 i²
[dʒiŋ]	ギン	銀 yin²、吟 yin²
[dʒi]	ゲ	下 hsia⁴
[dʒi:]	ゲイ	藝 i⁴
[dʒiŋ]	ゲン	元 yüan²、玄 hsüan²、厳 yen²

そういう疑いはあるから、非常に詳しく調べてみたんですがね。すると、あに
はからんや、それは全くシナ語とは関係がなくて、日本漢字音と密接に対応し
ていることがわかったんです。表Ⅵをご覧下さい。

　この表を見ればすぐわかりますように、琉球漢字音と本土漢字音との間には、
整然とした対応関係があるのに、琉球漢字音とシナ語北京音との間にはそれが
ありません。これは琉球漢字音とシナ語音との間には直接的な関係がなく、琉
球漢字音と本土漢字音との間には密接な歴史的関係のあることを物語ります。
ところが、これらの漢字音は日本祖語にまでさかのぼるものではあり得ません
から、借用要素に違いありません。そして、琉球方言から本土方言へ借用され
た可能性はまずありませんから、本土方言から琉球方言へ借用された、つまり
入ったものに違いありません。それでは、いつごろ入ったものだろうか。それ
を明らかにする方法はあるだろうか。これからお話ししようと思いますのは、
言語学的研究方法によって、その点をかなりの程度に明らかにすることができ
る、ということであります。

　さきほどの表Ⅰと表Ⅱに示した対応関係は、「木」という意味の単語が例外
となる点を除けば、大体次のようであります。

第 7 章　琉球語源辞典の構想——417

京都方言等	首里方言
ki(キ)	[tʃi](チ)
ke(ケ)	[ķi](キ)

　ところが、表Ⅵの漢字音の場合には、次のような対応関係が見られます。

	京都方言等	首里方言
(a)	ki(キ)	[tʃi](チ)
	gi(ギ)	[dʒi](ジ)
(b)	ke(ケ)	[tʃi](チ)
	ge(ゲ)	[dʒi](ジ)

　このうち、(a)の方は先ほどの音韻対応通則と矛盾しませんが、(b)の方は全く特異なものであります。(a)の方を正規の対応の通則としますと、(b)の方は例外ということになります。このような例外はどうして生じたのだろうか。この点が言語学的に説明できなければなりません。

　先ほどのA、B、Cという3つの時代について考えますと、まず、これらの漢字音は、首里方言およびそれに近い方言の祖先である琉球語の「A時代」に入ったものではあり得ない、ということが、はっきり言えます。その根拠は次のようです。「A時代」ですと、表Ⅴに示したように、琉球語にも*ki(および*gi)と*ke(および*ge)との区別があったのですから、本土方言の「キ」と「ギ」をそれぞれ*kiと*giで受け入れ、同じく本土方言の「ケ」と「ゲ」をそれぞれ*keと*geで受け入れるはずです。そして、その後、琉球語(首里方言等)では表Ⅴのような音韻変化が起こりますから、表Ⅵに挙げました漢字の琉球漢字音は、現在次のようになっているはずであります。

(a)	[tʃi](チ)	喜、寄、祈
	[tʃiku](チク)	菊
(b)	[ķi](キ)	仮
	[ķi:](キイ)	卦、系、警、軽
	[ķiŋ](キン)	縣、見

418——第7章　琉球語源辞典の構想

$$(a)\begin{cases}[\text{dʒi}]\,(ジ) & 義、儀、宜 \\ [\text{dʒiŋ}]\,(ジン) & 銀、吟\end{cases}$$

$$(b)\begin{cases}[\text{gi}]\,(ギ) & 下 \\ [\text{giː}]\,(ギイ) & 藝 \\ [\text{giŋ}]\,(ギン) & 元、玄、厳\end{cases}$$

　(a)グループは実際と合いますが、(b)グループは実際と合いません。従って、琉球漢字音は、「A時代」に本土から借用されたものではあり得ないのです。

　また「C時代」に借用されたものでもあり得ません。なぜなら、この時代に借用されたのですと、本土方言の「キ」「ギ」を、(「A時代」の *ke, *ge から来た)[ki̥][gi]で受け入れるはずですから、(a)グループまで、

[ki̥]（キ）	喜、寄、祈
[ki̥ku]（キク）	菊
[gi]（ギ）	義、儀、宜
[giŋ]（ギン）	銀、吟

となるわけで、これも事実と合わないからです。

　それでは、「B時代」に借用されたとしたらどうなるでしょうか。この時代ですと、本土方言の「キ」「ギ」は当然[ki̥][gi]で受け入れます。そしてそれらは、のちにそれぞれ[tʃi][dʒi]に変化しますから、(a)グループは現在のような音になります。ところが、本土方言「ケ」「ゲ」はどの音で受け入れられるでしょうか。この「B時代」ですと、表Vに示しましたように[ki̥]と[kʼi]との音韻的対立がありますが、この両者は、大まかに言って、母音が同じで、子音すなわちkの口蓋化のあるなしが弁別特徴ですから、人々(すなわち琉球語の話し手たち)の耳はkの口蓋化のあるなしに非常に鋭敏になっているはずです。そこで、当時の本土方言の「ケ」「ゲ」が、現在の一部の東京方言の話し手たちのそれのように、kがあまり口蓋化していないような発音だったら別問題ですが、西部方言、特に九州方言などのようにいろいろの口蓋化のある発音だったらどうでしょうか。私自身の「ケ」のkは東京方言のそれより口蓋化していますが、福岡や鹿児島の人の「ケ」のkは私のより多少余計口蓋化しているの

を観察したことがあります。恐らく当時の本土西部方言の「ケ」「ゲ」のk g もその程度に口蓋化したものだったのでしょう。現在の九州方言では「セ」が [ʃe]のように発音されますが、16世紀末の日本語の「セ」がポルトガル人に は[ʃe]のように聞こえたことが、彼らがこれを se と書かずに xe と書いたこと によってわかっています。ですから「ケ」も恐らく[ḳe]のように発音されたも のに違いありません。この「B時代」ですと、琉球語にはもう ke, ge がありま せんから、本土方言の「ケ」を[ḳi]・[kʼi]のどちらかでまねするよりほか方法 がありませんが、本土の「ケ」「ゲ」のk g には口蓋化があったのですから、 それらは琉球の人々の耳には[ḳi][gi]と聞こえ、本土の漢字音の「ケ」「ケイ」 「ゲ」「ゲイ」等は当然それぞれ[ḳi][ḳiː][gi][giː]等で受け入れられるはずで、 それらは「C時代」になるとそれぞれ[tʃi][tʃiː][dʒi][dʒiː]等に変化し、現在の 琉球漢字音ができあがったのだ、と考えられます。これを要するに、現代の琉 球漢字音は、琉球語の「B時代」に本土漢字音を借用し、現在に至るまで伝承 されて成立したものに違いありません。

さて、ついでにぜひ申しておきたいことは、「A時代」、「B時代」、「C時代」 というものがあったという説は、比較方法による史的言語学的考察によって導 き出された仮説でありまして、「B時代」は「C時代」に先行し、「A時代」は 「B時代」に先行する、という相対的な年代的順序ははっきり確言できるわけ ですが、しかし、その各々の時代が何世紀から何世紀まで続いたとか、何世紀 は「B時代」だなどという絶対的年代については、確言できないのが普通です。 それでこの「B時代」は実際何世紀位だったのだろうかと考えておりました。

そうしておりますうちに、「B時代」の絶対年代を確定するための1つの手 かかりがあることに気づきました。それは「語音翻訳」という文献です。「語 音翻訳」は申叔舟撰集するところの『海東諸国紀』(1471[成宗2]年)の原本には なかったもので、1501(弘治14)年に至って追補された「琉球国」の地理国情に 関する記事の末尾に付けられた琉球語の会話、語彙の記録で、わずか8ページ ほどのものでありますけれども、「単音文字」である朝鮮文字ハングルで琉球 語が書かれているため、琉球語史にとって非常に貴重な文献であるばかりでな く、朝鮮語音韻史の研究にも貢献するところのあるものであります。去る [1978年]9月に韓国の学術院で開かれたシンポジウムでは、この文献を通じて

420——第7章　琉球語源辞典の構想

見た朝鮮語の音韻史の方に重点を置いてお話ししましたが、今日は琉球語音韻
史の方に重点を置いてお話しします。これはいつもあることで、甲言語の文字
を使って乙言語を表記した文献は、乙言語の音韻史ばかりでなく、甲言語の音
韻史の研究にも役立つのが普通であります。

　伊波普猷先生が『李朝実録』「燕山君日記」を研究されたところ（伊波1932b＝
全集4）によりますと、琉球の使臣は1501（弘治14）年の正月から約3か月間滞在
して非常に歓待されたこと、その時の接待係が成希顔であることがわかってい
ます。ところが、それに対応する琉球側の記録が未詳のようですが、これはさ
らに研究しなければなりません。これは、琉球側で言うと第二尚氏の尚真王
（1477年–1526年に在位）の時代であります。そこに記録されている琉球語は、
首里方言の祖先（あるいはそれに近い方言）と見て差し支えないと考えられます。
伊波先生のご論文は、私も以前に拝見したことがありますが、その時には、記
録が非常に複雑な様相を呈している。極端にいえば、カオスであるような印象
を受けましたので、これはもっと精密にやってみなければならないと長年思っ
てきましたが、よく研究してみますと、その中に構造が見えてくるといいます
か、一見非常に複雑、乱雑であるかのように見えますけれども、その中にはっ
きりした構造のあることが、わかってきたのであります。その詳しい研究は
『月刊言語』誌上に発表しつつあり（服部1978-79＝本書第6章：第7, 8, 21, 22回；服
部1979a）、また別に発表する予定でありますが、結論を申しますと、この「語
音翻訳」の代表する琉球語は、正にこの「B時代」のものである、ということ
であります。ここでその点を詳しく論証しているわけにはまいりませんので、
その点がはっきりわかる数例を示しましょう。

日本祖語		琉球語A時代		「語音翻訳」	現代首里方言
*kinu《衣服》	→	*kinu	→	기루[ķinu]	[tʃiŋ]
*juki《雪》	→	*juki	→	유기[juķi]	[jutʃi]
*tukui《月》	→	*tuki	→	ᅎ기[tsuķi]	[tsitʃi]
*sakai《酒》	→	*sake	→	사코[sak'i]	[saķi]
*'agai-《あげ》	→	*'age-	→	아코[*ʔãg'i-]	[ʔagi-]

　これによって、1500年前後は「B時代」であったことは確認されますが、

第 7 章　琉球語源辞典の構想──421

この「B 時代」がいつごろまで続いたか、またいつごろから「B 時代」に入っていたかを、できれば知りたい。それには多少の手がかりがなくはありません。その 1 つは、シナ人が漢字で琉球語を書きしるした文献で、『華夷訳語』所収の「琉球館訳語」、それに続いて『使琉球録』『音韻字海』『中山伝信録』などがあります。「琉球館訳語」の編纂年代は未詳ですが、論証は省略しますけれども、「語音翻訳」とほぼ同時代の琉球語を記したものと認められます。『使琉球録』は年代がはっきりしています。1534(嘉靖 13)年 5 月に冊封正使として琉球に来て 150 日滞在して帰国した陳侃が同年に序文を書き、恐らく 1535(同 14)年に刊行したものであります。『中山伝信録』も成立年代がはっきりしています。1719(康熙 58)年 6 月に冊封副使として琉球に来て約 8 か月滞在し、翌 1720(同 59)年 2 月に帰国した徐葆光が著わし、同じ年の 7 月に天覧に供したものであります。

　これらの書物は、「琉球館訳語」『使琉球録』『音韻字海』『中山伝信録』の順序でできたと考えられますが、後のものが先のものによっている傾向が非常に顕著ですから、到底それぞれの時代の琉球語を観察記録したものとは考えられません。『使琉球録』の著者は 150 日も琉球に滞在しているのですから、もっと独自の観察があってもよさそうなのに、それが意外に少ないようです。『中山伝信録』の著者はかなり後世に琉球に来ているのですから、独自の観察・記録をしてくれたならば、琉球語史の研究にとって大変貴重な資料となったはずですのに、先行の 3 書に忠実によっているので、そうすることができない。しかも、その記録の中には矛盾がありまして、先行の 3 書によっている部分と、徐葆光自身の観察による部分との間に認められます。徐自身が観察・記録した部分には琉球語の新しい形が現れているのであります。こういうようなわけで、これらの 4 書は、ほぼ同時代の琉球語を記録したという結果になっている部分が多いのですが、詳しく見ていくと、それでも少しのことはわかり、遅くとも 18 世紀の初めには「C 時代」が始まっていたらしいと考えられる徴憑が認められます。

　これに関連してぜひ付け加えておかなければならないことは、一番元になった「琉球館訳語」自身が、その全体が必ずしも当時の琉球語を忠実に記録したものではない、ということであります。これと同時代にできた「日本館訳語」

422──第7章 琉球語源辞典の構想

というものがあって、ともに石田幹之助博士のいわゆる丙種本『華夷訳語』に属し（石田幹之助 1930 = 1973）、「琉球館訳語」との間に密接な関係があって、後者に日本語の混入したと認められる例があるばかりでなく、「日本館訳語」の中に琉球語の混入した例さえあります。この両「訳語」はたがいに密接な関係において編纂されたものらしい。この両「訳語」は明（みん）の会同館の通訳官が使った教科書のようなものかと考えられますが、恐らく琉球語と日本語は近い言葉だということがシナ人にもわかっており、両言語の通訳を兼任していた者もあったのではないかと想像されます。とにかく、この両「訳語」の間には、当時の両言語の実際の姿を反映したのではないのではないか、と考えられる共通点があります。

　従って、これらの琉球語を記録したシナ関係の4書を琉球語史のための資料として使うためには、以上述べた諸点を考慮に入れつつ綿密な分析を行なわなければならないのであります。

　さて、以上のお話をしました際に、音韻体系のほんの一部分を取り扱いながら、A、B、C、3時代の音韻変化のお話をしましたが、もう少し多くの音節を考えに入れますと、私の仮説は次のようになります。

A時代			B時代		C時代
*ki	→		[ƙi]	→	[tʃi]
*ke	→		[kʻi]	→	[ƙi]
*ka	→		[ka]	→	[ka]
*ko	→		[ku]	→	[ku]
*ku	→		[ku]	→	[ku]
*tu	→ *tsu	→	[tsɯ]	→	[tsi]
*ti	→		[tʃi]	→	[tʃi]
*te	→		[ti]	→	[ti]

ただし、これらの音節のうち、その直前に母音[i]があると子音が口蓋化されますが、そういう場合は除外してあります。たとえば、

　　[ʔika] → [ʔiƙa] → [ʔitʃa]《烏賊》

第 7 章　琉球語源辞典の構想——423

　上のように考える根拠はここで詳しくお話ししている時間はありません。一部の方からは反対を受け得る問題点はありますけれども、それに答え得る根拠は十分あるのであります。

　さて、琉球語史の研究にとって最も重要でそして最も大きい文献は、言うまでもなく『おもろさうし』であります。しかし、この文献はその成立事情から推しても、その内容から見ても、必ずしも等質的な資料だとは言えませんから、その言語学的研究方法に関する私見の一部についてお話ししたいと思います。

　『おもろさうし』の結集が行なわれたのは、各巻の扉に記されたところによりますと、第 1 回が 1531(嘉靖 10)年で、この時第 1 巻が成りました。第 2 回が 1613(万暦 41)年 5 月 28 日で、この時第 2 巻が成り、第 3 回が 1623(天啓 3)年 3 月 7 日で、この時第 3 巻以下の巻が成ったようです。ただし、第 11、第 14、第 17、と最後の第 22 巻には日付がありません。そして、奥書きには、1710(大清康熙 49)年 7 月 3 日の日付があります。仲原善忠・外間守善編『校本おもろさうし』(1965)の外間守善氏の解説によりますと、この『おもろさうし』の原本は、1709 年の首里城の火災のため焼失したので、その翌年に、奥書きの日付に、王府で具志川本を台本にして書き改めさせたのだということであります。その具志川本も現在まで伝わっておりません。現存の諸本はいずれも、1710 年に書き写されたもの(尚家本)か、同時に出来た安仁屋本を祖本としてたびたび書き写されて成立したものであります。その安仁屋本さえも行方不明だということです。言い換えれば、『おもろさうし』は、1531 年、1613 年、1623 年の 3 回の結集によって成ったもの——日付のない巻は日付が書き忘れられたのでしょう——ですけれども、我々の見ることのできる写本は、1710 年以前にはさかのぼらない、ということであります。これは、『おもろさうし』を研究する際に、いつも念頭に置いていなければならない重大な点であると私は思います。

　1531 年は確かに私のいう「B 時代」ですが、1613 年と 1623 年は「B 時代」に属するらしいけれども、そうだと確言できないふしがあります。1710 年はもう「C 時代」に入っているらしいので、それに起因する誤写がないか、警戒を要します。

　さて、ここで、仲宗根政善さんの勝れたご研究に言及しなければなりません。

424——第7章　琉球語源辞典の構想

伊波先生生誕百年記念の論文集『沖縄学の黎明』に載った「おもろの尊敬動詞「おわる」について」(仲宗根 1976: 56-84)という論文がそれであります。

　仲宗根さんの研究によりますと、尊敬補助動詞「よわる」「わる」が接尾する場合に、四段、カ行変格、サ行変格、上1段、の活用の動詞には、

敷き、継ぎ、差し、打ち、ふさ(栄)、とよみ(鳴響)、取り、ち(来)、し(為)、み(見)

のような連用形に「よわる」が接尾し、他の1段活用の動詞には、

開け、掛け、寄せ、さうぜ、立て、撫で、揃へ(～そろい)、治め、歓ゑ、生れ、呉れ、降れ、群れ

のような連用形に「わる」が接尾するというのであります。(細説すべき問題点があるけれども省略。)

　これは、私の観点から言いますと、非常に重大な発見だと思います。『おもろさうし』は申すまでもなく、平仮名で書いてありますが、もし平仮名が「B時代」に本土から借用されたのだとしますと、先ほどお話ししました琉球漢字音の場合と同様、当時の琉球の人々には、本土人の読む「き」も「け」ともに[ki]と聞こえて、「き」と「け」の混用が最初から起こっているはずです。仲宗根さんの指摘された仮名の遣い分けや、『おもろさうし』に一般に「き」と「け」の混用が少ないことなどから考えますと、平仮名は「B時代」ではなく「A時代」に借用されたものに違いないと言えると思います。それならば、それは何年ごろかと言いますと、言語学の方からは、1500年よりかなり前に違いないとは申せますが、今のところはっきりしたことは言えません。浦添城主英祖の時代の1265年に渡来した禅鑑という僧が仏教と文字をもたらしたといわれていますが、その時に平仮名が入ったのだとしますと、13世紀の半ば過ぎは、正に「A時代」だったと言うことができるのです。浦添方言は恐らく後の首里方言へとつながっていく琉球中央方言だっただろうと思います。とにかく、平仮名が琉球の文字としていつごろ定着したかは、さらに今後の研究に俟たなければなりませんが、以上述べました言語学的考察によりますと、1500年よりはかなり前だったということは確言できます。

ところが、『おもろさうし』の第1巻が結集された1531年は明らかに「B時代」ですし、2回目、3回目の結集の行なわれた1613年、1623年となりますと、ますます「A時代」から遠ざかりますが、それにもかかわらず、たとえば「き」の仮名と「け」の仮名が——部分的な例外を除き——遣い分けられているのはなぜか。これは次のように説明できます。私の仮説に従いますと、次のようになります。

A時代		B時代
き *ki	→	き [ḳi]
け *ke	→	け [kʼi]
く *ku	→	く [ku]
こ *ko	→	こ [ku]

　すなわち、「A時代」に、「き」という仮名と *ki という琉球音とが結びつき、「け」という仮名と *ke という琉球音とが結びつきますと、その後琉球語において「A時代」から「B時代」への音韻変化が起こりましても、琉球語では「き」が [ḳi] と読まれ、「け」は [kʼi] と読まれ、その上 [ḳi] と [kʼi] とは音韻としてたがいにはっきり区別されているのですから、「き」の仮名と「け」の仮名は混用されないわけです。

　ところが、先ほどの私の仮説が正しいとしますと、「A時代」に「く」の仮名が *ku という琉球音と結びつき、「こ」の仮名が *ko という琉球音と結びついても、「B時代」になりますと、琉球語では *ku と *ko が合流して同音の [ku] となりますから、「く」も「こ」も琉球語では [ku] と読まれることとなり、従って、「B時代」になりますと、「く」と「こ」の混用が始まるはずです。（他の行の仮名もこれに準じます。）果たせるかな、『おもろさうし』には、次のような仮名遣の動揺が見掛けられます。

　　くだか（久高）〜くたか〜こだか

　　くち（口）〜こち

　　くに（国）〜こに

　　こめす（米須）〜くめす

うち(内)〜おち

うまれ(生)〜おまれ

おび(帯)〜おひ〜うひ

　これらの混用、仮名遣の動揺は、『おもろさうし』が結集された時代にすで
にあったものに違いありません。もっとも、1710年の書き改めのときに、混
用がさらに追加されたではありましょうが。

　しかしながら、私の仮説では次のようになります。

A 時代		B 時代		C 時代
き*ki	→	き[ķi]	→	[tʃi]
ち*ti	→	ち[tʃi]	→	[tʃi]

　すなわち、「き」の仮名と「ち」の仮名の混同は「C時代」でなければ起こ
らないことになります。したがって、

　　ちりさび(塵錆)〜ちりさひ　⇒　きりさへ(1例)

　　くち(口)　⇒　は－くき(歯口)(1例)

　　みち(道)　⇒　おい－みき(上道)[1](2例)

のような誤用は「C時代」のものということになります。『校本おもろさうし』
によりますと、これらの誤用は諸本が一致しておりますから、1710年の書き
改めのときの原本、具志川本にすでにあった可能性もあります。とにかく
1710年はもう「C時代」に入っていたものと見てよいでしょう。『おもろさう
し』にはそのほかにも「C時代」的な表記が時々見掛けられますから、ほかの
文献の研究によって、「C時代」がいつごろ始まったかを明らかにする努力を
すると同時に、『おもろさうし』そのものの表記法を精密に研究する必要があ
ります。

　『混効験集』は『おもろさうし』と密接な関係がありますから、そういう観
点から研究しなければなりませんが、『おもろさうし』と直接的関係のない資
料の研究によって、琉球語の歴史をさらに明らかにすることができる望みがあ
ります。私はそういう点に気づいております。

平仮名が「A時代」に琉球に入ったと考えられますのに対して漢字音は「B時代」に入った。それはおそらく単なる「B時代」とか、1500年前後ということではなくて、尚真王時代ではなかろうか、と私は考えております。これも歴史家の研究を俟たなくてはいけませんが。尚真王はあの時代に芥隠禅師のような偉い僧侶に円覚寺を開かせたりして、日本の文化の輸入に努め、王の時代に仏教や和学が伝わると同時に漢学も伝わったからです。だから、尚真王の時代に入った本土の漢字音が琉球に定着して琉球漢字音になったのではないかというのが私の推定です。そういうことが言えるのは人間と関係のないように見える音韻や音韻体系を取り扱っている史的比較言語学にして初めて言えるということをご紹介したいと思ったのであります。

　それで、これはちょっと蛇足になるかも知れませんが——これは全く想像ですけれども——、1609年に島津が琉球に侵入してまいります。そのために琉球は随分迷惑したわけで。従って琉球の人々には薩摩に対して大変敵意を抱くようになりました。しかし、私の想像するところでは、それ以前は、本土に対してそういう敵意がなかったのではないかと。尚真王の時代なんか、琉球の人々は本土に対して案外親近感を持っていたのではないでしょうか。仮名を入れ、漢字音を入れ、漢字の読み方を入れる。それはもちろんそういう民族感情だけでは説明できない。結局は言語・文化の類似性も大きく作用しているに違いありません。漢字をシナ音で読むのは大変なことで——通訳なんかやったでしょうね。シナ語をしゃべれたに違いない——シナ人のようなふうに漢字を棒読みにするよりも日本式の、返り点などをつけて読む方がぴったりするというようなこともあったのでしょう。しかしやはり日本に対してはあんまり反感がなかった。本土に対して親近感があったのではないか。

　ところが、その時代には明と盛んに交通しておりますから、ごく普通に考えるとシナに対してかなり親近感があったのではないかというふうに想像されるのであります。しかし、よく見ておりますと、それは結局貿易で得をしようということでありまして、冊封を受ければ得ですから。しかし実際はやっぱりシナの文化は大変違った文化です。上代の6, 7, 8世紀の日本はシナ文化を直接受け入れるよりしようがなかった。ですから、ああいう漢字音をその時代に入れたわけです。琉球の場合は、非常に違ったシナ語よりも、近くに自分たちに親

428——第7章　琉球語源辞典の構想

しみやすい本土の漢学や漢字音がありますから、それに対して親近感を持って
いた。それで、それを入れる方がずっと楽だという状態ではなかったのでしょ
うか。実は、先ほど申しました「語音翻訳」の——これは、最初、短い会話で
始まっておりまして、あとは単語がずっと並んでおるんですが——その会話が
こういうやりとりで始まっているんです。「おまえはどこの人か」（ウラ ヅマ
ピチュ）。そうすると、その答えが、「私は日本人だ」（ワン ヤマト ピチュ）と
いう。そうしてシナ語訳の方は「我是日本国的人」となっている。これはシナ
語の口語ですけれども、朝鮮はシナに近いから、朝鮮の人は恐らく自由にシナ
語が話せる人が多かったのでしょう。とにかく、「私は日本人だ」と答えてい
る。それから、「おまえはいつ国を発ったか」という質問に対して「私は去年
の正月に発った」。それで「おまえはいつここに来たか」。「私は今年の正月つ
いたちに来た」。そうすると1年かかっている。実際かかったのではないだろ
うかと思います。当時はたいへんですから。方々へ寄り寄り、恐らく薩摩に寄
ったり長崎に寄ったり、あるいはさらに博多に寄ったりしながら、途中で1年
もかかったのではないかと思います。どうもこの会話は事実を伝えているので
はないかという気がします。そして、どうして「私は琉球人だ」と言わずに、
「日本人だ」と言ったのか。「語音翻訳」に記録されている言葉は確かに琉球語
で、日本語ではありません。また朝鮮の方でも彼らを琉球の使臣として接待し
ている。そういう当人たちが自ら「ヤマトピチュ」と言い、朝鮮側の方でも
「我是日本国的人」と訳して怪しまない。これは小さいことのようですけれど
も、私はその背後に何か大きいものを感じます。琉球の人たちの中には、日本
つまり本土の言語・文化に対する強い親近感があり、琉球は日本の一部だ、琉
球人は日本人の一種だ、と言いたいような気持があったのではないでしょうか。
朝鮮の方でもそれを率直に認めて、「いやお前たちは琉球人だ。日本人ではな
い。」などとは言わない。私は、薩摩の琉球入り以前の文献を見ていて、とき
どきはっとすることがあるんですが、こういう点を念頭に置きつつ、古い文献
を綿密に検討する必要があるのではないかと思います。

　とにかく、本土の仏教や和文、平仮名、さらには漢字音までが容易に受け入
れられたのは、沖縄の民族感情として本土の言語・文化に対する強い親近感が
あったのではないかと思うのです。そうだとすれば、琉球方言と本土方言との

比較研究に際しても、本土方言からの借用語を見分けることに最大の努力を払わなければならないことになります。

　さていよいよ琉球語源辞典をどういうふうに編纂したらいいのかということをお話しする段取りとなりましたが、時間もありませんので、専門的なことは割愛しなければなりません。理想的なことを言ってたらきりがありませんが、要するに今まで述べたいろんな文献、過去の諸文献の他に、やはり、碑文ですね。これは非常に重要だと思うんです。石に彫ってありますから。『おもろさうし』はとにかく1710年の写本でしょう。ところが碑文はそのまま残ってる。戦争で随分こわされて残念ですが、拓本はまだあるだろうと思います。出版されたのは小さい字で読めないですね。実物と同じ大きさのものを出版していただきたいということを私はずっと前からお願いしておるんですけれど。それに注釈を加えて。碑文の研究によって多くのことが明らかになると思います。そのほかに、古文書類がありますね。これは案外、今まで発見されたのは少ないようです。戦争でたくさん失われたに違いありませんが、まだ発見される可能性はないことはない。戦争でひどいことになりましたが、そういう古文書が発見されると良いですね。琉球語の歴史を明らかにするのに、古文書が貢献すると思います。『混効験集』はもちろん大切な文献ですが、先ほどお話ししたような観点から綿密に分析しなければいけない。それから、『月刊言語』という雑誌に「語音翻訳」の 'akiira に当たる動詞を『混効験集』で「あけれ」と書いてあると、引用しておきました（服部 1978-79＝本書第6章: 第8回）。そして『混効験集』の「あけれ」という表記法についてはのちに述べると書いておきました。これはまさに「B時代」の発音の反映だという意味なんですが、先ほどお話ししましたように、『混効験集』は『おもろさうし』の表記に忠実だからそうなっているので、その成立時代の発音を忠実に反映していると見ることはできないと思います。『混効験集』はそういう見方から研究しなきゃならないと思います。そのほか、琉歌、組踊、等々、過去のあらゆる文献を批判的に調べ上げる必要があります。

　これは外間さんがすでに気づいておられますが、『おもろさうし』に出てくる言葉で首里方言にないようなものが他の方言にある。これはよくあること

430——第7章　琉球語源辞典の構想

して、これだけたくさんの島々にそれぞれ違った方言が広く分布していますと、辺境の方言にかえって古い言葉が残るということがあります。ですから、そういう意味で琉球の辺境の諸方言というものも非常に重要視すべきだと思います。

　それで、理想的には、現代の琉球の諸方言を全部知りたい。欲を言いますと、網羅的にです。しかし事実上、それは不可能ですから、少なくとも、主な方言について『沖縄語辞典』程度の記述ができることが望ましい。喜界と奄美大島では、少なくとも喜界で1か所、それから奄美大島では名瀬系の、アクセントのある諸方言の中の1つ。アクセントもまた重要なんです。比較研究をするのにアクセントはのっぴきならない鍵になる場合があるのですから。ですからアクセントのある名瀬系の諸方言のうちの1つ。それから瀬戸内の諸方言のうちの1つ。これは名瀬系の方言と非常に違っていますね。徳之島もいろいろ方言がありますが、少なくとも1つは要る。それから沖永良部島、与論島。沖縄では国頭の方言が必要です。幸い仲宗根政善さんがやっていて下さるんですが、少なくとも仲宗根さんの辞典が出ないといけませんですね。それから宮古。これもいろいろあるんで、欲を言えばみんな知りたいわけですけれども、少なくともそのうちの1つ。八重山の1か所。それから与那国方言と。そういう諸方言の中から、少なくとも1つずつはですね、国立国語研究所の『沖縄語辞典』に匹敵するような、あるいはそれを凌駕するような記述的研究が望ましい。本当はもっとたくさん作ると良いんですけど、それは不可能でしょうから、それを補うものとして琉球列島の言語地理学的な研究を進める。言語史的に見て重要な単語等を選びまして、できるだけ調査地点をふやしてやる。今までの「面白い言語地図を得る」ための言語地理学ではなく、比較方言学的言語地理学が必要です。

　それから、今申しましたような諸方言の辞典には、これは是非お願いしておかなければならないのですが、ある種の基礎的な単語に対応する単語がその方言にはないということがあります。ないときに、大抵の辞書は黙っているわけです。しかし、ただ書いてないというだけですと、その単語がないのか、あるいは書き落としたのか、わからないわけです。後世になるとそのことがわからなくなるし、我々他所者にとってもわからない。その土地の人々にとってはわかりきったことですけれど。こういうわけで、「ない」ということを書いてお

第7章　琉球語源辞典の構想——431

くことは、非常に重要なんです。「ない」ということで、また考えが変わることがありますから。

　それからもう1つは、形が対応していても意味が変わっていることがあります。意味を中心にして調べると違った単語が出てくる。たとえば「火」という意味の単語を調べると[umatsi]という方言があることがわかりますが、この方言で「ヒ(火)」に形の対応する単語がないのではなくて、《火》とは違った意味になってあるかも知れない。そういうことがあるんです。京都府竹野郡の方言で「ケ」という単語がありまして、「草木の総称」とある。これはもしかすると、奈良時代の中央方言の「木」の意味の[k'i](乙類の「キ」)に対応する単語のなごりではないか。意味は変わっておりますけれど。そういう疑いがあるんです。そういう意味で、意味は変わっていても、形は対応する単語が、その方言にあるかも知れないので、そういう単語があれば、ぜひ記述しておいてほしいのです。それによって意味変化が起こったこともわかります。また、たとえば首里方言で「刷毛」のことを /haki/ と言うと『沖縄語辞典』に見えます。これは、たとえば奄美大島の大和浜方言だとか、徳之島浅間方言を調べますと、音韻法則の点から、これらの方言に見られる対応の単語は本土方言から借用した単語に違いないと確言できるのです。ところが、首里方言だけ見ていたのでは、/haki/ は音韻法則に合っていますから、借用語かどうかわからない。しかし、今申しましたような外の方言と較べますと、首里方言のも本土方言からの借用語ではないかと考えられてきます。ところが宮古の名嘉真三成君の方言には、これに対応する単語はないと言うんです。これは有力な情報です。「刷毛」は、首里にとっても、本土方言から入った単語である疑いがますます濃厚になる。恐らく借用語であろう、と考えられます。そのほかの辺境諸方言も調べれば、そのことは一層明らかとなるでしょう。こういう具合で、この方言にはこの単語に対応する単語はない、という報告も大変大切なのであります。

　すべての琉球諸方言についてそういった研究ができると琉球語全体の歴史が今よりはずっとはっきりしてくる。どういう時代にどういう借用語が本土方言から入ってきたか、ということも、いろいろな程度に明らかになってくるでしょう。このようにして借用語を選り分けていけば、日本祖語までさかのぼる単語はこれこれだというようなことまで言えるようになるでしょう。それにはい

432——第7章　琉球語源辞典の構想

ろんな方法がある。今でもまだ絶望ではない。たとえば「鏡」という意味の単語は、首里では /kagaɴ/ ですね。あれは国頭方言とか、喜界島方言などと比較しますと恐らく借用語だ、日本本土から入ってきた単語だということが言えるのです。首里方言の /kagaɴ/ は、ちょっと形だけ見るといかにも日本祖語から来たような顔つきをしておりますけれども。そういうことも琉球諸方言の分布状態からいえる。ですから、是非、方言の分布状態をも調べる必要がある。

　そういう辞典と、先ほど辞典と申しましたが、文典も要るんです。もちろん、文典を除外することはできない。国立国語研究所の『沖縄語辞典』の序文の文法はすばらしい。ああいうものがやはり少なくとも今言った種々の方言についてできなければいけないわけです。それによって琉球語のたとえば動詞というのは、日本祖語以来どういう変化発達をしてきたのか、というようなことがわかる。また逆に日本祖語の動詞の活用はどういうものであったかということも言えるようになるでしょう。ですから、是非、辞典ばかりではなく文典も作っていただきたいと思います。

　それからそういう辞典と文典だけじゃないのです。たとえば今、外間さんがおやりになっている歌謡の集成ですね。これも非常に重要なもので、言葉などというものはつながりの中で使われるわけですから、どういう文脈の中で使われるかということがわかるほどよろしいのです。しかも、その歌謡には古い単語が残っていて『おもろさうし』のそれと合うというようなこと、そういうものの記録は大切ですね。先日『南島歌謡大成3 宮古篇』という大著を外間さんからいただいた時に礼状に書いたと思いますが、これは『おもろさうし』に匹敵する文献になるかも知れないと。ああいうものは、宮古方言だから一層良いのですね。変わった方言が一層有難いのですが。方々の方言にもあるのならば是非今のうちに記録していただきたい。

　それから、上村幸雄さんが会話語の記録をしておられる。これも必要ですね。会話というものは歌謡とは違った特徴を持っていますから、会話語の記録もできるだけたくさん作っておく必要があります。

　これを要するに、琉球諸方言の研究は、本土諸方言との比較研究の観点ばかりでなく、それ自身の観点に立って、すなわち本土方言に依存した形ではなく、本土方言とは独立に自分自身のすべてを明らかにするために行なわれなければ

第7章　琉球語源辞典の構想——433

なりません。共時態の記述に際してはそれは言うまでもないことですが、琉球
諸方言の比較研究に際してもそうであります。今のところ、日本祖語に至る中
間段階として、琉球祖語というものを立て得るかどうかはわからないのですが、
琉球諸方言の祖語が九州方言などから分岐して以来、琉球列島の諸方言が1つ
のまとまった言語・文化圏をなしてきた面があるように思われますので、まず、
琉球諸方言をたがいに厳密、精密に比較研究して、相互間の親族関係、借用関
係を明らかにする必要がある。こういう研究をすることによってはじめて、日
本語全体の史的研究に、本当の意味で有効な貢献をすることができるのだと、
私は考えております。

　しかしながら、そういうふうに申しますと、それを琉球方言の研究は本土方
言の研究から絶縁せよという意味におとりになるおそれがないとは言えません
が、決してそうではない。その研究に際しては、いつも細心に本土方言との関
係、つまり本土方言の単語に対応するものが琉球方言にないか——それはあた
かも、おもろ語にある単語で、首里方言になく辺境の方言にあるものがありま
すように、奈良時代等の日本語の単語に対応するものが琉球にないだろうかと
いうことはいつも考えていなければなりません。また、逆に琉球にある単語で
今のところちょっと本土にないように見えるけれども、もしかしたらあるかも
知れない。そういう考えは決して捨ててはいけないのです。たとえば、首里方
言で「姿」とか「陰」という意味の /kaagi/ という単語があります。第1音節
の母音が長いわけですね。東京では[カゲ]京都では[カゲ]です。この第1音節
の母音が長いという特徴は、中本正智さんの研究によりますと、沖縄では、南
部ではかなり広がっているし、伊平屋島なんかも長いんですね。ただ、仲宗根
さんの今帰仁村字与那嶺方言では[ハギ]ですが、アクセントの山が「ハ」にあ
るということは、首里方言の長母音と、音韻法則的に合うんです。私の考えで
は、その長いのが元で、その長母音が短縮して、アクセントの山がそこにでき
た。これは徳之島の諸方言を調べている間にそういう考えになったのですけれ
ども。ですから、[kaːgi]というふうに第1音節の母音が長いという特徴は、日
本祖語にまでさかのぼるのではないかと考えていたのです。平山輝男編(1969)
によりますと、吐噶喇列島の尾之間、宮之浦、中種子の諸方言に[kaːŋe]という
形があるのです〔第6章の注169を参照〕。吐噶喇列島というのは琉球方言外にな

434——第7章　琉球語源辞典の構想

るわけです、今のところは。本土方言に属すると考えられております。それだ
けでもこの長母音は日本祖語にさかのぼる蓋然性が大きくなる。ところが、一
昨年でしたか、秋に日本言語学会が名古屋大学で開かれました時に、野村正良
教授が、だいぶ前から揖斐川の上流の方言に非常に興味をもっておられまして、
長年の研究の結果を発表されたんです。その時に、その方言では語中の「ガ、
ギ、グ、ゲ、ゴ」がちょっと変わった促まるような有声の破裂音——私は有声
のイムプロージヴ implosive〔入破音〕という音だと思うんですけれど——になる。
ところが「カゲ」(影)だけは例外で、[kaŋge]という。どうしてかわからないと
のことでした。私はそれは、第1音節の母音がもと長かったからだろうと申し
ました。日本祖語形としては、恐らく *kaagai を立てるべきで、第1音節の母
音が長かったために、*g の前の鼻音化が ŋ に発達したものと考えられます。
首里方言の /kaagi/ の援軍が揖斐川上流に現れたわけです。そういうことがあ
るんですね。それは、私が首里方言の /kaagi/ を偶然知っていたからすぐそう
いうふうに言えたわけですけれど、知らないとどうして[カンゲ]になるんだろ
うということになります。ですから、両方の知識が連絡がなくてはいけない。
揖斐川上流の方言を研究するにも琉球方言の知識が要るということです。

　それから最も驚くべきことは、去年の春ですか、金沢大学の上野善道君——
非常に綿密な研究家ですが——この人が岩手県の東北海岸の九戸郡種市町〔今
の洋野町〕と久慈市との境界付近の6地点の方言、他から隔絶した方言なんです
が、それを調べておりました時に、「松」のことを[マーヅ]ということを発見
しました。これは首里方言の /maaçi/《松》と合います。それから「針」のこと
を[ハーリ]という。これも首里方言の /haai/《針》と第1音節の母音の長い点が
合います。それから「鍋」のことを[ナーベ]といっている。これも首里方言の
/naabi/ と合います。また、首里方言の /kuub(-aa)/《蜘蛛》、九州方言の[コブ]
に対応する[コブ]という形もこの方言で発見しました。こんな日本の最東北部
の端に琉球方言の援軍が現れるというのは、驚くべきことです。

　それでは、その辺の方言は全部の体系が古いかというとそうではないんです。
やっぱり共通語の蚕食を受けて、ほとんど中央方言化しているのです。だいた
い、私は、東北方言、東部方言というものはすでに8世紀にかなり中央方言化
していたのではないかと思います。もっとも、いわゆる東歌、防人の歌という

ものは、私は、当時の東部方言すなわち東ことばをそのまま書いたものではないと思います。東方言をそのまま書いたのではない。そのまま書いたら恐らく中央の人々にはわからなくなっただろうと思うんです。ですから、おそらくだいたい中央方言的に書いて、その中にちょいちょい東なまりをまぜて、方言色を出したのが東歌、防人歌だろうというのが、私のずっと以前からの考えなんですけれども、——それにしても、8世紀にもうすでにかなり侵食を受けていたのではないだろうかと思うんです。中央政権は5世紀ぐらいから強くなってきましたけれども、なかなか東までは勢力が及ばなかったのではないでしょうか。そうすると、日本祖語から先にわかれた方言がまだ東地方にあった。中央方言自身も同じように日本祖語から——しかし東方言よりは後に——分岐してきたのです。それが政治的文化的に有力になって、東ことばに影響を及ぼしていった。従って、当時の東ことばは中央方言に蚕食されつつあったに違いないと思うのですが、『万葉集』に見える東歌、防人歌は侵食された形を忠実に表わすものではなくて、中央方言的文脈の中に東ことば的要素をちりばめたものではないかと考えております。

で、結局、現在の中部地方から関東、東北にかけての方言というのは、東ことば——東歌、防人歌に代表される底層の方言——が、中央方言に消されてしまい、それで今のような状態になった。けれども、その辺境方言にちょいちょい底層方言の特徴が残っている。残念なことに琉球のような形で全体的に残ってくれるとよかったんですが。先ほどの岩手県の九戸郡の方言が全体的にですね。ところがそうじゃない。八丈島方言でも、もうひどく侵食されておりますから。でもやはり、八丈島はじめ本土辺境の諸方言は、ぜひ調べなければいけないものなのです。けれども、琉球方言はその点で侵食が少ないんです。1つには、海に隔てられていたせいです。また八丈島よりも話し手の数がはるかに多かったので、頑固にその体系を保持することができたのです。

そういうわけですから、本土方言との関係を無視していいという意味では決してない。ですけれども、それにもかかわらず、やはりこれに依存する形ではいけない。本土方言に依存する形でなくて、琉球方言独自の研究がされなければいけないのです。たとえば、奈良時代の中央方言に「いく」と「ゆく」という形があります。これは、『万葉集』を見ていると断然「ゆく」の方が優勢で

ありまして「いく」はちらほら、7例くらいしか出てこない。それで、古語辞典類を見ておりますと、どうも「いく」の方が新しいと考えられているようです。現代の口語で「いく」ですから。東京でも京都でも「いく」、「いかない」。「ゆく」なんて言いません。そこで、「いく」の方が訛った、新しい形じゃないかという考えがあって、「ゆく」がもとで、「いく」が奈良時代からすでに現れ始めたという考えのようです。ところが、首里方言では[ʔitʃuŋ]です。「イ」[ʔi]で始まります。このように、首里方言でグロタルストップ〔声門閉鎖音〕で始まっているということは、日本祖語で母音で始まっていたということの印なんです。それで、琉球方言を見てみますとそれをみんな支持する形が出てきます。ですから、逆に「ゆく」の方が新しいんで「いく」の方が古いんだということがわかるんです。ですから、「ゆく」を基点にしまして琉球方言は例外だという。それではいけない。実は逆なので、この点では琉球方言の方が古いのです。また、たとえば「ゆめ」（夢）。これが奈良時代に「いめ」という形と「ゆめ」という形と両方あって、これは古語辞典を見ると「い」が「ねむる」という意味で、「め」は「目」と同じもんだというふうに書かれている。「いめ」の方が古くて、「ゆめ」の方が新しいんだろうというふうに書いてあります。これは確かにそれが正しいので、首里方言では[ʔimi]、名瀬でも[ʔimi]で[ʔi]で始まっています。それで日本祖語形としては「め」が乙類ですから*ʼimai という形が再構されるのですが、「い」が古くて「ゆ」は新しいんだということが琉球方言によっても確認されるわけです。ところが、琉球にも、たとえば宮古の大浦方言の[jumi]のように、「イ」が「ユ」になった形があるんです。本土方言と並行的な変化が起こった。そこで私はおたずねしたいんですが、与那国方言ではどう言うんでしょうか。「夢」のことを。どなたかすぐ教えていただける方がありますか。（会場から[dumi]という返答があった。）それだと大変面白いことになる。私はそれを期待して、多分そうじゃないかと思っていたんですが。それは、どういうことになるかといいますと、この単語の第1音節は日本祖語では *ʼi- です。それが、宮古の大浦で[ju-]になっている。それから、与那国でも[ju-]になって、それが、[du]になったんだということです。与那国では「山」が[dama]などのように、他の方言のj- に対してd- が対応するので、この方言のd- は日本祖語の *d- を保持するものだという説が

あります。この説はいろんな徴証から疑わしいと思っていたんですけども「夢」が[dumi]ならば、それは1つの証拠になる。与那国の d- は日本祖語にさかのぼる古いものだとは言えなくなる。[dumi]の d- は確かに新しく発達したものだ、と言えるからです。私は、中本君の本を見ても「夢」に対応する与那国方言形が出てこない。ですから、今日ここで質問しようと思って、中本君と飛行機の中で一緒に来たんですけれど質問しないできた。そういう観点から見ていくと、与那国方言のことがまたよくわかるようになっていくでしょう。どういう変化が起こったかということが。同様に八重山の b- も、奈良時代中央方言の w- に対応する b- もですね。これは日本祖語の *b- にさかのぼると言いますけれども、私はまだ断定を保留しているのです。もう少し研究しなくてはいけない。いろんな疑わしい点がある。w- の方が古いかも知れない。これも全体的な研究によってわかってくると思います。それで、これもやはり本土方言の「ゆめ」を基点にしておいて、仮に日本祖語の形として *jumai を立てておったら、与那国方言の[dumi]によって、逆に、日本祖語形を *dumai に直さなくてはならないということにもなる可能性があります。けれども、そうではなくて日本祖語で*ʔimai だということが確認されているわけですから、与那国方言形が[dumi]ならば、これは *ʔi-→*ju-→du- という変化の結果生じた新しい形だということがわかり、その他の単語においても、

　　　日本祖語　*j-　→　与那国方言　d-

という変化が起こったのだ、ということが言えるようになるわけであります。ですから、本土方言の「ゆめ」を基点としてやっていたんではそういうことはわからないということです。また、たとえば、中本さんの『琉球方言音韻の研究』p. 407 の表を見ておりますと「行く」のところに、奥武方言の[ʔitʃuŋ]などいろいろの語形があるんですが、与那国方言のところには[çiruŋ]という形が出ています。これは首里方言などの[ʔitʃuŋ]《行く》と対応しない形で、別の単語がそこへ入ってきた。その同じ意味のところに。この表だけ見ていると、[ʔitʃuŋ]に形の対応する単語は与那国方言にはないかのごとく見えますが、もしかすると[ʔitʃuŋ]に形は対応するけれども意味の違う単語があるかも知れない。そういうことを調べていただきたいと私は注文しているのです。つまり、

438──第7章　琉球語源辞典の構想

意味は違っても形が対応する単語があるかどうかということ。それを確認するには、音韻法則を考えながらやらなければなりません。まあ、いろいろ注文いたしましたが、いままでお話ししたことは、ほんの序論で、「琉球語源辞典の構想」などとどうも、「羊頭をかかげて狗肉を売る」ことになりましたが、本当は本論はこれからなんです。どういう具合にして語源辞典を編纂するかということは。しかしそれはかなり専門的なことになります。今日は、どういうことがその前になされなければならないかということをお話ししたことになりました。

　もう時間も大分超過いたしましたので、この辺で終わることにいたします。

　付　記
　高橋俊三氏が、上の講演の後で、与那国島に電話を掛けて確かめられたところによると、同方言でも「夢」は[ʔimi]であるとの答えを得られた。そうだとすれば、上の議論は成り立たないわけである。
　しかし、中本正智氏の研究によると、与那国方言のdは次のように対応する（中本1976b: 201）。

与那国	di	da	du
共通語	de	da	do
	zi, ze, zu	za	zo
		'ja	'ju, 'jo
			ro

すなわち
　$^*z \rightarrow d$
という変化が起こっているくらいだから、
　$^*j \rightarrow {}^*ʒ \rightarrow d$
という変化も起こった可能性は十分ある。

　注
1)　(p. 426)「琉球館訳語」の「烏乜蜜集」(上御路)と同一語か。

　初　出
「琉球語源辞典の構想」『沖縄文化研究』6: 1–54、1979 年。

第8章　音韻法則の例外——琉球文化史への一寄与

　同一の「祖語」(proto-language)から分岐発達したと想定される2つあるいはそれ以上の「同系語」(related languages あるいは方言 dialects)——すなわちたがいに「親族関係」(relationship)を有する言語——を比較言語学的に研究していると、それらの諸言語、諸方言の間に、著しく規則的な音韻対応の通則、すなわち「音韻法則」(sound laws, Lautgesetze)が見出されるのが常である。それと同時に、ほとんど常に、その法則に対する若干の例外も見出される。そして、この種の例外は、いろいろの原因によって生ずることが明らかになっている。

　古典的な例は、いわゆる「グリムの法則」の例外の一部分が、それを支配する下位の法則によって生ずることを、デンマークのカール・ヴェルナー(ヴェルネル、Karl Verner)が明らかにしたことである。たとえば、同一の印欧祖語から分岐発達したと考えられる3つの同系語であるギリシア語とゴート語と高地ドイツ語との間には、次のような子音対応の通則があることを、ドイツのヤーコプ・グリム(Jacob Grimm)およびデンマークのラスムス・クリスチャン・ラスク(Rasmus Kristian Rask)が明らかにした。

　　ギリシア語 t　　‖ ゴート語 th(þ)　　‖ 高地ドイツ語 d

語例を示せば

　　φρᾱ́τηρ　　　　‖ brôþar　　　　‖ Bruder

のようである。ところが、この通則に対して次のような例外がある。

　　πατηρ　　　　　‖ fadar　　　　‖ Vater

これをヴェルナーは、「印欧祖語の*p *t *k〔上記は*tの例〕は、それに先立つ

母音(群)がアクセントを有するときはゲルマン語でそれぞれ f þ h となったが、これがアクセントを有しない時はさらに有声音となった」という下位の法則によって生じた例外であることを明らかにした。これが有名な「ヴェルナーの法則」である。上の単語に対応する梵語のアクセント、およびギリシア語のアクセントは次のようである[1]。

梵 語	ギリシア語
bhrā́tar-	φρά́τηρ
pitá	πατήρ

ゲルマン祖語(Proto-Germanic)から分岐発達したと想定される英語とドイツ語を比較研究しても同様な現象が見出される。たとえば、

意 味	英 語	ドイツ語
《水》	water	Wasser
《より良い》	better	besser
《ガラガラ鳴る》	rattle	rasseln
《食べる》	eat	essen
《憎む》	hate	hassen
《何》	what	was
《外に》	out	aus

などのように、このような音韻的環境では、英語の /t/ にドイツ語の /s/ が対応する。ところが、次のような対応例がある。

《座る》	sit	sitzen
《据える》	set	setzen

これは、上に示した音韻法則の例外をなす。この例外の生じた原因は、古期英語形およびゲルマン祖語形にまでさかのぼれば明らかとなる。(印欧祖語形、ゲルマン祖語形などのように、文献的には実証されない言語学的再構形には*印をつける。) すなわち、

意　味	古期英語	ゲルマン祖語
《食べる》	etan	*etan
《憎む》	hatian	*χatōjan, *χatæjan
《座る》	sittan	*sitjan, *setjan
《据える》	settan	*satjan

のようであって(Charles Talbut Onions 1966)、古期英語、ゲルマン祖語の語形が
-t- を有するときには、現代ドイツ語で -ss- が現れ、古期英語形が -tt-、ゲルマ
ン祖語形が -tj- を有するときに現代ドイツ語で -tz- が現れるのである。

　また、次のような例外的対応例がある。

意　味	英　語	ドイツ語
《バター》	butter	Butter

これはラテン語の būtȳrum から来た借用語(loanword)で、ゲルマン祖語の*t が
古期高地ドイツ語(あるいはそれ以前)において破擦音 z に変化した後に、ラテ
ン語からこれらの言語に借用されたものである。この単語は、古期英語、古期
高地ドイツ語で次のような形で現れる。ゲルマン祖語で *t を有する単語とと
もに示す(Onions 1966)。

意　味	古期英語	古期高地ドイツ語
《バター》	butere	butera
《2》	twā	zwā, zwō
《舌》	tunge	zunga
《食べる》	etan	eẕẕan
《憎む》	hatian	haẕẕōn, -ēn
《話》	talu	zala《数》
《座る》	sittan	sizzan
《据える》	settan	sezzan

このように、音韻法則の例外は、借用という言語現象によっても生ずる。上の
場合には、英語とドイツ語が、それらと遠い親族関係にあるラテン語から単語

442——第8章　音韻法則の例外

を借用した例であるが、近い親族関係にある同系語間にも借用という言語現象
は起こり得る。

　さて、鹿児島県の奄美大島より南、奄美群島、沖縄群島、宮古・八重山群島
を経て、台湾に近い与那国島に至る琉球列島の言語は、島ごとに著しく異なり、
同一の島の中でも、村ごとに字ごとに方言が異なる状態であるけれども、現状
においては、大きく一まとめにして、鹿児島県吐噶喇列島以北の「本土方言」
に対立する「琉球方言」として分類することができる。日本国内に行なわれて
おり、かつ、それらの諸方言の上に、文字言語および音声言語としての共通語
が蔽いかぶさっているので、これを（「琉球語」ではなく）「琉球方言」と呼ぶ
習わしとなっているけれども、本土方言との差は、高地ドイツ語とオランダ語
との差より大きいほどである。しかし、「方言」と呼ぼうと、「同系語」と呼ぼ
うと、その本質には変わりはないのであって、本土諸方言と琉球諸方言とがた
がいに親族関係を有することは完全に証明されている。しかも、琉球列島の言
語は島ごとに大きく相違しており、さらには村ごとに字ごとに相違しているの
で、それらと本土諸方言とを比較研究することにより、本土・琉球の現代諸方
言がそれから分岐発達してきたと考え得る今より約2000年前の言語（と想定さ
れる）「日本祖語」(Proto-Japanese)をいろいろの程度に再構することができる。

　琉球方言の記述的研究は、まだ将来に俟つところが極めて多く、しかも、近
年のラジオ、テレビの普及発達と、従来の義務教育による共通語の普及とによ
って、方言は若い世代に忘れられ高齢の人々のみが保持している状態であるか
ら、それらの人々の亡くならないうちに、記録しておく必要のある緊急事であ
る。しかし、非常に幸いなことに、かつての琉球王国の首都であった首里の方
言——この方言は王国時代に琉球列島、特に沖縄群島の諸方言に対して標準語
的地位にあったが——この首里方言の勝れた文典と辞典が公刊されている。そ
れは次の辞書である。

　　　国立国語研究所『沖縄語辞典』(1963[昭和38]年、大蔵省印刷局)

これは、島袋盛敏氏(1890[明治23]年生まれ)の草稿に基づき、同氏と比嘉春
潮氏(1883[明治16]年生まれ)とをインフォーマントとして東京生まれの上村

幸雄氏の編纂したもので、島袋氏と比嘉氏とは首里方言の勝れた話し手であったばかりでなく、学者としても偉い人々であったが、ともに故人となられた。この辞典は、76 ページより成る「解説篇」(「首里方言の文法」29 ページを含む)、約 520 ページの「本文篇」、206 ページの「索引篇」、36 ページの「付録」から成り、収録語数約 15000 語で、日常頻用の基礎的単語ばかりでなく、両氏が明確に記憶しておられた単語はことごとく収録しようとしたものである。以下に述べるような考察ができるようになったのは、この辞典の賜物である。

さて、首里方言と京都・東京の方言との間に、概略次のような音韻対応があることは、古くから知られていた。

京都方言	i	e	a	o	u
首里方言	i	i	a	u	u

「カ行」の音節については、概略次のような対応が見られる。

京都方言	ki	ke	ka	ko	ku
首里方言	tʃi	ki	ka	ku	ku

ところが、この対応の通則には次のような例外が見出される。

意　味	京都方言	首里方言
《着る》	ki(ru)	tʃi(juŋ)
《聞く》	ki(ku)	tʃi(tʃuŋ)
《胆》	kimo	tʃimu
《切る》	ki(ru)	tʃi(juŋ)
《毛》	ke:	ki:
《蹴る》	ke(ru)	ki(juŋ)
《酒》	sake	saki
《掛ける》	kake(ru)	kaki(juŋ)
《木》	ki:	ki:
《起きる》	oki(ru)	ʔuki(juŋ)

444——第8章　音韻法則の例外

すなわち、最後の2例は上の音韻法則の例外となる。

　しかしながら、奈良時代の仮名遣を見ると、「着る」「聞く」「胆」「切る」の「キ」はいずれも「甲類」であるのに対し、「木」「起き」の「キ」は「乙類」であるから、前者は首里方言で[tʃi]として現れ、後者は[ki]として現れる、という、下位の音韻法則によるものらしく見える。ちなみに、奈良時代の発音は、前回の論文〔服部1976e＝本書第11章〕提出の際に説いたように、「甲類のキ」は[k̟i]、「乙類のキ」は[kʼi]のような発音であったと考えられる。

　ところが、次のような対応例がある。

意　味	京都方言	首里方言	奈良時代中央方言
《月》	tsuki	tsitʃi	都紀
《霧》	kiri	tʃiri	紀利

上の「紀」は「乙類のキ」であるから、上述の下位の音韻法則に従えば、首里方言では

　　tsiki《月》　　　kiri《霧》

となって現れるべきもので、これまた例外となる。細説は省略するが、これらの例外は、次のような日本祖語形を再構することにより、すべてを矛盾なく説明することができる。

首里方言		日本祖語		奈良時代中央方言		現代京都方言
tʃi-	←	*ki《着る》	→	ki(-)	→	ki-
tsitʃi	←	*tukui《月》	→	tukʼi	→	tsuki
tʃiri	←	*kuiri《霧》	→	kʼiri	→	kiri
ki:	←	*kəi《木》	→	kʼi	→	ki:
ʔuki-	←	*ʼəkəi《起きる》	→	ökʼi(-)	→	oki-
ki:	←	*kai《毛》	→	kʼe	→	ke:
saki	←	*sakai《酒》	→	sakʼe	→	sake

　実は、これに関連する例外はこれにとどまらないのだが、それらについて一々説いていると話が複雑となるので、それらの例外は、私の知る範囲では、

それの生じた音韻的原因をすべて言語学的に説明できると述べるにとどめ、今回は次に説く例外だけを特に取りあげて、それらの生じた原因を言語学的に考察し、それによって得られた結論が琉球文化史の研究にいかなる寄与をなし得るかを考究したいと思う。

その例外とは、次のようなものである。

意　味	京都方言	首里方言
《煙》	kemuri	tʃimuri
《汚れる》	kegare (ru)	tʃigari (juŋ)
《陰》	kage	kadʒi

これらは、首里方言の形が、それぞれ

kimui　　　　kigari (juŋ)　　　kagi

であれば、音韻法則に合うが、そうでないから例外となるのである。のみならず、首里方言には

kibuʃi《煙》　　ka:gi《姿、容貌：陰》

という単語があって、その ki-, -gi は音韻法則に合うから、日本祖語にさかのぼるものと考えられ、従って、前述の 3 つの単語は本土方言からの借用語であろうと考えられる。

本土方言には、おびただしい数の漢語と呼ばれる単語があり、それらは、大まかに言えば、シナ語からいろいろの時代に日本語に入った「借用語」である。（借用語は言わば横から入ってきた要素で、その言語本来のものではないから、その言語の系統を研究するときには、除外して考察しなければならない。）そして、各々の漢字に対して「音」および「訓」という読み方が連合している。「訓」は本来の日本語が、それと同じ意味かあるいは近い意味の漢字に結びついたものであるが、「音」はその漢字のシナ語における発音を日本語の発音で模倣し、それが日本語においてその漢字に結びついたもので、日本語にとっては、シナ語から来た借用語または借用記号素(loan-morpheme)である。こういう借用記号素を日本で新しく組み合わせて、シナ語にはない新しい単語がどし

446——第 8 章　音韻法則の例外

どし作られるが、それらを、シナ語から直接借用された「漢語」と区別して、「漢字語」と呼ぶことがある。

　さて、上述の『沖縄語辞典』によれば、琉球の中央方言であり標準語であった首里方言にも多数の漢語・漢字語が見出される。

　琉球は、1372 年に明の太祖が時の中山王察度に使を遣わして招諭したのに対し、同年察度がこれに応じて進貢船を送って以来、シナと密接な関係にあった。朝貢の名において貿易を目的とするこの進貢船は、1405 年に察度王統が尚巴志に亡ぽされて第一尚氏がこれに代わり、1470 年に尚円王の即位によって第二尚氏の時代となるなど、王統の交替があったにもかかわらず、明、清を通じて、琉球側の強い要望によって続けられて明治初年に及んだ。また、シナからの冊封使は、1403 年、察度の子武寧のときに渡来して以来、新しい王が即位するごとに来て、第二尚氏最後の王尚泰(1848-1879 年在位)の 1866 年(慶応 2 年)に来た同王に対する冊封使まで続いた。一方、察度は 1392 年入貢の際に明の太祖に 2 人のシナ人通事が琉球の臣民として留まり「琉球人の風俗を変えるよう指導」するよう取り計らわれたい旨申し出でて許され、さらに閩人三十六姓を与えられた。後の久米村(発音は時代とともに変化して「クメムラ」が「クニンダ」となった)の住人はその子孫で、廃藩置県の時にもまだ那覇の久米町に集団居住し、1 つの文化的勢力を成していた。もっとも、1392 年に帰化した閩人の子孫たちは 100 年もすると琉球化して琉球語を話すようになったと言うが、この久米村人は、朝貢、冊封に際しては言語、文書、儀礼、航海等の点で主導的役割を果たし、官生(シナ留学生)も尚真王 6(1482)年以来久米村だけから選ばれることになっていたのを、1802(尚温 8)年に王府が官生 4 人のうちの 2 人を首里人から選ぶことにした時、久米人が反対して大騒動を起こしたほどである。また、1798(尚温 4)年に首里に国学が創設されるまでは、学校と称するものは、程順則の建議によって 1718(尚敬 6)年に久米村に創立された明倫堂だけで、首里にも那覇にもなかった。

　上のような歴史的事情や、琉球が薩摩と清国とに両属する立場にあったことを知っている人々の中には、琉球方言が本土人には全くわからず、かつ発音の全体的印象も本土方言とは著しく異なるので、琉球語はシナ語に似た言語ではないかと早合点する向きさえあったと聞くが、それは完全な誤解で、前述のよ

うに、“琉球語”が“日本語”と同系であることは、言語学的に完全に証明されているのである。とは言え、“琉球語”が“日本語”と同系である、あるいは昭和初年以来の表現を用いれば「琉球方言は日本語の一方言である」としても、上述のような歴史的事情を考慮に入れるならば、首里方言にはさぞかしシナ語からの借用語が豊富に入っているだろう、と想像するのは、自然なことであろう。

　しかしながら、実際を精査してみると、極めて興味ある事実が明らかとなったのである。

　上村幸雄氏は、上述の『沖縄語辞典』の「解説篇」p. 21 以下に次のように述べている。

　　　琉球王朝が中国から冊封を受け、また貿易を行なっていたため、また那覇の久米村には中国からの帰化人の子孫が住み、中国へ留学する制度などがあったために、首里方言の語彙には、本土を通って持ち込まれた多数の漢語のほかに、中国から直接借用された語が見られる。しかし、その数はさして多くない。正確な数はわからないが、今日まで残っているものの数はせいぜい百内外のものと思われる。たとえば次のようなもので、中でも食品、衣料関係の語、その他文化的な語が多く、基本語はほとんどない。

そして、nuŋku:《暖鍋（料理名）》、sa:ku:《沙鍋（土鍋）》、po:po:《餑餑（料理名）》[2]をはじめ 26 語を挙げている。それらの中にさえ、本土系の漢字音が借用形態素として混入しているものがあるが、それらについては、のちにも言及するであろう。

　私がここで特に取り上げて考察しようとするのは、上村幸雄氏のいわゆる「本土を通って持ち込まれた多数の漢語」に見られるある注目すべき音的特徴についてである。上述の『沖縄語辞典』について、この種の漢語・漢字語と認められるものの数を数えてみたところ、そこに記録されているものだけでも1090 を超えた。それらの漢語・漢字語のすべてが同じ時代に一挙に本土から入ったものではないようであって、明らかに借用された時代を異にすると認められる特徴のあるものも少しはある。また、そのうちのかなりのものは、その音形の性質上、いずれの時代に入ったと決めがたいものもある。しかし、その

448——第8章　音韻法則の例外

音形上の特徴から、それが借用された時代をいろいろの程度に明らかになし得るものも数多くあり、それらを手がかりとして琉球漢字音成立の年代を、ほぼ推定することができると考えるのである。

　すでにその一部分について述べたように、京都・東京方言と首里方言との間には、概略次のような音韻対応の通則がある。

京都・東京	ki	ke	gi(ŋi)	ge(ŋe)
首里	tʃi	ki	dʒi	gi

　まず、表Ⅰに本土方言の「キ」「ギ」(およびそれらを含む「拗音」)に対応する音を含む首里方言の漢語・漢字語を列挙して、それらに含まれている字音が

表Ⅰ

琉球漢字音	漢字	本土漢字音	シナ語北京音
tʃibjo:	気病	キビャウ	(chʻi[4]-ping[4])
tʃigwaɴ	祈願	キグヮン	(chʻi[2]-yüan[4])
tʃiꜰaŋ	帰帆	キハン	(kuei[1]-fan[2])
tʃiku	菊	キク	chü[2]
tʃimbjoobu	金屛風	キンビャウブ	(chin[1]-)pʻing[2]-fêng[1]
tʃaku	客	キャク	kʻo[4]
tʃo:de:	兄弟	キャウダイ	hsiuŋ[1]-ti[4]
tʃo:tu	京都	キャウト	(ching[1]-tou[1])
tʃo:muŋ	経文	キャウモン	ching[1]-wên[2]
tʃu:bjo:	急病	キフビャウ	(chi[2]-ping[4])
ꜰi:tʃiŋ	平均	ヘイキン	pʻing[2]-chün[1]
gatʃi	餓鬼	ガキ	e[4]-kuei[3]
gantʃo:《めがね》	眼鏡	ガンキャウ	yen[3]-ching[4]
manritʃi	万力	マンリキ	(wan[4]-li[4])
ʃitʃi《儀式》	式	シキ	shih[4]
tatʃo:	他郷	タキャウ	tʻa[1]-hsiang[1]
titʃi	敵	テキ	ti[2]

第8章　音韻法則の例外——449

本土漢字音と密接な関係にあり、シナ語北京音とは直接的関係のないことを明らかにしたいと思う。本土漢字音は「歴史的仮名遣」によって示す。シナ語北京音はウェイド（Wade）式つづり方により、そのままの漢語が見当たらない場合には（　）に入れて示す。《　》の中はその漢語の「意味」。〔本章の『日葡辞書』欄は、すべて著者による抜刷への書き込みを反映したもの。著者が参照したと見られる土井忠生・森田武・長南実編訳『邦訳 日葡辞書』の該当ページを補った。なお、ダガー（†）は『日葡辞書』の本編でなく補遺にあることの記号、ダブルダガー（‡）は訳者が新たに立てた「仮見出し語」、右肩の*は『日葡辞書』（邦訳でない）の原文にあるもので、本編に収録されている語だが、意味等を追加して、補遺に再掲しているもの。〕

日葡辞書

Qi キ（気）〔p. 492〕　Biðqi（病気）〔p. 57〕

Qinen（祈念）〔p. 498〕　Guan（願）〔p. 314〕

Qifan（帰帆）〔p. 495〕《戻る船、帰る船》

Qicu（菊）〔p. 494〕

Qinbið（金屛）〔p. 497〕

Qiacu（客）〔p. 492〕

Qiǒdai（兄弟）〔p. 501〕　Qeitei〔p. 483〕, Qiǒtéi〔p. 503〕

Qiǒto（京都）〔p. 503〕

†Qiǒmon*〔p. 502〕

Qiŭbið（急病）〔p. 510〕

［Feiguin（平均）〔p. 220〕《平らかに均しい》〕

Gaqi（餓飢）〔p. 292〕

Gan-（眼）〔眼中 Ganchŭ〔p. 292〕〕　Qiǒchŭ（鏡中）〔p. 501〕

ナシ Man（万）〔p. 382〕、Riqi（力）〔p. 536〕チカラ

450——第8章 音韻法則の例外

dʒi:《正義》	義	ギ	i^4
dʒiri	義理	ギリ	$i^4\text{-}li^3$
ɸu:dʒi	風儀	フウギ	$(feng^1\text{-}i^2)$
ku:dʒi《王府》	公儀	コウギ	$(kung^1\text{-}i^2)$
nandʒi《苦労》	難儀	ナンギ	$(nan^2\text{-}i^2)$
ri:dʒi《進物》	礼儀	レイギ	$(li^3\text{-}i^2)$
ʃu:dʒi《祝宴》	祝儀	シウギ	$(chu^4\text{-}i^2)$
tʃidʒo:《領地》	知行	チギャウ	$(chih^1\text{-}hsing^2)$

表 II

琉球漢字音	漢字	本土漢字音	シナ語北京音
tʃibjo:	仮病	ケビャウ	$(chia^3\text{-}ping^4)$
tʃi:《易》	卦	ケ	kua^4
tʃi:tʃi《景色》(口語)	景気	ケイキ	$(ching^3\text{-}ch'i^4)$
tʃi:ɸaku《傲慢》	軽薄	ケイハク	$ch'ing^1\text{-}po^2$
tʃi:(ɸitʃikabi)	罫(引き紙)	ケイ	kua^3
tʃi:ku	稽古	ケイコ	$(chi^1\text{-}ku^3)$
tʃi:dzi	系図	ケイヅ	$(hsi^4\text{-}t'u^2)$
-tʃiŋ(長さの単位)	間	ケン	$chien^1$
tʃimbutsi	見物	ケンブツ	$(chien^4\text{-}wu^4)$
tʃimbuŋ	検分	ケンブン	$(chien^3\text{-}fên^1)$
tʃimbuŋ	見聞	ケンブン	$chien^4\text{-}wên^2$
tʃinde:	見台	ケンダイ	$(chien^4\text{-}t'ai^2)$
tʃiŋ-jaku	倹約	ケンヤク	$chien^3\text{-}yüeh^1$
tʃinʃa(役名)	検者	ケンシャ	$(chien^3\text{-}che^3)$
tʃikku:	結構	ケッコウ	$chieh^2\text{-}kou^4$
tʃippaku	潔白	ケッパク	$chieh^2\text{-}po^2$
tʃiʃitʃi(文語)	景色	ケシキ	$ching^3\text{-}sê^4$
santʃi:	参詣	サンケイ	$(ts'an^1\text{-}i^4)$

第 8 章　音韻法則の例外——451

日葡辞書

Biŏqi～Beŏqı(病気)〔p. 53〕　Qetai(仮体)〔p. 489〕, Carinotai〔p. 57〕　Qexǒ(仮粧)〔p. 491〕

Qe(罫)〔p. 479〕

Qeiqi(景気)〔p. 482〕《景色》

Qeifacu(軽薄)〔p. 482〕

Qeico(稽古)〔p. 481〕

Qeizzu(系図)〔p. 483〕

[†]Icqen(一軒・一間)〔p. 329〕

Qenbut(見物)〔p. 484〕

Qenchi(検地)〔p. 485〕

Qendai(見台)〔p. 485〕

Qeccô(-na)(結構)〔p. 479〕

Qeppacu(潔白)〔p. 489〕

[‡]Qexiqi(景色)〔p. 491〕

Sanqei(参詣)〔p. 555〕

452──第8章 音韻法則の例外

ʃiːtʃiŋ	聖賢	セイケン	sheng⁴-hsien²
tatʃiː《他姓》	他系	タケイ	(tʻa¹-hsi⁴)
tutʃiː	時計 3)	（ト）ケイ	-chi⁴
	土圭 3)	トケイ	(tʻu³-kuei¹)

dʒibita	下卑た	ゲビ（た）	(hsia⁴-pei¹)
dʒiːnuː	芸能	ゲイノウ	(i⁴-nêng²)
dʒiniŋ《下男》	下人	ゲニン	hsia⁴-jên²
dʒimbuku	元服	ゲンブク	(yüan²-pu⁴)
dʒindʒuː《厳重。確かな》	厳重	ゲンヂュウ	yen²-chung⁴《重大な》
dʒiŋkwaŋ	玄関	ゲンクヮン	(hsüan²-kuan¹)
dʒita《表付きの》	下駄	ゲタ	(hsia⁴-tʻo²)
ʔindʒimmaːmi	隠元豆	インゲン（マメ）	(yin³-hsüan²)
nitʃidʒiŋ	日限	ニチゲン	(jih⁴-hsien⁴)
tʃidʒiŋ	機嫌	キゲン	(chi¹-hsien²)

〔※下線と‼はママ。これにはさらに欄外に Iitbo（日暮）(p. 365), Iitbot（日没）(p. 365),
るのに対して、「日限」は<u>ニチ</u>である意と推定される。〕

表Ⅲ

kiga《負傷。損害》	怪我	ケガ	(kuai⁴-wo³)
kindʒiː	硯水	ケンズイ	(yen⁴-shui³)
	間水	ケンズイ	(chien¹-shui³)
ʃikiŋ	世間	セケン	shih⁴-chien¹
gisi《下級官吏、平侍》	下司	ゲス	(hsia⁴-ssŭ¹)
kagiŋ	加減	カゲン	chia¹-chien³
tʃoːgiŋ	狂言	キャウゲン	kʻuang²-yen²《大法螺》

　表Ⅰを一覧すれば明らかなように、音の上では琉球漢字音と本土漢字音との
間には規則正しい対応関係が見出されるのに、シナ語北京音との間にはそれが
見出されないばかりでなく、現代シナ語に同じような漢字の組み合わせの見当

第 8 章　音韻法則の例外——453

Xeiqen（聖賢）〔p. 746〕

Toqei（土圭）〔p. 662〕

Gue（下ゲ）〔p. 293〕

Gueinô（芸能）〔p. 295〕

Guenin（下人）〔p. 295〕《従僕》

Guenbucu（元服）〔p. 295〕

Guengiû（厳重）〔p. 295〕

Guenquan（玄関）〔p. 296〕

Gueta（下駄）〔p. 297〕

Nichiguen（日限）!!〔p. 462〕〔※〕

Qiguen（機嫌）〔pp. 495–496〕

Iitguet（日月）(p. 365)の書き込みがある。同じ「日」でも、「日暮」ジッボなど促音であ

Qega（怪我）〔p. 480〕《失敗または不測の事態》

Qenzui（硯水）〔p. 487〕

Xeqen（世間）〔p. 754〕

Guesu（下衆）?〔p. 297〕《賤しい者》

Caguen（加減）〔p. 78〕

Qiǒguen（狂言）〔p. 502〕

たらないものが少なからずある。音形の上では、本土漢語（「歴史的仮名遣」は
その室町時代末以前の形を示唆する）が琉球漢語の祖形となったもので、その
逆ではないことが明らかである。のみならず、琉球漢語は本土漢語の古い意味

454——第8章　音韻法則の例外

を保持したり、あるいはそれを多少変化したりした例もある。故に、これらの
琉球漢語は近代シナ語から借用したものではなく、本土方言から借用したもの
と認められる。

　次に、表Ⅱに本土漢字音の「ケ」「ゲ」に対応する琉球漢字音が、ki, gi では
なく、tʃi, dʒi であって、従って例外的対応をなすものを列挙する。

　このような例外がいかにして生じたかを以下に考察するわけだが、これらの
例外的対応のさらに例外をなし、結果において正規の対応と合致するものが数
例ある。私の気づいたものは表Ⅲのようである。これらについては、さらにの
ちに論ずるであろう。

　上に列挙した本土漢字音の「ケ」「ゲ」に対応する音を含む琉球漢語が、音
の上でも意味の上でも本土漢語と密接な関係にあり、シナ語とは直接的な関係
のないことは明らかであり、かつ、「キ」「ギ」に対応する音を含む漢語の場合
と同様、本土方言から首里方言への借用語に違いないと考えられる。それでは
どうしてこのような例外的対応が生じたのであろうか。

　まず、これに関連して次の2つの点を指摘しておかなければならない。

　第1に、これらの漢語・漢字語は首里方言に断片的に見出される借用要素な
のではなくて、各漢字に琉球の字音(これを「琉球字音」と呼ぶことにしよう)
が結びつくという形で存在したらしいということである。『沖縄語辞典』には
次のような「新(新語)」と注記された「明治以降使われるようになった語」(凡
例 p. 92)がある〔該当頁を補った〕。

漢字	その歴史的仮名遣	首里方言の音	
寄留	キリウ	tʃirju:(p. 163)	(kirju:)
銀行	ギンカウ	dʒiŋko:(p. 602)	(giŋko:)
警察	ケイサツ	tʃi:satsi(p. 149)	(ke:satsi, ki:satsi)
月給	ゲッキフ	dʒittʃu:(p. 602)	(gittʃu:)
検査	ケンサ	tʃiŋsa(p. 160)	(kiŋsa)
県庁	ケンチャウ	tʃintʃo:(p. 159)	(kintʃo:)
戸籍	コセキ	kuʃitʃi(p. 341)	(kuʃiki)
		〔これには「新」の注記なし〕	

第 8 章　音韻法則の例外——455

　明治時代になると、首里方言には tʃi, dʒi のほかに ki, gi があり、長母音音節としては tʃi: のほかに ki:, ke: があるから、琉球の人々が上の諸単語の本土人の発音を模倣しようとしたのなら、上に（　）に入れたような発音は楽にできたはずである。それにもかかわらず首里人たちが（　）外のような発音をしたのは、本土方言の発音に頓着なく漢字の字づらを見て、自分たちの伝統的に持っている琉球字音で読んだからである。現に、上の tʃintʃo:（県庁）は「のち、kintʃo: というようになった」と記されている。また、

　　　月蝕　　　　　　gwaʃʃuku (p. 196)

などは、本土で「ゲッショク」と読むことに頓着なく、

　　　月 (gwatsi)　　蝕 (ʃuku)

という琉球字音を組み合わせて読んだものである。

　第 2 に注意すべきは、冊封、朝貢、久米村などのシナ関係の事物の名称までが、本土から入った琉球字音で読まれたことである。

　「冊封使」は sappu:ʃi と読まれ、これは本土漢字音「サッポウシ」から来たもので、シナ語の ts'ê⁴-fêng¹-shih³ とは関係がない。

　その乗船である「冠船」も kwaŋʃiŋ（＜クヮンセン）と読まれ、シナ語の kuan¹-ch'uan² とは異なる。おまけに ʔukwaŋʃiŋ と、本土方言の接頭辞「お（御）」に対応する ʔu-（「ウ」と発音）を付けてまで呼ばれた。

　「進貢船」tʃiŋkuŋʃiŋ、「接貢船」tʃekkuŋʃiŋ は、最初の 2 音節はシナ音を模倣したものだが、第 3 音節の ʃiŋ は、本土漢字音「セン」から来た琉球字音である。（上村氏はこの 2 語を上に引用した「解説篇」p. 22 で「中国から直接借用された語」としている。）これらの単語のシナ語北京音は chin⁴-kung⁴-ch'uan²（進貢船）、chieh¹-kung⁴-ch'uan²（接貢船）である。

　「聖廟」が ʃi:bju:（＜セイベウ）と読まれるのは完全な琉球字音で、シナ音は shêng⁴-miao⁴ である。これは驚くべきことである。

　久米村にある「啓聖廟」は tʃi:ʃimbju: で、シナ音は ch'i³-shêng⁴-miao⁴ であるから、それから来たように見えるけれども、第 3 音節がシナ音ではなく琉球字音であり、b の前に鼻音の発生する——厳密に言えば「残る」——例があるか

456——第 8 章　音韻法則の例外

ら、全体が琉球字音である可能性がある(服部 1978-79＝本書第 6 章第 6 回参照)。

　このように有力で頑固な琉球字音は、いつ、どのようにして成立したのであろうか。この点を考察するのに、上述の例外的対応——音韻法則の例外——が 1 つの手がかりを与えてくれると思う。

　ここではその証明を省略せざるを得ないが、琉球の首里方言は、日本祖語から分岐発達したのちに、少なくとも次の 3 つの段階を経過したものと考えられる。[　]の中は音声表記、／　／の中は音韻表記。

A 時代		B 時代		C 時代(現代を含む)
*ki[*ki]	→	[*ki]	→	[tʃi]/ci/
*ke	→	[*kʲi]	→	[ki]/ki/(以下[ki]と略記)
*gi	→	[*gi]	→	[dʒi]/zi/
*ge	→	[*gʲi]	→	[gi]/gi/

([k]は口蓋化した k で、[ki]は東京・京都方言の「キ」のように発音すればよい。[gi]も「ギ」と発音すればよい。)

これは、琉球諸方言と本土諸方言、特に奈良時代日本語とを比較研究することによって得た史的言語学的考察による結論である。

　この仮説に基づいて考察するに、上に例挙した琉球漢語は、「C 時代」に借用されたものではあり得ない。もしそうだとしたら、この時代には首里方言に ki, gi という音があるから、第 1 グループ(表 I)は、

　　kibjoː(気病)、……kiku(菊)、kimbjoːbu(金屏風)、……gaki(餓鬼)、……
　　giri(義理)、……ꜰuːgi(風儀)、……

という形で現れるはずであるし、第 2 のグループ(表 II)も、

　　kibjoː(仮病)、……kimbutsi(見物)、……kimbuŋ(検分、見聞)、……gibita
　　(下卑た)、……giniŋ(下人)、……gimbuku(元服)、……nitʃigiŋ(日限)、
　　……

という形で現れるはずだからである。

第8章　音韻法則の例外——457

　それでは、「A時代」に借用されたらどうなるかと言うに、第1のグループ
は現在の形で現れるであろうが、第2のグループはそうではない。なぜなら、

A時代		B時代		C時代(現代を含む)
*ke	→	[*k'i]	→	ki
*ge	→	[*g'i]	→	gi

という音韻変化が起こるので、A時代に琉球語に*ke, *geで受け入れられた本
土方言の「ケ」「ゲ」は、現代首里方言でki, giとなり、従って、第2のグル
ープは、

　　kibjo:(仮病)、ki:(卦)、ki:tʃi(景気)、……ʃi:kiŋ(聖賢)、……gibita(下卑た)、
　　gi:nu:(芸能)、giniŋ(下人)、gimbuku(元服)、……

となって現れるはずだからである。

　それでは、「B時代」ならばどうであろうか。この時代の琉球語には

[ķi]	と	[k'i]
[gi]	と	[g'i]

の音韻的区別があり、これらは大まかに言うと、母音は同じで、kとgの「口
蓋化」(palatalization)の有無の違いであるから、当時の琉球人の耳は子音の口蓋
化の有無に対しては非常に鋭敏になっているはずである。そこで、本土方言の
「キ」「ギ」は、現代はもちろんのこと、平安時代以降[ķi][gi]のような発音で
あったから、当然琉球語の[ķi][gi]で受け入れられる。次に、本土方言の
「ケ」「ゲ」は、西部方言、特に九州方言ではk, gがいろいろの程度に口蓋化し
ているから、当時もそうであったに違いなく、また、「B時代」の琉球語には
ke, geがなかったから、本土方言の「ケ」「ゲ」を琉球人は自分の[k'i][g'i]でな
く当然[ķi][gi]の方で模倣するはずである。このようにして、本土漢字音の
「ケ」「ゲ」を[ķi][gi]で受け入れるならば、現代首里方言の琉球漢字音形がで
きあがるわけである。

　比較歴史言語学の方法によれば、前述のように、「A時代」「B時代」「C時
代」がこの順序で続いたということは確言できるけれども、その各々が何世紀

458——第8章　音韻法則の例外

で、それぞれどれほど長く続いたかということは、確言できないのが普通である。ところが、非常に幸いなことに、1500年ごろは「B時代」であったことが確実にわかる文献がある。それは「語音翻訳」である。これは、朝鮮の申叔舟撰集するところの『海東諸国紀』(1471[成宗2]年)の原本にはなかったもので、1501(弘治14)年に至って追補された「琉球国」の地理国情に関する記事の末尾に付けられた琉球語の会話、語彙の記録で、わずか8ページほどのものであるけれども、「単音文字」である朝鮮文字ハングル(旧称「諺文」)で琉球語が書かれているため、琉球語音韻史にとって極めて貴重な文献である。

　実は、この文献については、故伊波普猷先生の詳しい研究がある。『金沢博士還暦記念東洋語学の研究』所載の「海東諸国記附載の古琉球語の研究——語音翻訳釈義」(伊波1932b)がそれである。しかしながら、ずっと以前にこれを一読した時には、ハングルによる表音法もそれに対する先生の解釈も非常に複雑な様相を呈していて、極端に言えば、カオスのような印象を受けたので、これは精密に研究しなおす必要があると長年思っていたのであった。ところがそれをよく見直していると、複雑、乱雑であるかのように見える記述の中に、だんだんはっきりした構造が見えてきたのである。ここはそれについて詳説する場所ではないので、他の論著4)に譲り、そこに記録されている琉球語が「B時代」のものであることを、はっきり示す数例を挙げるにとどめる。

「語音翻訳」		ハングル表記の ローマ字翻字	同左服部音声転写	現代首里方言
(7.5.)	衣服	ki-ru	[ḳinu]	tʃiŋ《衣服》
(5.1.)	月	cɐ-ki	[tsɯ̥ḳi]	tsitʃi《月》
(3.1. 等)	酒	sa-kii	[sakʼi]	saḳi《酒》
(5.4. 等)	路	mi-ci	[m̩itʃi]	m̩itʃi《道》
(7.9.)	手	tʼi	[tʼi:]	ti:《手》
(3.8.)	這箇	ku-rii	[kurʼi]	kuri《これ》
(8.2.)	鶏	tʼu-ri	[tʼuri]	tui《鳥》
(4.8.)	白日	pʼi-ru	[pʼiru]	ғiru《昼》
(6.5.)	蒜	pʼii-ru	[pʰʼiru]	ғiru《にんにく》

これによって、1500年ごろが「B時代」に属することは明らかになったが、その時代がいつごろまで続いたか、またいつごろから始まったかを、できれば明らかにしたい。

この点で役に立ちそうなのは、『華夷訳語』所収の「琉球館訳語」(1500年前後のもの)、『使琉球録』(1534年に来琉した冊封正使陳侃の著)、『音韻字海』(明の周鐘等の編[5])、『中山伝信録』(1719年に来琉した冊封副使徐葆光の著)という、漢字で琉球語を表記した一連の記録である。

これらの書が、それぞれの時代の琉球語を直接観察しそれを記録したものであったら、琉球語史にとって極めて貴重な資料となったであろうに、シナの著者たちが一般にそういう傾向を有するように、これらの書の著者たちも前著を引き写す傾向が著しいのは残念なことである。のみならず、これら4書のうちで他の3者に先行する「琉球館訳語」自身が「日本館訳語」と密接な関係において編纂されたことが明らかであって、両者において日本語と琉球語とを混同した例さえある(服部1978-79＝本書第6章第11, 12, 13回参照)。従ってこの両書は別々に研究することができない。両者を比較しつつ徹底的に分析的総合的研究を行なう必要がある。

しかしながら、本土方言の「キ」「ギ」「ケ」「ゲ」に対応する琉球語音節の『華夷訳語』における漢字を精査したところ、その琉球語は「B時代」のものと認められることが明らかとなった(服部1978-79＝本書第6章第9回参照)。

しかるに『中山伝信録』には

対応の本土方言形

22 垣	仝止	カキ
29 水注	関子磁之	ミヅツギ
31 畫	夷夷咯之	エカキ

という例が見え(服部1978-79＝本書第6章: 第9回参照)、これらは、1719年にはすでに

$$ki \quad \rightarrow \quad t\text{ʃ}i$$

という音韻変化が完了していた、すなわち「C時代」に入っていた証左と見る

460──第 8 章　音韻法則の例外

ことができる。

　実は、『音韻字海』にも

　　47 跪　　　匹舍蠻資之(本土方言の「ヒザマヅキ」に対応)

という例が見え⁶⁾、これは「琉球館訳語」の

　　47 跪　　　非撒慢都及(『使琉球録』は、△△△△急〔非撒慢都急 の意〕)

を書き換えたものである。この「之」は「己」の誤写である可能性も皆無では
ないが、『音韻字海』が琉球語の[ki]を表わすために用いる字は、

　　急　　11 回
　　及　　 2 回
　　旗　　 1 回
　　乞　　 2 回

であって、「己」の字はこの書にも『華夷訳語』や『使琉球録』にも 1 回も用
いられず、『中山伝信録』に至って 1 回用いられた例があるだけだから、上の
「之」が「己」の誤写である公算は非常に小さい。もし「之」が誤字でないな
らば、16 世紀末にすでに「C 時代」が始まっていたということになるのであ
る。

　琉球側の文献でこの点を確かめ得るものはないかというに、まず第 1 に挙げ
られるべきは『おもろさうし』である。この書は琉球の『万葉集』と言われた
ことがあるけれども、むしろ神歌集とも言うべきもので、1554 首(重複を除け
ば、実数は 1248 首)の歌が、わずかの漢字を混じえつつ、主として、変体仮名
を含む平仮名で表記されている。その結集は次の 3 回にわたって行なわれた。

　　第 1 回　　1531 年　　第 1 巻
　　第 2 回　　1613 年　　第 2 巻
　　第 3 回　　1623 年　　第 3 巻より第 22 巻まで

奥書きには、大清康熙 49 年(1710 年)7 月 3 日の日付がある。仲原善忠・外間
守善編『校本おもろさうし』(1965)の外間守善氏の解説によると、1709 年の首

里城火災のために王府の原本が焼失したので、その翌年の奥書きの日付で、具志川本を台本にして書き改めさせたもので、現存の諸本はそれ以前にはさかのぼらないということである。1710年はもう「C時代」に入っていたと考えられるので、この書の仮名遣を研究するときには、このことを念頭に置いていなければならない。

　さて、1978（昭和53）年9月30日の那覇市における法政大学沖縄文化研究所の創設6周年記念講演において、私は次のような趣旨のことを述べた。

　仲宗根政善氏の研究「おもろの尊敬動詞「おわる」について」（仲宗根1976）によって次のことが明らかとなった。すなわち、この動詞の弱まった尊敬補助動詞が他の動詞に接尾する場合に、4段、カ行変格、サ行変格、上1段、の活用の動詞には、

　　敷_しき、継_つぎ、差_さし、打_うち、ふさ（栄）、とよみ（鳴響_と）、取_とり、ち（来）、し（為）、み（見）

のような連用形に「よわる」が接尾し、下1段活用の動詞には、

　　開_あけ、掛_かけ、寄_よせ、さうぜ、立_たて、撫で、揃_{そろ}へ（～そろい）、治_{ひぢ}め、歓_{あま}ゑ、生_{うま}れ、呉_くれ、降_おれ、群_ぶれ

のような連用形に「わる」が接尾する、というのである。これは、私の観点から言うと、非常に重大な発見だと思う。もし平仮名が「B時代」に本土から借用されたのだとすると、前述の漢字音の場合と同様、当時の琉球の人々には、本土人の読む「き」も「け」もともに[ki]と聞こえて、「き」の仮名と「け」の仮名との混用が最初から起こっているはずである。仲宗根氏の指摘された仮名の遣い分けや、『おもろさうし』に一般に「け」を「き」と書き誤る例が少ない点から考えると、平仮名は「B時代」ではなく「A時代」に本土から借用されたものに違いないと言えると思う。浦添城主英祖の時代の1265年に渡来した禅鑑という僧が仏教と文字をもたらしたと言われているが、そのときに平仮名が入ったのだとすると、13世紀の半ば過ぎは、正に「A時代」だったと言うことになる。浦添は首里に近く、その方言は、遷都とともに後の首里方言

462──第8章　音韻法則の例外

へとつながっていった方言であろうと考えられるからである。

　ところが、『おもろさうし』の第1巻が結集された1531年は明らかに「A時代」ではなく「B時代」だし、第2回、第3回の結集の行なわれた1613年、1623年となると、ますます「A時代」から遠ざかるが、それにもかかわらず、「け」の仮名が──私には説明可能と考えられる部分的な例外を除き──「き」と書き誤られることがないのは、次のように説明することができる。

A時代			B時代	
き	*ki[ḳi]	→	き	[ḳi]
け	*ke	→	け	[kʲi]
く	*ku	→	く	[ku]
こ	*ko	→	こ	[ku]

　すなわち、「A時代」に、「き」という仮名と *ki という琉球音とが結びつき、「け」という仮名と *ke という琉球音とが結びつくと、その後琉球語において「A時代」から「B時代」への音韻変化が起こっても、琉球語では「き」の仮名が[ḳi]と読まれ、「け」の仮名は[kʲi]と読まれ、その上に[ḳi]と[kʲi]とは音韻としてたがいにはっきり区別されているのだから、「け」の仮名と「き」の仮名の混用はないわけである。

　ところが、上述の仮説が正しいとすると、「A時代」に「く」の仮名が *ku という琉球音と結びつき、「こ」の仮名が *ko という琉球音と結びついても、「B時代」になると、琉球語では *ku と *ko が合流して同音の[ku]となるから、「く」も「こ」も琉球語では[ku]と読まれることとなり、従って、「B時代」になると、「く」と「こ」の混用が始まるはずである。一般に「ウ段」の仮名と「オ段」の仮名との関係についても同じことが言える。果たせるかな、『おもろさうし』には、次のような仮名遣の動揺が見掛けられる。

　　くだか（久高）〜くたか〜こだか
　　くち（口）〜こち
　　くに（国）〜こに
　　こめす（米須）〜くめす

うち(内)～おち

うまれ(生)～おまれ

おび(帯)～おひ～うひ

私の仮説に従えば、さらに次のことが言える。

A 時代		B 時代		C 時代
き *ki	→	き [ƙi]	→	[tʃi]
ち *ti	→	ち [tʃi]	→	[tʃi]

すなわち、「き」の仮名と「ち」の仮名の混同は「C 時代」でなければ起こらないことになる。従って、

ちりさび(塵錆)～ちりさひ⇒き̆りさへ̆(1 例)

くち(口)　→　は-く̆き̆(歯口)(1 例)

みち(道)　→　おい-み̆き̆(上道)(2 例)

のような誤用は「C 時代」のものということになる。仲原善忠・外間守善編『校本おもろさうし』(1965)によると、これらの誤用は諸本が一致しているから、1710 年の書き改めのときの原本、具志川本にすでにあった可能性もある。とにかく 1710 年はもう「C 時代」に入っていたものと見てよいであろう。『おもろさうし』にはそのほかにも「C 時代」的な表記が時々見掛けられるから、ほかの文献の研究によって、「C 時代」がいつごろ始まったかを明らかにする努力をすると同時に、『おもろさうし』そのものの表記法を精密に研究する必要がある。

　大体上のように述べたのだが、今にして思えば、この考察にはまだ十分精密でない点があったと思う。

　なるほど『おもろさうし』には「B 時代(以降)」でなければ生じ得ないような仮名の混用例は少なからずある。

464——第8章　音韻法則の例外

きも（肝）		1巻 3例、他巻 92例
きむ（肝）		他巻 22例
ふゆ（冬）		他巻 1例
ふよ（冬）		他巻 6例
よかる（良かる［語頭の例のみ］）		1巻 3例、他巻 84例
ゆかる（　〃　　　　〃　　　）		他巻 12例
くに（国［独立語としての例のみ］）		1巻 2例、他巻 26例
こに（国［「あんじおやこに」の例］）		14巻 1例
うまれ（生まれ）		他巻 4例
おまれて		3巻 1例
の（格助詞）		無数
ぬ（　〃　）		他巻 3例
も（格助詞）		多数[7]
む（　〃　）		多数[7]
よ（格助詞）		無数
ゆ（　〃　）		1巻 1例

などのように、伝統的な書き方（正書法のようなもの）が大体決まっている中で、誤用がときどき、あるいはちらほら見かけられるという傾向が著しい。「くすく」（城）の用例はそれこそ無数と言ってよいのに、「こすく」などと書いた例は1つもない。また「こかね」（金）の例は非常に多いのに、「くかね」と書いた例は1つもない。

　このような全体的情勢の中にあって、次のような事実が認められることは、注意を要する。すなわち、

ちよわい（来給い）	16巻 1例
ちよわちへ（来給いて、居給いて）	1巻 1例、他巻 58例
ちよわちへからは（来給いてからは）	5巻 1例
ちよわちへからわ	5巻 1例
ちよわちやれ（来給いたれ）	15巻 2例
ちよわちゑ（来給いて）	5巻 2例

ちよわは(居給えば)	21巻 1例
ちよわめ(居給わん)	5巻 1例
ちよわやれ(居給い)	12巻 1例
ちよわより(居給い)	2巻 1例
ちよわよる(居給う)	9巻 2例
ちよわる(居給う)	1巻 6例、他巻 78例
ちよわれ(居給え)	1巻 14例、他巻 101例
ちよわれは(居給えば)	他巻 5例

のような例がある一方、次のような例がある。

きより(来居り)	他巻 7例
きよりてゝ(来居りてゝ)	13巻 1例
きよる(来居る)	他巻 2例
おひきよる(追い来おる)	12巻 2例
おひきよれ(追い来おれ)	12巻 2例

仲宗根政善氏は前述の論文(p. 77)で次のように述べている。

おもろでは、「き」はまだ「ち」に法則的に変化していないが、カ行変格の連用形「き」におわるがつくとき、「ちよわる」となり、極めてまれな例になっている。「ちよわる」は、おもろに多く用いられていて、「来給う」「行き給う」の意味のほかに、「居給う」の意味にも用いられる。むしろその用例が多い。

【「いらっしゃる」は《来る》《行く》《居る》の敬語であるが、「ちよわる」はそれと同じ意味を持っているようである。】

この事実から私の到達する仮説は次のようである。

本土方言の動詞「来る」の連用形に対応する琉球語の連用形 *ki(A時代の形。母音の長さはしばらく考慮外におく)を、日本語の例に倣って琉球語でも「き」と表記する習慣が「A時代」から始まって、「B時代」を通じて行なわれ、「C時代」になって ki が tʃi に変化したにもかかわらず

466——第8章　音韻法則の例外

存続したが、一方《いらっしゃる》を意味するようになったために「きよる」《来る》との意味的関係が薄れた「きよわる」という合成動詞は、「C時代」になって発音通り「ちよわる」と表記して「きよる」《来る》と区別する習慣が確立した。

『おもろさうし』に見られる上述のような表記法は正書法に近いもので、誤写ではない。故に、それは1710年の書き改めの時に生じたものではなく、1613年、1623年の第2回、第3回の結集の際にすでに存した正書法に違いない。そしてそのような正書法はそう急には成立し得ないと考えられるから、さきに『音韻字海』によって推定したように、「C時代」はおそくとも16世紀末には始まっていたものと考えられる。

それでは第1回結集の1531年はどうかというに、「語音翻訳」の1501年からあまり遠くないから、まだ「B時代」だったのではないかと考えられる。上に示したように、第1巻にも「ちよわちへ」が1例、「ちよわる」が6例、「ちよわれ」が14例見えるのは、後から仮名遣を統一したものであろう。

ちなみに、1531年に第1巻が結集されて、その後80年以上もなおざりにされていたかに見える『おもろさうし』が、急遽1613年、1623年に結集を完了されたのは、どういう理由によるのであろうか。1609年には島津の琉球侵入があった。この未曽有の国難に際会して、敵軍の早期退散を祈願しつつこの神歌集は結集されたのではないか、というのが私の推定である。元が高麗に侵入したとき、高宗が蒙古軍退散を祈願して「八万大蔵経」の8万枚の板木を彫らせたというが、それは現在でも韓国慶尚南道陜川郡伽耶山海印寺に、幅約5メートル、長さ40〜50メートルもあろうと思われる大きな建物2棟にぎっしり収蔵されて、人々を驚かせている。『おもろさうし』の結集も、1つのすばらしいレジスタンスと見るとき、その研究にも新しい視野が開けてくるのではないかと、私は思う。

なお、仲原善忠・外間守善『おもろさうし　辞典・総索引』(1967)には次の2つの接尾辞が見える。

　－きよ〈－人〉
　－こ〈指小辞、接尾美称辞〉

しかし、私は、この両者は同じ記号素(形態素)であろうと思う。前者はその直前に母音iがあるときに現れ、後者はそうでないときに現れて、補い合う分布をなす。(少しの例外は説明できる。)かつて外間守善氏に、助詞「-ぎゃ」と「-が」の違いについて質問を受けたとき、前者は直前に母音iがあるとき、後者はそうでないときに現れるから、同じ助詞であろうとお答えしたことがあるが、上の「-きよ」と「-こ」もこれと並行的な分布をなしている。故に「-きよ」も、恐らく「-こ」と同じ〈指小辞、接尾美称辞〉——少なくとも同じ記号素(形態素)——とすべきものと考える。私に従えば「あまみこ」については次のような音韻変化が起こった。

現代首里方言で《人》を意味する単語がttʃuであるところからして、「あまみきよ」の「きよ」も《人》と解するのは当らないのではないか。『おもろさうし』の「-きよ」という正書法は、それが「A時代」の「-こ」にさかのぼり、「-と」にさかのぼるのではないことを示している。

『おもろさうし』は上述のように1710年以前の写本が現存しないので、研究にいろいろの困難があるが、碑文の類はそのままの形で現存し——今次の戦争で隠滅したものもあるが——、年代もすべてはっきりしているので、好個の言語資料である。ただ、内容的に同種類のものが多く、従って語彙も豊富ではないが、散文なのでその点で興味がある。これを見ると、和文に琉球語の単語を混ぜた書き言葉が行なわれていたことがわかる。1例として、有名な「崇元寺下馬碑」(1527年)について説明しよう。

　　但官員人等至此下馬　　　　　　　　　(裏文)
　　あんしもけすもくまにてむまからおれるへし　(表文)

「あんし」は「按司」とも書き、現代首里方言でʔandʒiまたはʔadʒiと言い、大名のこと。「けす」は「下司」とも書き、首里方言のgisi《平侍、平役人》に

468——第8章 音韻法則の例外

対応する。「くま」は《ここ》を意味する琉球語で、「A時代」ならば「こま」と
あるべきものだから、この碑が正に「B時代」のものであることを示している。
「にて」は日本語であって、現代首里方言では 'uti という。「むま」は当時の日
本語の表記法を取り入れたもの。現代首里方言形から推すと「うま」とあるべ
きである。『おもろさうし』にも「うま」とのみある。「から」は和文ならば
「より」とあるべきだが、琉球語が混入したもの。「おれる」は日本祖語の
*'ərəi- に対応する琉球語だから「おりる」とはならない。「A時代」には
*ʔoreru であったはずで、「おれる」はその琉球音に基づいて成立した正書法。
「べし」は和文の助動詞。このような短い文の中にも、極めて興味のある多く
の情報が盛り込まれている。上の碑文を、「語音翻訳」等によって再構される
「B時代」の発音で表記してみると、次のようになる。

ʔandʒi-mu gʼisɯ-mu kuma-niti mma-kara ʔurʼirũ-bʼiʃi.

これらの碑文に繰り返し現れる1つの疑問とすべき単語について、私見を述
べておこう。

とりのへ(酉の日)		真珠湊碑文(1522年)
〃	〃	国王頌徳碑(1543年)
〃	〃	やらさもりくすくの碑文(1554年)
ミ の へ(巳の日)		浦添城の前の碑文(1559年)

ここに「へ」と記されている単語は、他の言語資料では次のような形で現れる。

ひ [8]	『おもろさうし』
pʼi:	名護市字久志方言
hi	奄美大島大和浜方言
pi(甲類の「ヒ」)	奈良時代中央方言

故に、「B時代」の琉球語碑文には「ひ」として現れるべきものである。

この例外的表記に関する私の仮説は次のようである。「とりのへ」「みのへ」
というのは、日本語からの借用語に違いない。当時の日本語の「ヒ」の標準的
発音は[ɸi]であった。これを模倣すべき当時の琉球音は[pi](ひ)と[pʼi](へ)で

あったが、琉球の人々は日本語の[ɸi]を[pi]よりもむしろ[pʻi]と聞いたのである。

さて、私見によれば、「B時代」は一種の過渡期であって、そう何百年も続き得ないものと思う。下限が16世紀末だとすれば、上限は恐らく1400年前後ではなかろうか。

前述のように、浦添城主英祖の時の1265年に禅鑑が仏教と文字をもたらしたというが、そのころは「A時代」であったに違いない。

その後、察度の時に、1365年に、京都仁和寺の末寺である薩摩の坊津〔今の南さつま市〕の龍厳寺一乗院から頼重法印が来琉して、1395年に波上に護国寺を創建した。

しかし、琉球における仏教発展の基礎は、尚泰久王のときに築かれたと言ってよく、京都瑞龍山南禅寺の僧芥隠が1450年に来琉したのを尚泰久は重んじて、その教えを受け礼遇し、数多くの寺を建立した。その後、1477年から1526年まで在位した尚真王は、円覚寺を1492年に起工、1494年に竣工し、芥隠をして開山せしめた。この時代には本土から名僧知識が多く渡来し、円覚寺は、仏教のみならず、和学漢学の中心となり、僧侶たちは上流師弟の師匠となった[9]。

1609年島津侵入後も、泊如竹が1632年に来琉し、3か年滞在して子弟を教育したが、この時代は明らかに「C時代」に属する。

琉球漢字音は、前述の如く、本土の「ケ」「ゲ」に対してtʃi, dʒiを有する点で、「B時代」に入ったに違いないと考えられるが、その他の諸特徴（「オ」の長音の開合の別やkwa, gwaを有する点など）から見ても、この時代に入ったものとして支障を来たさない[10]。1500年前後が「B時代」の最盛期と考えられる点よりしても、芥隠師の時代と、それに続く尚真王の円覚寺時代が、琉球漢字音が本土から借用された時代として、最も蓋然性が高いと私は考えるのである。

このように考えると、表Ⅲに挙げた「間水」「下司」「加減」等々の、例外の例外をなす単語は、「A時代」か「C時代」かに借用されたということになる。「下司」の如きは、崇元寺下馬碑に「けす」の形で現れているから、「C時代」

470——第 8 章 音韻法則の例外

でなく「A 時代」の借用語であることが実証されているわけである。tʃoːgiŋ（狂言）が「A」「C」いずれの時代の借用語であるかを明らかにすることは、琉球文化史に 1 つの寄与をなすこととなるであろう。

なお、1 つの興味ある事実について述べておきたい。沖縄では、明治初年の「琉球処分」「廃藩置県」のときから日清戦争が終わるまで、政治その他の面で「頑固党」（親支派）と「開花党」（親日派）とが対立し、はげしい抗争が続いた。前者は gwaŋkutoː 後者は kaikwatoː と読まれたが、前者が純粋の琉球漢字音であるのに対し、後者の「開」はそうではない。「開」の琉球漢字音は keː であるはずである（geː［害］、tukeː［渡海］、-keː［階］などを比較）。「開」を kai と読むのは明治の本土音を新しく取り入れたのである。首里方言では、過去において

　　　ai　→　eː

という音韻変化が起こったけれども、一方では

　　　ari　→　ai

という音韻変化も起こって（たとえば、jari《槍》→jai、pidʒari《左》→ɸidʒai）、明治時代の琉球の人々は、本土音の kai を容易に真似することができたわけである。「開花党」の人々が自らを keːkwatoː と呼ばずに kaikwatoː と呼んだのは、当然と言えば当然だが、そこに「開花」「進歩」の精神が現れているように、私は感ずる。

最後に付言したい——と言ってもこれは重要なことであるが、本土では、平安時代の訓点資料、室町時代の抄物など、漢学関係の資料が極めて豊富なのに、琉球ではこれに対応する資料があるということを、私は寡聞にして聞かない。その種の文献を探すこと、もし存在しないとすればなぜに存在しないか、その原因を研究することが今後の大きい課題であると、私は思う。

注
1)　（p. 440）印欧語比較言語学では、次のような印欧祖語形を再構する例がある。
　　　*bhrátor-（また *bhráter- とも）
　　　*pətér-
　　参照、Alois Walde（1927–32）。

第 8 章　音韻法則の例外——471

2) （p. 447）上村氏は nuʀkuu, saakuu, poopoo のように音韻記号を用いて表記しているが、本章ではそれらをすべて簡略音声記号に書きかえる。

3) （p. 452）『日本国語大辞典』〔初版〕（14 巻 p. 612）には次のようにある。

と - けい【時計・土圭】〔名〕①時間をはかり、また、時刻を示す機械。西洋では、太陽の動きによって時間を測定する日時計から始まり、水時計、砂時計、火時計などを経て、現在の機械時計になった。日本では、古くはもっぱら漏刻（ろうこく＝水時計）が使用されていたが、16 世紀後半、西洋から機械時計がはいるに及んで、日本の時刻制度に基づく和時計が作られた。〔中略〕②（土圭）土地の方向・寒暑・風雨の多少あるいは時間などを、その日影によって測定する器具。＊菅家文草-七・清風戒寒賦「土圭景急、……」〔中略〕語源説(1)土圭がもと。土圭は中国周代の緯度測定器で、後に日時計として用いられた〔国語学叢書＝新村出〕。〔下略〕

『沖縄語辞典』には次のようにある。

tucii(0)（名）時計。なお、首里城には砂時計式のものと日時計式のものとがあった。

4) （p. 458）服部（1978-79 ＝ 本書第 6 章: 第 7, 8, 11, 12 回；1979a）など。

なお、伊波普猷先生が、前述の論文で『李朝実録』「燕山君日記」を調べられて、1501（弘治 14）年の初に琉球国史臣が約 3 か月も滞在し、成希顔が接待係となったことを明らかにされたが、琉球側の正史にはこの事件に対応する記事がない。あるいは『歴代宝案』にその記事がないかと岩生成一会員にお尋ねしたが、あいにく、同文献は、1500 年前後が欠本となっていることが明らかになった。また、小葉田淳会員から琉球貿易関係の御論文を頂いた。そのうち「琉球・朝鮮の関係について」の p. 244 に、燕山君日記巻 39、巻 40 によって、1500（燕山君 6）年に琉球国王尚眞より正使梁廣・副使梁椿を遣わし、1499（弘治 12）年 7 月 17 日付の咨文を送って、円覚寺のために大蔵尊経全部を求請したいきさつが述べられている。

5) （p. 459）東条操編『南島方言資料』（1930）附録 p. 3 には、「新村博士は萬暦初年【同元年は 1573 年】を下るまいと云はれてゐる。」とある。仲原善忠氏は『仲原善忠全集』第 2 巻 p. 133 に「1573 年頃」と注している。

6) （p. 460）東条操『南島方言資料』の校異 p. 4〔附録 p. 4 も参照〕によると、類書の『篇海類編』『海篇正宗』にも全く同じ字が用いられている。

7) （p. 464）「の」の例が無数、「ぬ」の例が 3 例、「よ」の例が無数、「ゆ」の例が 1 例、に対して、「も」の例、「む」の例がともに多数であるのはなぜか。現代首里方言で「の」「ぬ」に対応する格助詞は /-nu/ であり、「よ」「ゆ」に対応するそれは、文語形ではあるが /-ju/ であるのに対し、「も」「む」に対応するそれは弱化した /-ɴ/（[-ŋ]など）である事実と、それは関係があると思う。すなわち、この助詞は、「A 時代」にすでに弱化が始まり、*mo～*mu という交替が存したものと思う。

8) （p. 468）ただ 1 例「あやへかさ」（綾日傘）というのが見えるが、これは前後の母音 a に同化して「ひ」が「へ」に変化したものか。

9) （p. 469）小葉田淳『中世 南島通交貿易史の研究』（1968: 10）には次のようにある。

琉球に佛教の入つた由來は久しきものなるを傳へるが、其大いに興隆せるは國

472——第8章　音韻法則の例外

家の勃興と揆を一にして三山統一以來であらう。察度の時代僧頼重法印本土より渡航して、波上山護國寺の開基となつたといふ。其後尙泰久の時京都の高僧芥隱渡來して王の尊信を受け、廣嚴・普門・天龍三寺を創め、後尙眞の代圓覺寺を創建した際にも開山第一祖となつた。圓覺寺の住持中には本土より渡來せる高僧多く、三世の不材一樗・八世の檀溪全叢・十三世の春蘆の如き是である。永正年間【1504-1521年】に琉球にて上下の信仰を集めた月秀も本土の僧であるといふ。明應三年【1494年】春桂庵玄樹が薩摩の桂樹庵に在りし時、同席會談したる董典藏は琉球に渡つて十年を經たる僧なりといふ。^{島影漁}_{唱下}

比嘉春潮『新稿 沖縄の歴史』(1970: 129)には次のようにある。

　　円覚寺その他の建築様式は大体日本本土のそれと同じく、また沖縄の寺々に蔵する経典は主として朝鮮から来たものであり、そしてここで法を説く僧侶の多くは日本本土から渡来している。まことにこの時代の沖縄の国際的地位を示すものといえよう。その上、仏教はもっぱら王家の殊遇を受け芥隠などは政治外交の枢機にさえ参画する地位にあった。

また、比嘉春潮『沖縄文化史』(1963 = 比嘉春潮全集第1巻 p. 535)には次のようにある。

　　この時代【尚眞王の時代】は日本本土からの名僧知識が渡来して沖縄の仏教界学問界に大きな影響を与えた。一五二二年渡来の日秀上人もその一人である。彼はもと紀州の真言宗智積院の住職であったが、日本六十余州を巡って後、沖縄に渡り国頭の金武（きん）に上陸し、千手院を創め後那覇に来て護国寺に住み、尚眞の知遇を受けた。

10)　(p. 469)この時代の琉球語を記録したと考えられる「琉球館訳語」に、次のような極めて興味ある語例がある。

　　　　　　　　　　　　　　　　　　　　日葡辞書

　　40 大明帝王　　　大苗倭的每　　Daimið(大名)〔p. 179〕
　　41 大明人　　　　大苗必周
　　48 大朝　　　　　大苗
この「苗」の字は、シナ人が、
　　12 明年　　　　　苗年　　　　Miðnen(明年)〔p. 409〕
　　13 〃　　　　　　 〃

のように /mjau/ という琉球音を表わすために用いたもので、「明」の字を /mjau/ と読む琉球漢字音は、当時の本土漢字音「ミヤウ」から来たものである。現在我々は「明国」を「みんこく」と呼ぶが、明と盛んに交通していた当時の琉球の人々が、明を miŋ と呼ばずに mjau と呼んでいたことは、文化史的に見て注意すべきことで、それは同時に、本土から借用された琉球漢字音が琉球語において確固とした地位を占めていたことを示唆するものであると思う。

初　出

「音韻法則の例外——琉球文化史への一寄与」『日本学士院紀要』36(2): 53-77、1979年。

第9章　やま、もり、たけ

これらの単語の意味を『大日本国語辞典』(1966)は次のように記述している。

やま(山)　(1)陸地の一部、附近の土地より隆起せるもの。山岳。(2)特に、近江国比叡山、又、そこにある延暦寺の称。【中略】(5)山陵、陵墓。【下略】(p. 2196)

もり(森)　(1)樹木の叢り立ちたる處。(2)特に、神社のある地の、木立ある處。(p. 2163)

たけ(嶽、岳)　高く大なる山。高山。(p. 1297)

ここにあてられている漢字の意味を『辞源』は次のように記述している。

山　(1)陸地上隆起之部分也。【中略】(2)墳壠曰山。(3)蠶簇曰山。故謂蠶上簇曰上山。【下略】

森　(1)木多貌。(2)盛也。

嶽　(1)山高而尊者曰嶽。五嶽。華山、泰山、嵩山、恆山、衡山也。

岳　與嶽同。

これらの辞書の記述は、「やま」の(2)(5)、「山」の(2)(3)など特殊な意味を除き、我々の"常識"、すなわち、共通語におけるこれらの単語の意味と合う。(ただし、「たけ」は、少なくとも私(三重県亀山市出身)の方言では、日常用いる単語ではない。)そして、日本語の「やま、もり、たけ」の意味とシナ語の「山、森、嶽(岳)」の意味とが、上の2つの辞書に関する限り、ほぼ一致する点が注意される。

それでは、これらの単語は日本語のすべての方言で同様な意味を持っているのだろうか。東条操先生の『全国方言辞典』(1951)には次のようにある。

474——第9章　やま、もり、たけ

やま　(1)暗礁。常陸(常陸補遺)・茨城県稲敷郡。(2)墓場。壱岐。(3)山車。
　　　だし。大阪(浪花聞書)・岩手県和賀郡・宮城県登米郡・佐渡・富山県福
　　　野地方・福井県敦賀・岐阜県大垣・島根県安濃郡・山口県浮島・大分・
　　　佐賀県唐津。(4)眉。まゆ。常陸及び上総(物類称呼)・茨城県新治郡・千
　　　葉。(5)狼。美濃。(p. 831)

もり　(1)小高い土地。小丘。津軽・秋田。(2)神社。静岡県川根地方・愛知
　　　県北設楽郡・飛騨。(3)舟だま様を祀ってある場所。愛媛県温泉郡。(p.
　　　816)

たけ(嶽)　なし

だけ　崖。がけ。兵庫県美嚢郡・香川県小豆島・徳島県美馬郡・愛媛県青
　　　島・岡山県邑久郡・山口県玖珂郡・大分・長崎。(p. 507)

たき　(1)山。南島石垣島。(2)山腹の急傾斜地。熊本県球磨郡。(3)崖。断崖。
　　　徳島県祖谷地方・高知・石見鹿足郡日原・隠岐・壱岐。　だき　愛媛・
　　　大分・長崎。(p. 506)

ところが、同先生の『南島方言資料』(1969: 6)には、

	首里	大嶋	国頭	宮古	八重山
《岡》	ムイ	ウカ	ムイ	ムミ / ムミタツ	タカで / ムゞ
《林》	ヤマ		ヤマ	ヤマ	ヤマーマ

とあって、琉球方言では、「やま」に対応する単語が《林》の意味を、「もり」に
対応する単語が《岡》の意味を持っていることがわかる。

宮良当壮氏の『八重山語彙』(1930)の乙篇にも次のように見える。

《山》　ヤマ[jama](土地の高低平坦等によらず、すべて樹木の繁茂せる所。
　　　ヤは物の密集せる意。マは場所を示せるものなるべし)。(石垣、白保、
　　　竹富、小濱、鳩間)。
　　　　土地の隆起せる意味の山岳――(1)タキ[tak'i]。(石垣、小濱、鳩間)。
　　　(2)タギ[tag'i]。(與那)。(p. 194)

《森》　(1)ダーマ[da:ma](ヤマの轉)。(與那)。(2)ヤマ[jama](樹木の密集せ
　　　る所の義)。(石垣、白保、竹富、小濱、鳩間、新城、波照)。(3)ヤマー

[jama:]。（平得）。(p. 110)
　《岡》　(1)タッカキャ[takkak'a]（高き方の義）。（黒島）。(2)ムラック[murak-
　　ku]（土の盛り上りたる所の義）。(3)ムリ[mur'i]。（竹富、鳩間）。(4)ムリ
　　ィ[muri]。（石垣、平得、白保、小濱、新城、波照、與那）。(5)ムリッコ
　　[mur'ikko]。（與那）。(6)ムリッコッティ[mur'ikkott'i]。（與那）。(p. 131)
　《林》　(1)ヤマ[jama]（石垣、白保、竹富、鳩間、小濱、黒島、新城、波
　　照）。(2)ヤマー[jama:]（石垣、平得）。(3)ヤーマ[ja:ma]。（與那）。(4)ヤマ
　　ーマ[jama:ma]（小山の義）。(p. 40)
　《嶽、岳》　タキ[tak'i]。(p. 168)

　仲宗根政善氏の調査(1959[昭和34]年6月私の手許に送付)によると、宮古の多
良間島字塩川の方言(下地朝勝氏)では

　　[jaˉma]《山。林。》
　　[muˉｌ]《丘。小高くなった所。木がなくてもいう。》

であり、宮古の伊良部長浜の方言(下地武氏)では

　　[jaˉma]《山。》
　　[muˉｌ]《丘。小高いところ。杜にもいう。》

となっている。
　また、仲宗根政善氏ご自身の故郷沖縄島国頭郡今帰仁村字与那嶺の方言では

　　[˩jamaˉ:]《山》
　　[ˉmui]《丘》

となっている。
　国立国語研究所『沖縄語辞典』(1963)は、首里方言について次のように記述
している〔適宜 / / や《 》等が加えられている〕。

　　/'jama(0)/ 林。山野。山林。やま。樹木が多く茂っているところをいう。
　　　しかし平地の林はほとんどないので、/'jama/ といえば山林である。山
　　　岳の意の山には /mui/ という。/~ ʔAQCUN/《山仕事をする》。(p. 275)

/mui(1)/［森に対応］丘。山。土が盛り上がって高くなっているところ。/ʼjama/ は林を意味する。/saɴ/ はそびえて山らしい地形をしたもの、/taki/ は拝所のある山をいう。(p. 388)

/saɴ(0)/ 山。地形が山形に高くなっているところ。/ʔanu muee ~ natooɴ/《あの丘は山になっている》。(p. 457)

/takaʑaɴ(0)/ 高い山。(p. 507)

/taki(0)/ 岳。主として拝所 /ʼugaɴzu/ のある山をいう。拝所のある山は敬って /ʔutaki/ ともいう。(p. 507)

/takimui(0)/ 山岳。(p. 508)

　1955(昭和30)年の10月から12月まで3か月間、琉球大学で講義をした折、沖縄島等の諸方言をスワデシュ(Swadesh)の200余の単語を中心として調査することができた[1]。この調査に際し、woods《林》と mountain《山》に対して被調査者(敬称略)の反応した単語は次のようである。

	《林》	《山》
国頭村辺野喜(金城親吉)	˩jaˈma	˩jaˈma(木の生えた)
		ˈsaɴ(木のない高い)
伊平屋島田名(名嘉かめ、名嘉サチ子)		˩jamaˈ:
久志村汀間(玉城定喜)	˩muˈi は《岡》	˩jamaˈ:
知念村久手堅(新垣孫一)	ˈjama	ˈjama(木の生えた)
		ˈmu˩i《小高い所》
		ˈsaɴ(高い)
那覇市小禄(赤嶺康成、高良三郎)	˩jaˈma《藪、森》	˩saˈɴ,˩tʻakʼaˈha˩na
		(ˈmu˩i は《岡》)
糸満町(上原ウト、城間美津子)	少なし	ˈja˩ma
久高島[2](安泉松雄)	ˈjama	ˈlaɴ
久米島(山里昌秀)	˩jaˈma	˩jaˈma(木の生えた)
宮古島平良市西里(泉よし子)	?	ˈjama
石垣島大浜町真栄里(東盛永)	ˈmaˈtʃi˩skɛ:《松林》	ˈjama
		saɴ(老人が)

次に、沖縄島以北の島々の方言に関しては、私の手許に、以下の資料がある。

山田実氏はご自身の故郷与論島の方言について次のように報告された。

《山》　　[jãmã]

《丘》　　[w̃uka]または[p̃anta]

《林》　　該当する語はない。

徳之島亀津の方言を千田助芳氏について筆者が調べた(1958[昭和33]年4月30日)ところ、次のようだった。

[˩ja˩ma(˩)]《薪をきったりする樹のたくさん生えている所。平地でもよい。》

[˩tɕ˩ː(˩)]《高い山。徳之島で言えば、井之川嶽、犬田布嶽。》

[˩ŝʮʑ˩]《丘。亀津の付近にたくさんある。》

[˩kiːja˩ma(˩)]《林》

[˩mu˩ʮ]《神がいる所。高くなっていない。樹がたくさん生えている。石で墓のようなものを建てて拝む。》

加計呂麻島諸鈍の方言を金久正氏について調べた(1958[昭和33]年4月15日)ところ、次のようだった。

[˩ja˩ma·]《山》

[˩ja˩ma na˩ju˩m]《畑などが草木の生えたままになっている。》

[˩t‘ʒ˩hʒ·]《高い山》

[saɴ]《山。固有名詞にあり。》

[muri]という言葉なし。

[˩ja˩ma˩g˩gwa]《丘》

「林」「森」の実物なし。

奄美大島大和浜の方言を長田須磨氏について調査したところ次のようだった。

[jama]《普通、きのこや柴などをとりに行く山(丘陵程度でも)、林、森》

[dʒʒjama]《筍をとるために竹が植えてある山》

478——第9章　やま、もり、たけ

　　　[baʃajama]《芭蕉の植えてある山》

　　　[nabajama]《椎茸をつくる山》

　　　[sɪgijama]《杉山。杉林》

　　　[matsijama]《松山》

　　　[hagijama]《禿げ山》

　　[tˀᴣhᴣ]《高い山。湯湾嶽だけ。他の山はすべて[～jama]という名がついている。ただし、そういう名前の山でも遠くから眺めて言うときには「あの[tˀᴣhᴣ]を越えて…」と言う。》

　　[muri]（のろの神ことば）《神様の下りる所。樹がこんもり茂り、丘陵の形をしている。》

　奄美大島名瀬の方言を寺師忠夫氏について調査した（1958［昭和33］4月3日）ところ、次のようだった。

　　　[˪jaˤma]《樹の生えている山あるいは所》

　　　[˪dɛ:jaˤma]《竹籔》

　　　[˪tˀᴣˤ:]《1つ1つの高い山》

　　　[˪saˤɴ]《沖から見た陸地の高低》

　　　[˪muˤri]《丘。小高くなっている所（樹の有無にかかわらず）。信仰の対象ではない。》

　　　「林」「森」の実物なし。樹の生えている所は大抵山だった。

　　　[˪basajaˤma]《芭蕉の森》

　喜界島阿伝の方言を勝常三氏、郡山元正氏について調べた（1958［昭和33］年4月8日）ところ、次のようだった。

　　　[˪jaˤma]《山（山嶽はこの島になし）》

　　　　[˪hi:jaˤma]《森。林》

　以上を概観すると、琉球方言について、大体次のことが言えると思う。

　⑴　「はやし」（林）に対応する単語がない。

　⑵　「やま」に対応する単語（以下、これを「やま」と略称することがある。

他の場合もこれに準ずる）と、「たけ」に対応する単語との間には、はっきりした意味の差異がある。後者は高い山岳を表わすのに対し、前者はあまり高くない山を表わす傾向があるが、それよりももっと重要な区別は、「やま」が生活圏内の茸や焚木等々をとる山地を意味するのに対し、「たけ」が生活圏外の（しばしば信仰の対象となる）山岳を意味することである。従って、「やま」は生活圏内の林をも指し得る。

(3) 「もり」に対応する単語は、《小高い丘（樹木の有無にかかわらず）あるいは山》を意味する方言もあるが、《樹が茂っていて神の下りる場所（岡でも平地でも）》を意味する方言もある。

上のうち、「もり」の第2の意味（すなわち意義特徴）と関連のある意味は、『大日本国語辞典』の「もり」の(2)や『全国方言辞典』の「もり」の(2)にも見えるから、恐らく日本祖語にさかのぼるものであろう。

ところが、(2)の「やま」と「たけ」の意味の区別（すなわち、弁別的意義特徴）のうち、《生活圏の内のものか否か》は、上の両辞典に見えないから、日本祖語にさかのぼるものであるかどうかが問題となり得る。

一体我々都市に住む者にとっては、「山」は日常生活の圏外にある。しかし、日本のような地形の国では、山地を生活圏内に持つ住民も多いから、そういう人々の間で「山」を「生活圏内のものか否か」によって区別して見る見方が発達するのは、ごく自然のことであると思う。

内地と類似した地形の北海道に住むアイヌの人々は、やはりこれと同じ見方を発達させている。たとえば、知里真志保氏の『地名アイヌ語小辞典』(1956)には、次のように見える。

kim　きᴧ　里または沖合に対して云う山。生活圏の一部としての山。村の背後の生活資料獲得の場としての山。「爺さんが山へ柴刈りに行った」などという時の「山」の観念に当る。従ってこのkimは聳えることができない。それがnupuri《山》との差である。(p. 48)

ちなみに、登別の「のぼり」はnupuriで、「べつ」はpet《川》である。

琉球方言の「やま」の《生活圏内にあるもの》という意義特徴は、このように

480——第 9 章　やま、もり、たけ

生活に密着したものであり得るから、日本祖語にさかのぼる蓋然性が小さくないと思う。

　現にその残存とも認め得るものが、内地方言にも見出されるようである。たとえば、私は、東条先生監修の『方言学講座』の第 1 巻(1961: 262)に次のように書いた。

　　私は、自分の郷里の西方に望まれる鈴鹿山脈を[ニシノヤマ](西の山)と呼び、「山が見える」とか「見えない」とか言って育った。幼い時、或日のこと、母たちが「山へ茸をとりに行く」というので、喜び勇んで出かけたが、それは私の家から南方に見える低い丘陵地帯の「阿野田の山」のことであり、道路の両側の松林に蔽われた平地を「ここが山だ」と言われて、感銘を受けたことを思い出す。「山」というのは、平地でもよかったのである。

　もう何年も前のことになるが、このことを故岸本英夫氏にお話ししたところ、「なるほどそれでわかった。三鷹の方で、畑の中の全く平地の林を「やま」というので変だと思ったことがあったが」と話されたことがあった。

　また、柳田国男氏監修・民俗学研究所編『綜合日本民俗語彙』第 4 巻(1956)に次のような例がある。

　　ヤマイキ(年)　山行き。大阪府南河内郡埴生村では、日は一定していないが、四月の桃の花の満開の頃に、午後から附近の桃畑にいつて休む(近畿民俗三)。(p. 1641)

これを見ると、「山行き」と言っても単に「附近の桃畑」に行くことである。前述の奄美大島大和浜方言の「竹やま」「芭蕉やま」と較べると、収穫のために、芭蕉や竹や桃のようなものを植えたところでさえ、「やま」と言えるらしいことは、興味がある。

　なお、東条先生の『標準語引 分類方言辞典』(1954b)所収の『全国方言辞典補遺篇』には次のように見える。

　　やま　(1)畑。遠くの畑。群馬県勢多郡・千葉・八丈島中之郷。(p. 698)

第9章　やま、もり、たけ——481

これらの方言では《畑》を意味するまでに至っているらしい。

　一方、琉球方言では、「もり」が《盛り上がった土地。丘。山》という意義特徴を有する例があるが、『全国方言辞典』によれば、津軽・秋田の方言にも《小高い土地。小丘》という例がある。

　高知県宿毛市の方言について竹村照馬氏について調査した（1966［昭和41］年12月25日）ところ、次のような興味ある報告を獲た。

> [˩jaˈma(˩)]は現在では共通語の《山》の意味に使うが、元来は《小さい山》のことか。
>
> [ˈda˩ke]は《山の、くずれやすい褐色の岩》だが、老人ことばでは《樹のない高い山》。
>
> [˩moˈri]は、《林》の意味に使われるかも知れないが、老人ことばでは《樹の生えた山》のことで、宿毛市域内の高い山にはすべて[……mori]という名がついている。たとえば、[˩naˈbẽ˩gamori][˩haˈtʃĩ˩gamori][˩kuˈmã˩gamori][˩karaˈsũ˩gamori]。最高の山は「笹山」で、方言では[˩osaˈsa˩nomori]という。

すなわち、この方言では、「もり」が高い山をも意味するのは注意すべきで、沖縄の首里方言の「mui」《山》と較べると、この意義特徴が日本祖語にまでさかのぼる可能性がある。

　このように、「やま」の《生活圏内にある山林、林》という意義特徴や「もり」の《（樹の生えている）高い山》という意義特徴が日本祖語にまでさかのぼる可能性がある以上、過去の諸文献に現れるこれらの単語の用例にも、これらの意義特徴を有する例がある可能性があるから、精査を要する。

　なお、首里方言の[mui]が《山》をも意味し得るので、これは、中期朝鮮語のmoi《山》と比較され得ると書いたことがある（服部1961: 263）が、宿毛方言の例は、この説を強化するものである。

　この観点からすると、河野六郎氏が『ことばの宇宙』(1967: 12)に次のように書いておられることは興味がある。

　　日本書紀の中で、朝鮮関係の記事のうちに、韓土の地名や人名の訓み方が

伝えられている。そしてその中には後世の朝鮮語の前身として解釈できる
ものが若干存する。【中略】山はムレ、川はナレ・ナリと訓んでいるが、こ
れは恐らく *mori 或いは *more、*nari 或いは *nare を写したものであろ
う。15世紀頃の朝鮮語(以後中期語と呼ぶ)では山は moi、川は nai で、今
日では moi は mö となって、《墓》の意味に転じ(山は現代では san という
漢字語を使う)、nai は nä となって使われている。この両語の変遷で注意
すべきは r 音が脱落していることで、この r 音の脱落が古代の朝鮮語で行
われたことは他にも例がある。

中期朝鮮語の moi が *mori にさかのぼるとすれば、日本語の「もり」との類
似は一層大きくなる。

サミュエル・マーティン(Samuel E. Martin)氏も次のような比較をしている
(Martin 1966: 236–237)。

146. [1]Mountain.　朝鮮語 thëk ← 中期朝鮮語 ´thɔk《raised place, hillock》;
(ën-)tëk, 中期朝鮮語 ëntëk《hill》, tëk(i)《plateau》‖ 日本語 také《peak》　日
朝祖語 *t(x)ákye

147. [2]Mountain.　朝鮮語 me ← mëy ← 中期朝鮮語 mo(y)h, 中期朝鮮語
moyh《mountain》‖ 日本語 mine《peak》　日朝祖語 *myonyex

148. [3]Mountain.　朝鮮語 me 等々(上を見よ)‖ 日本語 mori《woods》および
方言で《mountain》　日朝祖語 *morix

149. [4]Mountain.　中期朝鮮語 mo´lo《mountain》‖ 日本語 mori(148 を見よ)
日朝祖語 *moryo.　現代朝鮮語 molongi《mountain bend》は中期朝鮮語の
mo´lo の diminutive かも知れない。

上のうち、朝鮮語の me ← moyh(147)と mo´lo(149)は同じ語根を含んでいるの
かも知れないが、それにしても、この両者を日本語の「もり」に直接対応する
ようにしているのは首肯しがたいが、特に、朝鮮語の me を日本語の「みね」
と「もり」の両者にそのまま対応させているのは賛成できない。しかし、日本
語の「もり」と「たけ」に形と意味の似た単語が朝鮮語にあることは、注目に
価する。

第 9 章　やま、もり、たけ——483

　なお、トゥングース語のバルグジン方言には moyon《(1)(樹や山の)頂、(2)
(山が)高い》という単語がある (Vasilevich 1958: 255) ことも、付記しておく。

　最後に、朝鮮語の *mori《山》、*nari《川》と奇妙に類似したアイヌ語のある
ことをも付記して本稿を終えることにしよう。前掲の知里氏の『地名アイヌ語
小辞典』に次のような記述がある。

　moy　［ホロベツ］山頂 (p. 62)

　nay　川、谷川、沢。——アイヌ語に川を表わす語が二つある。pet と nay
　　　と。北海道の南西部では pet を普通に川の意に用い、nay は谷間を流れ
　　　て来る小さな川の意に限定している。カラフトでは nay が普通に川の意
　　　を表わし、pet は特に小さな川を表わすと云うが、地名にはめったに現
　　　われて来ない。ただし、古謡では pet を普通に使う。北海道の北東部網
　　　走や宗谷などでも地名では nay の方を普通に用い、pet は山中の小さな
　　　支流に稀につけている位のものである。北千島では全然 nay が無い。尚
　　　この二つの内 pet は本来のアイヌ語で、nay の方は外来らしい。川を古
　　　朝鮮語でナリ、或は現代語方言で、ナイといっているのと関係がある
　　　かもしれない。(pp. 63–64)

東北地方の地名の語尾には、「辺地」「別」と「内」とあり、前者がアイヌ語の
pet から、後者が nay から来たと言われるが、実際の地形を調べて、両者の間
にどのような意味の差異があるのかを確かめることができたら、これらのアイ
ヌ語の古義の研究に多少の貢献をすることができるであろう。

　なお、上に知里博士が「沢」と言っているが、これは日本語の北海道方言に
おける意味によるものである。この方言では、「沢」が《谷川》(あるいは、谷川
そのものではなく、谿谷、すなわち、水の流れ得る通路のことか。「沢は広い
が川は狭い」というのを聞いたことがある)を意味することをはじめて知った
とき、私は異様に感じた。私の方言では「沢」という単語は日常語としては使
われないように思うが、言葉による説明で私の知った意味は、下記の『大日本
国語辞典』の示すものに近い。

　さは (澤)　卑湿にして、水溜まり草生ひたる地。やち。(p. 877)

484——第9章 やま、もり、たけ

ところが、東条先生の『全国方言辞典』では次のようになっている。

> さわ （1)谿谷。津軽・佐渡。(2)谷川。山梨・長野県下伊那郡。(3)木の茂っ
> ている窪地で雨が降れば水の流れる川。伊豆三宅島。(4)谷。津軽・秋
> 田・岩手県和賀郡・福島県相馬・長野県佐久地方。 (p. 401)

これらはいずれも東日本の例である。西日本では『大日本国語辞典』の示す意
味にこの語を用いる方言が多いのではないだろうか。前述の高知県宿毛市の竹
村氏は、次のように報告している。

> [「saʟ:]《沼。川の流れの淀んだところ。》[ʟnãgaza「a][ʟmatsuza「a]などとい
> う地名がある。

注

1) （p. 476)この調査に当たっては仲宗根政善氏がいろいろと便宜を与えて下さった。
調査結果の写しは琉球大学にも保管されているはずである。
2) （p. 476)久高島の[l̥aɴ]は他の方言の[saɴ]に対応する。仲宗根政善氏は、この方
言が他方言の[t']に対して変ったS音で応ずることを注意しておられたので、それ
は恐らく[θ]ではないかと想像していた。おそらくそれが先入主となって、この方
言の調査表には[θa:fu]《猿》[θui]《鳥》[θak'a]《鷹、鳶》などと記録しているが、その
後、外間守善氏がこの音を習得してこられたのを観察すると、[θ]ではなくて[l̥]で
ある。そこで私自身の記録[「θaɴ]《山》を[l̥aɴ]と訂正して上に記した〔第6章の注133
も参照〕。なお、共通語の[s]に対して[l̥]で応ずる例は、奄美大島瀬戸内の一方言
（西古見）にもある。九学会連合奄美大島共同調査委員会 編『奄美』(1959: 413, 419,
430)参照。

初　出

「やま、もり、たけ」『国語学』69: 66-73、1967年。

第 3 部

上代日本語の母音体系

第 10 章　上代日本語の母音体系と母音調和

1

　ここに「上代日本語」というのは奈良時代の奈良方言を中心とする中央方言のことであって、東国方言は含まれない。またその共時態を考察するのであって、通時的観点は共時態を明らかにするために導入する。音声学的考察に止まらず、当然音韻論的考察に及ぶけれども、それは表層的音韻構造に関するものである。

　奈良時代の国語を表記した文献に「上代特殊仮名遣」と称せられる現象が見られることは、本居宣長がすでにその一部分に気づき、その弟子石塚龍麿がそれを徹底的に研究して『仮字遣奥山路』(1798 年ごろ)を著したのだが、その真の意味が理解されずにいたのを、橋本進吉先生が再発見され、その研究結果を修正し体系づけられ、かつそれが当時の発音の差異に基づくものであることを明らかにされた(橋本 1949-66、第 3, 4, 6 冊)のを、有坂秀世氏がその「音価」について詳細に考察し、かつ音節結合に関し一種の法則があることを見出し、「特殊仮名遣」が当時の発音に基づくものであることを確立した(有坂 1955; 1957)。本稿は、これらの勝れた諸研究の上に立ってさらに考察を進めようとするものであって、それを“くつがえそう”とするものではない。

2　万葉仮名の「音価」の推定

　周知の如く、上代日本語を書き表わした文献には、個々の音節が「表音的万葉仮名」で表記されている部分があるので、そういう部分がどういう発音であったかを、すなわち個々の表音的万葉仮名の音価を、推定することができる。しかし、その推定音は次の諸観点のすべてを満足させるものでなければならな

488——第 10 章　上代日本語の母音体系と母音調和

いと思う。

2.1　後世の諸方言との対応

　これはすでに橋本先生が、室町末期にローマ字で表記された日本語や現代諸方言その他との対応関係を考慮に入れられた。たとえば、「加、伎、紀、久、祁、氣、古、許」の 8 類(すなわち 8 つのグループで、1 つの類に多数の仮名が属する)の仮名で表わされる部分に、上代日本語の言わば"直系の子孫"(服部 1970b＝本書第 20 章 2.3 項)である現代京都方言やそれに近い諸方言で、拗音を除き概略、カ、キ、キ、ク、ケ、ケ、コ、コ、で表わされる音節(あるいはその第 1 モーラ)が対応する。従って、これら 8 類の表わす音節は k で始まったと推定される。もっとも、現代京都方言等でも、カ、キ、ク、ケ、コ、の 5 つの音節の頭子音はそれぞれ調音点を異にし、厳密に言えば音声学的には 5 つの異なる子音であるけれども、音韻論的には同一の音素 /k/ に該当すると解釈されるように、上代日本語の上述 8 類の音節も同一音素 /k/ で始まったと考えられる。

　同様にして佐行の 6 類、那行の 6 類、麻行の 7 類(『古事記』では 8 類)、良行の 6 類、等々もそれぞれたがいに異なる同一音素で始まったものと考えられる。

　このような事実を根拠の 1 つとして、橋本先生は、加行、佐行、等々の諸音節は、それぞれの行においては、"母音"の違いによって区別されていたものと考えられていたようである。有坂氏以下の諸氏もほぼ同様であろう。

2.2　奈良時代における語形替変に見られる音節の交替

　上述のような後世の言語との対応関係ばかりでなく、上代日本語自身における音節交替そのものにも、上述の"同行"の諸音節が同一子音音素で始まっていた徴憑を見出すことができる。たとえば「由久」《行》という動詞は次のように活用する。

　　　　由加、由伎、由久、由氣(已然形)

従って、加、伎、久、氣、は同一子音音素 /k/ で始まる音節を表わすものと推定される。

　このような研究を進めていった結果、橋本先生は、「伎比美」「紀斐微」「氣

閇米」「祁幣賣」「許呂」が各1類をなすことを明らかにされた。さらにその他の徴憑を根拠にして、平安時代には合流して同音となるけれども奈良時代には発音し分けられたと考えられる2類ずつの仮名の間に平行的な関係を認め、それぞれ「仮に甲類乙類と名づけ」(圏点、服部)られた。すなわち、次のようである[1]。

	キ	ケ	コ	ソ	ト	ノ	ヒ	ヘ	ミ	メ	ヨ	ロ
(甲類)	伎	祁	古	蘇	斗	怒	比	幣	美	用	漏	
(乙類)	紀	氣	許	曾	登	能	斐	閇	微	米	余	呂

この仮の命名がのちに広く用いられるようになった。そして、これらをたとえば次のようにローマ字で表記し、

伎 ki、紀 kï、祁 ke、氣 kë、古 ko、許 kö

さらに「乙類」は一律に中舌母音(あるいは"変母音"?)を有したと考える人々が現れたのは不幸なことであったと思う。なぜなら、音価推定の仕事はこれで完了したと考えた——あるいは現にそう考えている人々があるからである。実は、後に述べるように、橋本先生はそうは考えておられなかったのである。

橋本先生が確認されたところの、

(I)　伎：紀＝比：斐＝美：微

(E)　祁：氣＝幣：閇＝賣：米

(O)　古：許＝蘇：曾＝斗：登＝怒：能＝用：余＝漏：呂

という関係、さらには、

(I) ＝ (E)

という関係は承認できるけれども、これから述べるように、(I)(E)と(O)との関係は等しくないと、私は考えるからである。私見に従えば、「イ段」と「エ段」の2類をそれぞれ「甲類」「乙類」と呼ぶとすれば、「オ段」の2類は「丙類」「丁類」とでも呼ばれればよかったと思う〔第13章では「陽類」「陰類」と改称〕。本稿では、表音万葉仮名をローマ字で翻字(transliterate)する場合には、

490——第10章　上代日本語の母音体系と母音調和

"母音"の部分に関し次の方式を用いようと思う。

イ段の音節	甲乙の区別のない場合	-i	甲類 -i¹、	乙類 -i²
エ段の音節	同　　上	-e	甲類 -e¹、	乙類 -e²
オ段の音節	丙丁の区別のない場合	-o	丙類 -oº、	丁類 -oᵉ
ア段の音節	-a			
ウ段の音節	-u			

2.3　字音万葉仮名のシナ語原音との比較

　表音万葉仮名の大部分は漢字音に基づいて日本語音を表わそうとした字音仮名であるから、奈良時代と同時代あるいはそれに先立つ時代のシナ語音、あるいはそれらの再構の資料となったシナ語諸方言、朝鮮漢字音、等は、字音万葉仮名の音価の推定のための重要な資料となる。

　橋本先生はつとにこの点に十分注意しておられたのであって、1927(昭和2)年度の講義に「同じ類に屬する假名には、同じ韻を用ゐたものが多いが、違った類に屬する假名は、大抵は違つた韻の字を用ゐてゐる」とし、特にオ段の仮名の甲乙両類の文字の韻は「きつぱり分れてゐる」と言っておられる。そして、「カ行」については、

キ { 伎　ki / 紀　küi　　ケ { 祁　ke / 氣　küe　　コ { 古　ko / 許　küo

のような音価を1つの可能性として示しておられる(橋本1966: 第6冊 pp. 158-159)。

　これが1932(昭和7)年度の講義になると、朝鮮漢字音を参照しつつ、イ段乙類 -ïi、エ段乙類 -ïe、オ段乙類 -ö を最も蓋然性の大きい推定音としておられる〔同231-237〕。

　このうち、イ段の -ïi については1928(昭和3)年から1931(昭和6)年までの我々の大学在学中に、どういう機会であったかかなり早い時期に先生より伺い、有坂君も私も賛成していたのであった。

　オ段の -ö(音声記号を用いれば[ø][œ]ではなく[ɵ])については、私の知る範

囲では、有坂君が最も早く中舌（前舌にあらず）中開円唇母音説を出したのであって、1928-29（昭和3-4）年のころだったと記憶する。

エ段乙類の"母音"については我々の間でも長い間懸案であった。私は、1931（昭和6）年に大学卒業後、橋本先生の1932（昭和7）年の講義を聴講しているとき、先生の -ie よりも -əi の方が適当でないかと考え、お手紙を差し上げたところ、次の週のご講義で、しばらく服部の説を採用しておく旨おっしゃったのだった（本章末尾の五味書簡参照）。

有坂秀世君は『上代音韻攷』において、この漢字音の問題を徹底的に研究し、次のような結論に達している。

$$
\text{イ段}\begin{cases}\text{甲} & \text{-i} \\ \text{乙} & \text{-ïi}\end{cases}\quad
\text{エ段}\begin{cases}\text{甲} & \text{-e} \\ \text{乙} & \text{-əe}\end{cases}\quad
\text{オ段}\begin{cases}\text{甲} & \text{-o} \\ \text{乙} & \text{-ö}\end{cases}
$$

ただし、エ段乙類について彼は私の -əi 説をまだ完全に捨てきれないでいる[2]が、それは同君の微視的音韻論が原因であろうと思う。

しかし、ここに注意すべきは、同君の厳密精緻を極めた考察をもってしても、

イ段乙類　-wi　エ段乙類　-we　オ段乙類　-o　同甲類　-wo

という可能性が出てこなかったことである。この可能性は以下に述べる観点からも否定される。また、

イ段乙類　-ji　エ段乙類　-je

という可能性は、イ段に関しすでに橋本先生が排除しておられる（橋本1966: 第6冊 p. 231）し、有坂君の考察においても全く出てこなかったのは当然である。

有坂君の精密な研究によって -wi 等、-ji 等という可能性が出てこなかったことは非常に参考になるけれども、それにもかかわらず上述の同君の結論に私が満足し得ないのは、同君の考察が微視的かつアトミスティックに過ぎ、巨視的かつ「構造的」観点が欠けているからである。その点について以下に述べようと思う。

なお、特殊仮名遣と称せられる仮名の使い方によって、当時の人々が、どういう音節を発音し分け聞き分けかつ書き分けていたかということはわかるけれ

492——第10章　上代日本語の母音体系と母音調和

ども、発音し分け聞き分けていながら書き分けなかった音節がありはしないかについては、別に検討する必要があるのである(2.7項参照)。

2.4　音韻的対立(phonological opposition)

　周知の如く、また有坂君が『上代音韻攷』によって精密な実証を試みたごとく、平安時代に入ってしばらくすると、前述の「甲」「乙」(および「丙」「丁」)の仮名の使い分けは全く失われて、カ行においてさえ、カ、キ、ク、ケ、コ、の5つの音節のみが区別されるようになった。従って、奈良時代の甲類・乙類(および丙類・丁類)の区別も、音韻的区別ではなく「異音」(allophone)的区別に過ぎなかったのではないか、検討を要する。それにはまず、音韻的対立の有無を調査する必要がある。たとえば、下記の例や、4段活用動詞の命令形語尾の「ケ、ヘ、メ」が甲類、同じく已然形語尾の「ケ、ヘ、メ」が乙類であることなどにより、イ段およびエ段の甲・乙の区別は音韻的であると認められる。カ行濁音、ハ行濁音、についても同様なことが言えるであろう。

ki^1《酒；杵》　　　　　　　ki^2《木》

oki^1《置き》　　　　　　　oki^2《起き》

pi^1《日》　　　　　　　　　pi^2《火》

opi^1《負ひ》　　　　　　　opi^2《生ひ》

$kami^1$《上、首長》　　　　　$kami^2$《神》[3]

mi^1《三》　　　　　　　　　mi^2《実；身；箕》

$yami^1$《止み》　　　　　　　$yami^2$《闇》

ke^1sa《今朝》　　　　　　　ke^2dasi《蓋》

ke^1《異》　　　　　　　　　ke^2《毛；容器》

pe^1《家；辺》　　　　　　　pe^2《舳；上》

me^1《女》　　　　　　　　　me^2《目；芽》

　松本克己氏は勝れた論文「古代日本語母音組織考——内的再建の試み」(松本1975)によって、オ段の甲類と乙類(私のいう丙類と丁類)の仮名で表わされる音節がほとんどたがいに補い合う分布をなし、一部では混同されている——あるいはたがいに交替する点、などを根拠にして、oの「甲」「乙」2類は同じ母

音音素に属するのだという説を出した。これは鋭い観察である。しかし私は、上に有坂君の音韻論的考察を評して、微視的であって巨視的観点を欠くと言ったが、松本氏の説は巨視的であって、私の立場よりすれば微視的観点をも併せ探るべきだと思う。私見に従えば、次の対立は音韻的対立である。

ko^{o}《児；籠》 $\qquad$ ko^{e}《此、是；来(命令形)》

so^{o}《衣》(？) $\qquad$ so^{e}《其》

to^{o}《外；戸、門》 $\qquad$ to^{e}《十》

no^{o}《野》 $\qquad$ no^{e}《矢竹》

yo^{o}《夜》 $\qquad$ yo^{e}《代、世；四》

上のうち、ko^{e}《此、是》には助詞「ノ、ヲ、ハ、ユ、ヨ、モ、シ」が付き、so^{e}《其》には「ノ、ヲ、ガ」が付き得るから、この両形式はまだ自立語であっただろう。to^{e}《十》、yo^{e}《四》はあるいは自立性の弱い形式であったかも知れない。しかし、上のような対立がある[4]以上、そして **2.3** 項にも言及したように、丙類の仮名と丁類の仮名とはその漢字音の「韻」もはっきりたがいに異なるのだから、この両類の音節の母音(-o^{o} と -o^{e})は異なる母音音素に属すると考えられる。

しかしながら、$Co^{e}Co^{e}$(C は子音音素を表わす)という音節連続(すなわち「丁・丁」)はふんだんに現れるのに $Co^{o}Co^{o}$ という音節連続(すなわち「丙・丙」)は稀であるとか(松本 1975: 92)、単音節の「助詞」には「すべて」[5]-o^{e}(丁類)が現れるとか(松本 1975: 140)、一般に丙類と丁類はほとんど補い合う分布をなすとかいう、松本克己氏の指摘は重要である。それだからこそ、平安朝に入るとこの両類は混同され合流したのであり、そのような偏った分布の生じた原因、両類の素性、に関する通時的考察の必要も起こるのである。

2.5　音節の成す体系

如何に精密に考察しても、アトミスティックに各音節の音価を推定するだけではいけない。それらの音節がどういう体系をなすかを考察して、それを修正する必要がある。上代日本語の音節は、特殊仮名遣より見ると、次のような体系をなしていたものと考えられる[6]。

'a	'i		'u	'e		'o	
ka	ki^1	ki^2	ku	ke^1	ke^2	ko^o	ko^e
ga	gi^1	gi^2	gu	ge^1	ge^2	go^o	go^e
sa	si		su	se		so^o	so^e
za	zi		zu	ze		zo^o	zo^e
ta	ti		tu	te		to^o	to^e
da	di		du	de		do^o	do^e
na	ni		nu	ne		no^o	no^e
pa	pi^1	pi^2	pu	pe^1	pe^2	po	
ba	bi^1	bi^2	bu	be^1	be^2	bo	
ma	mi^1	mi^2	mu	me^1	me^2	mo[7]	
ya			yu	ye		yo^o	yo^e
ra	ri		ru	re		ro^o	ro^e
wa	wi			we		wo	

このように並べてみてすぐわかることは、各行の音節の数が等しくないことである。しかも、その不揃いはでたらめではなく、子音との関係において一定の秩序がある。

　まず、-i¹と-i²、-e¹と-e²の区別(すなわち、イ段とエ段の甲・乙の区別)のあるのは、k- g-で表わされる軟口蓋・硬口蓋破裂音の後、およびp- b- m-で表わされる両唇破裂音[8]および鼻音の後だけである。故に、ここだけに母音音素がそれぞれ2種類あったとするのはおかしい。そこで、イ段の甲類と乙類の音節は、音韻的には区別があっても、同じ母音音素 /i/ を含んでいたらしいと考えられてくる。

　同様に、エ段の甲類と乙類の音節も、それと全く同じ関係にあるので、同じ母音音素 /e/ を含んでいたらしい。従って、有坂君は「{-ᴈe}または{-ᴈi}」と結論しているけれども、後者は捨ててよい、ということが明らかとなる。有坂音韻論にはこのような巨視的観点がない。

　次に、オ段の丙類と丁類との関係は、上述の甲類、乙類の関係とは全く異なり、p- b- m- w-のような両唇音の後(および母音音節)だけに区別がない

のだから、そういう分布の生じた理由さえ説明できれば、母音音素を2つ立ててもよい、ということがわかる。ただし、ア行の「オ」が1種しかないのは不思議だから、この点については慎重に考察しなければならない。有坂君がこの点を重要視していない(有坂1955)のは、やはり上述のような巨視的観点がないからである。

2.6 平安朝中央方言への通時的変化

奈良朝の甲類と乙類の区別、丙類と丁類の区別は、平安朝になると、両者がそれぞれ合流して、失われるのであるから、はっきりしていながらも失われやすい区別を、区別消失直前の奈良時代の音韻状態として、推定しなければならない。

この点は橋本先生以来、我々の常に心がけてきたところである。しかるに、たとえば、甲類のキ ki、乙類のキ kï、甲類のケ ke、乙類のケ kë、甲類のコ ko、乙類のコ kö と表記するのはまだしもとしても、-ï -ë の「音価」を中舌母音とするのは不可である。なぜなら、特に i(日本語諸方言の前舌狭母音)と ï(奄美大島方言、八重山方言などの中舌狭母音)とは音色が著しく異なるから、奄美大島方言や八重山方言などにおける如くこの両者が異なる音素として確立している時には、両者が合流するような通時的変化は容易に起こり得ないからである。

橋本先生が、たとえば「乙類のキ」を kïi とせられたのに私どもが賛成したのは、kïi→ki という音韻変化は容易に起こり得るからである。

また、有坂君が「オ段乙類」(私のいう丁類)の母音を、前舌母音でなく中舌母音の ö としたのに我々が賛成してきたのは、如何にオ段の丙類と丁類とが音韻対立例(特に「最小対立語例」minimal pair)が少なくほとんど補い合う分布をなすとはいえ、後舌円唇母音の o と前舌円唇母音([œ]など)とで区別されていたならば、容易に合流的変化は起こらなかったはずだからである。

「イ段、エ段」の乙類母音を ï ë(後者の代わりに[ɜ][ə]などとも表記される)で表記しかつ中舌母音で発音し、「オ段」の丁類母音 ö を前舌(円唇)母音で発音する人々[9]は、橋本先生以来の音価推定の研究の発達を理解せず、それを誤れる方向への袋小路へと導入した者であって、しかもそれを定説のように称

496——第10章　上代日本語の母音体系と母音調和

するとすれば、世を誤ること甚だしいものと言わなければならない。

2.7　一般音声学的ならびに一般音韻論的観点

　推定音価は一般音声学的および一般音韻論的見地からも是認されるものでなければならない。**2.3**で言及した“乙類の母音”を -wi　-we　-o とする説は、次のような“構造的”観点からも出てくる可能性のあるものである。

| カ行 | ka | ki¹ | ki² | ku | ke¹ | ke² | ko° | ko° |

カ行	ka	ki^1	ki^2	ku	ke^1	ke^2	ko^o	ko^e
ア行	'a	'i		'u	'e			'o
ワ行	wa		wi	('u)		we	wo	

そこで「カ行」音節の音価が次のように推定される。

ka　　ki　　kwi　　ku　　ke　　kwe　　kwo　　ko

しかし、この説には次の難点がある。まず、wa に見合う /kwa/ という音節がない。

　それよりも重大な難点は、/pi/ : /pwi/ ; /pe/ : /pwe/ などの音韻的対立があるのに、/ti/ : /twi/ ; /te/ : /twe/ および /si/ : /swi/ ; /se/ : /swe/ などの音韻的対立がないことになる点である。なぜなら、一般音声学的観点から見て、後者(すなわち /t-, s-/ など)の対立の方が前者(/p-/ など)のそれより発音し分けやすいからである。後者の対立があって前者の対立がないのならともかく、前者の対立があって後者の対立がないのはおかしい。-wi　-we　-wo 説はこれらの観点からも排除される。

　一般音声学的に言って、前舌母音 i あるいは e の前に子音が立って音節を形成するとき、t d n s z などにおけるより、k g p b m などにおいて、音韻的区別(対立)として利用されやすいのは子音の口蓋化と非口蓋化の特徴である。たとえば、我々がふつう発音する「キ、ギ、ピ、ビ、ミ」のk g p b mはともに口蓋化されているけれども、非口蓋化のk g p b mと i を組合せた音節を発音することもできる。そしてこの両種音節の音色の差異は、口蓋化 t d nと i とを組み合せた音節、および非口蓋化 t d n と i を組み合せた音節という両種音節間の音色の差異より大きくすることが容易である[10]。そこで、こ

の口蓋化の音色(有声音 b m にあっても主として出わたりの)を /j/ と解釈する
——その方が5つの口蓋化子音音素を別に立てるよりはるかに経済的である
——と、/kji/ : /ki/;/kje/ : /ke/;/pji/ : /pi/;/pje/ : /pe/ などという音韻的対立は
あるのに /tji/ : /ti/;/tje/ : /te/;/sji/ : /si/;/sje/ : /se/ などという音韻的対立はな
い、ということになるが、それはおかしくないどころか、当然のことと考えら
れる。奈良時代の「イ段、エ段」の甲類と乙類の区別はこのような区別であっ
たと推定される。

　それでは、たとえば /kji/ と /ki/ のうち、どちらを甲類に当てるべきか?
/ki/ の非硬口蓋的 k が後続の前舌母音 i(中舌母音にあらず)に同化して口蓋化
すれば /ki/→/kji/ という通時的変化 [11]が起こるけれども、その逆の /kji/→/ki/
という変化は、他の構造的圧力がない限り短い期間には起こり得ないから、当
然、甲類のキは /kji/、乙類のキは /ki/ ということになる。同様に、甲類のケは
/kje/、乙類のケは /ke/ ということになる。

　のみならず、奈良時代の甲類のキすなわち[ki]は古来の[ki]を伝承したもの
〔第12章注7参照〕——少なくともそれを含む——であるのに対し、乙類のキ
(少なくともその一部分)は*kui,*köi などから変化したものと考えられるから、
その子音の口蓋化がない(あるいは少ない)/ki/ であったと推定するのは当然で
ある。また、諸家の説く如く、甲類のケ(の少なくとも一部分)は*kia から、
乙類のケ(の少なくとも一部分)は*kai から来たと考えられるから、前者は
/kje/ 後者は /ke/ と推定される。

　この推定に対して起こり得る異論に、次のようなものがあり得る。

カ行	ka	kji	ki	ku	kje	ke	koᵒ	koᵉ
ヤ行	ja		('i)	ju	je	('e)	joᵒ	joᵉ

すなわち、/'ji/ : /'i/(すなわち、ヤ行のイとア行のイ)という対立がないのに、
/kji/ : /ki/ という対立を想定するのは不適当ではないか?　私は、ヤ行の頭音
として「半母音」の /ĭ/ ——同様にワ行の頭音として /ŭ/ ——を推定して、前
述の子音の出わたりに口蓋音的音色を与える /j/ と区別し、後者は直接先行す
る子音に依存する音素(consonant cluster としてのみ存在する音素)とする。/ĭ/
と /ŭ/ は母音 /i/ と /u/ の半母音化したものだから /ĭi/ や /ŭu/ が存在しなか

498——第10章　上代日本語の母音体系と母音調和

ったのは当然とする。子音的な[j][w]なら、それらと[i][u]とを結合した[ji]
[wu]と[i][u]とを区別して発音することは可能である。

　私が、前舌母音の前に /k-, g-, p-, b-/ などと /kj-, gj-, pj-, bj-/ などとの音韻的
対立を立てることを考えついたのは、終戦以前に『蒙古字韻』の音価を推定し
ている時に、中古シナ語に関して思いついたのであったが、その後かなりたっ
てから [12]上代の日本語にも適用すべきであることに気づき、1952(昭和27)年
に米国より帰国後奄美大島大和浜方言その他を観察するに及んで、甲類頭音を
/kj-, gj-, pj-, bj-, mj-/、乙類頭音を /k-, g-, p-, b-, m-/ とし、子音の出わたりの音色
を弁別的とする推定に確信を懐くに至った。奄美諸方言では、たとえば[mɛ]
と[mɜ]([ɜ]は中舌母音)の区別は、[m]の口蓋化の有る無しが決定的に重要
——すなわち弁別的特徴——なのであり、[mi]をまねする場合その[m]に少し
でも口蓋化音色を加える発音をすると落第する。さて、

　　　有坂説　　{ki} : {kïi} ; {ke} : {kᵊe}
　　　服部説　　/kji/ : /ki/ ; /kje/ : /ke/

の違いは、有坂君が専ら母音の相違としているのに対し、私は母音音素は同じ
だとしている点、および有坂説は {ï} と {ᵊ} との2つを立てるのに対し、私の
説では /j/ を1つだけ余計に立てれば済むとする点である。

　次に、オ段の丙類、丁類の区別を /-o/ と /-ö/ の区別とする場合に、なぜア
行、ハ行、バ行、マ行、ワ行にその区別がないかを説明しなければならない。
まず、w-すなわち[ŭ]が後続の中舌母音 -ö を同化して後舌母音 -o に変化する
ことは容易である。次に、p-　b-　m-は、t-　d-　n-から弁別的であるために
は、出わたりの音色が暗い方がよいから、後続の -ö を -o に変化しやすい。恐
らくw-　p-　b-　m-の後にも -ö(あるいはそれの原音)と -o との間に区別があ
ったのが、上述の事情で、他の子音に続く -ö よりも一足先に、-ö が -o に変化
したのであろう [13]。

　ところが、ア行オ段の音節「オ」の場合には、母音に影響を与えるべき積極
的頭子音がないので、上のように説明することができない。ここでは細説でき
ないが、これは、仮名として用いられた漢字の当時のシナ語音に、日本語の
「ヲ」(wo)と「オ」(o　ö)とを表記し分けるのに利用できる区別はあったけれど

も、さらにoとöとを表記し分けるのに好適な区別がなかったためであろうと、私は思う。従って、私は、奈良時代中央方言には /'o/ と /'ö/ との音韻的区別があったのだが、ともに「淤類」の仮名で表わされたものと推定する。たとえば、

　　於久可　'o-ku-ka《奥まった所》(万 3897)/'okuka/
　　於許之　'o-kö-si《起こし》(万 4164)/'ökösi/

2.8　母音音素の成す体系

　推定される母音音素体系は、音韻論的観点から見ても存在する蓋然性の大きいものでなければならない。たとえば、(1)アラビア語、(2)日本語(東京方言)、(3)八重山小浜方言、(4)朝鮮語ソウル方言、(5)トルコ語、は次のような母音音素体系を有する。

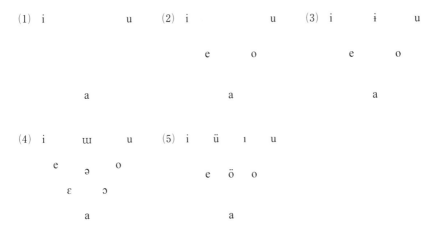

　一般に、狭母音の数は半狭(半広)母音の数より多いか、それに等しいのが普通[14)]であり、広母音は1つが普通で多くて2つ([a]と[ɑ]、または[æ]と[ɑ])である。
　この観点よりしても、"乙類"の母音を -ï -ë̇ -ö とする説は、(A)のような、存在した蓋然性の極めて小さい母音体系を想定することになる。

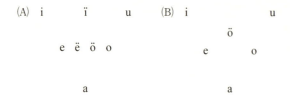

これに反し、私の推定した母音体系は(B)のようになる。ただし、真中のöは奈良時代にはかなりoに近い母音となっていたであろうから、実はöはもっとoに近い位置に置くべきで、その点では(B)は不安定な体系である[15]。恐らく、奈良時代よりも1つ前の時代には、öの代わりに、図(B)に示したöの位置にɔがあったのであろう。そうだとすればやや安定した体系となる。

3 上代日本語の母音調和

　有坂秀世君が上代日本語において、音節の結合にある種の制限的規則(有坂1955 第一部)のあることを見出したのは大きな発見であった。しかしながら、"甲類"のi e oと"乙類"のï ë öがそれぞれ男性母音、女性母音として——あるいはそれと類似の方式で——母音調和をなすと速断する人々が出たのは又々残念なことであった。

　有坂氏の発見した「音節結合の法則」は、母音調和の名残りと見ることはできるが、私の言葉で表現すれば、概略次のようであって、アルタイ諸言語や朝鮮語の母音調和(詳しくは服部 1975a 参照)とは著しく異なる点がある。すなわち、

　　男性母音　　u　o　a
　　　　　　　　中性母音　i　e
　　女性母音　　　　ö

/i/ と /e/ は甲類・乙類ともに共時的には中性母音と認め得る[16]。

　これに反し、トルコ語の母音調和は次のようである。

男性母音　　　i　　u　　a　　o
　　　女性母音　　　i　　ü　　e　　ö

蒙古語の母音調和は次のようである。

　　　男性母音　　　u　　o　　a
　　　　　　　　　　　　　　　　　中性母音　i
　　　女性母音　　　ü　　ö　　e

そして、トルコ語およびカルムイク語(西蒙古語の1つ)の「男性」「女性」の
対立は後舌母音対前舌母音の対立であるけれども、蒙古語東部諸方言のそれは
広母音対狭母音の対立である。15世紀の中期朝鮮語のそれも後者に属する。
すなわち、

　　　男性母音　　　o　　ʌ　　a
　　　　　　　　　　　　　　　　　中性母音　i
　　　女性母音　　　u　　ɨ　　ə

　私見に従えば、後舌対前舌の母音調和が広対狭の母音調和へと変化したので
あって、これはこの母音調和という現象が衰退の方向へ一歩前進したのである。
蒙古語の一部の東部方言ではöがüに合流している。
　満州語文語のも広対狭の母音調和と考えられるが、さらにuとüが合流して
中性母音uができた。

　　　男性母音　　　o　　a
　　　　　　　　　　　　　　中性母音　i　u
　　　女性母音　　　　　e

　上代日本語のも一種の広対狭の母音調和でこれに似ているようだけれども、
uが男性母音である点がこれと著しく異なるのである。
　一方、上代日本語には /CaCa/[男性語]、/CöCö/(←*CäCä)[女性語]、/CuCa/
[男]という結合は豊富なのに /CuCö/ という結合は1つもないので、*CüCä
[女]→/CöCö/ という通時的音韻変化の起こった蓋然性が大きい。また*CäCü

502——第 10 章　上代日本語の母音体系と母音調和

[女]→/CöCö/ という音韻変化や*pütä[女]→/puto/[男]《太》というような変化も
起こった可能性があるから、奈良時代の /ö/ の代わりに、さらに古い時代に
女性母音として /*ü/ と /*ä/ を立て得る可能性がある[17]。

　いずれにしても、奈良時代以前の日本語についての考察は、まだ緒に就いた
ばかりだと言っても過言ではなく、今後の研究に俟つところが多いのである。

　関連資料
　音価推定の歴史に関し、五味智英氏(国文学者)と筆者との間に交された書簡(五味
氏の許可によりここに公表する)。

第 1 信(服部四郎→五味智英)
　【前略】……さて甚だ唐突ですが昭和 23 年の拙文(『日本語の系統』48 頁註 57)に
「(ケの乙類の)[kəi]は私の推定を橋本教授が採用されたものである」と書きましたこ
とに対応する事実は、私が昭和 6 年卒業後、先生のご講義を拝聴しておりますとき、
先生はエ列乙類の母音を確か ïe のように推定して居られましたので帰宅後 əi として
は如何かというお手紙を差上げました所、次の週のご講義の時に、服部がこんな手紙
を寄越したが、よさそうだから暫く採用しておく、という意味のことを仰ったことで
した。これに関し、何かの機会に学兄が「自分もその講義に出ていたので覚えてい
る」と仰ったと記憶しますが、ご記憶でしたらその旨一筆ご返事頂けませんでしょう
か。……【後略】

昭和 49 年 1 月 21 日

第 2 信(五味智英→服部四郎)
　【前略】……お問合せの件ですが、「服部君の説が好いと思う」と橋本先生の仰った
ことは私の記憶にあります。それは先生が御自身のお考えを訂正なさる意味で仰ったの
でした。そしてそれは談話ではなくお手紙によって、服部さんから先生に伝えられた
ものであったことも先生が仰いました。ただ甚だ申訳ありませんが意識の甚だ浅薄だ
ったころのこととて、音価そのものについてはどう仰ったのか記憶が不十分です。そ
れを伺ったのは国語音声史の御講義で今の法文 1 号館の正門寄の側の教室だったよう
な気がします。このたびの御手紙を拝見しますと、先生の御講義をお聞きになり御意
見をおしるしになったのは「昭和 6 年卒業後」と仰っていらっしゃいますが、もし昭
和 6 年だったとしますと、私は 4 月入学、直に休学しましたので、先生は年をおいて
の御講義で(或いはでも)服部さんのお説を紹介なさったことになります。又もし「卒
業後」が昭和 6 年よりもあととすれば、私の伺った御講義が即ち服部さんが əi 説を
申し上げなさった御講義だったことになりましょう。昭和 7 年か 8 年のことと思いま
す。……【後略】

昭和 49 年 1 月 23 日

関連資料——503

第3信(服部四郎→五味智英)

　拝復　ご多忙中の所をご懇切なるご返事拝受深謝致して居ります。「昭和6年卒業後」と書きましたのは正確には「……卒業後の何年度かの」と書くべきものでございました。私の記憶でも6年度ではなかったように思いましたが念のためあのように書いたのでした。お手紙によりますと「国語音声史」のご講義であったとの事ですが、岩波の先生著作集第6冊によりますと、昭和7年度のご講義であったと確認されます。そして同書の230頁以下を読んで参りますと、当時の記憶が蘇って、一々頷かれるのですが、234頁には、正しく「すれば乙類は kie の如くにも推定される。」と述べて居られます。233-5頁のようなご講義を伺った後に kəi と推定しては如何でしょうかという意味のお手紙を差上げますと、その次の週のご講義の時に、暫く採用しておくという意味のことを仰ったのでした。それが学兄のご記憶に残ったものと思われます。なお先生にお手紙を差上げると同時に、有坂君【有坂秀世】に「エ段乙類の母音に関し君はどういう説か」という意味の手紙を出しました所、まだ十分成案がない旨言って寄越しましたので -əi 説を書き送りました所、面白いという意味のことを言って寄越したと思います。これらの手紙は拙宅のどこかにあるはずです。なお同君あての私の右述の第2の手紙は、同君の『上代音韻攷』の427-8頁に引用されております。その後、私は拙著『日本語の系統』62-3頁に述べたような考えに変わりましたが、有坂君は『上代音韻攷』(428-39頁)で ɘe 説となり、音韻論的解釈は別として、結局は私の説に非常に近い考えとなっていることを、後に知りました(右の拙著公刊後、『上代音韻攷』の該当の箇所を読んだわけです)。なお奈良朝日本語のイ列エ列の甲乙の音価推定について一文を草する旨、学兄が学部長をしていらっしゃった助教授選考委員会でお約束しておきながら、未だに約を果たさざる筆不精誠に申訳けなく存じておりますが、相不変次々と仕事に追われておりますのでご海恕賜りたく、何とか約を果たす暇を獲たいものと存じて居ります。……【後略】

昭和49年1月27日

第4信(五味智英→服部四郎)【省略】

第5信(服部四郎→五味智英)

　拝啓　過日はお忙しい所を早速ご返事頂き本当に有難うございました。今日は、今或本の編集に協力して頂いている築島裕君にあのお手紙をお見せしてよろしいかどうかお尋ねするために筆をとりました。……【中略】……前便(1月27日付)で有坂秀世君がその著『上代音韻攷』(昭和30年7月刊)の427-8頁に私の第2の手紙を引用していると述べましたが、それは昭和7年11月の手紙として引用しており、この昭和7年を「昨年」としております(同書427頁)から、同君の右の著書には少なくとも昭和8年に加筆した部分があるということになります。

　なお前便で言及しました私の新しい考えはその公刊が『日本語の系統』(昭和34年1月)で、有坂君の著書の公刊よりおそいことになりますが、この私見はかなり古いもので終戦よりずっと前です。拙著『元朝祕史の蒙古語を表はす漢字の研究』(昭和21年9月)42頁以下の『蒙古字韻』の音価推定には同じ考えが基礎となっており、中

504——第 10 章　上代日本語の母音体系と母音調和

古シナ語等に関しても同様な私見を長く温めていたものを三根谷徹君に授けたことは学兄が議長をされた選考委員会で述べた通りです。同君は『言語研究』(22/23 号。昭和 28 年 3 月)所載の論文 66 頁註(1)にその旨明記して居ります。但し同君の新著『越南漢字音の研究』(昭和 47 年 3 月)の該当の箇所(52 頁)にはその註記がありません。

　要するに有坂君の考えは上古日本語のその音節に関する考察の結果ですが、私見は上古日本語ばかりでなく琉球方言さらに諸外国語に関する音韻論的考察と、それの基礎となる一般音声学的考え方によるものです。そういうことをお約束した論文で細説したいと考えているのですが余裕がなくて果たせずに居りますのを残念に存じます。それはともかく右述の -ai 説がきっかけとなって有坂説が生まれ、それとは独立に違った考察の経路によって前述の私の新説が成立したわけですが、結論として推定する発音そのものが両者においてかなり近いものとなっていることは注目すべきことかと存じます。

　なお余談に亘りますが長田夏樹『原始日本語研究』(昭和 47 年 12 月、小宮山書店)の 22 頁で蔵中進氏が大野晋氏(『『上代仮名遣の研究』』昭和 28 年)と馬淵和夫氏(『上代のことば』昭和 43 年)とに基き諸家(14 氏)の推定音を表にして示しているのを見ますと、私の ai 説は挙げてありますが新説の方は載っておりません。註のような形で出したものは人々の注意を惹かないものかと存ぜられます。……【後略】

昭和 49 年 2 月 27 日

[追記]この書簡の交換は次の原因により始まった。すなわち、築島裕氏、某氏、等の参加したある編集委員会で、筆者が「橋本進吉先生は、昭和 6〜7 年ごろの講義の折、エ段乙類に関し服部の -ai 説をしばらく採用しておくと言われた」と言ったのに対し、その某氏が筆者に向かって「私もその講義に出ていたが先生はそんなことを言われませんでしたよ。」と断言したことによる。〔第 6 章注 42 も参照〕

注

1)　(p. 489)橋本(1949: 第 3 冊、184)。なお、先生ご自身の説(その後の人々も承認)に従って、「ヌ」の仮名を「ノ」の仮名に変えた。

2)　(p. 491)『上代音韻攷』(有坂 1955: 441、443、445、446)参照。 p. 446 の「総括」では「{əe} 又は {əi}」としている。

3)　(p. 492)kami[1]《上、首長》と kami[2]《神》とは、奈良時代には確かに音形も意味もたがいに異なる別の単語ではあったが、同源語(語源的に同じ語根を含む単語)ではないと断定することはできない。kami[2] は基本形 kamu《神》の延長形であるから、内的再構等によって奈良時代以前の日本語に i[1]〜u という母音交替があったことが証明されれば、kami[1] と kami[2] も同源語だということになろう。そしてその可能性なきにしもあらずである。pi[1]to°《1》〜puta《2》や mi[1]《3》〜mu《6》には i[1]〜u という交替が見られる。

4)　(p. 493)こういう少数の対立例を無視する巨視的音韻論は西洋にもあるが、私は採らない。

5)　(p. 493)ただし yo°《から、を通って》、yo°ri《より》などには丙類が現れる。

6) （p. 493）子音を表わすローマ字は、母音のそれと同様、翻字用の概略的な象徴的なものであって、精密な音価を表わすものではない。なお、母音音節は子音の位置に ' を付けて表わす。

7) （p. 494）『古事記』には mo° と mo° の書き分けがある。有坂秀世「古事記におけるモの仮名の用法について」(1932)参照。〔『国語音韻史の研究』(1957)増補新版所収〕

8) （p. 494）「ハ行」子音は、少なくとも語頭においては（母音に先立たれないとき）破裂音であったと考えられる。拙稿「琉球方言と本土方言」(服部 1976b: 21-22 ＝ 本書第 4 章 p. 57)参照。

9) （p. 495）去る 2 月 11 日のテレビ放送で、ki が奄美大島式の中舌狭母音で、kö がはっきりした前舌円唇母音で発音されるのを観察した〔第 12 章注 8〕。

10) （p. 496）執筆枚数制限のためこれ以上詳しくは説けない。拙著『日本語の系統』(服部 1959a: 62-63, 283-287)をも参照。

11) （p. 497）このような変化によって生じた平安時代の[ki]は、/kji/: /ki/ という対立がないのだから、当然 /ki/ と解釈される。なお、拙文(服部 1968c: 84-85 ＝ 本書第 17 章 pp. 586-588)参照。

12) （p. 498）三根谷徹氏（1953: 66 註）は、「この点は服部四郎先生から直接受けた示唆によるものである。」と書いている。同氏にこのアイディアを授けたかなり以前から、それを上代日本語に適用すべきことに気づいていた。

13) （p. 498）「モ」の丙類・丁類の区別が「ホ」(/p-/)「ボ」の場合よりもおそく失われたのは、[m]の場合には、破裂音の場合と異なり、その持続部の音も多少識別に役立つので、出わたりを特に暗くしなくても[n]との識別が容易だからであろう。なお、松本克己氏が指摘した如く、「魚韻」が「唇音」「牙〔喉？〕音（ワ行関係）」との結合音節(すなわち、漢字)を欠いているので、「ホ、ボ、モ」の丙・丁が書き分けられなかった可能性もあるが、太安万侶は「毛」と「母」で「モ」の丙・丁を書き分けているのだから、工夫すれば「ホ」「ボ」の丙・丁も書き分けられただろうに、それをしなかったのは、発音に区別がなかったためであろうと思う。

14) （p. 499）タタール語の母音体系については、Hattori (1975)参照。

15) （p. 500）1967(昭和 42)年にロマーン・ヤーコブソン(Roman Jakobson)が東京へ来た時、上代日本語の母音体系を求められたので、(B)図と同じものを書いて示したところ、それでさえ Мало Вероятности 《little probability》だと言うので、「ö と o とが合流する直前だったから」と答えたことがある。ö をɔに変えたら、あるいは満足したのではないかと思う。

16) （p. 500）これらの諸点について細説しなければならないが、与えられた紙数をすでにはるかに超過しているので、別の機会に譲る。

17) （p. 502）服部(1976b: 24, 30 ＝ 本書第 4 章 p. 59, 注 8)参照。なお、異化(dissimilation)によって *CuCu→/CuCo/; *CiCu→/CiCo/ という通時的な変化の起こった可能性があるとも考えている。たとえば、*kuru→/kuro/《黒》; *'isu→/'iso/《磯》。また、*kumura→/komura/《腓》; kupusi→kopusi→/koposi/《恋》のような変化も起こった可能性がある。

506——第 10 章　上代日本語の母音体系と母音調和

初　出

「上代日本語の母音体系と母音調和」『月刊言語』5(6): 2–14、1976 年。

第 11 章　上代日本語のいわゆる "8 母音" について

1

　上代日本語、すなわち奈良時代の奈良を中心とする中央方言には母音が 8 つ
あった、というのが定説であるように言われているけれども、母音音素は 6 つ
であったと考えられることについて述べたいと思う。

　現代の東京方言、京都方言をはじめ、東海道、近畿、山陽道、四国、九州、
等々の諸方言は、a i u e o の 5 つの母音、厳密に言えば 5 つの母音音素を持
っている。ところが、上代日本語の母音体系はそれとは違っていた。以下に、
どういう根拠によってそう考えられるかということについて、略説する。

2

　僧契沖がいわゆる「歴史的仮名遣」を発見し、国語学史上画期的な著書
『和字正濫鈔』(1693[元禄 6]年に成り、1695[同 8]年刊)を公刊したことは有名であ
る。彼は、奈良時代および初期平安時代の文献には、「あ、や、わ」3 行およ
び語中語末の「は」行の仮名や「じ、ぢ、ず、づ」の四つ仮名の使い方が語に
より一定しているが、それ以後の文献になるとそれらの混同がはじまることを
明らかにした。(ただし、四つ仮名の混同は大体江戸時代初以後。) たとえば、
古代の文献では次のように書かれていてそれ以外の書き方をすることはない。

```
┌ 瞻 い  射 い  寝 い  入 いる
└ 猪 ゐ  居 ゐ  井 ゐ  将 ゐる
```

508──第 11 章　上代日本語のいわゆる "8 母音" について

次 ついで　老 おい　　　悔 くい
地震 なゐ　参入 まゐる　藍 あゐ
灰 はひ　　貝 かひ　　　鯛 たひ　恋 こひ

雄 を　　　緒 を　　尾 を　　小 を　　居 をる　折 をる
多 おほし　音 おと　織 おる　落 おつ

十 とを　　青 あを　　棹 さを
庵 いほり　通 とほる　遠 とほし　顔 かほ

江 え　　柄 え　　　得 え　　枝 えだ　鰕 えび
餌 ゑ　　笑 ゑむ　酔 ゑふ

鮠 はえ　　鵼 ぬえ　笛 ふえ　稗 ひえ
机 つくゑ　杖 つゑ　声 こゑ　末 すゑ
家 いへ　　蠅 はへ　上 うへ　前 まへ

　今日では、古代の仮名遣がこのように一定して動揺しないのは、当時の発音
を反映するものであることが明らかとなっている。奈良時代および初期平安時
代には、たとえば i と wi、e と we の発音の区別があったため、それぞれ「い」
と「ゐ」、「え」と「ゑ」で書き分けられて両者を混同することがなかったのだ
が、のちにこれらの w- が消失してそれぞれ同音となったために、「い」と
「ゐ」、「え」と「ゑ」の使い分けが乱れ、混用されるようになったのである。

3

　ところが本居宣長は、『古事記伝』(1764 年に起稿し、1798 年 6 月に脱稿)の総論
の中の「仮字の事」の条で、『古事記』に契沖らの明らかにした前述の仮名遣
のほかに、さらにそれ以上の仮名の使い分けのあることを指摘した。1 つは清
音と濁音の仮名の使い分けであるが、他はのちに「上代特殊仮名遣」と呼ばれ
る現象である。たとえば、「コ」の万葉仮名には「許」と「古」とあるけれど
も《子》という意味の「コ」には「古」を用いて「許」を用いた例は 1 つもない
とか、「メ」の仮名には「米」と「賣」とあるけれども《女》という意味の「メ」
には「賣」の方を用いて「米」を用いた例は 1 つもない、などというようなこ

とである。宣長はさらに、

> 此は此記のみならず、書紀万葉などの仮字にも此定まりほのほの見えたれ
> ど、其はいまだ徧くもえ験ず。なほこまかに考ふべきことなり。然れども
> 此記の正しく精しきには及ばざるものぞ。〔『古事記伝』巻1〕

と言って、この拙稿においてこれから問題にする「上代特殊仮名遣」という現
象の存在する可能性を示唆している。しかし、宣長の指摘した事実だけでは、
それらの語に限りそういう独特の万葉仮名を用いるという書き癖であるかも知
れず、ここに上代特殊仮名遣が発見されたとすることはできない。

　「上代特殊仮名遣」の存在は、宣長の弟子石塚龍麿が、『古事記』ばかりでな
く『日本書紀』『万葉集』その他を徹底的に研究して、それはある特定の語が
特定の仮名で表記されるというだけではなく、同じ語がいろいろの仮名で書き
表わされるにもかかわらず、それらの仮名の遣い方に一定の規則のあることを
確認し、『仮字遣奥山路』(1798［寛政10］年ごろ成立)を著わしたことによって確認
された。この書は刊行されずに写本で伝わったのと、内容の理解の困難な記述
の仕方がしてあったために、故橋本進吉先生がその著書の真価を認められるま
で、120年間も世に埋もれていたのであった。その価値が認められないばかり
でなく、内容を理解することなく見当違いの誹謗をした者さえある。宣長より
16歳年下の伊勢の国学者荒木田久老が次のように述べているのは、その例で
ある。

> 近頃龍麿とかいふ田舎者仮名の事を彼是申候。その考全く己より出たる考
> にては無之、宣長が説によりて其説に叶はぬは不正とし其説に叶へるを正
> しとしたるものに候。古への仮名にも悉くわかちあるよし申候。是も甚偏
> 論にて御座候。〔橋本進吉 1917 ＝著作集第 3 冊: 159〕

龍麿の著書を熟読すればこのようなことは言えないはずであるのに、何かの感
情的こだわりが熟読を妨げたものであろう。感情的なこだわりが学問の敵であ
ることは、今も昔も変わりないようである。
　龍麿の著書は、深い研究の結果を極めて簡潔にまとめたもので、卒読したの
では理解しにくい点がある。前記 3 書に用いられる仮名をことごとく挙げた巻

510——第 11 章　上代日本語のいわゆる "8 母音" について

頭の表には、たとえば次のように見える。

　　か［古］<u>里</u>訶迦加可^{濁音}賀我何［紀］……　　皆通用

　〔か［古］<u>甲</u>訶迦加可^{濁音}賀我何［紀］……皆通用（橋本 1917: 128）〕

　　き［古］<u>伎岐吉棄</u>^{通用}紀幾貴^{通用}^{濁音}岐藝^{通用}疑［紀］……

　〔き［古］<u>伎岐吉棄</u>^{通用}紀幾貴^{通用}^{濁音}<u>岐藝</u>^{通用}疑［紀］……（橋本同上）〕

すなわち、「か」の仮名と「が」の仮名はそれぞれ 1 類をなすけれども、「き」の仮名と「ぎ」の仮名はそれぞれ 2 類をなすことは記されているのだけれども、これだけの記述でそういう意味に理解することは必ずしも容易ではない。また本文では、2 類に分かれる仮名のみについてそれらの用いられる語例を列挙するのではなく、1 類しかなさない仮名でも、語により書き癖のあるものは挙げ、使用法の全く一定しない仮名だけを記述から省くという方針である。用例を挙げずに記述を省略された仮名は次の 12 個に過ぎない。（下に＿を付したのは 2 類に分かれる仮名。他は 1 類をなす。）

省略された仮名

あ　い　う　<u>え</u>　お　　　あ　　う

か　<u>き</u>　く　け　<u>こ</u>　　　く

さ　し　す　せ　<u>そ</u>

た　ち　つ　て　<u>と</u>

な　<u>に</u>　<u>ぬ</u>　ね　の　　　な　に

は　<u>ひ</u>　ふ　<u>へ</u>　ほ

ま　<u>み</u>　む　め　<u>も</u>

や　い　ゆ　え　<u>よ</u>　　　や　ゆ

ら　り　る　れ　<u>ろ</u>　　　り　る　れ

わ　ゐ　う　ゑ　を　　　ゐ　ゑ

1 類しかなさない仮名の記述例を示すと、

いの部

【壹】

○いき国名　壹ヲ用フ　壹伎紀顕宗万十五ノ廿三丁

　　古事記上巻に伊岐ともあれは伊の字をも用ふへし但し壹の字は壹岐とあ
　　るのみにて外には用ひぬかななり　伊勢伊豫伊豆なとには皆伊の字を用
　　ひたり

かの部

【訶】　訶の字は多く地名と人名とに用ひて歌にはをさをさ用ひたる事な
　　　　し

現在「上代特殊仮名遣」というときには、2類に分かれる仮名（大体上の五十
音図で＿を付して示したもの）の、語による使い分けの規則のことであるが、
龍麿の言う「仮字遣」とは、それを含むばかりでなく、語の表記法の規則一般
のことであって、大変な研究ではあるが、そのことがかえって「上代特殊仮名
遣」を浮き彫りにして示さないこととなった。しかし、彼の研究が、師の示唆
に出発しながらも、『古事記』『日本書紀』『万葉集』等を網羅的に調査した大
研究であることは、自序の次のような言葉にも現れている。

　　○古事記は正しき書にしてたかへる事はをさをさなきを書紀万葉には混雑ミタリ
　　なる処もまれには見ゆそは古事記によりて正しつ
　　○書紀はそのかみあらたに假字を撰びてかけりと見えて古事記万葉にも其
　　外の古書にもなき假字ともおほし【中略】されと用ひさまはいと正しくなむ
　　ありけるたとへば子小男彦のこには古事記には古をのみ用ひたるに書紀に
　　はひろく古姑故固枯胡孤顧〔橋本(1917: 129)はすべて＿付き〕などをも用ひた
　　り（これら皆古〔橋本は＿なし〕に通ふかななり許己擧據居虛去莒なとをは一
　　つも用ひすこは皆許に通ふかななるかゆゑなり古と許のけちめ古事記に明
　　らけし）
　　○通用するかなのおほく用ひたるをば一つ二つあげてことごとくはあげず
　　皆ひとしけれはなり

しかるに、前述の荒木田久老は、前掲の文章にさらに続けて次のように言って

512——第 11 章　上代日本語のいわゆる "8 母音" について

いる。

> 譬へば紀の字は城の仮名に用ひて垣のきには用ひずなど申す類にて候。能
> 考へ見候に、紀の字城の義ならぬ所にもあまた用ひ候例有之候。是等も本
> 文に申候通り彼廓内を出でず己より考へ見申す力なく宣長が説を尊信して
> それを鑑として古へを強ひ候事に候。愚人のわざいふにたらず候。

しかしながら、龍麿は「紀」の仮名は「き(城)」以外にも「き(木)」「きり
(霧)」「きし(岸)」「つき(月)」等々数多くの語に用いられることを明記してい
るのだから、荒木田はこの部分を読まなかったことになる。権威を笠に着て真
摯な学者をいたずらに愚人呼ばわりしたものと言えよう。

4

　橋本進吉先生も最初龍麿の著書をご覧になったときはその真価を理解されな
かったとか伺ったが、のち奈良朝語の文法を研究中『万葉集』の東歌中の
「家」の字の用法について疑いを起こし、「け」音の仮名一般について調査した
結果、奈良朝の中央方言を記した文献には「け」の仮名に 2 類の別があって混
用しないことを発見し、さらに「き、ひ、み、め、こ」等の仮名にも 2 類の区
別のあるべきことを予測して、まず「き」の仮名について調査を進めておられ
るとき、偶然草鹿砥宣隆の『古言別音鈔』(1849[嘉永 2]年の序)を見られ、それ
によって龍麿にこの種の研究のあることを知り、『仮字遣奥山路』を見られた
ところ、ご自身の研究結果とほとんど一致することが述べられているのを見て、
さらに研究を進められた結果、それが仮名遣研究史上の重大な貢献であること
が明らかとなり、1917(大正 6)年に『帝国文学』(23 ノ 5)に「国語仮名遣研究史
上の一発見」と題する論文を発表、その真価を解説せられるに及んで、ようや
く学界に知られるようになった。
　橋本先生はさらに、たとえば「き」「け」「こ」等の万葉仮名がそれぞれ 2 類
に分かれ、語によってそのうちの一方のみが用いられるのは、前述の契沖の発
見した仮名遣において、現在「イ」、「エ」、等と読む仮名にそれぞれ「い」
「ゐ」、「え」「ゑ」、等の 2 類があり、語によってそのうちの一方のみが用いら

れるのと原理的に全く同じであるとし、その上、たとえば「き」の両類にはそ
れぞれ数多くの万葉仮名が属し、同じ語の同じ音節を表わすのに同類のいろい
ろの仮名が用いられる(他類の仮名は用いられない)点より見て、両類の区別が
当時の発音の区別に基づくのでない限り、単に字面の記憶だけでは、仮名のこ
のような使い分けはできないとして、万葉仮名の音価推定の研究をお始めにな
った。これは画期的なことである。

のみならず、橋本先生は『奥山路』の細かい誤りを訂正せられ、「ぬ」の2
類は「の」の2類とすべきであるとせられたばかりでなく――「え」の2類が
「あ行」の「え」と「や行」の「え」の区別であることは奥村栄実の『古言衣
延弁』(1829[文政 12]年成る)によって明らかにされた――、その他の点でも、後
述のように、上代特殊仮名遣の中に先人の気づかなかったある種の秩序がある
ことを発見された。

5

さらに有坂秀世氏は「古代日本語に於ける音節結合の法則」(有坂 1934)によ
って、上代日本語にアルタイ諸言語の母音調和と称せられる現象に類似した点
のある音節結合の法則のあることを発見し、上代特殊仮名遣が当時の発音を反
映するものであることを一層明らかにした。

なお、有坂氏は、後述の如く、当時のシナ語音の研究等によって、万葉仮名
の音価推定の研究に大きい貢献をしている(有坂 1955)。

6　上代日本語の母音体系の研究

〔本節以降は第 10 章と重複する点が多い。〕

上代日本語を書き表わした文献には、個々の音節が「表音的万葉仮名」(「表
意的万葉仮名」にあらず)で表記されている部分があるので、こういう部分が
どういう発音を表わしたかを、すなわち個々の表音的万葉仮名の音価を推定す
ることができる。このようにして、上代日本語の音韻体系・音韻構造を再構す
ることができるが、その再構音は次の諸観点のすべてを満足させるものでなけ

514——第 11 章 上代日本語のいわゆる "8 母音" について

ればならないと思う。

　ここでは特に母音体系に重点を置いて考察することとする。

6.1 後世の諸方言との対応

　たとえば、「加是」「可是」と書かれている語は現代京都方言の /kaze/（風）に、「紀利」「奇里」「奇利」「奇理」「綺利」と書かれている語は同じく /kiri/（霧）に対応する、などのように。比較する方言は過去のものであっても、直系の子孫以外のものであってもよい。

　実は上に「か」の仮名、「き」の仮名などと言ったのは、このような対応関係を明示的に研究しないで、いきなりこの対応関係を言ったものである。

　このような研究によって、「同行」の仮名は同じ子音音素で始まる音節を表わしたものと推定することができる。

　このような事実を根拠の 1 つとして、橋本先生は、加行、佐行、多行、等々の諸音節は、それぞれの行において "母音" の違いによって区別されていたものと考えられていたようである。有坂氏以下の諸氏も同様であろう。

6.2 奈良時代における語形替変に見られる音節の交替

　上代日本語自身における活用その他における音節交替そのものにも、上述の同行の諸音節が同一子音音素で始まっていた徴憑を見出すことができるが、橋本先生は、そのような研究を進めていかれた結果、またその他の徴憑により、平安時代には合流して同音となるけれども奈良時代には発音し分けられていたと考えられる 2 類ずつの仮名の一部の間に平行的な関係を認め、それぞれ「仮に甲類乙類と名づけ」（圏点、服部）られた。すなわち、次のようである[1]。

キ　ケ　コ　ソ　ト　ノ　ヒ　ヘ　ミ　メ　ヨ　ロ

（甲類）　伎　祁　古　蘇　斗　怒　比　幣　美　賣　用　漏

（乙類）　紀　氣　許　曾　登　能　斐　閉　微　米　余　呂

この仮の命名がのちに広く用いられるようになった。そして、これをたとえば次のようにローマ字で表記し、

伎 ki、　紀 kï、　祁 ke、　氣 kë、　古 ko、　許 kö

その上さらに「乙類」は一律に中舌母音を有したと考える人々が現れたのは不幸なことであったと思う。なぜなら、音価推定の仕事はこれで完了したと考えた——あるいは現にそう考えている人々があるからである。実は、以下にも述べるように、橋本先生はそうは考えておられなかったのである。

　橋本先生が確認されたところの、

　　(I)　伎：紀＝比：斐＝美：微

　　(E)　祁：氣＝幣：閉＝賣：米

　　(O)　古：許＝蘇：曾＝斗：登＝怒：能＝用：余＝漏：呂

という関係、さらには、

　　(I)　＝　(E)

という関係は承認できるけれども、以下に述べるように、(I)(E)と(O)との関係は等しくないと、私は考えるからである。私見に従えば、「イ段」と「エ段」の2類をそれぞれ「甲類」「乙類」と呼ぶとすれば、「オ段」の2類は「丙類」「丁類」とでも呼ばれればよかったと思う。本稿では、表音万葉仮名をローマ字で翻字(transliterate)する場合には、"母音"の部分に関し次の方式を用いようと思う[2]。

イ段の音節	甲乙の区別のない場合	-i	甲類 $-i^1$、乙類 $-i^2$
エ段の音節	同　上	-e	甲類 $-e^1$、乙類 $-e^2$
オ段の音節	丙丁の区別のない場合	-o	丙類 $-o^o$、丁類 $-o^e$
ア段の音節	-a		
ウ段の音節	-u		

6.3　字音万葉仮名のシナ語原音との比較
　表音万葉仮名の大部分は漢字音に基づいて日本語音を表わそうとした字音仮名であるから、奈良時代と同時代あるいはそれに先立つ時代のシナ語音、ある

いはそれらの再構の資料となったシナ語諸方言、朝鮮漢字音、等は、字音万葉仮名の音価の推定のための重要な資料となる。

　橋本先生はつとにこの点に十分注意しておられ、1927(昭和2)年度のご講義にそのことを述べておられる[3]。先生は最終的には次のような意見となっておられた[4]。

$$\text{イ段}\begin{cases}\text{甲} & \text{-i} \\ \text{乙} & \text{-ïi}\end{cases}\qquad\text{エ段}\begin{cases}\text{甲} & \text{-e} \\ \text{乙} & \text{-ie}\end{cases}\qquad\text{オ段}\begin{cases}\text{丙} & \text{-o} \\ \text{丁} & \text{-ö}\end{cases}$$

　有坂秀世君は『上代音韻攷』において、この漢字音の問題を徹底的に研究し、次のような結論に達している。

$$\text{イ段}\begin{cases}\text{甲} & \text{-i} \\ \text{乙} & \text{-ïi}\end{cases}\qquad\text{エ段}\begin{cases}\text{甲} & \text{-e} \\ \text{乙} & \text{-ɘe}\end{cases}\qquad\text{オ段}\begin{cases}\text{丙} & \text{-o} \\ \text{丁} & \text{-ö}\end{cases}$$

　ただし、エ段乙類について彼は「-ɘe 又は -ie」として、私の -ie 説をまだ完全に捨てきれないでいるが、それは、同君の音韻論的考察が微視的かつアトミスティックに過ぎ、以下にも述べるように巨視的かつ構造的観点が欠けているからである。

　『上代音韻攷』で上代日本語の各音節に関し精細綿密な考察を行なった後、同君は、たとえば「佐行」の子音について次のような結論に達している[5]。

{ʃ} ?		シ 斯 ?		セ 勢 ?		
{s} ?		斯 ?	ス 須 ?	勢 ?	ソ(丙) 蘇 ?	ソ(丁) 曾 ?
{tʃ} ?				勢 ?		
{ts}	サ 佐		須 ?	勢 ?	蘇 ?	曾 ?

このような結論に達したのは、同君の音韻論が発音意図音韻論であり、音素の分布を考えず、音節の成す体系に注意を向けなかったためである。構造的観点に立てば、これら4つの"音韻"(＝音素)は1つの音素に属するものと予想される。

6.4 音韻的対立

　平安時代に入ってしばらくすると、前述の「甲」「乙」および「丙」「丁」の仮名の使い分けは全く失われて、カ行においてさえ、「カ、キ、ク、ケ、コ」の5つの音節のみが区別されるようになったのだから、奈良時代の「甲」「乙」および「丙」「丁」の区別も、音韻的区別ではなく「異音」(allophone) 的区別に過ぎなかったのではないか、検討を要する。それにはまず、音韻的対立の有無を調査する必要がある。たとえば、

ki^1《酒；杵》	ki^2《木；城》
$yuki^1$《雪；靫》	$yuki^2$《斎忌》
$'oki^1$《置き》	$'oki^2$《起き》
$tuki^1$《著き〔付き、着きの意〕；衝き》	$tuki^2$《尽き》
$nagi^1$《凪》	$nagi^2$《水葱》
pi^1《日；氷；梭；檜》	pi^2《火；樋》
$'opi^1$《負ひ》	$'opi^2$《生ひ》
$yobi^1$《呼び》	$wabi^2$《佗び》
mi^1《《三；水；海》)	mi^2《実；身；箕》
$kami^1$《上；首長》	$kami^2$《神》
$yami^1$《止み》	$yami^2$《闇》
ke^1《異》	ke^2《毛；笥》
ke^1sa《今朝》	ke^2dasi《蓋》
$sake^1$《咲け[命令]》	$sake^2$《酒》
$kake^1$《鶏》	ko^eke^2《苔》
ko^ege^1《漕げ》	$kage^2$《影；陰》
pe^1《家；辺》	pe^2《瓮；舳；上》
$'ipe^1$《家》	$'upe^2$《上》
$sube^1$《術》	$'ube^2$《宜》
$nobe^1$《野辺》	$nabe^2$《鍋》
me^1《女；妻》	me^2《目；芽》
me^1su《見す；召す》	me^2du《愛づ》

pi^1me^1《姫》　　　　　　　　　　pi^1me^2《鴒》

などの対立例によって「キ、ギ、ヒ、ビ、ミ、ケ、ゲ、ヘ、ベ、メ」の「甲」と「乙」の区別は音韻的区別であったと認められる。4段活用動詞の命令形語尾の「ケ、ゲ、ヘ、ベ、メ」が甲類、同じく已然形語尾の「ケ、ゲ、ヘ、ベ、メ」が乙類であることも、この両類の区別が音韻的区別であることを示している。

松本克己氏は勝れた論文「古代日本語母音組織考——内的再建の試み」(松本1975)によって、オ段の丙類と丁類の仮名で表わされる音節がほとんど補い合う分布をなし、一部では交替する点などを根拠にして、$-o^o$ と $-o^e$(すなわち、オ段の「丙」「丁」の母音)が同じ母音音素に属するのだという説を出した。これは鋭い観察である。しかし、松本氏の説は巨視的であって、私の立場よりすれば微視的観点も併せ採るべきだと思う。ほとんど補い合う分布をなすとはいえ、なお次のような音韻的対立例が見出される。

ko^o《子；籠》　　　　　　　ko^e《之；来(命令形)》
so^o《衣》(？)　　　　　　　so^e《其》
to^o《外；戸；門；砥》　　　(to^e《十；音；跡》)
no^o《野》　　　　　　　　　no^e《矢の竹》
yo^o《夜》　　　　　　　　　yo^e《代，世；四》

また、有坂秀世君の研究によれば、これらの仮名のシナ語原音(『切韻』601年)の「韻」は次のようである(有坂1955: 387–388)。(括弧の中の算用数字は仮名の数)

ko^o -uo (10), -âu (1)　　　　　ko^e -ï̈ö (9), ï̈i (1), -ï̈əng (1)
so^o -uo (4), uong (1)　　　　　so^e -əng (7), -ï̈ö (1), -i̯ö (1)
to^o -uo (7), -âu (1)〔, -ə̯u (1)〕　to^e -əng (8), -âi (2), -i̯əng (1), -i (1)
no^o -uo (4), -i̯ʷong (1)　　　　no^e -əng (1), -âi (1)
yo^o -i̯ʷong (4), -i̯äu (1)　　　　yo^e -i̯ö (5)

これによっても、$-o^o$ は後舌円唇母音、$-o^e$ は中舌母音のような違いであったと

せざるを得ない。

　このようにシナ語原音をも考慮に入れることは、音の substance を考慮に入れることであるが、音の分布ばかりを問題とすると、「英語の[h]は記号素(すなわち、形態素)の頭にのみ立ち、[ŋ]はその他の位置に立ち、補い合う分布をなすから、同一音素に属する」というようなことになり危険であるから、音韻論では音の substance をも考慮に入れなければならない、というのが私の持論である(服部 1960; Hattori 1967 その他)。〔章末補注＊1 参照〕

6.5　音節の成す体系

　如何に精密に考察しても、アトミスティックに各音節の音価を推定するだけではいけない。それらの音節がどういう体系をなすかを考慮しつつ、すなわち音の分布を考慮しつつ考察を進めるのが、音韻論の根本原則の１つである。

　上代日本語の音節は、特殊仮名遣より見ると、次のような体系をなしていたものと考えられる 6)。

'a	'i		'u	'e		'o	
ka	ki^1	ki^2	ku	ke^1	ke^2	ko^o	ko^e
ga	gi^1	gi^2	gu	ge^1	ge^2	go^o	go^e
sa	si		su	se		so^o	so^e
za	zi		zu	ze		zo^o	zo^e
ta	ti		tu	te		to^o	to^e
da	di		du	de		do^o	do^e
na	ni		nu	ne		no^o	no^e
pa	pi^1	pi^2	pu	pe^1	pe^2	po	
ba	bi^1	bi^2	bu	be^1	be^2	bo	
ma	mi^1	mi^2	mu	me^1	me^2	mo	
ya			yu	ye		yo^o	yo^e
ra	ri		ru	re		ro^o	ro^e
wa	wi			we		wo	

このように並べてみて直ちに明らかになることは、イ段の「甲」「乙」と、エ

520——第11章　上代日本語のいわゆる"8母音"について

段の「甲」「乙」との関係は等しいけれども、オ段の「甲」「乙」とそれらとの関係は等しくないということである[7]。上(6.2項)に、オ段の両類を「丙」「丁」と呼ぶことを提案した理由の1つはここにある。

　まず、$-i^1$ と $-i^2$、$-e^1$ と $-e^2$ の区別(すなわち、イ段とエ段の「甲」「乙」の区別)のあるのは k- g- と p- b- m- の後だけであるから、そしてその理由は、後に述べるように、音声学的に説明できるから、イ段の「甲」と「乙」、エ段の「甲」と「乙」の音節は、音韻的には区別があっても、それぞれ同じ母音音素 /i/ /e/ を含んでいたものと考えられる。従って、$-e^2$ を $-ai$ とする私の旧説は捨てるべきことが明らかとなる。

　次に、オ段の丙類と丁類との関係は、上述の甲類と乙類との関係とは全く異なり、p- b- m- w- の後だけに区別がないのであり、そしてその理由は、後に述べるように、音声学的に説明できるのだから、「丙」と「丁」の音節はそれぞれ異なる母音音素を含んでいたものと考えられる。ただし、そう考えると、ア行の「オ」の仮名が1類しかないのはなぜか、説明されなければならない。この点に関する私見は後(6.7項)に述べる。有坂君がこの点を重要視していないのは、やはり上述のような巨視的観点がないからであるが、わが学界一般が今日に至るまでこの点に注意を払わなかったのは残念である。

6.6　平安時代中央方言への通時的変化

　奈良時代の甲類と乙類の区別、丙類と丁類の区別は、平安時代になると、両者がそれぞれ合流して失われるのであるから、はっきりしていながらも失われやすい区別を、区別消失直前の奈良時代の音韻状態として、推定しなければならない。

　この点は、橋本先生以来、我々の常に心掛けてきたところである。たとえば、「キ」の「甲」「乙」を橋本先生がそれぞれ ki と kïï とせられたのに我々が賛成したのは、kïï→kï という変化は容易に起こり得るからである。

　しかるに、"乙類"の母音を一律に -ï -ë -ö で表わすばかりでなく、-ï -ë の「音価」を中舌の単純母音とするのは不可である。たとえば、kï→ki というような変化は容易に起こり得ないからである。橋本先生の推定音でも有坂君のそれでも、二重母音であって単純母音ではない。この点が重要である。

また、前節に述べたように、「ア、サ、ザ、タ、ダ、ナ、ラ、ワ」の諸行の
イ段の諸音節が母音音素 /i/ だけを有したと考えられるときに、「カ、ガ、ハ、
バ、マ」の諸行のイ段の諸音節だけが /i/ と /ï/ と 2 つの母音音素を有したとい
うことはまずあり得ない。エ段の諸音節についても同じことが言える。

また、有坂秀世君の研究によると、「キ」の「甲」「乙」の仮名のシナ語原音
の韻は次のようである(有坂 1955: 403)。

ki¹(甲)　　　-i (9), -i̯ën (1)

ki²(乙)　　　-ï̯i (7), -ï̯i̯ (4), -i̯uï̯i (2), -i̯ui (1)

すなわち、有坂君はこれを有力な根拠にして「キ甲」{ki}、「キ乙」{kï̯i} と推
定したのだが、「キ乙」を /kï/ とする説は、ここにも全くその根拠を見出すこ
とができない。

また、有坂君が「オ段乙類」(私のいう丁類)の母音を、前舌母音でなく中舌
母音の ö としたのに我々が賛成してきたのは、如何にオ段の丙類と丁類とが音
韻的対立例が少なくほとんど補い合う分布をなすとはいえ、後舌円唇母音の o
と前舌円唇母音([œ][ø]など)とで区別されていたのならば、容易に合流的変
化は起こらなかったはずだからである。

6.7　一般音声学的ならびに一般音韻論的観点

一般音声学的に言って、前舌母音 i あるいは e の前に子音が立って音節を形
成するとき、t d n s z などにおけるより、k g p b m などにおいて、音韻的
区別(対立)として利用されやすいのは、子音の口蓋化と非口蓋化の特徴である。
たとえば、我々がふつう発音する(東京方言、京都方言、等々の)「キ、ギ、ピ、
ビ、ミ」の k g p b m はともに口蓋化されているけれども、非口蓋化の
k g p b m と i とを結合した音節を発音することもできる。(この場合には、
必然的に子音と母音[i]との間にごく短い[i][今まで ï で表わしてきた中舌母
音]式のわたり音が生ずる。) そして、これらそれぞれの両種音節の音色の差異
は、口蓋化 t d n と i とを結合した音節、および非口蓋化 t d n と i とを結合
した音節という両種音節間の音色の差異より大きくすることができる。なぜな
ら、非口蓋化 k g p b m の破裂した直後の口腔の空洞は、非口蓋化 t d n の

522——第 11 章 上代日本語のいわゆる "8 母音" について

破裂した直後のそれより大きいからである。また、k g にあっては、非口蓋化音と口蓋化音との調音点が大きく違い得るから、その出わたりの破裂時の音色も著しく違い得る。従って、この出わたりの口蓋化の音色を /j/ と解釈すると、

	キ	ギ	ヒ	ビ	ミ	ケ	ゲ	ヘ	ベ	メ
甲類	kji	gji	pji	bji	mji	kje	gje	pje	bje	mje
乙類	ki	gi	pi	bi	mi	ke	ge	pe	be	me

という音韻的対立はあるのに

	チ	ヂ	ニ		テ	デ	ネ
	tji	dji	nji		tje	dje	nje
	ti	di	ni		te	de	ne

等々という対立はないという状態の存在は、蓋然性が極めて大きい。上代日本語のイ段、エ段の甲類・乙類の区別はこのような区別であったと考えられる。すなわち、「カ、ガ、ハ、バ、マ」の諸行に限り i e のほかに ï ë を立てるのはあらゆる点から見て不適当で、すべての行を通じて、イ段、エ段の母音音素としてはそれぞれ /i/ /e/ を立てる必要があり、かつそれで十分である、というのが私の主張である [8]。

推定する音声の点では、有坂説は私の説にかなり近いけれども、なお相違がある。カ行について見ると、

		キ甲	キ乙	ケ甲	ケ乙
有坂説		{ki}	{kïi}	{ke}	{kəe}
服部説	音韻表記	/kji/	/ki/	/kje/	/ke/
	音声表記	[ki]	[k'i]	[ke]	[k°e]

すなわち、音声について見ると、「キ甲」については有坂君は私のと全く同じ発音を考えているに違いなく、「キ乙」、「ケ乙」については両者の推定する音価が非常に近く――ただし私は、特に「ケ乙」の場合 k が口蓋化 k とははっきり違った非口蓋化 k でさえあればよく、ə のようなわたり音は必ずしも必要とはしない――、「ケ甲」については、私は口蓋化子音を積極的に推定するのに、

6 上代日本語の母音体系の研究——523

有坂君はそうしない点で違っている。音韻論的には、有坂君は乙類において
{ï} と {ə} との2つの要素(昇り二重母音の副母音音素)を立てるのに対し、私
は ï ə に当たる音声はわたり音としてそれらに対する音韻的要素は立てず、代
わりに口蓋化子音の特に出わたりの音色を弁別的と見て、それに対し /j/ を立
てる。

　次に、オ段の丙類と丁類の区別を /-o/ と /-ö/ の区別とするには、なぜア行、
ハ行、バ行、マ行、ワ行にその区別がないかを説明しなければならない。まず、
w- すなわち[ŭ]が後続の中舌母音 -ö を同化して後舌母音 -o に変化することは
容易である。次に、p- b- m- は、t- d- n- から弁別的であるためには、出
わたりの音色が暗い方がよいから、1つ前の時代には、p- b- m- に -o が続
き得たばかりでなく -ö も続き得たのだが、この場合の -ö は、他の子音に続く
-ö よりも一足先に、-o に変化したのであろう[9]。

　しかしながら、ア行オ段の音節「オ」の場合には、母音に影響を与えるべき
積極的頭子音がないので、上のように説明することはできない。そこでまず注
意にのぼるのは、他の行の場合には、前述(6.4項)のように、わずかながらも、
koᵒ《子、籠》、koᵉ《之、来》や yoᵒ《夜》、yoᵉ《代、世》などのように、音韻的に
対立する1音節語があったが、ア行の場合にはそういう1音節語(/'o/ と /'ö/)
がなかったので、語頭音節に /'o-/ と /'ö-/ の区別があったとしても、両者が補
い合う分布をなす度合は他の行の2類の音節のそれよりも高かったわけである。
その上、他の行では、シナ語原音 -uo 韻(模韻)の字がオ段丙類の仮名として盛
んに用いられた[10]けれども、ア行の場合には、同韻の字「烏」「鳴」「塢」「乎」
は「ヲ」/wo/ の仮名として用いるので、「オ丁」/'ö/ から区別された「オ丙」
/'o/ があったとしても、それを表わすために用いることができない。一方、
『古事記』では「モ丙」と「モ丁」とを「毛」(25転1等 mâu)と「母」(37転1
等 mǝu)で書き分けているにもかかわらず、それらと同韻の字としては

　　-âu　　(清)鏖、襖、奥、(濁)豪、皓、號
　　-ǝu　　(清)謳、歐、漚、(濁)侯、厚、候

があるのに、これらは「オ」(淤類)の仮名としては一字も用いられていない。
「毛」(シナ中古音 mâu)が「モ甲」に用いられて、「奥」(シナ中古音 ˙âu)が "オ

甲”に用いられないのは、その二重母音性が日本語の /ʼo-/ を表わすのに不適当と感ぜられたからであろう。「毛」の場合には、頭子音が唇音なので多少 [mɔu] に近く響いた可能性がある。「ホ」/po/ の仮名として「保、褒、報、袍」のような -âu 韻の字が用いられているのも、同じ理由によるものであろう。

このようにして、「淤類」(ア行の「オ」の仮名はこの 1 類で、2 類には分かれない)の仮名として(括弧内の数字は仮名の数)、

-i̯ö (3), -i̯ën (1), -i̯ən (1), -i̯əng (3)

〔有坂 1955: 390–392。他に -i (1) あり。〕

の「韻」のものが使われる [11] という状態であるけれども、それは /ʼo-/ と /ʼö-/ とを書き分けるのに適当な漢字がなかったためであろうと考えられる。故に、有坂君のように、「オ」の仮名は「淤類」1 類であるという点を根拠にして、この「淤類」の仮名が {ö}(または {o})のみを表わした(有坂 1955: 391)とすることはできない。音節の成す体系を考慮に入れた「構造的」観点よりすると、/ʼo-/ および /ʼö-/ を表わしたものと考えられる [12]。たとえば、

於久可   ʼokuka《奥まった所》(『万』3897)/ʼokuka/
於許之   ʼoko°si《起こし》(『万』4164) /ʼökösi/

従来、上代仮名遣における異類の仮名は異なる音韻的音節を表わし、同類の仮名は同じ音韻的音節を表わすと考えられてきたが、上述の私見はその考え方に根本的な修正を加えようとするものである。ただし、その修正は「淤類」のみに加えられる。

6.8　母音音素の成す体系

再構される母音音素体系は、音韻論的観点から見ても存在する蓋然性の大きいものでなければならない。たとえば、(1)アラビア語、(2)日本語(東京方言など)、(3)八重山小浜方言、(4)朝鮮語ソウル方言、(5)トルコ語(トルコ共和国)、は次のような母音体系を有する。

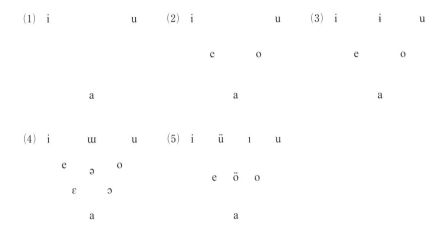

　一般に、狭母音の数は半狭(半広)母音の数より多いか、それに等しいのが普通[13]であり、広母音は1つが普通で、多くて2つ([æ]と[ɑ]または[a]と[ɑ])である。これは、人間の音声器官の構造と、それが母音の音色を区別するためになし得る運動とに起因する。

　この観点よりしても、"乙類"の母音を -ï -ë -ö とする説は、Aのような、存在した蓋然性の極めて小さい母音体系を想定することになる。

(A)　i　　ï　　u　　(B)　i　　　　u
　　　　　　　　　　　　　　ö
　　e ë ö o　　　　　　e　　o

　　　　a　　　　　　　　　a

　これに反し、私の再構した母音体系はBのようになる。ただし、真中のöは奈良時代にはかなりoに近い母音となっていたであろうから、実はöはもっとoに近い位置に置くべきで、その点で、Bでさえも不安定な体系である。恐らく、奈良時代よりも1つ前の時代には、öの代わりに、図Bに示したöの位置に中舌中狭の非円唇母音əがあったのであろう。そうだとすれば、より安定した体系となる[14]。

526——第 11 章　上代日本語のいわゆる "8 母音" について

7　結　語

　これを要するに、如何なる観点よりしても、「上代日本語 8 母音説」、すなわち上代日本語は 8 種類の単純母音を有したとする説を支持する言語学的根拠は見当らず、かえって 6 母音音素を有したと考えられる根拠はいろいろ見出されることは前述の通りである[15]。

　橋本進吉先生が、イ段、エ段、オ段の音節の一部が 2 類ずつに分かれ、それらの一部の間に平行的な関係を認めて、それぞれ「仮に甲類乙類と名づけ」られた(6.2 項参照)のを、恐らく物事を単純に考える人(々)が、"甲類" の母音をそれぞれ -i -e -o で、"乙類" の母音をそれぞれ -ï -ë -ö で表記して、それを "音価" であると思い、音価推定の研究の進歩に注意せず、あるいはそれを理解せず、-i -e -o -ï -ë -ö に -a -u を加えて、上代日本語は 8 母音を有したと思いこむに至ったものであろう。8 母音説が定説であると世の中では思われているようであるが、そうだとすれば、誤っていても単純でわかりやすい説の方が流布しやすい例の 1 つとすることができる。

注

1)　(p. 514)橋本(1949: 第 3 冊 p. 184)。なお、先生ご自身の説(その後の人々も承認)に従って、「ヌ」の仮名を「ノ」の仮名に改めた。

2)　(p. 515)たとえば(有坂氏『上代音韻攷』1955: 181 以下の仮名類別表による)、

ʼa	阿類	安阿婀鞍
ʼi	伊類	移易伊怡以異印壹
ka	加類	哥歌柯哿舸箇……
ki¹	伎類	支枳企岐祇伎棄耆祁吉
ki²	紀類	寄奇綺騎癸基紀己機幾旣氣歸貴
ku	久類	孔苦俱矩……君群句口鳩久玖九丘
ke¹	祁類	祁鷄(雞)稽計溪(谿)啓奚蓋結家賈價
ke²	氣類	旣槪氣該槪開愷凱慨階戒
ko°	古類	姑孤古故固顧胡祜枯庫高
ko^e	許類	己居擧莒據去渠巨虛許興
ti	知類	智知笞池致掫馳陳
te	弖類	氐(弖)帝諦題堤天提底低(㫪)
po	富類	富菩番蕃本品保褒裒朋報袍……

〔原典は「阿類(ア)…富類(ホ)」〕

3) (p.516)やや詳しい研究史については、服部(1976c＝本書第10章)参照。ここではごく簡単に述べる。

4) (p.516)ご講義では「エ段乙類」の母音を -ie としておられたのを「しばらく服部の -əi 説を採っておく」とせられたものである。

5) (p.516)有坂(1955: 667-668)。ただし、それがいかに「非構造的」であるかを一目瞭然たらしめるために、同じ段の仮名を同じ垂直線上に配置して示した。

6) (p.519)子音を表わすローマ字は、母音のそれと同様、翻字用の概略的なものであって、精密な音価を表わすものではない。なお、母音音節は子音の位置に ' を付けて表わす。

7) (p.520)私は1958(昭和33)年の拙文(服部1959a: 62, 286)でこの点に注意を喚起し、その重要性について述べておいたにもかかわらず、わが学界が今日までこの点に注意しなかったのは残念である。

8) (p.522)前述(注7)の1958(昭和33)年の拙文にも同じ私見を公表しておいたのだけれども、恐らく説明が簡潔に過ぎたために、学界の注意するところとはならなかったようである。

9) (p.523)『古事記』には「モ」の「丙」「丁」の書き分けがある。[m]の場合には、破裂音の場合と異なり、その持続部の音も多少識別に役立つので、出わたりを特に暗くしなくても[n]との識別が容易だから、「ホ」「ボ」の場合より丙・丁の混同が一足おくれたのであろう。

10) (p.523)それだからと言って「コ丙」/kwo/「コ丁」/ko/ とすると、音節体系が非常に不均斉になるから、そうすることはできない。この点については服部(1976c: 8＝本書第10章 pp.496-497)参照。

11) (p.524)「意」は中古音の「韻」が -i であるけれども、上古音は Karlgren(1940: 379)に従えば -iəg である。

12) (p.524)その根拠は、上代日本語に見出される母音調和的現象にもあるが、説明が長くなるので省略する。

13) (p.525)タタール語の母音体系については、Hattori(1975)参照。

14) (p.525)それよりもさらに古い時代の日本祖語には、ə のほかに円唇中舌狭母音 ü があった徴憑がある。

15) (p.526)なお、服部(1976c＝本書第10章)には、本論文で省略した点を詳しく述べた点がある。

補　注

＊1) (p.519)著者はこの substance を、のちに第13, 14章の「現実」を経て、第19章で「実質」と(固定的に)言い換えている。

初　出

「上代日本語のいわゆる“八母音”について」『日本学士院紀要』34(1): 1-16、1976年。

第12章　上代日本語の母音音素は
6つであって8つではない

1　序　説

　上代日本語の母音音素が6つであったという私見の論拠のあらましは、本誌〔『月刊言語』〕本年〔1976年〕6月号の拙文(服部1976c＝本書第10章)に述べる[1]と同時に、本年〔1976年〕6月12日に学習院大学で開かれた日本言語学会の第72回大会(下宮1976参照)での公開討論会における「報告」でも略述したが、上述の本誌および上の公開討論会の「報告」で松本克己氏も持論を開陳され(松本1976a)、同討論会では大野晋氏らも意見を述べられた。その後、東京言語研究所の理論言語学講座の学生諸君その他からも種々の質問や意見が述べられたので、本誌を借りて私説をさらに敷衍説明することとしたが、何分紙数が限られているので、詳説は他日を期する。

　まず、議論は前提を無視しては無意味となるので、前述の『月刊言語』所載の拙文の冒頭の文章をここに再録する。圏点は今回付した。

　　　ここに「上代日本語」というのは奈良時代の奈良方言を中心とする中央方言のことであって、東国方言は含まれない。またその共時態を考察するのであって、通時的観点は共時態を明らかにするために導入する。音声学的考察に止まらず、当然音韻論的考察に及ぶけれども、それは表層的音韻構造に関するものである。

　諸氏の議論を見ていると、共時態と通時的変化・内的再構とが混同されているのではないようだけれども、後者に関する考察が前者のそれに影響し過ぎるような印象を受ける。共時態の考察に決定権を有するのは、言うまでもなく共時的事実であって、それがいかに些細なように見えても無視すべきではない。

530——第12章　上代日本語の母音音素は6つであって8つではない

それ ばかりでなく、逆にそれが、通時的考察の大きい組み変えを要求する場合さえある。また、考察は常に、巨視的であると同時に微視的でなければならないのである。

　なお、以下の拙論を一層よく理解して頂くために、表音万葉仮名をローマ字で翻字(transliterate)する場合の"母音"に関する私の方式(服部1976c＝本書第10章2.2項)を再録しておこう。(「丙」「丁」は橋本進吉先生の「甲」「乙」に当たる。)

イ段の音節	甲乙の区別のない場合	-i	甲類 $-i^1$、乙類 $-i^2$
エ段の音節	同　上	-e	甲類 $-e^1$、乙類 $-e^2$
オ段の音節	丙丁の区別のない場合	-o	丙類 $-o^o$、丁類 $-o^e$
ア段の音節	-a		
ウ段の音節	-u		

2　表層的音韻構造の考察

上述の公開討論会で村山七郎氏は次のような意見を述べられた。

　　$-i^2$(イ段乙)は -u や $-o^e$(オ段乙)と交替するのに対し、$-i^1$(イ段甲)はそういう交替はしない。このように、$-i^2$ と $-i^1$ とは機能を異にするから、異なる母音とすべきではないか。

これに対して、私は第1節に引用した拙文(服部1976c＝本書第10章)の冒頭部を引用朗読して、「私は表層音韻構造のみを問題としている」という意味のことを答えたが、この点をもう少し敷衍して説明しよう。

　なるほど、$-i^2$ は、カ行音に例を取れば、

　　$tuki^2$(月)〜$tukuyo^o$(月夜)；$'oki^2$(起き)〜$'oko^esi$(起こし)

のように交替するのに対し、$-i^1$ にはこれと並行的な交替はない。しかし、この点を根拠にして、$-i^2$ と $-i^1$ は別の母音音素だと言うならば、次のようなことが起こる。

　たとえば、タ行音に例を取れば、

kuti（口）〜kutuwa（轡）；'otizu（落ちず）〜'oto°reru（劣れる）

などの ti は tu や to°（ト乙）と交替するのに対し、

tikara（力）；tati（立ち）

などの ti にはこれと並行的な交替がないから、前者の ti は後者の ti と母音を異にする、と言わなければならなくなる。しかるに、これらの ti は同類の仮名で表記されているのだから、表層的には同じ音節と認めざるを得ない。また、tuki²（月）の -i² は -u と交替し、'oki²（起き）の -i² は -o° と交替するから、この両者は異なる母音だ、ということにもなるであろう。

　生成音韻論を上代日本語に適用するにしても、まず表層音韻構造を明らかにしておく必要がある。

3　オ段の母音音素は /o/ と /ö/ の 2 つである

　橋本進吉先生・有坂秀世君以来、大抵の人々は、オ段の母音音素は /o/ と /ö/ の 2 つであると考えてきた。しかるに松本克己氏は、/o/ 1 つであるとの新説を出された。しかしこれは単なる思い付きではなく、上代日本語の資料に基づいて内的再構方法を駆使して行なった広くかつ深い考察の結果であって、母音交替などを断片的に取り上げた"非構造的"考察とは異なり、私がたびたび力説してきたように、この分野での大きい貢献であると思う。それにもかかわらず、氏の「オ段音節 1 母音音素説」に私が賛同し得ない理由は、下述の通りである。既発表の拙文にもそのあらましは述べてあるのだけれども、今回は松本氏の所説に焦点を合わせて、問題の核心について説明しよう。

3.1　オ段音節の共時態としての表層的音韻構造

　石塚龍麿・橋本進吉先生・有坂秀世君の研究によって「コ、ゴ、ソ、ゾ、ト、ド、ノ、ヨ、ロ」の仮名（『古事記』では「モ」の仮名も）がそれぞれ 2 類（橋本先生の「甲類」と「乙類」、すなわち私が「丙類」「丁類」と改称することを提案したもの）に分かれ、少数の例外を除いて、語によって厳密に書き分けられ

532——第 12 章　上代日本語の母音音素は 6 つであって 8 つではない

ていることが確実に明らかになった。この点は、松本氏も疑っておられない。本誌本年 11 月号(松本 1976b: 73)には次のようにある。

　私はオ列甲乙の書き分けの事実そのものを否定しようとか無視しようというのでは毛頭ない。この書き分けの基本的事実は私にとっても大野氏にとってもいわば"共通の了解事項"にすぎないのである。

　橋本先生はさらに、「上代特殊仮名遣」において 2 類に分かれる仮名の、おのおのの類にはそれぞれ数多くの仮名が属し、かつ同じ単語がいつも一定の同じ仮名で書き表わされるのではなく、同じ単語の同じ音節を表わすのにも、同類のいろいろの仮名が用いられ他類の仮名は用いられない点より見て、両類の区別が当時の日本語の発音の区別に基づくのでない限り、単に字面の記憶だけでは、仮名のこのような使い分けは不可能だとして、万葉仮名の音価推定の研究をお始めになった。これは画期的なことである。

　万葉仮名の音価推定には、字音仮名(すなわち漢字)の『切韻』『韻鏡』等におけるシナ語の「中古音」、およびそれらの再構の資料となったシナ語諸方言、朝鮮漢字音、等が重要な資料となる。橋本先生はつとにこの点に十分注意しておられたのであって、1927(昭和 2)年度のご講義で、特にオ段の仮名の甲乙両類の漢字はシナ語における韻が「きつぱり分れてゐる」と言っておられる(服部 1976c＝本書第 10 章 2.3 項)。

　有坂君ものちにこの問題を徹底的に研究したが、すでに 1928-29(昭和 3-4)年のころに、オ段甲類 -o、同乙類 -ö という説を出した。そのきっかけは、現代北京官話音の「古」(ウェイド(Wade)式 ku³、国際音声字母[ku])、「許」(hsü³[ɕy]、すなわち[y]は前舌円唇狭母音)という発音であったと記憶する。「古」は甲類、「許」は乙類である。オ段の仮名のシナ語原音に関する彼のその後の研究(有坂 1955: 387-402)によっても、オ段甲・乙の仮名の「韻」には大きい違いがあることが明らかとなっており、「オ段甲類の母音は後舌円唇母音 -o、オ段乙類の母音は中舌円唇母音 -ö」とする彼の説には従ってよいと信ずる。

　しかるに松本克己氏は、勝れた論文「古代日本語母音組織考」によって、オ段の甲類と乙類の仮名で表わされる音節がほとんど補い合う分布をなす点その他を根拠にして、私の翻字による -oº と -oº とが同じ母音音素に属するという

3 オ段の母音音素は /o/ と /ö/ の 2 つである——533

新説を出された(服部 1976c＝本書第 10 章 2.4 項、松本 1976b 参照)。

　ここで少し横道へ逸れるが、音韻論の根本問題について略説しておきたい。西洋ことに米国では、「補い合う分布をなし、音韻的対立をなさない phones (単音)は同じ音素に属する」というような音素論が有力に行なわれたが、今でもそうなのではなかろうか。このように音の分布ばかりを問題にしてその substance を考慮外におくと「英語の[h]は記号素(すなわち、形態素)の頭にのみ立ち、[ŋ]はその他の位置に立ち、補い合う分布をなすから、同一音素に属する」というようなことになって危険であるから、これを防ぐために私は「環境同化の作業原則」を提唱し、音の分布と substance とを同時に重要視すべきであることを主張してきた[2]。

　この原則を上代日本語の o° と o°、すなわち[o]と[ö]の場合に適用すると、この両者が完全に補い合う分布をなすと仮にしても、なお「環境同化の作業原則」によって両者が同一音素に属するかどうかを吟味しなければならない。これを肯定する方向で考えると、[o]が「有標」(marked)で[ö]が「無標」(unmarked)であり、[o]が環境に同化した形としなければならないであろうが、本体の[ö]がなぜ不経済な中舌母音という形で[o]から分離して現れなければならないか、説明しがたい。また[u]が[ö]を同化して[o]にしたというのならば頷けるが、[a]が[ö]を同化すると[o]になると直ちに言えるかどうか。逆に[o]が本体だとすれば[ö]はそれがいかなる環境に同化した形と言い得るのであるか。

　上述のような困難の存在はともかくとして、実は[o]と[ö]は完全に補い合う分布をなすのでは決してなく、実は、音韻的対立をなす例が多少あるのである。

　松本氏は

　　koᵒ(子),（籠)〜koᵉ(木),（此)
　　noᵒ(野)〜noᵉ(荷),（の[助詞])
　　yoᵒ(夜)〜yoᵉ(よ[助詞])

等々のような“音韻的対立例”を批判して、「概略的に、

　　⑴　独立的な単音節名詞では o° が現れる。
　　⑵　非独立的な単音節語では o° が現れる。

534——第12章　上代日本語の母音音素は6つであって8つではない

という規則になっていて、【中略】この場合も、oºとoᵉは「補い合う分布」をなすと見做し得る」(松本1976b: 75)と結論しておられる。拙文(服部1976c＝本書第10章2.4項)ではこの点を注意して単音節語の音韻的対立例を選んだのだが、そこにも述べておいたように、なお自立性の弱かったかも知れない形式も含まれているのでそれらは除外することにしよう。しかし、そこに挙げた例のうちのyoº(夜)とyoᵉ(代、世)とは、松本氏も「"最小対立例"とすることは一応可能であろう」としておられる(松本1976b: 75)。また、現代語では「コレ、コノ、ココ」などが自立語で「コ」は接合形式であるけれども、上代語のkoᵉ(此、是)は助詞「ヲ、ハ、ユ、ヨ、モ、シ」が付き得たから、まだ自立語であっただろう。またkoᵉzu(来ず)、koᵉmu(来む)、koᵉsi(来し)、koᵉba(来ば)などのkoᵉは接合形式であろうが、『万葉集』(3636; 3717)のpaya koᵉ toᵉ(早来と《早く来いと》)のkoᵉという命令形は自立形式に違いない。従って、koº(子、籠)とkoᵉ(此、是)、koᵉ(来《来い》)とは品詞も職能もそれぞれ異なるけれども、音韻的対立をなすと言わなければならない。また「衣」が甲類であるとすれば、soᵉ(其)は「ヲ、ガ」が付き得たから自立語で、両者は音韻的対立をなしたであろう。

　次に大野晋氏(大野1976: 62)が言及された音韻的対立例のうち、異論のないものを挙げると、

　　koºsi(越〔国名〕)　　　　　　koᵉsi(腰)
　　koºpu(恋ふ)　　　　　　　　koᵉpu(乞ふ)
　　koºsu(越す)　　　　　　　　koᵉsu(来す)

がある。しかるに、松本氏はこれに対しても「この二動詞【「恋ふ」と「越す／ゆ」】は元来o幹の動詞とは見なし難く、本来の語幹はそれぞれ*kupo-および*ku-ではなかったかと思われる(松本1976b: 74)。」と言っておられるが、これは通時論である。上の左欄の諸単語の第1音節がkoºで書かれているという共時態的事実に対して目をつぶるわけにはいかない。なお、

　　koºyu(越ゆ、肥ゆ)　　　　　koᵉyu(臥ゆ)

は、後者の終止形が実証されないけれども、対立例をなすに違いない。

3 オ段の母音音素は /o/ と /ö/ の 2 つである──535

松本克己氏の論文（松本 1976a: 20）に示された同氏の「第 3 規則」、

> CiCo の音節構造では、o^e または o° が現れる。

は、私見によれば、「上代語の共時態では /i/ は中性母音だから、男性母音 o° も女性母音 o^e も続き得る」ということになり、この位置では o° と o^e の音韻的対立がある、ということになる。たとえば、松本氏の挙げられた $siro^{\circ}$（白）と pi^lro^e（広）とは正に音韻的対立の 1 例である。松本氏は、「この 2 つの形式がいずれも sira［白］および pira［開・平］の o 交替形と見做され」るので、o° と o^e は「同一の言語的実体の具現と見做されなければならない」（松本 1976b: 76）とされる。（この点に関する私見は **3.2** 項に述べる。）しかしながら、表層的共時態においては正に $siro^{\circ}$, pi^lro^e と表記されているのだから、この 1 対は音韻的対立例である。

松本氏に従えば、「’ita［甚・痛］の o 交替形と見なし得る ’ito［甚］は、『万葉集』の表記例で見ると、’ito^e という形で 9 例、’ito° という形で 8 例現れる。」（松本 1976b: 76）という。（この形式に関する私の通時的考察は **3.2** 項に述べる。）私に従えば、「この単語は共時的に 2 つの形を有する」ということになる。私の方言には《洗濯》を意味する単語に「センダク」「センタク」の 2 形があるけれども、「だから私の方言では［d］と［t］は同じ音素だ」ということにはならない。

o° と o^e とは、音声としては上述の如く異なった母音であった[3]と考えられ、かつ少数ではあるが音韻的対立例があるのだから、上代日本語の表層的共時態においては、別の音素であったと認められる[4]。

3.2　オ段音節に関する通時論的考察

上述の如く、o° と o^e とは、少数の音韻的対立例はあるけれども、ほとんど補い合う分布をなしていたために、また o^e すなわち /ö/ は母音体系上不安定な地位にあったために、/ö/ が /o/ へ合流する変化は容易に起こり得たと考えられる。

それでは、o° と o^e とがほとんど補い合う分布を呈するに至った言語史的原因は何か。この問題の研究はまだ将来に俟つところが多く、かつ現在の私見を述べるだけでも非常に多くの紙数を要するので、重要な数点に関し極めて簡単

536——第 12 章　上代日本語の母音音素は 6 つであって 8 つではない

に述べるにとどめる。注意すべきは、それらに対し異論があっても、上の **3.1**
の共時論的所説には影響しないということである。

　今までもたびたび説いてきたように、/ö/ は *ə にさかのぼり、それはさら
に中舌母音の *ü と *ä とにさかのぼるであろう（服部 1976c＝本書第 10 章第 3 節な
ど参照）。一方 /o/ は *u と *a とから新しく生じた母音であろう（服部 1976b＝本
書第 4 章; 1976c＝本書第 10 章注 17 参照）。そして、*u　*a は男性母音、*ü　*ä
は女性母音であったために、このような体系の不均衡と、ほとんど補い合う分
布とが生じたのであろう。

　私見に従えば、上代日本語に基づく内的再構に際して、次の 2 種の母音交替
を区別する必要がある。

　　(1)　*a〜*u〜*o(→ /o/)
　　(2)　*a〜*ä(→ /ö/)

松本氏は sira（白）〜siro°（白）の交替と、pi$^\mathrm{i}$ra（開、平）〜pi$^\mathrm{i}$ro$^\mathrm{e}$（広）の交替とを同
一視しておられるが（前述 3.1 項）、私は次のように考える。

　　(1)　sira〜siru（著）〜siro°〔/siro/〕
　　(2)　pi$^\mathrm{i}$ra〜pi$^\mathrm{i}$ro$^\mathrm{e}$〔/pɹirö/〕(←*pirä)

同様に、松本氏の 'ita（甚・痛）〜'ito°（甚）〜'ito$^\mathrm{e}$（甚）**(3.1)** についても、次のよ
うに考える。

　　(1)　'ita〜'itu（厳）〜'ito° /'ito/
　　(2)　'ita〜'ito$^\mathrm{e}$ /'itö/(←*'itä)

同様に

　　(1)　'isa-go（砂）〜'isu-no$^\mathrm{e}$-kami$^\mathrm{i}$（石上）〜'iso° /'iso/（磯）

という交替があり、'isi（石）は *isui から来たもので *isoi から来たのではない
のではないか、と考えている。同様に、kuri（涅）も *kuroi から来たのではなく、
その原形としては *kurui を立てるべきではないか[5]。

　こういうわけで、上代日本語における /o/ と /ö/ とはほとんど補い合う分

布をなすけれども、その区別は、上代以前の日本語史の研究にとって重要であって、決して無視すべきものではなく、この両者を同一音素と見ると、通時論考察にも不利をもたらすと思う。

　従って、母音調和の現象も重要視すべきものであって、松本氏の指摘された上代日本語におけるたとえば wokoᵒ(烏滸)～'ukoᵒ(愚)という交替も*wükä(あるいは*'ükä)という原形を立てることによって説明される。すなわち

　　　*wükä →*wäkä[wəkə]→*wökö → /wokö/

のような*ü と*ä とが*ö に合流するという正規の変化のほかに、*wü(あるいは*'ü)が何かの原因で 'u に変化した場合には、母音調和の圧力により、それに続く*kä(→ kö)が /ko/ に変化したとするのである [6]。

4　イ段・エ段の母音音素はそれぞれ /i/ /e/ の1つずつである

　次に、イ段・エ段の音節の母音音素について論ずるが、残された紙数が少ないので、主としてイ段音節について述べる。ここに母音音素 /i/ 1つだけを立てるべきことが明らかとなれば、類推によっても、エ段音節にも母音音素 /e/ 1つだけを立てるべきことが了解されよう。

4.1　イ段・エ段の甲・乙に関する有坂説と服部説との一致点と相違点

　有坂君と私とは音韻学説を著しく異にするので、推定する"音韻形式"の表記も著しく異なるけれども、推定する音声にはそれほどの相違はない。しかし、なお多少の差異があるので、今回はその点を詳しく説明しよう。カ行に例をとって示せば次のようになる。

		キ甲	キ乙	ケ甲	ケ乙
有坂説(音韻表記)		{ki}	{kïi}	{ke}	{kₐe}
服部説	音韻表記	/kji/	/ki/	/kje/	/ke/
	音声表記	[ķi]	[kʼi]	[ķe]	[kᵊe]

　「キ甲」については、私は現在の京都・東京などの「キ」と同じ口蓋化され

たkと[i]との結合を考えているが、有坂君も同じ発音を考えているに違いない[7]。

「キ乙」についても、両者の推定する音声は非常に近い。非口蓋化のkから[i]へ移るには、必然的に[ï]（有坂君のï）あるいはそれに近いわたり音が生ずる。前述の公開討論会で村山七郎氏が私に向かって「非口蓋化のkと[i]との結合をゆっくり発音してみれくれ」と言われたので、[kïiji:::]のような発音をして聞かせたのであった。私の推定する音声に“中舌の要素”がないと思うならばそれは誤解であって、言わばkの非口蓋化性に“中舌の要素”が含まれている。/ki/ という音韻表記に眩惑されてはいけない。

「ケ甲」については、私は積極的に口蓋化の「ḱ」を推定するのに対し、有坂君はそうしない。これは重大である。現代日本語の発音でも、私の「ケ」のkはかなり口蓋化しているのに、有坂君の「ケ」のkは私のよりかなり後寄りであった。

「ケ乙」については、有坂君は /-ǝe/ を推定するが、これは恐らく、「ケ甲」について彼自身の「ケ」のような音を考えているための当然の結果であろう。私は「ケ乙」の場合、kが口蓋化kとははっきり違った非口蓋化のkでさえあればよく、わたり音は必ずしも[ǝ]を経過する必要はないと考えている。

要するに、私は、「キ甲」「ケ甲」では子音の出わたりの口蓋化的音色が「乙」から区別される弁別的特徴であって、甲・乙間の“母音”の音色の差異は非弁別的であったとするのである。

4.2 「イ段乙」の“母音”をïとする説とïïとする説との大きい差異

私は最初、「イ段」「エ段」「オ段」の「甲類」をそれぞれ -i -e -o で表わし、「乙類」をそれぞれ -ï -ë -ö で表わすのを見て、一種の翻字(transliteration)かと思っていた。ところが、それが“推定音価”と考えられているらしいことを知って、困ったものだと考え続けてきたのである。しかるに去る〔1976年〕2月にテレビ放送で「キ乙」[ki]、「コ乙」[kœ]のように発音される[8]のを聞くに及んで、それが決して“定説”ではないことが一般に知られるように努力しなければならないと一層強く考えるようになった。

服部(1976c＝本書第10章)で詳述したように、「イ段乙」に、二重母音ではな

い単純母音の張唇中舌狭母音ï(すなわち[ɨ])を推定すべき言語学的根拠は見当らないが、橋本先生(ïi)、有坂君(ïi)の二重母音説を支持する根拠は漢字音その他に見出される。公開討論会でも私は、「橋本先生も有坂君も未だかつてここに単純母音ïを推定されたことはない」と強調した。

　なぜ単純母音説と二重母音説との差異を重要視するかというに、有坂君の「イ段乙」をïiとし、「エ段乙」をəeとする説に、私に従えば、たとえばkïiとkəeはそのままでそれぞれ /ki/ と /ke/ と音韻論的に解釈することができ、上代日本語6母音音素説に達し得るのに反し、「イ段乙」をï、「エ段乙」をëとする単純母音説では、ここにそれぞれ「甲」の /i/ /e/ とは異なる母音音素 /ï/ /ë/ を立てざるを得ず、結局上代日本語8母音音素説に達するからである。故にïi説とï説との差異は重大であって、両者を同一視あるいは類似視してその差異を軽視するのは誤りである。

　服部(1976c＝本書第10章)にも述べた通り、上代日本語8母音説は、橋本進吉先生が「イ段」「エ段」「オ段」に「甲類」「乙類」の区別があるとされ、かつ「オ段甲・乙」の区別をoとöの区別とされたのに倣って、確実な言語学的根拠もなく「イ段」「エ段」の甲・乙をもそれぞれ i ï e ëと表記し、それを"音価"と思いこんだものかと思っていた。

　しかるに、大野晋氏は「上代日本語の母音体系について」(大野1976)において、「イ段乙ï説」の根拠を示された。次にそれを検討しよう。

4.3　イ段乙類母音ï説の根拠

　大野晋氏は、同論文 p. 63 以下において、「万葉仮名全体を単純に等質的なものと見ることはできない」として、「万葉仮名は、第一期推古朝、第二期古事記万葉集、第三期日本書紀というおよそ三期の区分をして理解する必要がある」とされた。有坂君なども音価推定の作業の際にこの点を十分意識して行なっている(有坂1955: 第3部の各所その他)のだが、大野氏がこの点を明示的に言明し、仮名を3期に分類して示されたのはよいと思う。大野氏はさらに、「それぞれ依拠する中国字音の体系があり、中国語の上古音から中古音への移り行きと、方言的偏りとの影が、推古期から奈良朝へかけての万葉仮名の使用法の上に色濃く反映している」として、同じ仮名が期によって"違った音節"――

540——第12章　上代日本語の母音音素は6つであって8つではない

厳密には「対応しない音節」——を表わすのに用いられる場合のあることを指
摘しておられる。たとえば、

	第1期	第2期	第3期
(之韻)「己」	コ乙	コ乙	キ乙
(〃)「紀」		キ乙	キ乙
(魚韻)「居」	ケ乙	コ乙	コ乙
(〃)「挙」	ケ乙		コ乙
(支韻)「宜」	ガ	ゲ乙、ギ乙	

そして大野氏は、「その結論をいえばオ列乙、イ列乙、エ列乙が共通に中舌の
要素を持つことは動かないと思う」と言明しておられる。

　そこで、これらの字のシナ語の上古音から中古音への変遷について見るに、
諸家の研究があるけれども、有坂秀世君がすでに『上代音韻攷』(1955)におい
て勝れた研究を示しているので、それを概観しよう。

　まず「己」「紀」について有坂君は、

　　上古音　kïəi　→　中古音　kïi

という変化を推定している(p. 325)。この上古音あるいはそれに近い音が「コ
乙」に、中古音が「キ乙」に利用されたのであろう。次に「居」「挙」につい
ては、

　　周　kïâ　→　後漢　kïǎ　→　晋　kïo　→　隋　kïö

としている(pp. 331, 387 以下)。この推定音が正しいとすれば、推古期の"ケ乙"
の拠り所となった音は上の古音とは異なる方言音であったかも知れない。「宜」
については、

　　古音　ŋïɒ　→　ŋïe　→　隋唐音　ŋïi

とし、古音すなわち上古音が「ガ」の、中間音が「ゲ乙」の(p. 430)、隋唐の
中古音が「ギ乙」の(p. 403)拠り所となったとしている。しかも注意すべきは、
上の「キ乙」「ギ乙」の仮名の中古音をベルンハルト・カールグレン(Bernhard

4　イ段・エ段の母音音素はそれぞれ /i/ /e/ の１つずつである──541

Karlgren) が次のように完全な前舌音と推定していたのを、有坂君が「重紐」
の研究によって次のように修正したのである。

	Karlgren(1923: 319, 196〔; 1940: 953a, 953i, 21a〕)			有坂の中古音[9]
己	（上古音	*kiəg → ）	中古音 kji	kïi
紀	（ 〃	*kiəg → ）	〃 kji	kïi
宜	（ 〃	*ngia → ）	〃 ngjiə̯	ŋïi

すなわち、カールグレンは kiəg → kiəi → kji のような変化を考えていたのであ
って、有坂君によって初めて中古音に中舌母音の要素が導入されたのであるが、
なおï を副母音、i を主母音としている点に注意すべきである。有坂君は、上
の３字を含むすべての「イ段」の仮名のシナ語中古音を研究(有坂 1955: 402 以
下)して、「イ段乙」を二重母音の ïi とする説を出したのだが、大野氏の単純母
音 ï とする説はここにもその根拠を見出すことができない。単純母音説と二重
母音説とを同一視できないことは **4.2** 項に述べた通りである。

　なお、大野氏は、４段活用、サ変には「り」がつき、上２段、下２段には
「たり」がつく点を根拠にして、たとえば「キ」の甲・乙の母音が共通に前舌
母音 i であったらこういう差異は生じ得なかったのではないか、という意味の
ことを言っておられるが、「キ乙」がまだその前身の*kui, *köi(あるいは
*kəi)であった時代に*tukui＋*ari というような接合が避けられたと考えればよ
いのではないか。「キ乙」が古い昔から(/kji/ に対立する)/ki/ であったと考える
のは誤りであろう。(なお、4.5 項参照。)

4.4　イ段甲類と乙類の通時的合流

　私が平安時代に起こった上掲の合流的変化を説明するためにも、「イ段乙類」
を橋本先生・有坂君・服部のように推定するのがよいと言ったのに対し、「イ
段甲類」は頻度が非常に高いのに、「イ段乙類」はそれが非常に低いから、後
者が前者に圧倒されてそれに吸収されて合流したと考えれば、「乙類」に対し
て単純母音 i を立ててもよいではないか、という人々があった。

　なるほど我々は「オ段」の甲・乙に対しては単純母音 o と ö を立てた。しか
し、「オ段」と「イ段」とでは事情が異なる。「オ段」の場合には、わずかの音

韻的対立例を除いて甲類と乙類がほとんど補い合う分布をなしているのに反し、「イ段」の場合には、乙類の立ち得るすべての位置に甲類が立ち得るのである。また、「オ段乙」のöは母音体系中において不安定な母音であったので、体系の圧力によって容易にoの方向へ押しやられた。これに対し、「イ段乙」がï（奄美大島の[i]）のような単純張唇中舌狭母音であったとすれば、i ï uの3つは狭母音としてたがいに対立して安定した体系を形成するであろう。シナ語音の方面にも単純母音ïを立てるべき根拠が見出されない時に、無理をしてïを立てるいわれはない。

4.5　無標と有標

　松本克己氏から、「イ段」では「甲」が無標、「乙」が有標だが、前者を/kji/等、後者を /ki/ 等とすると、関係が逆になりはしないか、という意見が出た。松本氏の言われる「無標」「有標」とは音節全体の頻度のことで、頻度の非常に高い「甲」を無標とするわけだが、音節の音韻的構造はそれと並行的関係にあるとは限らないと思う。「エ段」では果たして「甲」の方が頻度が高い（無標）であろうか。

　なお、私は次のような音韻変化が起こったものと推定している[10]。

「キ乙」がまだ 生じない時代		奈良時代		「キ」の甲・乙の対立 のなくなった平安時代
[ki̥]	→	[ki̥]	→	[ki̥]
/ki/	→	/kji/	→	/ki/

すなわち、音声そのものは変化しなくても、音韻体系が変化すると、音節（または単音等）の音韻的価値が変化するとするのである。F. ド・ソスュール（F. de Saussure）の将棋盤上の駒組みの変化の譬えを思い合わせるべきである。

4.6　音素 /j/ の本質について

　私が「/kji/, /kje/ 等の /j/ と区別して、ヤ行の頭音を /ĭ/ とする」（服部1976c＝本書第10章2.7項）と書いたのに対し、上野善道氏からこの両者を同じ音素 /j/ としてはどうか、という意見が出たが、私はやはり両者は別の音素と認

める。ただし、記号を変えて、/j/ は下つきの小キャピタル字 /ᴊ/ で、/i̯/ は普通の /j/ で表わすことにする。たとえば、「キ甲」/kᴊi/、「ケ甲」/kᴊe/、「ヤ」/ja/、「ヤ行のエ」/je/ など。そこで、まず、音声的に /ᴊ/ は先行子音の出わたりの口蓋化音色であるのに対し、/j/ は[i]あるいはそれより狭い音から次の母音へわたるところの外破音である。次に、一般音韻論的に見ると、/j/ は u o a の前に現れるのが普通で、e の前にはより少なく現れ、i の前では最も少なく現れるのに対し、/ᴊ/ は先行子音音素と結合してのみ現れ、かつ /i/ /e/ の前に現れるようである。後者の点については、さらに詳しい考察が必要である。

5 結　語

これを要するに、上代日本語の母音音素が8つであったとしなければならない言語学的根拠は見当らず、6つであったと考えられる根拠は、服部(1976c＝本書第10章)、本章、その他で述べたように数多く見出されるばかりでなく、それに差し支えのある事実は見当らないのである。

注

1)　(p. 529)「上代日本語のいわゆる"8母音"について」(服部 1976e＝本書第11章)の趣旨も全く同じではあるが、『月刊言語』所載の拙文(服部 1976c＝本書第10章)に述べなかった点を詳しく述べた点がある。併せ参照されんことを。

2)　(p. 533)服部(1960)、Hattori(1967)、その他。「環境同化」という場合の「同化」は通時的変化を意味するのでは決してないことに注意されたい。

3)　(p. 535)シナ語音の研究から見ても、oᵒ と oᵉ との区別は「同じ母音の長短の区別」とは考えられないけれども、日本語表記の上から見ても、他では表記し分けられない母音の長短の区別が、オ段に限り表記し分けられたとは考えられない。

4)　(p. 535)oᵒ と oᵉ とが異なる音素である以上、その音声的差異は話し手たちにはっきり意識されていたに違いない。それにもかかわらず、「跡」(toᵒ)、「衣」(soᵒ)のように甲類の母音を含んだ単語を表わす文字を「訓仮名」としては乙類の toᵉ、soᵉ という助詞を表わすのに用いるのは、一種のしゃれのような心理によるのではなかろうか。現在でもしゃれは多少の発音の差異を無視することが少なくない。また、無視するところに面白味の生ずる場合もある。

5)　(p. 536)*'isu → /'iso/(磯)、*kuru → /kuro/(黒)という変化の起こった可能性については、服部(1976c＝本書第10章注17)参照。

6)　(p. 537)服部(1976c＝本書第10章第3節)の*pütä → /puto/(太)という変化参照。

544——第 12 章　上代日本語の母音音素は 6 つであって 8 つではない

7)　（p. 538）/k/ と /q/ との対立のない言語でも /ki/ は普通[ḱi]なので、簡略音声表記では、現代日本語と同様[ki]と表記する。有坂君の|ki|という表記もそれを用いたものであろう。服部（1976c＝本書第 10 章 p. 497 の 14 行目）の[ki]は 2 例とも、作字の困難を慮って、この慣用を流用したもので、この文脈では精密表記[ḱi]を用いた方が誤解を防ぎ得たであろう。

8)　（p. 538）服部（1976c＝本書第 10 章注 9）に述べた発音者は金田一春彦氏である。

9)　（p. 541）私はシナ語の場合にも、上代日本語の場合と同様、ここに非口蓋化子音の概念を導入する。服部（1976c＝本書第 10 章 2.7 項）参照。

10)　（p. 542）ある学生から、奈良時代の「キ甲」を /ki/ とし、「キ乙」の /k/ の後に口蓋化のない印をつけ加えてはどうか、という意見が出た。「キ乙」を /ki/ とすることに余程の抵抗を感ずるらしい。

初　出

「上代日本語の母音音素は六つであって八つではない」『月刊言語』5(12)：69–79、1976 年。

第13章　講演「橋本進吉先生の学恩」補説

　1982(昭和57)年12月21日に神田の学士会館で挙行された橋本進吉博士生誕百年記念講演会において、「橋本先生の学恩——『元朝祕史』音訳漢字の使用法に言及しつつ」と題して行なった講演に関して、12月26日付の書簡により、ある中堅の国語学者(以下、某氏と呼ぶ)から、以下に逐次挙げる4点に関する質問があった。1時間ほどの講演に際しては説明を簡略にしなければならない部分が多かったので、詳しくは、『国語学』133集(本年6月末刊)に公刊する原稿(服部1983d)を見て頂きたいと思うけれども、講演のための原稿だから、上の某氏の質問に直接的なお答えとはなっていない点も多い。そこで、ここでは、公刊予定の原稿となるべく重複しない形で、逐次お答えしたいと思う。(原文の敬体は普通体に改める。)

　　(I)　有坂(池上)法則を使って、ア行のオに(表記上は区別がないが)音韻的には甲乙の別があったのでは(、それを見出しうるのでは)ないか、という話のように理解したが、そうだとすると、ホ・ボ・(ヲ)についても同様の道がありそうに思えるが、いかが。(南不二男氏にそんな論があったような気がする。)

　この設問にお答えするために、あの講演でゼロックスコピーとして配って頂いた「講演資料」の中の表を、ここに再録する。
　この表は、上代仮名遣で表記し分けられたと考えられている音節を全部含んでおり、私はそれを共時態〔ママ〕音韻体系を示すものとの仮説を立て、それに基づいて論を進めている。しかるに、『古事記』では「モ」の「甲類」「乙類」の区別があったとされている。これが正しいとすれば、『古事記』の音韻体系(太安萬侶の音韻体系？)から『万葉集』『日本書紀』の音韻体系へ、「モ」の

表

'a	'i		'u	'e		'o	
ka	ki甲	ki乙	ku	ke甲	ke乙	ko甲	ko乙
ga	gi甲	gi乙	gu	ge甲	ge乙	go甲	go乙
sa	si		su	se		so甲	so乙
za	zi		zu	ze		zo甲	zo乙
ta	ti		tu	te		to甲	to乙
da	di		du	de		do甲	do乙
na	ni		nu	ne		no甲	no乙
pa	pi甲	pi乙	pu	pe甲	pe乙	po	
ba	bi甲	bi乙	bu	be甲	be乙	bo	
ma	mi甲	mi乙	mu	me甲	me乙	(mo甲	mo乙)
ya	(yi)		yu	ye		yo甲	yo乙
ra	ri		ru	re		ro甲	ro乙
wa	wi		(wu)	we		wo	

「甲類」と「乙類」の"合流"——ヨリ正確には[mö]が[mo]に変化した——という音韻変化が起こったとしなければならない。しかし、そういう音韻変化は、「モ」においてのみ、表記の上に露出し、「ホ」「ボ」「ヲ」においては現れていないと考えられている。私は、この表記上の事実とされる現象が共時態を反映するとの仮説の上に立って、一般音声学的観点からなぜ「モ」においてのみこの"合流"と言われる変化が遅れたのかを、説明しようと試みたのである。実は、私は、6年半以上も前に、次の拙文で、今回の講演とは必ずしも重複しない——しかし、同時に、矛盾しない——一般音声学的・共時音韻論的説明を試みているからそれを見て頂ければ幸いである。

　「上代日本語の母音体系と母音調和」(服部 1976c＝本書第 10 章: 498 と注 13)

　ちなみに、私の共時音韻論は、一部の「生成音韻論」とは異なり、「表層構造」(surface structure)と言われる音声的現実のみを問題とする。生成音韻論的に underlying form を「表示」するのならば、*po, *pö; *bo, *bö; *wo, *wö とすることは容易であろう。

第 13 章　講演「橋本進吉先生の学恩」補説——547

　さて、今回の講演の最大の論点は、「ア行」の「オ」(すなわち「淤類」)にも、音韻としては「甲類」「乙類」に相当する区別があったとする仮説で、また、「o」と[ö]という母音音節の"合流"を引き起こすべき力のある子音がここにはないと説いた点である。(これも、生成音韻論的に underlying form を表示するのなら、*o, *ö とすることは容易であろう。)

　実は、この仮説も、今回はじめて提出するものではなく、次の2つの拙論に、別の観点を加えて説いている。

　　　上掲の「上代日本語の母音体系と母音調和」(本書 pp. 498-499)。
　　　「上代日本語のいわゆる"8母音"について」(服部 1976e＝本書第11章 p. 523 以下)

　ただし、上の2篇の拙論では、

　　　於久可《奥まった所》/'okuka/
　　　於許之《起こし》/'ökösi/

の2例を挙げているに過ぎなかったのを、今回の講演では、次の3例ずつに増している。(私は、かなり前から、「オ列音」に限り、「甲類」「乙類」の代わりに、「陽類」「陰類」という名称を用いることにしている。ただし、「イ列」「エ列」については従来どおり「甲類」「乙類」と言う。〔著者は元はすべて「甲乙」で呼んでいたが、オ列音(オ段音)は他と異質であるとして「丙丁」とした。その後、「丙丁」も「甲乙」の延長上にあることからこれを避け、「陽陰」と呼ぶようになった。〕)

　　　陽類　　意久迦、於久可《奥まった所》/'okuka/
　　　　　　　於久流《送る》/'okuru/、意久利 /'okuri/
　　　　　　　於久礼《後れ》/'okure/
　　　陰類　　於許之《起こし》/'ökösi/
　　　　　　　於等、於登《音》/'ötö/
　　　　　　　意母布《思ふ》/'ömöpu/

　言うまでもなく、これらの語形は、形態的に、次のように分析されると想定

548——第13章　講演「橋本進吉先生の学恩」補説

しているわけである。すなわち、

　　'ökös-i　　　'ötö　　　　　　　　'ömöp-u
　　'oku-ka　　　'okur-u, 'okur-i　　'okur-e

（Ⅱ）　アルタイ母音調和の知識もなく、漢字音についても全く知らないの
に、妙なことを言うが、オ列の甲乙を、o と wo、ko と kwo、……の区別
と見るような説は、全くあり得ないのだろうか。ホ・ボ・モあたりに区別
がないと言われていることが説明しやすい気がした。（こんな変な説は誰
も言わないのだろうか。）

　講演では、アルタイ諸言語や朝鮮語の母音調和について説く暇はなかったが、
私見は、上掲の拙文「上代日本語の母音体系と母音調和」（服部 1976c＝本書第10
章第3節）にレジュメに近い形で述べてあるが、

　　「アルタイ諸言語・朝鮮語・日本語の母音調和」（服部 1978）

には、かなり詳しく説いてあるから、参照して頂ければと思う。
　なお、中期朝鮮語および、講演で言及した蒙古諸言語の母音調和については、
次の拙文にかなり詳しく説いている。

　　「母音調和と中期朝鮮語の母音体系」（服部 1975a）

　さて、上の某氏の思いつかれた

　　甲類　　　　o　　　　　ko　……
　　乙類　　　wo　　　　kwo　……

という説とは逆になるけれども、

　　甲類　　　wo　　　　kwo　……
　　乙類　　　　o　　　　　ko　……

という説は、ある。
　長田夏樹氏著『原始日本語研究』（1972）の中で、蔵中進氏の執筆された「補

注」のp. 22によると、

	イ甲	イ乙	エ甲	エ乙	オ甲	オ乙
三宅武郎説					wo	o
菊沢季生説	i	wi	e	we	wo	o

という説があるとのことである。

この後者の説について、私は、上述の拙文「上代日本語の母音体系と母音調和」(服部1976c＝本書第10章2.7項前半)で批判している。ここではさらにそれを敷衍して述べよう。

この説では、「ア列音」と「ワ列音」とは、次のようになるに違いない。

a	i	u	e	o
wa	wi		we	wo

菊沢説における「カ行音」と推定されるものを、これに対応するように配列すると、次のようになる。

ka	ki	ku	ke	ko
	kwi		kwe	kwo

一般共時音韻論的観点から見て、このような音節体系の存在する公算は極めて小さい。なぜなら、/a/ に対立する /wa/ がありながら、/ka/ に対立する /kwa/ がないからである。そこで、上の体系に /kwa/ を加えた体系はどうかと言うと、そういう体系の存在する公算はやや大きくなるが、それほど大きくならない。なぜなら /kwo/ があるからである。それでは、/kwo/ を取り除いたらどうかというに、そういう体系は、現に、沖縄の首里方言に存在する。『沖縄語辞典』(国立国語研究所1963: 48)によれば、同方言には次のモーラがある。

ʔi	ʔe	ʔa	ʔo	ʔu	ʔwi	ʔwe	ʔwa
ki	ke	ka	ko	ku	kwi	kwe	kwa

550——第13章　講演「橋本進吉先生の学恩」補説

菊沢説のそれよりも重大な難点は、

	甲	乙		甲	乙
pa	pi	pwi	pu	pe	pwe
ba	bi	bwi	bu	be	bwe
ma	mi	mwi	mu	me	mwe

という対立がありながら、

	甲類	ti	di	ni	si	zi
	乙類	twi	dwi	nwi	swi	zwi
	甲類	te	de	ne	se	ze
	乙類	twe	dwe	nwe	swe	zwe

という対立がないことになる点である。

　一般音声学的観点から見て、/ti/：/twi/；/si/：/swi/ 等々の対立の方が、/pi/：/pwi/；/mi/：/mwi/ 等々の対立より発音し分けやすく、従って、前者の音韻的対立の方が、後者の音韻的対立より存在する公算がヨリ大きい。平たく言えば、「ヒ、ビ、ミ」「ヘ、ベ、メ」の「甲乙」の対立があって、「シ、チ、ニ、リ」「セ、テ、ネ、レ」等々の「甲乙」の対立のないことが、菊沢説では、全く説明できない、ということである。すなわち、菊沢説は成り立ち得ない。

　同様に、某氏の「コ」等の「甲乙」の区別を ko と kwo 等の区別とする新説も、成り立ち難い。

　　（Ⅲ）②《すなわち、設問（Ⅱ）における「オ列の甲乙を、o と wo、ko と kwo、……の区別と見る」説》が万一あり得るなら、たとえば、エ列の甲乙は並行的に e と je、ke と kje、……の区別などとしうるだろうか。

　上で、某氏の設問（Ⅱ）における説が成り立ち得ないことは論証した。（Ⅲ）の提案を、某氏はそれと「並行的」なものと考えられているようだけれども、某氏の（Ⅱ）の説が成り立ち得ないとしても、（Ⅲ）の提案は、やはり別に考察しなければならない。（私の表の ’e ye を某氏はそれぞれ e je で表わしているが、議論の本質に影響しないので、某氏の表記を用いて論を進める。）

第13章　講演「橋本進吉先生の学恩」補説——551

　上に掲げた私の表では、某氏の e と je に相当する 'e と ye が同じ「エ列」の縦列に並んでいる。しかるに、某氏はこれを、たとえば「ケ」の「甲類」「乙類」の区別に対応するものと考えては？、と提案されるのだから、私の表は、次のように組み変えられることになる。

je　ke^{乙}　ge^{乙}　　　　　　　　　　pe^{乙}　be^{乙}　me^{乙}

e　　ke^{甲}　ge^{甲}　se　ze　te　de　ne　pe^{甲}　be^{甲}　me^{甲}　　re　we

　実は、私は、「甲類」の子音に「口蓋化」があり、「乙類」にそれがなかったとしたのだから、もしそれに合わせて頂けるのなら、e と je は位置を入れ換えなければならないが、「乙類」の子音の方に「口蓋化」があったのだという新しい提案なら、このままでよいわけである。そういう新提案だと仮定して論を進める。もしそれが某氏の思い違いで、本当は「ケ甲類」が kje、「ケ乙類」が ke のつもりであったとしても、以下の推論には影響を及ぼさない。

　さて、この「エ列」の部分だけを見れば、私の表よりはヨリ体系的になったかのように見える。とは言え、誤りはすべて部分だけを見ることに起因する。

　しかしながら、私の表の全体はいつでも見られるから、この際は、某氏の明記して言及している「ア行」「カ行」の全体と、「ヤ」行の全体とについて考察すれば十分である。ただし、私の yi（某氏流に書けば ji）の存在はまだ実証されないのだから、括弧に入れて示す。また、「オの甲乙は wo と o の区別」という某氏の説が成り立たない場合に、某氏は、「オの甲乙は o と ö の区別」という説に賛成されるのかどうか不明だから、ここでは仮に o だけを取りあげて論を進める。それでも議論の本質には影響を与えない。

ア行	a	i	u	e	o
ヤ行	ja	(ji)	ju	je	jo
カ行	ka	ki	ku	ke	ko
	kji	kju	kje	kjo	

　一般共時音韻論的観点から見て、このような音節体系の存在する公算は極めて小さい。なぜなら、/a/ に対立する /ja/ がありながら、/ka/ に対立する /kja/ がないからである。それでは、上の体系に /kja/ を加えた体系はどうか

552——第13章　講演「橋本進吉先生の学恩」補説

というに、そういう体系の存在する公算もあまり大きくない。なぜなら、/ki/
と /kji/ の対立の存在は、「キ」の「甲」「乙」の区別としてはっきり確認され
るのに、/i/ と /ji/ の対立の存在は上代仮名遣そのものからは実証されないか
らである。

　一般共時音韻論的観点から言うと、上の「ア行」「ヤ行」を合わせた体系に
おいて、/i/ と /ji/ の対立の存在する公算が最も小さく、次に /e/ と /je/ の対
立の存在する公算が小さい。上代日本語中央方言においても、「ア行」の「イ」
と「ヤ行」の「イ」との対立の存在はまだ確認されず、「ア行」の「エ」と
「ヤ行」の「エ」の"混同"は平安時代に起こった。

　しかるに、上代日本語では、/ki/ と /kji/ および /ke/ と /kje/ の対立は確認
されるので、ここで /j/ で表記される"音素"が、「ヤ行音」で /j/ で表記さ
れる"音素"とは異なる音韻的要素ではないかと、ずっと以前から考えはじめ
たのは、このためである。この点については後に述べる。

　これを要するに、設問（Ⅲ）における某氏の提案は、いずれにしても、成り立
ち得ないのである。

　　　（Ⅳ）　ご講演では、イ列・エ列の甲乙の区別は、母音の別（たとえば i と ï、
　　　e と ë の別）とするのは誤り（母音の別とすると音節体系が乱れる）とのこ
　　　とであった。それはわかったが、では別の案なら音節体系のバランスがと
　　　れるのかどうか。ご講演の範囲では、その辺がわかりにくかったように思
　　　った。すでに書いておられるということだろうか。

　しかり。講演は時間が限られているので、一部分だけを見るのでは不可で、
全体を見なければならない、と強調するのが、1 つの大きな目的であった。ま
た、この論文でも述べたように、すでにいろいろの拙文で私見を公刊している
けれども、そこに音声記号を用いて表記してある音声がどういう音声なのかを
実際に聞く機会のない人々には、論文が理解しにくい、ということを時々耳に
したので、講演に際しては、私の発音するところを聞いて頂こう、というのも
1 つのねらいであった。

　講演の際に引用した『岩波古語辞典』の p. 9 の大野晋氏の表は、甲類の母音
は i　e　o、乙類の母音は ï　ë　ö であって、一見極めて体系的であるけれど

も、他の諸音節を捨てて、「甲類」「乙類」の区別のある音節だけを取り出したものなので不可なのである。

　私の表は、上代日本語のすべての音節を挙げたので、一見不均斉に見える。

　しかし、そのお陰で、(1)「イ列」「エ列」と、(2)「オ列」とが、非常に性質を異にすることが明らかとなり、同時に、「イ列」と「エ列」とは、ほとんど並行的な体系を有することが明らかとなった。

　そして、こういう配列をしたために、一見不均斉に見える部分の生ずることが、かえって一般音声学的観点から矛盾なく説明できる、と説いたのが、1つの要点である。

　そこで、私の表で、「オ列」を上から下へ縦に見ていくと、この「列」では、通称の「甲類」「乙類」——私はこの列に限り「陽類」「陰類」と呼ぶことを提唱してきた——に対応する2つの母音音素を立てる必要があることが、明らかとなった。これらを、それぞれ /o/ と /ö/ で表わしてよい、とする。

　ところが、「イ列」と「エ列」では、これに反し、それぞれ1つずつの母音音素を立てる必要があり、それで十分である、と主張するのである。そして、表記上では、それぞれ /i/ と /e/ で表わす、と説く。

　この最後の点を説明するために、講演では、「甲類」と「乙類」の区別を、実際に発音することによって示そうとしたのである。

　ここでは、音声記号によって表記することにより説明しよう。ただし、口蓋化したkとmには、[ḱ][ṃ]のような活字があるから都合がよいけれども、口蓋化したg, p, bに対しては良い活字がないので、本稿では、非口蓋化子音を表わす記号の直後に、一律に[′]をつけて、[k′][g′][p′][b′][m′]のようにして、口蓋化子音を表わすことにする。非口蓋化の[k][g][p]……に直接[i]が後続する場合には、必然的に両者の間に、中舌狭母音[ï]に近い「わたり音」が聞こえるゆえに、この母音記号をルビにして上に付け、[kïi][gïi][pïi]……のようにして表わす。

　「エ列音甲類」の場合には、「イ列音甲類」の場合よりも口蓋化の程度が低かったであろうが、一律に[k′][g′][p′]……で表わす。「エ列音乙類」の場合には、「イ列音乙類」の場合よりは「わたり音」がやや広かったと考えられるので、[ə]のルビを上に付け、[kəe][gəe][pəe]……のようにして表わす。

554——第13章　講演「橋本進吉先生の学恩」補説

さて、「イ列音」「エ列音」の「甲類」「乙類」に対する私の再構音（推定"音価"）は、以下のようである。

	イ列音			エ列音	
甲類	乙類		甲類	乙類
[k'i]	[kⁱi]		[k'e]	[kᵊe]
[g'i]	[gⁱi]		[g'e]	[gᵊe]
[p'i]	[pⁱi]		[p'e]	[pᵊe]
[b'i]	[bⁱi]		[b'e]	[bᵊe]
[m'i]	[mⁱi]		[m'e]	[mᵊe]

　母音を表わす音声記号も、一律に[i][e]を用いたけれども、音的環境の違いにより、音声的現実としては、それぞれ多少の違いがあったであろう。この意味で、上の「音声表記」は「音韻表記」に一歩近づいたものである。音声表記がこのような性質を有するものであることは、繰り返し説いてきた。

　さて、これらを如何に「音韻表記」するかという問題がある。

　私は最初、「ヤ行」の頭音を表わす /j/ と同じ記号を用いて、上の諸音節を次のように音韻表記していた。

	イ列音			エ列音	
甲類	乙類		甲類	乙類
/kji/	/ki/		/kje/	/ke/
/gjj/	/gi/		/gje/	/ge/
/pji/	/pi/		/pje/	/pe/
/bji/	/bi/		/bje/	/be/
/mji/	/mi/		/mje/	/me/

この表記については、拙著『日本語の系統』（服部 1959a: 62, 286）参照。

　しかし、その後いろいろ考察を進めているうちに、それが不適当であることを悟り、今では全く新しい音韻表記を用いている。それについては次章に述べる。

初　出

「講演「橋本進吉先生の学恩」補説(一)(二)」『月刊言語』12(3): 78-81, 12(4): 326 -329、1983 年。

第14章　奈良時代中央方言の音韻の再構について

　奈良時代中央方言の音韻体系・構造を再構するとは、どういうことか？「祖語」(proto-language)の再構とは、単語の形について言えば、比較方法によって設定される"音素"の祖形を表わす記号を並べた"虚構"に過ぎないとし、さらにそれらがどういう発音だったかを問題にするのは誤りだとさえ説く学者もあるが、私は与しない。私は、印欧祖形についても、梵語の子音体系についても、通説とは違った考えを持っているが、それらについての細説は別の機会に譲る。要するに、過去の如何なる言語でも、人間が自由に話していたのだから、その調音法に異常な努力を要し、肺臓から流出する呼気を非経済的に使用する子音等を用いるはずがないと考える。

　一方、世界の諸言語の音韻体系・構造も大分明らかになってきたし、一般音声学的、一般共時音韻論的知見もずいぶん進歩してきたから、それらに悖る"再構"は成立可能の公算が極めて小さい。

　さて、上代日本語の音声と言っても、その細部まで明らかにすることはできない。しかし、その再構に当たっては、上述の観点を常に念頭に置いていなければならないと、私は考える。

　そこで私は、人間の一種である日本人——すなわち人間——の楽にできる発音を、上代日本語についても"再構"しようと常に努力してきたが、私の発音を直接聞くことのできる人々には、私の説くことがよくわかるけれども、そうでない人には、音声記号・音韻記号の読み方が正確にはわからないために、私の説が理解されないと、言う。それで、拙著『音声学』(1951)の再版にカセット・テープを付ける機会に、付録として上代日本語の私の再構音を自ら発音して録音した(1980[昭和55]年6月に録音の点検完了)〔1984年刊行済み〕。

　ここでは、音声記号を用いてコミュニケーションが成功するよう努力せざる

558——第14章　奈良時代中央方言の音韻の再構について

を得ないが、その前に、「音声表記」「音韻表記」とは何か、という問題に関する私見を略述しておく必要がある。

　人の発音は、厳密に言うと、同じ個人においてさえ1回ごとに異なる。言わんや別の個人において、人ごとに異なることは、誰にでも明らかである。「音声記号」ではそのような差異を一々表記し分けることはできない。「音声表記」と言っても、大まかなもので、"同じ方言"を話す人々において"同じ"と認められる音を同じ音声記号で表わすのである。私が「音声的現実」と言うのは、大まかに言って、そのような音声記号で表わされる"現実"を指すのである。

　しかし、そのような音声表記が"精密"になり過ぎて、言語による伝達における言語音声の機能をかえって見落としがちになったので、「音韻論」が発達し、1つの言語（または方言）を表記するのに必要にして十分な、簡単な「音韻表記」が発達した。しかし、音韻表記は1つの方言の共時態を記録するには最適であるけれども、いろいろの方言間の発音の差異や、通時的な発音の変化について考察するには不便の起こることがあるから、「音声表記」を併用する必要が生ずる。

　奈良時代中央方言の「キ」の「甲類」「乙類」の音声的現実の区別を[kʲi]と[kʲ̍i]の区別とする私見は、50年以上も変わらないのに、それらを如何に「音韻表記」するかについていろいろ苦心をし続けてきたのは、なぜであるか。その点を説明するためには、私見の歴史的変遷を述べなければならない。

　拙著『日本語の系統』(1959a: 62)には、次のように書いている。

　　　これら8つの音節【上代日本語の「カ行音節」】は、音韻論的に次のように
　　解釈すべきものと考えている。
　　　/ka/　/ki/　/ku/　/ke/　/ko/　/kö/
　　　　　/kji/　　　　/kje/
　　即ち、「コ」の甲類と乙類の対立は中核母音音素 /o/ と /ö/ の違いによる
　　対立であるが、「キ」「ケ」の甲乙両類の対立は、子音が口蓋化しているか
　　否かの対立で、中核母音音素はそれぞれ同じであると考える。【下略】

　この説は、当時としてはよほど突飛に見えたらしく、拙著のために書店から広告文の執筆を依頼された某氏が、ゲラ刷を手にして拙宅に電話され、「甲」

と「乙」とが誤植で入れ違っているのではないかと、尋ねてこられたほどである。ここで /kji/ と音韻表記した音節は、現代東京・京都方言はじめ多くの日本語諸方言の「キ」と同じ発音だと考えていたわけで、その点では当時および現在の通説と変わりはないのだが、そういう音節はローマ字では ki と表記されるのが常だから、某氏は、私が /ki/ と音韻表記した方が「甲類」ではないかと誤解されたわけである。

それでは、なぜ「甲類キ」を /kji/ と音韻表記したか。それは、[kʲi] と [kʲi] との対立のある音韻体系では、「口蓋化」という音声的特徴が弁別特徴として決定的役割を演じ、かつ、上代日本語では、甲類の「ギ、ヒ、ビ、ミ」等々にも同じ「口蓋化」という音声的特徴があったと考えたから、経済の作業原則に従って、音素として抽出せざるを得ず、それを /j/ で表記したのに過ぎない。

ところが、拙論「上代日本語の母音体系と母音調和」(服部 1976c＝本書第 10 章 2.7 項)では次のように書いている。

> この推定【私の上代日本語音韻体系に関する仮説】に対して起こり得る異論に、次のようなものがあり得る。
>
> カ行　　ka　kji　ki　ku　kje　ke　koᵒ　koᵉ
> ヤ行　　ja　　　('i)　ju　je　('e)　joᵒ　joᵉ
>
> すなわち、/ʲji/：/ʲi/(すなわち、ヤ行のイとア行のイ)という対立がないのに、/kji/：/ki/ という対立を想定するのは不適当ではないか？　私は、ヤ行の頭音として「半母音」の /ĭ/ ——同様にワ行の頭音として /ŭ/ ——を推定して、前述の子音の出わたりに口蓋音的音色を与える /j/ と区別し、後者は直接先行する子音に依存する音素(consonant cluster としてのみ存在する音素)とする。

しかるに、拙論「上代日本語の母音音素は 6 つであって 8 つではない」(服部 1976f＝本書第 12 章 4.6 項)では次のように書いている。

> 上野善道氏からこの両者【上述の /ĭ/ と /j/】を同じ音素 /j/ としてはどうか、という意見が出たが、私はやはり両者は別の音素と認める。ただし、記号を変えて、/j/ は下つきの小キャピタル字 /ᴊ/ で、/ĭ/ は普通の /j/ で表わ

560——第14章　奈良時代中央方言の音韻の再構について

すことにする。たとえば、「キ甲」/kɹi/、「ケ甲」/kɹe/、「ヤ」/ja/、「ヤ行の
エ」/je/ など。

さて、1方言、1言語の音声表記と言っても、要するに人間の話している言
語の音声を記述するのであるから、一般音声学の理論の上に立っているもので
ある。それと同様に、「音韻表記」は1方言、1言語の共時態を表記するため
のものであるけれども、それのよって立つ「一般共時音韻論」という学問分野
があるはずである。そういう学問分野を体系化した書物は管見に入らないけれ
ども、私は1方言、1言語に関する音声学的・音韻論的考察をする場合でも、
そういう観点に立つように努力している。

さて、こういう観点から、奈良時代中央方言の音韻共時態を考察したら、ど
うなるだろうか。

私が上に、「キ甲類」に対して提案した /kɹi/ という音韻表記は、次の2つ
の観点から見て不適当であると考える。

(1)　「キ甲類」に対して我々の再構する[kʲi]という音声連続は、東京方言は
じめ大部分の日本語の諸方言において「キ」の音として現れるものである。の
みならず、世界の諸言語において /ki/ に対応する音声的現実として現れるの
が普通である。これに反し、「キ乙類」に対する再構音[kʲɨ]も、人間にとって
発音可能な音だから方々の言語に現れるけれども、[kʲi]よりはずっと稀である。
そして、[kʲɨ]は[kʲi]に音韻的に対立する音として現れるのが普通で、[kʲi]がな
くて[kʲɨ]だけが現れるということは、まずないのではないか。一般共時音韻論
的観点からすれば、[kʲi]が無標で、[kʲɨ]が有標なのが普通である。上代日本語
についても同じ見方ができるから、「キ甲類」に対しては /ki/ という無標音韻
表記をするのが良く、「キ乙類」に対しては別の音韻表記を考える。「ギ、ヒ、
ビ、ミ」の甲類・乙類についても同じことが言える。

(2)　服部(1976f＝本書第12章4.5項)に次のように書いている。

「キ乙」がまだ生じない時代		奈良時代		「キ」の甲・乙の対立のなくなった平安時代
[k̞i]	→	[k̞i]	→	[k̞i]
/ki/	→	/kji/	→	/ki/

（[ḵ]は本論文の[kʼ]に同じ。）しかしながら、奈良時代に対しても /ki/ とした方が、すっきりする。「ギ、ヒ、ビ、ミ」の甲類についても同じことが言える。

そこで「キ、ギ、ヒ、ビ、ミ」の乙類に対する音韻表記法をいろいろ考えたが、子音と母音の結びつき方（かた）が普通でないことを表わすために、子音字と母音字の間に小さい丸 ○ を上つきで入れて、「キ乙類」を /kʼi/ のように表わそうと思う。

「エ列」についても、相応の変更を加えれば、全く並行的なことが言える。

そこで、上代日本語の問題の諸音節は次のように音韻表記されることになる（代表として「カ行、ハ行、マ行」を示す）。

甲類	乙類	甲類	乙類
/ki/	/kʼi/	/ke/	/kʼe/
/pi/	/pʼi/	/pe/	/pʼe/
/mi/	/mʼi/	/me/	/mʼe/

ちなみに、小倉肇氏は、「合拗音の生成過程について」（小倉 1981）において、推古期の音韻体系として、「カ行、ガ行」に対し次のような再構音を示された（p. 5）。

	甲	乙		甲	乙	甲	乙
ka	ki	qi	ku	ke	qe	ko	kö
ga	gi	Gi	gu	ge	Ge	go	gö

しかしながら、以上縷説（る）したところにより、このような体系の存在した公算が極度に小さいことは、明らかであろう。/ka/ と並んで /qa/ が普通の語音として明確に存在したことが、証明されなければならない。

小倉氏が p. 2 以下に引用しておられる研究に従えば、平安後期ごろになってはじめて /kwa, gwa; kwe, gwe; kwi, gwi/ が漢字音として定着した——これは首里方言と同じ状態（服部 1983a = 本書第 13 章 p. 549）——のだから、国語における「合拗音」/kwa, gwa/ の成立を説明するために、推古期に /qa, Ga/ の存在を推定する必要はない。それどころか、氏の推古期に推定する /qe, Ge; qi, Gi/ は、後世における合拗音 /kwe, gwe; kwi, gwi/ の成立を説明するのに、かえって邪

魔になるであろう。

　言うまでもないことながら、小倉氏が全般的に見て非常に勝れた研究家であるが故に、ここに同氏の上述の説を特に問題としたことを特記しておく。

初　出

「講演「橋本進吉先生の学恩」補説(三)」『月刊言語』12(5): 120–123、1983 年。

第15章　過去の言語の音韻共時態再構の方法
——「上代日本語」を例として

　再構方法に関する抽象的な叙述よりも具体的な実例に即して説いた方がよいと思うので、「上代日本語」を例として述べることにする。

　この場合、まず第1になすべきは、「上代特殊仮名遣」と称せられる事実を正確に確認することである。橋本進吉先生、有坂秀世君以来、『記』『紀』『万葉』をそれぞれ一括して、共時態を代表するとの仮定の下に研究が行なわれてきたが、厳密には、「万葉仮名の体系」がいかなる共時態の通時的連続として発達してきたのか、その中で、人麻呂、憶良、旅人、家持、あるいは太安萬侶らの個人の演じた役割はいかなるものであったのか、を明らかにしなければならないと、久しい以前から考えてきた。(「共時態」とは、1言語、1方言について言うのが普通だが、厳密には、各個人について、しかもある程度動的に見るべきことは、ずっと以前から説いてきている(たとえば服部 1960: 55)。)

　この私の学問的渇は、築島裕『仮名』(1981)によってかなりの程度に癒やされた[1]。築島氏は同書 p. 23 以下に次の「万葉仮名字母表」を示している。

　　表1　5世紀—7世紀前半の遺文(p. 23)

　　表2　7世紀後半の遺文(p. 25)

　　表3　大宝戸籍帳の美濃国の部分(p. 29)

　　表4　『古事記』(p. 37)

　　表5　『日本書紀』(pp. 41–43)

　　表6　『万葉集』巻5(p. 55)

　　表7　『万葉集』巻19(p. 56)

　　表8　万葉仮名文書(正倉院蔵)の仮名字体表(p. 61)

564——第 15 章　過去の言語の音韻共時態再構の方法

表 9　平城宮木簡(p. 62)
表 10　「仏足石歌」(p. 63)
表 11　『歌経標式』(p. 64)
表 12　『新訳華厳経音義私記』(p. 65)

　これらがそれぞれ 1 つの共時態をなすか否かを明らかにするためには、資料の多いものについてはさらに分析的研究を進め、資料の少ないものについては同時代の資料(たとえば大宝戸籍帳の他の諸国の分)の分析的研究を進め、木簡類のようにさらに発掘される可能性のあるものは発掘・発見されるごとに資料を集積していって、たがいに比較研究をしてみる必要がある。

　この意味で、森博達氏の『日本書紀』歌謡の仮名の分析的研究の如きは、問題はあるとしても、奨励さるべきものであると思う。

　ちなみに、次のことに注意を喚起しておきたい。すなわち、築島裕氏が『金光明最勝王経』巻 4 の陀羅尼所用字母表を作成し(同書 p. 38)、その中に『記』『紀』に見える仮名のあることを指摘し、「『日本書紀』の場合も、陀羅尼との関係が深いようである」と言っているが、これは重視すべき発言である。

　第 2、上の研究によって存在の確認される個々の仮名が、文脈上如何なる位置(語頭、どの仮名の前、後、等々)に用いられるかを明らかにすること。これは、橋本先生、有坂君等によってある程度明らかにされた。

　第 3 は、それら個々の仮名それぞれの歴史を明らかにすること。

　第 4 に、第 1・第 2 の研究によって現出する「共時態」において、どれらの仮名が同一の「類」をなすと認め得るかを明らかにすること。

　第 5 に、同一と認められる「共時態」を 1 つにまとめ、そのおのおのについて、そこに認められる「類」のすべてを取りあげて表にし、その際、その配列に慎重を期し、最適と思われるものを選定すること。

　第 6 に、一般音声学的ならびに一般共時音韻論的観点から、そこに現れている体系をいかに解釈すべきか、言い換えれば、その背後にいかなる「音声的現実」があるか、を考察する。その際、いわゆる「内的再構」的観点を導入する方が有利であることは言うまでもないけれども、それはあくまで参考のためであって、この研究においては、通時的観点を混入すべきではない。

第15章　過去の言語の音韻共時態再構の方法——565

　第7には、それ以前およびそれ以後の共時態との比較研究を行なうこと。
「以前の共時態」と言えば、日本語の場合は、琉球諸方言はじめその他の諸方
言との比較研究によって再構される「日本祖語」の共時態がその最たるもので
あるが、これは将来の研究に俟たなければならない。「以後の共時態」と言え
ば、平安初期のそれをその直後のものと見てよいであろう。なぜなら、大まか
に言えば、奈良時代中央方言は平安時代中央方言へと移行したと言えるであろ
うから、それ以後は現代京都方言まで続くわけだが、文献を残した人々が京都
出身者とは限らないので、それらの人々の出生地、何歳のときに出生地を出た
か、等々に関する研究を行ない、さらにそれらの人々がいかなる社会集団(僧
侶の場合には教派)に属したか等々に関する研究を行ない、文献に現れる言語
的現実を分析的に調査・研究する一方、その背後にある音声的現実をこそ明ら
かにするために努力しなければならない。この意味で、無学な人々の書いたも
のの方がかえって音声的現実を露呈しやすく、貴重な資料となることがある。
　第8に、奈良時代およびそれに近い時代の学者その他の、当時の発音に関す
る記述を研究すること。ただしこれは、文字・言葉による記述だから、それを
いかに解釈すべきかが重要なポイントとなる。1例を挙げれば、慈覚大師圓仁
『在唐記』(842年ごろ筆録か)の日本語の「ハ音」に関する記述は、その子音が
[F]であったとの解釈が通説となっているけれども、私は、その子音が[p]であ
ったことを示すものと解釈できると考える。この私見は多少公刊している(服
部1960: 275; 1976b＝本書第4章 pp. 56-57)が、さらに徹底的に研究する機会を得た
いと思っている。
　第9に、ある外国語表記のための文字を借用して1つの言語を表記した場合、
その文字がその外国語のいかなる音を表わしたかを研究して参考にすること。
これは別の角度から再構音の裏付けを求めるわけだから、ぜひ行なわなければ
ならない大切な仕事である。ただし、上代日本語の場合には、漢字という表意
文字が万葉仮名として用いられているのだから、表音文字の場合よりも一層多
くの困難が内蔵されている。
　具体的には、隋唐時代のシナ語(中古漢語)の再構音を参考にすることになる
が、極度の慎重さを要する。なぜなら、この再構音そのものが学者によって異
なるからである。単に結論だけを利用してはならない。再構の方法そのものを、

各学者に関して批判的に検討すべきである。

　本稿では、特にこの第9の手順に関する問題を取りあげて論ずる。しかし、このような小論では、これに関する諸家それぞれの研究全体について考察することは不可能なので、「一斑」を示して「全豹」を示唆するに止めざるを得ない。また、やむを得ず有坂秀世君と森博達氏の次の論著を取りあげるに止めるが、それらを「槍玉にあげる」のではなく、それらが勝れているからこそ問題にするのだと理解して頂くよう、特にお願いする。

　　有坂秀世『上代音韻攷』(1955)
　　森博達「唐代北方音と上代日本語の母音音価」(1981a)【以下では「論文Ⅰ」と
　　　略称】
　　森博達「漢字音より観た上代日本語の母音組織」(1981b)【「論文Ⅱ」と略称】

　大まかに言うと、有坂君の上の著書の「第3部 奈良朝時代に於ける国語の音韻組織について」の「第2篇 中心音論」「第3篇 頭音論」は、上述の第5、第6の観点が欠落しており、第9の観点に特に力が入っている。そこで、この批判的小論を公刊する必要が生ずる。

　さて、有坂君の「中心音論」についてさえ、その全体を取りあげる紙数はないから、2, 3の点について述べるに止めざるを得ない。

　まず、「淤類」に関する有坂君の所論(pp.391-396)を検討する。

　有坂君は、「淤類」の仮名(9字)の中古漢語音(カールグレン(Bernhard Karl-gren)のそれを有坂君が修正したもの)を調べた結果、次のように述べている。

　　　この方面だけから見ると、淤類はやはり前章の乙類に属する諸類と同じく
　　　{ö} 類の母音を含む音節ではなかつたかと思はれる。(p. 391)

この結論は、字音仮名の中古漢語音にかかずらい過ぎたものである。しかし、上代日本語に、語頭母音音節として {ö} だけがあって、{o} がなかったとするのは不自然だと、有坂君も感じたらしく、続けて次のように述べている。

　　　併し假に平安朝初期に於けると同じく {o} 類の母音を含むものであつたとしても、別に以上の事實と矛盾する點は無いのである。何故なら、【中略】

それ故淤類が假に非常に古い時代から {o} であつたとすれば、ïei, ïö, ïen, ïen, ïeng のやうな支那音節[2]を聞く場合には、日本音節の中の {o} に最も近く聞えたであらうし、又從つてそれらを日本音節の {o}(淤類)で模倣したことであらう。而してこの種の倭音【圏点服部】が淤類の萬葉假名の基礎として採用されたとすれば、やはりちやうど今見るやうな實狀と同じことになつたであらうから。(pp. 391–392)

有坂君が「倭音」と称するものは、日本語固有のオンが、ある特定の漢字の「音{おん}」――「訓{くん}」に対する――として、その漢字に結びついたものを指すようである。そうだとすれば大きい問題が生ずる。

(1)「非常に古い」(7世紀のも？)日本語には、語頭音節として /ˀo/ があった。
(2)平安初期の日本語にも、語頭音節として /ˀo/ があった。
(3)両時代の中間の奈良時代には、「淤類」の仮名は /ˀö/ と読まれた。

このような仮説の成立する公算は極度に小さい。そこで、上の(3)の場合を「/ˀo/ と読まれた。」と改めたわけだが、/ˀö/ の方を採る場合には、先行する時代の対応する音節も /ˀö/ であったとするのであろうか。

　このような困難が生ずるのは、字音仮名の「中古漢語音」にかかずらっているからである。かくして、有坂君は次のように結論している。

　之を要するに、漢字音の方面から淤類の音節の性質を細かく決定することはむづかしい。(p. 392 の 11–12 行)

　そして、服部の観点からは極めて自然に困難なく説明できる数多くの言語事実を指摘しつつ、いろいろ迷った挙句、次のように結論している。

　之を要するに、奈良朝時代に於ける淤類の音節は、{o} 又は {ö} 類のものではあつたらうが、それ以上の詳しいことはよく分らないのである。(p. 394 の 14–15 行。圏点は服部。)

　これに反し、私が、講演「橋本進吉先生の学恩」(服部 1983d)およびそれ以前

568——第 15 章　過去の言語の音韻共時態再構の方法

の論文で提出した

　　　上代日本語は語頭音節として /'o/ および /'ö/ を有した。

という仮説の上に立てば、有坂君の遭遇した困難はすべて解消する。

　上代日本語の「エ列音」に関しても、有坂君は同じ著書の p. 416 から p. 446 にかけて、詳細な論証を展開しているが、結論は次のようである。

　　　{əe} 又は {əi} 氣宜閉倍米【下略】(p. 446 の 11 行。圏点は服部。)

やはりこれではいけない。私見によれば、少なくとも「又は {əi}」は削り去らなければならない。このような、不合理とも言える結論に達するのは、私が上に述べた第 5、第 6 の観点が欠如しているためであって、それは偶然ではなく、アトミスティックな有坂音韻論 [3] の当然の帰結である。

　次に、森博達氏は「唐代北方音と上代日本語の母音音価」(すなわち、前述の「論文Ⅰ」)において、『日本書紀』歌謡の万葉仮名が、それの表わす中古漢語音を調べると、「α群」と「β群」とに分かれるとして、同文末に、それぞれ「表 α」「表 β」として示された。これらの表によると、「コ甲類、ソ甲類、ト甲類」の仮名として用いられた「模韻開口一等」の漢字は次のようである(数字は同氏の示された延べ字数)。

	コ甲類
α群	古 22、故 3、姑 3、固 1
β群	古 15、固 5、故 3、姑 2、顧 1、胡 3
	ソ甲類
α群	蘇 3、素 1、泝 1
β群	蘇 5、素 4
	ト甲類
α群	度 4、圖 3、都 1
β群	渡 3、徒 2、杜 2、度 1、妒 4

同氏によれば、頻用の漢字の偏りが、α群とβ群とで異なるという。

　しかるに、「ク類、ス類、ツ類」の仮名として用いられた同じく「模韻開口

「一等」の漢字は次のようである。

	ク類
α 群	なし
β 群	なし

	ス類
α 群	なし
β 群	素 4

	ツ類（この類の仮名は全部挙げる）
α 群	都 34、覩 1
β 群	莵 54、都 16、途 1、屠 1

すなわち、β 群の「素、莵、都、途、屠」が、仮に有坂秀世君のいわゆる「倭音」に基づくものであるとすれば、α 群も「ツ類」に関しては「倭音」のみによっていることになる。

そこで、築島裕氏の示された表によって、上と関係のある字音仮名の来歴を調べてみよう。（表の「題目」は本章はじめ参照。）

	コ甲	ソ甲	ト甲	ク	ス	ツ
表 1	古		刀	久		都
表 2	古		刀		湏	
表 3	古	蘇所	刀斗	久	湏	都つ
表 4	故古高	蘇宗	斗刀	久玖	須洲州	都
表 5	（『日本書紀』なる故省略）					
表 6	胡故古	蘇素	斗度刀	久君苦口	須周酒	都通
表 7	故古祐	蘇	刀	久口苦	須	都追通
表 8	古	穌		久	湏	都つ
表 9	古	宗	刀	玖久	湏	都
表 10			刀	久	湏	都
表 11	古胡	蘇	吐斗都	倶久	湏	都
表 12	古	祖	刀止度等	久	湏	都川

すなわち、「都」の字は『日本書紀』α群および『歌経標式』(表11)に「ト甲類」の仮名として用いられた例がある外は、一貫して「ツ」の仮名として用いられているのである。なぜであろうか。

Karlgren(1940)の再構音は、

    上古音 中古音

都 *to   *tuo (p. 137)

斗 *tu   *tə̯u (p. 156)

であって、表音の観点からは「都」よりも「斗」の方がむしろ適当のように見える。

そこで、試みに、『十韻彙編』所収の『広韻』を繙(ひもと)くと、「模韻一等」「喉韻一等」の舌音清母の字として、下の諸字が挙がっている。

これらを通覧すれば、意味の点でも字形の点でも、「都」「斗」のほかに適当な字は見当たらない。特に「都」の字が正式の万葉仮名として好まれたのは、意味の点から見て「好字」だからではないかと思われる。万葉仮名の研究には、こういう観点も必要であると思う。

なお、仮名「つ」の字源が未詳のようだが、私は、上の「鬥」がそれではな

いかと思う。この仮名が最初から草書体で出てくるのは、この漢字の「意味」〔戦う意〕を嫌ったのではないだろうか。オンは最適である。

また、築島裕氏は『仮名』p. 38 以下において、『金光明最勝王経』巻第 4 の陀羅尼所用の漢字の中には、『古事記』や『日本書紀』に用いられている字音仮名がかなり見出されるとしている。築島氏作成の漢字表と、森博達氏の前述の「表 α」「表 β」とを比較すると、「表 α」に見えて「表 β」に見えない字は、次のようである。

「ク」矩 28、「セ」世 5、「チ」掫 2、「ツ(ト？)」覩 1、「ト甲」都 1、「ニ」儞 50、「ヤ」耶 15、「ユ」瑜 1、愈 1、「ラ」囉 6、「リ」唎 9、里 1

次に、「表 β」に見えて「表 α」に見えない字は、左のようである。

「カ」訶 13、「ク」區 42、「テ」帝 1、「ト甲」徒 2、「マ」末 3、「ユ」由 13

築島氏の調べられたのは同経の巻第 4 だけだから、同時代および先行の同種の文献をさらに調べて、『日本書紀』の「α群」と「β群」との関係をたがいに比較すべきである。(ちなみに「訓注」は森氏の言ういずれの群に属するのだろうか。)このような研究は、別の観点から森氏の仮説を支持する(あるいは、しない)ことになるかも知れない。

さて、上述のいろいろな問題はしばらくお預けとしておいて、本論に入ろう。森博達氏の研究によれば、『日本書紀』歌謡の万葉仮名は、仮名とその漢字原音との対応状況の差異によって、次の 2 つの群に截然と分かれると言う(「論文 I」p. 2)。

α群　　巻 14〜19、巻 24〜27
β群　　巻 1〜13、巻 22〜23

そして、β群は、有坂君の言う「倭音」による仮名を含み、混質的であるのに反し、α群は等質的であるとして、次のように述べている(「論文 I」p. 2)。

α群の仮名は、その純度においてβ群に優るのみならず、漢字原音に基い

ていると看なされる点において、万葉仮名資料中卓絶した価値をもつ。つまりα群の仮名は、音韻体系が簡単で音素数の少ない言語（日本語）を、音素数の多い言語（中国語）によって表わそうとしたものと言えるのであり、したがって、日本語の各音節の性質をより精確に表わし得る場合が多いと考えられるからである。

この説に対しては平山久雄氏が『国語学』128集に発表した批判があり（平山1982）、同誌131集に森氏が応えており（森1982）、平山氏から再批判があるとか聞く〔（平山1983）〕。私はここでは、別の観点からこの問題を考察する。

仮に森博達氏の説が正しいとすれば、α群の仮名の中古漢語音に特に注意して精査することは、極めて適当な措置である。なぜなら、有坂君が『上代音韻攷』のpp. 193-195で探し求めてあまり成果を挙げなかった「支那人や朝鮮人が漢字を用ゐて日本語を音訳した」資料に相当する資料として、森氏の「α群」の仮名を用いることができるからであり、実際、森氏の研究のねらいは、それと同等のことであると思う。

しかしながら、森氏の実践された研究を見ると、大いに問題がある。

たとえば、氏は「論文Ⅰ」の「5. ア列」（p. 7以下）において、「ア列の仮名」の中古漢語音を仔細に検討した結果、次のように結論している（p. 44）。

ア行のうち、少なくとも「ア」・「カ」・「ガ」・「ハ」・「バ」・「マ」の母音と「ワ」の主母音は前舌ではなく、奥舌の広母音である。

これは危険である。森氏の論拠は「論文Ⅰ」のpp. 7-13に詳しく述べられている。すなわち、声母が唇音、牙音、喉音の字においては「歌韻」と「麻韻」との音韻的対立があるにもかかわらず、α群では、仮名「麻」の1字を除いて、すべて、「麻韻」ではなく「歌韻」（および「戈韻」）の字が仮名として用いられている点に、氏の論拠がある。

なるほど、諸家は、一致して「歌韻」の韻母を国際音声字母の[ɑ]あるいはそれに相当する記号で、「麻韻」のそれは同じく[a]で表記し分けている。しかしながら、論拠の開陳は別の機会に譲るが、私は、「歌韻韻母」の[ɑ]に対して「麻韻韻母」は（[a]と[ɛ]の中間の）[æ]であった公算が非常に大きいと考え

第 15 章　過去の言語の音韻共時態再構の方法——573

る。そうだとすれば、上述の事実は、日本語の「ア行母音」が「奥舌広母音」
であったとする論拠には全くならないのである。むしろ、現在の日本語諸方言
の「ア行母音」と大差ないものだったのではないか。

　森氏の説を一々批判している紙数はないので、今回は、決定的に重大な次の
1 点だけを取りあげる（p. 44）。

　　イ列の甲乙 2 類は、中核母音の前舌対非前舌の対立によって弁別される。

その論拠は「論文Ⅰ」の pp. 19–29 に詳しく述べてあるが、そこに音声表記さ
れている「中古漢語」の“音価”が問題である。森氏曰く、

　　音類の分類および音価については、ほぼ平山久雄氏「中古漢語の音韻」【平
　　山 1967】によるが、以下の修改を加える。（p. 6）

　言うまでもなく、中古漢語については諸家の説がある。しかし、これを網羅
的・組織的に研究した上での説としては、日本国内では、平山氏のほかに、少
なくとも、河野六郎氏、三根谷徹氏のそれ（河野 1968 ＝著作集 1979、三根谷 1972）
が重視されなければならない。しかも、（森氏所引の）平山氏、河野氏の表記が
「音声的」であるのに対し、三根谷氏のは「音韻的」であって、相補う価値を
有するので、森氏の考察の如き場合には、ぜひとも 3 者を参照しなければなら
ない。それらには一長一短の諸点もあることは言うまでもない[4]。

　そこで、問題の α 群に属する「乙類のキ、ギ、ヒ、ミ」の仮名の中古漢語
音に関する 3 氏の説を比較してみよう。

	其	己	紀	擬	疑	彼	悲	微
平山説	kɪɜ̆ɪ¹	kɪɜ̆ɪ²	kɪɜ̆ɪ²	ŋɪɜ̆ɪ²	ŋɪɜ̆ɪ¹	pɪĕ²	pɪi¹	mɣɜ̆ɪ¹
河野説	kɪ̈i¹	kɪ̈i²	kɪ̈i²	ŋɪ̈i²	ŋɪ̈i¹	pɪ̈ie²	pɪ̈i¹	mɪ̈ʷəi¹
三根谷説	kʲiĕi¹	kʲiĕi²	kʲiĕi²	ŋʲiĕi²	ŋʲiĕi¹	pʲie²	pʲiei¹	mʲiuʌi¹

（三根谷氏のは音韻表記なので、誤解を未然に防ぐために「わたり母音」を上
付きの i で示した。）〔河野は最後の 3 つを、それぞれ pɪ̈ʷie², pɪ̈ʷi¹, mɪ̈ʷəi とする。ま
た、三根谷は「微」を miʌi¹ とする。〕

　3 氏の中古漢語再構音は、私が（服部 1983a–c ＝本書第 13–14 章）で明言してきた

上代日本語の「乙類のキ、ギ、ヒ、ミ」は[kʲi][gʲi][pʲi][mʲi]であるとする説を支持しこそすれ、森博達氏が「論文Ⅱ」p. 39 で示された「イ列乙類の母音」を[ï]とする説を支持するものではない。

また、森氏は、同じ場所で「エ列乙類の母音」を /əi/ としておきながら、これを /ə/ と /i/ に分解し(‼)、すぐ上の表では、そのおのおのをそれぞれ「オ列乙」の /ə/ と「イ列甲」の /i/ に含ませてしまっている〔それで /a, i, u, e, o, ï, ə/ の 7 母音説〕のは、全く賛同できない。

これを要するに、上代日本語の音韻の再構には、上述の第 5、第 6 の観点が最も重視さるべきで、第 9 の観点は副次的意味しか有しないことを、ここに強調したい。

またこの論文で述べたことは、過去の言語の音韻共時態再構方法のための一般論としても有効であるというのが、私の主張である。

注

1)　(p. 563)本稿脱稿後公刊された富山民蔵『語構成から見た日本書紀・古事記の語・語彙の比較研究──古事記の性格に関する研究』上・下(1983)は、この意味で、さらに私の渇を癒やしてくれるものである。
2)　(p. 567)誤植を私見により訂正した。〔有坂の原文には i̯əi, i̯ɐn, i̯ən, əng とある。〕
3)　(p. 568)この特徴が最も端的に現れているのは、『上代音韻攷』pp. 667–668 の「頭音論総括」で、特に「サ行音」「ザ行音」の部分がその一例である。
4)　(p. 573)次の如きは、三根谷説より河野説を可とする。

	二等、山韻	鎋韻	刪韻	黠韻
河野説	ăn	ăt	an	at
三根谷説	ɐn	ăt	an	ɐt

初　出

「過去の言語の音韻共時態再構の方法──「上代日本語」を例として(上・下)」『月刊言語』12(7): 110–113、12(8): 100–104、1983 年。

第4部

琉球諸方言および本土諸方言

第 16 章　沖縄の言語と文化

　沖縄固有の言語と文化が日本語と日本文化の分身だということが、案外一般の人々には実感をもって知られていないとのことだ。しかし、言語学上では、琉球列島の諸方言と本土の諸方言とが同一の祖語から分岐発達したものだということは、証明され確立している。そして、言語以外の文化も、言語のこの発達と軌を一にしたものと考えられる。このことは、沖縄と日本の両者を知る者にとっては、学問的研究をまつまでもなく、ほとんど自明のことで、1674 年に死んだ琉球の政治家向象賢は、ことばの類似を根拠にして、琉球人は日本人と祖先を同じくするとの意見を述べている。そして、明治 20 年代に東京大学で言語学と国語学を教授した英人 B. H. チャンブレンが、1895 年の論文で、沖縄の首里語と本土の日本語とが同系であることを、言語学的に明らかにした〔Chamberlain 1895〕。その研究には多少の欠陥があったけれども、のちにそれも是正され、母音・子音ばかりでなくアクセントまで規則的に対応することが明らかになり、両者が同系であることは、全く疑いがない。昭和の初めに、東条操先生が日本語を内地方言と琉球方言に 2 大別されたが、今ではその説が学界一般の受け入れるところとなっている。

　それにもかかわらず、琉球語はシナ語系のことばではないかとか、南洋系のことばではないか、というような憶説が時たま聞かれるという。それは一体どうしたことなのか。

時代とともに変遷

　方言といっても、"なまり"がひどくなると全くわからなくなる。仙台方言や鹿児島方言がそれだ。沖縄もその固有の方言は、本土の者が聞いても全くわからない。そんなことも上の流説の原因となっているのだろうか。

578——第16章　沖縄の言語と文化

　言語は、その話し手にとっては静止しているものだが、客観的に見ると、音韻・文法・語彙のあらゆる面において、時代とともに変遷してとどまることがない。それは世界中のすべての言語について言えることで、日本語でも琉球方言でもその例外ではない。そして、1つの言語集団が2つ（以上）に分かれると、そのおのおのにおいて起こる変化は、必ず同一ではない。すなわち分岐的発達が起こる。日本語の本州方言と琉球方言も、約2000年前の同じ言語（日本祖語）にさかのぼると考え得るが、言語集団の分裂後、それぞれ独自の方向に変遷しつづけて今日に至ったので、現在では両者の間にことばの通じないほど大きな差異が生じた。しかし、このようにして生じた差異は、決してでたらめなものではなく、整然とした音韻対応の法則が見出されるのが常である。

“音韻対応”の法則

　沖縄の首里方言と東京方言との間のそのような法則の実例を示すと、東京のeに対して首里のiが対応する。たとえば、首里では、ミー（目）、ティー（手）、ニー（根）、キー（毛）、カニ（金）、フニ（舟）、アミ（雨）、アリ（あれ）という。また、東京のoに首里のuが対応する。たとえば、クー（粉）、トゥー（十）、フー（穂）、ウトゥ（音）、スディ（袖）、トゥシ（年）、クリ（これ）という。上に示したように、東京の「レ」は首里で「リ」となるが、東京の「リ」は「イ」となる。たとえば、トゥイ（鳥）、ヤイ（槍）、ハーイ（針）、マーイ（毬）、フクイ（埃）。また東京の「キ」は普通「チ」となる。チチマチゲー（聞き間違え）、チヌー（昨日）、チール（黄色）、チム（きも）。東京の「ヒ」と「ヘ」には「フィ」が対応する。フィー（火、屁）、フィチャイ（光）、フィチシュ（引き潮）、フィル（尋）。

　アクセントも同様に非常に規則的に対応する。次の例などは、東京と首里とで“アクセントが逆になっている”ので興味がある。東京のカケ（書）、ヨメ（読）、タテ（立）、トレ（取）、など下降型アクセントの命令形を、首里では、カキ、ユミ、タティ、トゥリと平板に言い、逆に、ヤケ（焼）、ナケ（泣）、ヨベ（呼）、ノレ（乗）、などの平板式のものを、首里では、ヤキ、チキ、ユビ、ヌリと言う。動詞や形容詞のその他の活用形も、一見東京方言のそれと著しく違っているようだが、綿密に比較していくと、同一の祖形から分岐発達したものだということが明らかとなる。

多彩な沖縄の文化

　このように、琉球方言は、日本祖語から内地方言とは別の方向に発達したものだから、後者の失った古い特徴を保存している場合も少なくない。たとえば、パナ（花、鼻）、ペー（蠅）、プシ（星）、プニ（骨）、ピー（火、日）のように、日本祖語の語頭のP音を保存している例が琉球列島の方々に見られる。それかといって、この方言が、全体として「古代語の姿を保っている」のではない。内地方言には起らなかった改新もたくさん起こっている。

　言語の場合には、まず「外来語」という形で外国語の影響を受けるが、文化の場合には一層外国文化の影響を受けやすい。特に物質文化はそうだ。この意味で、沖縄文化は多彩な面があるけれども、その根幹は言語と発達を共にしたものと考えられる。5・7・5・7・7の31字の和歌と8・8・8・6の30字の琉歌とを比べると、一方が他方へ発達したとすることはできないが、同一の祖形から別の方向に発達したものとすることはできる。琉球の歌謡や舞踊などに、南方その他の色調が認められるとしても、琉球文化全体が日本文化の分身であるとするのに、何らの支障とはならない。

古代の特徴を保存

　要するに、沖縄の言語と文化は、本土のそれとは異なる発達経路をたどったので、本土で失われた古代の特徴を保存している点も多く、日本語・日本文化史の研究にとって貴重きわまりないものだ。しかしそれも、ことに敗戦後は、本土に見られるよりも急激な共通語化・共通文化化のおかげで消滅しつつあるので、その調査・研究は緊急を要する。沖縄問題が世の注意をひき「本土との一体化」が叫ばれている時、上述の点が案外見落とされているように思う。私どもは上の調査・研究に対し国や社会から豊かな補助が与えられんことを切望してやまない。

　　初　出
　「沖縄の言語と文化」『朝日新聞』1968年1月24日夕刊。

第 17 章 〈書評〉平山輝男著『琉球方言の総合的研究』

　大島一郎・中本正智共著と副書してあるが、執筆分担はどうなっているのか不明だ。

　1966(昭和41)年3月、明治書院刊。26センチ×18センチの大判で、本文278ページ、語彙162ページ、総括4ページ、付録索引21ページ。図版多数、フィルム・レコードが2葉付いている。(定価6500円)

　「第1編 総論」(12ページ)と「第6編 総括」(4ページ)は琉球方言全体を取り扱っているけれども、本書の中核をなす「第2編 音韻」(101ページ)、「第3編 アクセント」(77ページ)、「第4編 文法」(78ページ)では、奄美群島諸方言と沖縄群島諸方言だけが記録されている。「第5編 語彙」では基礎的な単語638について、鹿児島方言のほかに、次の13方言の形が挙げてある。

　　大島(名瀬、古仁屋)、徳之島(亀津)、喜界島(志戸桶)、沖永良部島(瀬利覚)、与論島(茶花)、沖縄本島(辺土名、奥武)、伊江島、宮古島(平良)、池間島、石垣島(石垣)、波照間島

　調査は3回にわたって行なわれた。1962(昭和37)年夏秋100余日、39年夏秋80余日、40年夏40余日。被調査者の名前は「第3編 アクセント」の各方言の下に挙げてある。ただし、奄美群島については、町村単位でまとめてあるので、誰がどの集落に属するか不明だが、沖縄群島については、集落ごとにまとめてある。いずれも調査年月日は不明。

　「第2編 音韻」では終始「音素」の対応が問題となっているが、示された語例は1例ずつの場合がかなりある。「第3編 アクセント」でも語例が少ない。これだけの大著だから、調査語そのもの(がもっと多かったのなら、それ)をできるだけ多く公刊してほしかった。「第5編 語彙」の162ページはスペースが

582——第17章 〈書評〉平山輝男著『琉球方言の総合的研究』

空きすぎていて、もったいない。1ページに4語ずつでしかも、各語に方言名が繰り返し出てくる。ちょっと工夫すればこの繰り返しは節約できたはずだ。

「第4編 文法」で取り扱われているのは、動詞・形容詞の活用と、代名詞だ。これだけ広範囲に調べるためには、調査項目の数を減らすより仕方がなかったのだろう。ただし、「有る」「居る」に当たる動詞は真先に調べなければならないものなのに、奄美群島諸方言の調査では大抵落ちているのは残念だ。沖縄群島諸方言についてはよく調べてある。

年々消滅の一途をたどりつつある琉球諸方言について、できるだけ多くの記録が作られることが望ましいのは言うまでもない。その意味で、本書の公刊は歓迎される。この種の研究にとって決定的に大切なのは、観察の正確さだが、ざっと拝見したところ、私としては満足できる点が多いと思った。ただし、細かいことについては次の点参照。

1955(昭和30)年、56(同31)年、58(同33)年(および59(同34)年〔ママ〕)に、九学会連合の奄美大島共同調査が行なわれ、国立国語研究所の上村幸雄・徳川宗賢の両氏と私とが参加し、その調査結果の一部が、同委員会編『奄美 自然と文化編』(1959)に公刊されている。

この報告には、喜界島(9地点)、大島(29地点)、徳之島(19地点)、沖永良部島(21地点)、与論島(6地点)について約50語、15方言(沖縄の与那嶺方言、首里方言を含む)について235語調べた結果が記録してあり、平山氏らの調査と、調査地点の大部分が一致し調査語彙にも一致するものがかなりあるから、比較検討されれば、その異同を明らかにすることができる。また拙著『日本語の系統』(服部1959a)の「12 奄美群島の諸方言について——沖縄・先島諸方言との比較」も参照。ちなみに、平山氏らは本書においてこれらの調査を引用せず言及もしていない。

本書の所論を見ていくと、賛成の点も非常に多いのだが異論を挟みたい点もかなりある。それらについて一々述べている暇は全くないし、また、すでに公刊した見解は繰り返し述べる必要もないと思う。ここではただ、本書とは関係なく独立にずっと以前から考えていた2,3のことについて、記しておこう。

平山氏(ら)は奄美大島笠利町〔今の奄美市〕佐仁方言において、/ᵐ/ という鼻的

子音音素を立てるに当たり、次のような観察を行なっている(p. 35)。

[kʼjõ̃ː]《肝》　　/kjoⁿo/

[jãː]《山》　　　/ˀjaⁿa/

[ɸuw̃ĩ]《米》　　/huⁿwï/

[maw̃ĩ]《豆》　　/maⁿwï/

　私も 1958(昭和 33)年 4 月 13 日に大島名瀬市で笠利村佐仁出身の泊二助氏 (1891[明治 24]年生)(同書 p. 127 の笠利町の話者には泊氏の名は見えない)について、同じような鼻音を観察した。前記『奄美』にも次の例が公刊されている。

[tzïw̃ï]《爪》(p. 407)

[ʃiw̃a]《島》(p. 413)

[ʔaw̃ï]《雨》(p. 418)

当時のノートを開いてみると、この種の鼻音の記録されている例はまだ外にもかなりあるが、特に注目すべきものを挙げると、

[kʼow̃õ̃ð]《雲》

[tʼaλ̃ã]《玉》

[haλ̃ã]《鎌》

[huw̃ĩ]《米》

などがあり、早い発音とゆっくりした丁寧な発音とで、多少発音の異なるものもある。

早い発音	ゆっくりした発音
[kʼũ̃õː]《肝》	[kʼiw̃õ]
[ʃũ̃ãː]《島、郷里》	[ʃiw̃ã]
[kʼw̃ãː]《熊(太郎)》	[kʼuw̃ã]

上の《玉》《鎌》を意味する単語でも、早い発音ほど[λ̃]が広くなり、ゆっくりした丁寧な発音ほど狭くなる。上に平山氏らが[jãː]《山》としておられるのは、そういう早いぞんざいな発音を観察したものであろう。

私はこれらの発音を概観して、そこに見られる鼻的半母音（nasalized semi-vowel）は、すべての場合を通じて[w̃]が目標となっていると認められると考えた。そして、分布を見ると

語頭	母音間
[n-]	[-n-]
[m-]	[-w̃-]

となっていて、[m]と[w̃]とは補い合う分布をなし、対立することがない。そこで、「環境同化の作業原則」により、[w̃]は /m/ に該当すると考えたのである。こう解釈するほうが、すべての音声事実と矛盾しないばかりでなく、平山氏らの説よりも音素の数が1つ少なくてすむ。

すなわち、上に挙げた諸例は、音韻記号では、次のように表記される。「喉頭化音」は仮にイタリック体で表わす。

/cimi/《爪》
/sima/《島、郷里》
/ʔami/《雨》
/komo/《雲》
/tama/《玉》
/hama/《鎌》
/humi/《米》
/kimo/《肝》
/kuma/《熊（熊太郎の略称）》

これに反し、喜界島阿伝方言の鼻的半母音は、これとは違った音韻論的解釈をしなければならない。（資料は、1958（昭和33）年4月8日阿伝小学校で勝常三氏から調査したもの。）

一体この阿伝方言には、語頭でも母音間でも /n/ と /nj/ さらに /m/ の対立がある。たとえば、

第17章 〈書評〉平山輝男著『琉球方言の総合的研究』——585

$\begin{cases} [\text{na:}]/\text{naa}/《中》 \\ [\text{ɲa:}]/\text{njaa}/《もう（おそい）》 \\ [\text{matʼu}]/\text{maɾu}/《松》 \end{cases}$

$\begin{cases} [\text{nɪndʒui}]/\text{niɴzuʼi}/《寝る》 \\ [\text{ɲiʷui}]/\text{njiʼuʼi}/《煮る》 \\ [\text{miʃiui}]/\text{misiʼuʼi}/《見せる》 \end{cases}$

$\begin{cases} [\text{munɪ}]/\text{muni}/《胸》 \\ [\text{juɲi}]/ʼ\text{junji}/《灰》 \\ [\text{tʼumi}]/ɾ\text{umi}/《爪》 \end{cases}$

こういう分布状態であるところに、母音間に[j̃]と[w̃]が現れ、しかも前者は [i]の前、後者は「u」の前、と分布が定まっている。そして

[kaŋŋe:ui]/kaɴŋeeʼuʼi/《考える》

[ʔaŋŋa]/ʔaɴŋa/《あれが》

のような場合には「ŋ」が現れるのに、母音間には「ŋ」が現れない。そこで 「環境同化の作業原則」により、これらの鼻的半母音は /ŋ/ に該当するものと 解釈することができる。そして、それらは /n/, /nj/, /g/ と対立する。たとえ ば

[kʼuj̃ĩ]/kuŋi/《釘》

$\begin{cases} [\text{haj̃ĩ}]/\text{haŋi}/《蔭》 \\ [\text{hanɪ}]/\text{hani}/《銭》 \\ [\text{hagi}]/\text{hagi}/《萩（新語）》 \end{cases}$

[çij̃ĩ]/hiŋi/《毛》

[ʔij̃ĩ]/ʔiŋi/《稲》

$\begin{cases} [\text{ʔuj̃ĩ}]/\text{ʔuŋi}/《鬼》 \\ [\text{sugi}]/\text{sugi}/《杉（新語）》 \end{cases}$

[humaj̃ĩ]/ humaŋi/《ここに》

$\begin{cases} [\text{ʔa:j̃ĩ:}]/\text{ʔaaŋii}/《蟻》 \\ [\text{ʔaɲi:}]/\text{ʔanjii}/《祖母》 \end{cases}$

$$
\left[
\begin{array}{l}
[\text{nũw̃ũi}]/\text{nuŋu'i}/《脱ぐ》\\
[\text{nuɲui}]/\text{nunju'i}/《飲む》\\
[\text{ɲiʷui}]/\text{nji'u'i}/《煮る》
\end{array}
\right.
$$

$$[\text{ʃiw̃ũi}]/\text{siŋu'i}/《死ぬ》$$

$$[\text{huw̃ũi}]/\text{huŋu'i}/《漕ぐ》$$

$$[\text{tʒiw̃ũ:}]/\text{ciŋuu}/《昨日》$$

また、次のような場合にも /ŋ/ を立てることができて、都合がよい。

$$[\text{hux̃ã:}]/\text{huŋaa}/《卵》$$

ちなみに、朝鮮語(大邱方言)に、鼻母音を「鼻音＋母音」と解釈すべき場合があることを「朝鮮語のアクセント・モーラ・音節」(服部 1968b: 88)に述べた。

$$[\text{oʳl}]/\text{'onɯɯr}/《今日》$$

$$[\text{mãẽl}]/\text{manɯɯr}/《にんにく》$$

また、私は、ずっと以前から、フランス語の鼻母音は /Vɴ/ と解釈すべきものと考えている。

平山氏(ら)は、沖縄群島諸方言の /i/ は、奄美群島諸方言式の /ï/ が /i/ に変化して、元からあった /i/ と合流して生じたということを方々で説いておられる(pp. 11, 22, 120)。これは、奈良朝日本語の、甲類のキ・ヒ・ミの母音を[i]とし、乙類のキ・ヒ・ミのそれを[ï]とする説と同趣の考えだ。

私は、学生のときから、橋本進吉先生が乙類のキ・ヒ・ミの母音を[ïi]とされたのに賛同し、[ï]説には与し得なかった。その理由は、奈良朝の[ï]が平安朝で[i]になるというような大きな変化はちょっと考えにくいが、[ïi]ならば(特に[i]が主母音であれば)容易に[i]に変化すると考え得るからである。

その後、音韻論的考察から、次のように考えるようになったけれども、そこには同じ趣旨が保たれている。(拙著『日本語の系統』p. 286 など参照。なおこの問題については、稿を改めて詳論したいと考えている。)たとえば、キについて記すと、

第 17 章 〈書評〉平山輝男著『琉球方言の総合的研究』——587

	奈良朝		平安朝
甲類	[ki̯i]/kji/	→	[ki]/ki/
乙類	[kʼi]/ki/	→	[ki]/ki/

ここに[ki]で表わしたのは、現在の東京・京都などの方言の「キ」と同じような発音である。

　そして 1 時代前の首里方言にも、上の奈良朝日本語と同じような音韻構造があって、次のような音韻変化が起こったものと考える。

現代首里方言

[ki̯i]/kji/ → [tʃi]/ci/

[kʼi]/ki/ → [ki]/ki/

このような変化は、首里方言では「カ行」ばかりでなく、その他の行にも起こったものと考える。たとえば、

$\begin{cases} [ɲi]/nji/ & → & [ɲi]/ni/ \\ [nɪ]/ni/ & → & [ɲi]/ni/ \end{cases}$

$\begin{cases} [ʃi]/sji/ & → & [ʃi]/si/ \\ [si]/si/ & → & [ʃi]/si/ \end{cases}$

この 1 時代前の「ナ行」の構造は、前述の喜界島阿伝方言に見られ、「サ行」の構造は、平山氏らが記述された伊江島方言(pp. 94, 99–100)にその例が見られる。

　首里方言の士族に見られる[ʃi]と[si]の区別は、この方言で前記のような音韻変化が起こってのちに、すなわち婦女子の発音がこのようになったのちに、士族の男の子が、特別な発音訓練で[ʃi]のほかに[si]という発音を獲得するものであって、この[si]は音韻体系のすきまに入るものとして、次の甲案のように解釈すべきだ。

甲案	乙案
[ʃi]/si/	[ʃi]/sji/
[si]/ʂi/	[si]/si/

もし乙案のように解釈すると、「カ行」「タ行」「ナ行」「ハ行」「マ行」「ラ行」等に（かつては少なくともその一部分にあったが）今はない /Cji/ という構造を、この方言のすべての話し手が発音できる基礎的な[ʃi]という音節の音韻論的解釈に持ち込むこととなって、不適当である。

さて、奄美大島のたとえば名瀬の方言では、次のような音韻変化が起こったものと考える。

現代名瀬方言

[ḳi]/kji/ → [ḳi]/ki/

[k'i]/ki/ → [ki]/ki/

ただし、この現代語の構造については、拙著『日本語の系統』(p. 285)に述べたように、

[ḳi]/kji/

[ki]/ki/

と解釈することも不可能ではないが、ここに示した解釈の方が無理が少ないかも知れない。

これを要するに、平山氏のように奄美式の /ï/ が /i/ に変化して首里方言式の /i/ ができた、とせずに、両方言は、この点でそのいずれとも異なる祖形から、別々の方向に変化したとするのである。

その他述べたいことは多いが今回はこれで筆をおく。平山氏らが多くの時間と労力を費して公刊された労作は、学界に大きな貢献をなすものと信ずるが、同時に、琉球方言は、その記述的研究だけでも、なすべきことがまだ極めて多いことを、特に強調しておきたい。

初 出
「〈書評〉平山輝男著『琉球方言の総合的研究』」『国語学』74: 81-85、1968 年。

第18章　急を要する琉球諸方言の記述的研究

　沖縄研究の今日の課題としては、私はやはり従来説いてきたことをさらに強く主張したい。沖縄研究——さらに広く言って琉球研究——は極めて広い範囲にわたり、急を要する課題も数多いのだが、私は自分の専門的見地から、現に滅びつつある方言の調査・研究こそ重要な課題であると強調したい。

　今次の大戦では、多くの文書が焼失し、碑文までが砲火を浴びて壊滅した。このようなことが二度と再び繰り返されないように、万全を期して、平和時にあっても、重要なものはコピーを作って分散保存するとか、公刊するとか、適当な処置を講ずる必要がある。仲原善忠・外間守善両氏の『校本おもろさうし』(1965)の編集に際し、それが「定本」でなく「校本」となるように、原本の影印を添えるように、と主張したのも、塚田清策氏の『琉球国碑文記の定本作成の研究』にぜひ原本諸本の影印本を添えて公刊されるようにと熱望したのも、こういうことを常日頃考えているからである。あの戦火で崩れ去った碑文は、いかに惜んでももう復原するよすががないが、拓本ならば諸家にまだ保存されているであろう。それらをぜひ集成公刊してほしいと、繰り返し切望してきた。幸いにしてそれが実現することがあれば、私なりの注文がある。同一碑文の種々の拓本があった場合、不良本でも良本の欠陥を補うことがあるから、良本のみを公刊することがないよう、必要に応じていろいろの本を併せ印刷するようにお願いしたい。また、全体を示す縮小図も必要だが、元の文字を原寸大に示すページもなければならない。『琉球古碑文集成』、それに加えて原文を活字化した校訂本、研究篇、総索引よりなる著書が公刊されることが熱望されるのである。

　さて、方言研究に話を戻せば、それが急を要するのは、言うまでもなく、方言が現に刻々と消えつつあるからだ。若い世代に方言は非現代的だという気持

が支配するようになれば、それは速やかに忘れ去られる。もう純粋な方言は高齢の人々にのみ残ると言ってよい状態で、老人が1人亡くなるごとに、それだけ言葉が消えていく。そして消え去った言葉は再び戻ってくることはない。

こういうと私は、沖縄の人々がいつまでも方言を固守し共通語の普及を排することを望んでいると誤解されないとは限らない。私の気持はその逆である。沖縄の若い世代ができるだけ速やかにできるだけ広く共通語に習熟することが望ましいとの以前からの考えに変わりはない。なぜなら、共通語は民族の靭帯であり、それによって日本民族の団結が強化し、民族の力が増大し、民族の文化が繁栄するからである。実は沖縄県は、学校における標準語教育に関しては苦い経験を有する。明治の末ごろ、自主的に「方言禁止」を誓った中学生たちも、学校当局が罰札制度(方言札)を出すと、かえって反抗して、大正の初めころには校内でさえ方言が横行したという。標準語教育にそのような無理があってはいけない。ところが1940(昭和15)年に、本土から来た日本民芸協会の人々らが、沖縄県の標準語奨励運動を批判し、方言の使用に同情を寄せると、今度は逆に、それに対する猛烈な反批判が現れ、1年間も論争が続いたという。共通語の普及は奨励されなければならない。それにもかかわらず方言を蔑視しその使用を抑圧してはならない。しかしこの矛盾は消去できると思う。実は、共通語と方言は一見たがいに排除するように見えても、その機能には、補い合う面が多いからだ。たとえば、家庭や親しい人々の間では方言を使い、公の場所では共通語を使うというようなことができるはずである。それどころか、同じ場面でさえ、両者の使い分けができる。私はかつて、1955(昭和30)年12月8日付の『沖縄タイムス』に次のように書いた。「このような共通語と方言との使い分けの美事な実例を先日経験した。乙姫劇団が首里劇場での公演中、さる俳優が観衆に向かって共通語と沖縄語とであいさつをした。最初に立派な流暢な共通語で一場のあいさつをしてから、これまた極めて美しい首里式沖縄語で親しみ深い呼び掛けをしたのである。私はその時、ふと、選挙演説などでもあのような使い分けをする候補者があったら立派な政治家であると同時に親しみ深い政治家であるという印象を与え得るであろうと思った。」〔服部旦編(2008)所収のp. 123〕この主張は、多くの人々の賛同を得たようであった。同時に私は、「共通語」とは、許容範囲の狭い「標準語」とは異なり、幅の広いものである

第18章　急を要する琉球諸方言の記述的研究——591

べきで、他の地方の人々にわかりさえすれば、方言的なまりを混じていてもよいと思う。むしろ、そういう訛りを気に掛けずに、堂々と話してこそ風格のある共通語ということになろう、とも説いた。このごろでは、ラジオ・テレビの普及で共通語が無理なく広まりつつあるであろうが、私はそのような趨勢に反対しようとするものでないことは言うまでもない。

　さて、琉球諸方言についても多くの研究がなされ、特に今次の大戦後の研究の進展は目ざましいものがある。それでも不満なのか、という反問があるかも知れない。なるほど、戦前でさえ、立派な研究は決して少なくはない。ほんの一例を挙げるとしても、宮良当壮氏の『八重山語彙』(1930)がある。これは大著であって、我々もその学恩を受けること多大である。しかし欲を言えば、その中には多くの小方言が混然と収録されていて、1つの方言の体系が明瞭でないほかに、知りたいと思う単語が案外記載されていないことが少なくない。新しい方法で各単語の意味（意義素）を記述した、さらに多くの単語、少なくとも基礎的単語は網羅的に記述しようとした大きい八重山方言辞典の編集が熱望されるのである。大戦後となると、一層多くの著書・論文が現れ、それぞれ学問の進歩に貢献するところがあった。たとえば、与那国島の方言はぜひ網羅的・全体的記述を作っておかなければならない方言の1つだが、幸い平山輝男・中本正智両氏の『琉球与那国方言の研究』(1964)があって、渇を癒やしてくれる。しかし、この本をもってしても、やはり、知りたいことについて答えの得られないことが少なくない。巻末の語彙も、語数が少なく（800語足らず）、意味の記述が簡単に過ぎる。また、他方言との比較に力が入っていて、この方言の体系がよくわからない面がある。この大切な方言は、さらに徹底的に調査・記述されなければならないのである。

　しかし、我々に満足感を与えてくれる研究も決して少なくはない。特に国立国語研究所の『沖縄語辞典』(1963)は圧巻である。島袋盛敏氏の原稿を基に、比嘉春潮氏の協力を得て上村幸雄氏が主に編集した。首里方言の音韻・文法・語彙を全体的・網羅的に記述しようとしたもので、断片的でないのが特徴だ。このような研究が方々の方言についてできることが望ましいが、幸い、私の知る範囲では、仲宗根政善氏の沖縄島国頭郡今帰仁村字与那嶺の方言、長田須磨氏の奄美大島本島の北部の大和浜村の方言の、それぞれ大きな辞典の編集が進

行中である。前者は仲宗根氏が1929（昭和4）年に東大国文科に入学された直後、私が同氏の発音を観察させていただいて、この方言のための音声表記法を決定したころから研究が始まって、大戦の苦難を乗り越え、不屈不撓今日に及ぶものである。後者は、私が1952（昭和27）年に米国から帰国して間もないころ、長田氏が柳田国男先生の紹介の名刺を持ってこられ、それ以来、私の原理によって音韻表記法を定め、私の意義素探求法によって意味の記述に努め、多くの協力者にもその方法を会得してもらうよう努力してきたもので、この2年半ほど私は手を引いているが、協力者からの報告によれば、完成にはまだ年月を要するようだ。いずれも「ローマは1日にして成らず」の感を深くする。このような大辞典を作っておかなければならない方言はほかにも少なくないが、上に述べたもの以外では、特に宮古島方言の全体的・網羅的研究が絶対に必要である〔宮古伊良部、石垣、竹富、久高、伊江、伊是名等の方言辞典が出た〕。

　さて、方言の記述的研究に関して、多少の私見を述べておきたい。まず第1に、学問的協力ということがある。研究者にはそれぞれ独自の研究動機・目的があり、興味・関心があるから、辞典を編集すると言っても、たがいに全く無関係に仕事を進める場合には、収録語彙のかなり違ったものができる可能性がある。単語の数は多ければ多いほどよいが、しかし、「少なくともこれだけは収録してほしい」というような「基礎語彙」というようなものがある。私たちは、諸方言・諸言語を記述するための基礎として、1955（昭和30）年から1958年にかけて、第1次、第2次、第3次の『基礎語彙調査表』を作り、それによっていろいろの方言や言語を調査してきた。今後の方言辞典は、少なくとも上の第2次、第3次の調査項目に該当する語彙は収録したものであることを希望したい。もっともこれらの調査表は一般の方々の手に入らないので、再公刊の準備をしている。しかし、『アイヌ語方言辞典』(1964)の日本語索引には、上の3種の調査表のすべての単語が、それぞれその所属がわかるようにして収録してあるし、またアジア・アフリカ言語文化研究所から出版された満州語、朝鮮語、客家語の基礎語彙集も上の調査表によっているので、それらを参考にして頂くことができる。その後同研究所から、上、下2種の『アジア・アフリカ言語調査表』(1966–67)が公刊された。これは上述の調査表とは収録項目が一致しない点があるから、それらに含まれている項目に該当する単語も、今後の方言

辞典には収録されていることが望ましい。あるいは他人の編集したものによることを潔しとしないというようなこともあるかも知れないが、研究がそういう感情に支配されると、それだけ真理への接近がおくれ、自己および学界に損害をもたらす。学問的協力は、一切の私的感情から自由でなければならない。

　この種の記述的研究に関連して、もう少し老婆心めいたことを述べることを許されたい。上にも述べたように、方言の記述的研究は、全体的・網羅的であるほどよく、正確であるほどよいことは言うまでもないが、しかし、どんな研究でもいろいろな程度に役立つ、ということも強調したい。方言の本格的な記述的研究は、音声学や言語学の知識を必要とするが、自分自身の方言についてならば、記録者が純粋な気持ちである限り、有用な記録ができると思う。そして、そのような記録は、断片的でも非体系的でもよく、量は多いほどよい。困るのは、記録者がある種の邪念──学のあるところを見せようとか、論文や著書を大きくしようとか──にとらわれることである。そうすると研究の進歩に有害な資料を提供することになるし、それが見破られれば価値の低い資料と評価されることにもなる。ただ率直に自分の方言について確実に知っていることのみを記し、他の方言について他人から聞いたこと、書物から知ったことは、それと区別して、その旨はっきりと記しておくことが非常に望ましい。それらを混ぜこぜにすると学問上困ることが起こるのである。また他所者が、自分の言葉以外の他所の方言や外国語を記録する場合には、慎重であればあるほどよい。事実を確認することにひたすら努力し、不正確な記述を反省することなく十分な検討を怠ったり、一般化を急いだり、早急に"理論"を作り上げたりしないこと、公表や公刊を急いで記述が杜撰にならないように気をつけることが希望される。

　以上個々の方言の記述的研究について述べたが、そのほかに言語地理学的研究が必要なことは、言うまでもない。幸い、これも、国立国語研究所の方言地図が公刊中なのは喜ばしい〔1966–75 年刊〕。しかしもちろん、欲を言えば、琉球列島は他の地方に較べて方言差が大きく、字ごとにことばが違うと言われるほどだから調査地点も調査項目もずっと増加した地図の作製が望ましいのである。これに関しても、学問的協力の必要があることを重ねて強調したい。以前に、ある局地的な方言地図を見たとき、国立国語研究所の地図が考慮外にあるよう

594——第18章　急を要する琉球諸方言の記述的研究

な印象を受けて、非常に残念に思った。少なくとも同研究所の調査項目は全部採用した上で、その地方の特殊情況に即してさらに項目をふやすという考え方であってほしい。それは、研究の主体性を軽んずる所以ではなく、学問的協力の重要さを理解することである。学問的独立とは、既存の有力な研究を無視することではなく、その上に立ち、それを批判して、独自の貢献をすることである。

　これに関連して、またまた多少の注文を述べさせて頂きたい。一体言語地理学的研究は、調査項目の選定が大切で、興味ある分布図が得られるかどうかは、この選定のいかんにかかっている。確かにそうではあるが、興味ある分布図が得られなくても、調査しておく必要のある項目がありはしないか。たとえば「耳」を意味する単語の分布図は、変化がなくて"興味がない"ものになるにしても、そういう分布を示すという事実自体を調査しておくことが、無意味ではないのである。ここでは説くことができないが、方言地図を、いわゆる言語地理学とは多少違った、もっと広義の言語（方言）史の研究に用い得ると考えている。この意味で、これは大変勝手な注文であるけれども、国立国語研究所で、少なくとも私たちの『第3次基礎語彙調査表』の457項目——その中にはすでに調査されているものも少なくないが——を全部全国的に調査していただけないものだろうか、というような、欲の深いことを考えている。

　一般に方言の調査は、現地出身の人々自らが行なうか、あるいはそういう人々の熱心な協力が望ましい。他所者が短時間に調査したものには、いろいろの程度に誤りの含まれる可能性がある。この意味で、近時ますます盛んになりつつある沖縄県の人々、特に琉球大学の人々の学問的活動は喜ばしいことで、大きい望みがかけられる。

　琉球の諸方言は、学問的には貴重極まりないものだが、前述のように、現在の若い世代はこれを忘れつつあるようである。そういう情勢下にあっては、国内の他の多くの地方と同様、沖縄県でも、方言を非現代的な過去の残存物と見る感情があり、それが「何のための方言研究か。」「過去をほじくることはやめてほしい。」「学問は未来に奉仕するものでなければならない。」などという抗議となって現れ得る。そうだとすれば、それに対する私なりの回答を記しておきたい。

　まず第1に、方言はその土地の人々にとって心の故郷であり、固有文化の表

現である。父母先輩のことば、幼友達のことば、自分自身のことばであり、自分自身に深く根ざすものである。それは何ぴとの中にもあり、何ぴともそれから脱却することはできないし、何ぴともそれを棄て去ろうとは思わないだろう。自分の方言の研究に目覚めた人々が異常に熱心になるのはそのためである。

　第2に、琉球列島の諸方言は、その特殊性の故に、その記述的研究が学問的意味を有する。たとえば、極端な例を言えば、ほとんど同じ方言を2つも記述することは無駄である。両者が違っていてこそ、学問的努力を払う価値がある。琉球列島は、その全体が本土とは方言が著しく異なるばかりでなく、それ自身の中で、島ごとに大きな方言差がある。そこで、少なくとも上に述べた諸方言のそれぞれについて、大きな辞典を作る価値があるのである。そして差異が大きいほど、それらの諸方言を比較研究することにより、より遠い過去へと方言発達史を跡づけることができる。現代琉球諸方言の記述的研究は、琉球方言史、ひいては日本語史の研究のための必要欠くべからざる基礎である。そして、言語は文化の反映であり表現であるから、方言史の研究は、琉球史、ひいては日本民族史の研究に貢献し得る。歴史の研究など現代にとって意味がない、などと言う人はあるまい。自己の歴史を研究する能力は、人間特有のもので、他の動物にはない。人間の誇りである。自己の過去を知ることができれば、その知識を、自己の未来の制御に役立てることができる。

　第3に、私は次のような科学的想定の上に立つ。言語は人間能力の上に立っているから、言語の研究は、人間の能力、ひいては人間そのものの研究に役立つ。すべての言語すべての方言は、それぞれ独特のものであり、唯一無二のものである。それにもかかわらず、その個々の項やそれの成す体系全体あるいは構造全体の研究が、人間の言語能力一般の研究に貢献するのは、それらがすべて人間の言語能力を具体的に示すものであり、しかも、いずれの言語・方言も人間の能力の一部しか具体化していないからである。私が「1つの言語（方言）に顕在している特徴はすべて普遍性である１)」と言ってきたのは、この意味である。故に、世界中の言語・方言が1つでも余計記述・研究されれば、それだけ人間の言語能力一般の研究に貢献するということになる。

　以上のようなわけで、どんな離島の、文化的にはどんな勢力のない方言でも、いずれも掛け替えのないものであり、日本民族の宝であり、人類の宝であって、

596——第18章　急を要する琉球諸方言の記述的研究

記録・研究に価するものなのである。

　以上私は、自分の専門的見地にばかり立って、沖縄の差し迫った実生活には直接役立ちそうもないことを、くだくだしく述べてきた。私とて決して、沖縄が戦時中ならびに戦後に被った、そして現に被りつつある測り知れない損害と苦しみに冷淡であるわけでは、絶対にない。それらに対しては、でき得る限り速やかに適切な対策が実施されなければならないと信じ、その実現を切望してやまない。しかし、それだけですむものではない。沖縄県の物質的現状が速やかな改善を必要とする状態であればあるだけ、一層、私は、沖縄県の人々が、沖縄人として、日本人として、人間としての誇りを一層高める精神的な仕事をなおざりにすべきではないと思う。『おもろさうし』その他の校本・索引作成のような、一見不急に見えても、沖縄語史・沖縄史のために根本的に重要な基礎的研究を熱望する一方、特に方言研究の盛んにならんことをたびたび主張してきたゆえんは、それが沖縄にとって、日本にとって、人類にとって、重要な意味を有すると信ずるからである。

付 記

　上は「急を要する方言研究」と題して本年〔1973年〕3月14日付『沖縄タイムス』に掲載された拙文を敷衍したものである。原文では、紙数制限のため、かなりの部分を割愛したので、従来の私の主張を知られない方々は、誤解を懐かれるかも知れないおそれが生じた。今回はそれらの諸点を補ったので、多少よくはなったかと思うが、やはり時間不足のため、十分意を尽くすまでには至らなかった。少なくとも部分的に沖縄県の特に若い世代の方々に話し掛ける口調となっているのは、最初、沖縄タイムス社の要請で執筆を思い立ったからである。

注

1)　(p. 595)実例として、「アイヌ語には nupe《泣いて出る涙》と sikpe《あくびしたりなどして出る涙》との区別がある。これははなはだ特殊な区別のようだが、アイヌ人のできることだから人間のできることであり、従って、どこかの言葉に見出される可能性がある」と話していたら、そこに居合わせた王育徳氏が「台湾語(福建語)にその区別があります」と言われた。この想定の正当化の例が1つふえたわけである。

初 出

「急を要する琉球諸方言の記述的研究」『月刊言語』2(8): 31–36、1973年。

第 19 章　日本語諸方言のアクセントの研究と比較方法

　私が自分の亀山方言と東京方言とのアクセントの対応関係を調べ、東京と亀山との間のアクセントの地理的分布を実地調査し、1929(昭和4)年の大学1年生から2年生への春休みに近畿アクセントと「東方アクセント」の境界線を発見した段階では、日本語のアクセントの史的研究に言語学で言う「比較方法[1]」を適用することは考えていなかった。

　1929(昭和4)年4月に沖縄の仲宗根政善君が東大の国文学科に入学され、同君の国頭郡今帰仁村字与那嶺方言を調べさせて頂き、次いで、岩倉市郎氏の鹿児島県大島郡喜界島阿伝方言を調べて、本土方言との比較研究を行ないつつあるときに、今の私の用語で言えば、「アクセント素」が「音素」と同等のものであることを悟り、「アクセント素」の比較研究を思い立った。1930(昭和5)年12月に東京帝国大学文学部に提出した私の卒業論文『国語の単音及びアクセント抄論』の「第4章 第5節 琉球方言のアクセント」の(Ⅰ)与那嶺方言、(Ⅱ)阿伝方言、にはその構想が述べられている。特に与那嶺方言については、1字・2字の名詞、2字・3字の4段活用・2段活用等の動詞、2字・3字・4字の形容詞のアクセントと、亀山方言・東京方言等のアクセントとの対応関係が、数百の単語について調べてある。

　とにかく私は、それ以来日本語諸方言のアクセントの歴史を比較方法によって研究しようと考えてきた者であり、私の成功・失敗(それについての詳説は別の機会に譲る)の原因はすべてその点にある。

　しかるに、私は、諸方言のアクセントの研究を金田一春彦君にバトンタッチしたつもりであったのに、研究は意外な方向に進んでしまった。それは、金田一君が比較方法を理解されない——と言って悪ければ、私と同じような理解の仕方をされないためであった。

598——第 19 章 日本語諸方言のアクセントの研究と比較方法

　平たく言えば、金田一君は、A アクセント体系から B アクセント体系への変化ばかりを考えてこられた。これに対し、私は、A、B、2 つの体系がある場合に、それらの祖形として X アクセント体系を再構することを考える。

　もちろん、A 体系と B 体系とが通時的に連続している 2 つの時代の体系である場合には、

　　A 体系　　→　　B 体系

という通時的変化が起こったのだから、地理的に連続している 2 つの地域にそれぞれ A 体系と B 体系とが行なわれている場合には、

　　A 体系　　→　　B 体系

という通時的変化が起こった公算は大きい。この種の変化の可能性を数学的に整理したものが徳川宗賢君〔(1981)〕の「徳川理論」だと私は理解している。

　しかし、理論的に言うと、過去において隣接していなかった地方に行なわれていた 2 つのアクセント体系が、いろいろの原因によって現在は隣接して行なわれるようになった場合には、この理論は適用できない場合があり得る。

　琉球諸方言のアクセントと本土諸方言のそれとの比較研究にはもちろん比較方法が必要である。しかし、本土諸方言だけについて見ても、比較方法が必要であろうと、私は考え続けてきたのである。

＊　　　　　　　　＊　　　　　　　　＊

　上野善道君が、日本学士院の西太平洋地域言語地図作成委員会(実は服部四郎)の要請に応えて、1978(昭和 53)年度以来本土諸方言のアクセントの綿密な実地調査を行ない、未調査や調査不十分の地域、アクセント境界線不明の地域などを調べ、先人の多くの誤りを正し、アクセント史を考察し得る状態にされたのは、大きい功績である。詳しくは、服部(1985a)参照。

　しかし、同君の結論(Uwano 1983)に対しては、私は少なからぬ不安を懐いていた。

　ごく簡単に言えば、上野善道君は、国語学界の通説に従って、院政時代の京都方言のアクセント体系・実質を「第 1 次アクセント」と称し、それが本土諸

第19章　日本語諸方言のアクセントの研究と比較方法——599

方言のアクセントの祖形だと言うのである。それが、同君が鹿児島県から青森県に至る諸方言のアクセントを概観し、「徳川理論」に基づいて考察した結論だと言うのである。

　上の「第1次アクセント」を、琉球諸方言を包括する日本祖語のアクセント体系・実質とすることは、もちろんほとんど不可能だが、本土諸方言だけに限るとしてもまだ危険だと思った。本土諸方言のアクセントの祖形は、奈良時代よりも少なくとも数世紀古い時代に関係づけて考えなければならないのに、上野君の結論によれば、その時代から院政時代までアクセントの変化が全然なかったことになるからである。それは、言わば言語学的直感というか、言語学的常識に反する結論である。

　出発点となる諸方言のアクセントの資料も正確であり、徳川理論も正しいとする時に、このような反常識的な結論となる場合には、その推論の過程のどこかに欠陥があると疑わざるを得ない。私は、徳川理論一本槍で比較方法を用いない点に主として欠陥があるのではないかと思い、上野君にその推論の過程を克明に書いてもらって、それを綿密に検討しようと考えていたのであった。

　ところが幸いなことに、私を非常に喜ばせる事件が起こった。上野善道君が1985(昭和60)年3月8日付で私に送られた手紙に次のように書いてあったからである。

　　【前略】地理的分布の報告書、未だ完成せず誠に申し訳ございません。本格的にやり直そうとなるべく網羅的に当たっているうちに単なる「分布」だけでは不満になり「系譜」の上から新しくまとめてみようと思ったのですが、うまくまとめられず2月中ばに至ってしまいました。やっと従来の「高平調」は「高高中(中……)」だったと考えれば真鍋式も讃岐式も、更に加賀式、能登式、佐渡式、そして恐らくは隠岐式、見島式等もうまく説明がつくという見解に到しました。「中央式」(＝近畿式)の高平調はその後の変化と見ます。金田一説では真鍋式、佐渡式、加賀式などで非常な無理をせざるを得ません。【下略】

　私は喜びの余り3月12日に日本学士院でお会いした方々に、上野善道君が意見を変えたことを話し、少し大げさだったけれど、「日本語アクセントの史

的研究における比較方法の勝利」というような言葉も漏らしたのであった。

その後、同君の「香川県伊吹島方言のアクセント」(上野 1985)と佐藤栄作氏の「香川県伊吹島方言のアクセント体系を考える」(佐藤 1985)を読んでいるうちに、伊吹島の四国対岸地方に、伊吹島方言の高平型に対応するものとして、ある種の下降型があることを知り、去る〔1985 年〕4 月 9 日に上野君と電話で話す機会があったとき、本土アクセントの祖形の修正を思いついたのは、同君の調査した観音寺市(伊吹島の対岸)に、伊吹島の高平型に対応する一種の下降型があるからか、という意味のことを尋ねたところ、しかりという明瞭な答えが返ってきた。

それならば、それは「徳川理論」の一種の効用である。しかし、前記 3 月 8 日付の同君の手紙で、観音寺市から遠く離れた地方に行なわれている加賀式、能登式、佐渡式アクセントを思い出したのは、比較方法の——上野君には自覚されなかったかも知れぬが——間接的効用であろう。

私が、日本祖語のアクセントとして、近畿式アクセントの高平調に対してある種の下降型を再構せざるを得ないだろうと考えていたのは、鹿児島方言や方々の琉球諸方言にいろいろの下降型が現れるからであった。これこそ比較方法的考え方である。

つまり、上野善道君と私は、異なった経路から類似の結論に達したということになろう。しかし、これを機会に国語学界の考え方が大きく変わるものと期待するのは楽観的に過ぎるかも知れない。

とは言え、日本語アクセント史の考察があらゆる意味で本格的となっていくことは確かだと思う。それには、特に琉球諸方言の、少なくとも主立ったもののアクセントの、綿密正確にして網羅的な共時論的記述が必要である。琉球諸方言はあらゆる観点から宝物であるが、アクセントについても同様であることに変わりはない。

秋永一枝さん及び金田一春彦君へのお答え

秋永さんは本誌〔『月刊言語』〕1986 年 8 月号のご論文で、同誌 1985 年 9 月号の拙論「日本語諸方言のアクセントの研究と比較方法」〔本章前半〕について見解

を述べられた。

　金田一君も同誌 1986 年 10 月号の文章で上の両文章に対する見解を述べられた。

　そこで、それらにお答えするために主として研究方法に関する私見を開陳したいと思うが、その前に、本誌 1985 年 11 月号 p. 96 に上の拙論の「正誤」を公刊したのを、両君がお気づきかどうかわからないし、一般の読者にも知っておいて頂きたいので、ここに再公刊する。この「正誤」の冒頭には次のことわり書きがある。

　　　第 9 号 100 頁以下の小論〔本章前半〕については、上野善道君より 9 月 3 日付のお手紙を頂き、私が同君の考えを誤解している点があると言われるので、9 月 14 日に電話で十分話し合った結果、次のように訂正することになった。

　そこで、問題となっているのは拙論〔本章前半〕の次の部分である。〔　〕の中は削除すべき部分で、【　】の中はその代わりに書き入れるべき部分である。

　　　ごく簡単に言えば、上野善道君は、国語学界の通説に従って、院政時代の京都方言のアクセント〔体系・実質〕【類別体系】を「第 1 次アクセント」と〔称し〕【呼び、少なくともその第 1 類の実質は高平調であって】、それが本土諸方言のアクセントの祖形だと言うのである。（圏点は今回付した。原文になし。）

　こういう誤解をしたのは、私が多忙にまぎれて、上野君の立論を綿密にフォローしていなかったためである。

　さて、秋永一枝さんは上の論文の冒頭において、上述の拙論を読んで「少なからず当惑した。」として、その理由を列挙しておられるが、それを拝見すると、比較方法の本質が全くおわかりになっていないことが明らかになっている。

　秋永さんは次のように書いておられる（秋永 1986: 137）。

　　　その一つは、服部氏は金田一氏が自分と同じような比較方法をされないといっておられるが、果して諸方言のアクセントの比較方法はすべて同一で

602——第 19 章　日本語諸方言のアクセントの研究と比較方法

　なければならないのだろうか、という素朴な疑問である。（圏点は服部。）

　私は「比較方法」を特別な意味に用いる。〔本章の〕注(1)を熟読されたい。秋永・金田一両君の研究方法は「比較方法」ではない。私の記憶に誤りがなければ、金田一君はどこかに、服部の研究方法はわが国のアクセント研究者たちに吸収されつくしたという意味のことを書いておられたと思うが、少なくとも秋永・金田一両君は「比較方法」の本質は理解されなかったと認められる。

　秋永・金田一両君の研究方法と私の言う「比較方法」とは二者択一の関係にあるのではない。両君の研究方法を揚棄して、「比較方法」が体得されなければならないのである。

　この点を、もっと分析的にそしてできるだけわかりやすく説明してみよう。

　言語学で言う「比較方法」とはいろいろな作業原則の、1つの体系をなす集合のことである。

　秋永さんは周知のごとく『古今集』の古写本に見える声点について素晴らしい研究をしておられ、私もそれを尊敬している。しかしそれは「比較方法」の適用ではない。金田一君も『四座講式』について立派な研究をされたが、そこでは「比較方法」を用いなくても研究ができた。

　いろいろな方言のアクセントを類別体系に基づいて記述することは重要な仕事だけれど、それは「比較方法」を適用し得る資料の作成であって、「比較方法」による研究ではない。

　秋永さんも金田一君もその研究過程においていろいろな比較研究を行なっておられ、その際「比較方法」の（全体ではなく）多くの作業原則が無自覚的に用いられているけれども、それらがたがいに関連しつつ 1 つの目標を志向していることがおわかりになっていないと認められる。

　従って、私は、秋永・金田一両君のやってこられた研究が価値あるものだと考えているにもかかわらず、やはり「比較方法」は理解しておられないと言わざるを得ないのである。

　秋永さんは上述の論文でさらに続けて次のように書いておられる (p. 137)。

　　二つ、服部氏は諸方言の祖語を想定する場合、現実に存在する A・B アク
　　セント体系の他に X アクセント体系を想定して、X 体系から AB 両方言

が出たということを考えるべきだと書かれるが、金田一氏の方法もそれと同様なのではなかったろうか。

しかし、私は次のように書いている。

地理的に連続している二つの地域にそれぞれＡ体系とＢ体系とが行なわれている場合には、

　　　Ａ体系　　→　　Ｂ体系

という通時的変化が起こった公算は大きい。

すなわち、Ｂ体系よりＡ体系の方が古いという場合もあることを認めている。常にＸを立てるべきだと言うのではない。

これに関連して金田一春彦君は上述の文章のp.84下欄で次のように書いておられる。

　　　秋永氏は、服部四郎博士がかつて私を評して「金田一君は、Ａアクセント体系からＢアクセント体系への変化ばかりを考えて来られた」【圏点は服部が今回付す】と言われたのに対して、それはちがうと言っておられる。これは有難いことで、私も秋永氏があげられるような論文で甲乙両種方言の祖形としてＸアクセント体系を考えている。もし、強いて行き方のちがいを言うならば、「金田一は、別のＸアクセント体系を建てることに臆病で、とかくＡＢ両アクセント体系のどっちが古いと考えることが多い」と言って頂きたかった。

金田一君の言われる通りだとすれば、私が上の拙論で「ばかり」と書いたのは誤りで、その誤りは私が金田一君の書かれるものを綿密にフォローしていないために生じた。しかし、たまに祖形Ｘを立ててみることがあっても、それだけで「比較方法」全体を理解していることにはならない。そこで、念のため、秋永さんが引用された金田一君の論文を検討してみよう。最初の「真鍋式アクセントの考察」（金田一・秋永・金井1966）は未見のように思うが、それはともかく、金田一君は、

　　……〔名詞＋助詞の型ならば〕*◯◯◯型というような型に発音されていたこ

604——第19章　日本語諸方言のアクセントの研究と比較方法

　とがあったと想像するのがいいということになるかもしれない。

と書いておられる。これは明らかに「比較方法」的思考ではない。「比較方法」
における祖形再構の作業原則を用いる場合には、「今までこれこれの祖形の実
質は高平調だと考えていたけれども、これをある種の下降調と考えると、その
祖形から現在までに知られているすべての方言（『名義抄』方言を含む）の実在
形への通時的変化が無理なく説明できる。」のようになろう。もし新しい方言
が発見されて、この祖形では具合が悪くなった場合には、祖形を立てなおせば
よいまでである。比較方法の本質がわかっていないから、臆病だとか大胆だと
かいうことになるのである。

　次に、金田一春彦著『日本の方言』所収の論文が秋永さんによって引用され
ているが、幸いこの書物は金田一君から頂いている。そこで、その原文を見る
と、秋永さんの引用のしかたが不適当であることがわかった。金田一君は、

　　……このような方言は全国ほとんど類例がない。わずかに知られているの
　　は、虫明吉次郎氏によって報告された岡山県真鍋島とその属島の方言であ
　　る。佐渡アクセントは、この方言のアクセントと比較して考察しなおすべ
　　きかとも思う。この点は後考を期する[2]。

として、ここの注[2]として秋永さんが p. 138 上欄に引用された文章が書かれ
ているのだけれど、秋永さんは、その前後を削っておられるので、削られた部
分を補う必要がある。

　　あるいは、［秋永さんの引用された文章］しかし、こう推定するためには、
　　他にいろいろ考慮すべき点を残すので、簡単には考えがたい。

「他にいろいろ考慮すべき点」とは何かわからないが、「比較方法」における祖
形再構の作業原則を用いる場合とは著しく違った表現であることは、上に説明
したところで明らかであろう。それは、金田一君が「比較方法」を理解してお
られないからである。

　しかし、私は初めから日本語のアクセントの歴史を研究するのに「比較方
法」を用いており、そのことを公言しているから、それを熱心に学ばれたはず

の金田一春彦君の書かれたものに、それに関する何らかの反映があるはずだと思いなおし、金田一君から贈られた金田一春彦著『国語アクセントの史的研究原理と方法』(1974)を調べてみたところ、本論の「第1章 アクセント研究の原理」に「第2節 アクセント史研究と比較言語学」という節があり、その中に「[二十四]比較言語学の方法について」(pp. 78-80)という小節があった。その冒頭に次のように書いてある。

> もう一度繰り返すが、[二十一]の[付表8]にあげた各類の語彙は意義・語源あるいは語音の点では全く共通点のないものである。[二十二]にあげた[付表9]では文法的職能も共通ではなく、共通なのはアクセントだけである。これは、正しくヨーロッパの文化科学の花と言われる《比較言語学》で扱う対象である。

金田一君はそのことを注にも何にも言及しておられないけれども、これは正しく、拙著『アクセントと方言』(服部 1933: 56-60)に書いた考え方の継承である。私は、この事実を指摘することにより、日本語諸方言のアクセントの「比較研究」のための基礎を初めて固めたつもりであった。それはいかなる言語の高低アクセントでも、その歴史を「比較方法」により研究するに当たり、真っ先に検討されなければならない事実である。

金田一君はさらにシナ語の「霞」「下」「夏」の例を挙げ、私が繰り返し説いてきたことに言及しておられるが、この小節はそれで終りである。

これを要するに、金田一君は、「比較研究」を適用し得るための基礎的条件とでも言うべきものを「比較言語学の方法」と誤認されたのではなかろうか。

秋永さんは続いて第3の疑問点として、私や上野善道君の文章を引用して、次のように書いておられる(p. 138 上欄)。

> 大体、九州西南部や琉球諸方言のものは金田一・平山両氏の推定のように大分式の方言から変化してできたものと思うが、その変化とどうかみ合うのであろうか。

日本祖語のことは後に述べるが、秋永さんはここで軽視できない誤解をしておられる。上野善道君のあの論文では本土諸方言とその祖形が問題となってお

り、上述の私の拙論でもそうであることは、p. 601 に新しく圏点を付した部分を見ても明らかである。秋永さんはこの点を見落とされたのだ。

すなわち、上野善道君とそれに応対している私は、そこでは琉球諸方言を除く本土諸方言のアクセントの祖形を考えているのに、秋永さんは日本祖語のアクセントを考えておられるから、「かみ合う」はずがない。

さて、一般読者のために、秋永さんが p. 137 に述べておられることを、上野君の私信の引用を含めて、引用する。

> 上野善道氏の「従来の「高平調」は「高高中(中……)」だったと考えれば真鍋式も讃岐式も、さらに加賀式、能登式、佐渡式、そして恐らくは隠岐式、見島式等も【服部曰く、恐らく知られているすべての方言の式が】うまく説明がつ」き(圏点は服部)、「「中央式」(＝近畿式)の高平調はその後の変化と見」るという私信をひかれて、「日本語アクセントの史的研究における比較方法の勝利」とされることもどうも浅学にはよく理解しにくい。

しかしながら、私が上に述べたことを十分頭に入れて、上述の拙論〔本章前半〕を何回も読み返していただければ、理解していただけるはずである。

すなわち、私は、上野善道君が本土諸方言のアクセントの祖形の第 1 類の実質として「高平調」を立てていたのを一種の下降調に立て換えた——金田一春彦君には上に問題とした範囲ではこういう転換はない——のを「比較方法」の適用と誤認して、「少し大げさだったけれど、「日本語アクセントの史的研究における比較方法の勝利」というような言葉」を口走ったのである。

しかるに、その後、私は、電話で上野君に尋ねることにより、伊吹島の対岸の観音寺市に一種の下降型があることがこの転換のきっかけとなったことを知って、「それならば、それは「徳川理論」の一種の効用である。」とがっかりしている。

p. 600 で、私はさらにつづけて次のように書いている。

> 私が、日本祖語のアクセントとして、近畿式アクセントの高平調に対してある種の下降型を再構せざるを得ないだろうと考えていたのは、鹿児島方言や方々の琉球方言にいろいろの下降型が現れるからであった。これこ

そ比較方法的考え方である。（圏点原文になし。）

　なぜなら、隣接せずたがいに離れた方言の比較によって祖形を立てようとするからである。

　私は本誌 1979 年 11 月号、12 月号の拙論「日本祖語について (21) (22)」（＝本書第 6 章：第 21, 22 回）において、当時私の手許にあった琉球諸方言の資料と『名義抄』方言その他との比較研究を「比較方法」を用いて行なうことにより、金田一春彦の「アクセントから見た琉球諸方言の系統」（金田一 1975: 129–159）に述べられている「琉球語諸方言祖形の 2 音節名詞の類別体系は、現代の大分市方言のそれとほとんど同じであった」という説が全然成り立ち得ないということを明らかにしたが、秋永・金田一両君がおわかりになることを期待したのは無理であったわけだ。

　その際、日本祖語における 2 音節名詞のアクセントの実質については、

　　「第 1 類」と「第 2 類」は高く始まり、「第 3 類」「第 4 類」「第 5 類」は
　　低く始まるアクセントであったであろう。

と言い得たにとどまっている（本書第 6 章：第 22 回）。

　しかし、第 1 類と第 2 類のほとんどの 2 音節名詞が、首里方言、【今帰仁奥那嶺方言では、［パナー］《鼻》、［パナーヌ］《鼻が》。拙論「琉球語管見」（服部 1937）】、喜界町小野津方言（および奄美の諸鈍方言）において下降調が現れ（本書第 6 章：第 22 回）、鹿児島方言でもそうなので、これが日本祖語の第 1 類の実質を何らかの姿で反映しているのではないかと考えていたのである。

　そのために、本土諸方言の第 1 類名詞のアクセントの祖形として、高平調の代わりにある種の下降調を立てる上野善道君の新説が、特別に私の注意を引いたのであった。

　しかしながら、それがどういう下降調であったかについては、私にはまだ成案がない。実は「比較方法」の作業原則の一部分について、特に「第 1 類」と「第 2 類」に関する言語地理学的事実に基づいて検討する必要があると考えているからである。

608——第19章 日本語諸方言のアクセントの研究と比較方法

　　　　＊　　　　　　　　　＊　　　　　　　　　＊

　これは別のことだが、山梨県の富士川の支流早川の一番上流の集落奈良田が、
1つ下流の集落以下の方言とははっきり異なる孤立的な方言を保持しているの
は、生活経済的に自立しているからだと思う。穀類・野菜には事欠かないし、
川では魚が取れるし、狩猟によって肉が獲られるし、岩塩が採れる。だから、
下流の村に依存する必要はなく、また婚姻関係を結ぶことも稀なようであった。
私がこの集落を訪れたのは、基礎語彙統計学的観点とアクセントの観点からそ
の方言を調べたいと思ったからだが、そのような孤立的方言を保持し得る物質
的・人間的条件を知りたいと思ったからでもあった。

　梅棹忠夫氏がかつて岩波新書として『モゴール族探検記』を出され、アフガ
ニスタンの西北部の小さい谷あいの最上流まで苦心して行かれて、そこでもモ
ゴール語の話せる者がなかったことを書いておられたと記憶するが、それを熟
読するうちに、生活経済的に自立できない小集落が固有語を保持できないのは
当然だと考えた。それで、平野地帯にある生活経済的に自立できるモゴール族
集落の方が固有語を保持している可能性があるとの見当のもとに実地踏査を行
なったのであった。

　1983(昭和58)年11月に香川県の伊吹島を訪れたのもその生活状況を視察し
たいと思ったからである。果たせるかな、漁業が同島には有り余る海の幸をも
たらしているのであった。現在では観音寺市内の伊吹町であり、無人ではある
けれどもこの町に属する小属島があり、町の漁業に有利に機能している。水は、
地下水がないので雨水を溜めた用水池を利用し、普段は困らなかったという。
ただし、旱天の時には船で観音寺から水を運んだ。(人里離れた海岸にある闕
伽井(弘法水)も、久保優氏に従えば、岩間から流れ来る水の溜った場所である
という。) 今は、巨額の工事費でできた観音寺からの海底送水管による水道が
ある。このようなことができるのも、この島が経済的に豊かだからであろう。

　とにかく、2音節名詞5類のアクセント体系の保持は珍しい例だから、上野
善道君に同島の方言をアクセントの観点からできるだけ網羅的に記述すること
をお願いしている。

　しかし、この方言は、類別体系は日本祖語のそれを保持していると今のとこ

ろ考えられるけれども、その実質までそっくりそのまま保持していると考えているわけではない。現に、実年の世代と若い世代との間にはわずかではあるが実質の差異が現れている。しかし、類と類とがどういう実質的差異によって対立しているかを記録しておくこと、そしてどの類でどのような変化が起こっているかを記録しておくことは、日本語アクセントの歴史を考察するための重要な資料を作成することになると考える。この意味では、上野善道君の言う「第2次アクセント」でも「第3次アクセント」でも、正確なそしてできるだけ網羅的な記述を作成しておくことは、すべて資料的貢献であるから、大いにやって頂きたいと思う。

　また、上野善道君は次のように書いている（上野 1985: 83 上）。

　　また若い世代では非日常語彙を中心に語彙の所属替えが起こっている……
　　（圏点は服部）

それが具体的にはどういうことなのか記録しておいて頂きたい。「を中心に」とはどういうことか、また、日常語彙にそういう所属換えが全然起こっていないのか、いる場合にはそれはどういう単語でその原因は何かを調べておいて頂きたい〔章末補注＊1〕。私の場合など、基礎的な日常的な単語はいつおぼえたか記憶にないが、そうでない単語はおぼえた時のことを記憶していることがある。たとえば、「みどり」という単語は菓子屋で菓子を買うときそれを売る自分より年上の青年から習った。それまでは、（そしてその後も）「青」も「緑」も「あおい」だった。

付　記

　奈良田方言と伊吹島方言の例から見て次のような一般原則が考えられると思う。
　　孤立的な小方言が成立する条件。⑴言語の連続的な伝承を可能とする程度の大きさの集落──数十人ではだめで数百人は必要だろう──を他から隔離する地形と、⑵その生活を支える植物性・動物性の食物と少なくとも水を自足的に入手し得る地理的条件がそなわっており、⑶その上、他からの住民の急激な流入を不可能とするような人間的・物質的条件が恒常的に存在すること。
　上のような諸条件がそろっておれば、いわゆる ethnocentrism により、その土地が集団的に放棄されることはなく、方言はほとんど内的要因によって通時的に変化して行くであろう。

610——第 19 章　日本語諸方言のアクセントの研究と比較方法

　しかし、それ以外の場合には、ラジオ、テレビのない時代でも、いろいろの程度の方言混合があったはずである。

注

1)　(p. 597)「比較方法」については『言語の系統と歴史』(服部編 1971)所収の拙論参照。方法そのものの大綱に関しては主立った学者たちの意見が一致しているけれども、その適用可能範囲(portée)に関しては必ずしもそうではない。私は、これをあらゆる言語に適用できる方法だと考えているが、A. メイエ(Antoine Meillet)のごときは、東洋諸言語には厳密なやり方では適用できないのではないかと考えているようである。詳説は別の機会に譲る。

補　注

＊1)　(p. 609)関連するものとして上野善道(1995)がある。

初　出

「日本語諸方言のアクセントの研究と比較方法」『月刊言語』14(9): 100-102、1985年。

「秋永一枝さん及び金田一春彦君へのお答え」『月刊言語』16(8): 81-88、1987 年。

第20章　方言区画論・周圏論と基礎語彙統計学[1)]

1　日本語諸方言の分類

1927(昭和2)年に東条操教授は日本語の諸方言を音韻・文法・語彙の特徴に基づいて次のように分類した(東条 1927)。

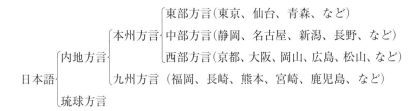

日本語諸方言をまず内地方言と琉球方言とに2大別する点については今日まで異論がなかったが、その他の点についてはいろいろ批判があったので、同教授は1951(昭和26)年と1954(昭和29)年にその分類を次のように改訂した(東条 1951; 1954a)。

内地方言 ┌東部方言(北海道；青森、仙台；東京；静岡、名古屋、長野、新潟；八丈、など)
　　　　 ├西部方言
　　　　 └九州方言

細部についてはいろいろ意見が出ているけれども、多くの学者がこの3分説に同意している。

しかしながら、奥村三雄氏(1958[昭和33]年)と藤原与一氏(1962[昭和37]年)は内地方言を概略次のように2分する新説を出した(奥村 1958、藤原 1962)。

$$\text{内地方言}\begin{cases}\text{東部方言}\\\text{西部方言}\begin{cases}\text{関西方言}(=\text{東条教授の「西部方言」})\\\text{九州方言}\end{cases}\end{cases}$$

1964(昭和39)年に金田一春彦氏は、語彙を考慮外におくと明言しつつ、アクセントと音韻と多少の文法的特徴にもとづいて、新しい分類を提案した(金田一 1964b、図1参照)。

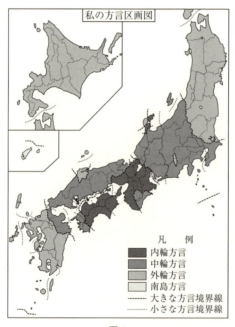

図1

$$\begin{cases}\text{内輪方言(京都、大阪および四国の大部分、など)}\\\text{中輪方言(東京、静岡、長野、新潟、佐渡、名古屋：岡山、広島：九州の}\\\qquad\text{東北部、など)}\\\text{外輪方言(北海道、青森、仙台：八丈：松江、隠岐：九州の大部分、など)}\end{cases}$$

同氏は、琉球を除いて本土方言だけを再分類したようである。

分類の改訂修正の一部分は新しい発見に基づいて行なわれた。たとえば

1927(昭和2)年にはアクセントの地理的分布は知られていなかったので、のちに東条教授はアクセントの点を考慮に入れつつ分類を改訂した。しかしながら、分類に関する新説の中には分類基準の選択をやや恣意的に変更したためのものもあり、一般に著者たちは統計的な資料は十分考慮しなかったようである。従って、筆者が日本語の諸方言の基礎語彙統計学的研究に興味を懐いてきた1つの理由は、この種の研究によれば日本語の諸方言がどのように分類されるかを知りたいと思ったことである。この論文では、筆者が現在までに入手し得た資料に基づいて考察する。

2　周辺諸方言と東京方言・京都方言との基礎語彙統計学的比較研究のための資料

この論文では次の10方言を比較する。八丈、東京、京都、佐渡、高知、隠岐、鹿児島、奄美、首里、宮古。

2.1　八丈島方言

この島は、東京の南約300 kmの所にある太平洋上の69.15 km² の小島で、その北方の伊豆諸島とは黒潮で隔てられている。

その方言は、本州東部方言と異なる他の伊豆諸島方言とも極度に異なっている。先に述べたように、東条教授(1954[昭和29]年)は、この方言に「東部方言」中の特別な位置を与えた。後の著者たちも、この方言の独特の特徴にますます注意を払うようになり、1960(昭和35)年に平山輝男氏は本土方言を、東部、八丈、西部、九州、に4大別した(平山1960b)。

すでに8世紀に人々は、奈良の都付近の方言とは、そして恐らくは西部日本の方言とも、全般的に見て非常に異なっていた、当時の東部方言の音韻および形態上の顕著な特徴に気づき、それを記録した。これらの東部方言の特異点は、日本祖語以前の方言に由来する可能性があると思う。現在の東部諸方言は、恐らく西部方言化のために、その特徴を完全に失ってしまったようだが、八丈方言はまだ多少それを残している[2]。もし日本祖語が、私が想像するように、紀元前後に北九州に栄え、その後日本全土に伝播した弥生式文化の言語であった

614——第20章　方言区画論・周圏論と基礎語彙統計学

ならば、この祖語といろいろの程度に異なる多くの方言が同時代に本州に存在していた可能性がある。現在の日本の方言分布状態から判断すると、これらの方言は続く 2000 年の間に、日本祖語から発達してきた、いわばその子孫に当たる諸方言に同化吸収されてしまったのに違いない。

しかしながら、8 世紀にはこの同化の過程はまだ終わっていなかったため、当時の東部諸方言には、顕著な非日本祖語的特徴がまだ残存していた、と考え得る。もし以上の推定が正しければ、8 世紀東部方言の形態的特徴と符合する八丈方言のいくつかの特徴は非日本祖語方言に由来する可能性がある。もちろん八丈方言も日本祖語の子孫方言に強く同化されたが、その程度は現在の東部方言と比較すると軽かった。

八丈と琉球などとのいくつかの文化的類似点を指摘して、「黒潮文化」を云々する学者もある。

この島では、軽微の程度ではあるが、たがいにはっきり異なる数個の方言が話されている。ここに公にする資料は、筆者が 1968（昭和 43）年の夏に、島の南部の樫立村〔今の八丈町〕において、奥山おなよし氏（1897［明治 30］年生）と奥山守治氏（1909［明治 42］年生）から記録し得たものである。

2.2　東京方言

東京と横浜の方言は、過去 2〜3 世紀の間、西部方言、特に近畿方言の影響をかなり受けたために、東部方言の中である程度「方言の島」を形成している。東部の [eː] のかわりに [ai] [oi] と発音するのは、そういう特徴の 1 つである。しかし、上に述べたように、東部諸方言自身、恐らく幾世紀にもわたって絶えず西部方言化されつつ非日本祖語的特異性を失ってきたが、のちにはそれぞれ独自の方向に変化発達した。しかし、西部方言化による統一が完了したのちに分岐多様化が始まったのではなく、統一化進行の時代と分岐多様化の時代とが、それぞれの地域で、さまざまな程度にいろいろな具合に、重なり合った可能性がある。

資料は 1953（昭和 28）年に、東京で、梅田博之、杉井鈴子、鈴木重幸、田中義信、徳川宗賢の諸氏から得たものである。

2.3 京都方言

　この方言は 9 世紀に京都で使われた日本語——これは恐らくは 8 世紀の奈良における日本語の継続であろう——の子孫である。都が奈良から京都に遷された時に、ほとんどすべての住民が京都に移ったに違いない。

　もし日本祖語が上述のように、北九州で話されていた方言であったならば、恐らく紀元後数世紀の間に、北九州から近畿地方に、他より高い弥生文化を持つ人々が移り住んだと考えられる。そして、その移住者の言語が、移住地土着の方言を吸収しつつ、奈良の日本語、そしてのちには京都の日本語へと発達したと考えられる。

　京都方言に関する資料は、1954 (昭和 29) 年に、京都において、浜田敦氏が阪倉篤義、寿岳章子、奥村三雄の諸氏と討論して得られたものである。

2.4 佐渡方言

　佐渡は日本海にある 858 km² の島で、新潟市の西約 45 km の所にある。

　1951 (昭和 26) 年に出された東条教授の地図によると、この方言には、東部方言の特徴と西部方言のそれとが重なっている。藤原氏 (1962 [昭和 37] 年) は、東部方言を 4 分した下位方言の 1 つである中部・関東方言 (東京、静岡、新潟、長野、名古屋、など) にこれを入れた。金田一氏 (1964 [昭和 39] 年) は、図 1 に示されているように、同氏のいわゆる「中輪方言」——ただし新潟と佐渡の間には「小さな方言境界線」がある——にこれを属せしめた。

　資料は、都竹通年雄氏が 1958 (昭和 33) 年に佐渡の旧外海府村真更川〔今の佐渡市〕で戸倉虎蔵氏 (1899 [明治 22] 年生) と中島茂作氏 (1897 [明治 30] 年生) から記録したものである。

2.5 高知方言

　高知市は四国の南部を占めている高知県 (7,104.9 km²) の県庁所在地 (1955 [昭和 30] 年、人口 180,146) である。この県は、幅広い山脈によって、四国の他の地方と隔てられており、その方言は、/di/ と /zi/、/du/ と /zu/ の古い区別を保存している点で有名である。この区別は、九州の数方言を除くと、琉球を含む他のすべての方言で失われてしまっている。

616——第20章　方言区画論・周圏論と基礎語彙統計学

資料は、筆者が 1964(昭和 39)年に高知市において秋沢孝子氏(1919[大正 8]年生)から得たものである。

2.6　隠岐方言

隠岐は、本州西部にある島根県県庁所在地松江市の北方約 80 km の日本海上にある一群の小島である。隠岐と島根本土の方言をその周辺の方言から区別する、特異な方言特徴についてはずっと以前から知られていた。金田一氏はこの特異性を考慮してこれらの方言を同氏の外輪方言に入れた。ただし、隠岐と島根本土との間には「小さな方言境界線」を設けている(図 1 参照)。

資料は、筆者が 1967(昭和 42)年に島後の五箇村〔今の隠岐の島町〕において同村領域内の久見という孤立した小集落の生まれである八幡静男氏(1902[明治 35]年生)から得たものである。

2.7　鹿児島方言

鹿児島市は九州南部にある鹿児島県の県庁所在地(1954[昭和 29]年、人口 261,795)である。鹿児島方言と琉球列島の諸方言との間に大きな言語的断層があるために、この方言は本土方言の中に入れられているけれども、本州の人々には理解できないほど違っている。

資料は、上村幸雄氏、徳川宗賢氏と筆者が、1958(昭和 33)年に東京において、関末比古氏(1899[明治 32]年生)から得たものである。

2.8　琉球諸方言

これらの方言は、1927(昭和 2)年に、東条教授によって、薩南、沖縄、先島の 3 群に下位区分された。1962(昭和 37)年に、平山氏は奄美、沖縄、宮古、八重山、与那国、の 5 群に分類した。

平山氏の 5 群のうちの初めの 3 群を代表する資料が本論文で取り扱われる。奄美の資料は、筆者が数年前東京で、長田須磨氏(1902[明治 35]年生)から記録したものである。氏は奄美本島の中心都市である名瀬市〔今の奄美市〕(1955[昭和 30]年、人口 41,486)の西方約 10 km のところにある大和村大和浜〔ヤマトマ、公的には「やまとはま」〕と呼ばれる小集落の出身である。

表1

	宮古	首里	奄美	鹿児島	隠岐	高知	佐渡	京都	東京
八　丈	0.580	0.625	0.632	0.710	0.731	0.749	0.728	0.751	0.782
東　京	0.622	0.698	0.706	0.853	0.856	0.853	0.854	0.939	
京　都	0.610	0.683	0.685	0.851	0.840	0.834	0.847		
佐　渡	0.613	0.685	0.687	0.832	0.856	0.783			
高　知	0.606	0.680	0.678	0.783	0.806				
隠　岐	0.583	0.676	0.676	0.844					
鹿児島	0.617	0.719	0.721						
奄　美	0.743	0.858							
首　里	0.732								

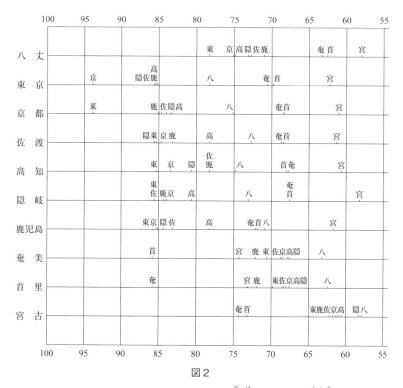

図2

　昔、琉球王国の首都であり、今は沖縄島の那覇市に属する首里の資料は、筆者が1953(昭和28)年に東京において、比嘉春潮氏(1883[明治16]年生)から記録し得たものである。

　宮古の資料は、仲宗根政善氏が1964(昭和39)年に、伊良部島の佐和田村〔今

618——第 20 章　方言区画論・周圏論と基礎語彙統計学

の宮古島〕で、新里恵良氏(1894〔明治 27〕年生)から記録した(琉球大学沖縄文化研究所編 1968)。

3　基礎語彙統計学的数値

　上記の資料をモリス・スワデシュ(Morris Swadesh)の新しい 200 項目の表によって基礎語彙統計学的研究を行なった結果得られた数字を前ページの表 1 に示し、それをグラフになおしたものが図 2 である。

4　研究結果に関する考察

　まず明らかになったことは、東京と京都の距離が最も近い(93.9%)こと、そして両者がそれぞれ東部方言と西部方言という別々の大方言に分属すると見られているにもかかわらず、本稿の語彙統計学上の資料では、周辺方言に対して一群を形成していることである。ただし、東京は京都より周辺方言の各々に対しわずか近いようには見える。

　奄美と首里はたがいにそれほど近くはない(85.8%)。しかし、これら 2 方言は、東京、京都、佐渡、高知、隠岐との距離が遠く、かつそれらからほとんど等距離(70.6% ないし 67.6%)にある。ただし、鹿児島との距離は、それらよりわずかに近い(72.1% と 71.9%)。これは、これら 2 方言が、本稿で扱った本土諸方言に対して一群を成すことを意味する[3]。

　八丈は明らかに孤立している。そして、琉球諸方言(63.2%〜58%)よりも、本土諸方言(78.2%〜71%)に近い。しかし、もし本州諸方言(東京とは78.2% !)からの大きな影響を受けた可能性を考慮に入れるならば、八丈、本土、琉球の 3 大別も考えられないことではない(注 2 も参照)。

　八丈方言の詳細で綿密な研究が、ある言語に及ぼす外来の影響の本質、たとえば、圧倒的な同化の力と言語体系の保守的傾向との関係、の解明によって、比較方法そのものの再検討に貢献するであろうことが期待される。

　八丈からは宮古が最も遠く(58%)、首里と奄美が次に遠い(62.5% と 63.2%)点も注目すべきである。言語地理学が教えるように、これらの「周辺」方言

――すなわち、八丈と宮古、首里、奄美と――は「中央」方言では失われたある共通の特徴を保存している。たとえば、

	八丈	東京	…	鹿児島	奄美	首里	宮古
1. I	'ware	'watasi	…	'o˥i	'waɴ	'waɴ	baɳ
11. one	teecu	hito˥cu	…	hito˥Q	tiici	tiici	pïti:tsï
38. head	cuburi	'atama	…	biɴta	xamaci	çiburu	kanamaɭ
68. sit	'ite 'aru-	su'waɒteru	…	su'waɒ˥cjoɒ	'iruri	'ico˥oɴ	bʼi:
127. leg	hagi	'asi˥	…	'asj	hagi	hwisja˥	karapadzï
183. fall	'oteru-	'oɒkoci˥ru	…	'ocuɒ	ʔuθiruri	ʔuti'juɴ	utiɭ

しかし、基礎語彙統計学は、八丈と宮古・首里・奄美とがたがいに最も遠いということを示している。これは、我々の全体的な言語学的印象と非常にうまく合致し、かつ、周辺方言(および周辺文化)の類似点や類似的発達のみに注目し、それらの点だけを強調することが誤りであることを示している。

図2は、他の周辺諸方言――佐渡、高知、隠岐、鹿児島――がたがいにかなりはなれており(85.6％〜78.3％)、それらの間の距離が京都、東京からの距離(85.6％〜83.4％)と同じくらいであることを示している。すなわち、それらは、中央方言に対してまとまって一群をなすほどたがいに近くはない。また、金田一氏は京都と高知を「内輪方言」に、東京を「中輪方言」に分類したが、高知は京都からかなり遠く(83.4％)、東京にはそれよりわずか近い(85.3％)ことがわかる。

宮古は他の諸方言から最も遠い方言で、奄美や首里からさえも遠い(74.3％と73.2％)。宮古が奄美、首里とともに一群を成して、他の諸方言に対すると言うことはできない。本稿の基礎語彙統計学的資料に関する限り、一般に認められている本土方言と琉球方言との2大別の代わりに、本土、奄美・沖縄、宮古の3大別(あるいは、八丈を加えた4大別?)の可能性も考慮しなければならない。

台湾に近い、琉球列島の最西端の島、与那国島(31.46 km²)の方言は、宮古とも極度に異なっていると報告されている。与那国、八重山を含む、さらに多くの周辺諸方言を基礎語彙統計学的見地から研究することが非常に緊急を要す

620——第20章　方言区画論・周圏論と基礎語彙統計学

る大切な問題であると思う（八重山方言の方が宮古方言よりも、沖縄（首里）方言にずっと近いといわれている）[4]。このような研究は、琉球方言のみならず日本語全体の先史時代史探究にさらに多くの光を投げかけるであろう。

注

1)　(p. 611) この論文は、Thomas A. Sebeok, ed., *The Current Trends in Linguistics*, Vol. 11 pp. 368–400, Mouton に掲載の "Japanese Dialects" と題する拙文（Hattori 1973）に対する日本語版である。都合上、§3 の方言資料とその基礎語彙統計学的比較研究は省略し、統計結果だけを掲げた。

　　この研究は、基礎語彙統計学的研究が有意味であるとの想定の上に立っている。それによって得られた方言間の相対的距離を示す数字が、少なくとも我々の試みた諸研究（服部 1954; 1955a; 服部・上村幸雄・徳川宗賢 1959b; 服部 1959c; 服部・知里真志保 1960; 王育徳 1960; 梅田博之 1963）に関する限り、我々の言語学的直観とよく一致したからであるが、今回の研究結果も同様で、かつ極めて示唆的である。

　　この論文では、言語年代学的計算は試みなかったが、それが無意味だというのではない。計算方法についていろいろ問題があるので単純に処理することはできないが、従来のやり方で算出しても大いに参考にはなる。ただし、八丈島方言のような著しい場合に明らかであるように、それらの数字を消極的意味にとるとき——すなわち「分岐年代は……年前以後ではあり得ない」と考えるとき——危険性がなくなる。

　　なお、本研究は進行途上のものであって、琉球方言はいうまでもなく、内地方言においても、まだ数々の方言の調査が必要である。東部方言の中では、東北と関東の辺地方言の調査を特に強く希望している。

2)　(p. 613) 1968（昭和 43）年に筆者は次のように書いた（服部 1968d ＝本書第 3 章）。八丈方言は、日本語の分類において、（東部方言に対してでなく）少なくとも本土方言全体に対して対立させらるべきである。その根拠は、次のような、他方言には見られない特異の形式を持っていることであると。

八　丈	東京、京都など
nagake《長い》［連体形］	nagai
tato《立つ》［連体形］	tatsu
ikara《行った》［終止形］	itta

八丈のこれらの形式は、8 世紀の東部方言の形式と一致する。そのころ、中央方言には、そして恐らく西部方言にも、こういう形式はなかった。

3)　(p. 618) かつて行なった基礎語彙統計学的研究（上村幸雄氏、徳川宗賢氏と筆者自身による）でも、次の奄美群島の 6 方言と、沖縄島の 2 方言とが、東京方言や鹿児島方言に対して一群を成すことが見出された：阿伝、名瀬、諸鈍、亀津、手々知名、茶花；与那嶺、首里。九学会連合奄美大島協同調査委員会編 (1959) 参照。

4)　(p. 620) 日本語方言に関する最初の言語年代学的研究（服部 1954）以来、筆者はいろいろな言語の比較方言学に基礎語彙統計学的方法を適用することを試み、かつそ

の計画を進めても来た。また、比較方法のみでは時に十分に効果を挙げ得ない、ア
ルタイ諸言語や東南アジアの諸言語などのような言語の（可能性のある）系統的親族
関係を確立したり、あるいは水深測量したりするために、基礎語彙統計学を利用す
ることを計画した。この目的のためにも、また比較方言学のためにも、筆者は数年
間、スワデシュの表の増補拡大のための研究を行ない、1957（昭和 32）年に 457 項
目（スワデシュのすべての項目を含む）よりなる調査表を刊行した。そして、この拡
大された表によっても資料を収集してきた。

初　出
「方言区画論・周圏論と基礎語彙統計学」『言語の科学』2: 1-12、1970 年。

参照文献

#の後の数字は参照している章(第6章は章と連載回)を表す

Arnt, Walter W.(1959)"The performance of glottochronology in Germanic." *Language* 35: 180–192.　　#1

〔Aston, William G.(1879)"A comparative study of the Japanese and Korean languages." *Journal of the Royal Asiatic Society of Great Britain & Ireland*(New Series)11: 317–364.　　#2〕

Bloomfield, Leonard(1933)*Language*. New York: Holt.〔L. ブルームフィールド／服部四郎序／三宅鴻, 日野資純 訳『言語』大修館書店, 1987.〕　　#1

Brugmann, Karl(1922)*Kurze vergleichende Grammatik der Indogermanischen Sprachen*. Berlin & Leipzig: Walter de Gruyter.　　#6-1

Chamberlain, Basil Hall(1895)"Essay in aid of a grammar and dictionary of the Lunchuan language." *Transactions of the Asiatic Society of Japan*, Vol. XXIII Supplement. The Asiatic Society of Japan.〔チェンバレン／山口栄鉄 編訳『日琉語比較文典』琉球文化社, 1976.〕　　#4, 6-1, 16

Edwards, Ernest Richard(1903)*Étude phonétique de la langue japonaise*. Leipzig: B. G. Teubner.〔E. R. エドワーズ／高松義雄 訳『日本語の音声学的研究』厚生閣, 1935. 恒星社厚生閣, 1969.〕　　#6-2

Ernout, Alfred et Antoine Meillet(1967)*Dictionnaire étymologique de la langue Latine: histoire des mots*, 4ᵉ éd. Paris: Klincksieck.　　#6-4

Hattori, Shirô(1967)"The Principle of assimilation in phonemics." *Word* 23(1–3): 257–264.　　#11, 12

Hattori, Shirô(1973)"Japanese dialects." In Thomas A. Sebeok(ed.), *The Current Trends in Linguistics*, vol. 11. The Hague: Mouton, pp. 368–400.　　#4, 20

Hattori, Shirô(1975)"Phonological interpretation of Tatar high vowels." *Ural-Altaische Jahrbücher* 47: 89–94. Wiesbaden: Societas Uralo-Altaica.〔『服部四郎論文集4 Studies in Altaic languages』三省堂, 1993, pp. 256–264 所収.〕　　#10, 11

Jespersen, Otto(1925)*Language: Its nature, development and origin*. London: George Allen & Unwin.〔O. イェスペルセン／三宅鴻 訳『言語――その本質・発達・起源』上・下, 岩波文庫, 1981／改版 2007.〕　　#1

Karlgren, Bernhard(1915-26)*Études sur la phonologie chinoise*, 4 vols. Leyde, Stockholm: E. J. Brill, Norstedt & Söner.〔高本漢(Karlgren の中国名)著, 趙元任・羅常培・李方桂訳『中国音韻学研究』長沙商務印書館刊, 1940. 原著への修正を含む中国語訳.〕#6-10, 6-14

Karlgren, Bernhard(1923)*Analytic dictionary of Chinese and Sino-Japanese*. Paris: Paul Geuthner.　　#12

Karlgren, Bernhard(1940)"Grammata serica: script and phonetics in Chinese and Sino-Japanese." *The Bulletin of the Museum of Far Eastern Antiquities*, no. 12, Stockholm.　　#11,

12, 15

Krahe, Hans(1948)*Indogermanische Sprachwissenschaft*, 2. Aufl. Berlin: Walter de Gruyter.　#6-1

Krahe, Hans(1956)*Germanische Sprachwissenschaft. I Einleitung und Lautlehre*, 2. Aufl. Berlin.　#6-1

Krejnovich, E. A.[E. A. Крейнович](1955)"Giljatsko-tunguso-man'chzhurskie paralleli [Гиляцко-тунгусо-маньчжурские параллели]." Institut jazykoznanija, Doklady i soobshchenija[Институт языкознания, Доклады и сообщения]VIII, Moskva.　#1

Marouzeau, Jules(1933)*Lexique de la terminologie linguistique*. Paris: Paul Geuthner.　#6-1

Martin, Samuel E.(1966)"Lexical Evidence Relating Korean to Japanese." *Language*, vol. 42, no. 2, pp. 185–251.　#2, 9

Meillet, Antoine(1925)*La méthode comparative en linguistique historique*. Oslo: H. Aschehoug & Co.(W. Nygaard).　アントワヌ・メイエ／泉井久之助 訳『史的言語学における比較の方法』みすず書房，1977.　#6-1

Meillet, Antoine(1926)*Linguistique historique et linguistique générale*, 2ᵉ éd. Paris: H. Champion.[本文で参照している論文の初出は "Le problème de la parenté des langues." *Scientia* (*Rivista di scienza*), vol. XV, no. XXXV-3(1914).]　#1

Meillet, Antoine(1934)*Introduction à l'étude comparative des langues indo-européennes*, 7ᵉ éd. Paris: Hachette.　#6-1

Müller, Friedrich Max(1861)*Lectures on the science of language*. London: Longman, Green, Longman, and Roberts.　#6-1

Onions, Charles Talbut(1966)*The Oxford dictionary of English etymology*. Oxford: Clarendon Press.　#8

Paul, Hermann(1880)*Prinzipien der Sprachgeschichte*. Halle: Niemeyer.[ヘルマン・パウル／福本喜之助 訳『言語史原理』講談社学術文庫，1993.]　#6-1

Polivanov, Evgenij Dmitrievich[Евгений Дмитриевич Поливанов](1928)*Vvedenie v jazykoznanie: dlja vostokovednykh vuzov*[Введение в языкознание: для востоковедных вузов]. Izdanie Leningradskogo Vostochnogo Instituta imeni A. S. Enukidze[Издание Ленинградского Восточного Института имени А. С. Енукидзе]. Leningrad.　#6-2

[Rahder, Johannes(1956)"Etymological vocabulary of Japanese, Korean and Ainu." *Monumenta Nipponica monographs* 16. Sophia University　#2]

Rodriguez, Ioão(1603-4)*Vocabulario da Lingoa de Iapam*.　土井忠生，森田武，長南実 編訳(1980)『邦訳 日葡辞書』岩波書店.　#6-13

Rodriguez, Ioão(1604)*Arte da Lingoa de Iapam*.　#6-6, 6-13

Szemerényi, Oswald(1970)*Einführung in die vergleichende Sprachwissenschaft*. Darmstadt: Wissenschaftliche Buchgesellschaft.　#6-1

Uwano, Zendo(1983)"Map 27: Japanese dialects." In Stephen A. Wurm and Shirô Hattori (eds.), *Language atlas of the Pacific area*, Part II. Canberra: Australian Academy of the Humanities in collaboration with the Japan Academy.　#19

参照文献——625

Vasilevich, G. M.［Г. М. Василевич］(1958) *Evenkijsko-russkij slovar'*［Эвенкийско-русский словарь］. Moskva.　#9

Walde, Alois/Julius Pokorny (Hg.) (1927–32) *Vergleichendes Wörterbuch der indogermanischen Sprachen*, 3 Bde. Berlin, Leipzig: Walter de Gruyter.　#8

〔アウステルリッツ，Robert P.(1990)「類型から見たギリヤーク語——日本語との関係において」，崎山理 編『日本語の形成』三省堂，pp. 169–184.　#1〕

〔秋永一枝(1972–91)『古今和歌集声点本の研究』資料篇・索引篇・研究篇(上)(下)，校倉書房.　#19〕

秋永一枝(1986)「愛媛県魚島における老年層のアクセント」『月刊言語』8月号，15(8): 137–142，大修館書店.　#19

有坂秀世(1932)「古事記に於けるモの假名の用法について」『国語と国文学』9(11): 74–93. 有坂(1957: 83–101)所収.　#10

有坂秀世(1934)「古代日本語に於ける音節結合の法則」『国語と国文学』11(1): 80–92. 有坂(1957: 103–116)所収.　#6-20, 11

有坂秀世(1950)「書史会要の「いろは」の音註について」『言語研究』16: 1–13.〔校了は1944年6月. 有坂(1957: 571–589)に所収.〕　#6-13

有坂秀世(1955)『上代音韻攷』三省堂.　#10, 11, 12, 15

有坂秀世(1957)『国語音韻史の研究』増補新版，三省堂.　#10

石田英一郎 編(1966)『シンポジウム 日本国家の起源』角川書店.　#2

石田英一郎(1972)「月と不死——沖縄研究の世界的連関性によせて」『石田英一郎全集』第6巻，筑摩書房，pp. 11–38 所収.〔初出は石田(1950)『民族学研究』15(1): 1–10.〕　#6-4

石田幹之助(1930)「女真語研究の新資料」桑原博士還暦記念會編纂『桑原博士還暦記念東洋史論叢』pp. 1271–1323. 石田(1973: 3–69)所収.　#6-9

石田幹之助(1973)『東亜文化史叢考』東洋文庫，平凡社.　#6-9, 7

稲葉鼎一郎 編(1935)『上海声音字彙』日本堂.　#6-10, 6-13

井上史雄(1976)「言語圏 α［ことばの書架］: E. D. ポリワーノフ著；村山七郎 編訳『日本語研究』弘文堂」『月刊言語』10月号，5(10): 106，大修館書店.　#6-2

井上光貞(1960)『日本国家の起源』岩波書店.　#1

井上光貞(1965)『日本古代国家の研究』岩波書店.　#2

伊波普猷(1901a)「琉球の歴史と其言語と」『嶽水会雑誌』9: 46–60(署名は蕉蔭庵).『伊波普猷全集』第11巻，pp. 225–236 所収.　#6-1, 6-4

伊波普猷(1901b)「琉球史の瞥見」『琉球新報』1901年10月21, 23日所載(署名は蕉蔭生).『伊波普猷全集』第1巻，pp. 525–529 所収.　#6-4

伊波普猷(1904)「琉球群島の単語〔初出『東京人類学雑誌』の本文タイトルは「～の単言」とあり，全集本はそれに従うも，同表紙と服部原論文の「～の単語」による.〕」『東京人類学会雑誌』20(3): 133–137.『伊波普猷全集』第8巻，pp. 431–437 所収.　#6-1, 6-4

伊波普猷(1906)「沖縄人の祖先に就いて」『琉球新報』1906年12月5–9日連載.〔「琉

626──参照文献

球人の祖先に就いて」と改題され，『東亜之光』4: 11-12 に転載後，『古琉球』沖縄
公論社，1911 所収.〕『伊波普猷全集』第 1 巻，pp. 17-48 所収〔改題のまま〕.
#4, 6-1

伊波普猷(1911)『古琉球』沖縄公論社. 第 2 版，糖業研究会出版部，1916. 第 3 版，郷
土研究社，1922.『伊波普猷全集』第 1 巻，pp. 1-418 所収.　#4

伊波普猷／糖業研究会出版部 編(1916)『琉球語便覧 附琉語解釈』糖業研究会出版部.
『伊波普猷全集』第 8 巻，pp. 255-427 所収.　#6-4

伊波普猷(1920)「琉球語の母韻統計」『沖縄時事新報』1920 年 8 月 31 日.〔『琉球古今
記』刀江書院，1926 所収.〕『伊波普猷全集』第 7 巻，pp. 325-341 所収.　#6-4

伊波普猷(1922)『古琉球の政治』郷土研究社.『伊波普猷全集』第 1 巻，pp. 419-495 所
収.　#4

伊波普猷(1926)『孤島苦の琉球史』春陽堂.『伊波普猷全集』第 2 巻，pp. 91-328 所収.
#4

伊波普猷(1930)「琉球語の母音組織と口蓋化の法則」『国語と国文学』7(8): 1-30.
〔『南島方言史攷』楽浪書院，1934，pp. 1-36 所収.〕『伊波普猷全集』第 4 巻，pp.
17-46 所収.　#6-2, 6-4

伊波普猷(1931)『南島史考(琉球を中心としたる)』私立大島郡教育会.『伊波普猷全集』
第 2 巻，pp. 1-90 所収.　#4, 6-1

伊波普猷(1932a)「『日本館訳語』を紹介す」『方言』2(9): 44-67.〔『南島方言史攷』楽
浪書院，1934，pp. 307-337 所収.〕『伊波普猷全集』第 4 巻，pp. 277-304 所収.
#6-13

伊波普猷(1932b)「語音翻訳釈義──海東諸国記附載の古琉球語の研究」，金沢博士還暦
記念祝賀会 編纂『金沢博士還暦記念 東洋語学乃研究』三省堂，pp. 295-402 所収.
〔海東諸国記附載の古琉球語の研究──語音翻訳釈義」と改題して『南島方言史
攷』楽浪書院，1934，pp. 37-125 所収.〕『伊波普猷全集』第 4 巻，pp. 47-122 所収.
#6-7, 6-9, 7, 8

伊波普猷(1935)「チエムバレン先生と琉球語」『国語と国文学』12(4): 228-255.『伊波
普猷全集』第 8 巻，pp. 567-583 所収.　#6-4

伊波普猷(1942)「母の言葉と父の言葉」『書斎』.『伊波普猷全集』第 8 巻，pp. 627-630
所収.　#4

伊波普猷(1947)『沖縄歴史物語──日本の縮図』沖縄青年同盟中央事務局.『伊波普猷
全集』第 2 巻，pp. 329-502 所収.　#4

伊波普猷／服部四郎，仲宗根政善，外間守善 編(1974-76)『伊波普猷全集』(全 11 巻)，
平凡社.

伊波普猷(草稿)「おもろに見る南島文化の基調(報告)」『伊波普猷全集』第 6 巻，pp.
647-651 所収.　#4

岩倉市郎(1977)『喜界島方言集』国書刊行会(同(1941)中央公論社の復刻版).　#6-5,
6-16, 6-18, 6-19

上村幸雄(1957)「奄美大島方言の一考察──喜界島阿伝方言の文法について」『人類科

学』IX: 107-136, 九学会連合.　　#6-3

上村幸雄(1962)「琉球の方言」. 国語学会 編『方言学概説』武蔵野書院. pp. 103-134.
　　#6-3

上村幸雄(1975)「日本の方言, 共通語, 標準語」, 大石初太郎, 上村幸雄 編『方言と標
　　準語——日本語方言学概説』筑摩書房, pp. 5-40.　　#4

梅田博之(1963)「朝鮮語諸方言の基礎語彙統計学的研究」『朝鮮学報』27: 240-216(右1
　　-25).　　#4, 20

上野善道(1977)「徳之島浅間方言のアクセント(1)」『小松代融一教授退職, 嶋稔教授退
　　官記念 国語学論集』岩手国語学会国語学論集刊行会, pp. 220-188.　　#6-6, 6-21

上野善道(1985)「香川県伊吹島方言のアクセント」『日本学士院紀要』40(2): 75-179.
　　#19

〔上野善道(1995)「伊吹島方言アクセントの年齢別変化」『東京大学言語学論集』14: 99
　　-199.　　#19〕

王育徳(1960)「中国五大方言の分裂年代の言語年代学的試探」『言語研究』38: 33-105.
　　#4, 20

大石初太郎, 上村幸雄 編(1975)『方言と標準語——日本語方言学概説』筑摩書房.
　　#4

大城健(1972)「語彙統計学(言語年代学)的方法による琉球方言の研究」, 服部四郎先生
　　定年退官記念論文集編集委員会 編『現代言語学』三省堂, pp. 533-558.　　#4

大槻文彦(1921)『言海』395 版, 吉川弘文館, 六合館.　　#6-18

大友信一(1963)『室町時代の国語音声の研究』至文堂.　　#6-13

大友信一, 木村晟(1968)『日本館訳語 本文と索引』洛文社.　　#6-10, 6-11, 6-12

大野普(1953)『上代仮名遣の研究』岩波書店.　　#6-4

大野普(1957)『日本語の起源』岩波新書, 岩波書店.　　#1, 2

大野普(1976)「上代日本語の母音体系について」『月刊言語』8月号, 5(8): 59-67, 大
　　修館書店.　　#12

大野普(1978)『日本語の文法を考える』岩波新書, 岩波書店.　　#6-20

大野晋, 佐竹昭広, 前田金五郎 編(1974)『岩波古語辞典』岩波書店.　　#6-5, 6-6, 6-
　　18, 6-19, 13

奥村三雄(1958)「方言の区画」『国語国文』27(3): 20-35.　　#20

小倉進平(1940)『増訂朝鮮語学史』刀江書院.　　#6-7

小倉進平(1941)「「朝鮮館訳語」語釈(上・下)」『東洋学報』28(3): 35-95; 28(4): 37-
　　102. 京都大学文学部国語学国文学研究室 編(1975)に影印所収.　　#6-9

小倉進平(1944)『朝鮮語方言の研究(上)』岩波書店.　　#6-9

小倉肇(1981)「合拗音の生成過程について」『国語学』124: 1-9.〔「合拗音の生成過程」
　　として『日本語音韻史論考』和泉書院, 2011, pp. 89-105 所収.〕　　#14

長田須磨, 須山名保子, 藤井美佐子(1977-80)『奄美方言分類辞典』上・下, 笠間書院.
　　#6-5, 6-6, 6-19

〔長田夏樹(1960)「日鮮共通基語音韻体系比定のための二三の仮説」『言語研究』37: 73

628──参照文献

-78. #1〕

長田夏樹(1972)『原始日本語研究』神戸学術出版. #13

〔加藤九祚(1971)「解説──ニコライ・ネフスキーの生涯」「解説者あとがき」N. ネフスキー 著／岡正雄 編(1971: 261-351, 352-356)所収. #6〕

加藤九祚(1976)『天の蛇──ニコライ・ネフスキーの生涯』河出書房新社. #6-4

〔金沢庄三郎(1910)『日韓兩國語同系論』三省堂. #2〕

〔金沢庄三郎(1929)『日鮮同祖論』刀江書院. #2〕

上村孝二(1966)「奄美方言概説」『国語学』41: 3-13.〔上村孝二『九州方言・南島方言の研究』秋山書店, 1998, pp. 316-329 に所収.〕 #4

上村孝二(1969)「琉球方言の太陽を意味する語について」, 九州大学文学部国語国文学研究室福田良輔教授退官記念事業会 編『福田良輔教授退官記念論文集』pp. 23-26(『鹿児島大学文科報告』12: 165-174, 1963 の大幅改稿). 外間守善 編『沖縄文化論叢 5 言語編』平凡社, 1972, pp. 449-460 所収.〔上村孝二『九州方言・南島方言の研究』秋山書店, 1998, pp. 330-340 所収.〕 #4

九学会連合奄美大島共同調査委員会 編(1959)『奄美 自然と文化 論文編』日本学術振興会. #4, 9, 17, 20

九州方言学会(1969)『九州方言の基礎的研究』風間書房. #4, 6-6

教育部国語統一籌備委員会 編(1932)『国音常用字彙』商務印書館(上海). #6-13

京都大学文学部国語学国文学研究室 編(1965a)『伊路波 弘治五年朝鮮板』京都大学国文学会. #6-12, 6-13

京都大学文学部国語学国文学研究室 編(1965b)『日本寄語の研究』京都大学国文学会. #6-13

京都大学文学部国語学国文学研究室 編(1968)「琉球館訳語」『纂輯 日本訳語』京都大学国文学会. #6-10, 6-12

京都大学文学部国語学国文学研究室 編(1975)『小倉進平博士著作集』第 2 巻, 太學社(ソウル). #6-9

金田一京助筆録, 金田一春彦校訂(1974)『新村出国語学概説』教育出版株式会社. #6-1

金田一春彦(1954)「東西両アクセントのちがいが出来るまで」『文学』22(8): 63-84.「東西両アクセントの違いができるまで」として金田一春彦(1975: 49-81)に所収. #4, 6-22

金田一春彦(1960)「アクセントから見た琉球語諸方言の系統」『東京外国語大学論集』7: 59-80. 金田一春彦(1975: 129-159)に所収. #4, 6-21, 19

〔金田一春彦(1964a)『四座講式の研究──邦楽古曲の旋律による国語アクセント史の研究 各論(一)』三省堂.『金田一春彦著作集』第 5 巻, 玉川大学出版部, 2005 所収. #19〕

金田一春彦(1964b)「私の方言区画」, 東條操 監修『日本の方言区画』東京堂出版, pp. 71-94.〔『日本語方言の研究』東京堂出版, 1977 所収.『金田一春彦著作集』第 8 巻, 玉川大学出版部, 2005, pp. 64-88 所収.〕 #20

金田一春彦(1974)『国語アクセントの史的研究——原理と方法』塙書房.〔『金田一春彦著作集』第 7 巻, 玉川大学出版部, 2005, pp. 15-310 所収.〕 #19

金田一春彦(1975)『日本の方言——アクセントの変遷とその実相』教育出版. 増補版, 教育出版, 1995.〔『金田一春彦著作集』第 7 巻, 玉川大学出版部, 2005, pp. 311-657 所収.〕 #4, 6-21, 19

金田一春彦(1986)「秋永一枝氏の魚島方言の報告を読んで」『月刊言語』10 月号, 15 (10): 84-87, 大修館書店.〔金田一春彦著作集』第 7 巻, 玉川大学出版部, 2005, pp. 687-690 所収.〕 #19

金田一春彦, 秋永一枝, 金井英雄(1966)「真鍋式アクセントの考察」『国語国文』35 (1): 1-30. #19

倉石武四郎(1974)『岩波中国語辞典』岩波書店. #6-8, 6-10, 6-12

河野六郎(1967)「古代の日本語と朝鮮語」『ことばの宇宙』2(4): 11-15, テック言語教育事業グループ. #9

河野六郎(1968)『朝鮮漢字音の研究』私家版. 河野六郎『河野六郎著作集 2 中国音韻学論文集』平凡社, 1979, pp. 295-512 所収.〔初出は河野六郎(1964-67)「朝鮮漢字音の研究」『朝鮮学報』31-33, 35, 41-44.〕 #15

国立国語研究所(1963)『沖縄語辞典』大蔵省印刷局.〔http://mmsrv.ninjal.ac.jp/okinawa-go/〕 #6-3, 6-5, 6-13, 6-15, 6-21, 7, 8, 9, 13, 18

国立国語研究所(1966-75)『日本言語地図』全 6 集, 大蔵省印刷局.〔http://mmsrv.ninjal.ac.jp/laj_map/〕 #4, 6-6, 6-14, 6-15, 6-18

小葉田淳(1968)『中世南島通交貿易史の研究』刀江書院. #8

崎山理(1963)「琉球語動詞の通時的考察」『国語国文』32(3): 1-12. 外間守善 編『沖縄文化論叢 5 言語編』平凡社, 1972, pp. 343-356 所収. #4

佐藤栄作(1985)「香川県伊吹島方言のアクセント体系を考える」『国語学』140: 102-89. #19

嶋戸貞義(1935)『鹿児島方言辞典』私家版. #6-13

下宮忠雄(1976)「日本言語学会第 72 回大会」『月刊言語』8 月号, 5(8): 96-97, 大修館書店. #12

上代語辞典編修委員会 編(1967)『時代別国語大辞典 上代編』三省堂. #4, 6-5, 6-6, 6-18, 6-19

新村出筆録, 柴田武校訂(1975)『上田万年言語学』教育出版株式会社. #6-1

鈴木重幸(1960)「首里方言の動詞のいいきりの形」『国語学』41: 74-85. #4

〔ソシュール, フェルディナン・ド／小林英夫 訳(1972)『一般言語学講義』岩波書店. #6〕

高木市之助, 富山民蔵(1974)『古事記総索引 索引篇』平凡社. #6-4

高橋俊三(1973)『沖縄方言研究』第 2 号. #6-18

高宮広衛(1968)「上本部村備瀬貝塚調査概要」『沖大論叢』8(1): 1-27. #4

知里真志保(1956)『地名アイヌ語小辞典』楡書房. #9

趙蔭棠(1936)『中原音韻研究』商務印書館. #6-13

630——参照文献

築島裕(1981)『日本語の世界 5 仮名』中央公論社. #15

都竹通年雄(1960)「ジョウモン式時代の日本語」『国語研究』10: 59–71. #1

土井忠生，森田武，長南実 編訳(1980)『邦訳 日葡辞書』岩波書店. #8

東京外国語大学アジア・アフリカ言語文化研究所言語調査票作成専門委員会(1966–67)『アジア・アフリカ言語調査表』上・下，東京外国語大学アジア・アフリカ言語文化研究所. #18

東京大学言語学研究室 編(1977)『奄美徳之島のことば——分布から歴史へ』秋山書店. #6–17

東條操 → 東条操

東条操(1927)『国語の方言区画』育英書院. #20

東条操 編(1930/1969)『南島方言資料』刀江書院. 〔1969年版は1930年版の復刻.〕 #6–7, 6–13, 6–14, 8, 9

東条操(1951)『全国方言辞典』東京堂出版. #4, 6–13, 6–18, 9, 20

東条操(1954a)『日本方言学』吉川弘文館. #20

東条操(1954b)「全国方言辞典補遺篇」『標準語引 分類方言辞典』東京堂出版. #9

東条操(1961)「方言の研究」『方言学講座』第1巻，pp. 2–21. #4, 9

藤堂明保 編(1978)『学研漢和大字典』学習研究社. #6–10

〔徳川宗賢(1981)『日本語の世界 8 言葉・西と東』中央公論社. 第6章「アクセントの系統図」pp. 233–284. #19〕

友寄英一郎(1970)「沖縄出土の弥生式土器 付・琉球関係考古学文献目録補遺(四)」『琉球大学法文学部紀要 社会篇』14: 47–59. #4

友寄英一郎，高宮広衛(1968)「伊江島具志原貝塚調査概報 付・琉球関係考古学文献目録補遺(二)」『琉球大学法文学部紀要 社会篇』12: 37–84. #4

富山民蔵(1983)『語構成から見た日本書紀・古事記の語・語彙の比較研究——古事記の性格に関する研究』上・下，風間書房. #15

仲宗根政善(1961)「琉球方言概説」，東条操 監修『方言学講座4 九州・琉球方言』，東京堂，pp. 20–43. 外間守善 編『沖縄文化論叢 5 言語編』平凡社，1972，pp. 65–79 に所収. #4, 6–3

仲宗根政善(1975)「思い出」『伊波普猷全集』月報8，平凡社. #4

仲宗根政善(1976)「おもろの尊敬動詞「おわる」について」『沖縄学の黎明——伊波普猷生誕百年記念誌』沖縄文化協会，pp. 56–84. #7, 8

仲原善忠，外間守善 編(1965)『校本おもろさうし』角川書店. #7, 8

仲原善忠，外間守善(1967)『おもろさうし 辞典・総索引』，同(1978)第2版，角川書店. #6–12, 8

中本正智(1970)「K音考」，平山輝男博士還暦記念会 編『方言研究の問題点』明治書院，pp. 91–131. #4

中本正智(1976a)「言語学者としての伊波普猷」『沖縄学の黎明——伊波普猷生誕百年記念誌』沖縄文化協会，pp. 230–255. #6–4

中本正智(1976b)『琉球方言音韻の研究』法政大学出版局. #6–2, 6–5, 6–8, 6–15, 6–

17, 7

日本大辞典刊行会 編(1972-76)『日本国語大辞典』全20巻・別冊〔初版〕，小学館.〔初版第2刷(1976年)によって校正.〕　#4, 6-3, 6-5, 6-6, 6-13, 6-18

ネフスキー，N. 著／岡正雄 編(1971)『月と不死』東洋文庫185，平凡社.　#6

橋本進吉(1917)「国語仮名遣研究史上の一発見──石塚龍磨の仮名遣奥山路について」『帝国文学』23(5): 120-154.『橋本進吉博士著作集 第3冊 文字及び假名遣の研究』，岩波書店，1949, pp. 123-163 所収.　#11

橋本進吉(1928)「序」，伊波普猷『琉球戯曲辞典』郷土研究社.『伊波普猷全集』第8巻，pp. 3-5 所収　#6-1

橋本進吉(1950)『国語音韻の研究』岩波書店.　#6-4

橋本進吉(1946-83)『橋本進吉博士著作集』全12冊，岩波書店.　#10, 11

服部旦(1976)「古事記『比良』語義考」『大妻女子大学紀要』8: 1-36.　#6-19

〔服部旦 編／上村幸雄 解説(2008)『服部四郎 沖縄調査日記』汲古選書47，汲古書院.　#18〕

服部四郎(1930a)「「ン」に就いて」『音声の研究』3: 41-47.　#6-2

服部四郎(1930b)「近畿アクセントと東方アクセントとの境界」『音声の研究』3: 131-144.　#6-2, 6-5

服部四郎(1930c)『国語の単音及びアクセント抄論』東京帝国大学文学部.　#19

服部四郎(1931)「高知方言の発音について」『音声学協会会報』23: 6-7.　#6-2

服部四郎(1931-33)「国語諸方言のアクセント概観(一)-(六)」『方言』1(1): 11-33; 1(3): 14-24; 1(4): 11-27; 2(1): 1-12; 2(4): 18-26; 3(6): 5-18.　#6-2, 6-4

服部四郎(1932)「「琉球語」と「国語」との音韻法則(一)─(四)」『方言』2(7): 22-37; 2(8): 8-31; 2(10): 8-23; 2(12): 21-35.『日本語の系統』(服部 1959a: 296-361)所収.　#4, 6-4, 6-5, 6-21

服部四郎(1933)『アクセントと方言』明治書院.　#6-2, 19

服部四郎(1937)「琉球語管見」『方言』7(10): 1-22.『日本語の系統』(服部 1959a: 362-375)所収.　#19

〔服部四郎(1942)「補忘記の研究──江戸時代初期の近畿アクセント資料として」日本方言学会『日本語のアクセント』中央公論社，pp. 123-159.　#19〕

服部四郎(1944)「元朝秘史蒙古語のo及びöに終る音節を表はす漢字の支那語音の簡略ローマ字転写」『橋本博士還暦記念 国語学論集』岩波書店，pp. 67-95.〔『服部四郎論文集2 アルタイ諸言語の研究II』三省堂，1987, pp. 202-227 所収.〕　#6-10

服部四郎(1946)『元朝秘史の蒙古語を表はす漢字の研究』文求堂.〔付録は服部(1993: 162-166)に収録.〕　#6-10, 6-13

服部四郎(1951)『音声学』岩波全書，岩波書店.〔カセット・テープ付き単行本版，1984. オンデマンド版，2016. 本文中の参照は1951年版による.〕　#6-2, 6-4, 6-6, 6-16, 14

服部四郎(1954)「「言語年代学」即ち「語彙統計学」の方法について──日本祖語の年代」『言語研究』26-27: 29-77.　#20

632——参照文献

服部四郎(1955a)「沖縄方言の言語年代学的研究」『民族学研究』19(2): 142-151.
　　#20

服部四郎(1955b)「総説」．市河三喜，服部四郎 編『研究社 世界言語概説』下，研究社
　　辞書部，pp. 1-147.　#1, 6-1

服部四郎(1955c)「日本語 附，琉球語 Ⅴ．文法」市河三喜，服部四郎 編『研究社 世界
　　言語概説』下，研究社辞書部，pp. 328-353.　#2

服部四郎(1955d)「方言と共通語(上・下)」『沖縄タイムス』1955 年 12 月 7, 8 日．〔服
　　部旦 編(2008: 119-124)所収．〕　#18

服部四郎(1955e)「琉球の諸方言」『琉球大学新聞』18 号，1955 年 12 月 10 日．〔服部旦
　　編(2008: 130-137)所収．〕　#4

服部四郎(1956a)「日本語の系統(2)——日本祖語の年代」『図説日本文化史大系 1』小
　　学館．pp. 121-134.『日本語の系統』(服部 1959a: 78-98)所収．〔表題の(2)と副題は
　　初出論文にはない．〕

〔服部四郎(1956b)「自由，平等，愛国心」，麻生磯次ほか『正しい国語教育のために』
　　第 1 分冊，大日本図書株式会社．服部四郎『一言語学者の随想』汲古書院，1992，
　　pp. 112-120 に所収．　#1〕

服部四郎(1957)「「日本語の起源」論争について」『毎日新聞(九州版)』1957 年 11 月 20
　　日．『日本語の系統』(服部 1959a: 240-249)所収．　#2

服部四郎(1959a)『日本語の系統』岩波書店．〔岩波文庫版(1999)では服部(1932, 1937)
　　など一部の論考が割愛されている．本文中の参照は 1959 年版による．〕　#1, 2, 3,
　　4, 6-1, 6-2, 6-3, 6-4, 6-5, 6-6, 6-8, 6-15, 6-16, 6-21, 10, 11, 13, 14, 17

服部四郎(1959b)「奄美群島の諸方言について——沖縄・先島諸方言との比較」『人類科
　　学』11: 77-99，九学会連合．『日本語の系統』(服部 1959a: 275-294)所収．〔『日本語
　　の系統』(1959/1999)において『人類科学』Ⅸ と記載されているが XI(11)が正し
　　い．〕　#6-21

服部四郎(1959c)「A Glottochronological study of the Mongol languages」『言語研究』36:
　　54．〔『服部四郎論文集 4 Studies in Altaic Languages』三省堂，1993，pp. 87-88 所
　　収．〕　#4, 20

服部四郎(1960)『言語学の方法』岩波書店．　#1, 4, 6-2, 6-3, 11, 12, 15

服部四郎(1961)「わたしの方言研究」，東条操 監修『方言学講座 1 概説』東京堂，pp.
　　246-263.〔服部(1992: 163-179)所収．〕　#6-2, 6-5

服部四郎(1962)「日本語の系統」，石母田正ほか 編『古代史講座 3 古代文明の形成』学
　　生社，pp. 316-338.《本書第 1 章》　#2

服部四郎 編(1964)『アイヌ語方言辞典』岩波書店．　#6-14, 18

服部四郎(1967a)「アイヌ語の音韻構造とアクセント——アイヌ祖語再構の一試み」『音
　　声の研究』13: 207-223.　#6-21

服部四郎(1967b)「日本語はどこから来たか」『ことばの宇宙』2(4): 1-10, 15.《本書第
　　2 章》

服部四郎(1967c)「やま，もり，たけ」『国語学』69: 66-73.《本書第 9 章》

参照文献——633

服部四郎(1968a)「沖縄の言語と文化」『朝日新聞』1968 年 1 月 24 日夕刊.《本書第 16 章》

服部四郎(1968b)「朝鮮語のアクセント・モーラ・音節」『ことばの宇宙』3(5): 84-90. 〔『服部四郎論文集 3 アルタイ諸言語の研究 III』三省堂,1989,pp. 319-333 所収.〕#17

服部四郎(1968c)「〈書評〉平山輝男著『琉球方言の総合的研究』」『国語学』74: 81-85. 《本書第 17 章》 #6-5, 6-6, 10

服部四郎(1968d)「八丈島方言について」『ことばの宇宙』3(11): 92-95.《本書第 3 章》 #4, 20

服部四郎(1969)「挨拶」『服部四郎退職記念論文集』私家版,pp. 151-171. #4

服部四郎(1970a)「語尾の弱化——印欧語の語尾に言及しつつ」『言語の科学』1: 1-7, 東京言語研究所. #6-3, 6-19

服部四郎(1970b)「方言区画論・周圏論と基礎語彙統計学」『言語の科学』2: 1-12, 東京言語研究所.《本書第 20 章》 #4, 10

服部四郎 編(1971)『言語の系統と歴史』岩波書店. #6-5, 19

服部四郎(1972)「日本語の琉球方言について」,外間守善 編『沖縄文化論叢 5 言語編』平凡社,pp. 46-64. #4

服部四郎(1973a)「アクセント素とは何か？ そしてその弁別的特徴とは？——日本語の高さアクセントは単語アクセントの一種であって,調素の単なる連続にあらず」『言語の科学』4: 1-61, 東京言語研究所. #4, 6-2, 6-22

服部四郎(1973b)「急を要する琉球諸方言の記述的研究」『月刊言語』2(8): 31-36, 大修館書店.《本書第 18 章》 #4

服部四郎(1974)「わが師橋本進吉先生」『学士会会報』724: 93-98. #6-5

服部四郎(1975a)「母音調和と中期朝鮮語の母音体系」『言語の科学』6: 1-22, 東京言語研究所.〔『服部四郎論文集 3 アルタイ諸言語の研究 III』三省堂,1989,pp. 334-360 所収.〕 #6-8, 10, 13

服部四郎(1975b)「古い言語学と新しい言語学」『言語研究』68: 1-14. #6-1, 6-6

服部四郎(1976a)「伊波普猷先生の功績」『新沖縄文学』31: 10-11. #4

服部四郎(1976b)「琉球方言と本土方言」『沖縄学の黎明——伊波普猷生誕百年記念誌』沖縄文化協会,pp. 7-55.《本書第 4 章》 #5, 6-1, 6-2, 6-3, 6-4, 6-8, 6-19, 6-21, 6-22, 7, 10, 12

服部四郎(1976c)「上代日本語の母音体系と母音調和」『月刊言語』6 月号,5(6): 2-14, 大修館書店.《本書第 10 章》 #6-5, 6-11, 6-20, 6-22, 11, 12, 13, 14

服部四郎(1976d)「日本祖語の母音体系」『朝日新聞』1976 年 6 月 22 日夕刊.《本書第 5 章》 #6-19

服部四郎(1976e)「上代日本語のいわゆる"八母音"について」『日本学士院紀要』34 (1): 1-16.《本書第 11 章》 #6-8, 6-22, 12, 13

服部四郎(1976f)「上代日本語の母音音素は六つであって八つではない」『月刊言語』12 月号,5(12): 69-79, 大修館書店.《本書第 12 章》 #6-5, 6-6, 7, 14

服部四郎(1976g)「伊波普猷先生のことども」『伊波普猷 人と思想』平凡社，pp. 48-57.
#6-4

服部四郎(1977)「琉球方言動詞"終止形"の通時的変化」『言語研究』72: 19-28.　　#6
-3, 6-9

服部四郎(1978-79)「日本祖語について(1)-(22)」『月刊言語』1978 年 1-3, 6-12 月号，
1979 年 1-12 月号，7(1): 66-74; 7(2): 81-91; 7(3): 81-90; 7(6): 98-107; 7(7): 97-
105; 7(8): 88-96; 7(9): 90-101; 7(10): 94-103; 7(11): 108-117; 7(12): 107-115; 8(1):
97-106; 8(2): 107-116; 8(3): 87-97; 8(4): 106-117; 8(5): 114-123; 8(6): 118-125; 8
(7): 110-119; 8(8): 108-116; 8(9): 108-118; 8(10): 105-115; 8(11): 97-107; 8(12):
100-114，大修館書店．《本書第 6 章》　#6, 7, 8, 19

服部四郎(1978)「アルタイ諸言語・朝鮮語・日本語の母音調和」『月刊言語』4 月号，7
(4): 80-88，大修館書店．〔『服部四郎論文集 3 アルタイ諸言語の研究 III』三省堂，
1989，pp. 361-375 所収.〕　#13

服部四郎(1979a)「「語音翻訳」を通して見た十五世紀末の朝鮮語の発音」『言語の科学』
7:　1-19.〔『服部四郎論文集 3 アルタイ諸言語の研究 III』三省堂，1989，pp. 376-
399 所収.〕　#6-12, 7, 8

服部四郎(1979b)「音韻法則の例外——琉球文化史への一寄与」『日本学士院紀要』36
(2): 53-77.《本書第 8 章》

服部四郎(1979c)「琉球語源辞典の構想」『沖縄文化研究』6: 1-54，1979 年.《本書第 7
章》　#6-22

服部四郎(1983a)「講演「橋本進吉先生の学恩」補説(一)」『月刊言語』3 月号，12(3):
78-81，大修館書店.《本書第 13 章》　#14

服部四郎(1983b)「講演「橋本進吉先生の学恩」補説(二)」『月刊言語』4 月号，12(4):
326-329，大修館書店.《本書第 13 章》

服部四郎(1983c)「講演「橋本進吉先生の学恩」補説(三)」『月刊言語』5 月号，12(5):
120-123，大修館書店.《本書第 14 章》

服部四郎(1983d)「橋本進吉先生の学恩——『元朝秘史』音訳漢字の使用法に言及しつ
つ」『国語学』133: 1-14.　#13, 15

服部四郎(1983e)「過去の言語の音韻共時態再構の方法——「上代日本語」を例として
(上・下)」『月刊言語』7-8 月号，12(7): 110-113; 12(8): 100-104，大修館書店．
《本書第 15 章》

〔服部四郎(1985a)「オーストラリア人文科学学士院との共同研究による『太平洋地域言
語地図帳(Language Atlas of the Pacific Area)』完成の報告」『日本学士院紀要』40
(2): 182-186.　#19〕

服部四郎(1985b)「日本語諸方言のアクセントの研究と比較方法」『月刊言語』9 月号，
14(9): 100-102，大修館書店.《本書第 19 章》　#19

服部四郎(1987)「秋永一枝さん及び金田一春彦君へのお答え」『月刊言語』8 月号，16
(8): 81-88，大修館書店.《本書第 19 章》

〔服部四郎(1992)『一言語学者の随想』汲古書院.　#1〕

服部四郎，上村幸雄，徳川宗賢(1959a)「奄美諸島の諸方言」，九学会連合奄美大島共同調査委員会 編『奄美 自然と文化 論文編』日本学術振興会，pp. 403-432.　#6-16

服部四郎，上村幸雄，徳川宗賢(1959b)「奄美諸島諸方言の言語年代学的調査」，九学会連合奄美大島共同調査委員会 編『奄美 自然と文化 論文編』日本学術振興会，pp. 433-464.　#4, 6-16, 20

服部四郎，知里真志保(1960)「アイヌ語諸方言の基礎語彙統計学的研究」『民族学研究』24(4): 307-342.　#20

服部四郎，藤堂明保(1958)『中原音韻の研究 校本編』江南書院.　#6-10

服部四郎，仲宗根政善，外間守善 編(1974-76)『伊波普猷全集』全 11 巻，平凡社.

比嘉春潮(1963)『沖縄文化史』(ハワイ大学東西センター提出).『比嘉春潮全集 第 1 巻 歴史篇 I』沖縄タイムス，1971，pp. 475-587 所収.

比嘉春潮(1970)『新稿 沖縄の歴史』三一書房.　#8

比嘉春潮(1971-73)『比嘉春潮全集』全 5 巻，沖縄タイムス社.　#6-6, 6-7, 8

久松潜一 監修／山田俊雄，築島裕，小林芳規 編修(1974)『新潮国語辞典 現代語・古語』改訂版，新潮社.　#6-18

平山輝男 編(1960a)『全国アクセント辞典』東京堂.　#6-22

平山輝男(1960b)「国語史と方言区画の論」『創立十周年記念論文集』東京都立大学，pp. 273-322.　#20

平山輝男 編(1965)『伊豆諸島方言の研究』明治書院.　#4

平山輝男 編(1969)『薩南諸島の総合的研究』明治書院.　#6-22

平山輝男，大島一郎，中本正智(1966)『琉球方言の総合的研究』明治書院.　#4, 6-16

平山輝男，大島一郎，中本正智(1967)『琉球先島方言の総合的研究』明治書院.　#6-3, 6-15, 6-17, 6-20, 6-21, 6-22

平山輝男，中本正智(1964)『琉球与那国方言の研究』東京堂.　#6-3, 18

平山久雄(1967)「中古漢語の音韻」，牛島徳次，香坂順一，藤堂明保 編『中国文化叢書 1 言語』大修館書店，pp. 112-166.　#15

平山久雄(1982)「森博達氏の日本書紀 α 群原音依拠説について」『国語学』128: 18-27.　#15

〔平山久雄(1983)「森博達氏の日本書紀 α 群原音依拠説について，再論」『国語学』134: 17-22.　#15〕

福岡県教育会本部 編(1899)『福岡県内方言集』.　#6-13

福田良輔(1965)『奈良時代東国方言の研究』風間書房.　#4

藤原与一(1962)『方言学』三省堂.　#20

プレトネル，オレスト[Orest Pletner]／除村吉太郎 訳(1926)『実用英仏独露語の発音』同文館.　#6-2

文璇奎(1972)『朝鮮館訳語研究』景仁文化社(ソウル).　#6-10

平凡社 編(1934-36)『大辞典』全 26 巻，平凡社.　#6-13

北京大学中国語言文学系語言学研究室 編(1962)『漢語方言字匯』文字改革出版社(北

京). #6-13

北条忠雄(1966)『上代東国方言の研究』日本学術振興会. #4

外間守善 編著(1970)『混効験集 校本と研究』角川書店. #6-7

外間守善(1971)『沖縄の言語史』法政大学出版局. #6-12

外間守善(1976)「伊波普猷生誕百年の年頭に」『沖縄タイムス』1976年1月4日.
#4

外間守善, 比屋根照夫, 比嘉実 編(1976)『伊波普猷 年譜・著書論文目録』伊波普猷生
誕百年記念会. #6-4

ポリワーノフ, E. D.［Evgeniĭ Dmitrievich Polivanov; Евгений Дмитриевич Поливанов］
(1914)「日本語, 琉球語音声比較概観」. 村山七郎 編訳『日本語研究』弘文堂,
1976: 126-147 所収. #6-2, 6-3

ポリワーノフ, E. D.［Evgeniĭ Dmitrievich Polivanov; Евгений Дмитриевич Поливанов］／吉
町義雄 訳(1914)「日琉語比較音韻論」『方言』4(10): 177-202, 1934. #6-2

松井簡治, 上田萬年(1966)『修訂 大日本国語辞典 新装版第24版』冨山房. 〔初版は
1915-28年, 修訂版は1939-41年, 新装版初版は1952年発行〕 #9

松村明(1971)『日本文法大辞典』明治書院. #6-3

松本克己(1975)「古代日本語母音組織考——内的再建の試み」『金沢大学文学部論集 文
学編』22: 83-152. 〔松本克己『古代日本語母音論——上代特殊仮名遣の再解釈』
ひつじ書房, 1995, pp. 1-94 所収.〕 #4, 6-5, 6-8, 7, 10, 11

〔松本克己(1976a)「日本語の母音組織」『月刊言語』6月号, 5(6): 15-25, 大修館書店.
#12〕

松本克己(1976b)「万葉仮名のオ列甲乙について」『月刊言語』11月号, 5(11): 72-80,
大修館書店. #12

南廣祐(1971)『補訂古語辞典』一潮閣(ソウル). #6-10, 6-11

三根谷徹(1953)「韻鏡の三・四等について」『言語研究』22-23: 56-74. #10

三根谷徹(1972)『越南漢字音の研究』東洋文庫. #15

宮島達夫(1956)「文法体系について——方言文法のために」『国語学』25: 57-66.
#4

宮良当壮(1926)『採訪南島語彙稿(第1篇)』郷土研究社. 〔『採訪南島語彙稿(宮良當壯
全集 第7巻)』第一書房, 1980として再刊.〕 #6-15

宮良当壮(1930)『八重山語彙』東洋文庫. 〔『八重山語彙(甲篇)(乙篇)(宮良當壯全集 第
8巻)』第一書房, 1980-81として再刊.〕 #6-15, 6-18, 9, 18

〔宮良当壮／仲宗根政善, 高崎正秀 監修(1982-2005)『日本方言彙編 全6巻(宮良當壯全
集 第1-6巻)』第一書房. #6-15〕

村山七郎(1966)「言語学的に見た日本文化の起源」『民族学研究』30(4): 301-310.
#2

望月郁子(1974)『類聚名義抄——四種声点付和訓集成』笠間書院. #6-22

森博達(1981a)「唐代北方音と上代日本語の母音音価」『同志社外国文学研究』28: 134-
89(1-46), 同志社大学. #15

参照文献——637

森博達(1981b)「漢字音より観た上代日本語の母音組織」『国語学』126: 30-42.　#15

森博達(1982)「平山久雄氏に答え再び日本書紀α群原音依拠説を論証す」『国語学』
　　131: 55-66.　#15

柳田国男／民族学研究所 編(1956)『綜合日本民俗語彙』第4巻，平凡社.　#9

山田実(1967)『南島方言与論語彙』武蔵野書院.　#6-14

愈昌均(1973)『較定蒙古韻略 全』成文出版社(台北).　#6-10

與那国善三(1953)『最新沖縄歴史年表』琉球文教図書株式会社.　#6-7

李基文／村山七郎 監修／藤本幸夫 訳(1975)『韓国語の歴史』大修館書店.　#6-7

劉昌惇(1964)『李朝語辞典』延世大学校出版部(ソウル).　#6-10, 6-11

琉球大学沖縄文化研究所 編(1968)『宮古諸島学術調査研究報告 言語・文学編』琉球大
　　学沖縄文化研究所.　#6-3, 20

和島誠一(1959)「考古学から見た日本のあけぼの」，三笠宮崇仁 編『日本のあけぼの』
　　光文社.　pp. 35-58.　#1

初出一覧

第 1 章　日本語の系統
　「日本語の系統」、石母田正ほか 編『古代史講座 3 古代文明の形成』pp.316-338、学生社、1962 年。

第 2 章　日本語はどこから来たか？
　「日本語はどこから来たか」『ことばの宇宙』2(4): 1-10, 15、1967 年。

第 3 章　八丈島方言について
　「八丈島方言について」『ことばの宇宙』3(11): 92-95、1968 年。

第 4 章　琉球方言と本土方言
　「琉球方言と本土方言」、伊波普猷生誕百年記念会編『沖縄学の黎明──伊波普猷生誕百年記念誌』pp.7-55、沖縄文化協会、1976 年。

第 5 章　日本祖語の母音体系
　「日本祖語の母音体系」『朝日新聞』1976 年 6 月 22 日夕刊。

第 6 章　日本祖語について
　「日本祖語について(1)-(22)」『月刊言語』7(1): 66-74; 7(2): 81-91; 7(3): 81-90; 7(6): 98-107; 7(7): 97-105; 7(8): 88-96; 7(9): 90-101; 7(10): 94-103; 7(11): 108-117; 7(12): 107-115; 8(1): 97-106; 8(2): 107-116; 8(3): 87-97; 8(4): 106-117; 8(5): 114-123; 8(6): 118-125; 8(7): 110-119; 8(8): 108-116; 8(9): 108-118; 8(10): 105-115; 8(11): 97-107; 8(12): 100-114、1978-79 年。

第 7 章　琉球語源辞典の構想
　「琉球語源辞典の構想」『沖縄文化研究』6: 1-54、1979 年。

第 8 章　音韻法則の例外──琉球文化史への一寄与
　「音韻法則の例外──琉球文化史への一寄与」『日本学士院紀要』36(2): 53-77、1979 年。

第 9 章　やま、もり、たけ
　「やま、もり、たけ」『国語学』69: 66-73、1967 年。

第 10 章　上代日本語の母音体系と母音調和
　「上代日本語の母音体系と母音調和」『月刊言語』5(6): 2-14、1976 年。

第 11 章　上代日本語のいわゆる “8 母音” について
　「上代日本語のいわゆる “八母音” について」『日本学士院紀要』34(1): 1-16、1976 年。

第 12 章　上代日本語の母音音素は 6 つであって 8 つではない
　「上代日本語の母音音素は六つであって八つではない」『月刊言語』5(12): 69-79、1976 年。

第 13 章　講演「橋本進吉先生の学恩」補説
　「講演「橋本進吉先生の学恩」補説(一)(二)」『月刊言語』12(3): 78-81, 12(4): 326-329、1983 年。

第14章　奈良時代中央方言の音韻の再構について
　「講演「橋本進吉先生の学恩」補説（三）」『月刊言語』12(5): 120-123、1983年。
第15章　過去の言語の音韻共時態再構の方法──「上代日本語」を例として
　「過去の言語の音韻共時態再構の方法──「上代日本語」を例として（上・下）」『月刊
　　言語』12(7): 110-113、12(8): 100-104、1983年。
第16章　沖縄の言語と文化
　「沖縄の言語と文化」『朝日新聞』1968年1月24日夕刊。
第17章　〈書評〉平山輝男著『琉球方言の総合的研究』
　「〈書評〉平山輝男著『琉球方言の総合的研究』」『国語学』74: 81-85、1968年。
第18章　急を要する琉球諸方言の記述的研究
　「急を要する琉球諸方言の記述的研究」『月刊言語』2(8): 31-36、1973年。
第19章　日本語諸方言のアクセントの研究と比較方法
　「日本語諸方言のアクセントの研究と比較方法」『月刊言語』14(9): 100-102、1985年。
　「秋永一枝さん及び金田一春彦君へのお答え」『月刊言語』16(8): 81-88、1987年。
第20章　方言区画論・周圏論と基礎語彙統計学
　「方言区画論・周圏論と基礎語彙統計学」『言語の科学』2: 1-12、1970年。

補注者あとがき

　毎月が楽しみであった。今から40年も前のことである。『月刊言語』の新しい号が出るやすぐに買い求め、服部四郎先生の「日本祖語について」をむさぼり読んだ。それが2年近く続いて、期待が一段と高まってきた矢先、なぜか唐突に連載の打ち切りが宣言され、最後の締めくくりに入ってしまったのであった。楽しみが絶たれてしまった。東京言語研究所の講義で聞いた「これ以上続けても読者離れが……」という言葉が強く記憶に残っている。

　しかし、気を取り直し、残された部分も補充されて単行本として世に出るに違いない、と思って待つことにした。が、その本は待てど暮らせど公刊されず、そうしているうちに先生も他界され、ついに幻の本になったかと内心諦めていた。

　それから時間が大分たち、琉球方言を研究する若い優秀な研究者がたくさん出るようになって「日琉祖語」をめぐる研究が盛んになってきた。こういうときにこそ、あの本が出ていたら、とどれほど思ったかしれない。と同時に、あの論文のコピーを取って読んでいる、単行本になっていれば便利なのに、という声も耳にするようになった。どこからか出ないものか、と改めて思った。しかし、まさか自分がその編集に関わることになるとは予想もしていなかった。その役割が回ってきたのも、先生とのご縁があったからなのであろう。

　2016年6月に服部旦氏および岩波書店からお話があり、実は以前に同書店から出すことが決まっていたとして、服部先生が1987年10月に作成された収録論文リストとともに題名を見せられた。

　これには二重の衝撃を受けた。すでに一度は企画が通っていたということと、題名に「再建」とあったことである。前者は私に関わることではないが、題名の方はそこに「日本祖語」が入るのは当然として、「再建」が使われるとは全く想定していなかったからである。

　著者の講義を10年以上にわたって受講し続け、その学説や用語も多少は頭

642——補注者あとがき

に入っているつもりでいた私は、言語学科に進学した1967(昭和42)年の「言語学概論」で「再構」という用語を教わって以来、先生は晩年まで一貫して「再構」を使い続けていたものと思い込んでいた。「再建／再構」の用語をめぐる話は、講義中にもそのあとにも聞いた記憶はない。ただ、「微視的でアトミスティックな」従来の「再建」方法に飽き足らぬ思いを抱いていた先生は、自らの研究の中核をなす「体系・構造」の考えに基づいて、「巨視的で構造的な」あるべきreconstructionという意図で「再構」という用語をあえて導入したに違いないと受けとめていた。もとより細部は押さえた上での話である。(「再建」は、建物や財政、さらに医療では身体の一部にも使われるが、他の分野で使われることが理由ではなかっただろうと考えている。ちなみに『日本国語大辞典』第2版、『広辞苑』『新明解国語辞典』各第7版など、主要国語辞典を見ても、「再建」でさえ言語学の意味は載っていない。)それが、なぜ晩年に「再建」を使うようになったのであろうか。

　その理由に関して私なりの思い付きを述べる前に、(本書所収の論考はひとまず別にして)「再建／再構」が出てきそうな論著に絞り、かつ目視で探したところ、次のような結果になった。全体の流れを追うのがねらいなので、初出文献名を収録論文集を中心に略記する。

　○「再建」
　　1939「『蒙文元朝祕史(一)』の序」(『アルタイ諸言語の研究』Ⅰ所収)
　　1942「国語の周囲」(『蒙古とその言語』および『アルタイ諸言語の研究』Ⅱ所収)
　○「再構」
　　1955『世界言語概説』下巻
　　1957「日本語の系統——音韻法則と語彙統計学的“水深測量”」(『日本語の系統』所収)
　　1959「蒙古祖語の母音の長さ」(『アルタイ諸言語の研究』Ⅲ所収)
　　1967「アイヌ語の音韻構造とアクセント——アイヌ祖語再構の一試み」
　　　　　「はしがき——琉球の言語と文化の研究方法について」仲原善忠・外間守善『おもろさうし 辞典・総索引』角川書店
　　1970「語尾の弱化」(『アルタイ諸言語の研究』Ⅲ所収。その1989の付記も)

補注者あとがき——643

1972「日本文化の原点——高松塚古墳の提起したもの：日本語の起源」
　　　（『一言語学者の随想』所収）
1974「『元朝祕史』における「古温《人》という語について——秘史蒙古語
　　　音再構の方法に関して」（『アルタイ諸言語の研究』Ⅲ所収）
1980「藤岡勝二」「ブルームフィールド」『国語学大辞典』
1985「母音調和と中期朝鮮語の母音体系」（『アルタイ諸言語の研究』Ⅲ所収）

　これを見ると、当初は一般的な用語の「再建」を使っていたが、（執筆から
刊行までの期間はさまざまなので、いつからとは確言できないが）1955年ごろ
から「再構」に変わっていたことがわかる。これは調べる前に私なりに思って
いたことと一致する。
　一方、本書収録の論文では次のようになっている（全文電子検索による）。

　　1962年の第1論文のみ、本文に「再建」2例。その注には「再構」1例。
　　その他はすべて「再構」のみで、「再構形、内的再構」も含めて176例。
　　（松本克己論文で用いられている「内的再建」に言及している箇所は除く）。

　1962年に「再建」が使われていたのも驚きであったが、最初の例は「印欧
祖語の音韻体系の」という文脈が関係している可能性はあるとしても、続く例
は「日本祖語」の話であり、注では印欧語の数詞に「再構」が使われているの
で、意図的な使い分けかどうかは不明とせざるを得ない。しかし、この1編を
除けば、1985年までの30年間は「再構」であったと言ってよい。それが、本
書では元の「再建」に戻っていたのである。
　ここから先は私の推測であるが、「祖語の再構」「日本祖語を再構する」と言
ったつもりが、「祖語の再考」「日本祖語を再考する」と誤解された苦い経験が
先生にはあったのではなかろうか。先生の用語をよく知らない人はそう取る方
がむしろ自然でさえある。果たせるかな、と言うべきか、『日本の言語学　第7
巻　言語史』（大修館書店）の解説である服部四郎（1981）「過去の音韻共時態に関
する研究」のp. 669に次の一文が見つかる（圏点は原文）。

　　「「秘史蒙古語」の音韻を再考するに当たっては、共時的体系・構造【中略】
　　を常に考慮する比較方法を他の諸徴憑【中略】に優先させるべきことを強調

644——補注者あとがき

している。」

　内容から見て、この「再考」は「再構」の誤植に違いない(実際に服部家に
残る著者の書き込みでも修正されている由)。ワープロによる誤変換ならとも
かく、手書きであった先生がこれを書き誤ることは考えられない。編集担当者
あたりが誤解して手を入れてしまった蓋然性が高い。このような経験が(ある
いは複数回)あって、「再構」を断念して「再建」に戻ったのではなかろうか。
どんなに良い内容であっても他人にきちんと伝わらなくては意味がない、とい
うのが先生の日頃の主張であった。

　ちなみに、『アルタイ諸言語の研究』の第3巻は1989年の刊行であるが、そ
の収録論文への注記は「再構」となっている。しかし、1985年に執筆された
その第1巻の「はしがき」には「第3巻までの初校はほぼ終った」とあるので、
1987年10月に『日本祖語の再建』という題名の書類が岩波書店に提出されて
いることと矛盾することにはならない。

　しかしながら、「再構」から「再建」へのこの変更は不本意なものではなか
ったらしい。それどころか、服部旦氏からの私信によれば、先生は自ら決めた
この書名に「会心の笑みを浮かべた」という。旦氏もまた、「「再構」よりも
「再建」の方がインパクトがあります」と述べている。そして私もそれに同意
する。用語は古くからのものであっても、一段階高いレベルに達したものとし
て新たに「再建」を使う、これが先生のこの本にかける意気込みだったのでは
なかろうか。[付]

　この『日本祖語の再建』がこれからの若い研究者への良い手引きとなり、こ
の分野の研究が大きく進展することを願ってやまない。そうなってこそ、著者
の服部四郎先生も喜ばれ、私がこの本の編集に関わったことが師の学恩への恩
返しになるものと思っている。

　なお、著者の学問、業績、人物、そして授業(概論、音声学、Meilletの演
習)や調査(八丈島方言)の様子などについて私なりの視点から紹介したものと
して、以下がある。

　上野善道(1995)「服部先生と音声学」(追悼文)『音声学会会報』208: 72-74。

補注者あとがき——645

上野善道(2001)「日本の言語学の確立者 服部四郎」『言語の 20 世紀 101
人』(『月刊言語』別冊 30(3)): 106–107。

上野善道(2012)「新日本語学者列伝:服部四郎」『日本語学』31(12): 74–84。

　本書を編集するに当たっては、平子達也氏の献身的なご協力を得ることがで
きた。大江孝男先生は、いわば総監督としてこの編集を見守ってくださった。
服部旦氏は、本書をよりよくするためのご提案とともに、四郎先生に関するさ
まざまな情報も提供してくださった。岩波書店編集部の濱門麻美子さんには、
再企画から刊行に至るまでのすべての面でお世話になった。言語名に関し、何
人かの専門家のご教示を得た。ここに記して感謝の意を表します。

　[付]　この「あとがき」を提出する直前に、旦氏から予想外の情報が届いた。
先生が最初に岩波書店に出版の話を持ち込んだのは「日本祖語について」連載
中の 1979 年 9 月ごろで、その時すでに題名に「再建」が入っていたというの
である。上記の「会心の笑み」もその企画が 1 か月ほどで通ったときのことで
あるという。

　そうなると、私の推測は崩れてしまうことになるが、今度は逆に、なぜその
あとも「再構」を使い続けたのか、という大きな謎が新たに生ずる。この書名
『日本祖語の再建』は部外秘として固く口止めされていたという。私などには
思いも寄らない意味がこの「再建」には込められていて、その本が出版される
までは(結果として生涯)それを秘して「再構」で通した、というようなことが
ありうるのだろうか。新しい説を書いた論文が公刊されるまでは授業でもそれ
を口にしなかった先生ではあるが、こと「再建」という用語に関しては、私の
ような者には謎としか言いようがない。

　本の内容には関わらないこの問題は、私の推測ミスとして削除することも考
えたが、「再建／再構」の用語変遷の事実は言語学史の問題でもあると考え、
あえてこのまま残しておくことにする。

　2018 年 4 月

上 野 善 道

事項索引

- キーワード索引を旨としたもので，網羅的とは限らない。関連項目は適宜まとめた．
- 人名は，参照文献著者として言及されていない箇所に限った．索引に載せた．巻末の参照文献リストに当該文献を参照している章を #4 などの形で示したので，あわせて利用されたい．
- n. は原注番号，*n. は補注番号を表わす．

英数字

*-i の起源　321, 322
「p 音考」　122

あ 行

秋永一枝　xxii
ア行のオ（淤類）　523
アクセント　68, 98, 359, 365
　──の型　99
　──の型の対応　371(n.11)
　──の対応関係　597
　──の頂点　337
　──の地理的分布　136, 597
　──の山　337, 342, 348, 350, 361, 365, 366
　──の「類」　349
　院政時代の──　69, 351
　大分方言式の──　68
　乙種──　365, 366　→東京式
　外来語を受け入れやすい──の型
　　399(n.166)
　加賀式──　600
　下降（型）──　342, 578, 600　→下降調
　近畿（式）──　136, 336, 351, 363, 371
　　(n.11), 597, 599, 600, 606　→甲種，中央式
　甲種──　336, 365　→近畿（式），中央式
　佐渡式──　600

山陽道の──　372(n.11)
上昇的──　361
中央式──　599, 606　→近畿（式），甲種
東京式──　69, 136, 351, 370–373
　　(n.11)　→乙種
土佐方言式──　351
日本祖語の──　68, 69, 372(n.11), 600, 606
能登式──　600
東方──　597
本土（諸）方言の──の祖形　600, 606
琉球（諸）方言の──　68, 131, 133, 315, 598
アクセント核　338, 351, 366
アクセント素　100, 277, 338, 342, 360, 366, 378, 597
　──の対応　371(n.11)
アスコリ（G. I. Ascoli）　92
東歌　40–42, 60–62, 187, 189, 434, 435, 512
東ことば・東方言　435
東なまり　368, 435
アプラウト　92
荒木田久老　509
有坂秀世　135, 376(n.40)
有坂（池上）法則　545
異化　239, 335, 505(n.17)
異化的音韻変化　239, 380(n.60)
意義素　48, 49, 113, 151, 152, 259, 375
　　(n.32), 358(n.46), 591, 592

648——事項索引

意義特徴　xviii, 49, 116, 364, 375 (n.32),
　　399 (n.167), 479, 481
　文体的——　113
生田早苗　373 (n.11)
池田弥三郎　133
石崎博志　xvii
石塚龍麿　487, 509
イ段乙類の母音　490, 491
イ段乙ï説　539, 541
イ段とエ段の甲・乙　xix, 58, 492, 494,
　　497, 519, 522, 537, 554
市河三喜　95, 134
一般音韻論　xix, 496, 521, 542
伊波普猷　xvi, 45, 83, 141
意味の再建　xviii
意味の同一性　xviii
意味変化　xviii
入りわたり　269
　——の鼻音化　143, 144, 362
イ列とエ列　→イ段とエ段
「いろは」の音注　234
岩倉市郎　47, 112, 137
印欧語比較研究　91, 93
『印欧語比較文法綱要』　90
印欧祖語3母音説　92
印欧祖語形　92, 93, 440, 470 (n.1), 557
陰類　397 (n.155)　→オ段の陽 (類)・陰
　　(類)
上田萬年　95, 96, 102, 121, 122, 134
上村幸雄　112
ヴェルナー (Karl Verner)　92
ヴェルナー (ヴェルネル) の法則　92, 440
内間直仁　254
上野善道　xv, 133, 152, 350, 362, 542, 559,
　　598–600, 605–609
江上波夫　373 (n.18)
江湖山恒明　377 (n.42)
エ段乙類の母音　490, 491, 516
エドワーズ (E. R. Edwards)　99, 104

大江孝男　169, 379 (n.53)
大城健　254
大友信一　387 (n.105)
大野晋　552
沖縄学　121, 132
沖縄共通語　301, 310, 311, 395 (n.141)
『沖縄対話』　304
沖縄の言語と文化　xx, 579
沖縄標準語　140, 141
奥村三雄　255
小倉進平　121
小倉肇　xx
長田須磨　591, 616
オストホフ (H. Osthoff)　92, 93
オ段甲類　316
オ段の甲 (類)・乙 (類)　xix, 59, 492, 532
オ段の丙 (類)・丁 (類)　396 (n.155), 494,
　　498, 505 (n.13), 515, 518, 520, 521, 523
オ段の陽 (類)・陰 (類)　367, 397 (n.155),
　　547, 553
乙類の母音　520
おもろ語　433
『おもろさうし』　xvii, 67, 121, 172, 214,
　　229, 334, 375 (n.37), 423, 460–462, 466
　——における仮名の混用　424, 425,
　　463
親言語　94, 130
オ列　→オ段
音韻結合の通則　382 (n.69)
音韻交替　140, 180, 181, 183, 207, 305,
　　306, 307, 378 (n.56), 488
『音韻字海』　184, 186, 190, 192, 193, 199–
　　201, 207, 208, 213, 214, 217, 229, 334,
　　369, 383 (n.72), 421, 459, 460, 466
音韻対応　151, 257
　——の通則　v, 12, 91, 108, 131, 263,
　　270, 410, 417, 439, 448, 578　→音韻
　　法則
　子音対応の通則　92, 439

事項索引——649

母音対応の通則　92, 104, 128, 129

タ行音対応の通則　266

音韻的構造　xxi

音韻的対立　533, 535

音韻表記　522, 537, 554, 558, 561

音韻法則　v, 83, 85, 91–93, 95, 97, 101, 102, 106, 108, 109, 111, 121, 140, 254, 258, 315, 382 (n.69), 410, 439　→音韻対応の通則, 音節対応の通則

——の例外　xvi, 83, 101, 114, 140, 141, 314, 410, 440, 441, 444, 456

——の例外皆無性　93

下位の——　444

音声表記　522, 537, 554, 558

音節結合の法則　500, 513

音節(の)交替　488, 514

音節対応の通則　126, 142

音対応　xviii

——の例外　xviii

音の分布　518, 533

音変化の規則性　v, vi

音変化の原理　vii

音法則　v

か 行

蓋然性　xiv, 35, 36

『海東諸国紀』　153

外破音　269

『海篇正宗』　186, 193

『華夷訳語』　184, 186, 190, 192, 199, 200, 207, 208, 214, 215, 217, 380 (n.67), 421

外輪方言　612, 616

下降式仮説　xxii

下降調　604, 606, 607　→下降型アクセント

過去の終止形　42

過去の推量　116

過去の連体形　42

『仮字遣奥山路』　487, 509

可能性　xiv, 35, 36

カールグレン (Bernhard Karlgren)　566

環境同化の作業原則　533, 543 (n.1), 584, 585

漢語　6, 26, 144, 448

漢字音　169, 448

漢字語　446

漢(字)語借用語　xvii

菊沢季生　549

記号素　49, 116, 187, 226, 227, 305, 313, 320, 321, 323–325, 333, 344, 397 (n.161), 397–398 (n.162), 398, 445, 467, 519, 532

岸本英夫　480

喜舎場朝賢　127, 141

基礎語彙　xxiii, 4, 6, 7, 9, 16, 26, 27, 30, 43, 69, 71, 592

基礎語彙統計学　xxiii, 28, 73, 74, 608, 613, 618, 619, 620 (n.1)

逆行同化　265

共時態　vi, 112, 115, 132, 135, 145, 152, 176, 194, 198, 212, 213, 215, 216, 358, 432, 487, 529, 531, 534, 535, 545, 546, 558, 560, 563–565, 574

強調形　268

共通語　4, 26, 50, 67, 255, 265, 282, 287, 434, 438, 442, 475, 481, 484 (n.2), 579, 590, 591

金完鎮　379 (n.53)

金城朝永　47

金田一京助　121, 133

金田一春彦　xv, xxii, 373 (n.11), 401 (*n.8), 597

草鹿砥宣隆　512

組踊　66, 429

グラスマンの法則　92

蔵中進　548

グリム (Jacob Grimm)　46, 91

グリムの法則　91, 92, 439

訓仮名　543

650——事項索引

『訓民正音』　156

経済の作業原則　559

形態的交替　115

『形態論的研究』　93

契沖　87, 507

系統　6, 25, 34　→言語の系統

形容詞連体形　xiv, 41, 60

『月印千江之曲』　159

ゲミナータ(重ね音)　269

言語共同体　26

言語地理学的研究　152, 594

言語であるか方言であるかの区別　viii

言語的核心部　26, 27, 71-73, 76, 77

言語年代学　xxiii, 11, 69, 392(n.122)

　　——的計算　620(n.1)

言語の系統　xiv, 8, 23, 25, 35, 74

言語のとりかえ　7, 15-17, 23, 33, 35

原始言語3母音説　91, 92, 95, 96

原始日本語　53, 87

『元朝秘史』　200

原日本語　87

原琉球方言　138, 139

『広韻』　570

口蓋音法則　92

口蓋化　106, 107, 115, 116, 146, 147, 173,
　　176-179, 206, 218, 257, 264, 283, 286,
　　287, 319, 374(n.19), 385(n.89), 418, 457,
　　496, 521, 538, 551, 553, 559

　　——子音　xix, 522

　　——した[φ]　232

　　——の有無　xix

後舌(こうぜつ)　　→後舌(あとじた)

構造の圧力　109, 359, 360

交替　123, 124, 181, 320, 369, 390, 391,
　　396, 471(n.7), 492, 504(n.3), 518, 536,
　　537

　　並行的な——　530, 531

交替形　269, 306, 307, 323, 367, 374
　　(n.28), 389(n.114), 398(n.163), 535,

615

膠着語　28

喉頭化音　57, 58, 79, 105, 366, 399
　　(n.167), 584

喉頭化無気音　57, 292, 294, 309, 346

合拗音　561

「語音翻訳」　xvii, 152, 154, 160, 168, 171,
　　172, 175, 176, 179, 185, 187, 188, 204,
　　208, 209, 212-215, 219, 220, 223, 224,
　　229, 233, 314, 317, 331, 334, 368, 380
　　(n.64), 386(n.94), 388(n.105), 390
　　(n.116), 419, 428, 429, 458, 466

　　——琉球語　180, 182, 183, 215, 223

国学　87

国語　55

『古言衣延弁』　513

『古言別音鈔』　512

『古今韻會』　384(n.81)

『古事記伝』　508

語族　3, 88

後藤興善　40

小林英夫　132

五味智英　377(n.42), 502

孤立語　28

孤立的方言　608

『混効験集』　162, 166, 172, 426, 429

混合語　27, 34, 81(n.19), 397(n.161)

混交語　403　→混合語

『金光明最勝王経音義』　257, 262

さ 行

再建　v, vii, xiv, 13, 18, 641-645　→再構

再構　v, 20(n.3), 30, 49, 50, 56, 63, 80
　　(n.16), 88, 90, 92, 117, 118, 249, 252,
　　259, 262, 268, 270, 272, 305, 307, 312,
　　315-317, 319, 321, 324, 325, 328, 370
　　(n.7), 383(n.69), 390(n.116), 403, 406,
　　407, 409, 412, 413, 436, 442, 444, 468,
　　470(n.1), 490, 513, 515, 524, 525, 532,

554, 557, 560, 561, 563, 565, 570, 573, 574, 598, 600, 606, 641–645　→再建

日本祖語形の――　314, 367, 369

日本祖語の――　334, 335

再構形　28, 30, 84, 440

再構成　v　→再建，再構

『在唐記』　565

阪倉篤義　255

防人(の)歌　84, 319, 434

佐久間鼎　102, 371(n.11), 373(n.12)

佐佐木信綱　95

佐藤亮一　298

字音(万葉)仮名　305, 306, 490, 515, 532, 566, 567, 569, 571

慈覚大師　57

志向形　117

『四声通解』　156, 196

シチェルバ(L. V. Ščerba)　97

湿音化　107

実在形　xxii

史的言語学　v, vi, 72, 83, 152, 419, 456

シナ側琉球語資料　185

姉妹語　88, 94

島袋盛敏　50

島村孝三郎　50, 373(n.18)

借用　5, 13, 28, 68, 72, 141, 144, 146, 148, 219, 229, 342, 395(n.141), 416, 441, 446 –448, 454–457, 461, 469, 472(n.10)

借用記号素　445

借用訓　230

借用語　5, 139, 140–146, 148–152, 187, 244, 255, 282, 301, 342, 343, 379(n.58), 399(n.167), 431, 441, 445

上海音　200

シュライヒャー(August Schleicher)　46, 90, 92

首里方言の漢語・漢字語　449

上古音　540

向象賢　46, 94

上代特殊仮名遣　xix, 115, 124, 343, 361, 508, 511, 524, 532, 545, 563

――の音価の推定　377(n.42)

上代日本語6母音音素説　539

上代日本語8母音音素説　526, 539

縄文時代　16, 77

ジョウンズ(William Jones)　89, 370(n.4)

『書史会要』　231, 236

女性形　311, 323, 396(n.142)

女性語　326

女性母音　307, 311, 326, 374(n.28), 380 (n.61), 390–391(n.116), 397(n.155), 398(n.162)

奈良時代中央方言の――　181

日本祖語の――　181

『使琉球録』　203, 207, 208, 214, 217, 233, 234, 237, 334, 369, 386(n.96), 421, 459, 460

新語　282

申叔舟　153

親族関係　v, 3, 25, 26, 88–90, 101, 439

――の蓋然性　9, 11, 29

――の証明　4, 28, 30, 73

新村出　102

推古期の音韻体系　561

スワデシュ(Morris Swadesh)　69, 105, 476, 618, 621(n.4)

成希顔　168, 385(n.85)

成節的な鼻音　258

『切韻』　518

接尾辞 -a　258, 281, 292, 332, 399(n.167)

狭母音化　182, 183, 336

琉球方言の――　182

漸弱漸強音　270　→内破外破音

先日本語　34

先日本祖語(形)　322, 366, 397(n.161), 400(n.172)

「崇元寺下馬碑」　467

「草稿日本館訳語」　226, 236, 244, 388

652──事項索引

（n.105）

「草稿琉球館訳語」　244, 245, 388（n.105）

相対的距離　xxiii

相対年代　xvii

祖形再構の作業原則　xxii, 604

祖語　v, 4, 20（n.1）, 26, 28, 50, 87, 88, 90, 132, 439

　　──の再構　557

ソスュール（Ferdinand de Saussure）　135, 269, 542

村際共通語　300

た 行

第 1 次アクセント　598

『第 3 次基礎語彙調査表』　254, 256, 281, 282, 285, 394（n.135）, 592, 594

対応関係　v, vi

対応の原理　vii

対応法則　vi

高野鷹二　371（n.11）, 376（n.39）

高橋俊三　294, 396（n.144）

濁音　100

濁音化　364

田島利三郎　121

陀羅尼　564, 571

多和田眞一郎　xvii

単項円唇化　119

単語の類似　13

男性形　311, 323, 362

男性語　324, 326

男性母音　116, 307, 324, 326, 380（n.61）, 390（n.116）, 397（n.155）, 398（n.162）

短母音（たんぼいん）　　→短母音（みじかぼいん）

チャンブレン（Basil Hall Chamberlain）　94, 95, 97, 101, 110, 113, 374（n.21）, 577

『中原音韻』　193-198, 200-203, 207, 210, 216, 222, 224, 226, 227, 236, 239, 251, 334, 383（n.72）, 386（n.97）, 387（n.102,

n.104）

中古音　532, 540, 566-568, 572

中古漢語　565

『中山伝信録』　184, 186, 190, 192, 199-202, 207, 208, 213, 217, 219, 233, 234, 243, 245, 249, 332, 334, 380（n.64）, 383（n.72）, 421, 459

中舌（ちゅうぜつ）　　→中舌（なかじた）

中輪方言　612, 615, 619

朝鮮漢字音　490, 515, 532

「朝鮮館訳語」　200, 383（n.75）

朝鮮板『伊路波』　231, 236, 386（n.97）

長母音（ちょうぼいん）　　→長母音（ながぼいん）

直系の子孫　xxii, 74, 88, 488, 513

都竹通年雄　255

底層　7, 14, 19, 20, 21（n.6）, 52, 57, 61, 259, 435

丁類　396（n.155）　→オ段の丙（類）・丁（類）

同化的口蓋化　379（n.58）

同化（的変化）　5, 15, 18, 19, 21（n.6）, 23, 33, 35, 39-41, 43, 60, 73, 80, 123, 124, 214, 268, 272, 284, 314, 323, 335, 336, 374（n.19）, 375（n.35）, 379（n.58）, 380（n.61）, 390, 471（n.8）, 497, 498, 523, 533, 542（n.2）, 614, 618

同系　v, vii, 26

同系関係　viii

同系語　3, 88, 439

同源語　28, 403, 504（n.3）

東国方言的特徴　xiv, xv　→非日本祖語的特徴

東西アクセント　371（n.11）

動詞語幹形成接尾辞 *-r　320

動詞の促音便　xv

動詞否定形　xv

東条操　102

動詞連体形　xiv, 41, 62

事項索引——653

陶宗儀　231
『東汀随筆』　127
徳川宗賢　112, 598
トムセン(V. Thomsen)　92

な 行

内的再建　xix, 58, 492, 518　→内的再構
内的再構　113, 152, 369, 406, 412, 504
　(n.3), 529, 531, 536, 564
内破外破音　269　→漸弱漸強音
内輪方言　612, 619
中舌母音　59, 80(n.8), 179, 180, 182, 489,
　491, 495, 497, 498, 515, 519, 521, 523,
　525, 527(n.14), 532, 536, 538–542, 553
仲宗根政善　47, 57, 77, 114, 136, 137, 254,
　256, 260, 591, 617
長母音　315, 336, 337, 348, 350, 361, 366,
　433, 434
　日本祖語の——　350
名嘉真三成　396(n.144)
中本正智　261
奈良朝東国方言の母音体系　80(n.8)
二重言語生活　7
二重母音　59, 64, 68
日常語彙　609
入声(音)　194–196, 251, 387(n.102)
入声字　198–200
『日葡辞書』　151, 237
『日本一鑑』　231, 237, 386(n.97)
日本漢字音　xvii, 143, 148, 416, 419, 449,
　452, 472(n.10)
「日本館訳語」　200, 214, 216–219, 221,
　222, 225–230, 236, 237, 239, 240, 242–
　246, 251, 252, 380(n.63), 383(n.75), 384
　(n.83), 385(n.88), 386(n.95), 387–388
　(n.105), 421, 459
日本基語　88
日本共通基語　88
『日本言語地図』　80(n.15), 147, 253, 256,

　260, 262, 264, 294, 298, 302, 389(n.113)
『日本考略』　231, 236
日本語諸方言のアクセント　133
　——の史的研究　xxi
　——の比較研究　102
　——の比較方法　372(n.11)
　——の歴史　609
日本語諸方言の比較言語学的研究　133
日本語の系統・成立・起源　xiv, 8, 14,
　19, 25, 27, 91
『日本語文典』　237
『日本書紀』歌謡の万葉仮名　571
『日本図纂』　231, 237
日本祖語
　——3 母音説　96, 106, 120, 122–125,
　　127, 128, 130
　——5 母音説　104, 130
　——7 母音説　574
　——*p- 音　56, 122
　——以後の母音推移表　335
　——化　42
　——形　64, 65, 80(n.11, n.15), 84, 116–
　　118, 178, 180, 181, 249, 258, 259, 262,
　　305, 307–309, 311, 314–321, 324, 329,
　　333, 358–365, 367–369
　——形再構　314, 367, 369
　——語末鼻音　400(n.172)
　——の再構　334, 335
　——の母音体系　59
　——論　xv
『日本風土記』　231, 232, 237
入破音　434
ネフスキー(N. Nevskij)　103, 132, 152,
　203
野村正良　362, 434

は 行

パーニニの文典　89
パイク(K. L. Pike)　98

654──事項索引

ハ行子音　230, 231, 233, 236, 244, 247, 505(n.8)
　　日本語の──　239, 242
　　琉球語の──　234
破擦音　205
破擦音化　106, 173, 179, 207, 212, 213, 237, 386(n.94)
弾き音の r　397(n.160)
橋本進吉　134, 373(n.18)
橋本萬太郎　119
服部音韻論　xx
服部旦　ix, xiii, 641, 644, 645
浜田敦　255, 387(n.105)
林大　298
早田輝洋　xx
ハングルの r と n の混同　168, 169
ハングル表記　160, 179, 231
鼻音　455
鼻音化　100, 144
比較研究　605
比較言語学　v, vi, 96
比較方言学的言語地理学　430
比較方法　v, vii, xvii, xxi, 4, 28, 50, 89, 92, 93, 101, 121, 125, 128, 131, 132, 152, 342, 351, 369, 407, 597, 600–607, 610(n.1)
　　──の発達史　xvi, 370
比較歴史言語学　vi, 457
比嘉春潮　47, 48, 148, 617
非口蓋化　119
非喉頭化音　105
非中央的方言　65
鼻的子音音素　582
鼻的半母音　584
非日本祖語的(な)特徴　39, 40, 42, 60, 614
鼻母音　xx, 99, 586
碑文　428, 468, 589　→琉球(語)碑文
標準語　vi, 84, 380–383(n.69), 446, 590
平山輝男　xx

広母音　360
藤岡勝二　102, 133, 134, 373(n.15)
普遍性　595
ブルークマン(Karl Brugmann)　92, 93
プレトネル(O. Pletner)　203
分岐年代　xxiii, 28, 40, 50, 55, 60, 70–72, 74, 75, 77, 78, 620　→分裂年代
文献による琉球方言の通時的研究　152
文語形　471(n.7)
文体的レベル　xxi
分裂年代　9, 11, 12, 15, 17　→分岐年代
丙類　396(n.155)　→オ段の丙(類)・丁(類)
『篇海類篇』　186, 193
変化のモデル　xxii
弁別的意義特徴　479
弁別(的)特徴　57, 78(n.5), 79, 147, 401 (*n.3), 418, 498, 523, 538, 559
母音
　　上代日本語 6──音素説　539
　　上代日本語 8──音素説　525, 539
　　日本祖語 3──説　96, 106, 120, 122–125, 127, 128, 130
　　日本祖語 5──説　104, 130
　　日本祖語以後の──推移表　335
　　日本祖語の──　105
母音交替　58, 59, 368, 396(n.142), 406, 504(n.3), 536
母音対応　92, 104　→母音対応の通則
母音体系　xi, 58, 59, 63, 70, 84, 326, 499, 500, 514, 524, 525, 535, 542
　　上代日本語の──　84, 505(n.15), 507, 511
　　タタール語の──　505(n.14), 527 (n.13)
　　奈良朝東国方言の──　80(n.8)
　　日本祖語の──　59, 83, 84
母音調和　xix, 307, 323, 326–328, 382 (n.69), 398(n.162), 500–502, 513, 537,

事項索引——655

548

　後舌対前舌の—— 501

　広対狭の—— 501

方言関係 viii

方言周圏論・周圏論 391(n.117), 611

方言の島 614

方言の平均化 18

北条忠雄 40

外間守善 260

ボップ(Franz Bopp) 90, 93

ボードワン・ド・クルトネ(I. A. Baudouin de Courtenay) 97

ポリワーノフ(E. D. Polivanov) 97, 101, 102, 113, 141, 203, 371(n.11), 373(n.12), 374(n.19)

本田存 133

本土漢語 453

本土漢字音 →日本漢字音

ま 行

『枕草子』 368

馬瀬良雄 xv

松本克己 xix, xx, 542

マーティン(Samuel E. Martin) 152

万葉仮名の音価推定 490, 515, 532

万葉語 124

短母音化 361, 399(n.167)

未然形 67

三宅武郎 549

宮良当壮 110, 260

無標 xix, 49, 238, 399(n.166), 542, 560

村山七郎 102, 530, 538

メイエ(Antoine Meillet) 610(n.1)

メタテーゼ 267, 268, 287

『蒙古韻略』 196, 198, 210, 387(n.104), 388(n.105)

『蒙古字韻』 196, 198, 210, 384(n.80), 387(n.104)

望月誼三 40, 155

木簡 564

本居宣長 97, 508

モの丙類・丁類 505(n.13), 523

や 行

ヤーコブソン(Roman Jakobson) 505(n.15)

八杉貞利 102, 373(n.18)

安田章 255

安田尚道 xvii

柳田国男 393(n.124), 592

屋比久浩 254

山田美妙 100

山田実 254

陽類 397(n.155) →オ段の陽(類)・陰(類)

吉田金彦 374(n.27)

ら 行

ラスク(Rasmus Kristian Rask) 91

琉歌 xx, 579

琉球学 121

琉球漢語 453

琉球漢字音 xvii, 148, 229, 415, 416, 419, 427, 452, 454, 456, 469, 470, 472(n.10)

　——成立の年代 448

「琉球館訳語」 172, 184, 214, 216, 221-223, 225-230, 236-239, 243-245, 247, 249-252, 330-334, 369, 383(n.75), 384-385(n.83), 386(n.94), 387-388(n.105), 421, 459, 460, 472(n.10)

　——(ロンドン本) 217

琉球語源辞典 xvii, 429

琉球(語)碑文 334, 468

『琉球語便覧』 177

琉球文化史 xviii, 445, 470

『竜飛御天歌』 159

『楞厳経諺解』 159

『類聚名義抄』 338, 340, 343, 363, 365,

366

類別体系　601, 602, 608

歴史言語学　vi, 260, 415

歴史的仮名遣　142, 449, 453, 454, 507

ロドリゲス（João Rodrigues）　100, 147

わ 行

和歌　xx

若手文法学派的方向　93

『和字正濫鈔』　87, 507

『和名抄』　257, 263, 382（n.69）

言語名・方言名索引

・言語グループ名を含む.
・n. は原注番号, *n. は補注番号を表わす.

あ 行

アイスランド語　11, 403
アイヌ語　10, 12–14, 29, 78, 79(n.7), 341, 376(n.40), 479, 483
　　——カラフト方言　342
　　——諸方言　71
　　——北海道方言　342
アイヌ祖語　342
青ヶ島方言　xv　→八丈語・八丈(島)方言
青森方言　84, 611, 612
阿嘉(島)方言　288, 289, 308–310, 312, 318, 325
赤連方言　275, 277
秋田方言　481
秋山郷方言　xv
粟国島方言　289, 325
阿佐方言　288
浅間方言　152, 285, 339–341, 343, 346, 349, 351, 358–361, 364, 399(n.167), 431
阿伝方言　xx, 47, 72, 110–113, 131, 136, 137, 139, 141, 255, 274, 277–279, 287, 290, 308, 310, 312, 316, 317, 325, 337, 338, 343, 349, 351, 361, 372(n.11), 375 (n.36), 378(n.46), 391(n.122), 392 (n.122), 396(n.143), 478, 584, 587, 597, 620(n.3)
安波方言　291
アフリカの諸言語　14
阿真方言　288
天城方言　285, 325
奄美・沖縄方言　xxi
奄美大島(諸)方言　21(n.4), 84, 112, 122, 129, 254, 279, 282, 286, 318, 338, 374 (n.26), 392(n.122), 413, 495, 542, 581, 582
奄美(諸)方言　xxi, 67, 272, 275, 284, 311, 318, 375(n.32), 383(n.69), 498, 581, 582, 586, 613, 616, 617, 619
阿室方言　282
新川方言　260
荒木方言　277
新城島方言　80(n.14), 138
アラビア語　3, 26, 98, 499, 524
アルタイ系言語　30, 33, 81(n.19)
アルタイ語族　9
アルタイ諸言語　9, 10, 13, 27, 29, 47, 81 (n.19), 101, 133, 135, 372(n.11), 373 (n.18), 397(n.161), 403, 500, 513, 548, 621(n.4)
アルバニア語　14
アルメニア語　8, 14, 90
安和方言　296, 298, 325, 400(n.171)
伊江島方言　138, 254, 308, 312, 317, 318, 396(n.153), 581, 587
井川方言　xv
壱岐方言　19, 80(n.15), 147
池治方言　283
池間島方言　382(n.69), 581
池間方言　256, 381(n.69)
伊砂方言　274, 277
石垣島方言　325, 581
石垣方言　110, 111, 254, 259, 263–266, 281, 308, 312, 314, 318, 325, 381(n.69), 391(n.121)
石川方言　147, 389–391(n.116)
伊是名島方言　138, 288

658——言語名・方言名索引

伊仙方言　286, 325
イタリア語　4
イタリック語派　21(n.6)
一宮方言(高知県)　371(n.11)
出雲方言　68
糸満方言　290, 292, 339
犬田布方言　286
井之川方言　285
揖斐川上流の方言　362, 434
伊吹島方言　600, 608, 609
伊平屋(島)方言　138, 288, 301, 325, 433
伊良部方言　68, 256
西表島北部方言　284
入舟方言　280–282
イリュリア語　370(n.6)
岩手方言　64, 182
印欧語族　21(n.6), 28, 89, 93
印欧(諸)語　13, 14, 46, 89–92, 405, 406, 470(n.1)
印欧祖語　13, 21(n.6), 46, 90–92, 403, 439, 440, 470(n.1)
インド語派　21(n.6)
上地方言(宮古島)　255
魚沼方言　xv
請島方言　283, 325
宇検方言　325
ウズベク語　98
浦添方言　424
浦原方言　274, 275, 277, 280, 325, 338
嬉石方言　302
英語　3–6, 8, 11, 13, 20(n.3), 23, 26, 34, 35, 70, 87, 88, 371(n.11), 376(n.39), 403, 407, 440
　古期――　70, 440, 441
　古代――　23
エウェンキ語　398(n.162)
エスキモー語　10
エストニア語　26
奥武方言　290, 382(n.69), 395(n.141),

437, 581
大分方言　68, 146, 340, 607
大浦方言　382(n.69), 436
大金久方言　282, 284
大神島方言　254, 259, 262
大川方言　260
大宜味方言　291, 325
大阪方言　611, 612
大浜方言　260, 267, 339, 381(n.69)
岡前方言　285
岡山方言　147, 611, 612
沖縄語・沖縄(諸)方言　26, 50, 75, 77, 107, 129, 130, 168, 183, 275, 339, 374 (n.23), 579, 581, 586, 590, 596, 616, 619
沖縄島以北の方言　72
沖縄島(諸)方言　57, 287, 294, 310, 318, 327, 413, 581
沖縄島北半方言　138
沖永良部(島)方言　67, 111, 117, 129, 138, 287, 325, 392(n.122), 413, 581, 582
隠岐方言　84, 612, 613, 616, 617, 619
越喜来方言　303
奥方言　292
押角方言　270
小野津方言　274, 276–278, 338, 343, 349, 351, 366, 607
尾之間方言　433
親川方言　297, 298, 400(n.171)
オランダ語　4, 11, 442
小禄方言　290, 292, 339
恩納方言　105, 291–294, 299, 308, 309, 312, 316, 317, 319, 325, 327–329, 331, 343, 348, 350, 351, 358–361, 394(n.135), 399(n.167)

か 行

開田方言　xv
加計呂麻島方言　279, 282, 318, 413
鹿児島方言　52, 72, 146, 371(n.11), 391

言語名・方言名索引——659

(n.122), 392 (n.122), 577, 581, 600, 607,
611, 613, 616, 617, 619, 620 (n.3)

樫立方言　40, 41, 43, 255, 614

勝連方言　325

嘉手納方言　291, 325

金見方言　339-341

兼箇段方言　291

兼久方言　285

鹿足方言　80 (n.15)

川平方言　260

上嘉鉄方言　274, 275, 277, 278

上地方言 (新城島)　261, 263, 325

上納屋方言　303

亀津方言　254, 285, 308, 312, 317, 343,
346, 349, 351, 360, 361, 365, 381 (n.69),
392 (n.122), 477, 581, 620 (n.3)

亀山方言　47, 69, 315, 363, 399 (n.166),
473, 597

狩俣方言　256

カルムイク語　501

関西方言　612　→近畿方言

カンボジア語　10

喜界島方言　21 (n.4), 129, 138, 272, 275,
394 (n.127), 413, 432, 581, 582

喜如嘉方言　291

喜瀬方言　295, 297, 325

北九州方言　15, 17-19

岐阜北部方言　147

肝属方言　139

旧シベリア諸言語　10

九州東北部方言　612

九州 (諸) 方言　18, 64, 69, 72, 73, 75, 80
(n.15), 84, 146, 150, 315, 336, 351, 362,
365, 418, 419, 433, 434, 457, 611-613

共通アルタイ祖語　101

京都府北部方言　79

京都方言　11, 12, 18, 60, 62, 65, 69-71, 74,
89, 99, 107, 108, 142, 146, 149, 179, 203,
255, 269, 315, 324, 366, 372 (n.11), 409-

412, 443-445, 448, 488, 507, 513, 521,
537, 559, 565, 587, 611-613, 615, 617,
619

　院政時代——　598

ギリシア語　6, 26, 89-91, 370 (n.6, n.9),
403, 439, 440

ギリヤーク語　10

近畿方言　40, 147, 614　→関西方言

金武方言　291, 325

九木浦方言　303

具志川方言　325

久志方言　291, 299, 300, 308, 309, 312,
316-318, 325, 343, 348, 350, 351, 358,
359, 361, 365, 366, 399 (n.167), 400
(n.171)

城方言　291, 294, 299

城久方言　112, 274, 277

久高 (島) 方言　138, 289, 290, 325, 339,
484 (n.2)

久手堅方言　339

国頭方言　122, 325, 430, 432

国仲方言　256

九戸郡方言　80 (n.15), 435

久場方言　338

くまそ方言　ix

熊本方言　146, 611

久見方言　232, 255, 616

久米島方言　289, 325

来間島方言　254

黒島方言　138, 261, 262, 264, 265, 271,
325, 327, 380 (n.64)

花徳方言　339

花良治方言　112, 255, 274-279, 325, 338,
391 (n.122)

慶良間列島方言　288, 309

ケルト語　90

慶留間 (島) 方言　288, 289, 308-310, 312,
318, 325

ゲルマン語派　21 (n.6)

ゲルマン諸言語　　90, 91, 440
ゲルマン祖語　　26, 91, 403, 407, 440, 441
源河方言　　291, 299
幸喜方言　　295
高句麗語　　34
高知方言　　255, 373(n.13), 613, 615, 617, 619
東風平方言　　325
ゴート語　　90, 91, 439
　古代――　　403
五島方言　　80(n.15)
古仁屋方言　　282, 581
小浜(島)方言　　261, 267, 325, 499, 524
小湊方言　　338

さ 行

佐賀方言　　146
先島(諸)方言　　15, 56, 57, 80(n.10), 105, 152, 180, 183, 262, 314, 318, 398(n.165), 616
薩南方言　　616
里晴方言　　285
佐渡方言　　612, 613, 615, 617, 619
佐仁方言　　xx, 138, 279–281, 325, 582
実久方言　　283
サビール　　27
佐弁方言　　286
座間味(島)方言　　288, 289, 309, 325
寒川方言　　290
佐和田方言　　114, 254, 617
サンスクリット語(梵語)　　21(n.6), 89–92, 385(n.86), 403, 440, 557
塩川方言　　114, 254, 256, 257, 308, 310, 312, 318, 475
塩尻方言　　258
塩浜方言　　390(n.116)
塩道方言　　276, 277
四国方言　　612
静岡方言　　611, 612

志戸桶方言　　275, 276, 278, 279, 287, 325, 381(n.69), 394(n.129), 581
シナ語　　3, 5, 6, 9, 10, 26, 27, 29, 57, 71, 98, 134, 136, 142–144, 149, 161, 171, 186, 190, 192, 193, 201, 203, 207, 213, 214, 217, 220, 233, 235, 239, 240, 246, 247, 249, 251, 380(n.63), 387(n.105), 415, 427, 428, 445–447, 452, 454, 455, 473, 490, 498, 513, 515, 518, 520, 523, 532, 540–542, 543(n.3), 577
　――呉方言　　193, 216, 235, 241, 245, 388(n.105)
　――上海方言　　203
　――諸方言　　490, 515, 532
　――南京方言　　203
　――北京方言　　203
　近代――　　454
　隋唐時代――　　565
　中古――　　498
ジプシーの言語　　27
島尻方言　　256, 258
島根東部方言　　147
島根方言　　79, 84, 365, 616
首里語・首里方言　　xvii, xxi, 11, 41, 46–50, 57, 62–70, 72, 74, 80(n.14), 84, 89, 94, 104, 106–111, 113, 115, 118, 119, 122, 123, 125, 128, 131, 136, 138, 140–146, 148–152, 154, 161, 171–183, 187, 189, 201, 202, 204–208, 212, 218, 220, 221, 227–229, 238, 243, 246, 249, 253, 254, 257, 258, 263, 266, 279, 288, 290, 295, 300, 301, 303, 308, 309, 312, 316, 317, 323–325, 327–333, 335–339, 342, 343, 348, 351, 358, 360, 362, 366–368, 372 (n.11), 374(n.21), 375(n.32, n.34), 377 (n.43), 379(n.56), 380(n.64), 381–382 (n.69), 383(n.72), 385(n.88, n.92), 386 (n.93), 387–388(n.105), 390–391 (n.116), 392(n.122), 399(n.167), 400

（n.172), 409, 410, 412, 414, 415, 417, 420, 424, 429, 431–434, 436, 437, 442–448, 454–458, 461, 467, 468, 470, 471（n.7), 475, 481, 549, 561, 577, 578, 582, 587, 588, 591, 607, 613, 617, 620, 620（n.3)

上代（上古）日本語　xvi, 57, 70, 83, 84, 171, 172, 187, 205, 209, 224, 326, 487, 488, 493, 498, 501, 505（n.12, n.15), 507, 513, 514, 516, 519, 522, 526, 529, 531, 533, 535, 536, 544（n.9), 552, 553, 557, 559–561, 563, 565, 566, 568, 574　→奈良時代中央方言

上代中央方言　256, 257　→奈良時代中央方言

諸鈍方言　112–115, 254, 269, 283, 308, 309, 312, 317, 343, 346, 349, 351, 360, 364, 375（n.30), 392（n.122), 477, 607, 620（n.3)

白保方言　260, 325

スエーデン語　403

宿毛方言　255, 481, 484

スペイン語　4

住用方言　282, 287, 325

スメル語〔シュメール語〕　13

スラヴ語

　古代——　90

西部方言（日本語）　146, 418, 419, 457, 611–615, 617, 620（n.2)

瀬滝方言　285

瀬武方言　282, 291, 299

瀬戸内系諸方言　338

瀬戸内（諸）方言　325, 430

セム語　91

瀬利覚方言　287, 308, 312, 317, 325, 581

勢理客方言　288

セルボクロアト語〔セルビア語・クロアチア語〕　4

仙台方言　577, 611, 612

先日本祖語　322, 366, 397（n.161), 400（n.172)

早町方言　277, 278, 287, 325

祖納（租納）方言（西表島）　261, 267

祖納方言（与那国島）　261, 268, 283, 309, 312, 318, 325, 327, 333, 381–382（n.69), 413

た　行

タイ・シナ諸言語　28

平良方言（国頭郡東村）　291, 300

台湾の言語　52

高砂語　9, 10

宝島方言　80（n.15)

タガログ語　9

ダグール語　181, 326, 401（*n.1)

竹富（島）方言　110, 260, 264, 267, 325

竹野方言　431

田検方言　282, 284

タジック語　98

タタール語　505（n.14), 527

龍郷方言　280

田名方言　288, 339

種子島方言　52, 80（n.15), 147

玉城方言　325

田皆方言　287, 325

多良間方言　258, 259, 261, 262

チェック語〔チェコ語〕　5, 6

チェッコスロヴァク語〔チェコ語とスロヴァキア語〕　4

筑前方言　64, 182

チベット語　13

北谷方言　325

茶花方言　255, 287, 308, 312, 317, 392（n.122), 620（n.3), 581

中央方言　39, 40, 72, 78, 80（n.8), 123, 124, 150, 182, 212, 216, 244, 335, 336, 363, 365, 368, 375（n.35), 407, 434, 435, 487, 529, 619

662——言語名・方言名索引

中部・関東方言　615
中部方言　611
チュルク語群　9
チュルク諸言語　27, 29, 101, 401(*n.1)
チュワシ語　101
朝鮮語　8-10, 12, 13, 15-17, 19, 27-30, 43,
　　74, 77, 81(n.19), 101, 133, 135, 168, 175,
　　205, 214, 215, 327, 376(n.40), 385(n.85),
　　397(n.160, n.161), 403-405, 407, 419,
　　420, 482, 483, 500, 548, 592
　　——諸方言　71, 379(n.55)
　　——ソウル方言　499, 524
　　——大邱方言　xxi, 586
　　中期——　102, 200, 383(n.75), 397
　　　　(n.161), 404, 405, 481, 482, 501, 548
津軽方言　84, 481
対島方言　19, 80(n.15), 147
汀間方言　339
手打方言　303
手久津久方言　375(n.30)
手々知名方言　392(n.122), 620(n.3)
デンマーク語　403
ドイツ語　13, 14, 26, 70, 87, 88, 370(n.2),
　　373(n.17), 403, 405-407, 440, 441
　　高地——　439, 442
　　古期高地——　441
東京方言　47, 69, 71, 84, 94, 100, 105, 107
　　-109, 111, 115-118, 137, 139, 142, 146,
　　149, 178, 179, 203, 230, 269, 338, 363,
　　371-372(n.11), 392(n.122), 418, 443,
　　448, 499, 507, 521, 524, 537, 559, 560,
　　578, 587, 597, 611-614, 617, 619, 620
　　(n.3)
東国方言　vii, viii, xiv, 39, 40, 60-63, 71,
　　78-80, 116, 319, 336, 375, 435, 487, 529
東南アジアの諸言語　621(n.4)
桃原方言　290
東部(諸)方言(日本語)　434, 611-615,
　　617, 620(n.1)　→本州東部方言

東北方言　100, 180, 365, 434
東洋諸言語　376(n.39), 610
ドゥンガン語　98
トゥングース語　9, 10, 15, 27, 29, 327,
　　403
　　——バルグジン方言　483
トゥングース語群　9
渡嘉敷(島)方言　288, 325
徳島方言　147
渡久地方言　291
徳之島(諸)方言　52, 129, 284, 318, 338,
　　339, 413, 433, 581, 582
土佐方言　84, 100, 230, 372(n.11), 373
　　(n.12)
利島方言　xv
十津川方言　351, 373(n.15)
鳥取方言　64, 79, 84, 147, 304, 322
戸入方言　xv
富盛方言　290
友利方言　255, 283
ドラヴィダ語　21(n.6)
トルコ語　9, 148, 326, 401(*n.1), 403,
　　499, 500, 524
トルコ祖語　101

な 行

内地(諸)方言　9, 11, 12, 14, 18, 26, 39, 41
　　-43, 62, 177, 178, 182, 337, 480, 577, 579,
　　611, 612, 620(n.1)　→本土(諸)方言
中伊仙方言　285, 286
中城方言　325
長崎方言　146, 611
中里方言　275
中種子方言　433
仲地方言　256, 288, 339
長野方言　611, 612
長浜方言　114, 254, 256, 308, 312, 314,
　　318, 333, 390(n.116), 475
中間方言　274, 277

言語名・方言名索引——663

名嘉真方言　291, 293, 295, 299
仲本方言　261
今帰仁方言　66, 84, 291, 298, 325
名護市街方言　297, 325, 328
名護方言　105, 291, 293, 298, 300, 319,
　394(n.135), 395(n.141), 400(n.171)
名古屋方言　611, 612
名瀬(諸)方言　113, 255, 280, 281, 284,
　308, 309, 312, 317, 325, 338, 341, 343,
　349, 351, 361, 381–382(n.69), 392
　(n.122), 430, 478, 581, 588, 620(n.3)
那覇語・那覇方言　47, 107, 123, 126, 131,
　136, 138, 141, 148, 301, 325, 339, 340,
　372(n.11)
波平方言　291
奈良時代
　——九州方言　84, 336
　——中央方言　xv, xvii, 41, 42, 56, 58–
　　67, 69, 74, 78, 83, 84, 87, 111, 113, 114,
　　116–118, 123, 132, 139, 140, 173, 177,
　　179–184, 206, 207, 307, 308, 311, 312,
　　314–317, 319, 320, 324, 326, 327, 329,
　　335, 336, 362, 367, 368, 374(n.28),
　　380(n.69), 382–383(n.69), 390–391
　　(n.116), 395–396(n.142), 408, 411,
　　412, 414, 431, 435, 444, 499, 512, 557,
　　558, 560, 565　→上代(上古)中央方
　　言
　——東国方言　xv, 60–63, 78, 79(n.6),
　　80(n.8), 116, 336, 375(n.33)
　——奈良方言　487, 529
　——日本語　43, 404, 405, 456, 586, 587
奈良田方言　xv, 608, 609
奈良朝　→奈良時代
奈良方言　18
南島系言語　81(n.19)
南島語　53
南島祖語　405
南洋諸言語　14

新潟方言　611, 612
西阿木名方言　285
西古見方言　484(n.2)
西里方言　339
西仲勝方言　280, 281
西原方言(沖縄本島)　290, 325
西原方言(宮古島)　308, 310, 312, 318,
　333
日琉祖語　vii, viii, 46
日朝祖語　17, 482
日本語　3, 5, 6, 8–10, 12–14, 16–19, 23–30,
　33–35, 41, 43, 45, 46, 50, 54–57, 69, 70,
　73, 74, 77, 81(n.19), 87–91, 93–95, 98,
　99, 101, 102, 104, 106, 118–131, 133, 143,
　179, 200, 214, 216, 217, 221, 222, 226,
　228, 230–232, 237, 239–245, 247, 251–
　253, 269, 322, 336, 374(n.19), 380(n.63),
　383(n.75), 384–385(n.83), 387–388
　(n.105), 397(n.160, n.161), 403–407,
　415, 422, 428, 433, 445, 447, 459, 465,
　468, 473, 482, 490, 498, 515, 524, 532,
　538, 543(n.3), 567, 573, 577–579, 592,
　595, 597, 611, 620
　——諸方言　vii, xxiii, 12, 15, 18
　16世紀末の——　147, 233, 419
　古代——　27, 53, 58, 87, 111
　本土の——　577
日本曽祖語　xv, 60–62, 84
日本祖語　viii, xiv–xvii, xxii, 15, 17, 18,
　26, 27, 29–33, 39–42, 49, 56–60, 62–67,
　69, 75, 77, 80(n.10), 83–85, 87–89, 95,
　101, 104, 105, 116, 117, 122, 123, 125,
　128–130, 139, 140, 144, 149, 150, 178,
　180–183, 187, 188, 206–208, 230, 243–
　245, 249, 255, 256, 258, 259, 262, 279,
　294, 303, 305, 307–312, 314–324, 326–
　331, 332–337, 343, 348, 350, 351, 358–
　369, 374(n.20), 375(n.32), 379(n.59),
　380(n.61), 381–383(n.69), 389(n.114),

664——言語名・方言名索引

390–391(n.116), 396(n.142), 399
(n.166), 400(n.171), 407, 409, 412, 413,
416, 431–437, 442, 444, 445, 456, 468,
479–481, 527, 565, 578, 579, 599, 606–
608, 613–615
——系の方言　40, 77
ノルウェー語　11, 403

は　行

羽里方言　275, 277
玻座真方言　261
八丈語・八丈(島)方言　vii, viii, xiv, xv,
40–43, 49, 60–65, 71–73, 84, 336, 367,
368, 390(n.116), 407, 435, 611–614, 617,
619, 620(n.1)
客家語　240, 592
波照間(島)方言　110, 138, 261, 265–267,
308, 312, 318, 325, 327, 396(n.151), 400
(n.172), 581
鳩間(島)方言　110, 261
羽地方言　291, 292, 297, 325
馬根方言　286, 339
ハンガリー語　26
東江上方言　288
東方方言　254, 282
東仲宗根方言　255
東日本の諸方言　40　→東部(諸)方言,
本州東部方言
東方言(粟国島)　288, 325
比嘉方言　288
久松松原方言　255
ピジン英語　8, 9, 27
非日本祖語系方言　xiv, 40
日向方言　64, 182
平得方言　260, 264, 265, 267
平久保方言　260
平良方言(宮古島)　254, 381(n.69), 581
広島方言　147, 390(n.116), 611, 612
弘瀬方言　303

闘語　240
ヒンディー語　26
フィンランド語　26
富嘉方言　261
福井方言　147
福岡方言　146, 611
豊前方言　64, 182
船越方言　303
フランス語　4–6, 13, 26, 34, 35, 88, 405,
406
ブルガリア語　34, 35
豊後方言　64, 80(n.9), 182
平安時代
——中央方言　70, 207, 319, 326, 565
——初期日本語　567
——中期中央方言　70
平安朝　→平安時代
平敷屋方言　290
辺野喜方言　291, 339
ヘブライ語　26
ペルシア語　13, 14, 20(n.3), 26, 90
古代——　90
平安座方言　291
辺土名方言　291, 381(n.69), 396(n.153),
581
星立方言　261, 267
北海道方言　483, 611, 612
保良方言　255
梵語(サンスクリット語)　21(n.6), 89–
92, 385(n.86), 403, 440, 557
本州(諸)方言　72, 75, 578, 611, 617
本州東部方言　xiv, 40　→東部(諸)方言
本土(諸)方言　vii, xxii, 40, 49, 50, 54, 56,
67, 68, 70–72, 76, 83, 84, 110, 141–149,
151, 152, 170, 172–174, 183, 187, 204,
207, 208, 215, 221, 223, 224, 227–229,
242, 244, 256, 262, 265, 276, 281–283,
295, 300, 302, 303, 319, 324, 342, 366,
379(n.58), 380(n.64), 399(n.166), 408,

言語名・方言名索引——665

409, 412, 418, 428, 431–433, 435, 436,
442, 445, 446, 448, 454–457, 459, 460,
465, 577, 597–599, 605–607, 612, 613,
616, 617, 619, 620(n.2) →内地(諸)方
言

ま 行

真栄里方言　260, 264, 265, 267, 339
真更川方言　255
松江方言　612
松原西区方言　285, 339, 340
松山方言　611
マライ・ポリネシア諸語　102
マライ諸語　101, 374(n.20)
満州語　10, 592
　　——口語　398(n.162)
　　——文語　501
満州トゥングース諸言語　101
満州トゥングース祖語　101
三重村方言　372(n.11)
南アジア諸言語　10
南浜方言　303
宮古・八重山の方言　43, 122, 127
宮古島方言　111, 581, 592
宮古(諸)方言　12, 49, 77, 122, 129, 258,
259, 261, 272, 311, 333, 374(n.29), 413,
432, 613, 616, 619
宮崎方言　146, 611
宮之浦方言　433
宮良方言　260, 325
『名義抄』方言　607
向日比方言　303
蒙古(モーコ)語　27, 29, 373(n.15), 400–
401(*n.1), 403, 501
　　——諸方言　71
　　——東部諸方言　501
　　中期——　200
　　西——　501
蒙古語群　9

蒙古(モーコ)諸言語　101, 548
　　東——　327
蒙古(モーコ)祖語　101
モゴール語　27, 401(*n.1), 608
本部方言　325
モングォル語　401(*n.1)
モンゴル語　401(*n.1) →蒙古語
　　ハルハ——　269

や 行

八重山(諸)方言　49, 122, 129, 136, 138,
254, 265, 267, 268, 272, 305, 333, 413,
495, 591, 616, 620
屋我地方言　325
屋久島方言　80(n.15), 147
大和浜方言　139, 151, 254, 281, 282, 284,
308–310, 312, 316, 317, 319, 329, 396
(n.143, n.146), 431, 477, 480, 498, 591,
616
大和方言　18, 287, 325
弥生式文化の言語　613
山間方言　282, 284
湯湾方言　282
吉原方言　290
与那城方言　325
与那国(島)方言　49, 57, 117, 270–272,
375(n.32), 380(n.64), 391(n.118), 430,
436, 437, 591, 616, 619
与那覇方言　254
与那原方言　290, 325
与名間方言　339–341
与那嶺方言　47, 57, 72, 105, 109, 110, 119,
131, 137, 139–141, 254, 291, 293, 308,
309, 312, 316, 317, 337, 339, 343, 348,
351, 358–361, 364, 372(n.11), 392
(n.122), 394(n.135), 433, 475, 582, 591,
597, 620(n.3)
饒平名方言　291, 299
読谷方言　325

666——言語名・方言名索引

与路(島)方言　112, 283, 325
与論(島)方言　138, 254, 375(n.31), 392
　　(n.122), 394(n.131), 413, 477, 581, 582

ら 行

ラテン語　6, 89–92, 132, 370(n.7), 403,
　　441
　中世——　6
ラテン俗語　4
立長方言　380(n.64)
リトワニア語　90, 92
琉球(諸)語・琉球(諸)方言　vii, viii, xiv
　　–xvii, xxii, 9–12, 14, 15, 18, 19, 26, 40–
　　42, 45–50, 52, 55–58, 60, 63–65, 67–69,
　　71–77, 80(n.14, n.17), 83, 84, 90, 94, 95,
　　101, 102, 104–106, 110–112, 116–118,
　　120–131, 133, 135, 136, 138, 139, 143,
　　147, 148, 150–154, 160, 162, 164, 168,
　　171, 172, 176, 177, 183, 187, 192, 193,
　　196, 199–203, 205, 207, 214, 215, 217–
　　219, 221, 223, 224, 226–228, 230, 233–
235, 242–247, 249, 250, 252, 253, 255,
258, 268, 270, 272, 298, 302, 308, 309,
311, 314, 315, 317, 325, 327, 329–331,
334, 337, 340, 342, 343, 347, 349–351,
360–365, 367–369, 371–372(n.11), 374
(n.19), 375(n.32), 379(n.58), 380(n.63),
381–382(n.69), 385(n.83, n.92), 388
(n.105), 391(n.116), 393(n.123), 407–
409, 417–423, 425, 428–436, 442, 446,
447, 456–460, 462, 465, 467, 468, 472
(n.10), 474, 478, 479, 481, 565, 577–579,
581, 582, 588, 591, 594, 595, 598–600,
606, 607, 611, 616, 617, 619, 620(n.1)
琉球祖語　315, 319, 342, 413, 414, 433
琉球中央方言　424
ロシヤ語　26, 103, 373(n.15)

わ 行

和泊方言　287, 325
湾方言　274, 275, 278, 325

服部四郎

言語学者. 1908-95 年. 三重県亀山市生まれ. 1931 年東京帝国大学文学部言語学科卒業. 同大学講師・助教授を経て, 1949 年より東京大学文学部教授. 1955 年 10-12月琉球大学招聘教授. 1969 年より東京大学名誉教授. 1966 年に東京言語研究所を創設, 初代運営委員長を務める. 1971 年文化功労者. 1972 年日本学士院会員. 1975-76 日本言語学会会長. 1978 年勲二等旭日重光章受章. 1982 年第 13 回国際言語学者会議会長. 1983 年文化勲章受章.

上野善道

言語学者. 1946 年岩手県生まれ. 1970 年東京大学文学部言語学科卒業. 1973 年同大学大学院人文科学研究科博士後期課程中途退学. 東京大学助手, 弘前大学講師, 金沢大学講師・助教授, 東京大学助教授を経て, 1994年より東京大学文学部教授, 2010 年より同大学名誉教授. 2010-15 年国立国語研究所客員教授. 2006-09 年日本言語学会, 2010-13 年日本音声学会, 2013-15 年日本語学会各会長.

日本祖語の再建

2018 年 5 月 18 日　第 1 刷発行

著　者　服部四郎

補注者　上野善道

発行者　岡本　厚

発行所　株式会社 岩波書店
〒101-8002 東京都千代田区一ツ橋 2-5-5
電話案内 03-5210-4000
http://www.iwanami.co.jp/

印刷・理想社　製本・牧製本　函・加藤製函所

ⓒ 服部旦・上野善道 2018
ISBN 978-4-00-061268-5　　Printed in Japan

音声学　服部四郎

生きた言語の構造の記述に必要な音声学の科学的研究方法を理解できる
よう明確かつ丁寧に説明．専門家の参考ともなるよう概説．
A5 判 232 頁【オンデマンド出版】　本体 5900 円

上代日本語の音韻　早田輝洋

万葉集，日本書紀，古事記など文字資料の存在する最も古い時代である
上代語，さらに先上代語の音はどういうものであったのか．
A5 判 304 頁　本体 8400 円

シリーズ 日本語史 (全 4 巻)
A5 判平均 260 頁

歴史資料に現れた現象そのものと言語理論の橋渡しを目指す．

第 1 巻　音韻史　高山倫明，木部暢子，松森晶子，早田輝洋，前田広幸
本体 4400 円

第 2 巻　語彙史　安部清哉，斎藤倫明，岡島昭浩，半沢幹一，伊藤雅光，前田富祺
本体 3800 円

第 3 巻　文法史　金水敏，高山善行，衣畑智秀，岡﨑友子
本体 3900 円

第 4 巻　日本語史のインタフェース　金水敏，乾善彦，渋谷勝己
本体 3600 円

音声科学原論──言語の本質を考える　藤村 靖

言語の抽象的な記号体系と連続的に変化する音声信号との関係に焦点を
あて，人間同士のコミュニケーションの根本問題を探究する．
A5 判 246 頁　本体 4000 円

日本語からみた生成文法　黒田成幸

1960 年代から 2000 年にかけて日本語で書かれた論考をほぼ網羅する著
作集．統辞論，意味論から音韻論，言語学の方法論まで多岐にわたる．
A5 判 356 頁【オンデマンド出版】　本体 9000 円

最適性理論──生成文法における制約相互作用
アラン・プリンス，ポール・スモレンスキー／深澤はるか[訳]

言語の普遍性を「制約」という概念で説明し，言語学に多大な影響を与
えている最新の理論を，その創始者自らが概説する注目の書．
菊判 404 頁　本体 6200 円

──── 岩波書店刊 ────

定価は表示価格に消費税が加算されます
2018 年 5 月現在